LEI DE IMPROBIDADE ADMINISTRATIVA

Comentada para concursos

Lei 8.429, de 02 de junho de 1992
com as alterações da Lei 14.230,
de 25 de outubro de 2021

Maurício Ferreira Cunha

Renato Pessoa Manucci

LEI DE IMPROBIDADE ADMINISTRATIVA

Comentada para concursos

Lei 8.429, de 02 de junho de 1992
com as alterações da Lei 14.230,
de 25 de outubro de 2021

2ª edição | revista ampliada atualizada

2022

EDITORA JusPODIVM
www.editorajuspodivm.com.br

EDITORA
*Jus*PODIVM
www.editorajuspodivm.com.br

Rua Canuto Saraiva, 131 – Mooca – CEP: 03113-010 – São Paulo – São Paulo
Tel: (11) 3582.5757
• Contato: https://www.editorajuspodivm.com.br/sac

Diagramação: Isabella Giordano *(giordano.bella@gmail.com)*

Capa: Ana Caquetti

C972l Cunha, Maurício.
Lei de Improbidade Administrativa Comentada para Concursos / Maurício Cunha, Renato Manucci – 2. ed., rev., atual. e ampl. – São Paulo: Editora JusPodivm, 2022.

624 p.

Bibliografia
ISBN 978-85-442-3827-1

1. Atos administrativos. 2. Lei de Improbidade Administrativa. I. Cunha, Maurício. II. Manucci, Renato. III. Título.

CDD 341.35

APRESENTAÇÃO

Os comentários à Lei 8.429, de 1992, foram desenvolvidos com o intuito de constituir um importante e seguro guia acerca da improbidade administrativa, abordando aspectos doutrinários e jurisprudenciais, além de explorar questões de concurso, tudo com vistas a oferecer ao leitor um completo e atualizado manual sobre tão relevante tema da atualidade. Com esse espírito, buscamos examinar com profundidade, mas sem a pretensão de esgotar o tema, todos os dispositivos da legislação pertinente e as alterações pelas quais passou em seus 20 (vinte) anos de vigência, verdadeiro instrumento de combate à corrupção e de moralização da Administração, como sabemos, na medida em que objetiva coibir condutas desonestas de agentes públicos, preservando a ética e a lisura na gestão dos recursos públicos.

Em termos legislativos, propriamente, não obstante os constatáveis avanços, tem-se que sua origem baseou-se numa ideologia punitivista clássica, dominante à época de sua edição, e que se revelou, muitas vezes, ineficiente para o alcance de outras finalidades igualmente relevantes. Não por outra razão, a Lei 13.964, de 2019, que ficou conhecida como "*Lei ou Pacote Anticrime*", promoveu alterações pontuais em seu texto visando assegurar a plena efetividade diante da nova realidade que se apresentava, em que se destacam instrumentos consensuais de solução de litígio, a exemplo da transação penal, do acordo de não persecução penal, da colaboração premiada e, na esfera administrativa, do acordo de leniência.

Mais ainda, no ano de 2021, a Lei 14.230, de 25 de outubro, remodelou todo o sistema de responsabilização por atos de improbidade, adotando um modelo fundado nos princípios constitucionais do Direito Administrativo Sancionador. A bem da verdade, a mudança foi profunda e, por tal motivo, foi designada de "Nova Lei de Improbidade

Administrativa". Nesse cenário, muitos posicionamentos inerentes à jurisprudência construída pelo STJ tornaram-se superados e proscritos, além do que diversos institutos semelhantes ao Direito Penal (sancionador por excelência!) foram incorporados à LIA, a exemplo da continuidade delitiva e da prescrição e seus consectários.

No plano material, a nova LIA excepcionou a técnica da enumeração exemplificativa (*numerus apertus*) aplicável aos atos de improbidade que causam prejuízo ao Erário e implicam enriquecimento ilícito, consagrando em relação aos atos que atentam contra os princípios da Administração a lógica da enumeração taxativa ou exaustiva (*numerus clausus*). Ademais, a modalidade de improbidade decorrente de concessão ou aplicação indevida de benefício financeiro ou tributário, inserida na LIA pela Lei Complementar 157, de 2016 como modalidade autônoma, foi incorporada ao rol do art. 10, dentre os atos que causam prejuízo ao Erário, afastando a sistemática de tipicidade cerrada ou fechada outrora vigente, revogando-se, por conseguinte, do art. 10-A.

No plano processual, a Lei 14.230/2021 praticamente remodelou o procedimento, extinguindo algumas particularidades, a exemplo da defesa prévia ao recebimento da petição inicial, e consagrando outras tantas, tais como a inclusão de regras especificas sobre saneamento, provas, sentença e reexame necessário, determinando, ainda, a incidência, no que não houver especificidade, do procedimento comum do CPC. Em outros termos, afastou a ação de improbidade do microssistema de tutela coletiva, retirando de sua incidência a Lei 7.347/1985, filiando-se ao entendimento minoritário de que não se trata de uma espécie de ação civil pública.

Enfim, a Lei 14.230/2021 pode ser considerada, de fato, um novo marco na tutela da probidade administrativa, que ainda suscitará inúmeras controvérsias, a exemplo da retroatividade benéfica de suas normas, tema que já vem dividindo as opiniões dos especialistas. Consequentemente, os operadores do Direito serão chamados a intervir e as provas de concurso tendem a reproduzir tais discussões, exigindo do candidato especial atenção ao novo texto legal e sua interpretação pelos Tribunais, notadamente o Superior Tribunal de Justiça e o Supremo Tribunal Federal, guardiães, respectivamente, da uniformidade da interpretação da Constituição e da legislação infraconstitucional.

Será necessário, portanto, revisitar a jurisprudência do STJ, que desde o advento da LIA sempre foi proativa, notadamente porque muitas alterações surgiram exatamente para mitigar suas orientações, a exemplo do requisito do *periculum in mora* para a concessão da medida cautelar de indisponibilidade de bens.

O desafio será compatibilizar as novas regras aos princípios constitucionais que regem a matéria, tanto que já tramitam no Pretório Excelso ações diretas de inconstitucionalidade contra algumas das mudanças operadas pela Lei 14.230/2021, inclusive com medida cautelar já deferida.

Nossa função, com a presente obra, é tentar facilitar ao máximo a vida do concurseiro e daqueles que lidam diariamente com a temática da improbidade administrativa, quiçá contribuir como mais uma ferramenta de estudo.

Diante desta realidade, procuramos, aqui, e como já mencionado, condensar os principais entendimentos doutrinários e jurisprudenciais, destacando aqueles que ficaram superados com a nova legislação e aqueles cuja aplicabilidade, em nosso sentir, remanescem, sempre realçando as posições majoritárias e seus argumentos determinantes, sem desprezar as visões em sentido contrário.

Esperamos, pois, que a obra constitua um sólido mecanismo de estudo para estudantes e profissionais do Direito, bem como que contribua para o aperfeiçoamento do microssistema da tutela da probidade administrativa.

Os Autores.

SUMÁRIO

LEI Nº 8.429, DE 2 DE JUNHO DE 1992

~~Dispõe sobre as sanções aplicáveis aos agentes públicos nos casos de enriquecimento ilícito no exercício de mandato, cargo, emprego ou função na administração pública direta, indireta ou fundacional e dá outras providências.~~

Dispõe sobre as sanções aplicáveis em virtude da prática de atos de improbidade administrativa, de que trata o § 4º do art. 37 da Constituição Federal; e dá outras providências. (Redação dada pela Lei nº 14.230, de 2021)

O PRESIDENTE DA REPÚBLICA, Faço saber que o Congresso Nacional decreta e eu sanciono a seguinte lei:

COMENTÁRIOS

1. Fundamento constitucional: a Lei nº 8.429, de 02 de junho de 1992, conhecida como Lei de Improbidade Administrativa e pela sigla "LIA", expressões adotadas nesta obra para fazer referência ao diploma legal em estudo, regulamenta o art. 37, § 4º da Constituição Federal (CF), que prevê as consequências da prática do ato de improbidade administrativa, é dizer, as sanções que o agente fica sujeito caso incorra neste ilícito, dispondo que "os atos de improbidade administrativa importarão a suspensão dos direitos políticos, a perda da função pública, a indisponibilidade dos bens e o ressarcimento ao erário, na forma e gradação previstas em lei, sem prejuízo da ação penal cabível". A parte final do preceptivo constitucional deixa claro que se trata de **norma constitucional de eficácia limitada**, consoante o magistério de José Afonso da Silva, para quem "o legislador constituinte reconheceu a conveniência de disciplinar a questão da improbidade administrativa e suas consequências; mas, por qualquer razão, limitou-se a traçar o esquema do instituto ali previsto, incumbindo ao legislador ordinário sua complementação, segundo a forma, critérios, requisitos, condições e circunstâncias ali expressos"[1]. A Lei 14.230, de 25 de outubro de 2021, promoveu diversas alterações na LIA, incluindo sua ementa. A bem da verdade, a ementa originária da Lei 8.429/92 não condizia com o seu conteúdo, falha decorrente do seu processo legislativo. Nesse particular, portanto, a Lei 14.230/2021 corrigiu a mencionada incorreção e deixou claro o objeto da norma, que é justamente regulamentar o § 4º do art. 37 da Constituição.

REMEMORANDO!

De acordo com o art. 3º da Lei Complementar 95, de 26 de fevereiro de 1998, que dispõe sobre a elaboração, a redação, a alteração e a consolidação das leis, conforme determina o parágrafo único do art. 59 da Constituição Federal, e estabelece normas para a consolidação dos atos normativos que menciona, a lei é estruturada em três partes básicas:

(i) parte preliminar, compreendendo a epígrafe, a ementa, o preâmbulo, o enunciado do objeto e a indicação do âmbito de aplicação das disposições normativas;

(ii) parte normativa, compreendendo o texto das normas de conteúdo substantivo relacionadas com a matéria regulada;

(iii) parte final, compreendendo as disposições pertinentes às medidas necessárias à implementação das normas de conteúdo substantivo, às disposições transitórias, se for o caso, a cláusula de vigência e a cláusula de revogação, quando couber.

A ementa, a teor do art. 5º da sobredita Lei Complementar, "será grafada por meio de caracteres que a realcem e explicitará, de modo conciso e sob a forma de título, o objeto da lei".

O tratamento da probidade administrativa na Constituição não se limita ao art. 37, § 4º, que é o principal, havendo outros comandos constitucionais, tais como:

(*i*) **art. 14, § 9º:** delega à Lei Complementar a tarefa de definir "outros casos de inelegibilidade e os prazos de sua cessação, a fim de proteger a probidade administrativa, a moralidade para o exercício do mandato, considerada a vida pregressa do candidato, e a normalidade e legitimidade das eleições contra a influência do poder econômico ou o abuso do exercício de função, cargo ou emprego na administração direta ou indireta";

1. SILVA, José Afonso. *Comentário Contextual à Constituição.* 9ª ed. São Paulo: Malheiros, 2014, p. 354.

(*ii*) **art. 15, V:** elenca como causa de suspensão dos direitos políticos a condenação por ato de improbidade administrativa;

(*iii*) **art. 37, *caput:*** elenca entre os princípios constitucionais da Administração Pública a moralidade administrativa, ao lado da legalidade, impessoalidade, publicidade e eficiência;

(*iv*) **art. 85, V:** tipifica como crime de responsabilidade do Presidente da República os atos que atentem contra a probidade na Administração.

2. Competência legislativa e natureza da LIA: as competências legislativas dos entes federados, representativa de sua autonomia política, estão dispostas no texto constitucional que as divide em:

a) *privativas:* arts. 22 (competência privativa da União) e 30 (competência privativa dos Municípios);

b) *residuais* ou *remanescentes dos Estados:* art. 25, § 1º; e

c) *concorrente entre União, Estados, DF e Municípios:* arts. 24 e 30, II.

Em nenhuma delas, porém, há menção à improbidade administrativa, de modo que existe um vácuo legislativo. A omissão, aparentemente, permitiria concluir que a improbidade não se insere no raio de competências privativas da União e tampouco dos Municípios e, pois, incluir-se-ia na competência concorrente entre União, Estados, Distrito Federal e Municípios, até porque, em matérias de Direito Administrativo, a regra é a competência concorrente.

No entanto, a LIA aborda temas e institutos afetos a outros ramos da ciência jurídica, tais como os atos de improbidade e as respectivas sanções, de natureza preponderantemente cível ou política, além do processo judicial, inerente ao direito processual, que se incluem na competência privativa da União, nos termos do art. 22, inciso I, da Lei Fundamental brasileira.

Logo, a **LIA é uma Lei Nacional**, haja vista que aplicável indistintamente a todos os entes federativos.

Lei Nacional x Lei Federal: nacional é a lei de aplicação em todo o território nacional, alcançando todos os entes federativos (União, Estados, Distrito Federal e Municípios), tais como a Consolidação das Leis do Trabalho (CLT), o Código de Processo Civil (CPC), o Código de Processo Penal (CPP), ao passo que federal é aquela cuja aplicabilidade é restrita à União, a exemplo da Lei 8.112, de 1990, que institui o Estatuto dos Servidores Públicos Civis da União, suas Autarquias e Fundações Públicas.

Não obstante, lembram Daniel Amorim Assumpção Neves e Rafael Carvalho Rezende Oliveira que algumas de suas normas "[...] possuem conteúdo essencialmente administrativo, o que, em razão da autonomia federativa, acarreta a prerrogativa de exercício da competência legislativa autônoma por cada ente federado. Vale dizer, a União não poderia elaborar normas de Direito Administrativo aplicáveis aos demais entes, devendo, portanto, respeitar a autonomia federativa"[2]. Nesse sentido, destacam-se duas prescrições normativas de cunho essencialmente administrativo:

(*i*) art. 13, *caput*: "A posse e o exercício de agente público ficam condicionados à apresentação de declaração de imposto de renda e proventos de qualquer natureza, que tenha sido apresentada à Secretaria Especial da Receita Federal do Brasil, a fim de ser arquivada no serviço de pessoal competente";

(*ii*) art. 14, § 3º: "Atendidos os requisitos da representação, a autoridade determinará a imediata apuração dos fatos, observada a legislação que regula o processo administrativo disciplinar aplicável ao agente".

3. Constitucionalidade da Lei 8.429, de 1992: a constitucionalidade da LIA, sob o aspecto formal, foi discutida pelo STF por ocasião do julgamento da *ADI 2.182/DF*, proposta pelo Partido Trabalhista Nacional (PTB) ao argumento de que, na tramitação do projeto que originou a LIA, houve desrespeito aos comandos do art. 65 da Constituição:

> "Art. 65. O projeto de lei aprovado por uma Casa será revisto pela outra, em um só turno de discussão e votação, e enviado à sanção ou promulgação, se a Casa revisora o aprovar, ou arquivado, se o rejeitar.

---

2. NEVES, Daniel Amorim Assumpção; OLIVEIRA, Rafael Carvalho Rezende. *Manual de Improbidade Administrativa. Direito Material e Processual.* 2ª ed. São Paulo: Método, 2014, p. 57.

Parágrafo único. Sendo o projeto emendado, voltará à Casa iniciadora".

Isso porque o projeto inicialmente aprovado pela Câmara dos Deputados foi substancialmente alterado no Senado Federal com inserção de novas normas através de substitutivo e, ao retornar à Câmara, esta Casa aproveitou alguns dispositivos aprovados no Senado e rejeitou a maioria do substitutivo, encaminhando a proposta legislativa à sanção do Chefe do Poder Executivo.

A tese, contudo, não foi acolhida pelo Pretório Excelso que declarou a constitucionalidade da LIA (ver acórdão colacionado no tópico "CASUÍSTICA").

Há, ainda, impugnações à constitucionalidade material da LIA, constantes da *ADI 4.295/DF*, proposta pelo Partido da Mobilização Nacional (PMN), e pendente de julgamento pelo STF até o presente momento. Dentre outros fundamentos, sustenta-se que a LIA malfere o princípio da segurança jurídica e da razoabilidade/proporcionalidade em razão da vagueza de seus termos na tipificação de condutas puníveis com sanções gravíssimas, destoando do regime idealizado pelo legislador constituinte (art. 37, § 4º, CF).

Na doutrina, argumenta-se ainda que a LIA seria inconstitucional por prever outras sanções não contempladas pelo § 4º do art. 37 da Constituição, entendimento não comungado pela **maioria** dos que consideram o **rol** do dispositivo constitucional meramente **exemplificativo**.

CASUÍSTICA

"AÇÃO DIRETA DE INCONSTITUCIONALIDADE. 1. QUESTÃO DE ORDEM: PEDIDO ÚNICO DE DECLARAÇÃO DE INCONSTITUCIONALIDADE FORMAL DE LEI. IMPOSSIBILIDADE DE EXAMINAR A CONSTITUCIONALIDADE MATERIAL. 2. MÉRITO: ART. 65 DA CONSTITUIÇÃO DA REPÚBLICA. INCONSTITUCIONALIDADE FORMAL DA LEI 8.429/1992 (LEI DE IMPROBIDADE ADMINISTRATIVA): INEXISTÊNCIA. 1. Questão de ordem resolvida no sentido da impossibilidade de se examinar a constitucionalidade material dos dispositivos da Lei 8.429/1992 dada a circunstância de o pedido da ação direta de inconstitucionalidade se limitar única e exclusivamente à declaração de inconstitucionalidade formal da lei, sem qualquer argumentação relativa a eventuais vícios materiais de constitucionalidade da norma. **2. Iniciado o projeto de lei na Câmara de Deputados, cabia a esta o encaminhamento à sanção do Presidente da República depois de examinada a emenda apresentada pelo Senado da**

República. O substitutivo aprovado no Senado da República, atuando como Casa revisora, não caracterizou novo projeto de lei a exigir uma segunda revisão. 3. Ação direta de inconstitucionalidade improcedente" (STF, *ADI 2.182/DF*, Pleno, rel. Min. Marco Aurélio, rel. p/ acórdão Cármen Lúcia, j. 12.05.2010, DJe 10.09.2010, grifamos).

APLICAÇÃO EM PROVAS E CONCURSOS PÚBLICOS

1. **(Prefeitura Municipal de São José dos Campos – Procurador – Vunesp – 2019) Nos termos da doutrina existente, improbidade administrativa na Administração Pública**

   (A) viola o direito de receber dos órgãos públicos informações de interesse coletivo ou geral.

   (B) é uma especial ou qualificada forma de imoralidade.

   (C) apresenta características próprias, inconfundíveis com as características do detentor do poder.

   (D) é a consagração da responsabilidade objetiva do Estado, sem a necessidade de comprovação de dolo ou culpa do agente que tenha dado causa ao dano.

   (E) é a discriminação infundada, baseada em questões de ordem pessoal dos envolvidos.

1
B

CAPÍTULO I
Das Disposições Gerais

~~**Art. 1º** Os atos de improbidade praticados por qualquer agente público, servidor ou não, contra a administração direta, indireta ou fundacional de qualquer dos Poderes da União, dos Estados, do Distrito Federal, dos Municípios, de Território, de empresa incorporada ao patrimônio público ou de entidade para cuja criação ou custeio o erário haja concorrido ou concorra com mais de cinqüenta por cento do patrimônio ou da receita anual, serão punidos na forma desta lei.~~

~~Parágrafo único. Estão também sujeitos às penalidades desta lei os atos de improbidade praticados contra o patrimônio de entidade que receba subvenção, benefício ou incentivo, fiscal ou creditício, de órgão público bem como daquelas para cuja criação ou custeio o erário haja concorrido ou concorra com menos de cinqüenta por cento do patrimônio ou da receita anual, limitando-se, nestes casos, a sanção patrimonial à repercussão do ilícito sobre a contribuição dos cofres públicos.~~

Art. 1º O sistema de responsabilização por atos de improbidade administrativa tutelará a probidade na organização do Estado e no exercício de suas funções, como forma de assegurar a integridade do patrimônio público e social, nos termos desta Lei. (Redação dada pela Lei nº 14.230, de 2021)

Parágrafo único. (Revogado). (Redação dada pela Lei nº 14.230, de 2021)

§ 1º Consideram-se atos de improbidade administrativa as condutas dolosas tipificadas nos arts. 9º, 10 e 11 desta Lei, ressalvados tipos previstos em leis especiais. (Incluído pela Lei nº 14.230, de 2021)

§ 2º Considera-se dolo a vontade livre e consciente de alcançar o resultado ilícito tipificado nos arts. 9º, 10 e 11 desta Lei, não bastando a voluntariedade do agente. (Incluído pela Lei nº 14.230, de 2021)

§ 3º O mero exercício da função ou desempenho de competências públicas, sem comprovação de ato doloso com fim ilícito, afasta a responsabilidade por ato de improbidade administrativa. (Incluído pela Lei nº 14.230, de 2021)

§ 4º Aplicam-se ao sistema da improbidade disciplinado nesta Lei os princípios constitucionais do direito administrativo sancionador. (Incluído pela Lei nº 14.230, de 2021)

§ 5º Os atos de improbidade violam a probidade na organização do Estado e no exercício de suas funções e a integridade do patrimônio público e social dos Poderes Executivo, Legislativo e Judiciário, bem como da administração direta e indireta, no âmbito da União, dos Estados, dos Municípios e do Distrito Federal. (Incluído pela Lei nº 14.230, de 2021)

§ 6º Estão sujeitos às sanções desta Lei os atos de improbidade praticados contra o patrimônio de entidade privada que receba subvenção, benefício ou incentivo, fiscal ou creditício, de entes públicos ou governamentais, previstos no § 5º deste artigo. (Incluído pela Lei nº 14.230, de 2021)

§ 7º Independentemente de integrar a administração indireta, estão sujeitos às sanções desta Lei os atos de improbidade praticados contra o patrimônio de entidade privada para cuja criação ou custeio o erário haja concorrido ou concorra no seu patrimônio ou receita atual, limitado o ressarcimento de prejuízos, nesse caso, à repercussão do ilícito sobre a contribuição dos cofres públicos. (Incluído pela Lei nº 14.230, de 2021)

§ 8º Não configura improbidade a ação ou omissão decorrente de divergência interpretativa da lei, baseada em jurisprudência, ainda que não pacificada, mesmo que não venha a ser posteriormente prevalecente nas decisões dos órgãos de controle ou dos tribunais do Poder Judiciário. (Incluído pela Lei nº 14.230, de 2021)

COMENTÁRIOS

1. Bem jurídico tutelado pelo sistema de responsabilização da improbidade administrativa: a Lei 14.230/2021 consagrou verdadeiro sistema de responsabilização dos atos de improbidade administrativa, deixando consignado que o bem jurídico objeto de sua proteção é a **probidade na organização do Estado e no exercício de suas funções,** como forma de assegurar a **integridade do patrimônio público e social**.

Atenção: embora formalmente a Lei 14.230, de 2021, tenha promovido alterações na Lei 8.429/92, a reforma que se operou foi substancialmente compatível com um novo modelo, o que se constata pela nova redação do *caput* do art. 1º que anuncia um sistema de responsabilização. Por isso, muitos entendimentos jurisprudenciais foram superados, conforme será estudado nos tópicos específicos.

Ademais, a referência a um "sistema de responsabilização" deixa entrever que a tutela à probidade administrativa compreende um conjunto de diplomas legislativos que não se resume à Lei 8.429/92. Comentando o *caput* do art. 1º da LIA, Marçal Justen Filho lembra que "[...] esse sistema deve ser interpretado em seu conjunto, tomando em vista a inter-relação entre as diversas disposições"[3].

Importante destacar que a improbidade administrativa se apresenta na atuação do agente público ofensiva ao princípio da moralidade (imoralidade administrativa qualificada) e em prejuízo das entidades mencionadas no art. 1º, §§ 5º, 6º e 7º da LIA. O bem jurídico tutelado pela probidade administrativa é a gestão da coisa pública, que se constitui em interesse difuso, a merecer proteção jurídica dentro do sistema das ações coletivas, ao lado da Lei da Ação Civil Pública (7.347/85), da Ação Popular (4.717/65) e da Lei Anticorrupção (12.846/13). Conquanto tenha caráter punitivo, a ação de improbidade administrativa tem natureza civil, caracterizando, em verdade, uma espécie de ação civil pública.

Consoante escólio jurisprudencial do STJ, "[...] a improbidade administrativa é a caracterização atribuída pela Lei nº 8.429/92 a determinadas condutas praticadas por qualquer agente público e também por particulares contra 'a administração direta, indireta ou fundacional de qualquer dos Poderes da União, dos Estados, do Distrito Federal, dos Municípios, de Território, de empresa incorporada ao patrimônio público ou de entidade para cuja criação ou custeio o erário haja concorrido ou concorra com mais de cinquenta por cento do patrimônio ou da receita anual' (art. 1º). [...] Pela Ação Civil Pública por ato de improbidade administrativa busca-se, além da punição do agente, o ressarcimento do dano causado ao patrimônio público, bem como a reversão dos produtos obtidos com o proveito do ato ímprobo. [...]" (*REsp 1319515/ES*, 1ª Seção, rel. Min. Napoleão Nunes Maia Filho, rel. p/ acórdão Min. Mauro Campbell Marques, j. 22.08.2012, DJe 21.09.2012)

Com base nestas premissas é possível identificar os sujeitos da improbidade administrativa:

3. JUSTEN FILHO, Marçal. *Reforma da Lei de Improbidade Administrativa comentada e comparada: Lei 14.230, de 25 de outubro de 2021*. Rio de Janeiro: Forense, 2022, p. 07.

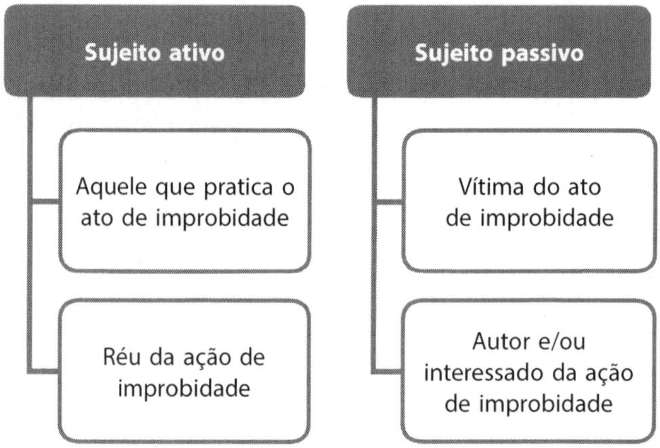

2. Princípios constitucionais do direito administrativo sancionador:

O § 4º do art. 1º, inserido pela Lei 14.230/2021, determinou, expressamente, a incidência, ao sistema da improbidade administrativa, dos chamados princípios constitucionais do direito administrativo sancionador. Na prática, a alteração incorpora ao novo sistema de responsabilização por atos de improbidade administrativa os princípios e garantias inerentes ao direito penal, o que é consectário lógico do caráter punitivo do mencionado modelo.

Com efeito, tal como lembra o Ministro do STJ Benedito Gonçalves, em artigo escrito em coautoria com Renato César Guedes Grilo, "em essência qualitativa, não há diferença alguma da punição administrativa para a sanção penal: em ambos os casos o Estado expressa, por meio dos órgãos públicos competentes, o seu poder de punir condutas antijurídicas. É por isso que deve existir um núcleo mínimo de garantias aplicáveis à expressão punitiva do Estado, seja ela exercida e efetivada pelos órgãos administrativas, seja pela justiça criminal"[4].

Dessa forma, a similitude do regime jurídico impõe tratamento uniforme com a incidência dos princípios que conformam tais ramos da ciência jurídica, notadamente aqueles que consubstanciam direitos

4. GONÇALVES, Benedito; GRILO, Renato César Guedes. *Os Princípios Constitucionais do Direito Administrativo Sancionador no Regime Democrático da Constituição de 1988.* Revista Estudos Institucionais, v. 07, n. 02, p. 469.

e garantias fundamentais expressos no texto constitucional, tais como a legalidade, retroatividade benéfica, pessoalidade da pena ou intranscendência, individualização da pena, devido processo legal, contraditório e ampla defesa, bem como razoabilidade e proporcionalidade.

Aliás, tal orientação já encontrava eco na jurisprudência do STJ, notadamente em razão do princípio do devido processo legal. Nesse sentido, elucidativas as palavras do então Ministro, Teori Albino Zavascki, extraídas de sua obra "Processo Coletivo" (São Paulo, RT, 206, p. 119) e reproduzidas no voto exarado no **REsp 885.536**: "Realmente, o objeto próprio da ação de improbidade é a aplicação de penalidades ao infrator, penalidades essas substancialmente semelhantes às das infrações penais. Ora, todos os sistemas punitivos estão sujeitos a princípios constitucionais semelhantes, e isso tem reflexos diretos no regime processual. É evidente, assim – a exemplo do que ocorre, no plano material, entre a Lei de Improbidade e o direito penal –, a atração, pela ação de improbidade, de princípios típicos do processo penal".

No mesmo sentido: "[...] consoante precisas lições de eminentes doutrinadores e processualistas modernos, à atividade sancionatória ou disciplinar da Administração Pública se aplicam os princípios, garantias e normas que regem o Processo Penal comum, em respeito aos valores de proteção e defesa das liberdades individuais e da dignidade da pessoa humana, que se plasmaram no campo daquela disciplina [...]" (STJ, *RMS 24.559/PR*, 5ª T., rel. Min. Napoleão Nunes Maia Filho, j. 03.12.2009, DJe 01.02.2010).

Dentre os princípios exemplificativamente acima mencionados, ganha relevância o da retroatividade benéfica, que, provavelmente, será objeto de debates no que tange à aplicação intertemporal da nova legislação. Isso porque a doutrina já vem sinalizando entendimento segundo o qual as novas regras positivadas pela Lei 14.230/2021, e que forem mais benéficas, devem retroagir para alcançar, inclusive, as ações de improbidade administrativa pendentes de julgamento, por força da incidência do princípio da retroatividade benéfica da lei penal, insculpido no art. 5º, inciso XL da Constituição.

José Miguel Garcia Medina, a propósito, propõe a seguinte leitura do mencionado princípio: "a legislação que prevê sanções por atos de improbidade não retroage, salvo para beneficiar o réu", exemplificando com a alteração que extinguiu a culpa como elemento subjetivo para alguns atos de improbidade[5].

O STJ, antes da Lei 14.230/2021, adotou a referida concepção em relação ao processo administrativo disciplinar, o que constitui indicativo da tendência jurisprudencial (*vide* item 1 do tópico "CASUÍSTICA").

Ricardo de Barros Leonel, em artigo publicado na Revista Consultor Jurídico, discorda desta concepção. Inicialmente, destaca que o § 4º do art. 37 da Constituição distingue as sanções penais e as originadas de atos de improbidade administrativa, concluindo pela aplicação restrita do princípio da retroatividade benéfica à seara criminal. Argui, em consequência, outro óbice decorrente da natureza civil da ação de improbidade, que é a impossibilidade de superação da coisa julgada material. É que, diferentemente do tratamento da revisão criminal (que pode revisar a qualquer tempo a punição), no processo civil a estabilidade da coisa julgada impede a rediscussão da lide. Isso significa que transcorrido o prazo da ação rescisória, torna-se indiscutível a sanção imposta.

Para o referido autor, deve-se aplicar à LIA as garantias forjadas para o Direito Penal desde que compatíveis com sua natureza cível, afastando, assim, a retroatividade benéfica de sua incidência[6].

Esta é a orientação do Ministério Público Federal constante da Nota Técnica nº 01/2021-5ª CCR, em que é expressamente reconhecido que o direito administrativo sancionador se insere no âmbito do próprio Direito Administrativo, e não no Direito Penal, daí porque o princípio da retroatividade benéfica deve ser aplicado de forma diferenciada. Isso porque na seara do direito administrativo sancionador não se busca "[...] primariamente, a reprovabilidade de condutas ilícitas, sob a perspectiva retrospectiva, mas, ao contrário, constitui modelos normativos que tutelam bens jurídicos públicos (interesses públicos), de forma prospectiva, valorando em grau superior a prevenção, dissuasão e repressão de atos ilícitos, exigindo que a retroatividade seja disciplinada expressamente pela lei"[7].

---

5. MEDINA, José Miguel Garcia. *A Nova Lei de Improbidade Administrativa deve ser aplicada retroativamente. In* Revista Consultor Jurídico, 03 nov. 2021. Disponível em: <*https://www.conjur.com.br/2021-nov-03/processo-lei-improbidade-aplicada-retroativamente?*>. Acesso em 03 nov. 2021.
6. LEONEL, Ricardo Barros. *Nova LIA: aspectos da retroatividade associada ao Direito Sancionador. In* Revista Consultor Jurídico, 17 nov. 2021. Disponível em: <*https://www.conjur.com.br/2021-nov-17/leonel-lia-retroatividade-associada-direito-sancionador*>. Acesso em 17 nov. 2021.
7. Disponível em: <*http://www.mpf.mp.br/pgr/documentos/NTOrientao12.2021.pdf*>.

Outro argumento lançado pela 5ª Câmara de Coordenação e Revisão do MPF no sobredito documento é o da vedação ao retrocesso no enfrentamento de condutas ímprobas ou práticas anticorruptivas, o que, se levado a efeito, constituir-se-á em flagrante de inconstitucionalidade material por violar o art. 37, § 4º da Constituição.

3. Elemento subjetivo: o § 1º do art. 1º aborda a tipologia dos atos de improbidade administrativa, prevendo que são assim consideradas as condutas **dolosas** que se amoldem a uma das figuras capituladas nos arts. 9º, 10 e 11 da LIA, ressalvados os tipos previstos em leis especiais. A estrutura da tipicidade do ato de improbidade, tal qual a do Direito Penal, é complexa, eis que abrange duas dimensões:

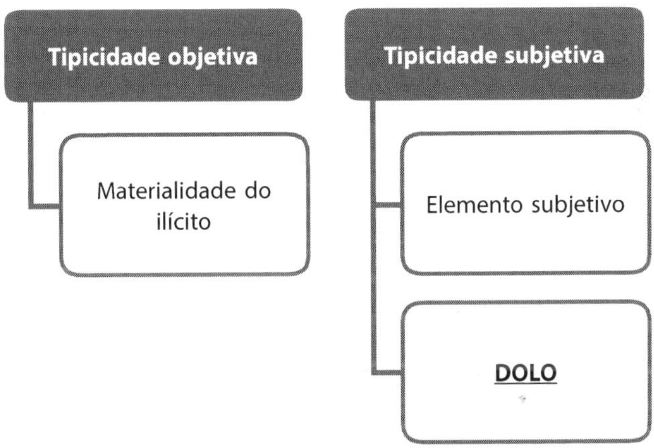

Originariamente a LIA previa, em caráter excepcional, possibilidade de punição por conduta culposa. A Lei 14.230/2021 sepultou tal hipótese ao preconizar no § 3º do art. 1º que o mero exercício da função ou desempenho de competências públicas, **sem comprovação de ato doloso com fim ilícito**, afasta a responsabilidade por ato de improbidade administrativa. Assim, erros de avaliação ou de execução de atividades, por si só, não se revelam idôneos à caracterização de improbidade administrativa. "O erro grosseiro, a falta de zelo com a coisa pública, a negligência, podem até ser punidos em outra esfera, de modo que não carão necessariamente impunes, mas não mais caracterização atos de improbidade"[8].

8. GAJARDONI, Fernando da Fonseca; CRUZ, Luana Pedrosa de Figueiredo; GOMES JUNIOR, Luiz Manoel; FAVRETO, Rogério. *Comentários à Nova Lei de Improbidade Administrativa: Lei 8.429/1992, com as alterações da Lei 14.230/2021*. 5ª ed. São Paulo: Thomson Reuters Brasil, 2021, p. 46.

É necessário, portanto, o dolo, assim considerada a vontade livre e consciente de alcançar o resultado ilícito tipificado nos arts. 9º, 10 e 11 da LIA, não bastando a voluntariedade do agente (art. 1º, § 4º, incluído pela Lei 14.230/2021). Com isso, houve a adoção do **dolo especifico** e a superação do entendimento do STJ no sentido de que, para a responsabilização, seria suficiente o dolo genérico.

Da mesma forma, o § 8º do art. 1º esclarece que meras divergências interpretativas não configuram ato de improbidade administrativa. Nesse caso, pouco importa que a interpretação seja baseada em jurisprudência não pacificada ou que venha posteriormente a ser superada pelos órgãos de controle ou do Poder Judiciário.

Trata-se de uma reação ao que o Ministro do Tribunal de Contas da União (TCU) Bruno Dantas intitula "**infantilização da gestão pública**", fenômeno também conhecido no jargão brasiliense como "**apagão das canetas**", consistente na inação de agentes políticos para a consecução do interesse público por medo de serem responsabilizados pelos órgãos de controle, inclusive por improbidade administrativa[9].

Na mesma linha, a Lei 13.655, de 2018, introduziu diversos dispositivos na Lei de Introdução às Normas do Direito Brasileiro (LINDB), voltados a orientar à interpretação das normas de direito público, consagrando, dentre elas, diretriz no sentido de que "na interpretação de normas sobre gestão pública, serão considerados os obstáculos e as dificuldades reais do gestor e as exigências das políticas públicas a seu cargo, sem prejuízo dos direitos dos administrados" (art. 22, *caput* da LINDB).

A nova previsão legal tem potencial para repercutir na esfera de responsabilização do agente público, notadamente em sede de ação de improbidade administrativa. Isso porque as dificuldades e obstáculos, a depender do seu grau, podem afastar o dolo. Consequentemente, para lograr êxito, o autor deverá demonstrar, na petição inicial, a inexistência de óbices de difícil superação para a prática do ato questionado. "Oportuno, para esse fim, que o agente, sempre que possível, seja previamente ouvido no processo administrativo ou no inquérito civil, a fim de que se possa permitir o conhecimento de tais circunstâncias

9. *Revista Consultor Jurídico*, 30 de maio de 2019. Disponível em: <*https://www.conjur.com.br/2019-mai-30/incompetencia-nao-improbidade-ministro-tcu*>. Acesso em 30 maio 2019.

pelo autor da demanda. O mesmo há de suceder-se com o ajuizamento de ação civil pública"[10].

Marçal Justen Filho adverte que é plenamente cabível inferir o dolo do agente a partir de elementos probatórios indiretos, exemplificando com a hipótese de comparação entre as condutas anteriores e posteriores do agente, considerando relevante examinar os padrões decisórios adotados pela instituição em situações semelhantes, bem como a existência, ou não, de aprovação dos órgãos de controle. Conclui, destarte, que "não é cabível reputar presente o elemento doloso quando o sujeito tiver adotado exatamente a mesma conduta que sempre fora praticada e que merecera aprovação dos órgãos de controle. Isso não impede o reconhecimento da irregularidade da conduta, mas exclui a presença do elemento subjetivo reprovável"[11].

4. Sujeito passivo: é a vítima do ato de improbidade administrativa, podendo ser entidade pública ou privada que receba dinheiro público para o seu custeio ou manutenção. Marino Pazzaglini Filho, citando decisão do Tribunal de Justiça do Estado de São Paulo, bem equaliza o critério definidor do sujeito passivo: "Nos termos do artigo 1º da Lei Federal nº 8.429, de 1992, onde houver um único centavo em dinheiro público envolvido, a lei terá incidência, independente de a entidade exercer atividade de natureza pública ou privada (Agravo de Instrumento nº 98.387, JTJ, LEX 220/167)"[12].

O art. 1º, ora em comento, lista as vítimas do ato de improbidade administrativa e os divide em dois grupos:

	Sujeito passivo incondicionado	Sujeito passivo condicionado
Definição	Não há necessidade de repercussão do ato no patrimônio da vítima.	Depende da repercussão do ato no patrimônio da entidade.

10. NOBRE JÚNIOR, Edilson Pereira. *As Normas de Direito Público na Lei de Introdução às Normas do Direito Brasileiro. Paradigmas para interpretação e aplicação do Direito Administrativo*. São Paulo: Contracorrente, 2019, p. 85.

11. JUSTEN FILHO, Marçal. *Reforma da Lei de Improbidade Administrativa comentada e comparada: Lei 14.230, de 25 de outubro de 2021*. Rio de Janeiro: Forense, 2022, p. 28.

12. PAZZAGLINI FILHO, Marino. *Lei de Improbidade administrativa comentada:* aspectos constitucionais, administrativos, civis, criminais, processuais e de responsabilidade fiscal. 7ª ed. São Paulo: Atlas, 2018, p. 10.

Previsão legal	Art. 1º, §§ 5º e 6º	Art. 1º, § 7º.
Vítimas	(*a*) entes da Administração Direta (União, Estados, DF e Municípios); (*b*) entidades da Administração Indireta (autarquias, empresas públicas, sociedades de economia mista e fundações públicas de direito público ou privado); (*c*) entidade privada que receba subvenção, benefício ou incentivo, fiscal ou creditício, entes públicos ou governamentais.	Entidades para cuja criação ou custeio o Erário haja concorrido ou concorra no seu patrimônio ou receita atual, **integrantes ou não da Administração Indireta**.

Atenção: não há mais distinção, para efeito de incidência das sanções da LIA, do percentual de participação do Estado para o custeio ou do patrimônio da receita atual, unificando-se a partir da Lei 14.230/2021 a sujeição passiva condicionada.

ANTES DA lEI 14.230/2021	DEPOIS da lei 14.230/2021
Se o Estado contribuía ou concorria com mais de 50%, a sujeição passiva era incondicionada; caso contrário, dependia da repercussão do ato no patrimônio da entidade (condicionada).	Independentemente do percentual de contribuição, a sujeição passiva depende da repercussão do ato no patrimônio da entidade (condicionada).

Suprimiu-se, também, a menção a empresas incorporadas ao patrimônio público, acolhendo-se as críticas da doutrina, na medida em que a incorporação enseja a extinção da personalidade de direito privado e a consequente absorção pela pessoa jurídica de direito público, de modo que sujeito passivo é a pessoa administrativa incorporadora.

A LIA não se utiliza de um critério meramente formal ou orgânico para definir os sujeitos passivos da improbidade, afinal, não se restringe aos entes integrantes da Administração Pública, admitindo que pessoas jurídicas de direito privado figurem como vítimas de condutas ímprobas, desde que haja dinheiro público investido na criação ou custeio de tais entidades. A título de exemplo, eventuais atos lesivos ao patrimônio da Fundação dos Economiários Federais (FUNCEF), Entidade Fechada de Previdência Complementar instituída pela Caixa Econômica Federal, com personalidade jurídica de direito privado, sem fins lucrativos, subsumem-se aos comandos da Lei 8.429, de 1992. Isso porque se trata de entidade instituída e patrocinada com recursos da Caixa Econômica Federal (STJ,

REsp 1.137.810/DF, 2ª T., rel. Min. Eliana Calmon, j. 03.12.2009, DJe 15.12.2009. *Vide* item 2 do tópico CASUÍSTICA).

4.1 Entidade que receba subvenção, benefício ou incentivo, fiscal ou creditício: trata-se de fenômeno denominado **fomento público**, ou seja, incentivo da Administração para que particulares realizem atividade de relevância pública. Consideram-se subvenções, a teor do disposto no art. 12, § 3º, da Lei 4.320, de 1964, as transferências destinadas a cobrir despesas de custeio das entidades beneficiadas, podendo ser:

- sociais, as que se destinem a instituições públicas ou privadas de caráter assistencial ou cultural, sem finalidade lucrativa;
- econômicas, as que se destinem a empresas públicas ou privadas de caráter industrial, comercial, agrícola ou pastoril.

Os benefícios ou incentivos, por sua vez, podem ser fiscais, cujos exemplos clássicos são a imunidade e as isenções, ou creditícios, a exemplo do financiamento com juros reduzidos. Daniel Amorim Assumpção Neves *et al*, em lição que permanece atual mesmo diante das reformas operadas pela Lei 14.230/2021, entende que a previsão alcança apenas e tão somente entidades que percebam individualmente tais benefícios para a consecução de interesses públicos específicos.

No mesmo sentido é o entendimento de Emerson Garcia *et al*, para quem é inaplicável a Lei 8.429/1992 às entidades que recebam subvenções, benefícios ou incentivos genéricos da Administração, exigindo-se que o recebimento destes tipos de fomento esteja "associado à consecução de determinado fim de interesse público, cuja individualização deve resultar clara pelas circunstâncias de sua concessão"[13], sob pena de incluirmos no conceito de sujeitos passivos da improbidade administrativa todas as microempresas e empresas de pequeno porte do País, que recebem tratamento jurídico diferenciado (arts. 146, III, *d*, 170, IX, e 179 da CRFB; LC 123/2006), bem como as pessoas físicas isentas do Imposto de Renda"[14].

4.2 Entidades privadas para cuja criação ou custeio o Erário haja concorrido ou concorra com no seu patrimônio ou receita

13. GARCIA, Emerson; ALVES, Rogério Pacheco. *Improbidade administrativa.* 9ª ed. São Paulo: Saraiva, 2017, p. 302.
14. NEVES, Daniel Amorim Assumpção; OLIVEIRA, Rafael Carvalho Rezende. *Manual* ... p 76/77.

atual: conforme noticiado alhures, com o advento da Lei 14.230/2021 resta indiferente o percentual de participação estatal na entidade privada para efeito de sujeição passiva por ato de improbidade administrativa, afastando-se a *novel* legislação da regra do § 2º do art. 1º da Lei 4.717/1965 (Lei da Ação Popular, conhecida pela sigla LAP):

> "Art. 1.º [...]
>
> § 2.º Em se tratando de instituições ou fundações, para cuja criação ou custeio o tesouro público concorra com menos de cinquenta por cento do patrimônio ou da receita anual, bem como de pessoas jurídicas ou entidades subvencionadas, as consequências patrimoniais da invalidez dos atos lesivos terão por limite a repercussão deles sobre a contribuição dos cofres públicos".

Ademais, o tratamento jurídico da Lei 14.230/2021, com a inclusão do § 7º ao art. 1º da LIA, parece se alinhar à orientação doutrinária firmada à luz do parágrafo único do art. 1º, no sentido de que tais entidades somente serão consideradas sujeitos passivos da improbidade quando o ato praticado atingir os recursos públicos por elas geridos, pressupondo a ocorrência de dano e a consequente tipificação no art. 10 da Lei 8.429, de 1992

Redação originária da LIA	Redação da Lei 14.230/2021
Parágrafo único. Estão também sujeitos às penalidades desta lei os atos de improbidade praticados contra o patrimônio de entidade que receba subvenção, benefício ou incentivo, fiscal ou creditício, de órgão público bem como daquelas para cuja criação ou custeio o erário haja concorrido ou concorra com menos de cinquenta por cento do patrimônio ou da receita anual, **limitando-se**, nestes casos, **a sanção patrimonial** à repercussão do ilícito sobre a contribuição dos cofres públicos.	§ 7º Independentemente de integrar a administração indireta, estão sujeitos às sanções desta Lei os atos de improbidade praticados contra o patrimônio de entidade privada para cuja criação ou custeio o erário haja concorrido ou concorra no seu patrimônio ou receita atual, **limitado o ressarcimento de prejuízos**, nesse caso, à repercussão do ilícito sobre a contribuição dos cofres públicos.

Nesse sentido é a lição de Marçal Justen Filho em comentários ao § 7º do art. 1º: "Apesar do silêncio da Lei 8.429 sobre o tema, deve-se reputar que, nas hipóteses previstas no § 7º, não incide a disciplina prevista no art. 11 da LIA [...] Ou seja, a repressão à improbidade, nas hipóteses em que uma entidade privada usufrui de vantagens patrimoniais de origem pública, apresenta uma dimensão exclusivamente patrimonial.

Logo, somente é punível a improbidade quando se configurar conduta subsumível aos arts. 9º e 10 da Lei 8.429/92"[15].

Importante lembrar, a título ilustrativo, do entendimento contrário, isto é, que não admite restringir a aplicação da sanção patrimonial ao agente que praticar improbidade contra as entidades previstas no atual § 7º do art. 1º, notadamente por inexistir, no parágrafo único do art. 1º da LIA, em sua redação originária, a exigência de efetiva ocorrência do dano ao erário para sua caracterização[16].

4.3 Síntese da sujeição passiva das entidades do terceiro setor: dois são os critérios para definir a sujeição passiva das entidades do terceiro setor, integradas por pessoas jurídicas de direito privado sem fins lucrativos (ONGs) que desempenham atividades relevantes para a coletividade, a saber: (*i*) recebimento de subvenções, benefícios ou incentivos, fiscais ou creditícios e/ou (*ii*) participação do Estado em sua criação ou custeio. Dessa forma, a simples rotulação de entidades privadas como "OS" ou "OSCIP" não as tornam potenciais sujeitos passivos de atos de improbidade; é indispensável que sejam beneficiadas com fomento público.

Eis, em quadro, o panorama da sujeição passiva das entidades do terceiro setor:

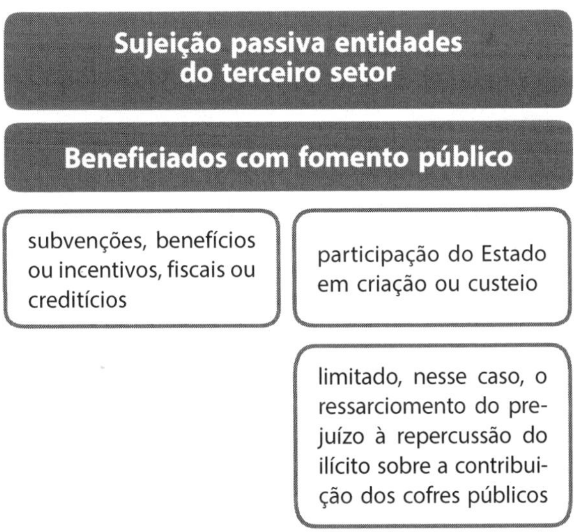

15. JUSTEN FILHO, Marçal. *Reforma da Lei de Improbidade Administrativa comentada e comparada: Lei 14.230, de 25 de outubro de 2021*. Rio de Janeiro: Forense, 2022, p. 34.

16. NEVES, Daniel Amorim Assumpção; OLIVEIRA, Rafael Carvalho Rezende. *Manual* ... p 79.

5. Casos especiais:

5.1 Consórcios públicos: são entidades formadas pela união de entes públicos para a realização de objetivos de interesse comum, podendo ser constituídos como **associação pública ou pessoas jurídicas de direito privado**, observando as normas gerais previstas pela Lei nº 11.107, de 06 de abril de 2005. Os consórcios são potenciais vítimas da improbidade quer sejam constituídos como associações (pessoas jurídicas de direito público integrante da Administração Indireta), quer sejam constituídos como pessoa jurídica de direito privado. Nesse último caso, embora omissa a legislação, são entidades integrantes da Administração Indireta, uma vez que instituídas pelo Estado. Além disso, os consórcios públicos, de direito público ou de direito privado, são instituídos pelo Estado e se inserem, de qualquer forma, no conceito de "entidade privada para cuja criação ou custeio o erário haja concorrido ou concorra no seu patrimônio ou receita atual" (ver item 7 do tópico CASUÍSTICA).

5.2 Sindicatos: até o advento da **Lei nº 13.467, de 2017**, que instituiu a denominada **"Reforma Trabalhista"**, os sindicatos, pessoas jurídicas de direito privado, eram destinatários de contribuições parafiscais, de natureza tributária (espécie de tributos). O caráter parafiscal significa que a arrecadação das sobreditas contribuições será efetivada pela entidade sindical (**capacidade tributária ativa**), não ingressando no orçamento geral do Estado. **Eram** potenciais vítimas de atos de improbidade, uma vez que a destinação específica de tributos aos sindicatos inseria-os entre as entidades para as quais o Poder Público concorre para a criação ou custeio. Nesse sentido era a lição Daniel Amorim Assumpção Neves *et al*, para quem "o erário deve ser interpretado de forma ampla para englobar os recursos provenientes do orçamento, bem como os recursos de natureza tributária, que não ingressam no orçamento, destinados às pessoas privadas indicadas pelo ordenamento jurídico, como ocorre no caso dos sindicatos"[17]. Entretanto, a **Lei nº 13.467, de 2017** modificou os arts. 578 e 579 da Consolidação das Leis do Trabalho (CLT) **retirando** das contribuições sociais o **caráter compulsório** e, por conseguinte, sua **natureza tributária**, nos termos do art. 3º do Código Tributário Nacional (CTN). Por isso, **já há en-**

17. NEVES, Daniel Amorim Assumpção; OLIVEIRA, Rafael Carvalho Rezende. *Manual* ... p. 92.

tendimento no sentido de que os sindicatos não mais figuram como sujeitos passivos do ato de improbidade, na medida em que não são custeados por recursos provenientes do Poder Público[18].

5.3 Permissionários e concessionários de serviço público: são pessoas jurídicas de direito **privado** que **prestam serviços públicos por delegação** (concessão comum e parcerias público-privadas), mas **não integram a Administração Pública**. Trata-se de serviço público prestado mediante remuneração, o que afasta a aplicação do § 7º do art. 1º (**não** recebem as pessoas jurídicas benefícios, subvenção ou incentivo), vale dizer, a **instituição e o custeio não dependem do Poder Público**. Assim, **não são sujeitos passivos** da improbidade administrativa.

Não se pode olvidar que há doutrina, **minoritária** é verdade, que insere as concessionárias e permissionárias de serviços públicos como **potenciais sujeitos passivos** de improbidade administrativa. Nesse sentido, leciona Wallace Paiva Martins Júnior assinalando que as disposições da LIA aplicam-se não somente às pessoas jurídicas de direito privado que recebam recursos públicos, mas, também, a todos organismos e entidades sem nenhuma ligação com o Poder Público. Para o autor, "esse largo e amplo âmbito de atuação é lógico, na medida em que o § 4º descende imediatamente do enunciado constante no art. 37 da Constituição Federal, que sufraga, dentre outros, o princípio da moralidade administrativa, em cujo bojo se insere a repressão da improbidade administrativa"[19].

CASUÍSTICA

1. Princípio da retroatividade benéfica:

(a) *precedente do TJ/SP aplicando a Lei 14.230/2021 retroativamente em favor do réu por força da supressão da figura culposa de improbidade administrativa:*

18. OLIVEIRA, Rafael Carvalho Rezende. *A reforma trabalhista e a posição dos sindicatos na improbidade administrativa.* Disponível em: <http://genjuridico.com.br/2017/12/14/reforma-trabalhista-sindicatos-improbidade-administrativa/>. Acesso em 14 dez 2017.
19. MARTINS JÚNIOR, Wallace Paiva. *Probidade administrativa.* 3ª ed. São Paulo: Saraiva, 2006, p. 300-301. No mesmo sentido: PAZZAGLINI FILHO, Marino. *Lei de Improbidade administrativa comentada:* aspectos constitucionais, administrativos, civis, criminais, processuais e de responsabilidade fiscal. 7ª ed. São Paulo: Atlas, 2018, p. 12.

"APELAÇÃO CÍVEL. Ação civil pública. Pretensão direcionada a ex-prefeito do Município de Nipoã. 1. Improbidade administrativa. Gastos excessivos com combustível nos exercícios de 2014 e 2015 e falhas nas licitações realizadas para a aquisição do produto no referido período. Sentença de parcial procedência. 2. Processo licitatório realizado no ano de 2014 que não observou pesquisa de preços. Pregão Presencial efetivado no ano de 2015, cuja cotação preliminar de preços ocorreu em dia anterior à sessão pública. Prejuízo ao erário no gasto excessivo, não se falando em superfaturamento de preços. Pregões que foram regularmente publicados, havendo competição entre os interessados. Dolo não configurado sob esse aspecto. Comportamento negligente, mas ausência de má-fé com relação às discrepâncias apontadas. 3. Excesso de gastos com combustíveis nos anos de 2014 e 2015 comprovados. Ao menos não justificadas com fatos novos ou supervenientes. Significativa elevação de consumo que corresponde no ano de 2013 a R$438.252,16 e passou a R$706.140,22 em 2014 e R$909.874,92 no ano de 2015. Alegação no sentido de que houve aumento da frota, o que justificaria a elevação dos gastos. Inocorrência. Municipalidade que possuía 41 veículos no ano de 2014 e passou a ter 44 veículos em 2015, quantia insuficiente para justificar o consumo excessivo no importe de R$ 98.317,82. Situação que foi identificada pelo Tribunal de Contas, que alertou o ex-Prefeito em diversas oportunidades acerca do gasto desordenado com combustível. 4. Controle de percurso e quilometragem de parte da frota que vinha sendo realizado e que poderia ter sido observado com relação aos demais veículos públicos. Laudo elaborado pelo CAEX que apontou ausência no controle de abastecimentos, de quilometragem e horas de uso. 5. Desvio de finalidade evidenciada. Dever indissociável da função pública exercida, que nasce da própria Carta Constitucional, das Leis nº 8.429/92 e 4.320/64. Responsabilidade que recai sobre o gestor da Municipalidade que tem o dever de zelar pelo dinheiro público, inerente à sua função o controle e fiscalização das contas desembolsadas sob o seu mandato. Negligência configurada no trato do dinheiro público. Despreparo na condução da faina do cargo. 6. Violação ao artigo 10, inciso X, da Lei nº 8.429/92. Ato de improbidade administrativa caracterizado de forma culposa. Redação originária. 7. Superveniência da Lei n. 14.203/2021 que, em seu artigo 1º, §4º estabelece ao sistema de improbidade a aplicação dos princípios constitucionais do Direito Administrativo Sancionador. Retroatividade da norma mais benéfica, por disposição específica da mesma (art. 1.º §4.º). Supressão das modalidades culposas. Atos de improbidade administrativa somente dolosos, não verificados na espécie. Ausência de má-fé no trato com o dinheiro público ou obtenção de vantagem. Negligência durante a gestão. 8. Sentença reformada. Decreto de improcedência da ação. Recurso provido" (TJ/SP, Apelação Cível 1001594-31.2019.8.26.0369, 9ª Câmara de Direito Público, rel. Des. Oswaldo Luiz Palu, j. 10.11.2021).

(b) *aplicação ao processo administrativo disciplinar:*

"DIREITO ADMINISTRATIVO. PROCESSUAL CIVIL. RECURSO EM MANDADO DE SEGURANÇA. PROCESSO ADMINISTRATIVO DISCIPLINAR. PRINCÍPIO DA RETRO-

ATIVIDADE DA LEI MAIS BENÉFICA AO ACUSADO. APLICABILIDADE. EFEITOS PATRIMONIAIS. PERÍODO ANTERIOR À IMPETRAÇÃO. IMPOSSIBILIDADE. SÚMULAS 269 E 271 DO STF. CÓDIGO DE PROCESSO CIVIL DE 1973. APLICABILIDADE [...] III - Tratando-se de diploma legal mais favorável ao acusado, de rigor a aplicação da Lei Municipal n. 13.530/03, porquanto o princípio da retroatividade da lei penal mais benéfica, insculpido no art. 5º, XL, da Constituição da República, alcança as leis que disciplinam o direito administrativo sancionador. Precedente [...]" (STJ, *RMS 37.031/SP*, 1ª T., rel. Min. Regina Helena Costa, j. 08.02.2018, DJe 20.02.2018).

"AÇÃO RESCISÓRIA. DIREITO ADMINISTRATIVO. SERVIDOR PÚBLICO ESTADUAL. DEMISSÃO. ABANDONO DE CARGO PÚBLICO. PEDIDO DE REVISÃO DO PROCESSO ADMINISTRATIVO DISCIPLINAR. ART. 1º DA LEI 1.508/67, DO ESTADO DO RIO DE JANEIRO. ANISTIA DAS FALTAS. PAD ENCONTRADO APÓS O PEDIDO DE REVISÃO DA PENA DEMISSIONAL. FATO NOVO. REVISÃO DA PUNIÇÃO. AÇÃO RESCISÓRIA JULGADA PROCEDENTE. 1. Na esfera administrativa, as anistias concedidas por normas jurídicas devem ter a interpretação mais ampla e benéfica possível, para atingir, de maneira adequada, eficaz e completa, os direitos do Servidor Público que tutela. 2. Os Decretos de anistia, os de indulto, o perdão do ofendido e outros benefícios, embora envolvam concessões ou favores e, portanto, se enquadrem na figura jurídica de privilégios, não suportam exegese estrita, sobretudo se não se interpretam de modo a que venham causar prejuízo. Assim se entende, por incumbir ao hermeneuta atribuir à regra positiva o sentido que dá maior eficácia à mesma, relativamente ao motivo que a ditou, e ao fim colimado, bem como aos princípios seus e da legislação em geral (Maximiliano in Hermenêutica e Aplicação do Direito, Forense, Rio de Janeiro, 1985, p. 250). 3. No caso, a pena de demissão foi aplicada em 17.04.67 por ter o Servidor faltado ao serviço por 30 dias, sendo que a Legislação Estadual vigente à época prescrevia tal pena para esses casos. Entretanto, em 03.11.67 foi editada a Lei 1.508, do Estado do Rio de Janeiro, que anistiou as faltas do Servidores Estaduais até o limite de 30 dias. Tal norma inovou a realidade jurídica até então vigente e alterou o patrimônio jurídico do Servidor que, beneficiado pela anistia, não poderia mais ter sido alcançado pela pena de demissão. **Considerando os princípios do Direito Sancionador, a *novatio legis in mellius* deve retroagir para favorecer o apenado.** 4. Ademais, a Administração Pública não trouxe aos autos qualquer prova que afirme qual o lapso temporal de ausência do Servidor, para confirmar a tese da justa demissão. Destarte, continua a se negar à análise do mérito da decisão do Processo Disciplinar, fato inadmissível aos olhos da Justiça. Por isso, a certidão, que atesta a ausência do Servidor público por não mais de 30 dias consecutivos do local de trabalho, acostada nos autos do Processo Administrativo Disciplinar, encontrado na Repartição Pública após a impetração, constitui documento novo, para os fins do art. 485, VII do CPC. 5. Ação Rescisória julgada procedente" (STJ, *AR 1.304/RJ*, 3ª Seção, rel. Min. Napoleão Nunes Maia Filho, j. 14.05.2008, Dje 26.08.2008). **A questão relativa à retroatividade benéfica, contudo, ainda não está pacificada e já se encontra na pauta do Supremo Tri-**

bunal Federal, que reconheceu a repercussão geral da matéria no ARE 843.989/PR. No precedente a ser firmado, o STF definirá a respeito da "(IR)RETROATIVIDADE das disposições da Lei 14.230/2021, em especial, em relação: (I) A necessidade da presença do elemento subjetivo dolo para a configuração do ato de improbidade administrativa, inclusive no artigo 10 da LIA; e (II) A aplicação dos novos prazos de prescrição geral e intercorrente".

Na decisão, o relator do recurso, Ministro Alexandre de Moraes, determinou a suspensão, no Superior Tribunal de Justiça, do processamento dos recursos especiais em que for discutida a questão.

2. Lesão ao patrimônio de Sociedades de economia mista:

"ADMINISTRATIVO. IMPROBIDADE ADMINISTRATIVA. PESSOA JURÍDICA. SUJEIÇÃO ATIVA EM RELAÇÃO AO ATO DE IMPROBIDADE. POSSIBILIDADE, EM TESE. PECULIARIDADES DO CASO CONCRETO. PESSOA JURÍDICA COMO LESADA [...] Como se nota, a sociedade de economia mista, na espécie, longe de ser sujeito ativo de improbidade administrativa, é a entidade lesada, na medida em que a prática do mútuo de modo diverso do permitido imputa-lhe prejuízo financeiro-econômico. Tanto é assim que a União, cujo patrimônio serviu à composição do Banco do Brasil S/A de forma majoritária, figura na demanda como litisconsorte ativa, ao lado do Ministério Público Federal. 5. Recurso especial não provido" (STJ, *REsp 886.655/DF*, 2ª T., rel. Min. Mauro Campbell Marques, j. 21.09.2010, DJe 08.10.2010).

3. Fundações públicas:

"PROCESSUAL CIVIL. RECURSO ESPECIAL. ADMINISTRATIVO. AÇÃO CIVIL PÚBLICA. MINISTÉRIO PÚBLICO. INTIMAÇÃO. COMEÇO DO PRAZO PARA FLUÊNCIA DO RECURSO. DIVERGÊNCIA JURISPRUDENCIAL NÃO DEMONSTRADA. ACÓRDÃOS PARADIGMAS QUE SE AMOLDAM AO ENTENDIMENTO DO ACÓRDÃO PARADIGMÁTICO. FUNCEF. FUNDAÇÃO PRIVADA INSTITUÍDA E PATROCINADA POR EMPRESA PÚBLICA - CAIXA ECONÔMICA FEDERAL. DIRIGENTES SUJEITOS ATIVOS DE ATO DE IMPROBIDADE [...] 7. Consectariamente, sendo a FUNCEF instituída e patrocinada com recursos de empresa pública e, portanto, subordinada aos princípios regedores da Administração Pública, são passíveis de serem considerados "sujeito ativo dos atos de improbidade" todos os que pratiquem malversação dos valores aplicados. 8. Sob este enfoque preconiza a doutrina: Situação peculiar instituída pela Lei de Improbidade e extremamente relevante para o evolver da moralidade que deve reger as relações intersubjetivas, consistiu na elevação do desfalque de montante originário do patrimônio público, ainda que o numerário seja legalmente incorporado ao patrimônio privado, à condição de elemento consubstanciador da improbidade. Em decorrência disso, os agentes privados são equiparados aos agentes públicos para o fim de melhor resguardar o destino atribuído à receita de origem pública, estando passíveis de sofrer as mesmas sanções a estes cominadas e que estejam em conformidade com a peculiaridade de não possuírem vínculo com o Poder Público. Assim, também poderão ser sujeitos passivos dos atos de improbidade as entidades, ainda que não incluídas dentre as que compõem a administração indireta, que recebam investimento ou auxílio de origem pública, o que pode ser exemplificado com o auxílio financeiro prestado pelo Banco Central do Brasil a instituições financeiras em vias de serem liquidadas, erigindo seus administradores à condição de agentes públicos para os fins da Lei nº 8.429/1992. Justifica-se a previsão legal, pois se o Poder Público cede parte de sua arrecadação a determinadas empresas, tal certamente se dá em virtude da presunção de que a atividade que desempenham é de interesse coletivo, o que torna imperativa a utilização do numerário recebido para este fim. (Emerson Garcia e Rogério Pacheco Alves, in Improbidade Administrativa, Editora Lumen Juris, 4ª Edição, págs. 185/186) [...]" (STJ, *REsp 1081098/DF*, 1ª T., rel. Min. Luiz Fux, j. 04.08.2009, DJe 03.09.2009).

4. Serviços Sociais Autônomos:

"CONSTITUCIONAL E ADMINISTRATIVO. RECURSOS EXTRAORDINÁRIOS. JULGAMENTO DE RECURSO POR COLEGIADO INTEGRADO MAJORITARIAMENTE POR MAGISTRADOS DE PRIMEIRO GRAU CONVOCADOS. REPERCUSSÃO GERAL RECONHECIDA NO RE 597.133. INEXISTÊNCIA DE NULIDADE. OFENSA AO PRINCÍPIO DO JUIZ NATURAL. INOCORRÊNCIA. ATOS DE IMPROBIDADE ADMINISTRATIVA PRATICADOS NO ÂMBITO DO SENAC. LEGITIMIDADE DO MINISTÉRIO PÚBLICO PARA PROPOR AÇÃO CIVIL PÚBLICA. COMPETÊNCIA DA JUSTIÇA ESTADUAL. RECURSO EXTRAORDINÁRIO DA EMPRESA HEWLETT-PACKARD BRASIL LTDA. A QUE SE DÁ PARCIAL PROVIMENTO E RECURSO EXTRAORDINÁRIO DE LUIZ FERNANDO VIEIRA A QUE SE DÁ PROVIMENTO INTEGRAL. [...] 3. *In casu*, o Ministério Público ajuizou ação civil pública para apurar prática de atos de improbidade administrativa no âmbito do SENAC. Ressalte-se que os Serviços Sociais Autônomos, integrado pelo SENAC, SESI, SENAI, SEBRAI, dentre outros, são entidades com personalidade jurídica de direito privado, instituídas por lei, sem fins lucrativos, para exercer atividades de assistência ou ensino a certas categorias sociais ou grupos profissionais. Desempenham, portanto, atividades direcionadas ao interesse público com o incentivo e a subvenção do Estado, o que legitima a intervenção do *Parquet* em hipótese de suspeita de malversação dos recursos públicos" (STF, *RE 645243 DF*, rel. Min. Luiz Fux, j. 31.05.2012, DJe, 11.06.2012).

5. Pessoas jurídicas beneficiárias de recursos parafiscais:

"RECURSO ESPECIAL. PROCESSUAL CIVIL. ADMINISTRATIVO. AÇÃO CIVIL PÚBLICA. IMPROBIDADE ADMINISTRATIVA. LITISPENDÊNCIA, CONEXÃO OU CONTINÊNCIA NÃO VERIFICADAS PELA INSTÂNCIA ORDINÁRIA. SÚMULA 7 DO STJ. INSTITUTO EUVALDO LODI - IEL. ENTIDADE INTEGRANTE DO SISTEMA FIEP. FINANCIADO

POR RECURSOS ADVINDOS DO SESI/SENAI. INCIDÊNCIA DA LEI N. 8.429/92 AO CASO. POSSIBILIDADE. DIRIGENTES SUJEITOS ATIVOS DE ATO DE IMPROBIDADE. DIVERGÊNCIA JURISPRUDENCIAL NÃO DEMONSTRADA [...] 2. Aplicáveis as regras da Lei n. 8.429/92 à hipótese, uma vez que as conclusões da Instância Ordinária foram firmadas no sentido de que o Instituto Euvaldo Lodi - IEL é mantido com recursos parafiscais, os quais correspondem a valor superior a 50% de sua receita anual. 3. Esta Corte Superior já decidiu pela aplicabilidade da Lei de Improbidade Administrativa às entidades que, apesar de não incluídas na Administração Indireta, recebam investimento ou auxílio de ordem pública superior a 50% de seu patrimônio ou renda anual, sendo seus administradores considerados, para os fins da Lei n. 8.429/92, agentes públicos (REsp 1.081.098/DF, Rel. Ministro LUIZ FUX, PRIMEIRA TURMA, julgado em 4/8/2009, DJe 3/9/2009). 4. Recurso especial a que se nega provimento" (STJ, *REsp 1195063/PR*, 2ª T., rel. Min. Og Fernandes, j. 16.06.2015, DJe, 25.06.2015).

6. Conselhos profissionais de fiscalização:

"CONSTITUCIONAL. ADMINISTRATIVO. ENTIDADES FISCALIZADORAS DO EXERCÍCIO PROFISSIONAL. CONSELHO FEDERAL DE ODONTOLOGIA: NATUREZA AUTÁRQUICA. Lei 4.234, de 1964, art. 2º. FISCALIZAÇÃO POR PARTE DO TRIBUNAL DE CONTAS DA UNIÃO. I. - Natureza autárquica do Conselho Federal e dos Conselhos Regionais de Odontologia. Obrigatoriedade de prestar contas ao Tribunal de Contas da União. Lei 4.234/64, art. 2º. C.F., art. 70, parágrafo único, art. 71, II. II. - Não conhecimento da ação de mandado de segurança no que toca à recomendação do Tribunal de Contas da União para aplicação da Lei 8.112/90, vencido o Relator e os Ministros Francisco Rezek e Maurício Corrêa. III. - Os servidores do Conselho Federal de Odontologia deverão se submeter ao regime único da Lei 8.112, de 1990: votos vencidos do Relator e dos Ministros Francisco Rezek e Maurício Corrêa. IV. - As contribuições cobradas pelas autarquias responsáveis pela fiscalização do exercício profissional são contribuições parafiscais, contribuições corporativas, com caráter tributário. C.F., art. 149. RE 138.284-CE, Velloso, Plenário, RTJ 143/313. V. - Diárias: impossibilidade de os seus valores superarem os valores fixados pelo Chefe do Poder Executivo, que exerce a direção superior da administração federal (C.F., art. 84, II). VI. - Mandado de Segurança conhecido, em parte, e indeferido na parte conhecida" (STF, *MS 21797*, Pleno, rel. Min. Carlos Velloso, j. 09.03.2000, DJ 18/05/2001).

7. Consórcios públicos:

"ADMINISTRATIVO E PROCESSUAL CIVIL. AÇÃO CIVIL PÚBLICA. IMPROBIDADE ADMINISTRATIVA. CONTRATAÇÃO SEM A REALIZAÇÃO DE CONCURSO PÚBLICO. ART. 11 DA LEI 8.429/1992. CONFIGURAÇÃO DO DOLO GENÉRICO. PRESCINDIBILIDADE DE DANO AO ERÁRIO. RESSARCIMENTO. DESCABIMENTO. CONTRAPRESTAÇÃO DE SERVIÇOS. IMPOSSIBILIDADE DE ENRIQUECIMENTO ILÍCITO DA ADMINISTRAÇÃO. SANÇÃO DO ART. 12, III, DA LEI 8.429/1992. NECESSIDADE

DE EFETIVA COMPROVAÇÃO DE PREJUÍZO PATRIMONIAL. [...] Cuida-se, na origem, de ação civil pública ajuizada pelo Ministério Público do Estado de São Paulo pela prática de atos de improbidade, consubstanciados na contratação irregular (sem realização de concurso público) de servidores para prestação de serviços a Consórcio Intermunicipal de Saúde do Município de Conchas – SP" (STJ, *REsp 1214605/SP*, rel. Min. Eliana Calmon, j. 06.06.2013, DJe, 13.06.2013).

8. Teoria da cegueira deliberada: o Tribunal de Justiça do Estado de São Paulo registra alguns precedentes em que aplicou a referida teoria à improbidade administrativa para efeito de avaliação do elemento subjetivo da conduta. Vale lembrar que a teoria da cegueira deliberada foi desenvolvida no âmbito da Suprema Corte dos Estados Unidos, notadamente em relação aos crimes de lavagem de dinheiro, sendo utilizada para a imputação de delito por dolo eventual, na medida em que o agente é punido não porque teve a intenção de praticar o ilícito, mas porque assumiu o risco de sua ocorrência ao não proceder aos ajustes necessários quanto à procedência dos bens, direitos e valores recebidos. Nesse sentido, elucidativo o seguinte acórdão:

"Ao ignorar a origem de um produto, o sujeito ativo da receptação qualificada põe-se numa espécie de estado de cegueira deliberada, assumindo, por consequência, a luz da previsão legal, o risco de incorrer na prática da conduta censurada pelo referido dispositivo. E tal cautela deve ser exigida, especialmente, das pessoas que atuam no exercício da atividade comercial de compra e venda de sucata, mormente quando se tratar de trilhos, em razão do conhecido comércio ilegal desse material retirado ilicitamente das ferrovias federais. Tais comerciantes não devem ser míopes na certificação da licitude dos referidos bens porque, caso contrário, assumem o risco de estar praticando o crime previsto no art. 180, parágrafo 1º, do CP, ao adquirir ferro produto de crime desobedecendo o comando normativo consubstanciado no dever de buscar informação" (TRF da 5ª Região, **AC 11636**, j.21/07/2015).

Eis os julgados do TJ/SP referentes à incidência da teoria da cegueira deliberada à ação de improbidade administrativa:

"AÇÃO CIVIL PÚBLICA - Prejuízo ao erário devidamente confirmado pelas provas produzidas - Contratação de serviços de plantões médicos junto ao Pronto Socorro de Avaré por intermédio de Termo de Parceria, em valor muito superior ao contrato anterior, e sem a realização de licitação - Superfaturamento constatado - Aplicação da Teoria da Cegueira Deliberada - Ato de improbidade administrativa devidamente comprovado, ante a constatada cavilosidade dos corréus - Procedência da ação mantida - Diferimento do recolhimento das custas deferido - Apelação do réu Joselyr não provida e provida em parte a da ré IBDPH" (TJSP, **Apelação 0009252-56.2010.8.26.0073**, j. 09/04/2014)

"Ação civil pública de responsabilização por atos de improbidade administrativa pela cumulação de cargos ou empregos públicos de médico em três municípios distintos vedação absoluta de matriz constitucional contida no art. 37, XVI, "c" da Carta Mãe da República fraude por dissimulação desvendada pelo Tribunal de Contas - ultraje aos princípios da legalidade, moralidade, impessoalidade e eficiência dolo - concepção ético-normativa e não psicológica ou ontológica aplicabilidade da teoria da "cegueira deliberada" ou da evitação da consciência obrigação de ressarcir o erário - sentença de procedência mantida recurso de apelação improvido, com determinação" (TJSP, **Apelação Cível** 1005742-59.2017.8.26.0271, 12ª Câmara de Direito Público, rel. Des. Souza Meirelles, j. 08.07.2020).

Segundo o Desembargador do Tribunal de Justiça de São Paulo Souza Meirelles, no voto proferido na apelação cível 1005742-59.2017.8.26.0271, "trata-se de uma moderna técnica de prospecção do elemento subjetivo assemelhada ao dolo eventual e não ao de culpa grave – a lançar novas luzes sobre a responsabilização dos sutis transgressores da Lei 8.429/92, aqui de plena pertinência complementar à configuração do elemento subjetivo".

APLICAÇÃO EM PROVAS & CONCURSOS PÚBLICOS

1. **(Prefeitura de Esteio/RS – Auditor Fiscal de Tributos – Fundatec – 2022) Analise as assertivas a seguir a respeito das normas vigentes sobre Improbidade Administrativa:**

   I. Considera-se dolo a vontade livre e consciente de alcançar o resultado ilícito tipificado na Lei, não bastando a voluntariedade do agente.

   II. Constitui ato de improbidade administrativa que atenta contra os princípios da administração pública a ação ou omissão dolosa que viole os deveres de honestidade, de imparcialidade e de legalidade, tal como negar publicidade aos atos oficiais, exceto em razão de sua imprescindibilidade para a segurança da sociedade e do Estado ou de outras hipóteses instituídas em lei.

   III. Entre outros, consideram-se atos de improbidade administrativa importando em enriquecimento ilícito auferir, mediante a prática de ato culposo, qualquer tipo de vantagem indevida em razão do exercício de cargo, de mandato, de função ou de atividade nas entidades públicas.

   Quais estão corretas?

   (A) Apenas I.

   (B) Apenas II.

   (C) Apenas III.

   (D) Apenas I e II.

   (E) Apenas I e III.

2. **(TJ/SP – Escrevente Técnico Judiciário – Vunesp – 2014) A Lei de Improbidade Administrativa (Lei Federal nº 8.429/92) prevê, acerca dos sujeitos ativo e passivo do ato de improbidade, que**

(A) os atos praticados contra entidades para cuja criação ou custeio o erário haja concorrido ou concorra com menos de 50% (cinquenta por cento) do patrimônio ou da receita anual não poderão ser considerados atos de improbidade administrativa.

(B) se sujeitam à Lei de Improbidade os empregados e dirigentes de concessionários e permissionários de serviços públicos, pois prestam serviço público por delegação e auferem dos usuários o preço pelo uso do serviço.

(C) os atos praticados contra entidades para cuja criação ou custeio o erário haja contribuído ou contribua com mais de 50% (cinquenta por cento) do patrimônio ou da receita anual, como os serviços sociais autônomos, podem ser considerados atos de improbidade administrativa.

(D) os empregados de empresas públicas e sociedades de economia mista, bem como das entidades beneficiadas por auxílio ou subvenção estatal, não se qualificam tecnicamente como agentes públicos, mas como empregados privados, então, portanto, não poderá ser-lhes atribuída a autoria de condutas de improbidade.

(E) se sujeitam à Lei de Improbidade os Chefes do Executivo, Ministros e Secretários; os integrantes das Casas Legislativas; os magistrados e membros do Ministério Público; excluindo-se, portanto, da incidência da Lei de Improbidade Administrativa, os servidores públicos de qualquer regime (estatutário, trabalhista e especial).

3. (SEFAZ-SC – Auditor Fiscal da Receita Estadual – Gestão Tributária – FCC – 2018) A não ocorrência de prejuízo aos cofres de uma empresa pública, constatada irregularidade no procedimento de aquisição de equipamentos por um empregado público,

(A) afasta a possibilidade de caracterização de ato de improbidade.

(B) impede a instauração de procedimento para responsabilização do empregado em qualquer esfera, à exceção da penal, caso sua conduta tipifique crime.

(C) não afasta a possibilidade de prática de ato de improbidade se a conduta tiver sido dolosa e se subsumir a uma das demais hipóteses caracterizadoras de outra modalidade, que não exigem prejuízo ao erário para tipificação.

(D) não interfere na conclusão de processo em curso por ato de improbidade, tendo em vista que a tipificação de qualquer das modalidades possíveis é legalmente prevista mediante conduta culposa e não exige efetivo prejuízo ao erário público.

(E) restringe a responsabilização do empregado à esfera disciplinar, pois as empresas públicas se submetem ao regime jurídico de direito privado, não sendo possível configuração de ato de improbidade, salvo se em concurso com detentor de cargo efetivo.

4. (Câmara Legislativa do Distrito Federal – Procurador Legislativo – FCC – 2018) Suponha que determinada empresa privada tenha recebido subvenção econômica de uma agência de fomento federal, cuja aplicação deveria estar atrelada à execução de um projeto de inovação tecnológica aprovado de acordo com edital publicado pela referida agência. No curso da execução do projeto, constatou-se desvio dos recursos repassados pela agência para a empresa, que foram apropriados por um diretor desta e por um gerente de projeto da agência de fomento. No que concerne à aplicação, no caso narrado, das disposições da Lei de Improbidade Administrativa, tem-se que

(A) não se aplicam à situação em tela, eis que as sanções por improbidade pressupõem, como sujeito passivo, entidade integrante da Administração direta ou indireta e, quando empresa privada, a participação de mais de 50% do capital por ente público.

(B) aplicam-se somente ao gerente da agência de fomento, que pode ser equiparado a agente público para tal finalidade, sendo irrelevante a repercussão econômica do ilícito sobre os recursos públicos envolvidos.

(C) sua aplicação depende da comprovação de dolo ou má-fé dos envolvidos, cumulada com a identificação do prejuízo direto sofrido pela pessoa jurídica de direito público controladora da agência de fomento.

(D) atingem o gerente da agência e também o diretor da empresa, mesmo não sendo este agente público e, considerando a natureza da empresa privada, a sanção patrimonial restringe-se à repercussão do ilícito sobre a contribuição dos cofres públicos.

(E) atingem apenas os dirigentes da agência de fomento, na condição de agentes públicos, e desde que configurada ação ou omissão que tenha dado causa direta a prejuízo no que concerne à participação da União no capital social da agência de fomento.

5. (TCM-GO – Auditor de Controle Externo – Controle Externo – FCC – 2015) Empregados de uma sociedade de economia mista, controlada pelo Estado de Goiás, responsáveis pelas aquisições de insumos, foram flagrados desviando parte dos materiais adquiridos pela empresa para revenda. Restou comprovado que a pessoa que adquiria esses materiais desviados sabia da procedência dos mesmos, e pagava por eles preços bem abaixo do custo, auferindo, assim, proveito econômico. De acordo com as disposições da Lei n° 8.429/1992,

(A) as condutas não podem configurar ato de improbidade administrativa, eis que praticadas em prejuízo de pessoa jurídica de direito privado.

(B) somente as condutas dos empregados da sociedade de economia mista podem configurar ato de improbidade administrativa, eis que tal lei não alcança aqueles que não possuam vínculo com a Administração.

(C) todas as condutas citadas podem configurar ato de improbidade administrativa, eis que tal lei admite como sujeitos passivos agentes públicos e também particulares que se beneficiem do ato.

(D) apenas as condutas dos empregados da sociedade de economia mista poderão configurar ato de improbidade administrativa, e desde que comprovado enriquecimento ilícito e prejuízo direto à pessoa jurídica de direito público controladora.

(E) as condutas dos empregados da sociedade de economia mista podem configurar ato de improbidade, desde que os mesmos tenham sido responsabilizados em regular processo disciplinar, inexistindo esse requisito para a responsabilização dos particulares, que depende apenas da comprovação de dolo.

6. (MANAUSPREV – Analista Previdenciário - Contabilidade – FCC – 2015) A caracterização de ato de improbidade demanda a tipificação de determinada conduta em um dos tipos elencados na Lei nº 8.429/92. Podem ser imputados como sujeitos ativos e sujeitos passivos, respectiva e exemplificativamente:

(A) Superintendente de autarquia estadual; e sociedade de economia mista cujo controle pertence a ente federado estadual.

(B) Agentes políticos; e empresas privadas contratadas para obras de construção de unidades escolares.

(C) Diretor de empresa pública; e empresas privadas contratadas para obras de construção de unidades escolares.

(D) Diretor de escola privada; associação sem fins lucrativos custeada exclusivamente por doações do mercado privado.

(E) Gerente de autarquia municipal; e fundação privada, cujos resultados são provenientes de exploração produtiva.

7. **(PROCON/MA – Fiscal de Defesa do Consumidor – FCC – 2017) No âmbito de determinada agência reguladora foi recebida denúncia anônima sobre a conduta de um de seus diretores, que receberia gratificações periódicas de algumas concessionárias de serviço público tanto para emissão de decisões favoráveis àquelas, quanto para protelar o trâmite de processos administrativos que visassem à apuração de práticas ilegais em face dos consumidores. Esse diretor**

(A) considerando que as agências reguladoras, independentemente de sua natureza jurídica, não integram a Administração indireta, sendo autônomas, deverá se submeter a processo administrativo para exoneração, sem prejuízo de lhe ser aplicada sanção pecuniária pelos prejuízos causados.

(B) poderá ser responsabilizado por ato de improbidade, considerando que exerce as funções de diretor em agência reguladora, instituída sob a forma de autarquia, condição que se enquadra no conceito de agente público para fins de tipificação do sujeito ativo.

(C) deve sofrer processo administrativo por infração disciplinar, somente ao fim do qual, se condenado, poderá perder o cargo público comissionado ou não, bem como ser submetido a processo criminal, transpondo-se a este as provas colhidas no processo disciplinar que demonstrem a autoria.

(D) na qualidade de particular ocupante de cargo comissionado, poderá ser incurso nas penalidades aplicáveis ao ato de improbidade, desde que este venha a ser imputado aos servidores ocupantes de cargo efetivo dos quadros da agência reguladora.

(E) não exerce *múnus* público, porque não investido em cargo público efetivo, tendo sido designado pela autoridade máxima da autarquia para o exercício da função de diretor, sendo possível seu desligamento do ente sem formalidades rígidas, não cabendo, contudo, processo administrativo para aplicação de sanção disciplinar.

8. **(IBAMA – Analista Administrativo – Cespe/Cebraspe – 2022) Considerando a hipótese de que, no seu exercício profissional, determinado servidor público tenha utilizado, para fins de interesse particular, os serviços de servidor subordinado a ele, julgue o item seguinte.**

Tal conduta do superior hierárquico configurará ato de improbidade administrativa apenas se tiver sido praticada de forma dolosa.

9. **(Câmara Municipal de São José dos Campos – Técnico Legislativo – Vunesp – 2022) Suponha que um agente público está sendo processado pela prática de ato de improbidade administrativa, sob a acusação de que foi responsável pela realização de contratação pública que não seguiu o rito legal. Na peça acusatória consta a informação de que, embora houvesse divergência interpretativa de lei, baseada na jurisprudência, sobre a possibilidade de realização da contratação sem prévia licitação, o órgão acusador entendeu que o procedimento era necessário e que, portanto, a conduta do infrator ofende o princípio da moralidade administrativa. Tendo por base a situação hipotética e o disposto na Lei nº 8.429/92, é correto afirmar que**

(A) a conduta em questão admite a responsabilização por ato de improbidade, caso o agente tenha agido com dolo ou culpa.

(B) caso fique evidenciada a lesão ao patrimônio público, o mero exercício da função pública autoriza a responsabilização por ato de improbidade administrativa.

(C) a conduta do agente não configura improbidade, pois a divergência interpretativa afasta a responsabilização do agente.

(D) o agente público não estará sujeito à Lei de Improbidade Administrativa caso seja vinculado ao Poder Judiciário.

(E) a demonstração da voluntariedade do agente é suficiente para a comprovação da existência do dolo, não sendo necessária a demonstração da intenção de praticar o fim ilícito.

10. (CRECI-24ª Região/RO - Fiscal - Quadrix - 2022) Acerca das disposições da Lei n.º 8.429/1992, julgue o item.

Não configura improbidade a ação ou omissão decorrente de divergência interpretativa da lei, baseada em jurisprudência, ainda que não pacificada, mesmo que não venha a ser posteriormente prevalecente nas decisões dos órgãos de controle ou dos tribunais do Poder Judiciário.

11. (CRECI-24ª Região/RO - Fiscal - Quadrix - 2022) Acerca das disposições da Lei n.º 8.429/1992, julgue o item.

Os atos de improbidade violam a probidade na organização do Estado e no exercício de suas funções e a integridade do patrimônio público e social apenas dos Poderes Executivo e Legislativo.

12. (CRECI-24ª Região/RO - Fiscal - Quadrix - 2022) Acerca das disposições da Lei n.º 8.429/1992, julgue o item.

O mero exercício da função ou o desempenho de competências públicas, sem comprovação de ato doloso com fim ilícito, afasta a responsabilidade por ato de improbidade administrativa.

13. (CRECI-24ª Região/RO - Fiscal - Quadrix - 2022) Acerca das disposições da Lei n.º 8.429/1992, julgue o item.

O sistema de responsabilização por atos de improbidade administrativa tutelará a probidade na organização do Estado e no exercício de suas funções, como forma de assegurar a integridade do patrimônio público e social.

14. (Telebras – Especialista em Gestão de Telecomunicações – Cespe-Cebraspe – 2022) **Acerca das sanções aplicáveis em virtude da prática de atos de improbidade administrativa, julgue o item que se segue.**

São considerados atos de improbidade administrativa as condutas dolosas e culposas tipificadas na Lei n.º 8.429/1992.

15. (CRF-GO - Advogado - Quadrix - 2022) Acerca da Lei n.º 8.429/1992, julgue o item

Não configura improbidade administrativa a ação ou a omissão decorrente de divergência interpretativa da lei, baseada em jurisprudência, ainda que não pacificada, mesmo que não venha a ser posteriormente prevalecente nas decisões dos órgãos de controle ou dos tribunais do Poder Judiciário.

16. (CRF-GO - Advogado - Quadrix - 2022) As entidades privadas para cuja criação ou custeio o erário público haja concorrido no seu patrimônio ou na sua receita atual não estão sujeitas às sanções previstas na Lei de Improbidade Administrativa, tendo em vista que não integram a administração indireta.

17. (ManausPrev – Procurador Autárquico – FCC – 2021) A Santa Casa de Misericórdia do Município Alfa, associação civil de natureza filantrópica, celebrou parceria com o Município, contemplando a transferência de recursos financeiros municipais para custeio de suas atividades assistenciais. O Ministério Público recebeu denúncia, por carta anônima, de que o gestor da Santa Casa ostenta patrimônio não condizente com sua remuneração, havendo indícios de desvio de recursos financeiros manejados pela instituição. Em vista de tal situação, a responsabilização do referido gestor por ato de improbidade é

(A) cabível, pois essa espécie de entidade pode ser qualificada como ente público não estatal.

(B) incabível, pois uma vez que ingresse no patrimônio privado da entidade, os recursos públicos perdem essa natureza.

(C) cabível, limitando-se a sanção patrimonial à repercussão do ilícito sobre a contribuição dos cofres públicos.

(D) incabível, por se tratar de entidade de natureza privada, não sujeita ao regime de responsabilidade estabelecido na Lei no 8.429/1992.

(E) cabível, desde que haja envolvimento de servidor público da Prefeitura.

18. (Câmara de Conchal/SP – Advogado – Nemesis – 2020) Mélvio, ex-prefeito, do Município X, está respondendo por ação de improbidade administrativa, nos termos do! artigo 11 da Lei Federal nº 8.429/92, por ter violado o princípio da legalidade na contratação irregular de um show artístico por inexigibilidade de licitação. Quanto à tipificação da conduta apresentada, assinale a alternativa correta:

(A) Casos envolvendo irregularidade na contratação por inexigibilidade de licitação são enquadrados no artigo 10 da Lei Federal nº 8. 429/92.

(B) Para a tipificação da conduta descrita é preciso que a ilegalidade tenha sido praticada mediante dolo do agente, independentemente de haver dano ao erário.

(C) O tipo subjetivo para a tipificação do artigo 11 da Lei nº 8.429/92 é a culpa, em qualquer de suas modalidades.

(D) Na conduta descrita, o agente pode receber a pena de perda da função Pública e a suspensão dos direitos políticos de cinco a oito anos.

(E) O caso apresentado não admite a celebração de acordo de não persecução cível.

19. (MP/SC – Promotor de Justiça Substituto – Cespe-Cebraspe – 2021) A União, por intermédio do Ministério da Saúde, firmou convênio com um município catarinense para a construção de um hospital materno-infantil. Por meio desse convênio, a União repassou ao município sessenta milhões de reais, enquanto o município deveria, a título de contrapartida, investir seis milhões de reais na obra. Considerando a grande relevância do hospital para a comunidade local, o prefeito decidiu contratar diretamente a empresa responsável pela construção. A partir dessa situação hipotética, julgue o item a seguir.

Em eventual ação de improbidade administrativa hipoteticamente decorrente da realização de pagamentos indevidos na construção do hospital, poderá figurar no polo passivo da ação apenas o gestor responsável pela contratação, uma vez que, segundo jurisprudência do STJ, nas ações de improbidade administrativa, não há litisconsórcio passivo necessário entre o agente público e terceiros beneficiados com o ato ímprobo.

1	2	3	4	5	6	7	8	9	10
D	C	C	D	C	A	B	V	C	V
11	**12**	**13**	**14**	**15**	**16**	**17**	**18**	**19**	
F	V	V	F	V	F	C	B	V	

~~**Art. 2º** Reputa-se agente público, para os efeitos desta lei, todo aquele que exerce, ainda que transitoriamente ou sem remuneração, por eleição, nomeação, designação, contratação ou qualquer outra forma de investidura ou vínculo, mandato, cargo, emprego ou função nas entidades mencionadas no artigo anterior.~~

Art. 2º Para os efeitos desta Lei, consideram-se agente público o agente político, o servidor público e todo aquele que exerce, ainda que transitoriamente ou sem remuneração, por eleição, nomeação, designação, contratação ou qualquer outra forma de investidura ou vínculo, mandato, cargo, emprego ou função nas entidades referidas no art. 1º desta Lei. (Redação dada pela Lei nº 14.230, de 2021)

Parágrafo único. No que se refere a recursos de origem pública, sujeita-se às sanções previstas nesta Lei o particular, pessoa física ou jurídica, que celebra com a administração pública convênio, contrato de repasse, contrato de gestão, termo de parceria, termo de cooperação ou ajuste administrativo equivalente. (Incluído pela Lei nº 14.230, de 2021)

COMENTÁRIOS

1. Sujeito ativo da improbidade administrativa: é quem comete o ato de improbidade administrativa e figura como **réu** em eventual demanda judicial, podendo ser pessoa **física ou jurídica**.

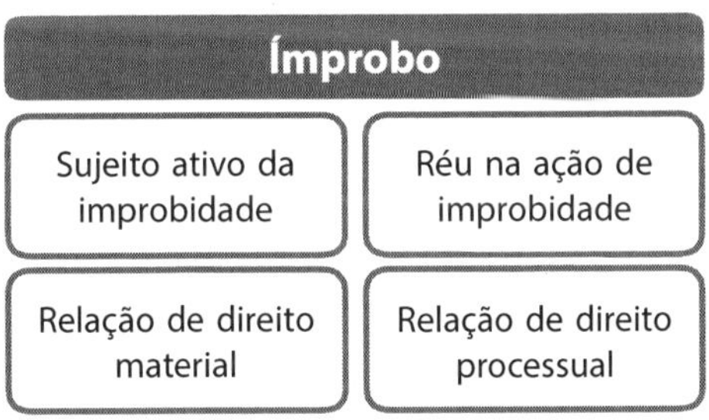

Originariamente, a LIA previa duas espécies de sujeito ativo:

i. agentes públicos (art. 2º); e

ii. terceiros que concorram para a prática da conduta ou dela se beneficiem (art. 3º).

A Lei 14.230/2021 promoveu algumas modificações, ficando assim esquematizada:

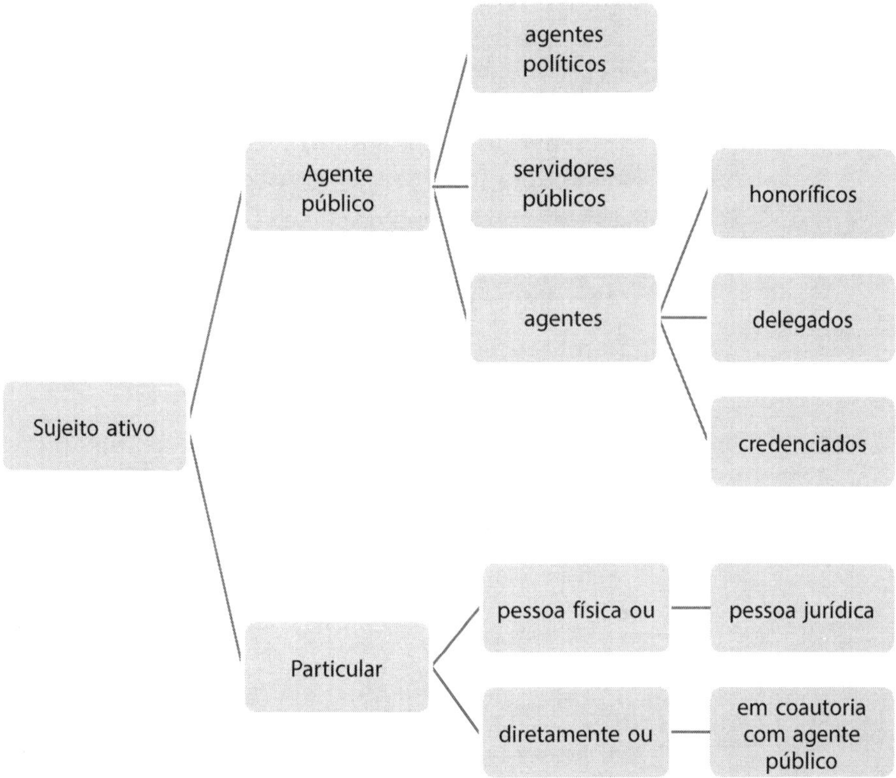

2. Agentes Públicos: a primeira espécie de sujeito ativo são os agentes públicos, categoria cuja definição no Direito Administrativo é um tanto controversa. Talvez por isso o legislador, ao editar a LIA, preferiu apresentar um conceito legal de agentes públicos, fugindo da praxe legislativa clássica. E a **definição legal contida no art. 2º é amplíssima**, abrangendo praticamente todas as espécies de agentes públicos. Vale lembrar que a expressão "agente público" é ampla e designa todo sujeito que genérica e indistintamente serve ao poder público, concretizando a manifestação de vontade estatal. Significa que qualquer indivíduo que exerça uma função estatal será considerado agente público. Hely Lopes Meirelles afirma que agentes públicos são todas as pessoas incumbidas, definitiva ou transitoriamente, do exercício de alguma função estatal[20]. Trata-se de gênero do qual são espécies os agentes políticos, administrativos, honoríficos, agentes delegados e credenciados (classificação de Hely Lopes Meirelles).

20. MEIRELLES, Hely Lopes. *Direito administrativo brasileiro*. 42ª ed. São Paulo: Malheiros, 2016, p. 79.

Agentes Políticos: são servidores do primeiro escalão, investidos em cargos, funções ou mandatos por nomeação, eleição, designação ou delegação para o exercício de atribuições constitucionais, atuando com plena liberdade funcional e com prerrogativas e responsabilidades próprias, previstas na Constituição e em leis especiais. São agentes políticos, segundo doutrina **majoritária**, os **Chefes do Poder Executivo e seus auxiliares imediatos** (Ministros e Secretários de Estado e de Município), os **membros do Poder Judiciário e do Ministério Público**, os membros dos Tribunais de Contas e os representantes diplomáticos. Muitos destes agentes ficam sujeitos ao regime especial de punição em caso de cometimento de crimes de responsabilidade (Leis 1.079/19850 e 7.706/1983 – Presidente da República, Ministros de Estado, Ministros do STF, PGR, AGU, Governadores e Secretários de Estado –, além do Decreto-Lei 201/1967, específico para Prefeitos e Vereadores);

Agentes administrativos: são todos aqueles que se vinculam ao Estado e/u a suas autarquias e fundações por relações profissionais, submetidos à hierarquia funcional e a regime jurídico específico estabelecido pela entidade estatal a que servem. "São investidos a título de emprego e com retribuição pecuniária, em regra por nomeação, e excepcionalmente por contrato de trabalho ou credenciamento. Nessa categoria incluem-se, também, os dirigentes de empresas estatais (não os seus empregados), como representantes da Administração indireta do Estado, os quais, nomeados ou eleitos, passam a ter vinculação funcional com órgãos públicos da Administração direta, controladores da entidade"[21]. Os agentes administrativos compreendem:

(*a*) servidores públicos concursados (art. 37, II, CF);

(*b*) servidores públicos exercentes de cargos ou empregos em comissão titulares de cargo ou emprego público (art. 37, V, CF) e

(*c*) servidores temporários, contratados por tempo determinado para atender necessidade temporária de excepcional interesse público (art. 37, IX, CF);

Agentes honoríficos: são cidadãos convocados, designados ou nomeados, para prestar, transitoriamente, certos serviços ao Estado, em virtude de sua condição cívica, de sua honorabilidade ou de sua notória capacidade profissional, a exemplo dos jurados, mesários e de comissários de menores; não mantém vínculo empregatício ou estatutário e, geralmente, não auferem qualquer tipo de remuneração;

Agentes delegados: são particulares que executam atividade, obra ou serviço público em nome próprio e por sua conta e risco, mas observando as regras editadas pelo Estado e sob fiscalização do delegante, a exemplo concessionários e permissionários de serviços públicos, dos titulares de delegação de serviços notariais e de registro, dos leiloeiros, tradutores e intérpretes públicos;

Agentes credenciados: são os que recebem a incumbência de representar a Administração em determinado ato ou praticar atividade específica, mediante remuneração do Poder Público credenciante.

Dada a amplitude da definição legal, **até mesmo dirigentes de fundação privada constituída com recursos de origem pública podem figurar como sujeitos ativos de atos de improbidade**. Com efeito, "o alcance conferido pelo legislador quanto à expressão 'agente público'

21. MEIRELLES, Hely Lopes. *Direito ...* p. 83.

possui expressivo elastério, o que faz com que os sujeitos ativos dos atos de improbidade administrativa não sejam apenas os servidores públicos, mas, também, quaisquer outras pessoas que estejam de algum modo vinculadas ao Poder Público" (STJ, *REsp 1.081.098/DF*, 1ª T., rel. Min. Luiz Fux, DJe 03.09.2009). Todavia, ausente a qualidade de agente público e a lesão a entidades públicas ou beneficiárias de recursos públicos, não há que se falar em aplicação das sanções previstas na Lei de Improbidade Administrativa (STJ, *REsp 1.414.669/SP*, 1.ª T., j. 20.02.2014, rel. Min. Napoleão Nunes Maia Filho, DJe 27.03.2014).

A Lei 14.230/2021 incluiu expressamente na conceituação legal os **agentes políticos**, sepultando a controvérsia instaurada na vigência da redação originária da LIA. Consagrou, nesse particular, o entendimento prevalente segundo o qual "a não aplicação das normas da LIA aos agentes políticos implica em estabelecer imunidade que a Constituição Federal não previu e nem excepcionou no § 4.º do art. 37, pois tal entendimento também propiciaria verdadeira blindagem patrimonial – já que não seria possível a reparação dos danos, o perdimento dos bens adquiridos em enriquecimento ilícito e o pagamento de multa civil – em evidente violação ao princípio da isonomia inserto no caput do art. 5.º da CF"[22].

Algumas categorias, contudo, apresentam particularidades que exigem uma análise pormenorizada, o que passamos a fazer nos tópicos seguintes.

3. Agentes políticos submetidos a regime especial de crime de responsabilidade: doutrina e jurisprudência divergem sobre a incidência da LIA aos agentes políticos sujeitos a regime especial de crime de responsabilidade. De um lado, parcela da doutrina entende que os agentes políticos submetidos à legislação especial, relativa aos crimes de responsabilidade, não ficam sujeitos às sanções da LIA[23]. Para os seus adeptos, a Constituição haveria dispensado tratamento específico aos agentes políticos com regime especial de crime de responsabilidade, aplicando-se a LIA apenas em relação aos agentes públicos em geral.

---

22. GAJARDONI, Fernando da Fonseca; CRUZ, Luana Pedrosa de Figueiredo; CERQUEIRA, Luís Otávio Serqueira; GOMES JUNIOR, Luiz Manoel; FARETO, Rogério. *Comentários à Lei de Improbidade Administrativa [livro eletrônico]: Lei 8.249, de 02 de junho de 1992*. São Paulo: Revista dos Tribunais, 2014.
23. Nesse sentido: MENDES, Gilmar Ferreira; BRANCO, Paulo Gustavo Gonet. *Curso de Direito Constitucional*. 6ª ed. São Paulo: Saraiva, 2011, p. 781/782.

Noutras palavras, a Constituição teria previsto dois critérios distintos de responsabilidade:

Agentes públicos em geral	**Agentes políticos**
Submetem-se à LIA	Sujeitam-se às regras específicas dos crimes de responsabilidade
Art. 37, § 4º, CF c/c Lei 8.429, de 1992	Arts. 52, I, 85, V, e 102, I, "c", CF; Leis 1.079, de 1950 e 7.106, de 1983, e Decreto-Lei 201, de 1967

O **STF já adotou esta orientação** ao julgar a *Reclamação 2.138/DF*, que versava acerca da prática de improbidade administrativa por Ministro de Estado, entendendo o Pretório Excelso que os agentes políticos, uma vez que regidos por normas especiais de responsabilidade, não ficam sujeitos a punição por atos de improbidade administrativa. Daniel Amorim Assumpção Neves *et al* adverte, contudo, que **o precedente mencionado não representa jurisprudência consolidada** do STF, tendo em vista que a decisão foi tomada por maioria apertada e houve substancial alteração da Suprema Corte[24].

Uma segunda linha de pensamento, de outro lado, defende que não há *bis in idem* na aplicação cumulativa das sanções de improbidade administrativa, previstas na LIA, e das punições por crime de responsabilidade, tipificadas em legislação especial, por força da independência das instâncias civil, criminal e administrativa.

É a orientação atualmente predominante na jurisprudência do STF, assentada por ocasião do julgamento do **RE 976.566/PA,** com repercussão geral e sob a relatoria do Ministro Alexandre de Moraes, segundo a qual a responsabilidade civil por ato de improbidade administrativa é autônoma e deve ser apurada em instância diversa.

Há, ainda, um terceiro entendimento segundo o qual os agentes políticos sujeitam-se às sanções da LIA, salvo aquelas de natureza polí-

24. NEVES, Daniel Amorim Assumpção; OLIVEIRA, Rafael Carvalho Rezende. *Manual* ... p. 107.

tica que somente podem ser aplicadas por meio do respectivo processo por crime de responsabilidade[25] (*vide* item 3 do tópico CASUÍSTICA).

4. Militares: o conceito amplíssimo de servidor público do art. 2º da LIA alcança também os militares, não havendo norma superior que os salvaguarde. Mas existem algumas especificidades consagradas na Constituição Federal, a saber:

(*a*) compete à Justiça Militar estadual processar e julgar os militares dos Estados, nos crimes militares definidos em lei **e as ações judiciais contra atos disciplinares militares**, ressalvada a competência do júri quando a vítima for civil, cabendo ao tribunal competente decidir sobre a perda do posto e da patente dos oficiais e da graduação das praças (art. 125, § 4º);

(*b*) o oficial só perderá o posto e a patente se for julgado indigno do oficialato ou com ele incompatível, por decisão de tribunal militar de caráter permanente, em tempo de paz, ou de tribunal especial, em tempo de guerra (art. 142, § 3º, inciso VI).

Verifica-se, destarte, que a Constituição reservou ao tribunal competente a decretação de perda do posto e das patentes dos oficiais militares e da graduação das praças, matérias que estão afastadas da competência do juízo cível competente para o processo e julgamento da ação de improbidade administrativa.

Importante para a compreensão da ressalva:

Posto: grau hierárquico do oficial, conferido por ato do Presidente da República ou do Ministro de Força Singular e confirmado em Carta Patente (art. 16, § 1º, Lei 6.880, de 09 de dezembro de 1980);

Patente: conjunto de vantagens, prerrogativas e deveres inerentes aos postos dos oficiais militares (art. 50, inciso I, Lei 6.880, de 1980);

Graduação: grau hierárquico da praça, conferido pela autoridade militar competente (art. 16, § 3º, Lei 6.880, de 1980).

Para Daniel Amorim Assumpção Neves *et al*, "a Constituição [...] remete ao tribunal apenas a decisão sobre a perda do posto e da patente dos oficiais, mencionando, ainda, a perda da graduação das praças. Não há, todavia, no texto constitucional, menção à perda do cargo

25. Nesse sentido: NEVES, Daniel Amorim Assumpção; OLIVEIRA, Rafael Carvalho Rezende. *Manual* ... p. 110.

por decisão exclusiva do respectivo tribunal"[26]. A referida orientação encontra amparo em norma legal, uma vez que a Lei 6.880, de 1980, estabelece que o oficial demitido ingressará na reserva preservando o mesmo posto que possuía no serviço ativo (inteligência dos arts. 116, § 3º, e 117). Significa dizer que o desligamento não importa automaticamente na perda do posto:

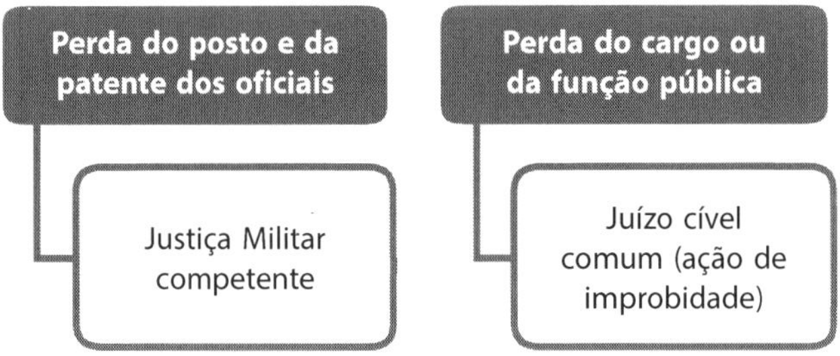

Em relação à graduação dos praças, é firme o entendimento no sentido de que o art. 125, § 4º, da CF, reserva à **Justiça Militar** competência para **decretar a perda da graduação como pena acessória criminal, não impedindo sua aplicação no âmbito da ação de improbidade administrativa**. Nesse sentido, a propósito, é a orientação constante da *Súmula 673* do STF, segundo a qual "o art. 125, § 4º, da Constituição **não** impede a perda da graduação de militar mediante procedimento administrativo". Acrescente-se que o sobredito entendimento foi reafirmado pelo Pretório Excelso ao julgar em 23 de agosto de 2012, com repercussão geral, o *ARE 691.306/MS*, rel. Min. Cezar Peluso (*vide* item 5 do tópico "CASUÍSTICA").

APLICAÇÃO DA PERDA DA GRADUAÇÃO DOS PRAÇAS

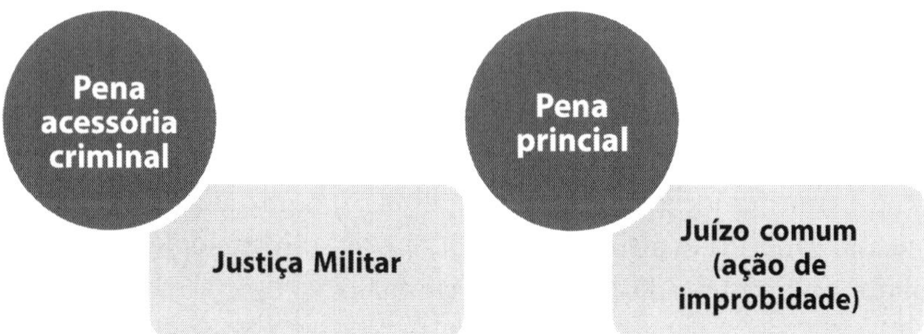

26. NEVES, Daniel Amorim Assumpção; OLIVEIRA, Rafael Carvalho Rezende. *Manual* ... p. 124.

5. Dirigentes de concessionárias e permissionárias de serviços públicos: conquanto amplo o conceito de agente público, o art. 2º restringe seu alcance ao mencionar que será considerado para tanto quem exerce, ainda que transitoriamente ou sem remuneração, por eleição, nomeação, designação, contratação ou qualquer outra forma de investidura ou vínculo, mandato, cargo, emprego ou funções **nas entidades elencadas no art. 1º da LIA.**

Conforme esclarecido nos comentários ao art. 1º, os permissionários e concessionários de serviço público são pessoas jurídicas de direito privado que prestam serviços públicos por delegação, não integrando a Administração Pública Direta ou Indireta. Os **serviços são remunerados pelos próprios usuários por meio do pagamento de tarifa, razão pela qual seus empregados e dirigentes não se sujeitam aos ditames da LIA.** Com efeito, "a despeito de tais pessoas prestarem serviço público por delegação, não se enquadram no modelo da lei: as tarifas que auferem dos usuários são o preço pelo uso do serviço e resultam de contrato administrativo firmado com o concedente ou permitente. Desse modo, o Estado, como regra, não lhes destina benefícios, auxílios ou subvenções."[27].

Assim pensa Daniel Amorim Assumpção Neves *et al* que ressalva apenas a possibilidade de aplicação das sanções da LIA aos empregados e dirigentes de concessionária de serviços públicos na qualidade de terceiros, na forma do art. 3º da mencionada legislação[28].

6. O particular enquanto sujeito ativo de ato de improbidade: o particular que recebe recursos públicos em razão da celebração com a Administração Pública de convênios, contrato de repasse, contrato de gestão, termo de parceria, termo de cooperação ou ajuste administrativo equivalente pode figurar como sujeito ativo dos atos de improbidade administrativa (art. 2º, parágrafo único da LIA).

O mencionado preceito legal elenca, **em rol exemplificativo,** os principais instrumentos contratuais para a formalização de parcerias com a transferência de recursos públicos, utilizando-se ao final de cláusula genérica semelhante à da interpretação analógica comumente aplicada no âmbito da legislação criminal.

---

27. CARVALHO FILHO, José dos Santos. *Manual*... p. 990.
28. NEVES, Daniel Amorim Assumpção; OLIVEIRA, Rafael Carvalho Rezende. *Manual*... p. 131.

Vejamos

(a) *Convênios* são acordos de vontades firmados pelas partes intervenientes visando a realização de objetivos de interesse comum, em regime de mútua cooperação. Com o avento da Lei 13.019, de 31 de julho de 2014 e das alterações operadas pela Lei 13.204, 2015, os convênios devem ser firmados, exclusivamente, entre entes federados ou pessoas jurídicas a eles vinculados, por força do disposto no art. 84, parágrafo único, inciso I c/c art. 84-A da Lei 13.019/2014.

(b) *Contrato de repasse*, por sua vez, consiste no "instrumento administrativo, de interesse recíproco, por meio do qual a transferência dos recursos financeiros se processa por intermédio de instituição ou agente financeiro público federal, que atua como mandatário da União" (art. 1º, § 1º, inciso II do Decreto 6.170, de 25 de julho de 2007, com as alterações do Decreto 8.180, de 2013).

(c) *Contrato de gestão* (também conhecido como *acordo-programa*) é o ajuste firmado entre a Administração Direta e outros órgãos da própria Administração Direta ou Indireta ou, ainda, entidades do Terceiros Setor, que tem por objeto a fixação de metas de desempenho para o órgão ou entidade. É o que determina o art. 37, § 8º da Constituição:

> § 8º A autonomia gerencial, orçamentária e financeira dos órgãos e entidades da administração direta e indireta poderá ser ampliada mediante contrato, a ser firmado entre seus administradores e o poder público, que tenha por objeto a fixação de metas de desempenho para o órgão ou entidade, cabendo à lei dispor sobre: (Incluído pela Emenda Constitucional nº 19, de 1998)
>
> I - o prazo de duração do contrato; (Incluído pela Emenda Constitucional nº 19, de 1998)
>
> II - os controles e critérios de avaliação de desempenho, direitos, obrigações e responsabilidade dos dirigentes; (Incluído pela Emenda Constitucional nº 19, de 1998)
>
> III - a remuneração do pessoal. (Incluído pela Emenda Constitucional nº 19, de 1998)

Enfim, cuida-se de instrumento cujos objetivos coincidem com as finalidades de uma administração pública gerencial *(public management)*, que é pautada no princípio da eficiência.

Existem duas modalidades de contrato de gestão:

	Interno ou Endógeno	Externo ou Exógeno
Definição	Firmado entre o Poder Público e os administradores dos órgãos ou entidades da Administração Pública;	Firmado entre o Poder Público e entidade qualificada como organização social;
Finalidades	(i) ampliar a autonomia gerencial, orçamentária e financeira dos órgãos e entidades da administração direta e indireta; (ii) constitui requisito para a qualificação de autarquias e empresas públicas federais como agências executivas.	Fomentar a execução de atividades de ensino, pesquisa científica, dentre outras, por organizações sociais.

No âmbito da administração pública federal, a Lei 13.934, de 11 de dezembro de 2019 regulamentou o § 8º do art. 37 da Constituição, **utilizando de nova terminologia ao se referir ao contrato de gestão como "contrato de desempenho"**, definindo-o como "o acordo celebrado entre o órgão ou entidade supervisora e o órgão ou entidade supervisionada, por meio de seus administradores, para o estabelecimento de metas de desempenho do supervisionado, com os respectivos prazos de execução e indicadores de qualidade, tendo como contrapartida a concessão de flexibilidades ou autonomias especiais".

(d) *Termo de parceria* é o instrumento passível de ser de ser firmado entre o Poder Público e as entidades qualificadas como Organizações da Sociedade Civil de Interesse Público destinado à formação de vínculo de cooperação entre as partes, para o fomento e a execução das atividades de interesse público, visando alcançar pelo menos uma das seguintes finalidades (arts. 3º e 9º da Lei 9.790, de 23 de março de 1999):

> I - promoção da assistência social;
>
> II - promoção da cultura, defesa e conservação do patrimônio histórico e artístico;
>
> III - promoção gratuita da educação, observando-se a forma complementar de participação das organizações de que trata esta Lei;
>
> IV - promoção gratuita da saúde, observando-se a forma complementar de participação das organizações de que trata esta Lei;
>
> V - promoção da segurança alimentar e nutricional;
>
> VI - defesa, preservação e conservação do meio ambiente e promoção do desenvolvimento sustentável;

VII - promoção do voluntariado;

VIII - promoção do desenvolvimento econômico e social e combate à pobreza;

IX - experimentação, não lucrativa, de novos modelos sócio-produtivos e de sistemas alternativos de produção, comércio, emprego e crédito;

X - promoção de direitos estabelecidos, construção de novos direitos e assessoria jurídica gratuita de interesse suplementar;

XI - promoção da ética, da paz, da cidadania, dos direitos humanos, da democracia e de outros valores universais;

XII - estudos e pesquisas, desenvolvimento de tecnologias alternativas, produção e divulgação de informações e conhecimentos técnicos e científicos que digam respeito às atividades mencionadas neste artigo;

XIII - estudos e pesquisas para o desenvolvimento, a disponibilização e a implementação de tecnologias voltadas à mobilidade de pessoas, por qualquer meio de transporte. (Incluído pela Lei nº 13.019, de 2014)

(e) *Termo de cooperação*, finalmente, consiste no instrumento por meio do qual é ajustada a transferência de crédito de órgão da administração pública federal direta, autarquia, fundação pública, ou empresa estatal dependente, para outro órgão ou entidade federal da mesma natureza (art. 1º, § 1º, inciso III do Decreto 6.170, de 26 de julho de 2007, com redação do Decreto 6.619, de 2008). Decreto 10.426, de 16 de julho de 2020.

A partir da publicação do Decreto 10.426, de 16 de julho de 2020 o instituo passou a ser denominado de "Termo de Execução Descentralizada", definido pelo art. 2º, inciso I do mencionado diploma legal como "instrumento por meio do qual a descentralização de créditos entre órgãos e entidades integrantes dos Orçamentos Fiscal e da Seguridade Social da União é ajustada, com vistas à execução de programas, de projetos e de atividades, nos termos estabelecidos no plano de trabalho e observada a classificação funcional programática".

Atenção: a Lei 13.019/2014 prevê como mecanismo para a formalização de parcerias entre a administração pública e as organizações da sociedade civil, em regime de mútua cooperação, o **acordo de cooperação**, conceituado pelo art. 2º, inciso VIII-A, da mencionada Lei, como "instrumento por meio do qual são formalizadas as parcerias estabelecidas pela administração pública com organizações da sociedade civil para a consecução de finalidades de interesse público e recíproco **que não envolvam a transferência de recursos financeiros**".

Como se vê, trata-se de acordo para a realização de finalidades de interesse público e recíproco **que não envolva a transferência de recursos financeiros**, circunstância que não impede a incidência da LIA se o ajuste propiciar aos particulares benefícios de natureza não financeira. Marçal Justen Filho, a propósito desta excepcionalidade, sustenta que uma entidade privada que firme acordo de cooperação que lhe assegure a posse de determinado equipamento público, para a execução das atividades de interesse coletivo, poderá incorrer em ato de improbidade se o particular utilizar esse bem para benefício pessoal e egoístico[29].

CASUÍSTICA

1. Estagiários: em mais de uma oportunidade o STJ considerou possível a responsabilização de estagiários que atuam no poder público por atos de improbidade administrativa, por se enquadrarem na definição ampla de servidor público do art. 2º da LIA:

"ADMINISTRATIVO E PROCESSUAL CIVIL. MEDIDA CAUTELAR. ATRIBUIÇÃO DE EFEITO SUSPENSIVO A RECURSO ESPECIAL. AÇÃO CIVIL PÚBLICA. IMPROBIDADE ADMINISTRATIVA. AUSÊNCIA DOS REQUISITOS DA FUMUS BONI IURIS E DO PERICULUN IN MORA [...] 2. O enquadramento do estagiário no conceito de agente público, para fins de sua submissão à Lei n. 8.429/1992, depende das funções que, de fato, estava a exercer, por ocasião do ilícito que praticou. É desinfluente, assim, o fato de, dentre suas atribuições, não haver possibilidade de tomar decisões. 3. No caso, está consignado nos autos que ele tinha acesso a senha que legitimaria operações que só o empregado da Caixa Econômica Federal poderia realizar, o que, em exame preliminar, denota que, transitoriamente, em razão de seu vínculo com a CEF, exerceu, de forma ilícita, função que, embora estranha a suas atribuições, contrariou os princípios da administração pública. Assim, não se verifica a "fumaça do bom direito". 4. O recebimento da inicial da ação de improbidade, com sua regular tramitação, não é suficiente à caracterização do periculum in mora. 5. Agravo regimental provido para revogar a atribuição do efeito suspensivo conferido ao recurso especial" (STJ, *MC 21.122/CE*, 1ª T., rel. Min. Benedito Gonçalves, j. 08.10.2013, DJe 13.03.2014);

"IMPROBIDADE ADMINISTRATIVA. ESTAGIÁRIA. ENQUADRAMENTO NO CONCEITO DE AGENTE PÚBLICO PRECONIZADO PELA LEI 8.429/92. PRECEDENTES. RECURSO ESPECIAL PROVIDO. 1. Cuida-se, na origem, de Ação de Improbidade Administrativa proposta pelo Ministério Público Federal, ora recorrente, contra Michele Pires Xavier, ora recorrida, objetivando a condenação por ato ímprobo, praticado

29. JUSTEN FILHO, Marçal. *Reforma da Lei de Improbidade* ... p. 34.

quando a recorrida era estagiária da CEF, consistente na apropriação de valores que transferiu da conta de um cliente, utilizando, para tanto, senha pessoal de uma funcionária da CEF, auferindo um total de R$ 11.121,27 (onze mil, cento e vinte e um reais e vinte e sete centavos). 2. O Juiz de 1º Grau julgou o pedido procedente. 3. O Tribunal a quo negou provimento aos Embargos Infringentes do ora recorrente, e assim consignou na decisão: "Por isso mesmo, não se pode considerar probo o contexto em que um estagiário possui poder semelhante ao de um agente público, reclamando cautela a imposição das reprimendas cominadas à improbidade administrativas a eventual excesso do estagiário." (fl. 476). 4. Contudo, **o conceito de agente público, constante dos artigos 2º e 3º da Lei 8.429/1992, abrange não apenas os servidores públicos, mas todo aquele que exerce, ainda que transitoriamente ou sem remuneração, por eleição, nomeação, designação, contratação ou qualquer outra forma de investidura ou vínculo, mandato, cargo, emprego ou função na Administração Pública. 5. Assim, o estagiário que atua no serviço público, ainda que transitoriamente, remunerado ou não, se enquadra no conceito legal de agente público preconizado pela Lei 8.429/1992.** Nesse sentido: Resp 495.933-RS, Ministro Luiz Fux, Primeira Turma, DJe 19/4/2004, MC 21.122/CE, Rel. Ministro Napoleão Nunes Maia Filho, Rel. p/ Acórdão Ministro Benedito Gonçalves, Primeira Turma, DJe 13/3/2014. 6. Ademais, as disposições da Lei 8.429/1992 são aplicáveis também àquele que, mesmo não sendo agente público, induza ou concorra para a prática do ato de improbidade ou dele se beneficie sob qualquer forma, direta ou indireta, pois o objetivo da Lei de Improbidade é não apenas punir, mas também afastar do serviço público os que praticam atos incompatíveis com o exercício da função pública. 7. Recurso Especial provido" (STJ, *REsp 1.352.035/RS*, 2ª T., rel. Min. Herman Benjamin, j. 18.08.2015, DJe 08.09.2015, grifamos).

2. Agentes políticos como sujeito ativo de improbidade:

"PROCESSUAL CIVIL. ADMINISTRATIVO. IMPROBIDADE ADMINISTRATIVA. AGRAVO REGIMENTAL NO AGRAVO EM RECURSO ESPECIAL. AUSÊNCIA DE PREQUESTIONAMENTO. ÓBICE DA SÚMULA 211/STJ. APLICAÇÃO DA LEI 8.429/1992 AOS AGENTES POLÍTICOS. EXISTÊNCIA DE REPERCUSSÃO GERAL A RESPEITO DA MATÉRIA (TEMA 576). SOBRESTAMENTO DO FEITO. DESNECESSIDADE. DOLO E DANO AO ERÁRIO COMPROVADOS NO TRIBUNAL DE ORIGEM. REVISÃO DE MATÉRIA FÁTICO-PROBATÓRIA. REVISÃO DE DOSIMETRIA DAS SANÇÕES. INVIABILIDADE, NO CASO. SÚMULA 7/STJ [...] 3. **A firme jurisprudência do Superior Tribunal de Justiça é no sentido de que a Lei de Improbidade é aplicável aos agentes políticos não submetidos à Lei de Responsabilidade**. 4. Evidenciado o elemento subjetivo na origem, a alteração das conclusões consubstanciada em elementos probatórios é vedada nos termos da súmula 7/STJ. 5. Não demonstrado o excesso ou desproporcionalidade, a revisão da dosimetria das sanções aplicadas implica reexame de fatos e provas, inviável em sede de recurso especial. Incidência da Súmula 7/STJ. 6. Agravo regimental improvido" (STJ, *AgRg no AREsp 151.048/MG*, 1ª T., rel. Min. Sérgio Kukina, j. 28.11.2017, DJe 05.12.2017, grifamos).

"ADMINISTRATIVO E PROCESSUAL CIVIL. AGRAVO REGIMENTAL EM AGRAVO EM RECURSO ESPECIAL. AÇÃO CIVIL PÚBLICA DE IMPROBIDADE ADMINISTRATIVA (I) OS AGENTES POLÍTICOS PODEM SER PROCESSADOS POR SEUS ATOS PELA LEI 8.429/92. ENTENDIMENTO FIRMADO PELA CORTE ESPECIAL/STJ (RCL 2.790/SC, REL. MIN. TEORIO ALBINO ZAVASCKI, DJE 4.3.2010). (II) LICITUDE DA PROVA OBTIDA MEDIANTE GRAVAÇÃO CLANDESTINA (CAPTAÇÃO DA CONVERSA POR UM DOS INTERLOCUTORES, SEM O CONHECIMENTO DO OUTRO), DESDE QUE QUE SEU CONTEÚDO NÃO SEJA SECRETO OU INEXISTA OBRIGAÇÃO LEGAL DE GUARDAR SIGILO. AGRAVO REGIMENTAL DESPROVIDO. 1. A Corte Especial, no julgamento da RCL 2.790/SC, de relatoria do eminente Ministro TEORI ALBINO ZAVASCKI, já orientou caber a submissão dos Agentes Políticos à Lei de Improbidade Administrativa, e a jurisprudência desta Corte e do STF vem se mantendo majoritária nesse sentido. 2. Os Tribunais Superiores possuem entendimento uníssono quanto à licitude da gravação clandestina, consubstanciada no registro da conversa por um dos interlocutores, ainda que o outro interlocutor não tenha conhecimento de sua ocorrência, desde que o conteúdo captado clandestinamente não seja secreto (diga respeito à privacidade dos interlocutores) nem haja obrigação legal de guardar sigilo. Precedente: RHC 19.136/MG, Rel. Min. FELIX FISCHER, DJ 14.05.2007, p. 332. 3. Agravo Regimental desprovido" (STJ, *AgRg no Resp 135.384/RS*, 1ª T., rel. Min. Napoleão Nunes Maia Filho, j. 03.04.2014).

"CONSTITUCIONAL. COMPETÊNCIA. AÇÃO DE IMPROBIDADE CONTRA GOVERNADOR DE ESTADO. DUPLO REGIME SANCIONATÓRIO DOS AGENTES POLÍTICOS: LEGITIMIDADE. FORO POR PRERROGATIVA DE FUNÇÃO: RECONHECIMENTO. USURPAÇÃO DE COMPETÊNCIA DO STJ. PROCEDÊNCIA PARCIAL DA RECLAMAÇÃO. 1. Excetuada a hipótese de atos de improbidade praticados pelo Presidente da República (art. 85, V), cujo julgamento se dá em regime especial pelo Senado Federal (art. 86), não há norma constitucional alguma que imunize os agentes políticos, sujeitos a crime de responsabilidade, de qualquer das sanções por ato de improbidade previstas no art. 37, § 4º.. Seria incompatível com a Constituição eventual preceito normativo infraconstitucional que impusesse imunidade dessa natureza. 2. Por decisão de 13 de março de 2008, a Suprema Corte, com apenas um voto contrário, declarou que "compete ao Supremo Tribunal Federal julgar ação de improbidade contra seus membros" (QO na Pet. 3.211-0, Min. Menezes Direito, DJ 27.06.2008). Considerou, para tanto, que a prerrogativa de foro, em casos tais, decorre diretamente do sistema de competências estabelecido na Constituição, que assegura a seus Ministros foro por prerrogativa de função, tanto em crimes comuns, na própria Corte, quanto em crimes de responsabilidade, no Senado Federal. Por isso, "seria absurdo ou o máximo do contrassenso conceber que ordem jurídica permita que Ministro possa ser julgado por outro órgão em ação diversa, mas entre cujas sanções está também a perda do cargo. Isto seria a desestruturação de todo o sistema que fundamenta a distribuição da competência" (voto do Min. Cezar Peluso). 3. Esses mesmos fundamentos de natureza sistemática autorizam a concluir, por imposição lógica de coerência interpretativa, que norma infraconstitucional não pode atribuir a juiz de primeiro grau o julgamento de ação de improbidade administrativa, com possível aplicação da pena de perda do cargo, contra Governador do Estado, que, a exemplo dos Ministros do STF, também tem assegurado foro por prerrogativa de função, tanto em crimes comuns (perante o STJ), quanto em crimes de responsabilidade (perante a respectiva Assembleia Legislativa). É de se reconhecer que, por inafastável simetria com o que ocorre em relação aos crimes comuns (CF, art. 105, I, a), há, em casos tais, competência implícita complementar do Superior Tribunal de Justiça. 4. Reclamação procedente, em parte" (Rcl 2.790/SC, Rel. Min. Teori Albino Zavascki, DJe 4.3.2010).

3. Agentes políticos e crime de responsabilidade:

3.1 Presidente da República e Ministros de Estado: o STF tem entendimento no sentido de excluir do âmbito da LIA o Presidente da República e os Ministros de Estado, que estão submetidos ao regime especial da Lei 1.079/1950:

"RECLAMAÇÃO. USURPAÇÃO DA COMPETÊNCIA DO SUPREMO TRIBUNAL FEDERAL. IMPROBIDADE ADMINISTRATIVA. CRIME DE RESPONSABILIDADE. AGENTES POLÍTICOS. I. PRELIMINARES. QUESTÕES DE ORDEM. I.1. Questão de ordem quanto à manutenção da competência da Corte que justificou, no primeiro momento do julgamento, o conhecimento da reclamação, diante do fato novo da cessação do exercício da função pública pelo interessado. Ministro de Estado que posteriormente assumiu cargo de Chefe de Missão Diplomática Permanente do Brasil perante a Organização das Nações Unidas. Manutenção da prerrogativa de foro perante o STF, conforme o art. 102, I, "c", da Constituição. Questão de ordem rejeitada. I.2. Questão de ordem quanto ao sobrestamento do julgamento até que seja possível realizá-lo em conjunto com outros processos sobre o mesmo tema, com participação de todos os Ministros que integram o Tribunal, tendo em vista a possibilidade de que o pronunciamento da Corte não reflita o entendimento de seus atuais membros, dentre os quais quatro não têm direito a voto, pois seus antecessores já se pronunciaram. Julgamento que já se estende por cinco anos. Celeridade processual. Existência de outro processo com matéria idêntica na sequência da pauta de julgamentos do dia. Inutilidade do sobrestamento. Questão de ordem rejeitada. II. MÉRITO. II. 1. Improbidade administrativa. Crimes de responsabilidade. Os atos de improbidade administrativa são tipificados como crime de responsabilidade na Lei nº 1.079/1950, delito de caráter político-administrativo. II. 2. Distinção entre os regimes de responsabilização político-administrativa. O sistema constitucional brasileiro distingue o regime de responsabilidade dos agentes políticos dos demais agentes públicos. A Constituição não admite a concorrência entre dois regimes de responsabilidade político-administrativa para os agentes políticos: o previsto no art. 37, § 4º (regulado pela Lei nº 8.429/1992) e o regime fixado no art. 102, I, "c", (disciplinado pela Lei nº 1.079/1950). Se a competência para processar e julgar a ação de improbidade (CF, art. 37, § 4º) pudesse abranger também atos praticados pelos agentes políticos, submetidos a regime de responsabilidade especial, ter-se-ia uma interpretação ab-rogante do disposto no art. 102, I, "c", da Constituição. II. 3. Regime especial. Ministros de Estado. Os Ministros de Estado, por estarem regidos por normas especiais de responsabilidade (CF, art. 102, I, "c"; Lei nº 1.079/1950), não se submetem ao modelo de competência previsto no regime comum da Lei de Improbidade Administrativa (Lei nº 8.429/1992). II. 4. Crimes de responsabilidade. Competência do Supremo Tribunal Federal. Compete exclusivamente ao Supremo Tribunal Federal processar e julgar os delitos político-administrativos, na hipótese do art. 102, I, "c", da Constituição. Somente o STF pode processar e julgar Ministro de Estado no caso de crime de responsabilidade e, assim, eventualmente, determinar a perda do cargo ou a suspensão de direitos políticos. II. 5. Ação de improbidade administrativa. Ministro de Estado que teve decretada a suspensão de seus direitos políticos pelo prazo de 8 anos e a perda da função pública por sentença do Juízo da 14ª Vara da Justiça Federal - Seção Judiciária do Distrito Federal. Incompetência dos juízos de primeira instância para processar e julgar ação civil de improbidade administrativa ajuizada contra agente político que possui prerrogativa de foro perante o Supremo Tribunal Federal, por crime de responsabilidade, conforme o art. 102, I, "c", da Constituição. III. RECLAMAÇÃO JULGADA PROCEDENTE" (STF, *Rcl 2.138/DF*, rel. Min. Gilmar Mendes, DJe 18.04.2008).

3.2 Prefeitos e secretários municipais:

(a) precedente no sentido da inaplicabilidade da LIA: há entendimento no sentido de que se deve seguir a mesma sistemática da responsabilização do Presidente e dos Ministros de Estado:

"ADMINISTRATIVO. AÇÃO CIVIL PÚBLICA. EX-PREFEITO. CONDUTA OMISSIVA. CARACTERIZAÇÃO DE INFRAÇÃO POLÍTICO ADMINISTRATIVA. DECRETO-LEI N.º 201/67. ATO DE IMPROBIDADE ADMINISTRATIVA. LEI N.º 8.429/92. COEXISTÊNCIA. IMPOSSIBILIDADE. MANUTENÇÃO DO ACÓRDÃO RECORRIDO. VOTO DIVERGENTE DO RELATOR. 1. Hipótese em que a controvérsia a ser dirimida nos presentes autos cinge-se em definir se a conduta do ex-prefeito, consistente na negativa do fornecimento de informações solicitadas pela Câmara Municipal, pode ser enquadrada, simultaneamente, no Decreto-lei n.º 201/67 que disciplina as sanções por infrações político-administrativas, e na Lei n.º 8.429/92, que define os atos de improbidade administrativa. 2. Os ilícitos previstos na Lei n.º 8.429/92 encerram delitos de responsabilidade quando perpetrados por agentes políticos diferenciando-se daqueles praticados por servidores em geral. 3. Determinadas autoridades públicas não são assemelhados aos servidores em geral, por força do cargo por elas exercido, e, consequentemente, não se inserem na redução conceitual do art. 2º da Lei n.º 8.429/92 ("Reputa-se agente público, para os efeitos desta lei, todo aquele que exerce, ainda que transitoriamente ou sem remuneração, por eleição, nomeação, designação, contratação ou qualquer outra forma de investidura ou vínculo, mandato, cargo, emprego ou função nas entidades mencionadas no artigo anterior"), posto encartados na lei que prevê os crimes de responsabilidade. 4. O agente político exerce parcela de soberania do Estado e *pour cause* atuam com a independência inextensível aos servidores em geral, que estão sujeitos às limitações hierárquicas e ao regime comum de responsabilidade. 5. A responsabilidade do agente político obedece a padrões diversos e é perquirida por outros meios. A imputação de improbidade a esses agentes implica em categorizar a conduta como "crime de responsabilidade", de natureza especial. 6. A Lei de Improbidade Administrativa admite no seu organismo atos de improbidade subsumíveis a regime jurídico diverso, como se colhe do art. 14, § 3º da lei 8.429/92 ("§ 3º Atendidos os requisitos da representação, a autoridade determinará a imediata apuração dos fatos que, em se tratando de servidores federais, será processada na forma prevista nos arts. 148 a 182 da Lei nº 8.112, de 11 de dezembro de 1990 e, em se tratando de servidor militar, de acordo com os respectivos regulamentos disciplinares."), por isso que se infere excluída da abrangência da lei os crimes de responsabilidade imputáveis aos agentes políticos. 7. O Decreto-lei n.º 201/67, disciplina os crimes de responsabilidade dos a dos agentes políticos (prefeitos e vereadores), punindo-a com rigor maior do que o da lei de improbidade. Na concepção axiológica, os crimes de responsabilidade abarcam os crimes e as infrações político-administrativas com sanções penais, deixando, apenas, ao desabrigo de sua regulação, os ilícitos civis, cuja transgressão implicam sanção pecuniária. 8. Conclusivamente, os fatos tipificadores dos atos de improbidade administrativa não podem ser imputados aos agentes políticos, salvo através da propositura da correspectiva ação por crime de responsabilidade. 9. O realce político-institucional do *thema iudicandum* sobressai das consequências das sanções inerentes aos atos ditos ímprobos, tais como a perda da função pública e a suspensão dos direitos políticos. 10. As sanções da ação por improbidade podem ser mais graves que as sanções criminais *tout court*, mercê do gravame para o equilíbrio jurídico-institucional, o que lhe empresta notável colorido de infração penal que distingue os atos ilícitos civis dos atos ilícitos criminais. 11. Resta inegável que, no atinente aos agentes políticos, os delitos de improbidade encerram crimes de responsabilidade e, em assim sendo, revela importância prática a indicação da autoridade potencialmente apenável e da autoridade aplicadora da pena. 12. A ausência de uma correta exegese das regras de apuração da improbidade pode conduzir a situações ilógicas, como aquela retratada na Reclamação 2138, de relatoria do Ministro Nelson Jobim, que por seu turno, calcou-se na Reclamação 591, assim sintetizada: "A ação de improbidade tende a impor sanções gravíssimas: perda do cargo e inabilitação, para o exercício de unção pública, por prazo que pode chegar a dez anos. Ora, se um magistrado houver de responder pela prática da mais insignificante das contravenções, a que não seja cominada pena maior que multa, assegura-se-lhe foro próprio, por prerrogativa de função. Será julgado pelo Tribunal de Justiça, por este Tribunal Supremo. Entretanto a admitir a tese que que ora rejeito, um juiz de primeiro grau poderá destituir do cargo um Ministro do STF e impor-lhe pena de inabilitação para outra função por até dez anos. Vê-se que se está diante de solução que é incompatível como o sistema." 13. A eficácia jurídica da solução da demanda de improbidade faz sobrepor-se a essência sobre o rótulo, e contribui para emergir a questão de fundo sobre a questão da forma. Consoante assentou o Ministro Humberto Gomes de Barros na Rcl 591: "a ação tem como origem atos de improbidade que geram responsabilidade de natureza civil, qual seja aquela de ressarcir o erário, relativo à indisponibilidade de bens. No entanto, a sanção traduzida na suspensão dos direitos políticos tem natureza, evidentemente, punitiva. É uma sanção, como aquela da perda de função pública, que transcende a seara do direito civil A circunstância de a lei denominá-la civil em nada impressiona. Em verdade, no nosso ordenamento jurídico, não existe qualquer separação estanque entre as leis civis e as leis penais." 14. A doutrina, à luz do sistema, conduz à inexorável conclusão de que os agentes políticos, por estarem regidos por normas especiais de responsabilidade, não se submetem ao modelo de competência previsto no regime comum da lei de improbidade. O fundamento é a prerrogativa pro populo e não privilégio no dizer de Hely Lopes Meirelles, verbis: "Os agentes políticos exercem funções governamentais, judiciais e quase-judiciais, elaborando normas legais, conduzindo os negócios públicos, decidindo e atuando com independência nos assuntos de sua competência. São as autoridades públicas supremas do Governo e da Administração, na área de sua atuação, pois não são hierarquizadas, sujeitando-se apenas aos graus e limites constitucionais e legais da jurisdição. Em doutrina, os agentes políticos têm plena liberdade funcional, equiparável à independência dos juízes nos seus julgamentos, e, para tanto, ficam a salvo de responsabilização civil por seus eventuais erros de atuação, a menos que tenham agido com culpa grosseira, má-fé ou abuso de poder. (...) Realmente, a situação dos que governam e decidem é bem diversa da dos que simplesmente administram e executam encargos técnicos e profissionais, sem responsabilidade de decisão e opções políticas. Daí por que os agentes políticos precisam de ampla liberdade funcional e maior resguardo para o desempenho de suas funções. As prerrogativas que se concedem aos agentes políticos não são privilégios pessoais; são garantias necessárias ao pleno exercício de suas altas e complexas funções governamentais e decisórias. Sem essas prerrogativas funcionais os agentes políticos ficariam tolhidos na sua liberdade de opção e decisão ante o temor de responsabilização pelos padrões comuns da culpa civil e do erro técnico a que ficam sujeitos os funcionários profissionalizados (cit. p. 77)" (Direito Administrativo Brasileiro, 27ª ed., p. 76). 15. Aplicar-se a Lei de Improbidade, cegamente, pode conduzir a situações insustentáveis enunciadas pelo voto preliminar do Ministro Jobim, assim descritos: a) o afastamento cautelar do Presidente da República (art. 20, par. único. da Lei 8.429/92) mediante iniciativa de membro do Ministério Público, a despeito das normas constitucionais que fazem o próprio processo penal a ser movido perante esta Corte depender da autorização por dois terços da Câmara dos Deputados (CF, art. 102, I, b, c/c o art. 86, caput); ou ainda o seu afastamento definitivo, se transitar em julgado a sentença de primeiro grau na ação de improbidade que venha a determinar a cassação de seus direitos políticos e a perda do cargo: b) o afastamento cautelar ou definitivo do presidente do Congresso Nacional e do presidente da Câmara dos Deputados nas mesma condições do item anterior, a despeito de o texto constitucional assegurar-lhes ampla imunidade material, foro por prerrogativa de função em matéria criminal perante o STF (CF, art. 102, I, b) e regime próprio de responsabilidade parlamentar (CF, art. 55, II); c) o afastamento cautelar ou definitivo do presidente do STF, de qualquer de seus membros ou de membros de qualquer Corte Superior, em razão de decisão de juiz de primeiro grau; d) o afastamento cautelar ou definitivo de Ministro de Estado, dos Comandantes das Forças Armadas, de Governador de Estado, nas mesmas condições dos itens anteriores; e) o afastamento cautelar ou definitivo do procurador-geral em razão de ação de improbidade movida por membro do Ministério Público e recebida pelo juiz de primeiro grau nas condições dos itens anteriores" 16. Politicamente, a Constituição Federal inadmite o concurso de regimes de responsabilidade dos agentes políticos pela Lei de Improbidade e pela norma definidora dos Crimes de Responsabilidade, posto inaceitável bis in idem. 17. A submissão dos agentes políticos ao regime jurídico dos crimes de responsabilidade, até mesmo por suas severas punições, torna inequívoca a total ausência de uma suposta "impunidade" deletéria ao Estado Democrático de Direito. 18. Voto para divergir do e. Relator e negar provimento ao recurso especial do Ministério Público do Estado de Minas Gerais, mantendo o acórdão recorrido por seus fundamentos (STJ, *REsp 456.649/MG*, rel. Min. Francisco Falcão, rel. p/ acórdão Min Luiz Fux, j. 05.09.2006, DJ 05.10.2006).

(*b*) precedentes no sentido da aplicabilidade da LIA (majoritário): orientação prevalente e reafirmada pelo STF ao julgar o *RE 976.566/PA*, com repercussão geral:

"CONSTITUCIONAL. AUTONOMIA DE INSTÂNCIAS. POSSIBILIDADE DE RESPONSABILIZAÇÃO PENAL E POLÍTICA ADMINISTRATIVA (DL 201/1967) SIMULTÂNEA À POR ATO DE IMPROBIDADE ADMINISTRATIVA, DEVIDAMENTE TIPIFICADO NA LEI 8.429/92. INEXISTÊNCIA DE BIS IN IDEM. 1. "Fazem muito mal à República os políticos corruptos, pois não apenas se impregnam de vícios eles mesmos, mas os infundem na sociedade, e não apenas a prejudicam por se corromperem, mas também porque a corrompem, e são mais nocivos pelo exemplo do que pelo crime" (MARCO TÚLIO CÍCERO. Manual do candidato às eleições. As leis, III, XIV, 32). 2. A norma constitucional prevista no § 4º do art. 37 exigiu tratamentos sancionatórios diferenciados entre os atos ilícitos em geral (civis, penais e político-administrativos) e os atos de improbidade administrativa, com determinação expressa ao Congresso Nacional para edição de lei específica (Lei 8.429/1992), que não punisse a mera ilegalidade, mas sim a conduta ilegal ou imoral do agente público voltada para a corrupção, e a de todo aquele que o auxilie, no intuito de prevenir a corrosão da máquina burocrática do Estado e de evitar o perigo de uma administração corrupta caracterizada pelo descrédito e pela ineficiência. 3. A Constituição Federal inovou no campo civil para punir mais severamente o agente público corrupto, que se utiliza do cargo ou de funções públicas para enriquecer ou causar prejuízo ao erário, desrespeitando a legalidade e moralidade administrativas, independentemente das já existentes responsabilidades penal e político-administrativa de Prefeitos e Vereadores. 4. Consagração da autonomia de instâncias. Independentemente de as condutas dos Prefeitos e Vereadores serem tipificadas como infração penal (artigo 1º) ou infração político-administrativa (artigo 4º), previstas no DL 201/67, a responsabilidade civil por ato de improbidade administrativa é autônoma e deve ser apurada em instância diversa. 5. NEGADO PROVIMENTO ao Recurso Extraordinário. **TESE DE REPERCUSÃO GERAL: "O processo e julgamento de prefeito municipal por crime de responsabilidade (Decreto-lei 201/67) não impede sua responsabilização por atos de improbidade administrativa previstos na Lei 8.429/1992, em virtude da autonomia das instâncias"** (STF, *RE 976.566/PA*, Pleno, rel. Min. Alexandre de Moraes, j. 13.09.2019, DJe 26.09.2019, grifamos).

"PROCESSUAL CIVIL. ADMINISTRATIVO. RECURSO ESPECIAL. CÓDIGO DE PROCESSO CIVIL DE 1973. APLICABILIDADE. AÇÃO CIVIL PÚBLICA. IMPROBIDADE ADMINISTRATIVA. AFRONTA AO ART. 535 DO CPC/73. INOCORRÊNCIA. APLICAÇÃO DA LEI N. 8.429/92 A AGENTES POLÍTICOS. POSSIBILIDADE. INCIDÊNCIA DA SÚMULA N. 83/STJ. DOAÇÃO DE IMÓVEL PÚBLICO. PREFEITO. ENVIO DE PROJETO DE LEI DE EFEITOS CONCRETOS COM INTUITO DE FAVORECER PESSOA JURÍDICA ADMINISTRADA POR FAMILIARES. APROVAÇÃO POSTERIOR PELA CÂMARA MUNICIPAL. IRRELEVÂNCIA NO CASO DOS AUTOS. DOLO. PRESENÇA. PRINCÍPIOS DA IMPESSOALIDADE E DA MORALIDADE ADMINISTRATIVA. VIOLAÇÃO. DANO AO ERÁRIO CONFIGURADO. ARQUIVAMENTO DE INQUÉRITO POLICIAL POR FALTA DE TIPICIDADE CRIMINAL. INDEPENDÊNCIA ENTRE AS INSTÂNCIAS PENAL, CIVIL E ADMINISTRATIVA. CONDENAÇÃO MANTIDA. RECURSO ESPECIAL IMPROVIDO [...] III - É pacífico o entendimento no Superior Tribunal de Justiça segundo o qual o conceito de agente público estabelecido no art. 2º da Lei n. 8.429/92 abrange os agentes políticos, como prefeitos e vereadores, não havendo bis in idem nem incompatibilidade entre a responsabilização política e criminal estabelecida no Decreto-Lei n. 201/67, com a responsabilização pela prática de ato de improbidade administrativa e respectivas sanções civis (art. 12, da LIA). IV - O recurso especial, interposto pelas alíneas a e/ou c do inciso III do art. 105 da Constituição da República, não merece prosperar quando o acórdão recorrido encontra-se em sintonia com a jurisprudência desta Corte, a teor da Súmula n. 83/STJ. V – O réu, então Prefeito do Município de Parambu/CE, foi condenado pelo cometimento de ato de improbidade administrativa consistente no envio de projeto de lei para doação de imóvel público à Fundação Educativa e Cultural José Onilson Lima (Rádio Novo Tempo FM), administrada por seus familiares [...]" (STJ, *REsp 1.693.167/CE*, 1ª T., rel. Min. Regina Helena Costa, j. 04.12.2018, DJe 12.12.2018).

"PROCESSUAL CIVIL E ADMINISTRATIVO. OFENSA AO ART. 1.022 DO CPC/2015 NÃO CONFIGURADA. IMPROBIDADE ADMINISTRATIVA. FRAUDE EM LICITAÇÃO E IRREGULARIDADES NO CONTRATO DE SERVIÇO DE TRANSPORTE ESCOLAR PELA PREFEITURA. SUPERFATURAMENTO. PREFEITO. APLICAÇÃO DA LEI 8.429/1992 AOS AGENTES POLÍTICOS. REPERCUSSÃO GERAL A RESPEITO DA MATÉRIA. SOBRESTAMENTO DO FEITO. DESNECESSIDADE. CARACTERIZAÇÃO DO ATO ÍMPROBO PREVISTO NO ART. 10 DA LEI 8.429/1992. SÚMULA 7/STJ. DISSÍDIO JURISPRUDENCIAL. AUSÊNCIA DE COTEJO ANALÍTICO. AMPARO EM FATOS E PROVAS. SÚMULA 7/STJ [...] 2. No que concerne à suposta afronta ao art. 2º da Lei 8.429/1992, só o argumento de que os prefeitos não estão sujeitos à Lei de Improbidade Administrativa, a jurisprudência do Superior Tribunal de Justiça é firme no sentido de que os agentes políticos se submetem aos ditames da Lei de Improbidade Administrativa, sem prejuízo da responsabilização política e criminal estabelecida no Decreto-Lei 201/1967 e na Lei 1.079/1950. Ademais, a existência de repercussão geral, reconhecida pelo STF, acerca da questão da aplicabilidade, ou não, da Lei 8.429/1992 aos prefeitos não enseja o sobrestamento do presente feito, consoante já decidido pelo Superior Tribunal de Justiça em diversos precedentes [...]" (STJ, *REsp 1.755.135/GO*, 2ª T., rel. Min. Herman Benjamin, j. 04.10.2018, DJe 16.11.2018).

"PROCESSUAL CIVIL E ADMINISTRATIVO. AGRAVO EM RECURSO ESPECIAL CONHECIDO. AÇÃO CIVIL PÚBLICA. IMPROBIDADE ADMINISTRATIVA. ASSUNÇÃO ILEGAL DE DÍVIDAS PELO MUNICÍPIO. LITISCONSÓRCIO PASSIVO NECESSÁRIO. INEXISTÊNCIA. ART. 10 DA LEI 8.429/1992. ELEMENTO SUBJETIVO. CULPA DEMONSTRADA. NEGLIGÊNCIA DO EX-PREFEITO. OCORRÊNCIA DE DANO AO ERÁRIO. PREMISSA FÁTICA DA INSTÂNCIA ORDINÁRIA. SÚMULA 7/STJ. APLICAÇÃO DA LEI 8.429/1992 AOS AGENTES POLÍTICOS. COMPATIBILIDADE COM O DECRETO-LEI 201/1967. 1. Inexiste litisconsórcio passivo necessário (art. 47 do CPC) com partes não atingidas pelo provimento judicial almejado. 2. O posicionamento firmado pela Primeira Seção é que se exige dolo, ainda que genérico, nas imputações fundadas nos arts. 9º e 11 da Lei 8.429/1992 (enriquecimento ilícito e violação a princípio), e ao menos culpa, nas hipóteses do art. 10 da mesma norma (lesão ao erário). 3. Inviável a modificação da premissa fática estabelecida pela instância ordinária, referente à ocorrência de lesão patrimonial ao erário, ante o óbice da Súmula 7/STJ. 4. Não há qualquer antinomia entre o Decreto-Lei 201/1967 e a Lei 8.429/1992, pois a primeira impõe ao prefeito e vereadores um julgamento político, enquanto a segunda submete-os ao julgamento pela via judicial, pela prática do mesmo fato. Precedentes. 5. Agravo em recurso especial conhecido para negar provimento ao recurso especial. ADMINISTRATIVO E PROCESSUAL CIVIL. AÇÃO CIVIL PÚBLICA. IMPROBIDADE ADMINISTRATIVA. ASSUNÇÃO ILEGAL DE DÍVIDAS PELO MUNICÍPIO. VIOLAÇÃO DO ART. 535 DO

CPC NÃO CARACTERIZADA. SÚMULA 284/STF. INDISPONIBILIDADE DE BENS. DANO PATRIMONIAL AO ERÁRIO RECONHECIDO. DEFERIMENTO DA MEDIDA JUSTIFICADA. *PERICULUM IN MORA* IMPLÍCITO. DESNECESSIDADE DE INDIVIDUALIZAÇÃO DE BENS. MULTA CIVIL INAPLICÁVEL. PRESCRIÇÃO DAS DEMAIS SANÇÕES DA LIA. 1. Ao alegar violação ao art. 535 CPC, deve o recorrente indicar com precisão em que consiste a omissão, contradição ou obscuridade do julgado. Aplica-se a Súmula 284/STF quando forem genéricas as alegações. 2. Não há qualquer antinomia entre o Decreto-Lei 201/1967 e a Lei 8.429/1992, pois a primeira impõe ao prefeito e vereadores um julgamento político, enquanto a segunda submete-os ao julgamento pela via judicial, pela prática do mesmo fato. Precedentes. 3. O provimento cautelar para indisponibilidade de bens, de que trata o art. 7º, parágrafo único, da Lei 8.429/1992, exige fortes indícios de responsabilidade do agente na consecução do ato ímprobo, em especial nas condutas que causem dano material ao Erário. 4. O periculum in mora está implícito no próprio comando legal, que prevê a medida de indisponibilidade, uma vez que visa a 'assegurar o integral ressarcimento do dano'. 5. A jurisprudência do STJ é firme no sentido de que, nas demandas por improbidade administrativa, a decretação de indisponibilidade prevista no art. 7º, parágrafo único, da LIA não depende da individualização dos bens pelo Parquet. 6. A medida constritiva em questão deve recair sobre o patrimônio dos réus em ação de improbidade administrativa, de modo suficiente a garantir o integral ressarcimento de eventual prejuízo ao erário, levando-se em consideração, ainda, o valor de possível multa civil como sanção autônoma. Precedentes do STJ. 7. Considerando a ocorrência da prescrição punitiva em relação às demais sanções da LIA, como é o caso da multa civil, a indisponibilidade de bens deve apenas assegurar a recomposição do dano. 8. Recurso especial parcialmente conhecido e provido" (STJ, *REsp 1.256.232/MG*, 2ª T., rel. Min. Eliana Calmon, j. 19.09.2013).

"PROCESSUAL CIVIL E ADMINISTRATIVO. IMPROBIDADE. EX-PREFEITO. APLICAÇÃO DA LEI 8.429/1992. COMPATIBILIDADE COM O DECRETO-LEI 201/1967. 1. Hipótese em que o agravante, à época do exercício de mandato eletivo como prefeito do Município de São Pedro de Butiá, causou danos ao Erário, configurando prática de atos de improbidade administrativa, como decidido em primeira instância. 2. O Tribunal *a quo,* com base na Reclamação 2.138-6/DF, entendeu ser inaplicável a Lei 8.492/1992 aos prefeitos. 3. No julgamento da mencionada Reclamação, o STF apenas afastou a aplicação da Lei 8.429/1992 com relação ao Ministro de Estado então reclamante e à luz da Lei 1.079/1950. Ademais, a referida ação somente produz efeitos inter partes. 4. Sem prejuízo da responsabilização política e criminal estabelecida no Decreto-Lei 201/1967, prefeitos e vereadores também se submetem aos ditames da Lei 8.429/1992, que censura a prática de improbidade administrativa e comina sanções civis, sobretudo pela diferença entre a natureza das sanções e a competência para julgamento. Precedentes do STJ. 5. Agravo Regimental não provido" (STJ, *AgRg no REsp 1.182.298/RS*, 2ª T., rel. Min. Herman Benjamin, j. 17.03.2011).

"ADMINISTRATIVO E PROCESSUAL CIVIL. RECURSO ESPECIAL. AÇÃO CIVIL PÚBLICA POR ATOS DE IMPROBIDADE ADMINISTRATIVA. PREFEITO. APLICAÇÃO DA LEI N. 8.429/92 E DO DECRETO N. 201/67 DE FORMA CONCOMITANTE. ATO IMPROBO QUE TAMBÉM PODE CONFIGURAR CRIME FUNCIONAL. INEXISTÊNCIA DE BIS IN IDEM. JUÍZO SINGULAR CÍVEL E TRIBUNAL DE JUSTIÇA. INAPLICABILIDADE DO PRECEDENTE DO STF (RECLAMAÇÃO N. 2.138/RJ) IN CASU. 1. Os cognominados crimes de responsabilidade ou, com designação mais apropriada, as infrações político-administrativas, são aqueles previstos no art. 4º do Decreto-Lei n. 201, de 27 de fevereiro de 1967, e sujeitam o chefe do executivo municipal a julgamento pela Câmara de Vereadores, com sanção de cassação do mandato, litteris: "São infrações político-administrativas dos Prefeitos Municipais sujeitas ao julgamento pela Câmara dos Vereadores e sancionadas com a cassação do mandato" [...]. 2. Deveras, as condutas tipificadas nos incisos do art. 1º do Decreto-Lei n. 201/67 versam os crimes funcionais ou crimes de responsabilidade impróprios praticados por prefeitos, cuja instauração de processo criminal independente de autorização do Legislativo Municipal e ocorre no âmbito do Tribunal de Justiça, ex vi do inciso X do art. 29 da Constituição Federal. Ainda nesse sentido, o art. 2º dispõe que os crimes previstos no dispositivo anterior são regidos pelo Código de Processo Penal, com algumas alterações: "O processo dos crimes definidos no artigo anterior é o comum do juízo singular, estabelecido pelo Código de Processo Penal, com as seguintes modificações" [...] (Precedentes: HC 69.850/RS, Relator Ministro Francisco Rezek, Tribunal Pleno, DJ de 27 de maio de 1994 e HC 70.671/PI, Relator Ministro Carlos Velloso, DJ de 19 de maio de 1995). 3. A responsabilidade do prefeito pode ser repartida em quatro esferas: civil, administrativa, política e penal. O código Penal define sua responsabilidade penal funcional de agente público. Enquanto que o Decreto-Lei n. 201/67 versa sua responsabilidade por delitos funcionais (art. 1º) e por infrações político-administrativas (art. 4º). Já a Lei n. 8.429/92 prevê sanções civis e políticas para os atos ímprobos. Sucede que, invariavelmente, algumas condutas encaixar-se-ão em mais de um dos diplomas citados, ou até mesmo nos três, e invadirão mais de uma espécie de responsabilização do prefeito, conforme for o caso. 4. A Lei n. 8.492/92, em seu art. 12, estabelece que "Independentemente das sanções penais, civis e administrativas, previstas na legislação específica, está o responsável pelo ato de improbidade sujeito" [...] a penas como suspensão dos direitos políticos, perda da função pública, indisponibilidade de bens e obrigação de ressarcir o erário e denota que o ato improbo pode adentrar na seara criminal a resultar reprimenda dessa natureza. 5. O bis in idem não está configurado, pois a sanção criminal, subjacente ao art. 1º do Decreto-Lei n. 201/67, não repercute na órbita das sanções civis e políticas relativas à Lei de Improbidade Administrativa, de modo que são independentes entre si e demandam o ajuizamento de ações cuja competência é distinta, seja em decorrência da matéria (criminal e civil), seja por conta do grau de hierarquia (Tribunal de Justiça e juízo singular). (...) 8. O STF, no bojo da Rcl n. 2.138/RJ, asseverou que "A Constituição não admite a concorrência entre dois regimes de responsabilidade político-administrativa para os agentes políticos: o previsto no art. 37, § 4º (regulado pela Lei nº 8.429/1992) e o regime fixado no art. 102, I, "c", (disciplinado pela Lei nº 1.079/1950)" e delineou que aqueles agentes políticos submetidos ao regime especial de responsabilização da Lei 1.079/50 não podem ser processados por crimes de responsabilidade pelo regime da Lei de Improbidade Administrativa, sob pena da usurpação de sua competência e principalmente pelo fato de que ambos diplomas, a LIA e a Lei 1.079/1950, preveem sanções de ordem política, como, v. g., infere-se do art. 2º da Lei n. 1.079/50 e do art. 12 da Lei n. 8.429/92. E, nesse caso sim, haveria possibilidade de bis in idem, caso houvesse dupla punição política por um ato tipificado nas duas leis em foco. 9. No caso sub examinem, o sentido é oposto, pois o Decreto n. 201/67, como anteriormente demonstrado, dispõe sobre crimes funcionais ou de responsabilidade impróprios (art. 1º) e também a respeito de infrações político-administrativas ou crimes de responsabilidade próprios (art. 4º); estes submetidos a julgamento pela Câmara dos Vereadores e com imposição de sanção de natureza política e aqueles com julgamento na Justiça Estadual e com aplicação de penas restritivas de liberdade. E, tendo em conta que o Tribunal a quo enquadrou a conduta do recorrido nos incisos I e II do art. 1º do diploma supra ("apropriar-se de bens ou rendas públicas, ou desviá-los em proveito próprio ou alheio" e "utilizar-se, indevidamente, em proveito próprio ou alheio, de bens, rendas ou serviços públicos"), ou seja, crime funcional, ressoa evidente que a eventual sanção penal não se sobreporá à eventual pena imposta no bojo da ação de improbidade administrativa. Dessa forma, não se cogita bis in idem. 10. Recurso especial conhecido e provido". (*REsp 1066772/MS*, 1ª T., rel. Ministro Benedito Gonçalves, j. 25.08.2009, DJe 03.09.2009).

O entendimento majoritário consolidou-se na jurisprudência com o julgamento do RE 976.566/PA, com repercussão geral:

"CONSTITUCIONAL. AUTONOMIA DE INSTÂNCIAS. POSSIBILIDADE DE RESPONSABILIZAÇÃO PENAL E POLÍTICA ADMINISTRATIVA (DL 201/1967) SIMULTÂNEA À POR ATO DE IMPROBIDADE ADMINISTRATIVA, DEVIDAMENTE TIPIFICADO NA LEI 8.429/92. INEXISTÊNCIA DE BIS IN IDEM. 1. "Fazem muito mal à República os políticos corruptos, pois não apenas se impregnam de vícios eles mesmos, mas os infundem na sociedade, e não apenas a prejudicam por se corromperem, mas também porque a corrompem, e são mais nocivos pelo exemplo do que pelo crime" (MARCO TÚLIO CÍCERO. Manual do candidato às eleições. As leis, III, XIV, 32). 2. A norma constitucional prevista no § 4º do art. 37 exigiu tratamentos sancionatórios diferenciados entre os atos ilícitos em geral (civis, penais e político-administrativos) e os atos de improbidade administrativa, com determinação expressa ao Congresso Nacional para edição de lei específica (Lei 8.429/1992), que não punisse a mera ilegalidade, mas sim a conduta ilegal ou imoral do agente público voltada para a corrupção, e a de todo aquele que o auxilie, no intuito de prevenir a corrosão da máquina burocrática do Estado e de evitar o perigo de uma administração corrupta caracterizada pelo descrédito e pela ineficiência. 3. A Constituição Federal inovou no campo civil para punir mais severamente o agente público corrupto, que se utiliza do cargo ou de funções públicas para enriquecer ou causar prejuízo ao erário, desrespeitando a legalidade e moralidade administrativas, independentemente das já existentes responsabilidades penal e político-administrativa de Prefeitos e Vereadores. 4. Consagração da autonomia de instâncias. Independentemente de as condutas dos Prefeitos e Vereadores serem tipificadas como infração penal (artigo 1º) ou infração político-administrativa (artigo 4º), previstas no DL 201/67, a responsabilidade civil por ato de improbidade administrativa é autônoma e deve ser apurada em instância diversa. 5. NEGADO PROVIMENTO ao Recurso Extraordinário. TESE DE REPERCUSÃO GERAL: 'O processo e julgamento de prefeito municipal por crime de responsabilidade (Decreto-lei 201/67) não impede sua responsabilização por atos de improbidade administrativa previstos na Lei 8.429/1992, em virtude da autonomia das instâncias.'" (STF, RE 976.566/PA, Pleno, rel. Min. Alexandre de Moraes, j. 13.09.2019, grifamos).

4. Militares estaduais e a decretação da perda da patente ou graduação em ação de improbidade administrativa perante o juízo cível comum:

"CONFLITO NEGATIVO DE COMPETÊNCIA. AÇÃO CIVIL DE IMPROBIDADE ADMINISTRATIVA PROPOSTA PELO MP CONTRA SERVIDORES MILITARES. AGRESSÕES FÍSICAS E MORAIS CONTRA MENOR INFRATOR NO EXERCÍCIO DA FUNÇÃO POLICIAL. EMENDA 45/05. ACRÉSCIMO DE JURISDIÇÃO CÍVEL À JUSTIÇA MILITAR. AÇÕES CONTRA ATOS DISCIPLINARES MILITARES. INTERPRETAÇÃO. DESNECESSIDADE DE FRACIONAMENTO DA COMPETÊNCIA. INTERPRETAÇÃO DO ART. 125, § 4º, IN FINE, DA CF/88. PRECEDENTES DO SUPREMO. COMPETÊNCIA DA JUSTIÇA COMUM DO ESTADO [...] 5. Limites da jurisdição cível da Justiça Militar: 5.1. O texto original da atual Constituição, mantendo a tradição inaugurada na Carta de 1946, não modificou a jurisdição exclusivamente penal da Justiça Militar dos Estados, que teve mantida a competência apenas para "processar e julgar os policiais militares e bombeiros militares nos crimes militares, definidos em lei". 5.2. A Emenda Constitucional 45/04, intitulada "Reforma do Judiciário", promoveu significativa alteração nesse panorama. A Justiça Militar Estadual, que até então somente detinha jurisdição criminal, passou a ser competente também para julgar ações civis propostas contra atos disciplinares militares. 5.3. Esse acréscimo na jurisdição militar deve ser examinado com extrema cautela por duas razões: (a) trata-se de Justiça Especializada, o que veda a interpretação tendente a elastecer a regra de competência para abarcar situações outras que não as expressamente tratadas no texto constitucional, sob pena de invadir-se a jurisdição comum, de feição residual; e (b) não é da tradição de nossa Justiça Militar estadual o processamento de feitos de natureza civil. Cuidando-se de novidade e exceção, introduzida pela "Reforma do Judiciário", deve ser interpretada restritivamente. 5.4. Partindo dessas premissas de hermenêutica, a nova jurisdição civil da Justiça Militar Estadual abrange, tão-somente, as ações judiciais propostas contra atos disciplinares militares, vale dizer, ações propostas para examinar a validade de determinado ato disciplinar ou as consequências desses atos. 5.5. Nesse contexto, as ações judiciais a que alude a nova redação do § 4º do art. 125 da CF/88 serão sempre propostas contra a Administração Militar para examinar a validade ou as consequências de atos disciplinares que tenham sido aplicados a militares dos respectivos quadros. 5.6. No caso, a ação civil por ato de improbidade não se dirige contra a Administração Militar, nem discute a validade ou consequência de atos disciplinares militares que tenham sido concretamente aplicados. Pelo contrário, volta-se a demanda contra o próprio militar e discute ato de "indisciplina" e não ato disciplinar 6. Desnecessidade de fracionar-se o julgamento da ação de improbidade: 6.1. Em face do que dispõe o art. 125, § 4º, in fine, da CF/88, que atribui ao Tribunal competente (de Justiça ou Militar, conforme o caso) a tarefa de "decidir sobre a perda do posto e da patente dos oficiais e da graduação das praças", resta saber se há, ou não, necessidade de fracionar-se o julgamento desta ação de improbidade, pois o MP requereu, expressamente, fosse aplicada aos réus a pena de perdimento da função de policial militar. 6.2. A jurisprudência do Supremo Tribunal Federal assentou que a competência para decidir sobre perda do posto ou da patente dos oficiais ou da graduação dos praças somente será da competência do Tribunal (de Justiça ou Militar, conforme o caso) nos casos de perda da função como pena acessória do crime que à Justiça Militar couber decidir, não se aplicando à hipótese de perda por sanção administrativa, decorrente da prática de ato incompatível com a função de policial ou bombeiro militar. Precedentes do Tribunal Pleno do STF e de suas duas Turmas. 6.3. Nesse sentido, o STF editou a Súmula 673, *verbis*: "O art. 125, § 4º, da Constituição não impede a perda da graduação de militar mediante procedimento administrativo". 6.4. Se a parte final do art. 125, § 4º, da CF/88 não se aplica nem mesmo à perda da função decorrente de processo disciplinar, com muito mais razão, também não deve incidir quando a perda da patente ou graduação resultar de condenação transitada em julgado na Justiça comum em face das garantias inerentes ao processo judicial, inclusive a possibilidade de recurso até as instâncias superiores, se for o caso. 6.5. Não há dúvida, portanto, de que a perda do posto, da patente ou da graduação dos militares pode ser aplicada na Justiça Estadual comum, nos processos sob sua jurisdição, sem afronta ao que dispõe o art. 125, § 4º, da CF/88 7. Conflito conhecido para declarar competente o Tribunal de Justiça do Estado de Minas Gerais, o suscitado" (STJ, *CC 100.682/MG*, 1ª Seção, rel. Min. Castro Meira, j. 10.06.2009, DJe 18.06.2009).

5. Perda da graduação de militar via procedimento administrativo:

"É possível a exclusão, em processo administrativo, de policial militar que comete faltas disciplinares, independentemente do curso de ação penal instaurada em razão da mesma conduta". [STF, *Tema 565 - ARE 691.306-RG*, Pleno, rel. min. Cezar Peluso, j. 23.08.2012, DJe 11.09.2012].

"AGRAVO REGIMENTAL EM RECURSO EXTRAORDINÁRIO COM AGRAVO. ADMINISTRATIVO. MILITAR. DEMISSÃO. PROCESSO ADMINISTRATIVO DISCIPLINAR. APLICAÇÃO DA PENA DE EXCLUSÃO. SÚMULA 673 DO STF. REEXAME DO CONJUNTO FÁTICO-PROBATÓRIO CONSTANTE DOS AUTOS. SÚMULA 279 DO STF. NECESSIDADE DE ANÁLISE DE MATÉRIA INFRACONSTITUCIONAL. OFENSA REFLEXA. CONTRARIEDADE AO ART. 93, IX, DA CF. INOCORRÊNCIA. AGRAVO A QUE SE NEGA PROVIMENTO. I - O Plenário do Supremo Tribunal Federal, no julgamento do ARE 691.306/MS, Rel. Ministro Cezar Peluso, reconheceu a repercussão geral do tema em debate e reafirmou a sua jurisprudência no sentido de que a competência conferida à Justiça Militar pelo art. 125, § 4º, da Constituição é relativa à perda de graduação como pena acessória criminal, e não à sanção disciplinar, que pode decorrer de adequado processo administrativo (Súmula 673). Firmou-se, ainda, entendimento de que não há óbice à aplicação de sanção disciplinar administrativa antes do trânsito em julgado da ação penal, pois são relativamente independentes as instâncias jurisdicional e administrativa. II - Para dissentir da conclusão adotada pelo Tribunal de origem, necessário seria o reexame do conjunto fático-probatório constante dos autos, o que atrai a incidência da Súmula 279 do STF, bem como seria imprescindível a análise da legislação infraconstitucional aplicável à espécie. Precedentes. III - Não há contrariedade ao art. 93, IX, da Constituição, quando o acórdão recorrido encontra-se suficientemente fundamentado. Precedentes. IV - Agravo regimental a que se nega provimento" (STF, *ARE 767.929-AgR/MG*, 2ª T., rel. Min. Ricardo Lewandowski, j. 12.11.2013, DJe 25.11.2013).

"AGRAVO REGIMENTAL EM RECURSO EXTRAORDINÁRIO. DIREITO ADMINISTRATIVO. POLICIAL MILITAR. EXCLUSÃO DA CORPORAÇÃO MEDIANTE PROCESSO ADMINISTRATIVO MILITAR. SÚMULA 673/STF. 1. A decisão agravada alinha-se à jurisprudência do Supremo Tribunal Federal no sentido de que a competência conferida à Justiça militar pelo art. 125, § 4º, da Constituição é relativa à perda da graduação com pena acessória criminal, e não à sanção disciplinar, que pode decorrer de adequado processo administrativo (Súmula 673/STF). Precedentes. 2. Agravo regimental a que se nega provimento" (STF, *RE 693.087-AgR/MT*, 1ª T., rel. Min. Luís Roberto Barroso, j. 07.04.2015, DJe 23.04.2015).

6. Médicos e administradores de hospital particular que administram recursos do SUS:

"RECURSO ESPECIAL. PENAL. MÉDICOS E ADMINISTRADORES DE ENTIDADE HOSPITALAR PRIVADA. INSTITUIÇÃO CREDENCIADA AO SISTEMA ÚNICO DE SAÚDE - SUS. AGENTES PÚBLICOS POR EQUIPARAÇÃO. RECURSO PROVIDO. **1. Esta Corte Federal Superior firmou já entendimento no sentido de que o conceito de agente público se estende aos médicos e administradores de entidade hospitalar privada que administram recursos públicos provindos do Sistema Único de Saúde, em razão da amplitude conferida ao conceito de funcionário público, ao que se extrai da letra mesma do artigo 327, parágrafo 1º, do Código Penal.** Precedentes. 2. Em não afastadas, de plano, a autoria dos fatos, a sua tipicidade e materialidade, deve a questão, por induvidoso, ser decidida em momento próprio, qual seja, o da sentença penal, à luz de todos os elementos de convicção produzidos no desenrolar da instrução criminal, sendo, pois, de todo incabível a precipitação do desfecho do feito, à moda de absolvição sumária do acusado. 3. Recurso especial provido" (STJ, *REsp 277.045/PR*, 6ª T., rel. Min. Hamilton Carvalhido, j. 25.08.2004, DJ 13.12.2004, p. 463, grifamos).

"ADMINISTRATIVO. LEI DE IMPROBIDADE. CONCEITO E ABRANGÊNCIA DA EXPRESSÃO "AGENTES PÚBLICOS". HOSPITAL PARTICULAR CONVENIADO AO SUS (SISTEMA ÚNICO DE SAÚDE). FUNÇÃO DELEGADA. **1. São sujeitos ativos dos atos de improbidade administrativa, não só os servidores públicos, mas todos aqueles que estejam abrangidos no conceito de agente público, insculpido no art. 2º, da Lei n.º 8.429/92.** 2. Deveras, a Lei Federal nº 8.429/92 dedicou científica atenção na atribuição da sujeição do dever de probidade administrativa ao agente público, que se reflete internamente na relação estabelecida entre ele e a Administração Pública, superando a noção de servidor público, com uma visão mais dilatada do que o conceito do funcionário público contido no Código Penal (art. 327). 3. **Hospitais e médicos conveniados ao SUS que além de exercerem função pública delegada, administram verbas públicas, são sujeitos ativos dos atos de improbidade administrativa.** 4. Imperioso ressaltar que o âmbito de cognição do STJ, nas hipóteses em que se infirma a qualidade, em tese, de agente público passível de enquadramento na Lei de Improbidade Administrativa, limita-se a aferir a exegese da legislação com o escopo de verificar se houve ofensa ao ordenamento. 5. Ademais, a efetiva ocorrência do *periculum in mora* e do fumus boni juris são condições de procedência do mérito cautelar, sindicável pela instância de origem também com respaldo na Súmula 07. 6. Em consequência dessa limitação, a comprovação da ocorrência ou não do ato improbo é matéria fática que esbarra na interdição erigida pela Súmula 07, do STJ. 7. Recursos parcialmente providos, apenas, para reconhecer a legitimidade passiva dos recorridos para se submeteram às sanções da Lei de Improbidade Administrativa, acaso comprovadas as transgressões na instância local" (STJ, *REsp 495.933/RS*, 1ª T., rel. Min. Luiz Fux, j. 16.03.2004, DJ 19.04.2004, p. 155, grifamos).

7. Tese 01 da Edição 40 do "Jurisprudência em Teses" do STJ:

"Os Agentes Políticos sujeitos a crime de responsabilidade, ressalvados os atos ímprobos cometidos pelo Presidente da República (art. 86 da CF) e pelos Ministros do Supremo Tribunal Federal, não são imunes às sanções por ato de improbidade previstas no art. 37, § 4º, da CF".

8. Tese 02 da Edição 40 do "Jurisprudência em Teses" do STJ:

"Os agentes políticos municipais se submetem aos ditames da Lei de

Improbidade Administrativa - LIA, sem prejuízo da responsabilização política e criminal estabelecida no Decreto-Lei n. 201/1967".

9. Tese 03 da Edição 40 do "Jurisprudência em Teses" do STJ: "A ação de improbidade administrativa deve ser processada e julgada nas instâncias ordinárias, ainda que proposta contra agente político que tenha foro privilegiado".

APLICAÇÃO EM PROVAS & CONCURSOS PÚBLICOS

1. (Prefeitura de Saudades – Procurador Jurídico – UNOESC – 2018) Segundo a Lei 8.429/92, Lei da Improbidade Administrativa, suas disposições aplicam-se:

I. Ao agente político, que exerce cargo público por eleição.

II. Ao servidor público.

III. A qualquer outro agente público, servidor ou não, desde que exerça cargo ou função remunerada.

IV. A qualquer particular, mesmo que não seja agente público, induza ou concorra para a prática do ato de improbidade ou dele se beneficie sob qualquer forma direta ou indireta.

De acordo com as assertivas acima, estão corretas as afirmativas previstas na alternativa:

(a) I e II e IV.

(b) I, II e III.

(c) I, somente.

(d) Todas as assertivas estão corretas.

2. (CFBio – Técnico em TI – Quadrix – 2018) De acordo com a Lei n.º 8.429/1992, que dispõe sobre as sanções aplicáveis aos agentes públicos nos casos de enriquecimento ilícito no exercício de mandato, cargo, emprego ou função na Administração Pública direta, indireta ou fundacional, julgue o item.

Suponha-se que João exerça, transitoriamente, função em uma autarquia da Administração Pública Federal. Nesse caso, por ocupar o cargo transitoriamente, assim como se o ocupasse sem remuneração, ele não poderá ser reputado como agente público.

3. (TJ-RN - Juiz Leigo – COMPERVE – 2018) André, estagiário de uma pessoa jurídica da administração pública federal, resolveu fazer uso do veículo da repartição durante o fim de semana para viajar até a praia de Pipa com os seus amigos. No fim do expediente da sexta-feira, quando todos já haviam saído do prédio da repartição, André pegou as chaves do veículo e foi dali direto para a praia, apenas retornando ao seu local de trabalho na segunda--feira seguinte e durante a tarde. Quando chegou para trabalhar dirigindo o veículo público, todos ficaram impactados com a situação, e Pedro, chefe de André, resolveu chamá-lo imediatamente para uma conversa séria a sós. Ali, Pedro acertadamente expôs que

(A) André poderia ser réu em ação de improbidade, mas que isso não ocorreria no caso narrado por ter sido a conduta irregular considerada um simples ato de bagatela ou uma ação de dano de valor insignificante conforme previsto na lei n. 8.429, de 1992.

(B) o fato de André ser estagiário não o livra de ser considerado réu em ação de improbidade administrativa e que sua conduta pode ser enquadrada em ato de improbidade previsto na lei n. 8.429, de 1992.

(C) a conduta de André, apesar de não configurar improbidade administrativa por ser ele mero estagiário, era antiética e deveria ser evitada a todo custo.

(D) André praticou crime de improbidade administrativa, devendo sofrer as consequências de seus atos, em especial a cassação de seus direitos políticos.

4. (TRF-1ª Região – Analista Judiciário – Área Judiciária – CESPE – 2017) Considerando o disposto nas Leis n.º 8.112/1990 e n.º 8.429/1992, julgue o item que se segue, acerca dos agentes públicos.

De acordo com a legislação que trata de atos de improbidade administrativa, são considerados agentes públicos as pessoas em exercício de cargo eletivo em autarquia federal, mesmo que sem remuneração.

5. (MP-MA – Analista Ministerial – Administrativo – FCC – 2013) Considere as seguintes pessoas:

I. Prefeitos.

II. Particulares, que tenham se beneficiado de eventual ato ímprobo.

III. Servidores públicos (pessoas com vínculo empregatício, estatutário ou contratual, com o Estado).

Nos termos da Lei nº 8.429/92, são considerados sujeitos ativos da improbidade administrativa o que consta em

(A) I, apenas.

(B) I e III, apenas.

(C) II e III, apenas.

(D) I, II e III.

(E) II, apenas.

6. (TRE-PE – Técnico Judiciário – Área Administrativa – CESPE – 2017) Um empresário, proprietário de determinada empresa que firmou contrato com o poder público, contribuiu para a prática de ato de improbidade administrativa levado a efeito por servidor público de determinado órgão estatal. Nessa situação hipotética,

(A) o servidor público só estará sujeito ao disposto na Lei de Improbidade Administrativa se pertencer a órgão da administração direta.

(B) o empresário só estará sujeito às disposições da Lei de Improbidade Administrativa se o ato de improbidade lhe tiver beneficiado.

(C) o servidor só estará sujeito às disposições da Lei de Improbidade Administrativa se tiver sido nomeado para o cargo mediante concurso público.

(D) o servidor estará sujeito às disposições da Lei de Improbidade Administrativa ainda que exerça suas funções de forma transitória.

(E) o empresário, por não ser agente público, não estará sujeito ao disposto na Lei de Improbidade Administrativa.

7. (TJ/DF – Analista Judiciário – CESPE – 2015) Julgue o item a seguir à luz da Lei de Improbidade Administrativa.

Considerando a interpretação conferida pelo Supremo Tribunal Federal ao conceito de agentes públicos, todos os agentes políticos estão sujeitos às disposições da Lei de Improbidade Administrativa.

8. (AL-MA – Técnico de Gestão Administrativa – Advogado – FGV - 2013) A Lei n. 8.429/92 dispõe sobre as regras aplicáveis aos atos de improbidade administrativa. Com relação ao conteúdo dessa lei, assinale a afirmativa correta.

(A) A lei que dispõe sobre os atos de improbidade administrativa apenas é aplicável aos servidores públicos estatutários.

(B) A lei que dispõe sobre os atos de improbidade administrativa apenas é aplicável aos servidores estatutários e aos empregados públicos.

(C) A lei que dispõe sobre os atos de improbidade administrativa é aplicável somente aos servidores públicos estatutários, aos empregados públicos e aos detentores de mandato eletivo.

(D) A lei que dispõe sobre os atos de improbidade administrativa é aplicável a pessoa que não possua vínculo com a administração, mas concorre para o ato de improbidade ou dele se beneficia.

(E) A lei que dispõe sobre os atos de improbidade administrativa não é aplicável ao ocupante de cargo em comissão.

9. (AL-PE – Agente Legislativo – FCC - 2015) Certo deputado federal foi condenado recentemente por improbidade administrativa em decorrência de sua participação societária em empresa contratada por um município para prestação de serviços de consultoria e assessoria técnica.

Além de deputados (estaduais e federais), também podem ser punidos por improbidade administrativa

(A) qualquer agente público, servidor ou não, desde que exerça atividade remunerada e de caráter não transitório.

(B) qualquer servidor público, desde que ocupante de cargo efetivo.

(C) os demais agentes políticos, exceto o juiz de direito.

(D) os demais agentes políticos, exceto os prefeitos, que em casos de improbidade responderão por crime de responsabilidade.

(E) qualquer agente público, desde que a conduta tenha importado enriquecimento ilícito, causado lesão ao erário ou atentado contra princípios da Administração pública.

10. (MP/PI – Analista Ministerial – Cespe – 2018) De acordo com a Lei n.º 8.429/1992, julgue o próximo item, relativo a improbidade administrativa.

Pessoa que, investida em função pública, não receba remuneração estará isenta de responder por ato de improbidade administrativa.

11. (MP/RN – Analista – Contabilidade – FCC - 2012) O Ministério Público do Estado do Rio Grande do Norte ajuizou ação de improbidade administrativa contra Carlos e demais pessoas. Em sua defesa, Carlos alegou não ser parte legítima para figurar no polo passivo da ação, por não ser agente público. Vale salientar que Carlos exerce, sem remuneração e de forma transitória,

função pública em determinada autarquia do mesmo Estado. Nos termos da Lei de Improbidade Administrativa (Lei nº 8.429/1992), Carlos

(A) é considerado agente público, pois preenche todos os requisitos legais para tanto.

(B) não é considerado agente público, uma vez que não recebe remuneração.

(C) não é considerado agente público, haja vista a sua transitoriedade na função pública.

(D) é considerado agente público, pois, embora não preencha fielmente os requisitos legais, é denominado agente público por equiparação.

(E) não é considerado agente público, pois, para tanto, é necessário que se trate somente de detentor de cargo público.

12. (Prefeitura de Portão/RS - Fiscal Tributário - LEGALLE Concursos - 2016) Qual dos sujeitos abaixo pode ser considerado agente ímprobo?

(A) Mesário.

(B) Ministro ecumênico.

(C) Ocupante de cargo de vendedor no comércio.

(D) Turista na Copa do Mundo.

(E) Ocupante do cargo de Direção em instituição privada comerciária.

13. (FUNPRESP-JUD - Cargos de Assistente - Cespe - 2016) Dois agentes públicos de um tribunal de justiça — um ocupante exclusivamente de cargo em comissão e o outro em cargo de caráter efetivo — foram presos em flagrante em uma operação da Polícia Federal, por terem cometido desvio de verba pública em um processo licitatório do tribunal. Considerando essa situação hipotética, julgue o próximo item com base na Lei de Improbidade Administrativa — Lei n.º 8.429/1992.

Por não possuir vínculo efetivo com a administração, o agente público ocupante exclusivamente de cargo em comissão não estará sujeito às sanções decorrentes da Lei de Improbidade Administrativa.

14. (TJ/SP - Titular de Serviços de Notas e Registros - Provimento - Vunesp - 2016) Nos termos da Lei no 8.429/92, pode ser responsabilizado por ato de improbidade administrativa

(A) não apenas o agente público, mas também o particular ou o terceiro beneficiado pelo ato.

(B) o representante da pessoa jurídica que receba subvenção, benefício ou incentivo de órgão público, se o instrumento formalizado entre as partes contiver previsão expressa de responsabilidade.

(C) apenas o agente público enriquecido ilicitamente no exercício de mandato, cargo, emprego ou função pública.

(D) o agente público, objetivamente, e seus prepostos de qualquer nível ou hierarquia, culposamente.

15. (MP/SC - Promotor de Justiça - 2016) Para os efeitos da Lei n. 8.429/92, agente público é todo aquele que exerce, ainda que transitoriamente, desde que remunerado, por eleição, nomeação, designação, contratação ou qualquer outra forma de investidura ou vínculo, mandato, cargo, emprego ou função na administração direta, indireta ou fundacional de qualquer dos entes públicos

ou de empresa incorporada ao patrimônio público ou de entidade para cuja criação ou custeio o erário haja concorrido ou concorra com mais de cinquenta por cento do patrimônio ou da receita anual.

16. (TRT-16ª Região – Juiz do Trabalho Substituto – 2015) Considerando as afirmações abaixo, assinale a alternativa CORRETA:

I. Nos termos da jurisprudência recente do STF, os agentes políticos estão sujeitos a uma "dupla normatividade em matéria de improbidade, com objetivos distintos", tanto aquela fundada na Lei nº 8.429/92, quanto àquela decorrente da Lei nº 1.079/50.

II. Qualquer pessoa física ou entidade privada que utilize, arrecade, guarde, gerencie ou administre dinheiro, bens ou valores públicos ou pelos quais a União responda, ou que, em nome desta, assuma obrigações pecuniárias, igualmente está alcançado pelo império da Lei de Improbidade.

III. Em face de entendimento jurisprudencial predominante, diversas autoridades estão sujeitas a foro privilegiado na ação de improbidade.

IV. Tanto a doutrina quanto a jurisprudência do STJ associam a improbidade administrativa à noção de desonestidade, de má-fé do agente público. Somente em hipóteses excepcionais, por força de inequívoca disposição legal, é que se admite a configuração de improbidade por ato culposo, como ocorre no art. 10 da Lei 8.429/92. O enquadramento nas previsões dos arts. 9º e 11 da Lei de Improbidade, portanto, não pode prescindir do reconhecimento de conduta dolosa.

(A) Somente as afirmativas I, II e III estão corretas.

(B) Somente as afirmativas I, II e IV estão corretas.

(C) Somente as afirmativas II, III e IV estão corretas.

(D) Somente as afirmativas I, III e IV estão corretas.

(E) Todas as afirmativas estão corretas.

17. (IPHAN – Arqueólogo – CETRO – 2015) Sobre o sujeito ativo de ato de improbidade administrativa, de acordo com o disposto na Lei nº 8.429/1992, assinale a alternativa correta.

(A) Ato de improbidade praticado contra o patrimônio de entidade que recebe incentivo fiscal de órgão público também está sujeito às penas da Lei de Improbidade Administrativa.

(B) Para efeito de improbidade administrativa, considera-se agente público apenas o servidor que ocupa cargo ou função em um dos órgãos ou entidades da Administração Pública direta da União.

(C) Aquele que não é considerado agente público, ainda que concorra para a prática de ato de improbidade, está eximido de ser penalizado.

(D) Em havendo enriquecimento do agente público, ele perderá não só os bens ou valores acrescidos ao seu patrimônio como os bens que anteriormente já detinha.

(E) Um estagiário não remunerado do IPHAN não pode ser sujeito ativo de um ato de improbidade administrativa, dado que não se trata de agente público, bem como pela gratuidade de sua relação contratual.

18. (TRT-6ª Região – Juiz do Trabalho Substituto – 2015) Determinada sociedade de economia mista, que conta com a participação majoritária da União em seu capital social, sofreu significativos prejuízos financeiros em função da aplicação de suas disponibilidades de caixa em operações de risco. Restou

comprovado que o Diretor Financeiro da empresa tinha conhecimento do risco envolvido, não apenas de rentabilidade, mas também de perda de parcela do capital aplicado. Questionado, o Diretor justificou a decisão de investimento pelo potencial de maximização dos ganhos e pela busca de lucratividade a ser perseguida pela entidade, em face da sua natureza privada. Na situação narrada, a conduta do Diretor Financeiro da empresa

(A) pode, em tese, configurar ato de improbidade administrativa, eis que verificado prejuízo patrimonial à empresa controlada majoritariamente pela União, configuração essa que restaria afastada no caso de participação pública inferior a 50% do capital da empresa.

(B) somente pode configurar ato de improbidade administrativa se identificada conduta comissiva do Diretor e comprovado prejuízo direto à União, eis que atos lesivos à entidades submetidas ao regime de direito privado não podem ser configurados como ato de improbidade.

(C) não pode configurar ato de improbidade administrativa, eis que o ato de improbidade pressupõe, como elemento subjetivo, o dolo do sujeito ativo.

(D) somente pode configurar ato de improbidade administrativa se comprovado enriquecimento ilícito ou obtenção de vantagem indevida pelo Diretor.

(E) pode, em tese, configurar ato de improbidade administrativa, que abrange os agentes públicos como potenciais sujeitos ativos, assim considerados também os dirigentes e empregados de entidades da Administração Indireta.

19. (TJ/DF – Técnico Judiciário – Administrativa – Cespe - 2015) Julgue o item seguinte, com base no disposto na Lei de Improbidade Administrativa.

O estagiário de órgão público não pode ser sujeito ativo de ato de improbidade administrativa, em virtude do vínculo precário e transitório que mantém com a administração pública.

20. (Prefeitura de São José do Rio Preto/SP – Procurador do Município – Vunesp – 2019) Sobre as sanções previstas na Lei nº 8.429/92 para os atos de improbidade administrativa, é correto afirmar:

(A) aplicam-se tão somente aos agentes públicos no exercício de mandato ou servidores públicos e ocupantes de emprego público na Administração Pública.

(B) aplicam-se aos agentes públicos no exercício de mandato ou servidores públicos e ocupantes de emprego público na Administração Pública, bem como, no tocante ao setor privado, exclusivamente aos agentes que pratiquem atos de improbidade contra o patrimônio de entidade para cuja criação ou custeio o erário haja concorrido ou concorra com mais de cinquenta por cento do patrimônio ou da receita anual.

(C) aplicam-se aos agentes públicos no exercício de mandato ou servidores públicos e ocupantes de emprego público na Administração Pública, bem como, no tocante ao setor privado, aos agentes que pratiquem atos de improbidade contra o patrimônio de entidade que receba subvenção, benefício ou incentivo, fiscal ou creditício, de órgão público bem como de entidade para cuja criação ou custeio o erário haja concorrido ou concorra com parcela do patrimônio ou da receita anual.

(D) aplicam-se exclusivamente em face de atos dolosos cometidos pelos agentes alcançados pela lei.

(E) podem ser objeto de medida judicial cuja proposição é de competência e iniciativa exclusiva do Ministério Público.

21. (MP/SC – Promotor de Justiça – 2019) A sujeição dos agentes políticos municipais ao Decreto Lei n. 201/1967 implica sua imunidade ao regime da improbidade administrativa instituído na Lei n. 8.429/1992.

22. (TJ/RS – Juiz Substituto – Faurgs – 2022) Referente à improbidade administrativa, assinale a afirmativa INCORRETA.

(A) Os atos de improbidade administrativa podem provocar as seguintes sanções: a suspensão dos direitos políticos, a perda da função pública, a indisponibilidade dos bens e o ressarcimento ao erário.

(B) A Lei de Improbidade Administrativa não contempla penas privativas de liberdade.

(C) Para caracterização do sujeito passivo da improbidade, o agente público deve estar vinculado ao poder público e necessita perceber remuneração.

(D) Constitui-se em fase pré-processual judicial a instauração de inquérito civil pelo Ministério Público.

(E) O Ministério Público é legitimado ativo para propor ação de improbidade administrativa.

23. (CRF-GO – Advogado – Quadrix – 2022) Acerca da Lei n.º 8.429/1992, julgue o item

Apenas os agentes políticos integrantes dos Poderes Executivo e Legislativo sujeitam-se às sanções previstas na Lei de Improbidade Administrativa.

24. (MP/GO – Promotor de Justiça Substituto – FGV – 2022) Em razão de intensas chuvas ocorridas em Cavalcante, no nordeste de Goiás, a cheia do rio Prata causou enorme destruição e deixou desabrigadas centenas de famílias carentes que vivem na região. Com a aquiescência do poder público municipal, vários particulares se voluntariaram para auxiliar as vítimas daquele desastre natural, sobretudo mediante a organização e distribuição dos alimentos, roupas e outros itens doados a partir de diversas regiões do Estado e do país. Instado por notícia de desvio desses mantimentos, o Ministério Público instaurou inquérito civil e angariou elementos informativos robustos no sentido de que José, um dos voluntários, efetivamente se apropriou de parte dos bens doados às vítimas.

Na situação hipotética descrita, consoante o magistério da doutrina especializada e a legislação vigente, é correto afirmar que José:

(A) não pode ser considerado sujeito ativo da improbidade administrativa, tampouco sofrer as sanções cominadas na Lei nº 8.429/1992, porquanto não figura como agente público nem como terceiro partícipe de uma conduta ímproba imputável a agente público;

(B) pode ser considerado sujeito ativo da improbidade administrativa e responder por ato ímprobo que importa em enriquecimento ilícito, pois figura como agente de fato putativo, que desempenha uma atividade pública com a presunção de legitimidade;

(C) pode ser considerado sujeito ativo da improbidade administrativa e sofrer as sanções cominadas na Lei nº 8.429/1992, diploma legal que admite a responsabilização de particulares de forma desvinculada da existência de um ato ímprobo imputável a agente público;

(D) não pode ser considerado sujeito ativo da improbidade administrativa, porquanto não mantém vínculo formal com o poder público, tampouco sofrer as sanções cominadas na Lei nº 8.429/1992, diploma legal que não se destina à tutela do patrimônio privado;

(E) pode ser considerado sujeito ativo da improbidade administrativa e responder por ato ímprobo que importa em enriquecimento ilícito, pois figura como agente de fato necessário, que exerce a função pública em situação de calamidade ou de emergência.

1	2	3	4	5	6	7	8	9	10	11	12
A	F	B	V	D	D	V	D	E	F	A	A
13	**14**	**15**	**16**	**17**	**18**	**19**	**20**	**21**	**22**	**23**	**24**
F	A	F	B	A	E	F	c	F	C	F	E

~~**Art. 3º** As disposições desta lei são aplicáveis, no que couber, àquele que, mesmo não sendo agente público, induza ou concorra para a prática do ato de improbidade ou dele se beneficie sob qualquer forma direta ou indireta.~~

Art. 3º As disposições desta Lei são aplicáveis, no que couber, àquele que, mesmo não sendo agente público, induza ou concorra dolosamente para a prática do ato de improbidade. (Redação dada pela Lei nº 14.230, de 2021)

§ 1º Os sócios, os cotistas, os diretores e os colaboradores de pessoa jurídica de direito privado não respondem pelo ato de improbidade que venha a ser imputado à pessoa jurídica, salvo se, comprovadamente, houver participação e benefícios diretos, caso em que responderão nos limites da sua participação. (Incluído pela Lei nº 14.230, de 2021)

§ 2º As sanções desta Lei não se aplicarão à pessoa jurídica, caso o ato de improbidade administrativa seja também sancionado como ato lesivo à administração pública de que trata a Lei nº 12.846, de 1º de agosto de 2013. (Incluído pela Lei nº 14.230, de 2021)

COMENTÁRIOS

1. Terceiro como sujeito ativo do ato de improbidade administrativa: o preceptivo legal em comento autoriza a punição de particulares que auxiliem o servidor público a perpetrar a conduta ímproba, **induzindo ou concorrendo** para o ato de improbidade.

ATENÇÃO:

A Lei 14.230/2021 excluiu a punição do terceiro como *beneficiário* do ato de improbidade administrativa, revelando-se mais benéfica e, dessa forma, retroativa (para os que consideram aplicável o princípio da retroatividade benéfica).

REDAÇÃO ORIGINÁRIA	REDAÇÃO DA LEI 14.230/2021
Art. 3º As disposições desta lei são aplicáveis, no que couber, àquele que, mesmo não sendo agente público, induza ou concorra para a prática do ato de improbidade **ou dele se beneficie sob qualquer forma direta ou indireta.**	Art. 3º As disposições desta Lei são aplicáveis, no que couber, àquele que, mesmo não sendo agente público, induza ou concorra **dolosamente** para a prática do ato de improbidade.

> Marçal Justen Filho considera a supressão salutar, eis que a punição do terceiro que tão somente se beneficiou da vantagem podia ocasionar responsabilidade objetiva. Exemplifica o autor com a denominada "**emergência fabricada**", consistente em omissão deliberada da autoridade administrativa em adotar providências para efetivar em tempo hábil um procedimento licitatório, contratando consequentemente, de forma emergencial e com dispensa de licitação para evitar solução de continuidade. "[...] Em muitos casos, não existe atuação alguma do particular para evitar a realização da licitação. A omissão é imputável exclusivamente à atuação burocrática da Administração. Se for cabível punir o agente público que atuou de modo defeituoso, daí não se segue a existência de uma conduta ímproba do terceiro que se restringiu a contratar com a Administração. É indispensável comprovar que esse terceiro atuou de modo reprovável ao contratar sem licitação"[30].

Embora sem interesse prático, é importante destacar que os particulares podem ser responsabilizados por atos de improbidade de duas formas:

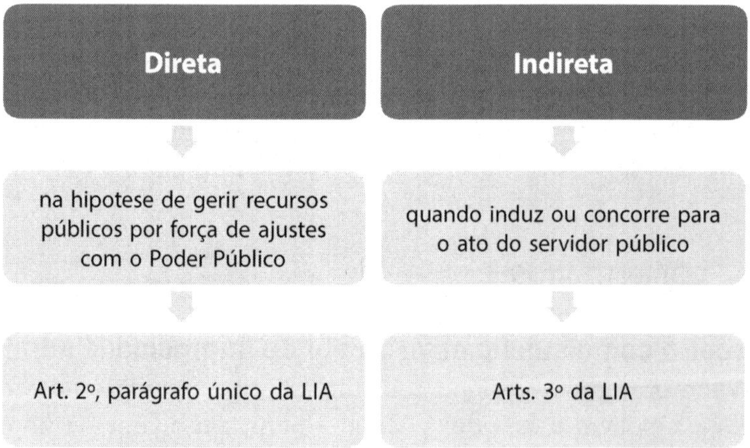

Trata-se de um **avanço da atual LIA**, haja vista que a legislação que a precedeu (arts. 1º e 3º da Lei 3.502, de 1958) somente tipificava os atos realizados por agentes públicos, ficando fora de seu alcance terceiros que atuassem em coautoria ou participação.

E quem são os terceiros? A resposta a esta indagação é extraída da remissão feita no art. 3º no sentido de que as disposições da LIA são aplicáveis àquele que, **mesmo não sendo agente público**, induza ou concorra para o ato de improbidade. Significa que a Lei adotou um **critério residual** ao definir terceiro por exclusão: será todo aquele que não se amoldar ao conceito amplo de agente público do art. 2º.

30. JUSTEN FILHO, Marçal. *Reforma da Lei de Improbidade ...* p. 54-55.

2. Formas de participação e elemento subjetivo: será punível a conduta do terceiro que induza ou concorra **dolosamente** para a prática do ato de improbidade administrativa ou dele se beneficie a qualquer título. Para evitar confusões práticas e pegadinhas em provas de concurso, importante relembrar as formas de participação no concurso de pessoas, importando as lições necessárias do direito penal.

Instigação	O agente reforça uma ideia preexistente na mente do autor da conduta.
Indução	O agente faz nascer o propósito ilícito no autor da conduta, até então inexistente.
Auxílio	Participação material consistente na facilitação da execução da empreitada ilícita com a prestação adequada de assistência ao autor principal, sem tomar parte na execução do ilícito.

ATENÇÃO: o art. 3º da LIA **não contempla a instigação** como forma de participação do terceiro, **prevalecendo o entendimento** de que tal conduta **não** autoriza sua punição, máxime porque se trata de norma punitiva que não admite interpretação extensiva[31].

Ademais, não se admite punição do terceiro por coautoria genérica, eis que é necessária a especificação da conduta do agente público a qual o particular adere. Pela mesma razão também não se admite coautoria presumida, sendo imprescindível a indicação da conduta concreta e determinada do terceiro.

A Lei 14.230/2021 exigiu expressamente o elemento subjetivo ("DOLO") para viabilizar a punição do terceiro, consagrando a orientação que já predominava na doutrina, a qual se fundava em dois fundamentos básicos:

(i) o ordenamento jurídico somente admite responsabilidade objetiva nos casos previstos em lei ou em relação às atividades de risco (art. 927, parágrafo único, CC), o que não é o caso;

(ii) a improbidade culposa somente era admitida em relação atos que causem prejuízo ao Erário (art. 10, LIA, na sistemática anterior à Lei 14.230/2021), condutas incompatíveis com os comportamentos exigidos no art. 3º da LIA[32].

31. CARVALHO FILHO, José dos Santos. *Manual*... p. 993; NEVES, Daniel Amorim Assumpção; OLIVEIRA, Rafael Carvalho Rezende. *Manual*... p. 138.

32. NEVES, Daniel Amorim Assumpção; OLIVEIRA, Rafael Carvalho Rezende. *Manual*... p. 139.

3. A identificação do agente público como pressuposto para a responsabilização do terceiro: a aplicação de sanções por ato de improbidade ao terceiro pressupõe a responsabilização concomitante do agente público, afinal, pune-se a conduta do terceiro que induz ou concorre para a prática do ato de improbidade, agindo necessariamente em conluio com o agente público (**caráter secundário da atividade do particular**). Por conseguinte, é **indispensável a presença no polo passivo da ação de improbidade do terceiro e do agente público, em litisconsórcio.**

Não é necessário, todavia, litisconsórcio passivo na ação que busque **infligir punição ao agente público**, dada a ausência de disposição legal nesse sentido ou de unitariedade na relação jurídica, pressupostos do litisconsórcio passivo necessário unitário (art. 114, CPC). "A conduta dos agentes públicos, que constitui o foco da LIA, pauta-se especificamente pelos seus deveres funcionais e independe da responsabilização da empresa que se beneficiou com a improbidade" (STJ, *REsp 896.044/PA*, 2ª T., rel. Min. Herman Benjamin, j. 16.09.2010. Ver item 1 do tópico CASUÍSTICA).

Importante a memorização da distinção:

Responsabilização agente público

- Independe de responsabilização concomitante do particular.

Responsabilização particular

- É pressuposto para a aplicação das sanções da LIA a presença do agente público no polo passivo.

Outra limitação à responsabilização dos particulares reside na natureza de determinadas sanções, que são incompatíveis com os terceiros e, por isso, não podem ser a eles aplicadas, a exemplo da perda do cargo ou da função pública. Não por outra razão que o art. 3º determina a aplicação das disposições da LIA aos terceiros "no que couber".

4. Pessoa jurídica como terceiro: até o advento da Lei 14.230/2021 a LIA nada dispunha sobre a possibilidade de condenação de pessoa jurídica na qualidade de terceiro, o que tornava a questão **controvertida**.

Para uma linha de pensamento, a responsabilização seria impossível em face da natureza das condutas (induzir e concorrer), que consubstanciam atitudes privativas de pessoas naturais. Assim pensava José dos Santos Carvalho Filho, para quem:

> "As condutas de indução e colaboração para a improbidade são próprias de pessoas físicas. Quanto à obtenção de benefícios indevidos, em que pese a possibilidade de pessoa jurídica ser destinaria deles (como, por exemplo, no caso de certo bem público móvel ser desviado para seu patrimônio), terceiro será o dirigente ou responsável que eventualmente coonestar com o ato dilapidatório do atente público. Demais disso, tal conduta, como vimos, pressupõe dolo, elemento subjetivo incompatível com a responsabilização de pessoa jurídica"[33].

Além disso, argumentava-se que a utilização, no art. 3º, da expressão "agente público", indicava que a legislação pretendeu excluir as pessoas jurídicas de sua incidência. A responsabilidade, para os seus adeptos, alcançaria os sócios que, em última análise, são os beneficiários do ato.

De outro lado, havia quem defendesse a inexistência de distinção, no dispositivo em comento, entre pessoas físicas e jurídicas, sendo possível sua aplicação a ambas indistintamente. Lecionava, a propósito, Emerson Garcia *et al*: "Contrariamente ao que ocorre com o agente público, sujeito ativo dos atos de improbidade e necessariamente uma pessoa física, o art. 3.º da Lei de Improbidade não faz qualquer distinção em relação aos terceiros, tendo em previsto que 'as disposições desta Lei são aplicáveis, no que couber, àquele que, mesmo não sendo agente público...', o que permite concluir que as pessoas jurídicas também estão incluídas sob tal epígrafe"[34].

Na jurisprudência, **o STJ já tinha decidido que** "as pessoas jurídicas que participem ou se beneficiem dos atos de improbidade sujeitam-se à Lei 8.429/1992 [...]" (STJ, *REsp 1.122.177/MT*, 2ª T., rel. Min. Herman Benjamin, j. 03.08.2010, DJe 27.04.2011. *Vide* item 2 do tópico CASUÍSTICA).

A **Lei 12.846, de 1º de agosto de 2013**, que dispõe sobre a responsabilização administrativa e civil de pessoas jurídicas pela prática

33. CARVALHO FILHO, José dos Santos. *Manual* ... p. 993.

34. GARCIA, Emerson; ALVES, Rogério Pacheco. *Improbidade* ... p. 357/358.

de atos contra a administração pública, nacional ou estrangeira, conhecida como *Lei Anticorrupção*, **filiou-se ao segundo entendimento** (possibilidade de responsabilização) ao prescrever em seu art. 2º que "as pessoas jurídicas serão responsabilizadas objetivamente, nos âmbitos administrativo e civil, pelos atos lesivos previstos nesta Lei praticados em seu interesse ou benefício, exclusivo ou não", elencando em seu art. 5º as condutas passíveis de punição que devem atentar contra o patrimônio nacional ou estrangeiro, contra os princípios da Administração Pública ou contra os compromissos internacionais assumidos pelo Brasil, a saber:

> "I - prometer, oferecer ou dar, direta ou indiretamente, vantagem indevida a agente público, ou a terceira pessoa a ele relacionada;
>
> II - comprovadamente, financiar, custear, patrocinar ou de qualquer modo subvencionar a prática dos atos ilícitos previstos nesta Lei;
>
> III - comprovadamente, utilizar-se de interposta pessoa física ou jurídica para ocultar ou dissimular seus reais interesses ou a identidade dos beneficiários dos atos praticados;
>
> IV - no tocante a licitações e contratos:
>
> a) frustrar ou fraudar, mediante ajuste, combinação ou qualquer outro expediente, o caráter competitivo de procedimento licitatório público;
>
> b) impedir, perturbar ou fraudar a realização de qualquer ato de procedimento licitatório público;
>
> c) afastar ou procurar afastar licitante, por meio de fraude ou oferecimento de vantagem de qualquer tipo;
>
> d) fraudar licitação pública ou contrato dela decorrente;
>
> e) criar, de modo fraudulento ou irregular, pessoa jurídica para participar de licitação pública ou celebrar contrato administrativo;
>
> f) obter vantagem ou benefício indevido, de modo fraudulento, de modificações ou prorrogações de contratos celebrados com a administração pública, sem autorização em lei, no ato convocatório da licitação pública ou nos respectivos instrumentos contratuais; ou
>
> g) manipular ou fraudar o equilíbrio econômico-financeiro dos contratos celebrados com a administração pública;
>
> V - dificultar atividade de investigação ou fiscalização de órgãos, entidades ou agentes públicos, ou intervir em sua atuação, inclusive

no âmbito das agências reguladoras e dos órgãos de fiscalização do sistema financeiro nacional".

No entanto, em sede doutrinária passou-se a advogar tese no sentido de que "a partir da **Lei Anticorrupção,** as pessoas jurídicas não respondem mais pelos atos de improbidade administrativo [*sic*] elencados na LIA, mas somente pelos atos naquelas previstos"[35].

Importante registrar, contudo, que a **Lei Anticorrupção** trabalha com um **modelo próprio e substancialmente inovador**, pois autoriza a punição da pessoa **jurídica independentemente da responsabilização** individual de seus dirigentes ou administradores ou de qualquer pessoa natural, autora, coautora ou partícipe do ato ilícito (art. 3º, § 1º, Lei 12.846, de 2013). Por isso afirma-se que "a Lei nº 12.846/13 qualifica como autores dos atos de corrupção por ela elencados somente as pessoas jurídicas, o que diferencia fundamentalmente esse diploma legal da LIA, pois segundo os preceitos desta, não se configura improbidade administrativa sem a figura do agente público ímprobo"[36]. Ratifica a referida conclusão o disposto no art. 30, inciso I, da Lei 12.846, de 2013, o qual preconiza que a aplicação das sanções nela previstas não afeta os processos de responsabilização e aplicação de penalidades decorrentes de ato de improbidade administrativa nos termos da Lei nº 8.429, de 02 de junho de 1992.

Emerson Garcia e Rogério Pacheco Alves, a despeito da possibilidade de incidência de ambos os diplomas legais fundados no art. 30, inciso I, da Lei Anticorrupção, defendem a necessidade de que a objetividade jurídica afetada seja diversa,

> "[...] De modo que o enquadramento plúrimo decorra de distintas facetas da mesma conduta, que será cotejada com microssistemas normativos de natureza diversa, todos integrados ao mesmo ordenamento jurídico. Nesse caso, não teremos uma única ofensa punida com mais de uma sanção, mas, sim, uma pluralidade de ofensas jurídicas, derivadas da mesma conduta fática, o que justifica a pluralidade de sanções. É justamente o que ocorre quando a pessoa jurídica é simultaneamente enquadrada na LRPJ e na Lei n. 8,429/1992. Na LRPJ, o epicentro de análise

35. PAZZAGLINI FILHO, Marino. *Lei de Improbidade* ... p. 16.
36. PAZZAGLINI FILHO, Marino. *Lei de Improbidade* ... p. 18.

> é a conduta praticada no interesse ou em benefício da pessoa jurídica, a qual, eventualmente, pode contar com a participação de um agente público, nos termos do art. 3º e da tipologia do art. 5º. Essa conduta será valorada em conformidade com a relação jurídica existente, ou em vias de ser estabelecida, entre a pessoa jurídica e a Administração Pública. Já no sistema da Lei n. 8.429/1992, sua incidência depende da presença de um agente público e a pessoa jurídica pode eventualmente figurar como partícipe ou beneficiárias, nos termos do art. 3º desse diploma legal. Nesse caso, é analisada a observância, pelo agente público, dos deveres jurídicos inerentes ao cargo. Portanto, se uma pessoa jurídica, em conluio com agente público, frauda licitação, será possível que ambos sejam responsabilizados com base na LRPJ (pessoa jurídica como autora e agente público como terceiro) e na Lei 8,429/1992 (agente público como autor e pessoa jurídica como terceiro).
>
> Caso o simultâneo enquadramento da mesma conduta em mais de um microssistema normativo de responsabilização passe nos testes de compatibilização, não haverá óbice a que sanções de idêntica natureza jurídica, como a multa, o perdimento de bens e a proibição de recebimento de recursos do Erário, sejam aplicadas em todos eles. O que não se permite é que, exaurida a circunstância fática que embasa a existência da sanção, isso em razão da anterior aplicação de sanção de idêntica natureza, insista-se na sua execução. Nesse caso, efetivamente ocorrerá o *bis in idem.* Uma vez executada a sanção de perda de bens aplicada com base na LRPJ, não será possível executar aquela aplicada por força da Lei n. 8.429/1992, ainda que a respectiva sentença tenha transitado em julgado. O mesmo há de ocorrer com a determinação de reparação de danos causados, não se admitindo sejam reparados mais de uma vez”[37].

Eis o panorama até o advento da Lei 14.230/2021.

A Lei 14.230/2021 incluiu o § 2º ao art. 3º da LIA para afastar sua incidência caso o ato de improbidade administrativa imputado à pessoa jurídica seja também sancionado como ato lesivo à administração pública na forma como preconizado pela Lei 12.846/2013 (“Lei Anticorrupção”). A modificação fundou-se, não há dúvidas,

37. GARCIA, Emerson; ALVES, Rogério Pacheco. *Improbidade* ... p. 796/797.

no princípio do *non bis in idem*, tal como reconhecido pelo § 4º do art. 1º da LIA, mitigando a independência das instâncias.

No entanto, não houve a expressa revogação do art. 30, inciso I, da Lei 12.846/2013, o qual estabelece que a aplicação das sanções previstas nesta Lei não afeta os processos de responsabilização e aplicação de penalidades decorrentes de ato de improbidade administrativa.

Marçal Justen Filho entende que eventual conflito deve ser resolvido com a prevalência da norma especial, por força do disposto no art. 2º, § 2º da LINDB. Nas palavras do autor, "[...] a coexistência de LIA e LAC decorre de seu distinto âmbito de abrangência. Daí se segue que os temas disciplinados por um dos diplomas **não são** disciplinados pelo outro"[38]. Lembra, também, que existem infrações que não se aplicam a Lei Anticorrupção e sim a LIA, a exemplo da perpetrada por agente público exclusiva e isoladamente. Eis, em resumo, as principais conclusões:

	Situação	**Casuística**
Aplicação da LIA e não incidência da LAC	Agente público – sem participação de particulares	Infração do art. 9º, inciso IV da LIA: agente que se utiliza "em obra ou serviço particular, qualquer bem móvel, de propriedade ou à disposição de qualquer das entidades referidas no art. 1º desta Lei, bem como o trabalho de servidores, de empregados ou de terceiros contratados por essas entidades".
Aplicação conjunta da LAC e da LIA	Agente público + sujeito privado + tipificação na LAC. Agente público = LIA Sujeito privado = LAC	Exemplo da conduta do art. 5º, inciso IV, alínea "a" da LAC, que considera infração "frustrar ou fraudar, mediante ajuste, combinação ou qualquer outro expediente, o caráter competitivo de procedimento licitatório público". Nesse caso, o agente público incorrerá no tipo do art. 10, inciso VIII da LIA.
SÍNTESE: a Lei Anticorrupção somente se aplica às pessoas jurídicas de direito privado, sendo os agentes públicos puníveis por meio da LIA.		

38. JUSTEN FILHO, Marçal. *Reforma da Lei de Improbidade ...* p. 68.

A respeito da aplicação intertemporal da nova sistemática, a Nota Técnica nº 01/2021-5ª CCR, do Ministério Público Federal, considera inaplicável a regra do art. 3º, § 2º aos atos de improbidade praticados antes da vigência da Lei 14.230/2021, considerando o disposto nos arts. 18 e 30, inciso I, da Lei 12.846/2013.

Nesse particular, já é possível antever o surgimento de divergência, eis que os defensores da incidência do princípio da retroatividade benéfica tal como aplicado no Direito Penal sustentarão a aplicação da nova regra.

5. Sócios, cotistas, diretores e colaboradores de pessoa jurídica de direito privado: de acordo com o § 1º do art. 3º da LIA os sócios, os cotistas, os diretores e os colaboradores de pessoa jurídica de direito privado não respondem por ato de improbidade administrativa imputado à pessoa jurídica, **salvo se, comprovadamente, houver participação e benefícios diretos**, caso em que responderão nos limites da sua participação. **A responsabilização excepcional, dessa forma, depende da concorrência de dois requisitos:**

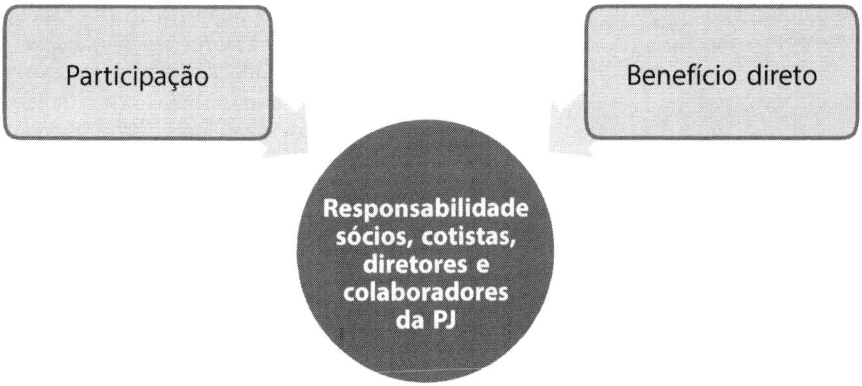

Assim, "não basta a participação do indivíduo, mas é indispensável também a obtenção de um benefício próprio e específico para a responsabilização da pessoa física pela improbidade [...] Se a conduta ímproba gerar efeito indireto que beneficia a pessoa física, mas que apresenta uma dimensão generalizada e não diferenciada, não se configura o pressuposto exigido pelo dispositivo examinado"[39].

39. JUSTEN FILHO, Marçal. *Reforma da Lei de Improbidade ...* p. 64.

Não há, destarte, extensão automática da improbidade à pessoa física dos sócios, diretores e/ou colaboradores da pessoa jurídica.

A nova regra visa compatibilizar a responsabilização dos sócios, cotista, diretores e colaboradores ao princípio da responsabilidade pessoal e, também, evitar ofensa ao princípio da presunção de inocência, o que decorre da sistemática instituída a partir do art. 1º, § 4º da LIA, que determina a incidência dos princípios constitucionais do Direito Administrativo Sancionador.

Para tanto, o art. 17, § 6º, inciso I da LIA, incluído pela Lei 14.230/2021, impõe como requisito específico da petição inicial a individualização da conduta do réu com o apontamento dos elementos probatórios mínimos que demonstrem a ocorrência das hipóteses dos arts. 9º, 10 e 11 e de sua autoria, salvo impossibilidade devidamente fundamentada.

Superou-se, dessa forma, o entendimento do STJ que considerava viável a inserção no polo passivo da ação de improbidade dos sócios, diretores, cotistas e outros dirigentes da pessoa jurídica com base no princípio *in dubio pro societate* (ver item 3 do tópico "CASUÍSTICA").

Para o MPF (Nota Técnica nº 01/2021-5ª CCR), a referida inovação revela-se inconstitucional por violar o princípio da isonomia, na medida em que tal condicionante não se aplica aos agentes públicos, além de incentivar expedientes de benefício indireto para escapar da responsabilização.

CASUÍSTICA

1. Litisconsórcio na ação de improbidade:

"PROCESSUAL CIVIL E ADMINISTRATIVO. IMPROBIDADE. DANO AO ERÁRIO. EMPRESA BENEFICIADA. AUSÊNCIA DE LITISCONSÓRCIO PASSIVO NECESSÁRIO [...] 6. É certo que os terceiros que participem ou se beneficiem de improbidade administrativa estão sujeitos aos ditames da Lei 8.429/1992, nos termos do seu art. 3º, porém não há imposição legal de formação de litisconsórcio passivo necessário. 7. A **conduta dos agentes públicos, que constitui o foco da LIA, pauta-se especificamente pelos seus deveres funcionais e independe da responsabilização da empresa que se beneficiou com a improbidade**. 8. Convém registrar que **a recíproca não é verdadeira, tendo em vista que os particulares não podem ser responsabilizados com base na LIA sem que figure no polo passivo um agente público responsável pelo ato questionado**, o que não impede, contudo, o eventual ajuizamento de Ação

Civil Pública comum para obter o ressarcimento do Erário. Precedente do STJ [...]" (STJ, *REsp 89.044/PA*, 2ª T., rel. Min. Herman Benjamin, j. 16.09.2010, DJe 19.04.2011, grifamos);

"PROCESSUAL CIVIL. ADMINISTRATIVO. RÉU PARTICULAR. AUSÊNCIA DE PARTICIPAÇÃO CONJUNTA DE AGENTE PÚBLICO NO PÓLO PASSIVO DA AÇÃO DE IMPROBIDADE ADMINISTRATIVA. IMPOSSIBILIDADE. 1. Os arts. 1º e 3º da Lei 8.429/92 são expressos ao prever a responsabilização de todos, agentes públicos ou não, que induzam ou concorram para a prática do ato de improbidade ou dele se beneficiem sob qualquer forma, direta ou indireta. 2. **Não figurando no polo passivo qualquer agente público, não há como o particular figurar sozinho como réu em Ação de Improbidade Administrativa**. 3. Nesse quadro legal, não se abre ao Parquet a via da Lei da Improbidade Administrativa. Resta-lhe, diante dos fortes indícios de fraude nos negócios jurídicos da empresa com a Administração Federal, ingressar com Ação Civil Pública comum, visando ao ressarcimento dos eventuais prejuízos causados ao patrimônio público, tanto mais porque o STJ tem jurisprudência pacífica sobre a imprescritibilidade desse tipo de dano. 4. Recurso Especial não provido" (STJ, *REsp 1.155.992/PA*, 2ª T., rel. Min. Herman Benjamin, j. 23.03.2010, DJe 01.07.2010, grifamos).

2. Pessoa jurídica como sujeito ativo de improbidade:

"PROCESSUAL CIVIL. ADMINISTRATIVO. IMPROBIDADE ADMINISTRATIVA. AGRAVO INTERNO NO AGRAVO EM RECURSO ESPECIAL. LEGITIMIDADE PASSIVA. PESSOA JURÍDICA. RECEBIMENTO DA PETIÇÃO INICIAL. IN DUBIO PRO SOCIETATE. INDÍCIOS DA PRÁTICA DE ATO ÍMPROBO. POSTERGAÇÃO PARA A SENTENÇA DE MÉRITO. POSSIBILIDADE. 1. Este Superior Tribunal de Justiça tem entendimento segundo o qual, **"considerando que as pessoas jurídicas podem ser beneficiadas e condenadas por atos ímprobos, é de se concluir que, de forma correlata, podem figurar no polo passivo de uma demanda de improbidade, ainda que desacompanhada de seus sócios"** (REsp 970.393/CE, Rel. Ministro Benedito Gonçalves, Primeira Turma, julgado em 21.6.2012, DJe 29/06/2012). 2. Havendo indícios bastantes da existência do ato ímprobo historiado pelo autor, o encaminhamento judicial deverá operar em favor do prosseguimento da demanda, exatamente para se oportunizar a ampla produção probatória, tão necessária ao pleno e efetivo convencimento do julgador. 3. Agravo interno improvido" (STJ, *AgInt no AREsp 826.883/RJ*, 1ªº T., rel. Min. Sérgio Kukina, j. 26.06.2018, DJe 19.08.2018, grifamos).

"PROCESSUAL CIVIL E ADMINISTRATIVO. RECURSO ESPECIAL. AÇÃO CIVIL PÚBLICA POR ATO DE IMPROBIDADE. VIOLAÇÃO AO ARTIGO 535 DO CPC INOCORRENTE. PESSOA JURÍDICA DE DIREITO PRIVADO. LEGITIMIDADE PASSIVA. 1. Não há violação do artigo 535 do CPC quando o acórdão, mesmo sem ter examinado individualmente cada um dos argumentos trazidos pelo recorrente, adota fundamentação suficiente para decidir de modo integral a controvérsia, apenas não adotando a tese defendida pelo recorrente, manifestando-se, de maneira clara e fundamentada, acerca de todas as questões relevantes para a solução da controvérsia, inclusive em relação às quais o recorrente alega contradição e omissão. 2. **Considerando que as pessoas jurídicas podem ser beneficiadas e condenadas por atos ímprobos, é de se concluir que, de forma correlata, podem figurar no polo passivo de uma demanda de improbidade, ainda que desacompanhada de seus sócios**. 3. Recurso especial não provido" (STJ, *REsp 970.393/CE*, 1ª T., rel. Min. Benedito Gonçalves, j. 21.06.2012, DJe 29.06.2012, grifamos).

3. Sócios, cotistas, diretores e colaboradores de pessoa jurídica (SUPERAÇÃO COM A LEI 14.230/2021):

"RECURSO ESPECIAL. PROCESSUAL CIVIL. AGRAVO DE INSTRUMENTO. IMPROBIDADE ADMINISTRATIVA. RECEBIMENTO DA INICIAL. ALEGAÇÃO DE VIOLAÇÃO DOS ARTS. 2º, 3º E 23, I, DA LEI N. 8.429/92, E ART. 47 DO CC. PRETENSÃO DE NÃO APLICAÇÃO AOS PARTICULARES DA DISCIPLINA DA PRESCRIÇÃO CONTIDA NA LIA. IMPOSSIBILIDADE. REGRA DE EXTENSÃO SUBJETIVA DO ART. 3º QUE UNIFORMIZA O TRATAMENTO DOS IMPLICADOS COM A AÇÃO. APTIDÃO DA INICIAL E LEGITIMIDADE DOS RECORRENTES RECONHECIDA PELAS INSTÂNCIAS DE ORIGEM. REVISÃO DE ENTENDIMENTO QUE ESBARRA NO ENUNCIADO DA SÚMULA N. 7/STJ. PRETENSÃO DE REEXAME FÁTICO-PROBATÓRIO. ATRIBUIÇÃO DE RESPONSABILIDADE DIRETA À PESSOA JURÍDICA E AOS SÓCIOS QUE A INTEGRAM. DESNECESSIDADE DE INCIDENTE DE DESCONSIDERAÇÃO DA PERSONALIDADE JURÍDICA. ATRIBUIÇÃO DE ATO PESSOAL AOS SÓCIOS. CONHECIMENTO PARCIAL DO RECURSO ESPECIAL E DESPROVIMENTO. I - Trata-se, na origem, de agravo de instrumento interposto contra decisão que recebeu a inicial da ação de improbidade administrativa. No Tribunal de origem, o recurso foi desprovido. Interpuseram os recorrentes recurso especial, alegando violação dos arts. 2º, 3º e 23, I, da Lei n. 8.429/92, e 47 do CC. II - A teor do art. 3º da LIA, "As disposições desta lei são aplicáveis, no que couber, àquele que, mesmo não sendo agente público, induza ou concorra para a prática do ato de improbidade ou dele se beneficie sob qualquer forma direta ou indireta". Portanto, as regras da Lei de Improbidade, por força do preceituado nos seus arts. 2º e 3º, alcançam também os particulares que, de qualquer forma, tenham concorrido para o ato acoimado de ímprobo. III - Logo, não têm os particulares que concorreram, "em tese", para a prática do ato ímprobo o direito à contagem individualizada dos prazos prescricionais, aplicando-se a eles os prazos e termos iniciais previstos na LIA. Precedentes. V - Por outro lado, o acórdão recorrido, a partir dos elementos de que dispunha e orientado pelo princípio in dubio pro societate, que vigora na fase de recebimento da inicial de improbidade, identificou a potencial responsabilidade dos recorrentes pela prática dos atos apurados, pronunciando a aptidão da inicial e a legitimidade passiva dos agravantes. A revisão desse entendimento esbarra no óbice da Súmula n. 7/STJ. VI - Por fim, não se pode cogitar de violação do art. 47 do CC, porque, consoante reconhecido pelo órgão jurisdicional *a quo*, a manutenção dos sócios no polo passivo é motivada pela necessidade de "apuração de eventual responsabilidade por ato de improbidade administrativa". Ou seja, a ação de improbidade administrativa também objetiva responsabilizar os sócios pelo cometimento pessoal de improbidade e não apenas a pessoa jurídica que integram. VII - Recurso especial parcialmente conhecido e desprovido" (STJ, *REsp 1.789.492/PR*, 2ª T., rel. Min. Francisco Falcão, j. 16.05.2019, DJe 23.05.2019).

4. Escritório de advocacia remunerado com verba pública para defesa de Prefeito Municipal:

"ADMINISTRATIVO. AÇÃO CIVIL PÚBLICA. IMPROBIDADE ADMINISTRATIVA. RECEBIMENTO DA AÇÃO. CAUSA DE PEDIR COMPLEXA QUE DENOTA A EXISTÊNCIA DE INDÍCIOS DE ATOS ÍMPROBOS. SOCIEDADE DE ADVOGADOS QUE, EM TESE, PODE TER-SE BENEFICIADO DE ATO DE IMPROBIDADE. ARTIGOS 5º E 6º DA LEI N. 8.429/1992. OBSERVÂNCIA DO PRINCÍPIO *IN DUBIO PRO SOCIETATE*. RECURSO ESPECIAL PROVIDO. 1. Recurso especial no qual se discute o recebimento de ação civil pública de improbidade administrativa, quanto a escritório de advocacia que fora contratado pelo Município de Santana do Aracajú/CE [...] 4. **É necessária a inclusão do escritório de advocacia no polo passivo da ação de improbidade, à luz do que dispõe os artigos 5º e 6º da Lei n. 8.429/1992, porquanto, em tese, caso tenha sido remunerado pelo erário para a defesa pessoal do prefeito, estaria a se beneficiar de ato de improbidade, o que resultaria em sua responsabilidade quanto ao ressarcimento do dano provocado à municipalidade. A questão da legitimidade, pois, deve ser resolvida na sentença de mérito.** 5. Recurso especial provido para cassar o acórdão recorrido e restabelecer a decisão de recebimento da petição inicial da ação civil pública com relação à VASCONCELOS E JUCÁ - ADVOCACIA E CONSULTORIA S/C" (STJ, *REsp 1385745/CE*, 2ª T., rel. Min. Humberto Martin, j. 12.08.2014, DJe, 19.08.2014, grifamos)

5. Tese 08 da Edição 38 do "Jurisprudência em Teses" do STJ:

"É inviável a propositura de ação civil de improbidade administrativa exclusivamente contra o particular, sem a concomitante presença de agente público no polo passivo da demanda".

6. Tese 09 da Edição 38 do "Jurisprudência em Teses" do STJ: "Nas ações de improbidade administrativa, não há litisconsórcio passivo necessário entre o agente público e os terceiros beneficiados com o ato ímprobo".

7. Tese 05 da Edição 186 do "Jurisprudência em Teses" do STJ:

"É viável o prosseguimento de ação de improbidade administrativa exclusivamente contra particular quando há pretensão de responsabilizar agentes públicos pelos mesmos fatos em outra demanda conexa".

APLICAÇÃO EM PROVAS E CONCURSOS PÚBLICOS

1. (TRF-3ª Região – Juiz Federal Substituto – 2018 - adaptada) A Lei nº 8.429, de 1992, dispõe sobre as sanções a que se submetem os agentes públicos nos casos de prática de ato de improbidade administrativa. As disposições dessa lei são aplicáveis:

(A) Exclusivamente aos indivíduos que, mediante remuneração, exercem mandato, cargo, emprego ou função na administração pública direta, indireta ou fundacional.

(B) Exclusivamente aos indivíduos que, sem remuneração, exercem mandato, cargo, emprego ou função na administração pública direta, indireta ou fundacional.

(C) Exclusivamente aos indivíduos que, independentemente de remuneração, exercem mandato, cargo, emprego ou função na administração pública direta, indireta ou fundacional.

(D) Também aos indivíduos que, mesmo não sendo agentes públicos, induzam ou concorram para a prática do ato de improbidade.

2. (MP/SP – Analista Jurídico – Vunesp – 2018) Fulano de Tal é funcionário de empreiteira fornecedora de serviços para a empresa pública ABC Obras Ltda. No curso da realização de serviço, Fulano de Tal se associa informalmente ao empregado público Beltrano Júnior para, juntos, desviarem parcela dos materiais que seriam utilizados nas obras de construção da rodovia estadual, para a qual ambas as empresas foram contratadas, de maneira a que sejam utilizados em obras privadas.

A respeito dessa situação hipotética, e considerando o que determina a Lei de Improbidade Administrativa, é correto afirmar que

(A) Beltrano Júnior não responderá por ato de improbidade administrativa, pois a lei de improbidade administrativa direciona-se aos dirigentes de empresas estatais, secretários e ministros de estado, além de chefes de poder, não se aplicando a empregados públicos de nível operacional.

(B) caso o empregado público Beltrano Júnior venha a ser absolvido em processo penal em razão da ausência de prova de dolo na prática de crime, tal decisão terá repercussões na esfera civil, vinculando a decisão de eventual decisão em ação de improbidade.

(C) Fulano de Tal poderá responder por ato de improbidade, pois, mesmo não sendo agente público, concorreu para a prática do ato de improbidade pelo empregado da empresa estatal e dele se beneficiou.

(D) o funcionário da empreiteira Fulano de Tal poderá ser responsabilizado criminalmente, porém, não responderá por ato de improbidade administrativa, por não se tratar de agente público.

(E) a lei de improbidade administrativa não se aplica às empresas estatais, por se tratarem de entidades integrantes da Administração indireta, não se podendo falar em responsabilização administrativa do empregado público Beltrano Júnior.

3. (MP/PI – Analista Ministerial – Área Processual – Cespe – 2018) O estado do Piauí concedeu incentivo fiscal a determinada organização social (OS), visando fomentar a execução de projeto social voltado à preservação do meio ambiente. Assim, foi firmado contrato de gestão para o fomento e a execução de atividades, ficando consignado no ajuste que o ente federado repassaria verba pública à OS. No início da execução da parceria, a OS contratou, sem concurso público, um profissional para trabalhar na área de atuação da OS. No exercício de suas funções, esse profissional, com o auxílio de um servidor público estadual, permitiu que sua esposa utilizasse, para fins particulares, parte da verba pública transferida pela administração pública à entidade. O Ministério Público, ao tomar ciência do fato, requereu ao juízo competente medida cautelar de indisponibilidade de bens do trabalhador contratado e do servidor público que o havia auxiliado. Com relação a essa situação hipotética, julgue o item a seguir.

O trabalhador contratado pela OS está sujeito às penalidades da Lei de Improbidade Administrativa e poderá figurar como único demandado em ação de improbidade.

4. (TJ/SE – Técnico Judiciário – Área Judiciária – Cespe – 2014) A respeito de agentes públicos, responsabilidade civil do Estado e improbidade administrativa, julgue os itens que se seguem.

Consideram-se sujeitos ativos dos ilícitos previstos na Lei de Improbidade Administrativa o agente público e o terceiro particular que, mesmo não sendo agente público, induzir ou concorrer para o ato ou dele se beneficiar direta ou indiretamente.

5. (FUB – Auditor – Cespe – 2015) A respeito do controle da administração pública, julgue o próximo item.

O particular tem legitimidade para figurar como sujeito ativo de ato de improbidade administrativa, isolada e independentemente da participação de agentes públicos.

6. (Polícia Federal – Delegado de Polícia Federal – Cespe - 2018) Com base nas disposições da Lei de Improbidade Administrativa e na jurisprudência do STJ acerca dos aspectos processuais da ação civil pública de responsabilização por atos de improbidade, julgue o item a seguir.

Embora não haja litisconsórcio passivo necessário entre o agente público e os terceiros beneficiados com o ato ímprobo, é inviável que a ação civil por improbidade seja proposta exclusivamente contra os particulares, sem concomitante presença do agente público no polo passivo da demanda

7. (UFES – Técnico em Tecnologia da Informação – 2018 - adaptada) Sobre o alcance da Lei nº 8.429/1992, conhecida como Lei de Improbidade Administrativa, é CORRETO afirmar:

(A) Os servidores públicos federais da Administração indireta não estão sujeitos à Lei de Improbidade Administrativa.

(B) Apenas os servidores públicos federais estão sujeitos à Lei de Improbidade Administrativa.

(C) Apenas os servidores públicos que ingressaram no órgão público por concurso estão sujeitos à Lei de Improbidade Administrativa.

(D) Os servidores que ocupam cargo comissionado não estão sujeitos à Lei de Improbidade Administrativa.

(E) As disposições da Lei de Improbidade Administrativa são aplicáveis, no que couber, àquele que, mesmo não sendo agente público, induza ou concorra para a prática do ato de improbidade.

8. (SEDF – Analista Gestão Educacional – Cespe – 2017) O prefeito de determinado município utilizou recursos do Fundo de Manutenção e Desenvolvimento da Educação Básica e de Valorização dos Profissionais da Educação (FUNDEB) para pagamento de professores e para a compra de medicamentos e insumos hospitalares destinados à assistência médico-odontológica das crianças em idade escolar do município. Mauro, chefe do setor de aquisições da prefeitura, propositalmente permitia que o estoque de medicamentos e insumos hospitalares chegasse a zero para justificar situação emergencial e dispensar indevidamente a licitação, adquirindo os produtos, a preços superfaturados, da empresa Y, pertencente a sua sobrinha, que desconhecia o esquema fraudulento. A respeito da situação hipotética apresentada e de aspectos legais e doutrinários a ela relacionados, julgue o item a seguir.

A sobrinha de Mauro poderá ser responsabilizada criminalmente.

9. (Câmara Municipal de Marília/SP – Procurador Jurídico – Vunesp – 2016) Considere a seguinte situação hipotética. Empresa privada X atua fraudulentamente e causa prejuízo a fundo de investimento pertencente à Administração Pública. O Ministério Público ajuíza ação de improbidade administrativa, com base da Lei Federal nº 8.429/92 em face da Empresa X e das pessoas físicas que dirigem a referida empresa, visando à condenação pelo ato de improbidade e o ressarcimento dos valores ao erário. Não é incluído nenhum agente público no polo passivo da demanda. Considerando os contornos dados à ação de improbidade administrativa no ordenamento jurídico pátrio, é correto afirmar que a hipotética ação de improbidade do caso em tela

(A) não merece prosperar, pois não figurando no polo passivo qualquer agente público, não há como o particular figurar sozinho como réu em ação de improbidade administrativa.

(B) merece prosperar, pois não é necessário comprovar que o particular tenha atuado em coautoria com o agente público, por exemplo, para induzir, ou seja, incutir no agente público o estado mental tendente à prática do ilícito que caracterize o ato de improbidade.

(C) não merece prosperar, pois a ação de improbidade administrativa somente pode ter no polo passivo agente público, considerado aquele que exerce, ainda que transitoriamente ou sem remuneração, mandato, cargo, emprego ou função.

(D) merece prosperar, pois não é necessário comprovar que o particular tenha atuado em coautoria com o agente público, por exemplo, conjuntamente com o agente público para a prática do ato de improbidade.

(E) não merece prosperar, pois a ação de improbidade administrativa pode ter no polo passivo agentes públicos e particulares na qualidade de pessoas físicas, não cabendo, portanto, constar pessoa jurídica do polo passivo da demanda.

10. (Prefeitura de Itaiçu/GO – Procurador do Município – 2015) Acerca da participação de particular na prática de ato de improbidade administrativa, assinale a opção INCORRETA:

(A) Se for constatado que o particular concorreu para o ilícito praticado por agente público ou teve conhecimento de origem ilícita do benefício auferido, ficará sujeito à sanções previstas na Lei nº 8.429/92.

(B) Não havendo participação do agente público, não há se falar em aplicação da Lei de Improbidade Administrativa.

(C) Nas hipóteses em que particulares concorrem para a prática de ato de improbidade, eles "são equiparados aos agentes públicos para o fim de melhor resguardar o destino atribuído à receita de origem pública, estando passíveis de sofrer as mesmas sanções a estes cominadas e que estejam em conformidade com a peculiaridade de não possuírem vínculo com o poder público".

(D) Nenhuma das alternativas anteriores.

11. (MP/RJ – Técnico do Ministério Público – Administrativa – FGV - 2016) Marcelo, Secretário Municipal de Transporte, permitiu que seu irmão Antônio utilizasse, para fins particulares, bens integrantes do acervo patrimonial do Município, consistente em veículo da Secretaria e combustível, pelo período de dois anos, sem a observância das formalidades legais ou regulamentares aplicáveis à espécie. O fato foi noticiado ao Promotor de Tutela Coletiva com atribuição no Município, que, prontamente, instaurou inquérito civil público e reuniu fartas provas da ilegalidade. Ao final da investigação, deverá o Promotor ajuizar ação:

(A) por crime de responsabilidade em face do Secretário Municipal Marcelo e ação indenizatória em face do particular Antônio;

(B) por crime de responsabilidade em face do Secretário Municipal Marcelo e do particular Antônio;

(C) para impeachment do Secretário Municipal Marcelo e ação indenizatória em face do particular Antônio;

(D) civil pública por ato de improbidade administrativa em face do Secretário Municipal Marcelo e do particular Antônio;

(E) civil pública por ato de improbidade administrativa em face Secretário Municipal Marcelo e ação indenizatória em face do particular Antônio.

12. (Prefeitura de Rolim de Moura/RO – Advogado – INAZ do Pará – 2017) Relativamente às disposições constantes na Lei nº 8.429/1992 – Improbidade Administrativa – bem como a jurisprudência e doutrina aplicável, assinale a opção correta.

(A) Segundo posicionamento consolidado do STJ, os notários e registradores, por não serem considerados servidores públicos e sim delegatários de serviços públicos, não podem ser sujeito ativo de atos de improbidade administrativa.

(B) Para fins de Improbidade Administrativa, o conceito de terceiro consiste naquela pessoa que não sendo agente público, induza ou concorra para a prática do ato de improbidade ou dele se beneficie sob qualquer forma direta ou indireta, abarcando, inclusive, segundo o STJ, as pessoas jurídicas.

(C) Segundo jurisprudência do STJ, é aplicável o foro por prerrogativa de função às ações de improbidade administrativa em face de agentes com status político constitucional.

(D) Não estão sujeitos às penalidades desta lei os atos de improbidade praticados contra o patrimônio de entidade que receba subvenção, benefício ou incentivo, fiscal ou creditício, de órgão público bem como daquelas para cuja criação ou custeio o erário haja concorrido ou concorra com menos de cinquenta por cento do patrimônio ou da receita anual.

(E) Qualquer pessoa poderá representar à autoridade administrativa competente para que seja instaurada investigação destinada a apurar a prática de ato de improbidade, desde que esteja em pleno gozo dos direitos políticos.

13. (MP/SC – Promotor de Justiça – 2019) De acordo com o art. 3ª da Lei de Improbidade Administrativa, as disposições daquela lei são aplicáveis, no que couber, àquele que mesmo não sendo agente público, induza ou concorra para a prática do ato de improbidade ou dele se beneficie sob qualquer forma, direta ou indireta. Assim, é viável a responsabilização exclusivamente contra particular, sem a presença do agente no cometimento do ato, tido como ímprobo.

14. (MP/PR – Promotor de Justiça Substituto – 2021) Nos termos do que expressamente prevê a Lei 8.429/92 (com a redação dada pela Lei 14.230/21), assinale a alternativa *incorreta*:

(A) Os sócios, os cotistas, os diretores e os colaboradores de pessoa jurídica de direito privado não respondem pelo ato de improbidade que venha a ser imputado à pessoa jurídica, salvo se, comprovadamente, houver participação e benefício direto, caso em que responderão de forma solidária.

(B) Independentemente de integrar a administração indireta, estão sujeitos às sanções da Lei os atos de improbidade praticados contra o patrimônio de entidade privada para cuja criação ou custeio o erário haja concorrido ou concorra no seu patrimônio ou receita atual, limitado o ressarcimento de prejuízos, nesse caso, à repercussão do ilícito sobre a contribuição dos cofres públicos.

(C) Não configura improbidade a ação ou omissão decorrente de divergência interpretativa da lei, baseada em jurisprudência, ainda que não pacificada, mesmo que não venha a ser posteriormente prevalecente nas decisões dos órgãos de controle ou dos tribunais do Poder Judiciário.

(D) O sucessor ou o herdeiro daquele que causar dano ao erário ou que se enriquecer ilicitamente estão sujeitos apenas à obrigação de repará-lo até o limite do valor da herança ou do patrimônio transferido.

(E) O Ministério Público poderá, conforme as circunstâncias do caso concreto, celebrar acordo de não persecução civil, desde que dele advenham, ao menos, os seguintes resultados: o integral ressarcimento do dano e a reversão à pessoa jurídica lesada da vantagem indevida obtida, ainda que oriunda de agentes privados.

1	2	3	4	5	6	7	8	9	10	11	12	13	14
D	C	F	V	F	V	E	F	A	D	D	B	F	A

~~**Art. 4º** Os agentes públicos de qualquer nível ou hierarquia são obrigados a velar pela estrita observância dos princípios de legalidade, impessoalidade, moralidade e publicidade no trato dos assuntos que lhe são afetos.~~ (Revogado pela Lei nº 14.230, de 2021)

COMENTÁRIOS

1. Introdução: o dispositivo revogado estabelecia que os agentes públicos de qualquer nível ou hierarquia eram obrigados a velar pela estrita observância dos princípios da legalidade, impessoalidade, moralidade e publicidade no trato dos assuntos que lhe são afetos. A bem da verdade, o legislador positivou no texto da LIA os princípios constitucionais da Administração, capitulados no *caput* do art. 37 da Constituição, tratando-os como deveres do agente público, sob pena de incorrer em ato de improbidade que atenta contra os princípios da Administração, tipificados no art. 11 da LIA.

> **IMPORTANTE:** a redação do art. 4º é originária e, pois, anterior à Emenda Constitucional nº 19, de 1998, que positivou a eficiência como princípio constitucional da Administração Pública, o que denota que sua ausência não é proposital.

Embora revogado pela Lei 14.230/2021, a mensagem transmitida pelo preceito legal permanece válida, eis que a observância dos princípios constitucionais da Administração decorre do próprio texto constitucional, razão pela qual mantivemos os comentários.

Waldo Fazzio Júnior esclarece que o verbo "velar", do ponto de vista jurídico, exprime a ideia de guarda, custódia e fiscalização permanente, acrescentando que o seu núcleo essencial se dirige não apenas aos agentes públicos, mas a todo contingente humano da Administração Pública, nos três poderes e em todos os níveis. Ao mesmo tempo em que exige dos seus destinatários um **comportamento positivo** (velando pela sua observância) impõe como correlato dever a **abstenção de condutas tendentes a violar** os princípios constitucionais da Administração[40].

40. FAZZIO JÚNIOR, Waldo. *Improbidade Administrativa*. São Paulo: Atlas, 2012, p. 73-74.

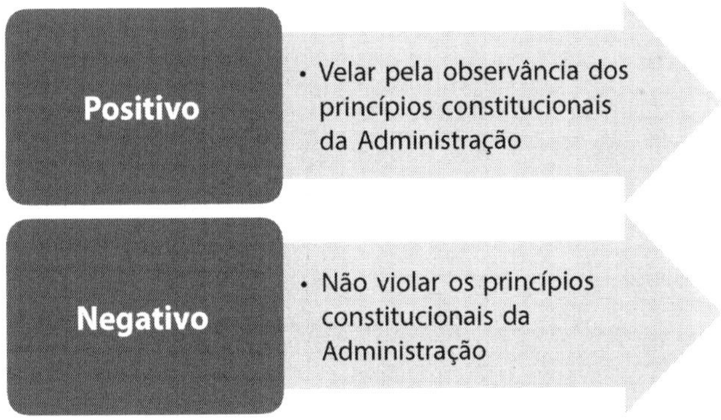

Desse modo, são deveres do agente público o respeito aos princípios da legalidade, impessoalidade, moralidade, publicidade e eficiência, a seguir analisados pormenorizadamente, além de outros consagrados na legislação, especialmente aqueles elencados no art. 2º da Lei 9.784, de 29 de janeiro de 1999, que regula o processo administrativo no âmbito da Administração Pública Federal:

> "Art. 2º A Administração Pública obedecerá, dentre outros, aos princípios da legalidade, finalidade, motivação, razoabilidade, proporcionalidade, moralidade, ampla defesa, contraditório, segurança jurídica, interesse público e eficiência.
>
> Parágrafo único. Nos processos administrativos serão observados, entre outros, os critérios de:
>
> I - atuação conforme a lei e o Direito;
>
> II - atendimento a fins de interesse geral, vedada a renúncia total ou parcial de poderes ou competências, salvo autorização em lei;
>
> III - objetividade no atendimento do interesse público, vedada a promoção pessoal de agentes ou autoridades;
>
> IV - atuação segundo padrões éticos de probidade, decoro e boa-fé;
>
> V - divulgação oficial dos atos administrativos, ressalvadas as hipóteses de sigilo previstas na Constituição;
>
> VI - adequação entre meios e fins, vedada a imposição de obrigações, restrições e sanções em medida superior àquelas estritamente necessárias ao atendimento do interesse público;
>
> VII - indicação dos pressupostos de fato e de direito que determinarem a decisão;
>
> VIII – observância das formalidades essenciais à garantia dos direitos dos administrados;

IX - adoção de formas simples, suficientes para propiciar adequado grau de certeza, segurança e respeito aos direitos dos administrados;

X - garantia dos direitos à comunicação, à apresentação de alegações finais, à produção de provas e à interposição de recursos, nos processos de que possam resultar sanções e nas situações de litígio;

XI - proibição de cobrança de despesas processuais, ressalvadas as previstas em lei;

XII - impulsão, de ofício, do processo administrativo, sem prejuízo da atuação dos interessados;

XIII - interpretação da norma administrativa da forma que melhor garanta o atendimento do fim público a que se dirige, vedada aplicação retroativa de nova interpretação".

2. Princípio da legalidade: "é o antídoto natural do poder monocrático ou oligárquico, pois tem como raiz a ideia de soberania popular, de exaltação da cidadania"[41]. A sobredita assertiva decorre do fato de que a legalidade vincula a atuação do administrador à observância irrestrita da lei, que é fruto da vontade popular (inteligência do art. 1º, parágrafo único, da CF). Mas o princípio assume feição diferente para a Administração, na medida em que, enquanto **ao particular é lícito fazer tudo aquilo que a lei não proíba** (art. 5º, inciso II, da CF), o **administrador somente está autorizado a fazer o que a lei determina.** Em outras palavras,

> "[...] Para os particulares a regra é a autonomia da vontade, ao passo que a Administração Pública não tem vontade autônoma, estando adstrita à lei, a qual expressa a 'vontade geral', manifestada pelos representantes do povo, único titular originário da 'coisa pública'. Tendo em conta o fato de que a Administração Pública está sujeita, sempre, ao princípio da indisponibilidade do interesse público - e não é ela quem determina o que é de interesse público, mas somente a lei (e a própria Constituição), expressão legítima da 'vontade geral' -, não é suficiente a ausência de proibição em lei para que a Administração Pública possa agir; é necessária a existência de uma lei que imponha ou autorize determinada atuação administrativa"[42].

41. MELLO, Celso Antônio Bandeira. *Curso de Direito Administrativo.* 27ª ed. São Paulo: Malheiros, 2010, p. 100.
42. ALEXANDRINO, Marcelo; PAULO, Vicente. *Direito Administrativo Descomplicado.* 16ª ed. São Paulo: Método, 2008, p. 193.

"Hoje, o princípio da legalidade tem uma abrangência muito maior porque exige submissão ao *Direito*"[43]. Tanto é verdade que a jurisprudência pátria reduziu o campo de atuação discricionária do administrador, passando a admitir o seu controle, especialmente para verificar a compatibilidade de suas escolhas com os princípios da proporcionalidade e da razoabilidade (Ver a propósito o item 2 do tópico CASUÍSTICA).

Marino Pazzagini Filho assevera que "o princípio da legalidade é examinado, particularmente, no tocante à aplicação da LIA, em relação às atividades administrativas dos Poderes Públicos e seus respectivos órgãos e entidades"[44].

3. Princípio da impessoalidade: o princípio da impessoalidade, que para **Hely Lopes Meirelles é sinônimo de finalidade e igualdade**, vincula o administrador à finalidade pública que norteia toda a atividade administrativa. Com efeito, "desde que o *princípio da finalidade* exige que o ato seja praticado sempre com finalidade pública, o administrador fica impedido de buscar outro objetivo ou de praticá-lo no interesse próprio ou de terceiros"[45]. Sob o prisma da Administração, a impessoalidade denota que os atos administrativos são imputáveis ao órgão ou entidade e não ao funcionário que o pratica. A Constituição, no § 1º do art. 37, tutela o princípio em estudo ao estabelecer que a publicidade dos atos, programas, obras, serviços e campanhas dos órgãos públicos deverá ter caráter educativo, informativo ou de orientação social, dela não podendo constar nomes, símbolos ou imagens que caracterizem promoção pessoal de autoridades ou servidores públicos.

4. Princípio da moralidade: expressa a necessidade de que o administrador atue segundo padrões éticos de probidade, decoro e boa-fé, conforme anuncia o art. 2º, parágrafo único, inciso IV, da Lei 9.784, de 1999. A moralidade impõe ao agente público, na prestação da atividade administrativa, "**o dever constitucional de se pautar pela ética, ou seja, sem violar a moral vigente na sociedade.** E a esse dever corresponde 'o direito público subjetivo de todo o cidadão ao trato ético da coisa

43. DI PIETRO, Maria Sylvia Zanella. *Direito Administrativo*. 25ª ed. São Paulo: Atlas, 2012, p. 30.
44. PAZZAGLINI FILHO, Marino. *Lei de Improbidade* ... p. 22.
45. MEIRELLES, Hely Lopes. *Direito* ... p. 98.

pública, ou seja, todo o cidadão tem direito à administração honesta e moral"[46]. Por isso, a moralidade administrativa, ao lado da legalidade e da finalidade, "constituem pressupostos de validade sem os quais toda atividade pública será ilegítima"[47]. Fala-se, destarte, em **legalidade ética** ("legalidade associada a valores morais, que consubstanciam o ideário moral vigente na coletividade"[48]).

5. Princípio da publicidade: trata-se de princípio que exige a divulgação dos atos administrativos, ressalvadas as situações legalmente autorizadas de sigilo. Lembrando que a **publicidade é a regra, o sigilo a exceção**, conforme diretriz expressamente prevista no art. 3º, inciso I, da Lei Federal nº 12.527, de 18 de novembro de 2011, que regula o acesso a informações previsto no inciso XXXIII do art. 5º, no inciso II do § 3º do art. 37 e no § 2º do art. 216 da Constituição Federal. Ao contrário do que possa parecer, a publicidade **não se insere no plano da validade** do ato administrativo, **mas sim no da eficácia**, ou seja, sem a publicação do ato nos meios de comunicação ele não produz os efeitos dele esperados. Tanto que o art. 2º, parágrafo único, da Lei 9.784, de 1999, exige a divulgação oficial dos atos administrativos, ressalvadas as hipóteses de sigilo previstas na Constituição. Como exceção ao princípio em estudo o inciso XXXIII do art. 5º da CF elenca as situações em que o sigilo seja imprescindível à segurança da sociedade e do Estado.

6. Princípio da eficiência: é princípio inspirado na ideia de Administração Pública gerencial voltada para o controle de resultados na atividade administrativa. Por isso, afirma-se que "economicidade, redução de desperdícios, qualidade, rapidez, produtividade e rendimento funcional são valores encarecidos pelo princípio da eficiência"[49].

O princípio da eficiência comporta duas dimensões diferentes: (*a*) em relação à atuação do agente público, que deve primar pela busca dos melhores resultados e (*b*) do ponto de vista do modo de organizar e disciplinar a Administração Pública, os serviços públicos

46. PAZZAGLINI FILHO, Marino. *Lei de Improbidade ...* p. 24.
47. MEIRELLES, Hely Lopes. *Direito ...* p. 95.
48. PAZZAGLINI FILHO, Marino. *Lei de Improbidade ...* p. 24.
49. MAZZA, Alexandre. *Manual de Direito Administrativo.* 3ª ed. São Paulo: Saraiva, 2013, p. 93.

devem ser prestados com um mínimo de atividade e o máximo de aproveitamento.

Importante lembrar, a propósito da primeira acepção, que a Emenda Constitucional 19, de 04 de junho de 1998, promoveu sensíveis modificações no regime jurídico dos servidores públicos, destacando-se a inclusão da hipótese de perda do cargo do servidor estável mediante procedimento de avaliação periódica de desempenho, na forma de lei complementar, assegurada ampla defesa, bem como a inserção de regra que condiciona a aquisição da estabilidade à obrigatória avaliação de desempenho por comissão instituída para tal finalidade (art. 41, §§ 1º, inciso III e 4º, CF).

CASUÍSTICA

1. Dever do agente público de respeitar os princípios constitucionais:

"[...] A violação de princípio é o mais grave atentado cometido contra a Administração Pública porque é a completa e subversiva maneira frontal de ofender as bases orgânicas do complexo administrativo. A inobservância dos princípios acarreta responsabilidade [...] **O cumprimento dos princípios administrativos, além de se constituir um dever do administrador, apresenta-se como um direito subjetivo de cada cidadão.** Não satisfaz mais às aspirações da Nação a atuação do Estado de modo compatível apenas com a mera ordem legal, exige-se muito mais: necessário se torna que a gestão da coisa pública obedeça a determinados princípios que conduzam à valorização da dignidade humana, ao respeito à cidadania e à construção de uma sociedade justa e solidária. 5. **A elevação da dignidade do princípio da moralidade administrativa ao patamar constitucional**, embora desnecessária, porque no fundo o Estado possui uma só personalidade, que é a moral, consubstancia uma conquista da Nação que, incessantemente, por todos os seus segmentos, estava a exigir uma providência mais eficaz contra a prática de atos dos agentes públicos violadores desse preceito maior. [...]" (STJ, *REsp 695718/SP*, **1ª T.,** rel. Min. José Delgado, j. 16.08.2005, DJ 12.09.2005, grifamos).

"[...] Especificamente no campo da Improbidade Administrativa, deve-se ter em vista que, ao buscar conferir efetiva proteção aos valores éticos e morais da Administração Pública, **a Lei 8.429/1992 não reprova apenas o agente desonesto, que age com má-fé, mas também o que deixa de agir de forma diligente no desempenho da função para a qual foi investido.** O art. 4° expõe a preocupação do legislador com o dever de observância aos princípios administrativos básicos [...]" (STJ, *REsp 765212/AC*, 2ª T., rel. Min. Herman Benjamin, j. 02.03.2010, DJe, 23.06.2010, grifamos).

2. Legalidade como sinônimo de controle da juridicidade e sua sindicabilidade na esfera judicial:

"RECURSO EM MANDADO DE SEGURANÇA. SERVIDOR PÚBLICO. PROCESSO ADMINISTRATIVO. DEMISSÃO. PODER DISCIPLINAR. LIMITES DE ATUAÇÃO DO PODER JUDICIÁRIO. PRINCÍPIO DA AMPLA DEFESA. ATO DE IMPROBIDADE. 1. Servidor do DNER demitido por ato de improbidade administrativa e por se valer do cargo para obter proveito pessoal de outrem, em detrimento da dignidade da função pública, com base no art. 11, caput, e inciso I, da Lei n. 8.429/92 e art. 117, IX, da Lei n. 8.112/90. 2. A autoridade administrativa está autorizada a praticar atos discricionários apenas quando norma jurídica válida expressamente a ela atribuir essa livre atuação. Os atos administrativos que envolvem a aplicação de "conceitos indeterminados" estão sujeitos ao exame e controle do Poder Judiciário. O controle jurisdicional pode e deve incidir sobre os elementos do ato, à luz dos princípios que regem a atuação da Administração. 3. Processo disciplinar, no qual se discutiu a ocorrência de desídia --- art. 117, inciso XV da Lei n. 8.112/90. Aplicação da penalidade, com fundamento em preceito diverso do indicado pela comissão de inquérito. A capitulação do ilícito administrativo não pode ser aberta a ponto de impossibilitar o direito de defesa. De outra parte, o motivo apresentado afigurou-se inválido em face das provas coligidas aos autos. 4. Ato de improbidade: a aplicação das penalidades previstas na Lei n. 8.429/92 não incumbe à Administração, eis que privativa do Poder Judiciário. Verificada a prática de atos de improbidade no âmbito administrativo, caberia representação ao Ministério Público para ajuizamento da competente ação, não a aplicação da pena de demissão. Recurso ordinário provido (STF, *RMS 24.699/DF*, 1ª T., rel. Min. Eros Grau, DJ 1º.07.2005).

"EMBARGOS DE DECLARAÇÃO. MANDADO DE SEGURANÇA. SERVIDOR PÚBLICO FEDERAL. PROFESSOR-ADJUNTO. UNIVERSIDADE FEDERAL DE GOIÁS. REGIME DE DEDICAÇÃO EXCLUSIVA. ACUMULAÇÃO DE CARGO PÚBLICO COM OUTRO CARGO DE PROFESSOR DA REDE PRIVADA. PROCESSO ADMINISTRATIVO DISCIPLINAR. APURAÇÃO DE ATOS DE INSUBORDINAÇÃO. PENA DE DEMISSÃO DESPROPORCIONAL E DESARRAZOADA. EMBARGOS DE DECLARAÇÃO ACOLHIDOS COM EFEITO MODIFICATIVO PARA CONCEDER A ORDEM DE SEGURANÇA. *1.* A jurisprudência do STJ admite, excepcionalmente, a concessão de efeito modificativo ao julgado em embargos de declaração. 2. **É sabido que em tema de controle judicial dos atos administrativos, a razoabilidade, assim como a proporcionalidade, fundadas no devido processo legal, decorrem da legalidade, por isso que podem e devem ser analisadas pelo Poder Judiciário, quando provocado a fazê-lo.** 3. A pena de demissão deve ser revista pelo Poder Judiciário, quando desarrazoada e desproporcional ao fato apurado no PAD, o que ocorreu nos presentes autos. Precedentes do STJ. 4. Embargos de declaração acolhidos com efeito modificativo para conceder a ordem de segurança (STJ, *EDcl no MS 9.526/DF*, 3ª Seção, rel. Min. Celso Limongi, j. 24.06.2009, *DJe* 03.08.2009, grifamos).

"PROCESSUAL CIVIL. RECURSO ORDINÁRIO EM MANDADO DE SEGURANÇA. ADMINISTRATIVO. DIREITO LÍQUIDO E CERTO. INEXISTÊNCIA. ATO DISCRICIONÁRIO.

CONTROLE JUDICIAL. IMPOSSIBILIDADE. EXEGESE DO ART. 36, § 1º, DA LEI Nº 8.935/94 [...] 3. Os atos discricionários legitimam espaço de liberdade para o administrador, insindicável pelo Poder Judiciário, porquanto nessas hipóteses interditada a intervenção no mérito do ato administrativo. 4. É cediço na doutrina que: '(...) Já se tem reiteradamente observado, com inteira procedência, que não há ato propriamente discricionário, mas apenas discricionariedade por ocasião da prática de certos atos. Isto porque nenhum ato é totalmente discricionário, dado que, conforme afirma a doutrina prevalente, será sempre vinculado com relação ao fim e à competência, pelo menos. Com efeito, a lei sempre indica, de modo objetivo, quem é competente com relação à prática do ato – e aí haveria inevitavelmente vinculação. Do mesmo modo, a *finalidade* do ato é sempre e obrigatoriamente um interesse público, donde afirmarem os doutrinadores que existe vinculação também com respeito a este aspecto. (...) *Em suma: discricionariedade é liberdade dentro da lei, nos limites da norma legal, e pode ser definida como: 'A margem de liberdade conferida pela lei ao administrador a fim de que este cumpra o dever de integrar com sua vontade ou juízo a norma jurídica, diante do caso concreto, segundo critérios subjetivos próprios, a fim de dar satisfação aos objetivos consagrados no sistema legal'.* (...) Nada há de surpreendente, então, em que o controle judicial dos atos administrativos, ainda que praticados em nome de alguma discrição, se estenda necessária e insuperavelmente à investigação dos motivos, da finalidade e da causa do ato. Nenhum empeço existe a tal proceder, pois é meio – e, de resto fundamental – pelo qual se pode garantir o atendimento da lei, a afirmação do direito. (...) Assim como ao Judiciário compete fulminar todo o comportamento ilegítimo da Administração que apareça como frontal violação da ordem jurídica, compete-lhe, igualmente, fulminar qualquer comportamento administrativo que, a pretexto de exercer apreciação ou decisão discricionária, ultrapassar as fronteiras dela, isto é, desbordar dos limites de liberdade que lhe assistiam, violando, por tal modo, os ditames normativos que assinalam os confins da liberdade discricionária' (Celso A. B. de Mello, Curso de direito administrativo, 15. ed., Malheiros, p. 395-396 e 836-837). 5. Deveras, contexto fático encartado nos autos denota a ausência de direito líquido e certo da impetrante, ora recorrente, a uma: porque o juiz, ora impetrado, no exercício de competência discricionária, nenhuma ilegalidade praticou ao nomear interventor, imparcial para administração do cartório em comento, a fim de resguardar o bom andamento das investigações acerca do oficial titular; a duas: porque a impetrante, ora recorrente, é casada com o oficial titular, então afastado por supostas irregularidades cartorárias e seria difícil a mesma colaborar na devassa a ser realizada na serventia, em especial quando as provas apresentadas são contrárias ao seu esposo e filho, escrevente no referido cartório e acusado de falsidade no reconhecimento de firma. 6. *In casu*, o Tribunal *a quo* decidiu em consonância com o preceito legal (art. 36, § 1.º, da Lei 8.935/94), (...) o magistrado agiu com discricionariedade, entre várias possibilidades de solução, acolheu a que melhor correspondia, no caso concreto, ao desejo da lei (fls. 103/104). 7. Recurso ordinário desprovido (STJ, *RMS 20.271/GO* 2005/0105.910-7, 1.ª T., rel. Min. Luiz Fux, j. 26.05.2009, *DJ* 06.08.2009).

~~**Art. 5º** Ocorrendo lesão ao patrimônio público por ação ou omissão, dolosa ou culposa, do agente ou de terceiro, dar-se-á o integral ressarcimento do dano.~~ (Revogado pela Lei nº 14.230, de 2021)

COMENTÁRIOS

Antes da Lei 14.230/2021, a responsabilização por ato de improbidade que causasse lesão ao patrimônio público podia originar-se de comportamento doloso ou culposo, o que se tornou incompatível com o sistema instituído pela nova legislação.

Além disso, o preceito legal previa que os atos que importassem lesão ao Erário deviam ser integralmente ressarcidos, sendo tal sanção mantida no art. 12 da LIA, com as alterações da Lei 14.230/2021.

Art. 6º ~~No caso de enriquecimento ilícito, perderá o agente público ou terceiro beneficiário os bens ou valores acrescidos ao seu patrimônio.~~ (Revogado pela Lei nº 14.230, de 2021)

COMENTÁRIOS

A Lei 14.230/2021 revogou o art. 6º da LIA, que previa que, em caso de condenação por ato de improbidade que importasse enriquecimento ilícito, o agente público ou terceiro beneficiário perderia os bens ou valores acrescidos ao seu patrimônio. **Não houve, contudo, a extinção da pena de perda dos bens ou valores acrescidos ao patrimônio dos agentes ímprobos, notadamente porque foi mantida a mencionada sanção no art. 12, inciso II entre aquelas aplicáveis a quem incorra nos atos de improbidade que importem enriquecimento sem causa (para onde remetemos o leitor). Aliás, já sustentávamos a desnecessidade do preceito legal revogado em razão justamente do quanto disposto no art. 12, inciso II da LIA, o que foi incorporado pela Lei 14.230/2021.**

~~**Art. 7º** Quando o ato de improbidade causar lesão ao patrimônio público ou ensejar enriquecimento ilícito, caberá a autoridade administrativa responsável pelo inquérito representar ao Ministério Público, para a indisponibilidade dos bens do indiciado.~~

~~Parágrafo único. A indisponibilidade a que se refere o *caput* deste artigo recairá sobre bens que assegurem o integral ressarcimento do dano, ou sobre o acréscimo patrimonial resultante do enriquecimento ilícito.~~

Art. 7º Se houver indícios de ato de improbidade, a autoridade que conhecer dos fatos representará ao Ministério Público competente, para as providências necessárias. (Redação dada pela Lei nº 14.230, de 2021)

Parágrafo único. (Revogado). (Redação dada pela Lei nº 14.230, de 2021)

COMENTÁRIOS

O dispositivo legal incumbe **a autoridade** que tomar conhecimento de indícios de ato de improbidade administrativa do dever de representar ao Ministério Público, para as providências que se fizerem necessárias. A Lei 14.230/2021 explicita que tal **dever jurídico alcança qualquer autoridade pública** (órgãos de controle interno e externo, bem assim do Poder Judiciário), diferenciando-se da redação originária que só se referia às autoridades administrativas.

Antes da Lei 14.230/2021	Após a Lei 14.230/2021
O dever jurídico se destinava às **autoridades administrativas.**	O dever jurídico alcança **qualquer autoridade**.

A Lei 14.230/2021 encerou algumas discussões decorrentes da redação originária do art. 7º da LIA, que literalmente condicionava a indisponibilidade à representação da autoridade administrativa e aos atos de improbidade que causem lesão ao patrimônio público ou importem enriquecimento ilícito.

Os demais aspectos da indisponibilidade enquanto medida cautelar típica foram disciplinados pelo art. 16 da LIA, para onde remetemos o leitor.

~~**Art. 8º** O sucessor daquele que causar lesão ao patrimônio público ou se enriquecer ilicitamente está sujeito às cominações desta lei até o limite do valor da herança.~~

Art. 8º O sucessor ou o herdeiro daquele que causar dano ao erário ou que se enriquecer ilicitamente estão sujeitos apenas à obrigação de repará-lo até o limite do valor da herança ou do patrimônio transferido. (Redação dada pela Lei nº 14.230, de 2021)

COMENTÁRIOS

O preceptivo legal em comento estabelece que o sucessor daquele que causar lesão ao patrimônio ou se enriquecer ilicitamente fica obrigado a repará-lo até o limite do valor da herança, norma que repercute na legitimidade e na responsabilidade patrimonial, na medida em que o falecimento do responsável pelo ato de improbidade administrativa autoriza a substituição pelos seus sucessores que responderão até o limite do valor da herança. A sucessão, a propósito, pode efetivar-se antes ou no curso do processo conforme o momento do óbito:

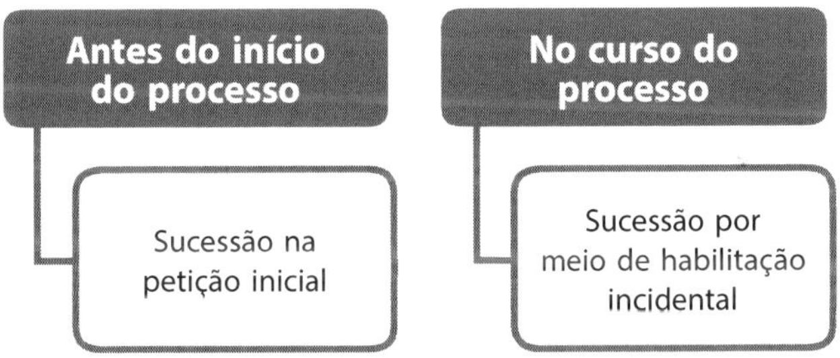

> **Importante dica prática:** Daniel Amorim Assumpção Neves não enxerga utilidade no art. 8º quando o falecimento do sujeito ativo do ato de improbidade ocorrer antes do início da ação de improbidade. Com efeito, na visão do autor o atrativo da ação de improbidade reside na possibilidade de aplicação das penas do art. 12 e do afastamento temporário do cargo, emprego ou função. Ora, "se tais pedidos não podem ser manejados contra o sucessor, que sentido teria a propositura de uma ação de improbidade administrativa contra ele? Somente com os pedidos de natureza reparatória, será cabível ação popular ou ação civil pública, não a ação de improbidade administrativa"[50].

50. NEVES, Daniel Amorim Assumpção; OLIVEIRA, Rafael Carvalho Rezende. *Manual* ... p. 307/308.

A Lei 14.230/2021 especificou que a sucessão somente tem lugar em se tratando de penalidade de caráter ressarcitório. Aliás, era o que já defendíamos na redação originária do preceito legal em comento por força do princípio da pessoalidade ou da intranscendência da pena, insculpido no art. 5º, inciso XLV da CF, segundo o qual "nenhuma pena passará da pessoa do condenado, podendo a obrigação de reparar o dano e a decretação do perdimento de bens ser, nos termos da lei, estendidas aos sucessores e contra eles executadas, até o limite do valor do patrimônio transferido".

Redação originária	Redação da Lei 14.230/2021
Art. 8° O sucessor daquele que causar lesão ao patrimônio público ou se enriquecer ilicitamente está sujeito às **cominações desta lei** até o limite do valor da herança.	Art. 8º O sucessor ou o herdeiro daquele que causar dano ao erário ou que se enriquecer ilicitamente estão sujeitos **apenas à obrigação de repará-lo** até o limite do valor da herança ou do patrimônio transferido.

Daí porque concluímos que a referência às **"cominações" da LIA**, constante da redação originária do art. 8º, compreendia as como **cominações reparatórias**, não alcançando o sucessor as sanções genuínas do art. 12 (expressão utilizada para se referir as sanções aplicáveis exclusivamente através da ação de improbidade administrativa, tais como a perda da função pública, a suspensão dos direitos políticos, multa civil, proibição de contratar com o Poder Público e o recebimento de incentivos ou subsídios[51]), dado o seu caráter personalíssimo.

Trata-se, pois, da única interpretação possível que compatibiliza o art. 8º com o texto constitucional, de modo que o falecimento do sujeito ativo do ato de improbidade produzirá consequências processuais diferenciadas de acordo com a espécie de punição que se busque na demanda:

	Cominação pecuniária	Cominação genuína
Consequência	Sucessão processual	Extinção do processo sem resolução de mérito

51. NEVES, Daniel Amorim Assumpção; OLIVEIRA, Rafael Carvalho Rezende. Manual ... p. 269.

CASUÍSTICA

1. Irrelevância do momento do óbito para a sucessão processual na ação de improbidade administrativa:

"ADMINISTRATIVO. IMPROBIDADE. FALECIMENTO DO RÉU NO CURSO DA AÇÃO. HABILITAÇÃO DOS HERDEIROS. POSSIBILIDADE. 1. Nas ações de improbidade administrativa fundadas nos arts. 9º e/ou 10 da Lei n. 8.429/1992, os sucessores do réu, falecido no curso do processo, estão legitimados a prosseguir no polo passivo da demanda, nos limites da herança, para fins de ressarcimento ao erário. Precedentes. 2. O art. 8º da Lei de Improbidade Administrativa, norteador da matéria, não contém ressalvas acerca do momento do óbito como requisito para a sua aplicação. 3. Somente com o trânsito em julgado da demanda principal é que virá à lume se os herdeiros terão de reembolsar o erário ou não, ocasião em que deverão estar habilitados no processo. 4. Agravo interno desprovido" (STJ, *AgInt no REsp 890.797/RN*, 1ª T., rel. Min. Gurgel de Faria, j. 06.12.2016).

2. Transmissibilidade da multa civil e espécies de ato de improbidade: antes do advento da Lei 14.230/2021, a jurisprudência do STJ pacificou-se no sentido de que a **multa civil, dado seu caráter patrimonial, é transmissível aos herdeiros** do responsável pelo ato de improbidade **somente quando houver violação aos arts. 9º e 10** (dano ao patrimônio público ou enriquecimento ilícito), sendo **inadmissível quando a condenação fundar-se unicamente em violação a princípios** (art. 11). Nesse sentido, confiram-se os seguintes precedentes:

"ADMINISTRATIVO. IMPROBIDADE. ELEMENTO SUBJETIVO. CONTRATAÇÃO DE SERVIÇOS DE TRANSPORTE SEM LICITAÇÃO. ATO ÍMPROBO POR ATENTADO AOS PRINCÍPIOS DA ADMINISTRAÇÃO PÚBLICA. CONDENAÇÃO CRIMINAL TRANSITADA EM JULGADO. APLICAÇÃO DAS SANÇÕES [...] 5. O acórdão bem aplicou o art. 11 da Lei de Improbidade, porquanto a conduta ofende os princípios da moralidade administrativa, da legalidade e da impessoalidade, todos informadores da regra da obrigatoriedade da licitação para o fornecimento de bens e serviços à Administração. 6. Na hipótese dos autos, a sanção de proibição de contratar e receber subsídios públicos ultrapassou o limite máximo previsto no -, III, cabendo sua redução. As penas cominadas (suspensão dos direitos políticos e multa) atendem aos parâmetros legais e não se mostram desprovidas de razoabilidade e proporcionalidade, estando devidamente fundamentadas. **7. A multa civil é sanção pecuniária autônoma, aplicável com ou sem ocorrência de prejuízo em caso de condenação fundada no art. 11 da Lei 8.429/92.** Precedentes do STJ. **8. Consoante o art. 8º da Lei de Improbidade Administrativa, a multa civil é transmissível aos herdeiros, "até o**

limite do valor da herança", somente quando houver violação aos arts. 9º e 10º da referida lei (dano ao patrimônio público ou enriquecimento ilícito), sendo inadmissível quando a condenação se restringir ao art. 11. 9. Como os réus foram condenados somente com base no art. 11 da Lei da Improbidade Administrativa, é ilegal a transmissão da multa para os sucessores do de cujus, mesmo nos limites da herança, por violação ao art. 8º do mesmo estatuto. 10. Recurso Especial parcialmente provido para reduzir a sanção de proibição de contratar e receber subsídios públicos e afastar a[52] transmissão mortis causa da multa civil" (STj, *REsp 951.389/SC*, 1ª Seção, rel. Min. Herman Benjamin, j. 09.06.2010, DJe 04.05.2011, grifamos).

"PROCESSO CIVIL - AÇÃO CIVIL PÚBLICA - IMPROBIDADE ADMINISTRATIVA - FALECIMENTO DO RÉU (EX-PREFEITO) NO DECORRER DA DEMANDA - HABILITAÇÃO DA VIÚVA MEEIRA E DEMAIS HERDEIROS REQUERIDA PELO MINISTÉRIO PÚBLICO - POSSIBILIDADE - ARTS. 1055 E SEGUINTES DO CPC - ART. 535 DO CPC [...] 2. A questão federal principal consiste em saber se é possível a habilitação dos herdeiros de réu, falecido no curso da ação civil pública, de improbidade movida pelo Ministério Público, exclusivamente para fins de se prosseguir na pretensão de ressarcimento ao erário. 3. Ao requerer a habilitação, **não pretendeu o órgão ministerial imputar aos requerentes crimes de responsabilidade ou atos de improbidade administrativa, porquanto personalíssima é a ação intentada**. 4. **Estão os herdeiros legitimados a figurar no pólo passivo da demanda, exclusivamente para o prosseguimento da pretensão de ressarcimento ao erário** (art.8º, Lei 8.429/1992). Recurso especial improvido" (STJ, *REsp 732.777/MG*, 2ª T., rel. Min. Humberto Martins, j. 06.11.2007, DJ 19.11.2007, grifamos).

No entanto, a Lei 14.230/2021 forçará um reexame da questão, notadamente para analisar se a multa civil está compreendida pela transmissibilidade do art. 8º. Isso porque parcela da doutrina considera que se trata de uma espécie de indenização compensatória cujo escopo é garantir o integral ressarcimento do Erário, enquanto outra vertente sustenta que a multa tem caráter punitivo. Daniel Amorim Assumpção Neves, adepto da segunda corrente, sustenta que "[...] a multa civil tem como principal função desestimular a prática de atos de improbidade administrativa, como forma de lição a todos de que, além de todas as demais penas, tal espécie de ato terá repercussão no patrimônio do agente ímprobo pela condenação ao pagamento da multa".

Para quem vislumbra caráter sancionatório, e não reparatório, na multa, forçosamente estará afastada a possibilidade de sua transferência aos sucessores ou herdeiros do agente ímprobo. Nesse sentido, aliás, já

52. NEVES, Daniel Amorim Assumpção; OLIVEIRA, Rafael Carvalho Rezende. Manual ... p. 445.

era o magistério de Daniel Amorim Assumpção Neves, firmado à luz da redação originária do art. 8º[53].

O STJ já reconheceu a natureza sancionatória da multa:

"ADMINISTRATIVO. PROCESSUAL CIVIL. RECURSO ESPECIAL. ART. 535 DO CPC. OFENSA. AUSÊNCIA. LEI DE IMPROBIDADE. PREFEITO. APLICABILIDADE. MULTA CIVIL. PRINCÍPIOS DA PROPORCIONALIDADE E RAZOABILIDADE. 1. O acórdão impugnado, examinando as provas dos autos, bem ou mal, solucionou a controvérsia analisando todas as questões necessárias ao desate da lide, inexistindo ofensa ao artigo 535 do Código de Processo Civil. 2. A Lei de Improbidade Administrativa (Lei 8.429/92) aplica-se a prefeito, máxime porque a Lei de Crimes de Responsabilidade (1.070/50) somente abrange as autoridades elencadas no seu art. 2º, quais sejam: o Presidente da República, os Ministros de Estado, os Ministros do Supremo Tribunal Federal e o Procurador-Geral da República. Precedentes. **3. A multa civil não tem natureza indenizatória, mas punitiva, não estando, portanto, atrelada à comprovação de qualquer prejuízo ao erário**. Precedentes. 4. Agravo regimental não provido" (STJ, *AgRg no REsp 1.152.717/MG*, 2ª T., rel. Min. Castro Meira, j. 27.11.2012, DJe 06.12.2012).

Em outra oportunidade, embora afirmando o caráter punitivo da multa, o mencionado tribunal declarou que a natureza ressarcitória da multa atraía o regime da imprescritibilidade:

"PROCESSUAL CIVIL. EMBARGOS DE DECLARAÇÃO. OBSCURIDADE. CARACTERIZAÇÃO. (PROCESSUAL CIVIL E ADMINISTRATIVO. EMBARGOS DE DECLARAÇÃO CONHECIDOS COMO AGRAVO REGIMENTAL. PRINCÍPIOS DA ECONOMIA PROCESSUAL, INSTRUMENTALIDADE DAS FORMAS E FUNGIBILIDADE RECURSAL. IMPROBIDADE ADMINISTRATIVA. DANO AO ERÁRIO. SÚMULA N. 7 DESTA CORTE SUPERIOR. IMPRESCRITIBILIDADE. OFENSA AO ART. 535 DO CPC. AUSÊNCIA DE INTERESSE RECURSAL NA CARACTERIZAÇÃO DO ERRO MATERIAL.) [...] 5. As Turmas que compõem a Primeira Seção do Superior Tribunal de Justiça já se posicionaram no sentido de que, caracterizado o prejuízo ao erário, o ressarcimento não pode ser considerado propriamente uma sanção, senão uma consequência imediata e necessária do ato combatido, razão pela qual não se pode excluí-lo, a pretexto de cumprimento do paradigma da proporcionalidade das penas estampado no art. 12 da Lei n. 8.429/92. A este respeito, v., p. ex., REsp 664.440/MG, Rel. Min. José Delgado, Primeira Turma, DJU 8.5.2006. 6. Mas a dogmática do ressarcimento não se esgota aí. Em termos de improbidade administrativa, onde se lê "ressarcimento integral do dano" deve compreender-se unicamente os prejuízos efetivamente causados ao Poder Público, sem outras considerações ou parâmetros. 7. Ora, a Lei n. 8.429/92 - LIA, em seu art. 12, arrola diversas sanções concomitantemente aplicáveis ao ressarcimento (não

53. NEVES, Daniel Amorim Assumpção; OLIVEIRA, Rafael Carvalho Rezende. Manual ... p. 447.

sendo este, frise-se, verdadeiramente uma sanção) e são elas que têm o objetivo de verdadeiramente reprimir a conduta ímproba e evitar o cometimento de novas infrações. Somente elas estão sujeitas a considerações outras que não a própria extensão do dano. 8. O ressarcimento é apenas uma medida ética e economicamente defluente do ato que macula a saúde do erário; as outras demais sanções é que podem levar em conta, e.g., a gravidade da conduta ou a forma como o ato ímprobo foi cometido, além da própria extensão do dano. Vale dizer: o ressarcimento é providência de caráter rígido, i.e., sempre se impõe e sua extensão é exatamente a mesma do prejuízo ao patrimônio público. 9. A perda da função pública, a sanção política, **a multa civil** e a proibição de contratar com a Administração Pública e de receber benefícios do Poder Público, ao contrário, **têm caráter elástico, ou seja, são providências que podem ou não ser aplicadas e, caso o sejam, são dadas à mensuração - conforme, exemplificativamente, à magnitude do dano, à gravidade da conduta e/ou a forma de cometimento do ato - nestes casos, tudo por conta do p. ún. do art. 12 da Lei n. 8.429/92. A bem da verdade, existe uma única exceção a essa elasticidade das sanções da LIA: é que pelo menos uma delas deve vir ao lado do dever de ressarcimento. 10. Na verdade, essa criteriosa separação torna-se mais imperiosa porque, na seara da improbidade administrativa, existem duas consequências de cunho pecuniário, que são a multa civil e o ressarcimento. A primeira vai cumprir o papel de verdadeiramente sancionar o agente ímprobo, enquanto o segundo vai cumprir a missão de caucionar o rombo consumado em desfavor do erário.** 11. É preciso reconhecer e bem lidar com essa diferenciação para evitar uma proteção da moralidade de forma deficiente ou excessiva, pois ambas as situações corresponderiam à antítese da proporcionalidade. 12. O esclarecimento desses pontos é importante porque é justamente sobre eles que recai a peculiaridade do caso concreto. 13. Na espécie, sentença e acórdão deixaram consignado que houve dano ao erário, daí a atração da lógica da imprescritibilidade (fls. 354/356, e-STJ). 14. Em resumo, a condenação aplicada foi a multa (inclusive com a adoção do parâmetro quantitativo expressamente declinado pela Lei de Improbidade Administrativa: "valor da remuneração percebida pelo agente"), embora o fim fosse o ressarcimento ao erário (porque constatado o dano ao erário). Definitivamente, uma impropriedade técnica de tormentosa solução. 15. Enfim: ou bem a condenação se fez a título de multa civil, ou bem houve determinação de ressarcimento (que não é sanção, frise-se). O uso indistinto dos conceitos causou uma dificuldade esdrúxula, a saber: (1) se o valor determinado pelo acórdão será suportado pelo ímprobo a título de ressarcimento, então, como sustentado antes, não poderá ser superior ou inferior ao do efetivo dano causado; no entanto, (2) se o valor determinado pelo acórdão será suportado pelo ímprobo a título de multa civil, então, como sustentado antes, poderá ser superior ou inferior ao do efetivo dano causado, valendo como medida sancionadora. 16. Essa dificuldade, entretanto, é apenas aparente porque, como foi dito anteriormente, o ressarcimento é medida imediata e necessária da condenação por improbidade administrativa; ao revés, a multa civil é opcional. 17. Dessa forma, tendo havido a confusão dos institutos pela sentença e também pelo acórdão, tem-se como impositiva a consideração de que, em verdade, pelo menos o ressarcimento deve estar presente no título executivo judicial. E o ressarcimento deve ser formulado nos exatos termos do dano causado. 18. Se assim é, tanto acórdão como sentença enganaram-se ao fixar o valor a ser ressarcido em montante inferior ao do dano efetivamente suportado pelo Poder Público (repita-se ainda que à exaustão). 19. Nada obstante, como apenas a parte ora embargante interpôs recurso especial, está vedada a *reformatio in pejus*, ou seja, impossível agravar a condenação imposta pela sentença e mantida pelo acórdão. 20. Mas também não é possível reconhecer a prescrição, pois nenhuma das duas instâncias ordinárias teve dúvida acerca da caracterização do dano ao erário - daí porque impositivo o reconhecimento da indispensabilidade do ressarcimento, considerando a jurisprudência do Superior Tribunal de Justiça. **21. Embargos de declaração acolhidos, sem efeitos modificativos, para sanar a obscuridade, deixando consignado que, reconhecido o prejuízo aos cofres públicos, a dita sanção de "multa civil" deve ser entendida como ressarcimento ao erário, atraindo a lógica da imprescritibilidade**" (STJ, *EDcl nos EDcl no REsp 1.159.147/MG,* 2ª T., rel. Min. Mauro Campbell Marques, j. 15.02.2011).

3. Tese 07 da edição 186 do "Jurisprudência em Teses" do STJ:

"Nas ações de improbidade administrativa com base nos arts. 9º e/ou 10 da Lei n. 8.429/1992 (dano ao patrimônio público ou enriquecimento ilícito), somente os sucessores do réu estão legitimados a prosseguir no polo passivo, nos limites da herança, para fins de ressarcimento e pagamento da multa civil".

APLICAÇÃO EM PROVAS E CONCURSOS PÚBLICOS

1. **(CRECI-24ª Região/RO – Fiscal – Quadrix – 2022) Acerca das disposições da Lei n.º 8.429/1992, julgue o item.**

   O sucessor ou o herdeiro daquele que causar dano ao erário ou que enriquecer ilicitamente estará sujeito apenas à obrigação de repará-lo até o limite do valor da herança ou do patrimônio transferido.

2. **(UFU-MG – Técnico de Laboratório – Informática – 2018 - adaptada) O sucessor daquele que causou lesão ao patrimônio público ou se enriqueceu ilicitamente, consoante as disposições da Lei de Improbidade Administrativa,**

   (A) terá como única penalidade a ele ser aplicada a pena de demissão, conforme disposto no art. 132 da lei 8.112/90.

   (B) deverá sofrer especificamente uma pena de censura.

   (C) não terá a indisponibilidade de seus bens, ainda que essa seja até o limite do valor da herança.

   (D) estará sujeito apenas à obrigação de repará-lo até o limite do valor da herança.

3. (MP/PI – Analista Ministerial – Área Processual – Cespe – 2018) De acordo com a Lei n.º 8.429/1992, julgue o próximo item, relativo a improbidade administrativa.

Situação hipotética: Lucas, no exercício de determinada função pública, cometeu ato de improbidade administrativa que lhe ensejou enriquecimento ilícito. Todavia, em uma viagem a serviço, ele faleceu, tendo deixado um filho, Paulo, seu único herdeiro. **Assertiva**: Paulo, sucessor de Lucas, estará sujeito às sanções previstas na lei em apreço até o limite do valor da herança.

4. (PC-AP – Delegado de Polícia – FCC - 2017) Um servidor público foi processado por ato de improbidade por ter se locupletado ilicitamente em razão do exercício do cargo de diretor de empresa estatal. Durante o processo restou demonstrada a culpa do servidor, tendo a ação sido julgada procedente. Não obstante, pouco tempo depois da condenação judicial definitiva, o servidor veio a falecer. No que diz respeito ao impacto desse fato na ação de improbidade e no ressarcimento dos cofres públicos,

(A) deverá ser extinta, em razão da extinção da punibilidade decorrente do falecimento do autor, cuja condenação é personalíssima.

(B) a responsabilidade pelo ressarcimento aos cofres públicos persiste para os herdeiros do servidor público, respeitado o limite da herança.

(C) a ação prossegue regularmente, tendo em vista que já havia sentença condenatória contra o servidor, substituindo-o por outro representante da estatal para representa-lo judicialmente.

(D) a ação pode prosseguir até o trânsito em julgado, não sendo possível, no entanto, transmitir aos herdeiros nenhuma responsabilidade decorrente de atos do antecessor, dada a natureza personalíssima.

(E) no caso de se tratar de ato de improbidade doloso, a responsabilidade pela devolução dos valores correspondentes ao enriquecimento ilícito passa aos herdeiros, enquanto que em se tratando de ato de improbidade sob a modalidade culposa, inexiste previsão legal para tanto.

5. (Câmara Municipal de Mauá/SP – Procurador Legislativo – Vunesp – 2019 - adaptada) É correto afirmar, que nos termos

(A) da Lei Federal no 9.784/99, o processo administrativo somente poderá se iniciar de ofício, pois é vedado ao interessado peticionar solicitando a instauração e instrução do processo.

(B) da Lei Federal no 8.429/92, o sucessor daquele que causar lesão ao patrimônio público ou se enriquecer ilicitamente está sujeito apenas à obrigação de repará-lo até o limite do valor da herança.

(C) da Lei Complementar no 101/00, lei municipal não poderá fixar limites inferiores àqueles da Lei Complementar para as dívidas consolidada e mobiliária, operações de crédito e concessão de garantias.

(D) da Lei Federal no 12.527/11, a informação armazenada em formato digital será fornecida nesse formato, independentemente da anuência do requerente, exigindo-se a elaboração de requerimento digital.

(E) do Decreto-Lei no 201/67, impedir o funcionamento regular da Câmara trata-se de crime de responsabilidade que sujeitará o Prefeito ao julgamento da Câmara dos Vereadores.

6. (CRF-GO – Advogado – Quadrix – 2022) Acerca da Lei n.º 8.429/1992, julgue o item

O herdeiro daquele que causar dano ao erário ou que enriquecer ilicitamente deverá repará-lo integralmente.

7. (TJ/SP – Escrevente Técnico Judiciário – Vunesp – 2021) Segundo o que estabelece a Lei nº 8.429/92, na hipótese de funcionário público que cometeu ato de improbidade administrativo, ensejando seu enriquecimento ilícito pessoal, devidamente comprovado pelo competente processo administrativo, mas que veio a falecer antes de ressarcir os cofres públicos, é correto afirmar que o seu sucessor

(A) será obrigado a reparar os danos integralmente, independentemente do seu valor.

(B) poderá vir a ser condenado a pagar pelos danos, se o falecido não possuía bens.

(C) não poderá ser responsabilizado, pois a pena não pode passar da pessoa do condenado.

(D) ficará sujeito às cominações da Lei até o limite do valor da herança.

(E) ficará sujeito às cominações da Lei até o limite do valor do dano causado.

8. (CRESS/SE – Assistente Social – Quadrix – 2021) De acordo com a Lei n.º 8.429/1992, que dispõe sobre as sanções aplicáveis aos agentes públicos nos casos de enriquecimento ilícito no exercício de mandato, cargo, emprego ou função na administração pública direta, indireta ou fundacional, julgue o item.

O sucessor daquele que causar lesão ao patrimônio público ou enriquecer ilicitamente estará sujeito às cominações dessa Lei até o limite do valor da herança.

1	2	3	4	5	6	7	8
V	D	V	B	B	F	D	V

Art. 8-A A responsabilidade sucessória de que trata o art. 8º desta Lei aplica-se também na hipótese de alteração contratual, de transformação, de incorporação, de fusão ou de cisão societária (Incluído pela Lei nº 14.230, de 2021)

Parágrafo único. Nas hipóteses de fusão e de incorporação, a responsabilidade da sucessora será restrita à obrigação de reparação integral do dano causado, até o limite do patrimônio transferido, não lhe sendo aplicáveis as demais sanções previstas nesta Lei decorrentes de atos e de fatos ocorridos antes da data da fusão ou da incorporação, exceto no caso de simulação ou de evidente intuito de fraude, devidamente comprovados. (Incluído pela Lei nº 14.230, de 2021)

COMENTÁRIOS

O preceito legal em comento, inserido na LIA pela Lei 14.230/2021, trata da responsabilidade sucessória nos casos de alterações subjetivas na estrutura da pessoa jurídica oriundas de alteração contratual, de transformação, de incorporação, de fusão ou de cisão societária.

A sucessão efetiva-se, tão somente, em relação à obrigação de reparação do dano em face da expressa remissão ao art. 8º da LIA (sem embargo da divergência relatada nos comentários ao art. 8º). Marçal Justen Filho considera necessário, ainda, que as operações societárias produzam efeitos relevantes no tocante à estrutura da sociedade, de modo que a responsabilidade sucessória somente teria lugar em se tratando de alterações significativas na estrutura e identidade da pessoa jurídica, induzindo a configuração de uma entidade substancialmente distinta da anterior[54].

A mutação subjetiva da pessoa jurídica ocorre mediante as operações societárias enumeradas no *caput* do art. 8º-A, sendo imprescindível rememorar as correspondentes definições fornecidas pela doutrina e legislação empresarial.

(i) Alteração contratual: materializa modificações no ato constitutivo da pessoa jurídica (contrato ou estatuto social), abrangendo mudanças da identidade dos sócios ou de outros atributos organizacionais (objeto social, patrimônio etc.);

54. JUSTEN FILHO, Marçal. *Reforma da Lei de Improbidade* ... p. 74.

(ii) <u>*Transformação*</u>: de acordo com o art. 220, *caput* da Lei 6.404, de 1976 ("Lei das S.A."), "a transformação é a operação pela qual a sociedade passa, independentemente de dissolução e liquidação, de um tipo para outro", tal como ocorre quando uma sociedade anônima é convertida em sociedade de responsabilidade limitada, por exemplo. Enfim, trata-se de uma mudança de tipo societário;

(iii) <u>*Incorporação*</u>: nos termos do art. 227, *caput* da Lei 6.404/1976, trata-se da "operação pela qual uma ou mais sociedades são absorvidas por outra, que lhes sucede em todos os direitos e obrigações".

(iv) <u>*Fusão*</u>: "é a operação pela qual se unem duas ou mais sociedades para formar sociedade nova, que lhes sucederá em todos os direitos e obrigações" (art. 228, *caput* da Lei 6.404/1976);

(v) <u>*Cisão*</u>: "é a operação pela qual a companhia transfere parcelas do seu patrimônio para uma ou mais sociedades, constituídas para esse fim ou já existentes, extinguindo-se a companhia cindida, se houver versão de todo o seu patrimônio, ou dividindo-se o seu capital, se parcial a versão" (art. 229, *caput* da Lei 6.404/1976).

O parágrafo único do preceito em comento estabelece que a responsabilidade da sucessora, em se tratando de fusão e de incorporação, será limitada à obrigação de reparação integral do dano causado, até o limite do patrimônio transferido, não lhe sendo aplicáveis as demais sanções da LIA decorrentes de atos e de fatos ocorridos antes da data da fusão ou da incorporação, exceto no caso de simulação ou de evidente intuito de fraude, devidamente comprovados.

A ressalva tem o nítido propósito de afastar os efeitos dos atos de reorganização societária, permitindo que sejam alcançados pela aplicação ampla do sancionamento previsto no art. 12, na hipótese de simulação ou de evidente intuito fraudulento, desde que devidamente comprovados.

A <u>*simulação*</u> constitui vício marcado pela instituição de situação fática discrepante da realidade; a <u>*fraude*</u>, por sua vez, decorre do fato de que a realização da operação societária revela-se como um instrumento para impedir a incidência das sanções por ato de improbidade administrativa, isto é, é praticada como um estratagema.

Em ambas as situações, que muito se assemelham, o ato de reorganização é simplesmente aparente e não corresponde à realidade funcional da empresa, que se mantém na prática da mesma forma como verificada por ocasião da infração.

CAPÍTULO II
Dos Atos de Improbidade Administrativa

COMENTÁRIOS

1. Classificação dos atos de improbidade: a LIA, conforme o bem jurídico tutelado, agrupou os atos de improbidade em três categorias:

(i) atos que importam enriquecimento ilícito (art. 9º);

(ii) atos que causam prejuízo ao Erário (art. 10);

(iii) atos que atentam contra os princípios da Administração Pública (art. 11).

José dos Santos Carvalho Filho lembra que o Estatuto da Cidade, instituído pela Lei 10.257, de 10 de julho de 2001, tipificou como improbidade atos que atentam contra a ordem urbanística, configurando uma quarta categoria[55].

2. Características comuns dos atos de improbidade: até o advento da Lei 14.230/2021 eram apontadas como características comuns dos atos de improbidade administrativa descritos nos arts. 9º, 10 e 11 da LIA: (*a*) **tipificação aberta** e **rol exemplificativo** *(numerus apertus)* de condutas para sua configuração e (*b*) responsabilidade subjetiva.

A primeira característica decorria da própria redação dos dispositivos legais que encerravam com a fórmula **"notadamente"**, indicando que outras condutas não especificadas poderiam se enquadrar nos sobreditos tipos de improbidade. Trata-se de técnica legislativa semelhante à interpretação analógica, comumente utilizada na descrição de tipos penais e que consiste na enumeração casuística de condutas seguida de uma cláusula genérica, a exemplo da qualificadora do motivo torpe no homicídio (art. 121, § 1º, inciso I, CP).

Nesse sentido, esclarece José dos Santos Carvalho Filho que, nas três categorias, o legislador estabelece no *caput* as condutas genéricas

55. CARVALHO FILHO, José dos Santos. *Manual* ... p. 994.

configuradoras de improbidade administrativa e elenca, nos incisos, as condutas específicas. "Portanto, as condutas específicas constituem *relação meramente exemplificativa (numerus apertus)*, de onde se infere que inúmeras outras condutas fora da relação podem inserir-se na cabeça do dispositivo"[56].

Com a promulgação e publicação da Lei 14.230/2021 houve uma sensível alteração nesta caraterística, uma vez que a tipificação dos atos de improbidade que atentam contra os princípios da Administração Pública depende da adequada subsunção a uma das hipóteses elencadas nos incisos III a VIII e XI e XII, além da demonstração objetiva da prática de ilegalidade no exercício da função pública, com a indicação das normas constitucionais, legais ou infralegais violadas, por força de determinação expressa do art. 11, *caput* e § 3º da LIA.

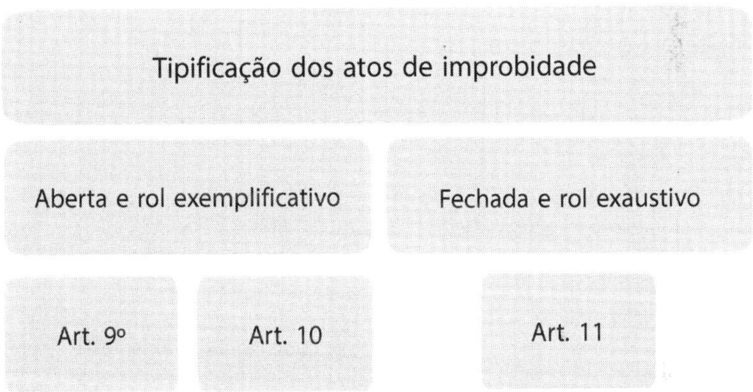

A segunda característica reside no elemento subjetivo, uma vez que a responsabilização dos agentes ímprobos pressupõe a demonstração do **dolo**. A propósito, **a Lei 14.230/2021 aboliu a figura da "improbidade culposa"**, passando a exigir dolo específico para a configuração dos atos de improbidade, tal como enunciado pelo § 1º do art. 1º da LIA, para onde remetemos o leitor.

3. Tentativa dos atos de improbidade administrativa:

A LIA não conta com norma de extensão típica semelhante à do art. 14 do CP, omissão que "[...] inviabiliza a ampliação da tipologia

56. CARVALHO FILHO, José dos Santos. *Manual* ... p. 994.

nos arts. 9º, 10º e 11 daquele diploma legal às hipóteses em que seja identificada a incompleta concreção do tipo objetivo, vale dizer, às situações em que resulte clara a vontade do agente mas não seja constatada a efetiva violação do bem jurídico tutelado. Apesar disso, ainda que não seja divisado o enriquecimento ilícito ou o dano ao patrimônio público, por não ter o agente avançado na utilização dos mecanismos que idealizara, inexistirá óbice à apuração de sua responsabilidade em sendo demonstrado que efetivamente infringira os princípios regentes da atividade estatal antes que fatores externos o impedissem de prosseguir. Além disso, os atos que importam enriquecimento ilícito. Apesar disso, ainda que não seja divisado o enriquecimento ilícito ou o dano ao patrimônio público, por não ter o agente avançado na utilização dos mecanismos que idealizara, inexistirá óbice à apuração de sua responsabilidade em sendo demonstrado que efetivamente infringira os princípios regentes da atividade estatal antes que fatores externos o impedissem de prosseguir"[57].

APLICAÇÃO EM PROVAS E CONCURSOS PÚBLICOS

1. **(UFU-MG – Fisioterapeuta – 2022) A Lei nº 8429, de 2 de junho de 1992, dispõe sobre as sanções aplicáveis em virtude da prática de atos de improbidade administrativa. Sobre os atos de improbidade administrativa, considere os enunciados a seguir.**

    I. Constitui ato de improbidade administrativa importando em enriquecimento ilícito aceitar emprego, comissão ou exercer atividade de consultoria ou assessoramento para pessoa física ou jurídica que tenha interesse suscetível de ser atingido ou amparado por ação ou omissão decorrente das atribuições do agente público, durante a atividade.

    II. Constitui ato de improbidade administrativa que causa prejuízo ao erário liberar recursos de parcerias firmadas pela administração pública com entidades privadas sem a estrita observância das normas pertinentes ou influir de qualquer forma para a sua aplicação irregular.

    III. Constitui ato de improbidade administrativa que atenta contra os princípios da administração pública frustrar, em ofensa à imparcialidade, o caráter concorrencial de concurso público, de chamamento ou de procedimento licitatório, com vistas à obtenção de benefício próprio, direto ou indireto, ou de terceiros.

    IV. Constitui ato de improbidade administrativa que causa lesão ao erário permitir, facilitar ou concorrer para que terceiro se enriqueça ilicitamente.

    Assinale a alternativa **CORRETA.**

    (A) Somente I e II são corretos.

    (B) Somente II e III são corretos.

57. GARCIA, Emerson; ALVES, Rogério Pacheco. *Improbidade* ... p. 451.

(C) Somente I e III são corretos.

(D) I, II, III e IV são corretos.

2. (MP-PR – Promotor de Justiça Substituto – 2019) Assinale a alternativa incorreta:

(A) Conforme tem decidido o Superior Tribunal de Justiça, o ressarcimento do dano decorrente da prática de ato de improbidade administrativa não constitui sanção propriamente dita, mas consequência necessária do prejuízo causado.

(B) Havendo indícios fundados de malversação de bens ou recursos de origem pública no âmbito de determinada organização da sociedade civil de interesse público (OSCIP), por se tratar de entidade do terceiro setor, com regramento especial quanto à responsabilidade, não se aplicam as regras e as sanções da Lei n. 8.429/92 (Lei de Improbidade Administrativa).

(C) No ato de improbidade administrativa do qual resulta prejuízo ao erário, a responsabilidade pela reparação do dano dos agentes que atuam em concurso é solidária, segundo a jurisprudência do Superior Tribunal de Justiça.

D) Dentre as espécies de fraudes em prejuízo ao patrimônio público, pode ser citado o superfaturamento (ou superestimação), que ocorre quando se cobra sobrepreço ilegal, de modo que a Administração Pública paga pela obra ou serviço mais do que realmente se revelava devido.

(E) O descumprimento de normas relativas à celebração, fiscalização e aprovação de contas de parcerias firmadas pela Administração Pública com entidades privadas está tipificado, expressamente, como ato de improbidade administrativa que atenta contra os princípios da administração pública.

3. (PC-PI – Delegado de Polícia Civil – Nucepe – 2018) Com frequência tem sido noticiado na mídia atos de corrupção administrativa, praticados por agentes públicos contra a administração pública. Nas situações abaixo, marque a alternativa que NÃO demonstra a prática de atos de improbidade administrativa:

(A) Delegado de polícia que dá publicidade dos atos oficiais, não sigilosos, aos advogados da parte.

(B) Delegado, titular da Delegacia de Defesa da Propriedade de Veículos e Cargas, ao presidir inquérito policial, que documentava a apreensão de automóveis roubados, recebeu, diretamente, o valor de R$ 10.000,00 (dez mil reais) de seguradora, empresa privada beneficiada com a apreensão dos veículos.

(C) Delegado e policiais civis, sem mandado judicial, fazem várias prisões ilegais, mantendo as vítimas detidas por várias horas na delegacia.

(D) O Delegado de uma cidade do Piauí, sem outra renda ou patrimônio anterior, adquiriu de uma só vez, um veículo Mercedes Benz e dois imóveis na cidade de Hong Kong, cidade situada na costa sul da China, cidade na qual encontram-se os imóveis mais caros do mundo.

(E) Delegado de polícia, juntamente com o prefeito da cidade, frustram a licitude do concurso público.

4. (TJ-CE – Titular de Serviços de Notas e Registros - Provimento – IESES – 2018) A conduta do Tabelião de Protesto que, de forma dolosa e reiterada, recebe e deixa de repassar, no prazo legal e em caráter definitivo, valores pertencentes aos apresentantes dos títulos (titulares do crédito) pode caracterizar:

(A) Apenas infração administrativa na hipótese de reparação integral dos danos às vítimas.

(B) Infração civil, penal, administrativa e até ato de improbidade.

(C) Infração penal e administrativa exclusivamente.

(D) Apenas crime de apropriação indébita.

5. **(ALESE - Analista Legislativo - Apoio Jurídico - FCC - 2018) A improbidade administrativa, sem prejuízo de outros requisitos para tipificação da conduta, sempre exige a**

(A) conduta dolosa do sujeito ativo, dada a gravidade do ato e a possibilidade de indisponibilização do patrimônio do agente público.

(B) demonstração de prejuízo ao erário, ainda que sua liquidação seja diferida para a fase de instrução da ação.

(C) prática de conduta dolosa para a configuração de ato de improbidade na modalidade que causa prejuízo ao erário.

(D) conduta culposa para a configuração de ato de improbidade na modalidade que causa enriquecimento ilícito.

(E) prática de conduta dolosa para a configuração de ato que atenta contra os princípios da Administração pública, em qualquer das formas enunciadas na respectiva lei que descreve o tipo.

6. **(UFAL - Músico - Copeve-UFAL - 2016) Dadas as afirmativas com base na Lei nº 8.429/92 (Lei de Improbidade Administrativa),**

I. É elemento essencial do conceito de improbidade administrativa a lesão ao erário, sem o qual o ilícito não se configura.

II. Constitui ato de improbidade administrativa deixar de cumprir a exigência de requisitos de acessibilidade previstos na legislação.

III. A lei tipifica como improbidade negar publicidade aos atos oficiais, mesmo que não haja prejuízo financeiro para a Administração Pública.

IV. Configura ato de improbidade revelar fato ou circunstância de que tem ciência em razão das atribuições e que deva permanecer em segredo.

Verifica-se que está(ão) correta(s)

(A) III, apenas.

(B) I e II, apenas.

(C) I e IV, apenas.

(D) II, III e IV, apenas.

(E) I, II, III e IV.

7. **(PGE/AL - Procurado do Estado - Cespe-Cebraspe - 2021) O dirigente de determinado órgão público deixou de prestar contas quando estava obrigado a fazê-lo e, ainda, liberou verba pública sem a estrita observância das normas pertinentes.**
Nessa situação hipotética, de acordo com a Lei n.º 8.429/1992, o dirigente estará sujeito às sanções decorrentes da prática de

(A) atos de improbidade administrativa que atentaram contra os princípios da administração pública, pelas duas condutas.

(B) ato de improbidade administrativa que causou prejuízo ao erário, pela primeira conduta, e ato de improbidade administrativa que importou enriquecimento ilícito, pela segunda conduta.

(C) ato de improbidade administrativa que atentou contra os princípios da administração pública, pela primeira conduta, e ato de improbidade administrativa que causou prejuízo ao erário, pela segunda conduta.

(D) ato de improbidade administrativa que atentou contra os princípios da administração pública, pela primeira conduta, e ato de improbidade administrativa que importou enriquecimento ilícito, pela segunda conduta.

(E) ato de improbidade administrativa que causou prejuízo ao erário, pela primeira conduta, e ato de improbidade administrativa que atentou contra os princípios da administração pública, pela segunda conduta.

1	2	3	4	5	6	7
D	B	A	B	E	D	C

Seção I
Dos Atos de Improbidade Administrativa que Importam Enriquecimento Ilícito

~~**Art. 9º** Constitui ato de improbidade administrativa importando enriquecimento ilícito auferir qualquer tipo de vantagem patrimonial indevida em razão do exercício de cargo, mandato, função, emprego ou atividade nas entidades mencionadas no art. 1º desta lei, e notadamente:~~

Art. 9º Constitui ato de improbidade administrativa importando em enriquecimento ilícito auferir, mediante a prática de ato doloso, qualquer tipo de vantagem patrimonial indevida em razão do exercício de cargo, de mandato, de função, de emprego ou de atividade nas entidades referidas no art. 1º desta Lei, e notadamente: (Redação dada pela Lei nº 14.230, de 2021)

COMENTÁRIOS

1. Conceito: pune, o art. 9º, o agente público que aufere qualquer tipo de vantagem patrimonial indevida no exercício de função pública. "Trata-se da modalidade mais grave e ignóbil de improbidade administrativa, pois contempla o comportamento torpe do agente público que desempenha funções públicas de sua atribuição de forma desonesta e imoral, ocupando o mais algo grau da escala de reprovabilidade"[58]. Não por outra razão é a primeira espécie de ato de improbidade disciplinado pela LIA, tal qual o Código Penal o faz em relação ao crime de homicídio.

2. Requisitos para sua configuração: a configuração do ato de improbidade administrativa que importa enriquecimento ilícito depende do preenchimento dos seguintes requisitos mínimos:

(*a*) recebimento de vantagem **patrimonial** indevida, **independentemente** de prejuízo ao Erário;

(*b*) vantagem decorrente do comportamento ilícito do agente;

(*c*) ciência do agente da ilicitude (dolo) da vantagem auferida;

58. PAZZAGLINI FILHO, Marino. *Lei de Improbidade ...* p. 52.

(*d*) nexo causal ou etiológico entre o recebimento da vantagem e a conduta funcional anômala.

O primeiro aspecto digno de destaque diz respeito à necessidade de que a vantagem indevida tenha **cunho patrimonial**, compreendendo numerário, bens móveis ou imóveis, valores mobiliários ou qualquer outra espécie de ganho de natureza econômica. Além disso, exige-se o **efetivo recebimento da vantagem**, não sendo suficiente a mera promessa. Todavia, a mera promessa e/ou o recebimento de vantagem não patrimonial não tornam a conduta isenta de punições, uma vez que poderá, conforme o caso, caracterizar atos de improbidade do art. 11 em razão da violação aos princípios da legalidade e da moralidade.

Ainda em relação ao primeiro requisito, a doutrina é **pacífica** no sentido de que é **dispensável o prejuízo ao Erário** para a caracterização dos atos de improbidade do art. 9º. Waldo Fazzio Júnior adverte que tal conclusão aplica-se à conduta padrão gravada no *caput* do art. 9º e ressalva que **depende da ocorrência de dano patrimonial os casos listados nos incisos II, III, IV, XI e XII do art. 9º**, embora a punição do agente não fique condicionada a esse resultado. "São casos em que, para se realizar a conduta descrita de ato gerador de enriquecimento indevido do agente público, deve ocorrer uma correspondente perda para o patrimônio público, mas, como o enriquecimento ilícito é modalidade mais grave, neste incide o agente público, sem prejuízo de, uma vez condenado, restituir o que indevidamente havido"[59].

Relativamente ao elemento subjetivo, a conduta deve ser animada pelo intento do agente público ou do terceiro de obter vantagem patrimonial que sabe indevida, sendo praticamente **unânime o entendimento de que não se pune a modalidade culposa**. A sobredita orientação doutrinária restou positivada no *caput* do art. 9º com as modificações redacionais implementadas pela Lei 14.230/2021, sendo inquestionável, atualmente, a inexistência de punição a título de culpa.

Dessa forma, a tipificação dos atos de improbidade do art. 9º depende da atuação livre e consciente do agente público quanto à obtenção de uma vantagem indevida e a sua incorporação ao patrimônio próprio ou de terceiros, de modo que o mero recebimento de benefício econômico é insuficiente, por si só, para a caracterização do ilícito.

59. FAZZIO JÚNIOR, Waldo. *Improbidade* ... p. 143.

O último pressuposto é o nexo causal que impede a punição do agente por simples variação patrimonial incompatível com sua renda, de modo que deve ficar evidenciado que o enriquecimento é fruto do uso indevido da função pública que exerce.

3. Distinção entre enriquecimento ilícito e enriquecimento sem causa: a doutrina distingue enriquecimento ilícito, decorrente de ato de improbidade, de enriquecimento sem causa, previsto na legislação civil (arts. 884-886 do CC), apontando duas diferenças fundamentais que podem ser resumidas no seguinte quadro mnemônico:

	Enriquecimento ilícito	Enriquecimento sem causa
Elementos	Decorre de ato ilícito;	Pressupõe atribuição patrimonial válida;
Titularidade da pretensão de devolução do incremento injusto	Entidade pública ou privada que o agente ímprobo integra.	Daquele que empobreceu.

4. Natureza da conduta: é indiscutível que o ato de improbidade de que trata o art. 9º pode ser **perpetrado por conduta comissiva (positiva)**, ou seja, através de ação do agente ímprobo. **Não há uniformidade na doutrina**, contudo, quando se investiga a possibilidade de prática do ato por meio de **conduta omissiva**. Para alguns, é inviável sua configuração por omissão, uma vez que o art. 9º, diferentemente dos arts. 10 e 11 que preveem expressamente a conduta omissa, silencia a respeito. Além do que os comportamentos descritos como enriquecimento ilícito são incompatíveis com a omissão. Afinal, "ninguém pode ser omisso para receber vantagem indevida, aceitar emprego ou comissão ou utilizar em seu favor utensílio pertencente ao patrimônio público"[60].

Majoritariamente, entende-se **possível** a configuração do ato de improbidade que importa enriquecimento ilícito através de conduta **omissiva**. Isso porque o silêncio do *caput* do art. 9º por si só não significa incompatibilidade das condutas com comportamentos omissivos. Sustenta-se, ainda, que o essencial para a caracterização do ato de improbidade é a obtenção de vantagem econômica, sendo indiferente a

60. CARVALHO FILHO, José dos Santos. *Manual* ... p. 995.

forma como implementada, isto é, pouco importa se oriunda de oferta, solicitação ou exigência por parte do agente público[61].

Atenção: a Lei 14.230/2021 deixou expresso que a configuração dos atos de improbidade que importam enriquecimento ilícito pressupõe a prática de conduta dolosa. A inclusão da expressão "mediante a prática de ato doloso" parece colocar em dúvida a orientação majoritária.

CASUÍSTICA

"ADMINISTRATIVO E PROCESSUAL CIVIL. AGRAVO REGIMENTAL NO AGRAVO EM RECURSO ESPECIAL. IMPROBIDADE ADMINISTRATIVA. ATUAÇÃO PARA OCULTAR DIVULGAÇÃO DE NOMEAÇÃO DE SERVIDORA "FANTASMA" E PARA FACILITAR A APROPRIAÇÃO DE SEU SALÁRIO, POR PARTE DE EX-VEREADOR. DISSÍDIO JURISPRUDENCIAL NÃO DEMONSTRADO. ACÓRDÃO QUE CONCLUIU, À LUZ DA PROVA DOS AUTOS, PELA PROPORCIONALIDADE DAS SANÇÕES APLICADAS. INCIDÊNCIA DA SÚMULA 7/STJ. AGRAVO REGIMENTAL IMPROVIDO. I. Agravo Regimental interposto em 24/06/2013, contra decisão publicada em 17/06/2013. II. No acórdão objeto do Recurso Especial, o Tribunal de origem negou provimento à Apelação, interposta pelo ora agravante, contra sentença que, por sua vez, julgara parcialmente procedente o pedido, em Ação Civil Pública na qual o Ministério Público do Estado de Rondônia postulara a condenação do agravante, ex-Chefe de Gabinete da Prefeitura de Ariquemes, e de ex-Vereador, pela prática de atos de improbidade administrativa. Conforme definido pelas instâncias ordinárias, o ex-Vereador indicou determinada pessoa para ocupar cargo comissionado, exigindo, como condição para a nomeação, que lhe fosse repassada parte do salário. Após o caso ter sido noticiado na imprensa local, o ora agravante atuou de modo a acobertar os fatos e para nomear a servidora para outro cargo público, nas mesmas condições, além de ter facilitado para que o ex-Vereador se apropriasse das verbas rescisórias da servidora [...]" (STJ, *AgRg no AREsp 238.898/RO*, 2ª T., rel. Min. Assusete Magalhães, j. 16.06.2016, DJe 24.06.2016).

"ADMINISTRATIVO E PROCESSUAL CIVIL. MINISTÉRIO PÚBLICO. COMPETÊNCIA FUNCIONAL. PROCURADOR DE JUSTIÇA. ART. 31 DA LEI Nº 8.625/93. AÇÃO CIVIL PÚBLICA. IMPROBIDADE ADMINISTRATIVA. CONTRATAÇÃO DE "FUNCIONÁRIO-FANTASMA". ATO ILÍCITO. SANÇÕES. RESSARCIMENTO AO ERÁRIO. INSUFICIÊNCIA. ART. 12 DA LEI Nº 8.429/97. [...] 7. Caracterizado o ato de improbidade administrativa, o ressarcimento ao erário constitui o mais elementar consectário jurídico, não se equiparando a uma sanção em sentido estrito e, portanto, não sendo suficiente por si só a atender ao espírito da Lei

61. MARTINS JÚNIOR, Wallace Paiva. *Probidade* ... p. 227. No mesmo sentido: NEVES, Daniel Amorim Assumpção; OLIVEIRA, Rafael Carvalho Rezende. *Manual* ... p. 307/308.

nº 8.429/97, devendo ser cumulada com ao menos alguma outra das medidas previstas em seu art. 12. 8. Pensamento diverso, tal qual o esposado pela Corte de origem, representaria a ausência de punição substancial a indivíduos que adotaram conduta de manifesto descaso para com o patrimônio público. **Permitir-se que a devolução dos valores recebidos por "funcionário-fantasma" seja a única punição a agentes que concorreram diretamente para a prática deste ilícito significa conferir à questão um enfoque de simples responsabilidade civil, o que, à toda evidência, não é o escopo da Lei nº 8.429/97. (...)** (STJ, *REsp 1.019.555/SP*, 2 T. rel. Min. Castro Meira, j. 16.06.2009, DJe 29.06.2009, grifamos)

APLICAÇÃO EM PROVAS E CONCURSOS PÚBLICOS

1. **(TRF-4ª Região - Técnico Judiciário - Área Administrativa - FCC - 2019) Ademar, ocupante de cargo em comissão em empresa pública, recebia pagamentos para não certificar o inadimplemento de entidades conveniadas que não apresentavam prestação de contas na forma convencionada, o que seria obrigação do servidor. Com isso, as entidades em questão não eram intimadas a devolver os recursos recebidos. Independentemente do vínculo jurídico firmado entre a empresa pública e as entidades mencionadas,**

   (A) o servidor público pode ser responsabilizado por ato administrativo que gera prejuízo ao erário, desde que se confirme e comprove que agiu com dolo e má-fé.

   (B) o empregado em questão não poderá ser responsabilizado por ato de improbidade, porque não possui vínculo estatutário com a empresa pública.

   (C) a empresa pública não se enquadra na condição de sujeito passivo de improbidade, porque possui geração de receitas próprias e fins lucrativos, podendo a conduta, no entanto, tipificar ilícito penal.

   (D) diante do comprovado enriquecimento ilícito do servidor, que intencionalmente deixou de emitir certidão declarando a inadimplência das entidades, resta tipificado ato de improbidade.

   (E) o servidor não poderá ser processado por ato de improbidade que gera prejuízo ao erário, eis que descaracterizado o enriquecimento ilícito pelo fato de os recursos não advirem do Tesouro.

2. **(DEPSEC - Assistente em Administração - UNIFAP - 2018) A Lei 8.429, de 2 de junho de 1992, dispõe sobre as sanções aplicáveis aos agentes públicos nos casos de enriquecimento ilícito no exercício de mandato, cargo, emprego ou função na administração pública direta, indireta ou fundacional. Considerando o exposto nessa Lei, marque a alternativa que NÃO caracteriza atos de improbidade administrativa que importam enriquecimento ilícito.**

   (A) adquirir, para si ou para outrem, no exercício de mandato, cargo, emprego ou função pública, bens de qualquer natureza cujo valor seja desproporcional à evolução do patrimônio ou à renda do agente público.

   (B) aceitar emprego, comissão ou exercer atividade de consultoria ou assessoramento para pessoa física ou jurídica que tenha interesse suscetível de ser atingido ou amparado por ação ou omissão decorrente das atribuições do agente público, durante a atividade.

(C) receber, para si ou para outrem, dinheiro, bem móvel ou imóvel, ou qualquer outra vantagem econômica, direta ou indireta, a título de comissão, percentagem, gratificação ou presente de quem tenha interesse, direto ou indireto, que possa ser atingido ou amparado por ação ou omissão decorrente das atribuições do agente público.

(D) receber vantagem econômica de qualquer natureza, direta ou indiretamente, para omitir ato de ofício, providência ou declaração a que esteja obrigado.

(E) receber presentes de cônjuge ou companheiro, descendentes ou ascendentes, parentes colaterais ou por afinidade, até terceiro grau, ou amigos íntimos, desde que sejam também servidores públicos, em ocasiões de comemoração social e que ultrapasse o valor do salário percebido pelo donatário.

3. (PC-MA – Investigador de Polícia - Cespe – 2018) Representa ato de improbidade administrativa que importa enriquecimento ilícito, segundo a Lei n.º 8.429/1992,

(A) permitir, facilitar ou concorrer para que terceiro se enriqueça ilicitamente.

(B) usar, em proveito próprio, bens integrantes do patrimônio das entidades públicas.

(C) ordenar a realização de despesas não autorizadas.

(D) frustrar a licitude de concurso público.

(E) deixar de prestar contas quando obrigado a fazê-lo.

4. (UFSM – Técnico em Eletricidade – 2018) A Lei º 8.429/1992 dispõe sobre as sanções aplicáveis aos agentes públicos nos casos de enriquecimento ilícito no exercício de mandato. De acordo com o que está disposto na lei, assinale a alternativa correta.

(A) No caso de enriquecimento ilícito, somente o agente público poderá perder os bens ou valores acrescidos ao seu patrimônio, ficando excluída desta possibilidade os terceiros que se beneficiaram com a prática ilícita.

(B) Não responderá pelas lesões causadas ao patrimônio público o sucessor do agente público que enriqueceu ilicitamente.

(C) Para ensejar o integral ressarcimento pelas lesões causadas ao patrimônio público, é necessário que tenha havido ação ou omissão dolosa nas práticas de lesão ao patrimônio público.

(D) Constitui-se ato de improbidade administrativa a prática de perceber vantagem econômica de qualquer natureza, direta ou indiretamente, para omitir ato de ofício, providência ou declaração a que esteja obrigado.

(E) O ato de permitir ou facilitar a aquisição, permuta ou locação de bem ou de serviço, por preço superior ao de mercado, não se configura, por si só, em ato de improbidade administrativa.

5. (INCA – Analista – Engenharia de Infraestrutura – Engenharia Civil – Funcab – 2014) Um profissional de saúde que, na condição de agente público, frauda suas assinaturas no documento de controle de frequência para, mesmo sem trabalhar, receber sua remuneração:

(A) não pratica ato de improbidade administrativa porque tais atos só podem ser praticados por agentes políticos.

(B) pratica ato de improbidade administrativa que importa enriquecimento ilícito, mesmo não sendo agente político.

(C) não pratica ato de improbidade administrativa porque não é agente público da Administração Pública central.

(D) pratica ato de improbidade administrativa passível de sanção de pagamento de multa civil de até duas vezes o valor do acréscimo patrimonial.

(E) pratica ato de improbidade administrativa passível de aplicação da sanção de perda do cargo não cumulável com a aplicação de multa civil.

6. **(MP/SC – Promotor de Justiça – 2019) É inadmissível a responsabilidade objetiva na aplicação da Lei n. 8.429/1992, exigindo-se a presença do elemento subjetivo de dolo nos casos de atos de improbidade que importam enriquecimento ilícito e que atentam contra os Princípios da Administração Pública, e culpa no caso de atos de improbidade administrativa que causam prejuízo ao erário.**

7. **(MP/SC – Promotor de Justiça – 2019) Os atos de improbidade administrativa que importam enriquecimento ilícito, previstos no art. 9º da Lei n. 8.429/1992, admitem tentativa.**

1	2	3	4	5	6	7
D	E	B	D	B	V	F

I - receber, para si ou para outrem, dinheiro, bem móvel ou imóvel, ou qualquer outra vantagem econômica, direta ou indireta, a título de comissão, percentagem, gratificação ou presente de quem tenha interesse, direto ou indireto, que possa ser atingido ou amparado por ação ou omissão decorrente das atribuições do agente público;

COMENTÁRIOS

1. Definição e elementos: o dispositivo legal contempla como ato de improbidade o recebimento pelo agente público de qualquer espécie de **vantagem econômica indevida**, **direta ou indireta**, a título de comissão, percentagem, gratificação ou presente de quem tenha interesse, direto ou indireto, na conduta comissiva ou omissiva funcional inadequada. É possível extrair da definição os elementos necessários à tipificação da conduta:

(i) recebimento, pelo agente público, de dinheiro, bem móvel ou imóvel, ou qualquer outra espécie de vantagem econômica, direta ou indireta, a título de comissão, percentagem, gratificação ou presente;

(ii) interesse, direto ou indireto, do fornecedor da vantagem, que possa ser atingido ou amparado por ação ou omissão do agente público.

Prevalece que é dispensável o atendimento da pretensão do corruptor, bastando a recepção da vantagem indevida. "**No entanto, deve haver relação ou pertinência entre o proveito almejado com o exercício funcional do agente público que aceitou a benesse ilícita. E que este tenha consciência de que obteve vantagem indevida como retribuição pela prática ou omissão de – ato funcional concernente a sua competência**"[62].

2. Espécies de vantagem: a vantagem indevida objeto do enriquecimento é paga a título de comissão, percentagem, gratificação ou presente, incumbindo ao intérprete conhecer as definições para a escorreita aplicação da norma.

2.1 Comissão: contraprestação paga ao agente ímprobo pelo seu empenho no atendimento à pretensão ilícita do terceiro interessado. Nessa relação intervém:

(a) comitente/*extraneus* (externo, estranho à Administração) e	(b) comissionado, que é agente público

2.2 Percentagem: corresponde a taxa e consiste no valor calculado proporcionalmente sobre o *quantum* do benefício obtido pelo corruptor;

2.3 Gratificação: retribuição pelo auxílio concedido pelo agente público ao terceiro. Trata-se da famigerada "propina", também conhecida popularmente pelas expressões "engraxa", "estimula" o agente público.

2.4 Presente: mimo, agrado ou regalo entregue ao agente público como retribuição por sua conduta funcional inadequada. A propósito,

62. PAZZAGLINI FILHO, Marino. *Lei de Improbidade* ... p. 57, grifos no original.

Waldo Fazzio Júnior apresenta a seguinte ressalva quanto à aplicação desta espécie de vantagem patrimonial: "quando a lei utiliza o substantivo presente está aludindo a recompensas polpudas, suficientes para otimizar o patrimônio do fautor", de modo que não alcança "[...] os mimos natalícios, geralmente de pequeno valor, bem como rotineiros presentes de aniversário, manifestações de carinho e delicadeza em relação a esposa, genitores e filhos do agente público"[63].

CASUÍSTICA

1. Pagamento de gratificação a oficial de justiça para cumprimento de mandados com mais eficiência:

"ADMINISTRATIVO. RECURSO ESPECIAL. VIOLAÇÃO DO ART. 535 DO CPC/1973. INEXISTÊNCIA DE VIOLAÇÃO. AÇÃO CIVIL PÚBLICA POR ATO DE IMPROBIDADE ADMINISTRATIVA. OFICIAL DE JUSTIÇA DO TRIBUNAL DE JUSTIÇA DO RIO GRANDE DO SUL. RECEBIMENTO DE VANTAGEM INDEVIDA PAGA POR ESCRITÓRIO DE ADVOCACIA. EXISTÊNCIA DE DOLO GENÉRICO. CONDUTA QUE SE CARACTERIZA COMO ÍMPROBA. REVISÃO DAS SANÇÕES APLICADAS. INVIABILIDADE. SÚMULA 7/STJ. RECURSO ESPECIAL NÃO PROVIDO". (STJ, *REsp 1411864/RS*, 1ª T., rel. Min. Napoleão Nunes Maia Filho, rel. p/ Acórdão Min. Benedito Gonçalves, j. 15.05.2018, DJe 21.05.2018).

"ADMINISTRATIVO. PROCESSUAL CIVIL. AGRAVO REGIMENTAL NO RECURSO ESPECIAL. **Improbidade administrativa. Pagamentos efetuados por escritório de advocacia, mediante depósito em conta corrente, à oficiala de justiça**. FUNDAMENTAÇÃO ADEQUADA. OFENSA AOS ARTS. 165, 458 E 535 DO CPC NÃO CONFIGURADA. ART. 12 DA LEI N. 8.429/92. APLICAÇÃO DAS PENALIDADES. PRINCÍPIO DA PROPORCIONALIDADE RESPEITADO. REEXAME DE MATÉRIA FÁTICA. SÚMULA N. 7 DO STJ. (...) 3. Em síntese, na espécie, a instância ordinária esclareceu que os recorrentes depositavam valores em prol de oficiais de justiça (chamados com um tanto de eufemismo como "gratificações") com o objetivo de obter maior celeridade no cumprimento dos mandados judiciais em processos patrocinados pelo escritório, daí porque não há que se falar na inexistência do elemento subjetivo. Destaco, ainda que a 2ª Turma deste Sodalício já entendeu pela configuração efetiva da conduta enquanto ato de improbidade administrativa em situação semelhante, nos termos do seguinte precedente: AgRg nos EDcl nos EDcl no Ag 1272677/RS, Rel. Ministro HERMAN BENJAMIN, SEGUNDA TURMA, julgado em 04/11/2010, DJe 02/02/2011" [...]" STJ, *AgRg no REsp 1305243/RS*, 2ª T., rel. Min. Mauro Campbell Marques, j. 16.05.2013, DJe 22/05/2013, grifamos).

63. FAZZIO JÚNIOR, Waldo. *Improbidade* ... p. 155.

"[...] Trata-se de dois recursos especiais que impugnam demanda referente à ação civil pública ajuizada pelo Ministério Público do Estado do Rio Grande do Sul em desfavor de servidor público (Oficial de Justiça), advogados e respectivo escritório de advocacia, na qual se requereu a aplicação das penalidades impostas pelo inciso I do artigo 12 da Lei 8.429/92, em razão da alegada prática da conduta de improbidade administrativa prevista no artigo 9º, inciso I, da mesma lei, consistente na **percepção do montante de R$ 300,00 (trezentos reais) supostamente pagos como gratificação em razão do cumprimento imediato de mandado de busca e apreensão, por meio de depósito de cheque emitido pelo escritório de advocacia em que atuam os demais réus, em conta corrente de titularidade do recorrente que ostenta a função de agente público**." (STJ, *REsp 1193160-RS*, 2ª T., rel. Min. Herman Benjamin, j. 02.03.2010, DJe 23.06.2010, grifamos).

2. Recebimento de honorários médicos de pacientes do SUS:

"[...] Resume-se a controvérsia em ação civil pública de improbidade administrativa em razão de supostas práticas de exigências de honorários médicos de pacientes do SUS, por duas vezes. [...] 5. Não há como entender **o procedimento de anestesia como 'complementaridade' aos serviços prestados, pois sua essencialidade é manifesta.** Nesse contexto, patente configuração do ato de improbidade administrativa, previsto no art. 9º, inciso I, da Lei n. 8.429, de 2 de junho de 1992" (STJ, *Ag no REsp 961586 RS*, 2ª T., rel. Min. Humberto Martins, j. 27.05.2008, Dje, 05.06.2008, grifamos).

3. Recebimento por Delegado de Polícia de recompensa apreensão de carga roubada:

"ADMINISTRATIVO. AÇÃO CIVIL PÚBLICA. IMPROBIDADE ADMINISTRATIVA. DELEGADO DE POLÍCIA. CONFIGURAÇÃO. SUBSTITUIÇÃO DA SANÇÃO PELO TRIBUNAL DE ORIGEM. PERDA DO CARGO COMUTADA EM SANÇÃO PATRIMONIAL. VIOLAÇÃO AOS PRINCÍPIOS DA PROPORCIONALIDADE, DA RAZOABILIDADE E DA DISSUASÃO. PRECEDENTES. AUSÊNCIA DE OFENSA AO ART. 535 DO CPC. DESNECESSIDADE DE REVOLVIMENTO DO CONTEÚDO FÁTICO-PROBATÓRIO. NÃO INCIDÊNCIA DA SÚMULA 7/STJ. 1. Cuida-se de inconformismo contra acórdão do Tribunal de origem que - malgrado ter considerado como ato ímprobo a conduta do recorrido, Delegado de Polícia que recebeu R$ 8.000,00 de recompensa por apreensão de carga roubada - não determinou a sanção de perda do cargo, conforme pleiteado pelo recorrente e deferido em primeiro grau, mas a substituiu pela sanção de perda do prêmio recebido, considerando ser mais proporcional ao fato. [...] 7. Não se aplica a Súmula 7/STJ, uma vez que a pretensão é de revaloração jurídica de fatos incontroversos e não revolvimento de fatos e provas. Note-se que o proveito patrimonial auferido pelo agente, em virtude do recebimento de "prêmio" advindo de particulares pela prática de atos próprios da função pública de que estava investido, é ponto incontroverso nos autos e foi admitido tanto pelo Juízo de piso quanto pelo Tribunal a quo. 8. A perda da função pública, portanto, decorre da evidente deslealdade e incompatibilidade do servidor com o serviço público. Aproveitando-se de seu notório múnus público, em vez de dar exemplo interna e externamente, como seria de se esperar do elevado cargo que ocupa, comportou-se como mero empregado de sujeitos privados, deles recebendo remuneração complementar e ilícita. 9. Recurso Especial provido" (STJ, *REsp 1682961/RN*, 2ª T., rel. Min. Herman Benjamin, j. 16.11.2017, DJe 23.11.2018).

APLICAÇÃO EM PROVAS E CONCURSOS PÚBLICOS

1. **(Prefeitura de Recife/PE – Analista de Gestão Contábil – FCC – 2019) Funcionário de uma empresa prestadora de serviços de informática em um órgão da Administração direta municipal ofereceu ao servidor responsável pela gestão do contrato gratificação periódica para que ele atestasse a boa execução dos serviços. Ocorre que os serviços estavam efetivamente sendo bem executados, o que não impediu o servidor de aceitar a gratificação. A conduta descrita**

   (A) indica a prática de ato de improbidade pelo servidor, mas não admite a extensão de responsabilidade ao particular, pois não houve prejuízo ao erário, já que os serviços foram bem executados.

   (B) não configura ato de improbidade por parte do servidor ou do particular, considerando que os serviços foram executados a contento, não ensejando prejuízo ao erário.

   (C) demonstra dolo por parte do servidor, tipificando ato de improbidade que gera enriquecimento ilícito, independentemente da boa execução dos serviços, o que também não impede a aplicação de sanções ao particular que agiu em conjunto com o servidor.

   (D) pode implicar infração disciplinar e ilícito civil, mas não pode configurar ato de improbidade, diante da ausência de dolo e de prejuízo ao erário, que recebeu os serviços adequadamente.

   (E) implica a tipificação de ato de improbidade por parte do servidor, que agiu dolosamente para se enriquecer ilicitamente, não cabendo responsabilização do particular, salvo na esfera criminal, pois não mantém qualquer vínculo com a Administração.

2. **(CEF-TO – Assistente Administrativo – IADES - 2019) De acordo com o previsto na Lei nº 8.429/1992, assinale a alternativa correspondente ao ato de receber, para si ou para outrem, dinheiro, bem móvel ou imóvel, ou qualquer outra vantagem econômica, direta ou indireta, a título de comissão, percentagem, gratificação ou presente de quem tenha interesse, direto ou indireto, que possa ser atingido ou amparado por ação ou omissão decorrente das atribuições do agente público.**

   (A) Atos de improbidade administrativa que causam prejuízo ao erário.

   (B) Atos de improbidade administrativa que atentam contra os princípios da administração pública.

   (C) Atos de improbidade administrativa que importam enriquecimento ilícito.

   (D) Ato lícito.

   (E) Crime contra a pessoa.

3. **(TST – Analista Judiciário – Contabilidade – FCC – 2017) Em uma determinada diligência, um oficial de justiça certificou fatos inverídicos, atestando não ter localizado, para citação, os réus de uma determinada ação. Posteriormente o Ministério Público apurou que referido servidor público recebeu vantagem em pecúnia para essa conduta, que foi repetida pelo menos duas vezes, retardando o trâmite do processo. Em razão disso**

(A) o Ministério Público pode propor ação de improbidade por ato que gera prejuízo ao erário, sendo necessário comprovar a ocorrência de dolo, mas ficando o prejuízo causado presumido pelo descumprimento do dever de ofício.

(B) o servidor pode responder por ação de improbidade por violar princípios que regem a Administração pública, independentemente de dolo, podendo lhe ser imputada multa e a obrigação de restituição dos valores recebidos indevidamente.

(C) a conduta do servidor público pode configurar infração disciplinar punível com suspensão, mas não configura ato de improbidade em razão dos prejuízos ficarem circunscritos às partes do processo, não atingindo o erário público.

(D) o Ministério público pode ajuizar ação de improbidade por ato que gera enriquecimento ilícito, estando demonstrado o dolo, requisito subjetivo de configuração dessa modalidade de ato ímprobo.

(E) a conduta do servidor incidirá na modalidade de ato de improbidade cujos requisitos se mostrarem mais predominantes em relação aos fatos, a exemplo da relevância da vantagem econômica recebida culposa ou dolosamente, que configura o tipo que gera enriquecimento ilícito.

1	2	3
C	C	D

II - perceber vantagem econômica, direta ou indireta, para facilitar a aquisição, permuta ou locação de bem móvel ou imóvel, ou a contratação de serviços pelas entidades referidas no art. 1° por preço superior ao valor de mercado;

COMENTÁRIOS

A conduta punível pelo preceptivo consiste em perceber vantagem econômica, direta ou indireta, para facilitar a aquisição, permuta ou locação de bem móvel ou imóvel, ou a contratação de serviços pela Administração Pública por preço **superior** ao valor de mercado.

São elementos para a subsunção da conduta a esta modalidade de improbidade:

(a) recepção de vantagem econômica direta ou indireta;

(b) atuação desleal do agente público que facilita a aquisição, permuta ou locação de bem móvel ou imóvel ou a contratação de serviço entre o terceiro e a Administração Pública;

(c) contratação por valor consideravelmente maior que o valor de mercado.

O comportamento do agente ímprobo corporifica-se no núcleo "facilitar" significando tornar fácil, remover ou não opor obstáculo à contratação danosa ao patrimônio público em troca de benefício econômico indevido. "Nesse tipo de improbidade administrativa, como só acontecer, os requisitos legais para a contratação e prévia realização ou dispensa de licitação são formalmente observados. A fraude é de conteúdo, reside no superfaturamento do bem ou serviço contratado pelo organismo ou entidade pública"[64].

III - perceber vantagem econômica, direta ou indireta, para facilitar a alienação, permuta ou locação de bem público ou o fornecimento de serviço por ente estatal por preço inferior ao valor de mercado;

COMENTÁRIOS

Trata-se de conduta semelhante à do inciso anterior, diferenciando-se no que toca ao seu objeto, conforme demonstra o quadro a seguir:

	Inciso II	Inciso III
Objeto	Facilitar a **aquisição**, permuta ou locação de bem móvel ou imóvel, ou a contratação de serviços por **preço superior** ao valor de mercado.	Facilitar a **alienação**, permuta ou locação de bem público ou o fornecimento de serviço por **ente estatal** por **preço inferior** ao valor de mercado.

Importante rememorar a classificação dos bens públicos e o regime jurídico para eventual alienação, objeto de tutela pelo dispositivo em comento. Nos termos do art. 99 do CC, são bens públicos:

64. PAZZAGLINI FILHO, Marino. *Lei de Improbidade* ... p. 58.

> "I - os de uso comum do povo, tais como rios, mares, estradas, ruas e praças;
>
> II - os de uso especial, tais como edifícios ou terrenos destinados a serviço ou estabelecimento da administração federal, estadual, territorial ou municipal, inclusive os de suas autarquias;
>
> III - os dominicais, que constituem o patrimônio das pessoas jurídicas de direito público, como objeto de direito pessoal, ou real, de cada uma dessas entidades".

É sabido, também, que os bens públicos das categorias previstas nos incisos I e II são inalienáveis, enquanto conservarem sua qualificação, por força do disposto no art. 100 do CC. A inalienabilidade, é verdade, não é absoluta, sendo possível a alienação desde que desafetados, ou seja, transferidos para a categoria dos bens de uso dominical, respeitados os requisitos dos arts. 17 a 19 da Lei 8.666, de 1993 (arts. 76 e 77 da Lei 14.133, de 1º de abril de 2021, que instituiu a nova "Lei de Licitações e Contratos Administrativos").

Importante: a Lei 14.133/2021 revogou a Lei 8.666/93 após decorridos dois anos de sua publicação oficial, que ocorreu em 1º de abril de 2021. Enquanto não transcorrido o mencionado prazo, poderá a Administração optar por licitar ou contratar diretamente de acordo com a Nova Lei ou nos termos da Lei 8.666/93, indicando expressamente a escolha no edital ou no aviso ou instrumento de contratação direta, vedada a aplicação combinada das duas legislações (inteligência do art. 191 da Lei 14.133/2021).

~~IV - utilizar, em obra ou serviço particular, veículos, máquinas, equipamentos ou material de qualquer natureza, de propriedade ou à disposição de qualquer das entidades mencionadas no art. 1º desta lei, bem como o trabalho de servidores públicos, empregados ou terceiros contratados por essas entidades;~~

IV - utilizar, em obra ou serviço particular, qualquer bem móvel, de propriedade ou à disposição de qualquer das entidades referidas no art. 1º desta Lei, bem como o trabalho de servidores, de empregados ou de terceiros contratados por essas entidades; (Redação dada pela Lei nº 14.230, de 2021)

COMENTÁRIOS

O ato de improbidade em comento consiste na utilização, em obra ou serviço particular, de qualquer bem móvel, de propriedade ou à disposição das entidades públicas ou privadas (art. 1º, LIA), bem como valer-se do trabalho de servidores públicos, empregados ou terceiros contratos pelas referidas entidades. A punição é fruto de uma inversão de valores, haja vista que o agente público trata a *res* como sua propriedade e não age como gestor público.

São necessários os seguintes requisitos para a configuração da conduta ímproba:

(a) uso por agente público de mão de obra pública (servidores, empregados ou terceiros contratados) ou bens públicos ou postos à disposição da entidade (veículos, máquinas, equipamentos ou material de qualquer natureza);(b) emprego dos mesmos em obra ou serviço particular do agente público; e(c) ciência da ilicitude da prática.

O objeto material são os bens públicos, assim considerados aqueles de titularidade das pessoas jurídicas de direito público. "[...] Mas para os efeitos da Lei nº 8.429/92, também assumem essa característica os pertencentes às pessoas jurídicas de direito privado que contêm participação de dinheiro público ou dele se beneficiam"[65].

A Lei 14.230/2021 alterou o inciso IV para dispor que o objeto material da conduta pode ser "**qualquer bem móvel**", substituindo a técnica legislativa anterior de descrever os objetos de tutela ("veículos, máquinas, equipamentos ou material"). Dessa forma, eliminou-se qualquer controvérsia outrora existente sobre a natureza exaustiva dos bens, tornando inquestionável a capitulação dos atos em comento decorrentes da exploração indevida de qualquer bem móvel (o que compreende inclusive direitos) em benefício do agente público[66].

O **desvio de finalidade ocorre em favor do próprio agente público**, que se utiliza de mão de obra pública ou dos bens públicos na concretização de obra ou serviço particular; **destinando-se à serventia de terceiros**, ter-se-á a prática de outro ato de improbidade, **capitulado no art. 10, inciso XIII**, da LIA.

65. FAZZIO JÚNIOR, Waldo. *Improbidade ...* p. 163.

66. JUSTEN FILHO, Marçal. *Reforma da Lei de Improbidade ...* p. 83.

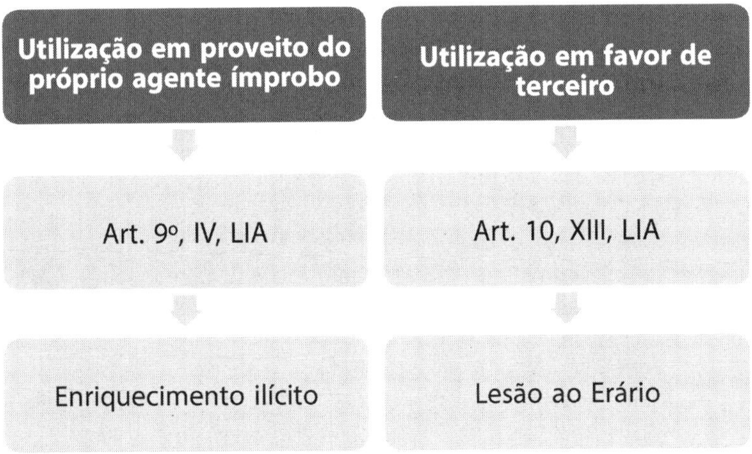

CASUÍSTICA

1. Uso de veículos públicos para fins particulares:

"PROCESSUAL CIVIL. AÇÃO CIVIL PÚBLICA. PRINCÍPIO DA MORALIDADE ADMINISTRATIVA. IMPROBIDADE ADMINISTRATIVA. MERA IRREGULARIDADE ADMINISTRATIVA. PRINCÍPIO DA INSIGNIFICÂNCIA. DISTINÇÃO ENTRE JUÍZO DE IMPROBIDADE DA CONDUTA E JUÍZO DE DOSIMETRIA DA SANÇÃO. 1. Hipótese em que o Ministério Público do Estado do Rio Grande do Sul ajuizou Ação Civil Pública contra o Chefe de Gabinete do Município de Vacaria/RS, **por ter utilizado veículo de propriedade municipal e força de trabalho de três membros da Guarda Municipal para transportar utensílios e bens particulares** [...]" (STJ, *REsp 892.818/RS*, 2ª T., rel. Min. Herman Benjamin, j. 11.11.2008, DJe 10.02.2010, grifamos).

"AÇÃO CIVIL PÚBLICA. IMPROBIDADE ADMINISTRATIVA. MUNICÍPIO DE ALFENAS. **UTILIZAÇÃO DE VÉICULO DA SECRETARIA DE EDUCAÇÃO. TRANSPORTE DE INTEGRANTES DO MST (MOVIMENTO DOS TRABALHADORES SEM TERRA) PARA VELÓRIO. INTERESSE EXCLUSIVAMENTE PARTICULAR. ATOS LESIVOS AO ERÁRIO E AOS PRINCÍPIOS DA IMPESSOALIDADE E DA MORALIDADE. SANÇÕES PREVISTAS NO ART. 12 DA LEI DE IMPROBIDADE ADMINISTRATIVA (LEI N.º 8.429/92). PERDA DO CARGO OU FUNÇÃO PÚBLICA. I - A utilização de veículo e motorista da municipalidade para transporte de integrantes do Movimento dos Trabalhadores Sem Terra (MST) para velório configura, indiscutivelmente, desvio total de finalidade, dado o indiscutível uso de bem público para atendimento de interesse exclusivamente privado, completamente alheio a sua destinação ou afetação, notadamente quando o ocorrido se dá em período de eleições e por autorização de ocupante de cargo público que seria candidato a**

Vereador. II - A conduta do servidor comissionado, chefe de partido político local e pretenso candidato a vereador que autoriza o uso de veículo público destinado ao transporte escolar e de motorista da municipalidade para conduzir particulares a velório, isto em ano de eleições, se amolda perfeitamente às hipóteses dos arts. 10, II, e 11, "caput", da LIA (Lei n.º 8.429/92), a ensejar a aplicação das sanções previstas no art. 12 da mesma Lei de Improbidade. III - Na medida em que a pena de perda da função pública por improbidade administrativa só se efetivará com o trânsito em julgado da condenação (art. 20, LIA) e, ainda em face do impreterível propósito de eliminar ou afastar da Administração Pública o servidor ímprobo, impedirá o condenado de exercer outra função, federal, estadual ou municipal durante o período de duração de sua pena de suspensão dos direitos políticos, inaceitável a recusa ao decreto da perda da função público ao argumento de que, por ocasião do julgamento, o condenado não mais integra os quadros da Administração Pública" (TJMG, *Apelação Cível 1.0016.08.085954-5/001*, 7ª Câmara Cível, rel. Des. Peixoto Henriques, j. 03.12.2013, DJ 06.12.2013, grifamos).

2. Uso da advocacia pública para defesa particular:

"ADMINISTRATIVO. CONTRATAÇÃO DE ADVOGADO PARTICULAR PARA DEFESA DOS INTERESSES DO MUNICÍPIO. UTILIZAÇÃO DO CAUSÍDICO PARA ATUAR EM AÇÃO DE IMPROBIDADE AJUIZADA CONTRA O PREFEITO. DEFESA DE INTERESSE PESSOAL DO ALCAIDE. IMPOSSIBILIDADE. 1. Conforme a jurisprudência desta Corte, configura uso ilícito da máquina pública a utilização de procurador público, ou a contratação de advogado particular, para a defesa de interesse pessoal do agente político, exceto nos casos em que houver convergência com o próprio interesse da Administração. Nesse sentido: REsp 703.953/GO, Rel. Ministro Luiz Fux, 1ª Turma, DJe 03/12/2007, p. 262; AgRg no REsp 681.571/GO, Rel.ª Ministra Eliana Calmon, 2ª Turma, DJe 29/06/2006, p. 176. 2. **No caso em exame, apesar de a contratação do causídico ter ocorrido às expensas do Município, sua atuação profissional se deu exclusivamente na defesa jurídica e pessoal do chefe do Poder Executivo local, em duas ações de improbidade contra ele propostas**. 3. Em se tratando de ação civil por improbidade administrativa, a vontade do legislador foi a de proteger a Administração Pública contra condutas inadequadas de seus agentes públicos, cujo contexto conduz à compreensão de que se colocam em disputa interesses nitidamente inconciliáveis. Em contexto desse jaez, não se pode conceber a possibilidade de que uma mesma defesa técnica em juízo possa, a um só tempo, atender simultaneamente ao interesse público da entidade alegadamente lesada e ao interesse pessoal do agente a quem se atribui a ofensa descrita na Lei de Improbidade. 4. Dessa forma, impõe-se o reconhecimento de que os dois réus implicados na presente ação de improbidade (o então Prefeito e o advogado particular contratado pelo Município) incorreram, de forma dolosa, nos atos de improbidade definidos na sentença de primeiro grau, que enquadrou suas condutas, respectivamente, nas hipóteses previstas nos arts. 9º, IV (Prefeito) e 11, I (Advogado), da Lei nº 8.429/92. (...) (STJ, *REsp 1.239.153/MG*, 1ª T., rel. Min. Napoleão Nunes Maia Filho, rel. p/ Acórdão Min. Sérgio Kukina, j. 11.10.2016, DJe 29.11.2016, grifamos).

"PROCESSUAL CIVIL E ADMINISTRATIVO. EMBARGOS DE DIVERGÊNCIA EM RECURSO ESPECIAL. AÇÃO CIVIL PÚBLICA. IMPROBIDADE ADMINISTRATIVA. **UTILIZAÇÃO DA PROCURADORIA MUNICIPAL PARA A DEFESA DE PREFEITA,** CANDIDATA À REELEIÇÃO, NA JUSTIÇA ELEITORAL. AUSÊNCIA DE SIMILITUDE FÁTICA ENTRE OS ACÓRDÃOS CONFRONTADOS E DE DIVERGÊNCIA DE TESES JURÍDICAS. 1. Hipótese em que se entendeu **que a utilização de Procuradores Municipais na defesa de Prefeita, candidata à reeleição, em processo investigatório perante à Justiça Eleitoral, cuja consequência visa atender a interesse exclusivamente seu (manutenção da elegibilidade), configura ato de improbidade administrativa, por ausência de interesse público que justifique a atuação desses servidores** [...]" (STJ, *EREsp 908.790/RN*, 1ª Seção, rel. Min. Benedito Gonçalves, j. 22.08.2012, DJe 03.09.2012, grifamos).

"PROCESSUAL CIVIL E ADMINISTRATIVO. IMPROBIDADE. OFENSA AO ART. 535 DO CPC NÃO CONFIGURADA. PREFEITO RÉU EM AÇÃO POPULAR. DEFESA JUDICIAL PROMOVIDA PELA PROCURADORIA MUNICIPAL. INTERESSES CONFLITANTES. DOLO GENÉRICO. REVISÃO DAS SANÇÕES. SÚMULA 7/STJ. 1. O Tribunal *a quo* condenou o ora recorrente pela prática de improbidade administrativa, por ter, na condição de prefeito, utilizado o serviço da procuradoria municipal para promover sua defesa jurídica pessoal em Ação Popular na qual o cidadão autor deduzira a nulidade de atos abusivos praticados no exercício do mandato, a saber, a substituição do brasão oficial por outro semelhante ao do seu partido político e promoção pessoal irregular em anúncios de serviços e obras públicas [...] **5. O STJ possui orientação firmada no sentido de que a defesa particular do agente por procurador público configura improbidade administrativa, salvo se houver interesse convergente da Administração.** 6. A condenação está apoiada nas peculiaridades fáticas do caso concreto, não havendo desproporcionalidade flagrante que evidencie desrespeito ao art. 12 da LIA. *In casu*, a alteração das sanções impostas encontra óbice na Súmula 7/STJ. 7. Recurso Especial parcialmente conhecido e desprovido" (STJ, *REsp 1.229.779/MG*, 2ª T., rel. Min. Herman Benjamin, j. 16.08.2011, DJe 05.09.2011, grifamos).

"RECURSO ESPECIAL. AÇÃO CIVIL PÚBLICA. IMPROBIDADE. VIOLAÇÃO DE DEVERES DE MORALIDADE JURÍDICA E LEALDADE ÀS INSTITUIÇÕES. CONSULTORIA JURÍDICA E REPRESENTAÇÃO JUDICIAL SIMULTÂNEA DO MUNICÍPIO E DOS SERVIDORES. CONFLITO DE INTERESSES PÚBLICO E PRIVADO. DANO *IN RE IPSA* AO PATRIMÔNIO PÚBLICO INCORPÓREO. **1. Considerando que o Município contratou advogado exclusivamente para defender interesses da Administração, caracteriza ato de improbidade administrativa a autorização do Prefeito aos seus subalternos, permitindo-lhes a utilização dos serviços jurídicos do causídico para duvidosa finalidade pública - defesa em relação à acusação penal e com denúncia recebida por prática de crime de falsificação de documento público, dispensa irregular de licitação,**

contratação e designação irregular de servidores, desvio e emprego ilegal de verbas públicas e formação de quadrilha -, evidenciando forte indício de conflito de interesses público e privado. 3. Mais grave ainda a violação dos princípios da moralidade administrativa e da boa-fé objetiva quando a defesa de atos pessoais, tidos por criminosos, dos servidores é disfarçada como serviços "gratuitos" do advogado contratado às expensas do contribuinte [...]" (STJ, *REsp 490.259/RS*, 2ª T., rel. Min. Herman Benjamin, j. 02.02.2010, DJe 04.02.2011, grifamos).

"ADMINISTRATIVO. AGRAVO REGIMENTAL. AÇÃO CIVIL PÚBLICA. CONTRATAÇÃO DE ADVOGADO PRIVADO PARA IMPETRAÇÃO DE MANDADOS DE SEGURANÇA EM FAVOR DE AGENTE PÚBLICO. PAGAMENTO COM VERBAS DA MUNICIPALIDADE. ALEGADO INTERESSE PÚBLICO NAS CONTROVÉRSIAS. AUSÊNCIA DE PRÉVIA LICITAÇÃO. IMPROBIDADE CONFIGURADA. 1. Encontra-se sedimentada a orientação jurisprudencial deste Tribunal Superior no sentido de que 'quando se tratar da defesa de um ato pessoal do agente político, voltado contra o órgão público, não se pode admitir que, por conta do órgão público, corram as despesas com a contratação de advogado' (AgRg no REsp 681.571/GO, Rel. Min. Eliana Calmon, Segunda Turma, DJU 29.6.2006). 2. Muito embora não se trate, no caso concreto, de oferecimento de defesa em ação civil pública - e sim de impetração de mandados de segurança- a lógica é a mesma, porque em ambas as hipóteses existe subversão do dinheiro público (ou pelo menos da legalidade) em proveito particular. O acórdão asseverou que as verbas usadas para quitar os honorários advocatícios foram verbas da municipalidade [...] 5. O acórdão da origem deixa claro que houve assinatura de contrato de prestação de serviços advocatícios entre a parte agravante (o advogado) e o Prefeito do Município interessado a fim de que fossem promovidos em juízo mandados de segurança de interesse particular do referido agente público. O dolo, portanto, é evidente, plenamente aferível logo a princípio pela própria assinatura do referido contrato de prestação de serviços com cláusula de honorários [...] 7. Frise-se, ainda a este título, que a contratação deveria ter sido precedida de licitação, regra basilar de Direito Administrativo, cujo desconhecimento nenhum administrador pode alegar, notadamente em face de seu status constitucional. 8. Daí porque não cabe falar em ausência de prejuízo ao erário pela efetiva prestação dos serviços contratados. Em primeiro lugar, se houvesse licitação, os serviços poderiam ter sido prestados a preço inferior. Além disso, e em segundo lugar, a lesão existe na medida em que foi gasto dinheiro público para financiamento de ações de interesse privado. 9. Agravo regimental não provido" (STJ, *AgRg no REsp 777.337/RS*, 2ª T., rel. Min. Mauro Campbell Marques, j. 02.02.2010, DJe 18.02.2010).

"PROCESSUAL CIVIL - ADMINISTRATIVO – DISSÍDIO JURISPRUDENCIAL CONFIGURADO - CONHECIMENTO PARCIAL DO RECURSO ESPECIAL - CONTRATAÇÃO DE ADVOGADO PRIVADO PARA DEFESA DE PREFEITO EM AÇÃO CIVIL PÚBLICA - ATO DE IMPROBIDADE. 1. Merece ser conhecido o recurso especial, se devidamente configurado o dissídio jurisprudencial alegado pelo recorrente. **2. Se**

há para o Estado interesse em defender seus agentes políticos, quando agem como tal, cabe a defesa ao corpo de advogados do Estado, ou contratado às suas custas. 3. Entretanto, quando se tratar da defesa de um ato pessoal do agente político, voltado contra o órgão público, não se pode admitir que, por conta do órgão público, corram as despesas com a contratação de advogado. Seria mais que uma demasia, constituindo-se em ato imoral e arbitrário. 4. Agravo regimental parcialmente provido, para conhecer em parte do recurso especial. 5. Recurso especial improvido" (STJ, *AgRg no REsp 681571/GO*, 2ª T., rel. Min. Eliana Calmon, j. 06.06.2006, DJ 29.06.2006, p. 176, grifamos).

APLICAÇÃO EM PROVAS E CONCURSOS PÚBLICOS

1. **(MP/CE – Promotor de Justiça de Entrância Inicial – Cespe-Cebraspe – 2020) Servidor público estadual usou, em proveito próprio, veículo da administração pública estadual, para fins particulares. Nesse caso, a conduta do servidor**

   (A) configura ato de improbidade administrativa que importa enriquecimento ilícito, se tiver havido dolo.

   (B) configura ato de improbidade administrativa que causa lesão ao erário, mesmo que não tenha havido dolo.

   (C) configura ato de improbidade administrativa que atenta contra os princípios administrativos, mesmo que não tenha havido dolo.

   (D) não configura ato de improbidade administrativa, porque a Lei de Improbidade Administrativa não se aplica à esfera estadual.

   (E) não configura ato de improbidade administrativa, por ausência de tipificação expressa na Lei de Improbidade Administrativa.

2. **(IBAMA – Analista Administrativo – Cespe/Cebraspe – 2022) Considerando a hipótese de que, no seu exercício profissional, determinado servidor público tenha utilizado, para fins de interesse particular, os serviços de servidor subordinado a ele, julgue o item seguinte.**

   A atuação do superior hierárquico, nesse caso, constitui ato de improbidade administrativa que importa lesão ao erário.

3. **(FUNASA – Campinas – Procurador Jurídico – FCC – 2019) Um empregado de uma fundação instituída e mantida pela Administração pública municipal foi surpreendido utilizando veículo funcional para fins particulares. Constatou-se, ao fim de regular apuração, que a conduta era frequente e reiterada. Além disso, restou comprovado que as despesas de combustível não eram suportadas pelo empregado, ou seja, também eram custeadas com recursos da instituição. Diante dessa narrativa, no que se refere à possibilidade de responsabilização do empregado,**

   (A) cabe responsabilização por ato de improbidade, independentemente da comprovação de dolo ou culpa, por presumido dano ao erário.

   (B) é cabível a imputação de ato de improbidade ao empregado, cuja conduta demonstra dolo, inclusive em virtude da reiteração narrada.

(C) não se vislumbra conduta típica de ato de improbidade, tendo em vista que se trata de empregado celetista integrante de fundação, não abrangido pelo conceito de agente público para aquela finalidade.

(D) impõe-se responsabilidade penal, que absorve os ilícitos civis e administrativos, cujo processamento fica suspenso até final decisão judicial acerca da existência de crime.

(E) abrange as esferas penal, administrativa e civil de forma independente, salvo se restar configurado ato improbo que, pela maior gravidade, absorve os demais ilícitos.

4. (MP-PI – Analista Ministerial – Área Processual – Cespe – 2018) De acordo com a Lei n.º 8.429/1992, julgue o próximo item, relativo a improbidade administrativa.

De acordo com a lei em questão, o agente público que utilizar em serviço particular o trabalho de servidores públicos cometerá ato de improbidade administrativa que causa prejuízo ao erário.

1	2	3	4
A	F	B	F

V - receber vantagem econômica de qualquer natureza, direta ou indireta, para tolerar a exploração ou a prática de jogos de azar, de lenocínio, de narcotráfico, de contrabando, de usura ou de qualquer outra atividade ilícita, ou aceitar promessa de tal vantagem;

COMENTÁRIOS

Configura improbidade por enriquecimento ilícito a conduta do agente que recebe vantagem econômica de qualquer natureza, direta ou indireta, para tolerar a exploração ou a prática de jogos de azar, de lenocínio, de narcotráfico, de contrabando, de usura ou de qualquer outra atividade ilícita, ou aceita promessa de tal vantagem. A atividade nuclear desta conduta ímproba reside no verbo "tolerar" que indica a conduta do **agente que permite passivamente, é indulgente, condescendente** com determinadas práticas ilícitas, quedando-se inerte em seu dever de reprimi-las (**conduta omissiva**).

Noutras palavras, o agente público não exerce o poder de polícia para reprimir a prática de jogos de azar, de lenocínio, de narcotráfico, de contrabando, de usura ou de qualquer outra atividade ilícita, recebendo em contrapartida vantagem **econômica** de qualquer natureza, direta ou indireta, ou aceita promessa de tal vantagem. Assim, incorre nesta infração o agente que deixa de determinar a interdição de casas de prostituição, de cassar alvarás de locais onde sabidamente se pratica jogos de azar, dentre outras.

A tipificação requer a presença dos seguintes pressupostos:

(i) recebimento ou promessa de recepção de vantagem econômica ilícita;

(ii) agente com atribuição de reprimir tais práticas ilegais;

(iii) prova de que a vantagem foi repassada ao sujeito ativo para tolerar (permitir, aceitar) a prática das atividades ilícitas.

APLICAÇÃO EM PROVAS E CONCURSOS PÚBLICOS

1. **(PC-RJ – Inspetor de Polícia Civil – FGV – 2021) Mário, inspetor de polícia Civil do Estado Alfa, está lotado na Xª Delegacia de Polícia há mais de dez anos. Com o objetivo de aumentar ilicitamente sua renda mensal, Mário recebia, mensalmente, vantagem econômica direta consistente em R$ 5.000,00, para tolerar a exploração e a prática de jogos de azar.**

   De acordo com a tipologia da Lei nº 8.429/1992, Mário cometeu ato de improbidade administrativa que:

   (A) importou enriquecimento ilícito e está sujeito, após o devido processo administrativo, a sanções como, por exemplo, perda da função pública, multa civil e suspensão dos direitos políticos;

   (B) importou enriquecimento ilícito e está sujeito, após o devido processo judicial, a sanções como, por exemplo, perda dos valores acrescidos ilicitamente ao patrimônio, perda da função pública e suspensão dos direitos políticos;

   (C) causou prejuízo ao erário e está sujeito, após o devido processo administrativo, a sanções como, por exemplo, perda da função pública, multa civil e suspensão dos direitos políticos pelo prazo de até oito anos;

   (D) atentou contra os princípios da Administração Pública e está sujeito, após o devido processo administrativo, a sanções como, por exemplo, ressarcimento ao erário, multa civil e cassação dos direitos políticos;

   (E) atentou contra os princípios da Administração Pública e está sujeito, após o devido processo judicial, a sanções como, por exemplo, perda da função pública e proibição de contratar com o poder público ou de receber benefícios ou incentivos fiscais ou creditícios pelo prazo de oito anos.

1
B

~~VI - receber vantagem econômica de qualquer natureza, direta ou indireta, para fazer declaração falsa sobre medição ou avaliação em obras públicas ou qualquer outro serviço, ou sobre quantidade, peso, medida, qualidade ou característica de mercadorias ou bens fornecidos a qualquer das entidades mencionadas no art. 1º desta lei;~~

VI - receber vantagem econômica de qualquer natureza, direta ou indireta, para fazer declaração falsa sobre qualquer dado técnico que envolva obras públicas ou qualquer outro serviço ou sobre quantidade, peso, medida, qualidade ou característica de mercadorias ou bens fornecidos a qualquer das entidades referidas no art. 1º desta Lei; (Redação dada pela Lei nº 14.230, de 2021)

COMENTÁRIOS

Caracteriza improbidade administrativa por enriquecimento indevido receber o agente público vantagem econômica de qualquer natureza, direta ou indireta, para fazer declaração falsa sobre **qualquer dado técnico** que envolva obras públicas ou qualquer outro serviço, ou sobre quantidade, peso, medida, qualidade ou característica de mercadorias ou bens fornecidos a qualquer dos sujeitos passivos elencados no art. 1º da LIA.

Atenção: a Lei 14.230/2021 promoveu alterações redacionais ao substituir a referência a "medição ou avaliação" por "qualquer dado técnico", evitando discussões sobre o enquadramento de outras questões técnicas não abrangidas pela medição ou avaliação.

REDAÇÃO ORIGINAL	LEI 14.230/2021
VI - receber vantagem econômica de qualquer natureza, direta ou indireta, para fazer declaração falsa sobre **medição ou avaliação** em obras públicas ou qualquer outro serviço, ou sobre quantidade, peso, medida, qualidade ou característica de mercadorias ou bens fornecidos a qualquer das entidades mencionadas no art. 1º desta lei;	VI - receber vantagem econômica de qualquer natureza, direta ou indireta, para fazer declaração falsa sobre **qualquer dado técnico** que envolva obras públicas ou qualquer outro serviço ou sobre quantidade, peso, medida, qualidade ou característica de mercadorias ou bens fornecidos a qualquer das entidades referidas no art. 1º desta Lei;

Para tanto, são necessários os seguintes requisitos:

(a) percepção, pelo agente público, de vantagem econômica de qualquer natureza;

(b) confecção de declaração falsa sobre QUALQUER DADO TÉCNICO que envolva obras públicas ou qualquer outro serviço, ou sobre quantidade, peso, medida, qualidade ou característica de mercadorias ou bens fornecidos a qualquer dos sujeitos elencados no art. 1º da LIA;

(c) elemento subjetivo (dolo).

~~VII - adquirir, para si ou para outrem, no exercício de mandato, cargo, emprego ou função pública, bens de qualquer natureza cujo valor seja desproporcional à evolução do patrimônio ou à renda do agente público;~~

VII - adquirir, para si ou para outrem, no exercício de mandato, de cargo, de emprego ou de função pública, e em razão deles, bens de qualquer natureza, decorrentes dos atos descritos no **caput** deste artigo, cujo valor seja desproporcional à evolução do patrimônio ou à renda do agente público, assegurada a demonstração pelo agente da licitude da origem dessa evolução; (Redação dada pela Lei nº 14.230, de 2021)

COMENTÁRIOS

Trata-se do **enriquecimento sem causa lícita**, decorrente de acréscimo patrimonial no exercício da função pública sem justificativa, **desproporcional ou incompatível com os rendimentos ou à evolução do patrimônio do agente público**. É típico do servidor que, no exercício da função ou logo após deixá-la, sem outros rendimentos, passa a usufruir de riqueza material discrepante com sua evolução patrimonial ou com sua remuneração e rendas[67].

A caracterização desta espécie de ato de improbidade depende da existência de elementos que evidenciem:

67. FAZZIO JÚNIOR, Waldo. *Improbidade* ... p. 174.

A. aumento patrimonial incompatível com as receitas auferidas pelo agente ímprobo;

B. agir de forma ilícita, abusiva ou corrupta do agente no exercício suas funções;

C. nexo causal entre a conduta ilícita ou abusiva e o acréscimo patrimonial desproporcional, ou seja, deve seu comportamento ser a causa de enriquecimento ilícito.

Na prática, contudo, o terceiro elemento é de difícil comprovação, "[...] pois, para sua caracterização, deve ficar evidenciado, sem presunções ou dúvidas, que o acréscimo patrimonial indevido do agente público decorre ou originou-se do exercício abusivo do cargo ou da função pública"[68].

Nesse sentido, a Lei 14.230/2021 alterou o dispositivo em comento para deixar claro que a evolução patrimonial do agente público deve decorrer da prática dos atos descritos no *caput* do art. 9º, isto é, do auferimento de vantagem patrimonial indevida em razão do exercício de cargo, de mandato, de função e/ou de emprego, assegurado ao agente o direito de provar a licitude da origem dessa evolução. "A referência às hipóteses previstas no *caput* do art. 9º acarreta a inaplicabilidade da presunção nos casos em que se evidencie a aquisição injustificada da riqueza não se vincular ao exercício da função pública"[69].

Determinante para tanto é o ônus da prova, mas não há um consenso na doutrina. Para alguns, cabe ao autor da ação de improbidade comprovar que o acréscimo patrimonial do agente público é incompatível com sua renda, e ao réu demonstrar que o enriquecimento se originou de seus rendimentos e/outros ganhos.

Outra parte da doutrina não admite a inversão do ônus da prova por presunção de ilicitude originária de aumento patrimonial sem expressa previsão legal para tanto. Vale dizer, "[...] na ação civil de improbidade administrativa, incumbe ao seu autor provar que o agente público adquiriu valores incompatíveis com a evolução de seu patrimônio e renda em decorrência do exercício abusivo, corrompido, subvertido de seu mandato, cargo, emprego ou função pública"[70].

68. PAZZAGLINI FILHO, Marino. *Lei de Improbidade* ... p. 65.

69. JUSTEN FILHO, Marçal. *Reforma da Lei de Improbidade* ... p. 83.

70. PAZZAGLINI FILHO, Marino. *Lei de Improbidade* ... p. 66. No mesmo sentido: FAZZIO JÚNIOR, Waldo. *Improbidade* ... p. 175-178.

Na jurisprudência, **prevalece a primeira corrente** de pensamento, conforme acórdãos colacionados a seguir, no tópico CASUÍSTICA.

CASUÍSTICA

"PROCESSUAL CIVIL E ADMINISTRATIVO. MANDADO DE SEGURANÇA INDIVIDUAL. SERVIDOR PÚBLICO FEDERAL. AGENTE DE PORTARIA DO QUADRO DE PESSOAL DO MINISTÉRIO DO DESENVOLVIMENTO, INDUSTRIA E COMÉRCIO EXTERIOR. PROCESSO ADMINISTRATIVO DISCIPLINAR. PENA DE CASSAÇÃO DE APOSENTADORIA. ART. 132, VI, DA LEI 8.112/1990 C/C ART. 9°, VII E 11, CAPUT, DA LEI 8.429/1992. IMPROBIDADE ADMINISTRATIVA. VARIAÇÃO PATRIMONIAL A DESCOBERTO. DENÚNCIA ANÔNIMA. INOCORRÊNCIA. IDENTIFICAÇÃO DO SUBSCRITOR. POSSIBILIDADE DE DENÚNCIA ANÔNIMA DAR ENSEJO A INSTAURAÇÃO DE INVESTIGAÇÃO PRELIMINAR. INTELIGÊNCIA DO ART. 143 DA LEI 8.112/1990. PRECEDENTES. ALEGADA AUSÊNCIA DE CONJUNTO PROBATÓRIO SUFICIENTE AO RECONHECIMENTO DA VARIAÇÃO A DESCOBERTO E DA COMPROVADA LICITUDE DOS RECURSOS. AUSÊNCIA DE PROVAS PRÉ-CONSTITUÍDAS. NECESSIDADE DE DILAÇÃO PROBATÓRIA. INADEQUAÇÃO DA VIA ELEITA. PRECEDENTES. COMPETÊNCIA DA CONTROLADORIA-GERAL DA UNIÃO PARA INSTAURAR SINDICÂNCIA PATRIMONIAL A FIM DE APURAR VARIAÇÃO PATRIMONIAL A DESCOBERTO DE SERVIDORES PÚBLICOS. DECRETO 5.483/2005. PENA DE CASSAÇÃO DE APOSENTADORIA. CONSTITUCIONALIDADE. PRECEDENTES DO STF E DO STJ. AFRONTA AO CONTRADITÓRIO E DA AMPLA DEFESA. AUSÊNCIA DE INTIMAÇÃO DO TEOR DO RELATÓRIO FINAL DO PAD. INOCORRÊNCIA. AUSÊNCIA DE PREVISÃO LEGAL. PRECEDENTES. SEGURANÇA DENEGADA [...] 4. Em matéria de enriquecimento ilícito, **cabe à Administração comprovar o incremento patrimonial significativo e incompatível com as fontes de renda do servidor, competindo, a este, por outro lado, o ônus da prova no sentido de demonstrar a licitude da evolução patrimonial constatada pela Administração, sob pena de configuração de improbidade administrativa por enriquecimento ilícito. Precedentes.** 5. A prática do Ato de Improbidade Administrativa previsto nos arts. 9°, VII, e 11, da Lei 8.429/1992, **dispensa a prova do dolo específico, bastando o dolo genérico,** que, nos casos de variação patrimonial a descoberto resta evidenciado pela manifesta vontade do agente em realizar conduta contrária ao dever de legalidade, consubstanciada na falta de transparência da evolução patrimonial e da movimentação financeira, bem como que a conduta do servidor tida por ímproba não precisa estar, necessária e diretamente, vinculada com o exercício do cargo público. Precedentes: MS 12.660/DF, Rel. Ministra Marilza Maynard (Desembargadora convocada do TJ/SE), Terceira Seção do STJ, julgado em 13/08/2014, DJe 22/08/2014; AgRg no AREsp 768.394/MG, Rel. Ministro Mauro Campbell Marques, Segunda Turma do STJ, julgado em 05/11/2015, DJe 13/11/2015; AgRg no REsp 1400571/PR, Rel. Ministro Olindo Menezes (Desembargador convocado do TRF 1ª Região), Primeira Turma do STJ, julgado em 06/10/2015, DJe 13/10/2015. [...] (STJ, *MS 21.084/DF*, 1ª Seção, rel. Min. Mauro Campbell Marques, j. 26.10.2016, DJe 01.12.2016, grifamos).

"PROCESSUAL CIVIL E ADMINISTRATIVO. MANDADO DE SEGURANÇA INDIVIDUAL. SERVIDOR PÚBLICO FEDERAL. AUDITOR FISCAL DA RECEITA FEDERAL DO BRASIL. PROCESSO ADMINISTRATIVO DISCIPLINAR. PENA DE DEMISSÃO. IMPROBIDADE ADMINISTRATIVA. VARIAÇÃO PATRIMONIAL A DESCOBERTO. DIREITO LÍQUIDO E CERTO NÃO CONFIGURADO. SEGURANÇA DENEGADA. [...] 3. Em matéria de enriquecimento ilícito, cabe à Administração comprovar o incremento patrimonial significativo e incompatível com as fontes de renda do servidor. Por outro lado, é do servidor acusado o ônus da prova no sentido de demonstrar a licitude da evolução patrimonial constatada pela administração, sob pena de configuração de improbidade administrativa por enriquecimento ilícito. Precedentes. 4. No caso, restou comprovado no âmbito do PAD a existência de variação patrimonial a descoberto (e desproporcional à remuneração do cargo público); e que o indiciado não demonstrou que os recursos questionados tinham origem lícita. Por outro lado, não há falar em atipicidade da conduta atribuída pela Administração porque as variações patrimoniais apontadas não podem ser consideradas irrisórias, a exemplos das que decorrem de mera desorganização fiscal do servidor. 5. Ademais, conforme já decidiu a Terceira Seção no MS 12.536/DF (Min. Laurita Vaz, DJe 26/09/2008), "a conduta do servidor tida por ímproba não precisa estar, necessária e diretamente, vinculada com o exercício do cargo público". 6. Segurança denegada, ressalvadas as vias ordinárias" (STJ, *MS 19.782/DF*, 1ª Seção, rel. Min. Mauro Campbell Marques, j. 09.12.2015, DJe 06.04.2016).

"ADMINISTRATIVO E PROCESSUAL CIVIL. AGRAVO REGIMENTAL NO AGRAVO EM RECURSO ESPECIAL. IMPROBIDADE ADMINISTRATIVA. ENRIQUECIMENTO ILÍCITO. DESPROPORCIONALIDADE ENTRE RENDA E PATRIMÔNIO. ART. 9º, VII, DA LEI 8.429/92. ÔNUS DA PROVA. ACÓRDÃO RECORRIDO QUE, À LUZ DAS PROVAS DOS AUTOS, CONCLUIU PELA CARACTERIZAÇÃO DO ATO DE IMPROBIDADE ADMINISTRATIVA. REVISÃO. IMPOSSIBILIDADE. SÚMULA 7/STJ. AGRAVO REGIMENTAL IMPROVIDO. I. Na apuração do ato de improbidade, previsto no art. 9º, VII, da Lei 8.429/92, **cabe ao autor da ação o ônus de provar a desproporcionalidade entre a evolução patrimonial e a renda auferida pelo agente, no exercício de cargo público. Uma vez comprovada essa desproporcionalidade, caberá ao réu, por sua vez, o ônus de provar a licitude da aquisição dos bens de valor tido por desproporcional** [...]" (STJ, *AgRg no AREsp 548.901/RJ*, 2ª T., rel. Min. Assusete Magalhães, j. 16.02.2016, DJE 23.02.2016, grifamos).

"ADMINISTRATIVO E PROCESSUAL CIVIL. AGRAVO REGIMENTAL NO AGRAVO EM RECURSO ESPECIAL. IMPROBIDADE ADMINISTRATIVA. ENRIQUECIMENTO ILÍCITO. DESPROPORCIONALIDADE ENTRE RENDA E PATRIMÔNIO. ART. 9º, VII, DA LEI 8.429/92. ÔNUS DA PROVA. ACÓRDÃO RECORRIDO QUE, À LUZ DAS PROVAS DOS AUTOS, CONCLUIU PELA CARACTERIZAÇÃO DO ATO DE IMPROBIDADE ADMINISTRATIVA. REVISÃO. IMPOSSIBILIDADE. SÚMULA 7/STJ. AGRAVO REGIMENTAL IMPROVIDO. **I. Na apuração do ato de improbidade, previsto no art. 9º, VII, da Lei 8.429/92, cabe ao autor da ação o ônus de provar**

a desproporcionalidade entre a evolução patrimonial e a renda auferida pelo agente, no exercício de cargo público. Uma vez comprovada essa desproporcionalidade, caberá ao réu, por sua vez, o ônus de provar a licitude da aquisição dos bens de valor tido por desproporcional. II. Segundo consignado no acórdão recorrido, à luz das provas dos autos, "logrou êxito o MP em demonstrar que há uma incompatibilidade flagrante do patrimônio amealhado pelo Deputado e seus ganhos públicos, de molde a denotar a ilicitude da aquisição patrimonial, não sensibilizando a alegação de que alienou diversos bens ou ser sócio de empresas quando, ainda assim, não justificam a evolução patrimonial e as movimentações financeiras incompatíveis com a renda declarada". Assim, a alteração do entendimento do Tribunal de origem ensejaria, inevitavelmente, o reexame fático-probatório dos autos, procedimento vedado, pela Súmula 7 desta Corte. Precedentes do STJ: AgRg no REsp 1.513.451/CE, Rel. Ministro MAURO CAMPBELL MARQUES, SEGUNDA TURMA, DJe de 26/06/2015; AgRg no AREsp 597.359/MG, Rel. Ministro HUMBERTO MARTINS, SEGUNDA TURMA, DJe de 22/04/2015; AgRg no AREsp 532.658/CE, Rel. Ministro HUMBERTO MARTINS, SEGUNDA TURMA, DJe de 09/09/2014. III. Agravo Regimental improvido" (STJ, *AgRg no AREsp 548.901/RJ*, 2ª T., rel. Min. Assusete Magalhães, j. 16.02.2016, DJe 23.02.2016, grifamos).

"PROCESSUAL CIVIL E ADMINISTRATIVO. MANDADO DE SEGURANÇA INDIVIDUAL. SERVIDOR PÚBLICO FEDERAL. AUDITOR FISCAL DA RECEITA FEDERAL DO BRASIL. PROCESSO ADMINISTRATIVO DISCIPLINAR. PENA DE DEMISSÃO. IMPROBIDADE ADMINISTRATIVA. VARIAÇÃO PATRIMONIAL A DESCOBERTO. DIREITO LÍQUIDO E CERTO NÃO CONFIGURADO. SEGURANÇA DENEGADA. 1. Trazem os autos mandado de segurança atacando ato do Ministro de Estado da Fazenda consistente na demissão do impetrante do cargo de Auditor Fiscal da Receita Federal do Brasil, com fundamento no art. 132, IV, da Lei 8.112/90, eis que apurado em Processo Administrativo Disciplinar o recebimento de rendimentos em valor incompatível com a sua renda licitamente conhecida, caracterizada pela evolução patrimonial a descoberto nos anos-calendário de 2001 e 2006, nos valores de R$ 88.948,50 (= 29% dos rendimentos conhecidos no ano) e de R$ 21.070,28 (= 14% dos rendimentos conhecidos no ano), respectivamente. 2. Sustenta o impetrante que a demissão é nula em razão da atipicidade da conduta que lhe foi atribuída pela Administração, pois: (i) não há desproporcionalidade na variação patrimonial a descoberto; (ii) não houve aquisição de bens; (iii) não houve dolo; (iv) não foi apontada a existência de ato funcional vinculado à variação patrimonial a descoberto. 3. **Em matéria de enriquecimento ilícito, cabe à Administração comprovar o incremento patrimonial significativo e incompatível com as fontes de renda do servidor. Por outro lado, é do servidor acusado o ônus da prova no sentido de demonstrar a licitude da evolução patrimonial constatada pela administração, sob pena de configuração de improbidade administrativa por enriquecimento ilícito.** Precedentes. 4. No caso, restou comprovado no âmbito do PAD a existência de variação patrimonial a descoberto (e desproporcional à remuneração do cargo público); e que o indiciado não demonstrou que os recursos questionados tinham origem lícita. Por outro lado, não há falar em atipicidade da conduta atribuída pela Administração porque as variações patrimoniais apontadas não podem ser consideradas irrisórias, a exemplos das que decorrem de mera desorganização fiscal do servidor. 5. Ademais, conforme já decidiu a Terceira Seção no MS 12.536/DF (Min. Laurita Vaz, DJe 26/09/2008), "a conduta do servidor tida por ímproba não precisa estar, necessária e diretamente, vinculada com o exercício do cargo público". 6. Segurança denegada, ressalvadas as vias ordinárias" (STJ, *MS 19.782/DF*, 1ª Seção, rel. Min. Mauro Campbell Marques, j. 09.12.2015, DJe 06.04.2016, grifamos).

"MANDADO DE SEGURANÇA. AUDITOR DA RECEITA FEDERAL DO BRASIL. CASSAÇÃO DE APOSENTADORIA. IMPROBIDADE ADMINISTRATIVA. DIREITO LÍQUIDO E CERTO NÃO CONFIGURADO. SEGURANÇA DENEGADA [...] 6. **Em matéria de enriquecimento ilícito, cabe à Administração comprovar o incremento patrimonial significativo e incompatível com as fontes de renda do servidor. Por outro lado, é do servidor acusado o ônus da prova no sentido de demonstrar a licitude da evolução patrimonial constatada pela administração, sob pena de configuração de improbidade administrativa por enriquecimento ilícito.** 7. No caso, restou comprovado no processo administrativo disciplinar a existência de variação patrimonial a descoberto (e desproporcional à remuneração do cargo público); e que o indiciado não demonstrou que os recursos questionados - recebidos de pessoas físicas e do exterior - advieram de aluguéis e de prestação de serviços como ghost writer" (STJ, *MS 18.460/DF*, 1ª Seção, rel. Min. Mauro Campbell Marques, j. 28.08.2013, DJe 02.04.2014, grifamos).

"MANDADO DE SEGURANÇA. SERVIDOR PÚBLICO FEDERAL. DEMISSÃO. AUMENTO PATRIMONIAL DESPROPORCIONAL À RENDA DO CARGO. AUDITOR FISCAL DA RECEITA FEDERAL. CASO DO PROPINODUTO. ABERTURA DE CONTA E MOVIMENTAÇÃO FINANCEIRA EM BANCO NA SUÍÇA. PROCESSO ADMINISTRATIVO DISCIPLINAR. PRINCÍPIOS DO CONTRADITÓRIO E DA AMPLA DEFESA OBSERVADOS. [...] 3. A penalidade de demissão decorreu da configuração de improbidade administrativa do auditor fiscal da Receita Federal, que, explicitamente, **teve aumento desproporcional do seu patrimônio e da sua renda, no exercício do cargo público, sem comprovação da origem lícita** (art. 9º, VII, da Lei n. 8.429/1992, c/c o art. 132, IV, da Lei n. 8.112/1990), comprovado nos autos do processo administrativo, diante de todo o lastro probatório formalizado pela comissão processante. 4. Diante da comprovação da conduta prevista no art. 132, IV, da Lei n. 8.112/1990, outra não poderia ser a penalidade aplicada, sob pena de ofensa ao princípio da legalidade, motivo pelo qual não há falar em pena administrativa desproporcional [...] (STJ, *MS 12.583/DF*, 3ª Seção, rel. Min. Sebastião Reis Júnior, j. 23.10.2013; DJe 18.11.2013, grifamos).

"ADMINISTRATIVO. AGRAVO REGIMENTAL NO AGRAVO EM RECURSO ESPECIAL. IMPROBIDADE ADMINISTRATIVA. ENRIQUECIMENTO ILÍCITO. DESPROPORCIONALIDADE ENTRE RENDA E PATRIMÔNIO. NÃO COMPROVAÇÃO.REEXAME DE MATÉRIA FÁTICA. IMPOSSIBILIDADE. AGRAVO REGIMENTAL NÃO PROVIDO [...]

Para fins de caracterização do ato de improbidade administrativa previsto no art. 9º, VII, da Lei 8.429/92, cabe ao autor da ação o ônus de provar a **desproporcionalidade entre a evolução patrimonial e a renda auferida pelo agente no exercício de cargo público**. (...) Uma vez comprovada essa desproporcionalidade, caberá ao réu, por sua vez, o ônus de provar a licitude da aquisição dos bens de valor tido por desproporcional." (STJ, *AgRg no AREsp 187.235/RJ*, 1ª T., rel. Min. Arnaldo Esteves Lima, j. 09.10.2012, Dje 16.10.2012, grifamos).

APLICAÇÃO EM PROVAS E CONCURSOS PÚBLICOS

1. **(TRT-20ª Região – Técnico Judiciário – Administrativa – FCC – 2016) Considere a seguinte situação hipotética: Emílio é Desembargador do Estado de Sergipe e foi processado por improbidade administrativa. Em síntese, o Ministério Público sustenta na petição inicial da ação que Emílio adquiriu ao longo de sua carreira bens cujos valores são desproporcionais à sua renda. Nos termos da Lei nº 8.429/1992, dentre outros requisitos legais, para que reste caracterizado o ato ímprobo, é necessária**

   (A) lesão ao erário.

   (B) conduta obrigatoriamente dolosa.

   (C) conduta culposa.

   (D) lesão ao erário e enriquecimento ilícito, cumulativamente.

   (E) conduta obrigatoriamente omissiva.

1
B

VIII - aceitar emprego, comissão ou exercer atividade de consultoria ou assessoramento para pessoa física ou jurídica que tenha interesse suscetível de ser atingido ou amparado por ação ou omissão decorrente das atribuições do agente público, durante a atividade;

COMENTÁRIOS

Incorre em improbidade administrativa por enriquecimento ilícito o agente que aceita emprego, comissão ou exerce atividade de consultoria ou assessoramento para particulares (pessoas física ou jurídica) potenciais beneficiários do comportamento (omissivo ou comissivo) funcional. A configuração do ato ímprobo depende:

a. aceitação de emprego ou comissão, ou exercício de consultoria ou assessoramento remunerado, pelo agente público, oferecido por pessoa física ou jurídica privada;
b. durante período em que está exercendo cargo, mandato, função, emprego ou atividade pública relacionada aos interesses do particular ao qual se vincula mediante emprego, comissão, consultoria ou assessoramento;
c. possibilidade de favorecimento do particular em razão das funções do agente público por aquele contratado (conluiado);
d. consciência dessa possibilidade[71].

Não é necessário **vínculo formal** para a capitulação legal em comento, sendo suficiente a aceitação dos serviços, pareceres ou aconselhamento técnico. Nesse sentido, aliás, a Lei 8.112, de 1990, no art., 117, inciso IX, veda ao servidor público federal "valer-se do cargo para lograr proveito pessoal ou de outrem, em detrimento da dignidade da função pública".

Interessante a posição do **ex-dirigente de Agência Reguladora** que fica impedido de exercer atividades ou de prestar qualquer serviço no setor regulado pela respectiva agência, por um período de **seis meses**, contados da exoneração ou do término do seu mandato (**quarentena**), assegurada a remuneração compensatória, por força do art. 8º, *caput*, da Lei 9.986, de 18 de julho de 2000, que dispõe sobre a gestão de recursos humanos das Agências Reguladoras e dá outras providências, com redação da Lei 13.848, de 2019.

Incorrerá tal agente em improbidade caso viole o período de quarentena auferindo lucro com sua atividade. Isso porque o ex-dirigente, durante o impedimento, permanece vinculado à Agência recebendo remuneração compensatória equivalente à do cargo de direção que exerceu e aos benefícios a ele inerentes (inteligência do § 2º do art. 8º da Lei 9.986, de 2000). Tanto é verdade que o § 3º do art. 8º da Lei 9.986, de 2000, tipifica a conduta como crime de advocacia administrativa e ressalva as demais sanções cabíveis, administrativas e

71. PAZZAGLINI FILHO, Marino. *Lei de Improbidade ...* p. 69.

civis. Não se pode olvidar que a Lei 13.848/2019, vigente noventa dias após sua publicação, aumentou o período de quarentena de quatro para seis meses, surgindo duas situações em razão do direito intertemporal:

(i) para os ex-membros do Conselho Diretor ou da Diretoria Colegiada da agência reguladora cuja exoneração efetivou-se antes da vigência da nova Lei, a quarentena deve respeitar o prazo original, que é de quatro meses, ficando o agente livre do impedimento e, pois, de qualquer ilicitude passível de punição por improbidade administrativa, a partir do 5º mês de seu desligamento;

(ii) àqueles contemporâneos à vigência da Lei 13.848, de 2019, isto é, exonerados após 24 de setembro de 2019, aplica-se o novo prazo de quarenta de seis meses, só ficando livres do impedimento e de qualquer punição por ato de improbidade administrativa a partir do 7º mês.

CASUÍSTICA

"ADMINISTRATIVO. IMPROBIDADE ADMINISTRATIVA. SOCIEDADE EMPRESÁRIA DE CONSULTORIA E ASSESSORAMENTO NA ÁREA TRIBUTÁRIA. SÓCIO. AUDITOR-FISCAL DA SECRETARIA DA RECEITA FEDERAL EM LICENÇA PARA TRATAR DE ASSUNTOS PARTICULARES. ATO ÍMPROBO CARACTERIZADO (ART. 9º, INCISO VIII, DA LEI N. 8.429/1992). ART. 3º DA LEI N. 8.429/1992. SÓCIO QUE SE BENEFICIA DA CONDUTA ILÍCITA. POSSIBILIDADE DA CONDENAÇÃO. INEXISTÊNCIA DE VIOLAÇÃO DO ART. 535 DO CPC. 1. Recurso especial no qual se discute a caracterização de ato ímprobo em razão de Auditor-Fiscal da Secretaria da Receita Federal, licenciado, por meio de sociedade empresária constituída, prestar serviços de consultoria e assessoramento na área tributária, bem como a possibilidade de condenação de seu sócio, Auditor-Fiscal aposentado, nos termos do art. 3º da Lei n. 8.429/1992. (...) 5. O Auditor-Fiscal da Secretaria da Receita Federal, mesmo que licenciado para tratar de interesses particulares, e presta serviços de consultoria e assessoramento na área tributária, por meio de sociedade empresária constituída, pratica o ato ímprobo descrito no art. 9º, inciso VIII, da Lei n. 8.429/1992. Isto porque há verdadeiro conflito de interesses. 6. Como bem ponderado pelo eminente Ministro Herman Benjamin em seu voto-vogal: "4. O servidor que, a pretexto de tratar de "assuntos particulares" propõe-se, na verdade, a simplesmente trocar de lado do balcão, oferecendo seus serviços aos regulados ou fiscalizados pelo mesmo órgão público a que pertence, leva consigo o que não deve (informações privilegiadas, dados estratégicos, conhecimento de pessoas e rotinas, das entranhas da instituição) e, quando retorna, traz também o que não deve (especialmente uma rede de clientes, favores e intimidades). 5. Incorre em inequívoco conflito de interesse o servidor afastado para tratar de assuntos "particulares" que exerce função, atividade ou atos perante o órgão ou instituição a que pertence, seja quando atua na representação ou em benefício daqueles que pelo Estado são regulados ou fiscalizados, seja quando aconselha (presta consultoria, para utilizar o jargão da profissão) ou patrocina demandas, administrativas ou judiciais, que, direta ou indiretamente, possam atingir os interesse do seu empregador estatal." 7. Nos termos do art. 3º da Lei n. 8.429/1992, o sócio que aufere lucro com a conduta ilícita do outro sócio não deve ser excluído da condenação tão somente porque é auditor-fiscal aposentado ou porque a sociedade foi licitamente formada. 8. É que não há como entender que não tenha se beneficiado da conduta ilícita, uma vez que contribuiu para o exercício da atividade econômica e partilhou dos resultados obtidos. Além disso, o contexto fático-probatório consignado no acórdão recorrido não dá margem para entender que, mesmo na qualidade de particular, o sócio não tinha conhecimento da ilicitude da conduta. Mutatis mutandis, vide: REsp 896.044/PA, Rel. Ministro Herman Benjamin, Segunda Turma, DJe 19/04/2011. Recurso especial parcialmente conhecido e, nessa parte, improvido". (STJ, *REsp 1352448/DF*, 2ª T., rel. Min. Humberto Martins, j. 07.08.2014, DJe 21.11.2014).

APLICAÇÃO EM PROVAS E CONCURSOS PÚBLICOS

1. **(CRESS/PB – Assistente Administrativo – Quadrix – 2021) A Lei n.º 8.429/1992 dispõe sobre as sanções aplicáveis aos agentes públicos nos casos de enriquecimento ilícito no exercício de mandato, cargo, emprego ou função na administração pública direta, indireta ou fundacional e dá outras providências. A respeito desse tema, julgue o item.**

   Suponha-se que um agente público aceite emprego ou comissão ou exerça atividade de consultoria ou assessoramento para pessoa jurídica que tenha interesse suscetível de ser atingido ou amparado por omissão decorrente das atribuições do agente público durante sua atividade. Nesse caso, é correto afirmar que o agente teve uma conduta proba.

1
F

IX - perceber vantagem econômica para intermediar a liberação ou aplicação de verba pública de qualquer natureza;

COMENTÁRIOS

O comportamento ímprobo previsto no dispositivo legal caracteriza-se quando o agente público recebe vantagem econômica para intermediar a liberação ou aplicação de verba pública de qualquer natureza. A concretização no mundo fenomênico desta espécie de ato de improbidade administrativa requer a satisfação dos seguintes requisitos:

(i) recebimento de vantagem econômica;

(ii) intermediação para liberação ou aplicação de verba pública de qualquer natureza;

(iii) dolo.

O **conceito de verba pública**, vital para a compreensão do preceito em comento, é retirado da Lei 4.320, de 17 de março de 1964, que estatui Normas Gerais de Direito Financeiro para elaboração e controle dos orçamentos e balanços da União, dos Estados, dos Municípios e do Distrito Federal. **Em sentido amplo**, receita pública é todo ingresso de recursos nos cofres públicos para a realização de suas finalidades; **em sentido restrito**, receita é tão somente o ingresso de dinheiro ao patrimônio público sem correspondência no passivo (necessidade de devolução, como ocorre com as cauções, fianças, depósitos recolhidos ao Tesouro, empréstimos contraídos pelo Poder Público etc.).

Pune-se o agente público que intervém para obter a liberação ou aplicação de verba pública de qualquer natureza em favor de alguém. Conforme as circunstâncias fáticas, a conduta poderá constituir ilícito penal, incidindo o sujeito no crime de advocacia administrativa (art. 321, CP) ou emprego irregular de verbas ou rendas públicas (art. 315, CP).

É bem verdade que o agente tem que vencer uma série de barreiras inerentes ao controle dos gastos públicos, previstos na Constituição Federal, na Lei 4.320, de 1964, e na Lei de Responsabilidade Fiscal (Lei Complementar nº 101, de 04 de maio de 2000), o que torna a tipificação de difícil caracterização.

CASUÍSTICA

"PROCESSUAL CIVIL E ADMINISTRATIVO. IMPROBIDADE ADMINISTRATIVA. INSERÇÃO DE DADOS NO SISTEMA DO INSTITUTO NACIONAL DO SEGURO SOCIAL - INSS PARA CONCESSÃO DE BENEFÍCIO PREVIDENCIÁRIO. ALEGAÇÃO DE VIOLAÇÃO DOS ARTS, 9, IX, E 10, I, DA LEI 8.429/92. PRETENSÃO DE REEXAME DE PROVAS. INCIDÊNCIA DO ENUNCIADO N. 7 DA SÚMULA DO STJ. I - Quanto à conduta, assim considerou a corte de origem: "na medida em que o servidor da Autarquia Previdenciária concede benefícios previdenciários sabidamente indevidos com vista ao recebimento de propina, a desonestidade está mais do que caracterizada. Não se trata de mera ilegalidade, é uma ilegalidade qualificada por uma desonestidade, tipificando o ato de improbidade administrativa" II - A reversão do entendimento firmado quanto ao elemento anímico pelo Tribunal a quo, mediante avaliação acerca da idoneidade ou não dos elementos probatórios, somente seria logicamente plausível via incursão probatória, situação essa expressamente vedada em sede de recurso excepcional, conforme teor do enunciado n. 7 da Sumula desta Corte. III - No que tange às sanções impostas, a Corte a quo considerou: 'Manutenção da condenação para ressarcimento integral do dano causado ao erário, devidamente atualizados, por se encontrar condizente com o ato praticado, visto que em outra ação já restou condenado às penalidades de perda da função pública, suspensão dos direitos políticos, multa civil e proibição de contratar com o poder público'. IV - A reanálise da dosimetria de sanções impostas em ações de improbidade administrativa implica, igualmente, em revolvimento fático-probatório, hipótese também vedada pelo verbete sumular n. 7 do Superior Tribunal de Justiça. V - Agravo interno improvido" (STJ, *AgInt no REsp 1599809/PB*, 2ª T., rel. Min. Francisco Falcão, j. 17.08.2017, DJe 28.08.2017).

X - receber vantagem econômica de qualquer natureza, direta ou indiretamente, para omitir ato de ofício, providência ou declaração a que esteja obrigado;

COMENTÁRIOS

Trata o preceptivo legal em comento do ato de improbidade consistente no recebimento, pelo agente público, de vantagem para **descumprir dever de ofício**, ou seja, omitir ato de ofício, providência ou declaração a que esteja obrigado, sendo necessária para sua perfeita tipificação a concorrência dos seguintes elementos:

(a) recebimento de vantagem econômica de qualquer natureza, direta ou indireta;

(b) agente com dever funcional de realizar o ato, providência ou declaração;

(c) consciência da antijuridicidade de sua omissão e do benefício econômico dela advinda (dolo).

E o terceiro beneficiário da omissão ilícita, incorre neste tipo? A resposta parece afirmativa, eis que é considerado sujeito ativo para tal fim por força do art. 3º da LIA.

XI - incorporar, por qualquer forma, ao seu patrimônio bens, rendas, verbas ou valores integrantes do acervo patrimonial das entidades mencionadas no art. 1° desta lei;

COMENTÁRIOS

O enriquecimento ilícito de que trata o dispositivo em exame deriva da incorporação, por qualquer forma, ao patrimônio do agente ímprobo de bens, rendas, verbas ou valores de propriedade das entidades sujeitas aos ditames da LIA, **assemelhando-se às várias modalidades de peculato previstos na legislação penal** (art. 312, CP), tal qual o peculato-apropriação, peculato-desvio e peculato-furto. Exige-se, pois, a presença de três requisitos para a exata tipificação:

i. agente que tem a posse, detenção ou guarda dos bens, rendas, verbas ou valores públicos;

ii. incorporação em razão do ofício ou do exercício do cargo (*rationi officii*) do patrimônio em proveito próprio;

iii. consciência da ilicitude da incorporação (*animus rem sibi habendi*)[72].

Em relação ao segundo requisito, importante observar que se os bens, rendas, verbas ou valores destinarem-se a **incorporação em patrimônio de terceiro, facilitando ou contribuindo para tanto o agente público, ter-se-á ato de improbidade que causa prejuízo ao Erário, capitulado no art. 10, inciso I**, da LIA:

72. PAZZAGLINI FILHO, Marino. *Lei de Improbidade* ... p. 71.

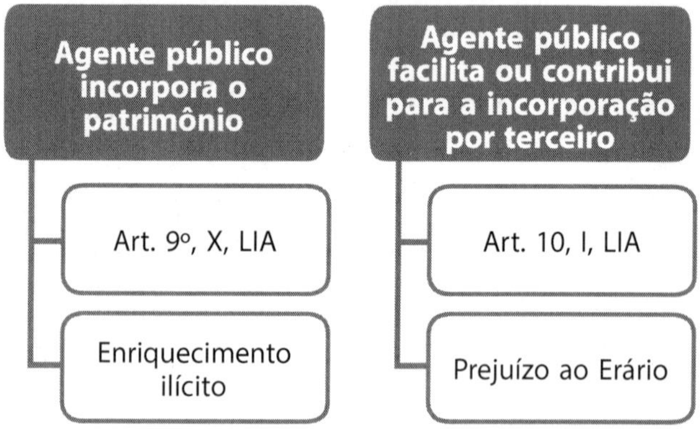

CASUÍSTICA

"ADMINISTRATIVO E PROCESSUAL CIVIL. AÇÃO CIVIL PÚBLICA. IMPROBIDADE ADMINISTRATIVA. INDEFERIMENTO LIMINAR. PETIÇÃO INICIAL. IN DUBIO PRO SOCIETATE. 1. Cuida-se, na origem, de Ação Civil Pública por ato de improbidade administrativa proposta pelo Ministério Público contra o ora recorrido. Sustenta o Parquet que o requerido no exercício de seu mandato de Deputado Estadual e de Secretário de Estado usava os veículos vinculados aos entes públicos para destinação particular, em campanha eleitoral, como também utilizava servidores formalmente nomeados para o exercício funcional da Secretaria de Estado de Agricultura e Pecuária, para o trabalho em sua residência e em pessoa jurídica de direito privado pertencente à sua esposa. O Tribunal de Justiça do Estado do Rio de Janeiro deu provimento ao recurso do particular para rejeitar a Petição Inicial da Ação de Improbidade, vencido o Relator. 2. A Corte de origem concluiu: "Em relação ao suposto uso indevido dos veículos oficiais, embora seja uma prática reprovável, não configura ato de improbidade, por não haver enquadramento específico na Lei nº 8.429/92. [...] No que tange ao suposto fato de que o agravante teria utilizado, para fins particulares, funcionários nomeados para exercício na Secretaria de Estado de Agricultura e Pecuária, igualmente, não se verificou o elemento subjetivo, porquanto não há indícios de intenção de causar dano ao erário ou de enriquecer indevidamente, conforme se vê do conjunto probatório constante dos autos. (...) Ante a inexistência do elemento subjetivo, ou seja, de indícios suficientes de enriquecimento ilícito por parte do agravante e tampouco dano ao erário, a ação deve ser rejeitada em relação ao mesmo ora recorrente" [...]"(STJ, *REsp 1773034/RJ*, 2ª T., rel. Min. Herman Benjamin, j. 06.12.2018, DJe 17.12.2018).

PROCESSO CIVIL E ADMINISTRATIVO. IMPROBIDADE ADMINISTRATIVA. CONTRATAÇÃO DE SERVIDORES "FANTASMAS". ELEMENTO SUBJETIVO. DOLO, LESÃO AO ERÁRIO E ENRIQUECIMENTO ILÍCITO CARACTERIZADOS. APLICAÇÃO DA LEI DE IMPROBIDADE AOS AGENTES POLÍTICOS. CABIMENTO. PRECEDENTES. SÚMULA

83/STJ. (...) 3. As considerações feitas pelo Tribunal de origem NÃO afastam a prática do ato de improbidade administrativa, caso em que a conduta do agente se amolda ao disposto nos arts. 9º e 10 da Lei 8.429/1992, pois restou caracterizado o enriquecimento ilícito por apropriação de rendas públicas, bem como a lesão ao erário na contratação fictícia de funcionários, além de defender frontalmente a norma contida no art. 37, II e V, da Constituição da República, que veda a contratação de servidores sem concurso público. 4. O reconhecimento da repercussão geral pela Suprema Corte não enseja o sobrestamento do julgamento dos recursos especiais que tramitam no Superior Tribunal de Justiça. Agravo regimental improvido" (STJ, *AgRg no Resp 1485110/SC*, 2ª T., rel. Min. Humberto Martins, j. 05. 02.2015, Dje 12.02.2015)

"ADMINISTRATIVO. PROCESSUAL CIVIL. AÇÃO CIVIL PÚBLICA POR IMPROBIDADE ADMINISTRATIVA. CERCEAMENTO DE DEFESA. REVELIA DO RECORRENTE. FALTA DE PREQUESTIONAMENTO. AUSÊNCIA DE EMBARGOS DE DECLARAÇÃO OPOSTOS NAS VIAS ORDINÁRIAS. INCIDÊNCIA, POR ANALOGIA, DAS SÚMULAS 282 E 356, AMBAS EDITADAS PELO SUPREMO TRIBUNAL FEDERAL. ENRIQUECIMENTO ILÍCITO. NECESSIDADE DE DEMONSTRAÇÃO DO DANO BEM COMO DO ELEMENTO SUBJETIVO REPRESENTADO PELO DOLO. PREJUÍZO INCONTROVERSO DE DUZENTOS MIL REAIS AOS COFRES PÚBLICOS. CONDENAÇÃO NA INSTÂNCIA CRIMINAL POR CRIME DE PECULATO EM SUA MODALIDADE DOLOSA. PROPORCIONALIDADE DAS SANÇÕES IMPOSTAS. REVOLVIMENTO DO CONJUNTO FÁTICO-PROBATÓRIO. INVIABILIDADE NA VIA RECURSAL ELEITA. SÚMULA 7/ STJ. PRECEDENTES [...] No que tange à caracterização do ato enquanto conduta subsumível à Lei nº 8.429/92 – na modalidade de enriquecimento ilícito – é certo que este Sodalício exige a presença de dois requisitos, quais sejam: (a) demonstração do dano causado à Administração e o consequente enriquecimento ilícito; e, (b) presença de elemento subjetivo, sendo exigida a presença de dolo. 4. No caso em concreto, tenha que a conduta se amolda ao dispositivo supracitado, tendo em vista a presença dos requisitos acima elencados. Isso porque, o acórdão recorrido, com base nos elementos fáticos e probatórios constantes dos autos, constatou que houve a **apropriação, para si, das quantias arrecadas por meio dos Documentos de Arrecadação de Receitas Estaduais** (DAREs) nº 690321 a 690350 e 721491 a 721520. De acordo com a sentença, os danos causados ao erário perfazem o valor de R$ 200.000,00 (duzentos mil reais), acrescidos de juros e correção monetária. (...) A presença do elemento doloso exigido para a configuração do caráter improbo do ato pode ser extraída também da circunstância afirmada no acórdão recorrido de que não houve a devolução imediata dos valores inadvertidamente apropriados, sendo que, após três meses, houve simulação de roubo tendo em vista que a prática deste delito não foi demonstrada pelas investigações levadas a cabo pela autoridade policial" (STJ, *RESP 1347223-RN*, 2ª T., rel. Min. Mauro Campbell Marques, j. 16.05.2013, Dje 22.05.2013).

"IMPROBIDADE ADMINISTRATIVA. ESCRIVÃO JUDICIAL. APROPRIAÇÃO DE CUSTAS. TAXA. MULTA PENAL. O escrivão judicial que recebe custas processuais, despesas judiciais e multa penal e deixa de efetuar o repasse devido ao Estado pratica ato de improbidade administrativa que importa enriquecimento ilícito próprio ou de terceiro. Sendo incontroversa a apropriação das verbas públicas, em razão do exercício do cargo, por meio de recibos, a alegação de que (I) não apresentou variação patrimonial positiva à época dos fatos nem (II) manteve padrão de vida extravagante e desproporcional às condições permitidas por seus rendimentos ordinários não é suficiente para descaracterizar a conduta ímproba. Recurso desprovido" (TJRS, *Apelação Cível nº 70042506147*, 22ª Câmara Cível, rel. Des. Maria Isabel de Azevedo Souza, j. 30.06.2011).

XII - usar, em proveito próprio, bens, rendas, verbas ou valores integrantes do acervo patrimonial das entidades mencionadas no art. 1° desta lei.

COMENTÁRIOS

O comportamento reprimido pelo comando legal é a utilização, em proveito próprio, de bens, rendas, verbas ou valores integrantes do acervo patrimonial das entidades públicas e privadas submetidas aos ditames da LIA (sujeito passivo). Pune-se, destarte, o desfrute indevido e temporário do patrimônio público, ciente o agente da sua ilicitude, **assemelhando-se a uma espécie de peculato-uso, conduta atípica na esfera penal, ressalvada a previsão do Decreto-Lei 201, de 1967, que capitula como crime de responsabilidade do Prefeito a utilização, em proveito próprio ou alheio, de bens, rendas ou serviços públicos.** Por isso, "[...] não desfigura a improbidade sua reposição espontânea e integral"[73].

Há semelhança com a conduta punida no dispositivo anterior, mas se distinguem pela ação nuclear (conduta tipificada):

	Inciso XI	Inciso XII
Conduta	**Usar:** utilizar por determinado período de tempo;	**Incorporar:** apoderamento, apropriação;
Objeto	Bens, rendas, verbas ou valores;	Bens, rendas, verbas ou valores;
Sujeito passivo	Elencados no art. 1º.	Elencados no art. 1º.

73. PAZZAGLINI FILHO, Marino. *Lei de Improbidade* ... p. 71.

CASUÍSTICA

"RECURSO ESPECIAL. AÇÃO POPULAR E AÇÃO CIVIL PÚBLICA POR ATO DE IMPROBIDADE ADMINISTRATIVA. ARTIGOS 9º, CAPUT E INCISO XII, E 11, CAPUT, DA LEI Nº 8.429/1992. PRESIDENTE DA CÂMARA MUNICIPAL DE VEREADORES. VEÍCULO OFICIAL. UTILIZAÇÃO EM PASSEIOS COM A FAMÍLIA E EM TRANSPORTE DE RAÇÃO PARA CAVALO DE PROPRIEDADE DO AGENTE POLÍTICO. REGULAMENTAÇÃO INTERNA DA CÂMARA. AUSÊNCIA. IRRELEVÂNCIA. 1. As ações popular e civil pública foram propostas contra agente político que, comprovadamente, utilizou veículo oficial em passeios com pessoas da família e em transporte de ração para cavalo de sua propriedade. **2. A eventual ausência de disciplina específica no âmbito da Câmara de Vereadores no tocante ao uso dos bens públicos não garante ilimitados direitos aos agentes políticos respectivos. Ao contrário, no direito público brasileiro, os agentes públicos e políticos podem fazer somente o que a lei - em sentido amplo (leis federais, estaduais e municipais, Constituição Federal, etc.) - permite, não aquilo que a lei eventualmente não proíba de modo expresso. Assim, a possível falta de regulamentação implica adotar as restrições próprias e gerais no uso dos bens públicos, os quais se destinam, exclusivamente, a viabilizar atividades públicas de interesse da sociedade. No caso, o veículo recebido destina-se a auxiliá-lo na representação oficial da Casa por ele presidida, comparecendo a eventos oficiais, reuniões de interesse público, localidades atingidas por calamidades públicas e que precisam de ajuda da municipalidade, etc.. Flagrantemente, não estão incluídos passeios com a família fora do expediente, em fins de semana e feriados, e transporte de ração para cavalo de propriedade do parlamentar. Nesses últimos exemplos há um induvidoso desvio de poder, considerando que o bem de propriedade pública foi utilizado com finalidade estranha ao interesse público, distante do exercício da atividade parlamentar.** 3. Extrai-se dos atos praticados pelo réu, como consequências lógicas e imediatas, verificadas primus ictus oculi - independendo do reexame de provas, (i) o enriquecimento indevido do agente em detrimento do erário, tendo em vista que, em substituição do automóvel particular do réu, foi utilizado veículo público, o qual sofreu desgastes induvidosos (pneus, câmbio, motor, lataria, parte elétrica, freios etc.), além do consumo de combustível, e (ii) o absoluto desrespeito ao princípio da moralidade administrativa, o qual obriga os agentes públicos e políticos a agirem conforme os princípios éticos, com lealdade e boa-fé. Daí que os fatos narrados revelam a prática de atos de improbidade mediante clara vontade e desejo do agente, estando inseridos nos artigos 9º, caput e inciso XII, e 11, caput, da Lei nº 8.429/1992. 4. Para a caracterização dos atos de improbidade previstos no art. 11 da Lei nº 8.429/1992, não há necessidade da efetiva presença de dano ao erário ou de enriquecimento ilícito. 5. Violação do art. 535 do Código de Processo Civil prejudicada. 6. Recurso especial conhecido e provido" (STJ, *REsp 1080221/RS*, 2ª T., rel. Min. Castro Meira, j. 07.05.2013, DJe 16.05.2013, grifamos).

Seção II
Dos Atos de Improbidade Administrativa que Causam Prejuízo ao Erário

~~**Art. 10.** Constitui ato de improbidade administrativa que causa lesão ao erário qualquer ação ou omissão, dolosa ou culposa, que enseje perda patrimonial, desvio, apropriação, malbaratamento ou dilapidação dos bens ou haveres das entidades referidas no art. 1º desta lei, e notadamente:~~

Art. 10. Constitui ato de improbidade administrativa que causa lesão ao erário qualquer ação ou omissão dolosa, que enseje, efetiva e comprovadamente, perda patrimonial, desvio, apropriação, malbaratamento ou dilapidação dos bens ou haveres das entidades referidas no art. 1º desta Lei, e notadamente: (Redação dada pela Lei nº 14.230, de 2021)

COMENTÁRIOS

1. Atos de improbidade administrativa que causam prejuízo ao Erário: o art. 10, ora em comento, tipifica como ato de improbidade administrativa que causa lesão ao Erário toda **ação ou omissão, dolosa**, que enseje **efetiva e comprovada** perda patrimonial, desvio, apropriação, malbaratamento ou dilapidação dos bens ou haveres da Administração Pública e das entidades privadas sujeitas à LIA. "A tônica do art. 10 é fornecida pela compreensão da noção de perda patrimonial, que é o efeito do ato comissivo ou omissivo do agente, e expressa-se na redução ilícita de valores patrimoniais"[74].

"Aqui, o foco da lei não ilumina a eventual vantagem obtida pelo agente público, mas o prejuízo causado ao patrimônio público econômico, por ato de improbidade administrativa"[75]. Enquanto no **art. 9º o eixo central é o proveito econômico do agente público ou terceiro beneficiário**, no **art. 10 o fundamental é a ocorrência de dano ao patrimônio público**. Em ambas as modalidades, entretanto, é indispensável que o ato decorra de má-fé e/ou falta de probidade do agente público.

74. MARTINS JÚNIOR, Wallace Paiva. *Probidade ...* p. 247.
75. FAZZIO JÚNIOR, Waldo. *Improbidade ...* p. 200.

2. Natureza da lesão ao Erário – distinção entre Erário e patrimônio público: as expressões **Erário e patrimônio público não são sinônimas,** uma vez que a **primeira** compreende tão somente os recursos financeiros provenientes dos cofres públicos, ao passo que a **segunda** é mais ampla abrangendo, além dos bens e interesses de natureza econômico-financeira, outros de conteúdo não econômico. A distinção, aliás, encontra fundamento no art. 1º, § 1º, da Lei 4.717, de 1965, que regula a ação popular, considerando para tal espécie de demanda patrimônio público como o conjunto de bens e direitos de valor econômico, artístico, estético, histórico ou turístico.

Teria, então, a LIA restringido o alcance dos atos de improbidade aos atos causadores de prejuízo econômico-financeiro? Noutras palavras, a expressão "prejuízo ao Erário" limita a tutela da probidade administrativa ou foi utilizada de forma atécnica pelo legislador? A questão é **polêmica** e divide a doutrina. Para alguns, as expressões não foram utilizadas com rigor técnico e, por isso, demanda interpretação sistemática e extensiva. Embora o art. 10 refira-se a dano ao Erário, em outras várias passagens usa o vocábulo patrimônio público, a exemplo dos arts. 5º, 7º e 8º. Emerson Garcia e Rogério Pacheco Alves observam, ainda, que o art. 1º, ao identificar o sujeito passivo da improbidade, utiliza o vocábulo Erário como substantivo designador de pessoas jurídicas que compõem a Administração Direta e Indireta.

De outro lado, há quem interprete restritivamente o art. 10 e limite a improbidade por lesão ao Erário aos comportamentos que causem prejuízo econômico. Daniel Amorim Assumpção Neves *et al* filia-se a este entendimento, esclarecendo que a ausência de prejuízo econômico não impede a tipificação da conduta como ato de improbidade por enriquecimento ilícito (art. 9º) ou por violação aos princípios da Administração (art. 11), se preenchidos os respectivos pressupostos legais[76].

3. Elemento subjetivo: originariamente o art. 10 da LIA autorizava a punição do agente tanto a título de dolo quanto de culpa, de modo que a punição podia decorrer tanto da prática intencional quanto do prejuízo causado **involuntariamente.**

76. NEVES, Daniel Amorim Assumpção; OLIVEIRA, Rafael Carvalho Rezende. *Manual* ... p. 182. No mesmo sentido: FAZZIO JÚNIOR, Waldo. *Improbidade* ... p. 200; PAZZAGLINI FILHO, Marino. *Lei de Improbidade* ... p. 73.

Daniel Amorim Assumpção Neves *et al* já alertava que parte da doutrina considerava a previsão de punição a título de culpa inconstitucional, na medida em que a legislação teria extrapolado os limites delineados pelo art. 37, § 4º, da Constituição Federal[77]. Não era, todavia, a orientação dominante, tendo em vista que o princípio da proporcionalidade permite a perfeita adequação da sanção à maior ou menor gravidade do ato de improbidade[78].

A Lei 14.230/2021 encerrou a polêmica e proibiu a punição a título de culpa, isto é, limitou a tipificação dos atos de improbidade que causam prejuízo ao Erário (aliás, a todas as modalidades previstas na LIA) à existência de dolo, isto é, vontade livre e consciente de produzir o resultado.

Frise-se, no entanto, que a Nota Técnica 01/2021-5ªCCR, do Ministério Público Federal, apresenta a seguinte ressalva quanto ao elemento subjetivo:

> "Não se deve excluir *a priori*, mesmo após a vigência da Lei nº 14.230, condutas ímprobas, demarcadas pela culpa gravíssima, no âmbito do artigo 10 da LIA, para hipóteses em que os tipos inscritos em seu inciso demonstram uma estrutura pela qual a norma proibitiva descreve resultado passível de ser alcançado por gravíssima conduta funcional imprudente, negligente ou imperita – como se entrevê nos incisos IX, X e XII –, para que se promova a adequada e mínima proteção do bem jurídico, nos termos do artigo 37, § 4º da CF".

Marçal Justen Filho, em comentários à Lei 14.230/2021 lembra que a exigência da consciência e da vontade não excluem a possibilidade de tipificação fundada no dolo indireto. "Isso significa que a infração também se consuma nos casos em que o agente público tiver assumido o risco de produzir o resultado danoso"[79] (dolo eventual).

4. Resultado patrimonial lesivo: a Lei 14.230/2021, dentre as modificações operadas no *caput* do art. 10, passou a exigir **efetivo e comprovado dano ao Erário** para efeito de tipificação dos atos de

77. NEVES, Daniel Amorim Assumpção; OLIVEIRA, Rafael Carvalho Rezende. *Manual* ... p. 183.
78. CARVALHO FILHO, José dos Santos. *Manual* ... p. 996.
79. JUSTEN FILHO, Marçal. *Reforma da Lei de Improbidade* ... p. 92-93.

improbidade que elenca, tornando superado o entendimento jurisprudencial que admitia a capitulação de tais comportamentos mediante presunção e ficção de lesão ao patrimônio público (dano *in re ipsa*).

5. Síntese dos requisitos para a caracterização dos atos de improbidade que causam prejuízo ao Erário: a tipificação dos atos de improbidade previstos no art. 10 depende da concorrência de elementos objetivos e subjetivos. No plano objetivo, a conduta deve causar efetivo e comprovado prejuízo ao Erário, vedado o denominado dano *in re ipsa*, por conseguinte, enquanto a dimensão subjetiva requer que a conduta do agente seja animada pela intenção de causar prejuízo ao Erário (dolo).

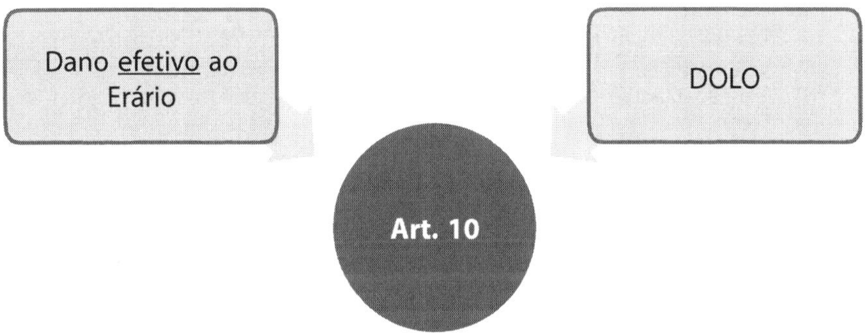

APLICAÇÃO EM PROVAS E CONCURSOS PÚBLICOS

1. **(IF-PA – Administrador – 2019) De acordo com a lei nº 8.429/92, são atos de improbidade administrativa que causam prejuízo ao erário, EXCETO:**
   (A) permitir ou facilitar a aquisição, permuta ou locação de bem ou serviço por preço superior ao de mercado.
   (B) ordenar ou permitir a realização de despesas não autorizadas em lei ou regulamento.
   (C) permitir, facilitar ou concorrer para que terceiro se enriqueça ilicitamente.
   (D) perceber vantagem econômica para intermediar a liberação ou aplicação de verba pública de qualquer natureza.
   (E) conceder benefício administrativo ou fiscal sem a observância das formalidades legais ou regulamentares aplicáveis à espécie.

2. **(Prefeitura de Salvador/BA – Técnico de Nível Superior II – Direito – FGV – 2017) Flávio de Souza, ex-Secretário de Saúde do Estado "X", é réu em ação de improbidade ajuizada pelo próprio Estado, na qual se pleiteia sua conde-**

nação pela prática de ato que importou enriquecimento ilícito; celebração de contrato com empresa que passou a custear passagens aéreas para a esposa do Secretário, como forma de manter cordiais as relações entre ambos.

Em sua defesa, ele alega que não houve lesão ao erário, uma vez que os valores cobrados pela empresa eram compatíveis com os preços de mercado, e que o pagamento de passagens aéreas se deu a outra pessoa (sua esposa), afastando a caracterização do ato de improbidade.

Sobre o caso narrado, assinale a afirmativa *incorreta*.

(A) A devolução do valor correspondente às passagens aéreas recebidas pela esposa deve constar obrigatoriamente de eventual sentença condenatória aplicada ao Secretário.

(B) A ação de improbidade pela prática de ato que importou enriquecimento ilícito pode ser proposta até cinco anos após o término do exercício do cargo de Secretário.

(C) A defesa do Secretário procede, porque, sem a configuração da lesão ao erário, como alegado, não é possível caracterizar a prática de ato de improbidade.

(D) A percepção, para si ou para outrem, de qualquer vantagem econômica pela empresa contratada pelo Poder Público caracteriza ato de improbidade.

(E) A perda da função pública, a suspensão dos direitos políticos de oito a dez anos e o pagamento de multa civil estão entre as penalidades a que está sujeito o Secretário.

3. (Câmara Municipal de Salvador/BA – Analista Legislativo Municipal – Gestão da Qualidade – FGV – 2018) De acordo com a Lei nº 8.429/92, o ato de improbidade administrativa que causa lesão ao erário público, ensejando perda patrimonial, desvio, apropriação, malbaratamento ou dilapidação dos bens públicos, pode ser praticado por conduta:

(A) comissiva ou omissiva, somente dolosa, perpetrada por agente público e por particular que induza ou concorra para a prática do ato de improbidade ou dele se beneficie sob qualquer forma direta ou indireta;

(B) comissiva ou omissiva, dolosa ou culposa, perpetrada por agente público e por particular que induza ou concorra para a prática do ato de improbidade ou dele se beneficie sob qualquer forma direta ou indireta;

(C) comissiva e dolosa, necessariamente, e que seja perpetrada por agente público e por particular que induza ou concorra para a prática do ato de improbidade ou dele se beneficie sob qualquer forma direta ou indireta;

(D) comissiva ou omissiva, dolosa ou culposa, perpetrada apenas por agente público, em sentido amplo;

(E) comissiva e dolosa, necessariamente, e que seja perpetrada apenas por agente público, em sentido amplo.

4. (TRT-2ª Região – Analista Judiciário - Área Administrativa – FCC – 2018) Considere as seguintes condutas:

I. Receber vantagem econômica de qualquer natureza, direta ou indiretamente, para omitir ato de ofício, providência ou declaração a que esteja obrigado.

II. Receber vantagem econômica de qualquer natureza, direta ou indireta, para tolerar a exploração ou a prática de jogos de azar, de lenocínio, de narcotráfico, de contrabando, de usura ou de qualquer outra atividade ilícita, ou aceitar promessa de tal vantagem.

III. Frustrar a licitude de concurso público.

IV. Permitir ou facilitar a aquisição, permuta ou locação de bem ou serviço por preço superior ao de mercado. V. Conceder benefício administrativo ou fiscal sem a observância das formalidades legais ou regulamentares aplicáveis à espécie.

De acordo com a Lei nº 8.429/1992, constituem atos de improbidade administrativa que causa lesão ao erário especificamente as condutas indicadas APENAS em

(A) III, IV e V.

(B) I, III e V.

(C) IV e V.

(D) I e II.

(E) III e IV.

5. **(Câmara Municipal de Bertolínia/PI – Procurador – Instituto Legatus – 2016) São atos de Improbidade Administrativa que causam Prejuízo ao Erário (Art. 10, da Lei 8.429/92), exceto:**

(A) Ordenar ou permitir a realização de despesas não autorizadas em lei ou regulamento.

(B) Adquirir, para si ou para outrem, no exercício de mandato, cargo, emprego ou função pública, bens de qualquer natureza cujo valor seja desproporcional à evolução do patrimônio ou à renda do agente público.

(C) Permitir ou facilitar a aquisição, permuta ou locação de bem ou serviço por preço superior ao de mercado.

(D) Ordenar ou permitir a realização de despesas não autorizadas em lei ou regulamento.

(E) Permitir, facilitar ou concorrer para que terceiro se enriqueça ilicitamente.

6. **(Prefeitura de Saquarema/RJ – Auditor Fiscal – CEPERJ – 2015 - adaptada) Nos termos da Lei Federal n° 8429/92, são atos de improbidade administrativa que causam prejuízo ao erário, dentre outros:**

(A) revelar ou permitir que chegue ao conhecimento de terceiro, antes da respectiva divulgação oficial, teor de medida política ou econômica capaz de afetar o preço de mercadoria, bem ou serviço.

(B) revelar fato ou circunstância de que o servidor/funcionário tem ciência em razão das atribuições e que deva permanecer em segredo.

(C) agir ilicitamente na arrecadação de tributo ou renda, bem como no que diz respeito à conservação do patrimônio público.

(D) perceber vantagem econômica para intermediar a liberação ou aplicação de verba pública de qualquer natureza.

(E) utilizar, em obra ou serviço particular, veículos, máquinas, equipamentos ou material de qualquer natureza, de propriedade ou à disposição de qualquer das entidades mencionadas no art. 1° da referida lei, bem como o trabalho de servidores públicos, empregados ou terceiros contratados por essas entidades.

7. **(Prefeitura de Guatambú/SC – Controlador Interno – Fepese – 2022) De acordo com a Lei 8.429/92, constitui ato de improbidade administrativa que causa lesão ao erário qualquer ação ou omissão dolosa, que enseje, efetiva e comprovadamente, perda patrimonial, desvio, apropriação, malbaratamento**

ou dilapidação dos bens ou haveres das entidades referidas na lei, e notadamente:

1. Ordenar ou autorizar a liquidação de despesas com restos a pagar em exercício diverso ao que ocorreu o empenho.
2. Ordenar ou permitir a realização de despesas não autorizadas em lei ou regulamento.
3. Realizar ou permitir operação de crédito por antecipação de receita a partir do décimo dia no primeiro ano de mandato.
4. Permitir ou facilitar a aquisição, permuta ou locação de bem ou serviço por preço superior ao de mercado.

Assinale a alternativa que indica todas as afirmativas **corretas**.

(A) São corretas apenas as afirmativas 1 e 3.

(B) São corretas apenas as afirmativas 2 e 4.

(C) São corretas apenas as afirmativas 1, 2 e 3.

(D) São corretas apenas as afirmativas 2, 3 e 4.

(E) São corretas as afirmativas 1, 2, 3 e 4.

8. (TJ/GO – Analista Judiciário – CS-UFG – 2021) Em conformidade com a lei federal n. 8.429, de 2 de junho de 1992, constitui ato de improbidade administrativa que causa prejuízo ao erário, dentre outros, o seguinte:

(A) ordenar ou permitir a realização de despesas autorizadas em lei ou regulamento.

(B) permitir ou facilitar a aquisição, permuta ou locação de bem ou serviço por preço superior ao de mercado.

(C) conceder benefício administrativo ou fiscal com a observância das formalidades legais ou regulamentares aplicáveis à espécie.

(D) liberar verba pública com a estrita observância das normas constitucionais pertinentes ou influir de qualquer forma para a sua aplicação irregular.

1	2	3	4	5	6	7	8
D	C	B	C	B	C	B	B

~~I - facilitar ou concorrer por qualquer forma para a incorporação ao patrimônio particular, de pessoa física ou jurídica, de bens, rendas, verbas ou valores integrantes do acervo patrimonial das entidades mencionadas no art. 1º desta lei;~~

I - facilitar ou concorrer, por qualquer forma, para a indevida incorporação ao patrimônio particular, de pessoa física ou jurídica, de bens, de rendas, de verbas ou de valores integrantes do acervo patrimonial das entidades referidas no art. 1º desta Lei; (Redação dada pela Lei nº 14.230, de 2021)

COMENTÁRIOS

A figura prevista no dispositivo em exame trata de **facilitação a apropriação de valores públicos**, pois o agente público facilita ou concorre por qualquer forma para a indevida incorporação ao patrimônio particular, de pessoa física ou jurídica, de bens, rendas, verbas ou valores integrantes do acervo patrimonial das entidades elencadas no art. 1º da LIA.

Nessa modalidade o agente público **adere à vontade do particular, concorrendo ou facilitando** a empreitada antijurídica. Assim, o agente torna fácil a concretização da incorporação ao patrimônio do particular (comportamento ativo) ou deixa de apresentar óbices para tanto (comportamento passivo). Em outras palavras, a conduta pode ser realizada tanto por ação (comissão) quanto por omissão (inércia).

Nem sequer é admissível a alegação de que atuou atendendo ordens do superior (obediência hierárquica), eis que os agentes públicos não são obrigados a cumprir ordem manifestamente ilegal.

São necessários três requisitos para a configuração do ato de improbidade em estudo:

(i) incorporação ao patrimônio do particular de bens pertencentes às entidades públicas (sujeito passivo);

(ii) participação do agente público que concorre ou facilita **dolosamente** a operação;

(iii) nexo entre a incorporação indevida e a atuação funcional do agente.

> **Importante:** a Lei 14.230/2021 promoveu a inserção, no tipo do inciso I, da expressão "indevida" para deixar assentado que somente se caracteriza tal modalidade de ato de improbidade administrativa se não houver justo título para a incorporação.

> II - permitir ou concorrer para que pessoa física ou jurídica privada utilize bens, rendas, verbas ou valores integrantes do acervo patrimonial das entidades mencionadas no art. 1º desta lei, sem a observância das formalidades legais ou regulamentares aplicáveis à espécie;

COMENTÁRIOS

O preceptivo legal incrimina a conduta do agente público que **permite ou concorre** para que pessoa física ou jurídica privada utilize bens, rendas, verbas ou valores integrantes do patrimônio dos sujeitos mencionados no art. 1º da LIA, sem a observância das formalidades legais ou regulamentares aplicáveis à espécie. Trata-se de tipo semelhante ao do inciso I, mas que com ele não se confunde:

Inciso I	Inciso II
O prejuízo resulta da **incorporação** dos bens ao patrimônio do particular, facilitado pelo agente ímprobo.	O prejuízo resulta do **uso** indevido pelo particular, facilitado pelo agente ímprobo.

O tipo contém um **elemento normativo** consistente na utilização do patrimônio público **sem a observância das formalidades legais ou regulamentares**. E, no âmbito administrativo, a utilização de bens públicos pelo particular deve ser precedida de concessão, permissão ou autorização de uso:

- ✓ *concessão:* contrato administrativo por meio do qual a Administração autoriza o uso privativo de bem público pelo particular, que deve utilizá-lo observando a sua destinação.
- ✓ *permissão:* ato unilateral, discricionário e precário pelo qual a Administração Pública autoriza o uso especial e individual de bem público pelo particular, para fins de interesse público.
- ✓ *autorização:* ato unilateral, discricionário e precário através do qual a Administração permite que o particular utilize com exclusividade de bem público. "Tais autorizações não geram privilégios contra a Administração ainda que remuneradas e fruídas por muito tempo, e, por isso mesmo, dispensam lei autorizativa e licitação para seu deferimento"[80].

80. MEIRELLES, Hely Lopes. *Direito* ... p. 644.

CARACTERÍSTICAS DA CONCESSÃO, PERMISSÃO E DA AUTORIZAÇÃO

Autorização	Permissão	Concessão
Unilateral	Unilateral	Unilateral
Precário	Precário	Precário
Discricionário	Discricionário	Discricionário
Predomínio do Interesse particular	Uso do bem para fins de interesse público	Exploração segundo a destinação especifica do bem
xxx	xxx[1]	Depende de licitação

[1] A Lei 8.666/93 (art. 2º, *caput*) e a Lei 14.133/2021 – "Nova Lei de Licitações e Contratos Administrativos" (art. 2º, inciso IV) determinam a incidência de suas normas à permissão de uso, o que parece incompatível com a natureza precária do ato. Não por outra razão o tema é controvertido em sede doutrinária. Há quem considere que a obrigatoriedade recaia somente sobre as permissões de uso formalizadas através de contrato. Nesse sentido é o magistério de Maria Sylvia Zanella Di Pietro:

> "É verdade que a Lei nº 8.666/93, no artigo 2º, inclui a permissão entre os ajustes que, quando contratados com terceiros, serão necessariamente precedidos de licitação. Tem-se, no entanto, que entender a norma em seus devidos termos. Em primeiro lugar, deve-se atentar para o fato de que a Constituição Federal, no artigo 175, parágrafo único, I, refere-se à permissão de serviço público como contrato; talvez por isso se justifique a norma do artigo 2º da Lei nº 8.666/93. Em segundo lugar, deve-se considerar também que este dispositivo, ao mencionar os vários tipos de ajustes em que a licitação é obrigatória, acrescenta a expressão quando contratados com terceiros, o que faz supor a existência de um contrato"[81].

José dos Santos Carvalho Filho, por sua vez, entende necessária a licitação "sempre que for possível e houver mais de um interessado na utilização do bem, evitando-se favorecimentos ou preterições ilegítimas"[82].

81. DI PIETRO, Maria Sylvia Zanella. **Direito Administrativo**. 18ª ed. São Paulo: Atlas, 2005, p. 605.
82. CARVALHO FILHO, José dos Santos. *Manual de Direito Administrativo*. 24ª ed. Rio de Janeiro: Lumen Juris, 2011, p. 1079.

CASUÍSTICA

"PROCESSUAL CIVIL. AGRAVO. RECURSO ESPECIAL. FUNDAMENTO NÃO IMPUGNADO. SÚMULA 283/STF. IMPROBIDADE ADMINISTRATIVA. DANO AO ERÁRIO. OCORRÊNCIA. NEXO DE CAUSALIDADE. ÔNUS DA PROVA. 1. Comprovada a prática de dano ao Erário, consistente no pagamento aos professores municipais sem a observância das formalidades legais, caracteriza-se a conduta prevista no art. 10, II, da Lei 8.429/92, com a imposição das sanções do seu art. 12. 2. Os fundamentos utilizados pelo Tribunal a quo capazes de manter o acórdão hostilizado não foram atacados pela agravante. Incidência, por analogia, da Súmula 283/STF. 3. Agravo Regimental não provido" (STJ, *AgRg no Ag 1.307.278/ SE*, 2ª T., rel. Min. Herman Benjamin, j. 19.10.2010, DJe 02.02.2011).

"ADMINISTRATIVO. IMPROBIDADE. PERMISSÃO DE USO DE IMÓVEL PÚBLICO. ABRIGO DE CRIANÇAS EM SITUAÇÃO DE RISCO. VIOLAÇÃO DOS ARTS. 10 E 11 DA LEI 8.429/1992 NÃO CONFIGURADA. 1. Cuidam os autos de Ação de Improbidade Administrativa movida pelo Município de Esteio contra o ora recorrido, ex-prefeito, por ter permitido o uso, a título precário, de imóvel público por servidora municipal durante o período de março/1994 a dezembro/1996. 2. O Tribunal de origem manteve a sentença que julgou improcedente o pedido, por constatar que a permissão de uso do imóvel destinou-se à realização de serviço voluntário da servidora, qual seja, cuidar de crianças sujeitas a abusos e maus-tratos durante a noite e nos finais de semana, ante a inexistência, à época, de Conselho Tutelar devidamente estruturado. 3. Da leitura do acórdão recorrido não se infere violação dos arts. 10 e 11 da Lei 8.429/1992, haja vista a ausência de dano ao Erário ou de atentado aos princípios administrativos. 4. Ainda que a permissão tenha se ressentido da lei autorizadora prevista na Lei Orgânica do Município, o ato destinou-se a assegurar o direito fundamental, absoluto e prioritário das crianças e dos adolescentes de obter proteção especial, conforme assegurado pelo art. 227 da Constituição da República. 5. Eventual ilegalidade na formalização do ato questionado é insuficiente a configurar improbidade administrativa, porquanto a situação delineada no acórdão recorrido afasta a existência de imoralidade, desídia, desvio ético ou desonestidade na conduta do recorrido. 6. Recurso Especial não provido" (STJ, *REsp 1.129.277/RS*, 2ª t., rel. Min. Herman Benjamin, j. 04.05.2010, DJe 21.06.2010).

"AÇÃO CIVIL PÚBLICA IMPROBIDADE ADMINISTRATIVA Prestação de serviços em propriedades particulares pagos com dinheiro público Violação do artigo 10, inciso II, da Lei de Improbidade Administrativa Aplicação das sanções previstas na Lei nº 8.429/92 segundo o princípio da proporcionalidade Preliminar afastada. Recurso improvido". (TJSP, *AP 0142725-71.2007.8.26.0000*, 7ª Câmara de Direito Público, rel. Des. Moacir Peres, j. 26.09.2011).

"APELAÇÃO CÍVEL. ADMINISTRATIVO. IMPROBIDADE. USO INDEVIDO DE MAQUINÁRIO E SERVIDORES PÚBLICOS. CONSTRUÇÃO DE OBRA PARTICULAR. I - Constitui ato de improbidade administrativa, violador dos princípios da legalidade e moralidade, como também causador de dano ao erário, ex vi dos arts.10 da

Lei 8.429/92, a autorização de utilização de maquinário e servidores públicos para fins particulares (construção de obra privada). II - A dosimetria da sanção deve obedecer aos princípios da razoabilidade e proporcionalidade, a fim de penalizar o agente praticante de ato ímprobo, considerando a gravidade da conduta e a eficácia da pena" (TJMG, *AC 1.0210.06.035197-5/001*, 8ª câmara Cível, rel. Des. Fernando Botelho, j. 10.02.2011, DJe 08.06.2011).

APLICAÇÃO EM PROVAS E CONCURSOS PÚBLICOS

1. **(UFRN - Assistente em Administração – COMPERVE - 2018) Maria João é uma funcionária que ocupa cargo de provimento efetivo em uma repartição pública como Chefe do Setor de Merenda. Sensibilizada com a situação de uma amiga de infância, permitiu que ela entrasse na dispensa da escola onde trabalhava e levasse alguns alimentos para preparar comida para sua família. Sabe-se que esse é um caso de improbidade administrativa, que importa em**

   (A) enriquecimento ilícito advindo da lesão ao erário por meio do desvio, da apropriação ou da dilapidação de bens da entidade.

   (B) enriquecimento ilícito advindo de qualquer tipo de vantagem patrimonial indevida em razão do exercício do cargo.

   (C) prejuízo ao erário por permitir que pessoa física utilize bens, rendas ou valores integrantes do acervo patrimonial.

   (D) prejuízo ao erário por permitir a concessão de benefícios fiscais sem a observância das formalidades legais.

1
C

III - doar à pessoa física ou jurídica bem como ao ente despersonalizado, ainda que de fins educativos ou assistências, bens, rendas, verbas ou valores do patrimônio de qualquer das entidades mencionadas no art. 1º desta lei, sem observância das formalidades legais e regulamentares aplicáveis à espécie;

COMENTÁRIOS

Cuida o inciso III, ora em comentário, da **doação ilegal** de bens integrantes do acervo patrimonial das entidades públicas e privadas sujeitas aos efeitos da LIA (art. 1º). Traduz a conduta do agente público que doa à pessoa física ou jurídica bem como a ente despersonalizado, ainda que de fins educativos ou assistenciais, bens, rendas, verbas ou valores do patrimônio dos sujeitos passivos do ato de improbidade, sem a observância das formalidades legais e regulamentares aplicáveis à espécie. No jargão popular, o sujeito faz cortesia com o chapéu alheio!

Pune-se o agente público que realiza doação sem observar os requisitos legais e regulamentares pertinentes, os quais são elencados pelos arts. 17 a 19 da Lei nº 8.666, de 1993 (e 76 da Lei 14.133/2021), variando conforme se trate de bem móvel ou imóvel, conforme quadro mnemônico elaborado com base na Nova Lei de Licitações e Contratos Administrativos:

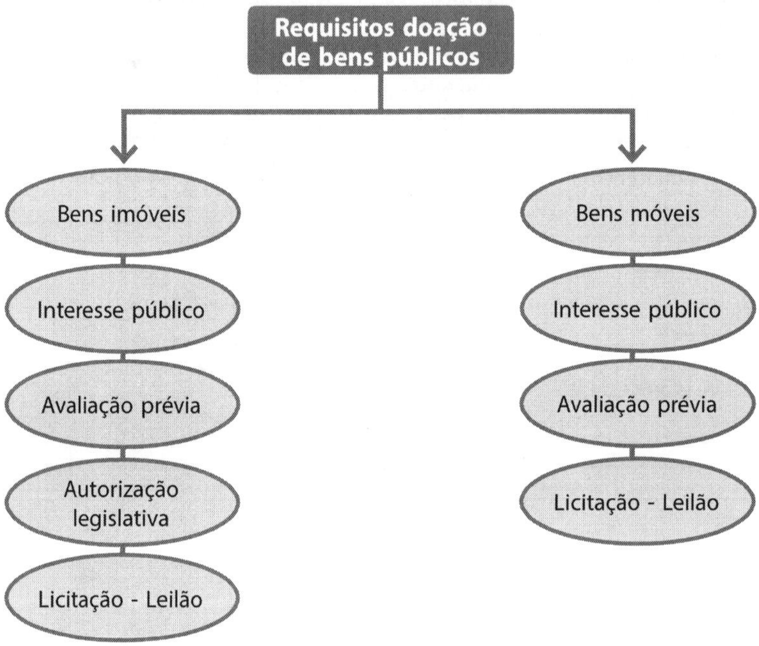

Atenção: na Lei 8.666/93, ainda aplicável por força do art. 191 da Lei 14.133/2021, a licitação para a alienação (doação) de bens públicos imóveis é a concorrência, não havendo especificação da modalidade licitatória aplicável aos bens móveis. Assim, tem-se:

LEI 8.666/93	LEI 14.133/2021
Concorrência	**Leilão tanto para bens imóveis quanto para móveis.**

Tratando-se de bens públicos de uso comum é imprescindível a prévia desafetação para que passem a integrar o patrimônio disponível da Administração.

APLICAÇÃO EM PROVAS E CONCURSOS PÚBLICOS

1. (UFRN - Assistente em Administração – COMPERVE - 2018) A Lei nº 8.429, de 2 de junho de 1992, dispõe sobre as sanções aplicáveis aos agentes públicos nos casos de enriquecimento ilícito no exercício de mandato, de cargo, de emprego ou de função na administração pública direta, indireta ou fundacional e dá outras providências. De acordo com os princípios doutrinários presentes no texto legal, assinale a alternativa INCORRETA.

(A) Constitui ato de improbidade administrativa, que importa enriquecimento ilícito, receber vantagem econômica de qualquer natureza, direta ou indiretamente, para omitir ato de ofício, de providência ou de declaração a que esteja obrigado.

(B) Constitui ato de improbidade administrativa, que causa lesão ao erário, permitir, facilitar ou concorrer para que terceiro se enriqueça ilicitamente.

(C) Constitui ato de improbidade administrativa, que atenta contra os princípios da administração pública, revelar ou permitir que chegue ao conhecimento de terceiro, antes da respectiva divulgação oficial, teor de medida política ou econômica capaz de afetar o preço de mercadoria, bem ou serviço.

(D) Constitui ato de improbidade administrativa, que causa prejuízo ao erário, doar à pessoa física ou jurídica, bem como ao ente despersonalizado, bens, rendas, verbas ou valores do patrimônio de qualquer entidade vinculada à administração pública, exceto àquelas de fins educativos ou assistenciais.

1
D

IV - permitir ou facilitar a alienação, permuta ou locação de bem integrante do patrimônio de qualquer das entidades referidas no art. 1º desta lei, ou ainda a prestação de serviço por parte delas, por preço inferior ao de mercado;

COMENTÁRIOS

A conduta descrita no tipo em comento consiste em **permitir ou facilitar** a alienação, permuta ou locação de bem integrante do patrimônio de qualquer das entidades públicas ou privadas de que trata o art. 1º da LIA, ou ainda a prestação de serviço por parte delas, por preço inferior ao de mercado. **No entanto, se o agente público perceber qualquer vantagem econômica para concretizar as condutas vedadas incorrerá no ato de improbidade do art. 9º, inciso II, da LIA.**

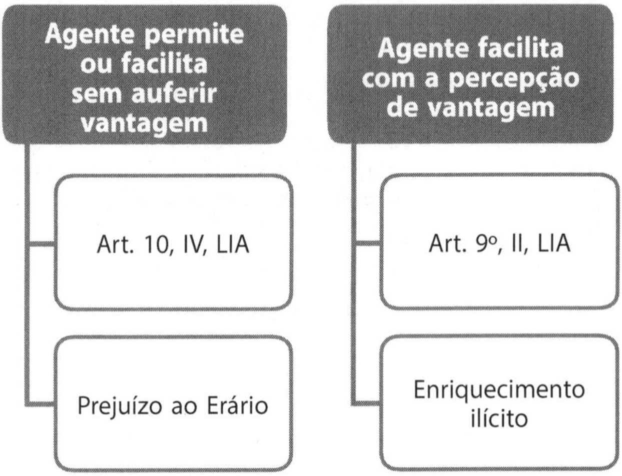

É indispensável, para a punição do agente, a demonstração de que a estimativa destoa dos preços de mercado, não sendo suficiente a mera juntada de pesquisas de mercado "[...] uma vez que as condições dos bens alienados, permutados ou locados precisam ser avaliadas, no sentido de se evidenciar a diferença a menos que lesiona o Erário"[83].

CASUÍSTICA

"ADMINISTRATIVO E PROCESSUAL CIIL. RECURSO ESPECIAL. AÇÃO CIVIL PÚBLICA. IMPROBIDADE ADMINISTRATIVA. VIOLAÇÃO DO ART. 535 DO CPC. AUSÊNCIA. RESSARCIMENTO AO ERÁRIO. LEGITIMIDADE ATIVA DO MINISTÉRIO PÚBLICO. TIPIFICAÇÃO DO ATO ÍMPROBO. SÚMULA 7/STJ. CUMULATIVIDADE DAS SANÇÕES. POSSIBILIDADE. PRINCÍPIOS DA RAZOABILIDADE E PROPORCIONALIDADE. [...] 3. **Esta Corte tem entendido ser cabível a ação civil pública, na forma como disposta na Lei n. 7.347/85, para fins de responsabilização do agente público por atos de improbidade administrativa. O *Parquet* é parte legítima para requerer a reparação dos danos causados ao erário, bem como a sanção pertinente, nos termos da Lei n. 8.429/92**. 4. De acordo com o Tribunal de origem, o agente - ex-vereador - agiu de forma consciente em **prejuízo ao erário**, bem como em **ofensa aos princípios da administração**, pois teria **utilizado veículo oficial e funcionários (motoristas) da Câmara Municipal para dirigem as viaturas e transportar pedreiros para a construção de casa de veraneio em propriedade particular**, entre os períodos de 1997 e 1998. Tais fatos teriam se repetido por 38 (trinta e oito) vezes e o pagamento de motoristas, diárias, horas extras e ajudas de custo correram às expensas do erário. A modificação do posicionamento adotado, no ponto,

83. FAZZIO JÚNIOR, Waldo. *Improbidade* ... p. 219

demanda o revolvimento do conteúdo fático-probatório dos autos, medida sabidamente vedada em sede de recurso especial pelo óbice da Súmula 7/STJ [...]" (STJ, *REsp 1.153.738/SP*, 2ª T., rel. Min. Og Fernandes, j. 26.08.2014, DJe 05.09.2014, grifamos).

V - permitir ou facilitar a aquisição, permuta ou locação de bem ou serviço por preço superior ao de mercado;

COMENTÁRIOS

O dispositivo em exame capitula conduta semelhante à do comando anterior:

Inciso IV	Inciso V
Agente permite ou facilita a alienação, permuta ou locação por **preço inferior** ao de mercado	Agente permite ou facilita a aquisição, permuta ou locação por **preço superior** ao de mercado;
Há **subfaturamento.**	Há **superfaturamento.**

CASUÍSTICA

"ADMINISTRATIVO E PROCESSUAL CIVIL. ACÓRDÃO DEVIDAMENTE FUNDAMENTADO. AUSÊNCIA DE VIOLAÇÃO DO ART. 535 DO CPC. IMPROBIDADE ADMINISTRATIVA CONFIGURADA. PENALIDADES QUE RESPEITAM O PRINCÍPIO DA RAZOABILIDADE. 1. O Tribunal de origem enfrentou devidamente as questões que lhe foram apresentadas, não sendo, para isso, obrigado a refutar, um a um, os argumentos expendidos pela parte. A fundamentação, que pode ser observada nas fls. 1.106/1.107 do acórdão, é suficiente para demonstrar a culpabilidade, a ilegalidade e a prova do ato ímprobo, juntamente com os danos causados ao erário. Portanto, inexiste violação do art. 535 do CPC. 2. O acórdão recorrido respondeu satisfatoriamente as questões colocadas no recurso de apelação, ao indicar todos os elementos que ensejam a incidência da lei de improbidade administrativa, tais quais, a ação, o nexo de causalidade, o prejuízo ao erário, a ilegalidade e o dolo que permeou a conduta dos acusados. **3. A análise efetivada pelo Tribunal de origem se mostra correta, pois é possível identificar nos fatos consignados a existência de conduta dolosa, ilegal e que gerou prejuízo aos cofres públicos. Trata-se, no caso, de fraude ao procedimento licitatório, com a compra de impressos para a administração pública que custaram entre 566,67% e 1504% acima do preço de mercado.** 4. A verificação a respeito da proporcionalidade das sanções aplicadas incide na vedação da Súmula 7/STJ, quando a penalidade não se mostra, a prima facie, desarrazoada. É o que ocorre no caso concreto. Agravo regimental improvido". (STJ, *agRg no REsp 1.199.599/SP*, 2ª T., rel. Min. Humberto Martins, j. 14.04.2011, DJe 26.04.2011, grifamos)

APLICAÇÃO EM PROVAS E CONCURSOS PÚBLICOS

1. (MPC-PA – Analista Ministerial – Controle Externo – Cespe – 2019) Autoridade administrativa de determinado ente ofereceu representação ao Ministério Público contra conduta de agente público que resultou na locação de bem, pelo poder público, em valor superior ao de mercado. Nessa situação hipotética, o ato imputado

(A) não caracteriza improbidade administrativa, por ausência de previsão legal.

(B) somente caracteriza improbidade administrativa se houver conduta dolosa e for comprovado o enriquecimento ilícito do agente público.

(C) apenas caracteriza improbidade administrativa se a conduta for dolosa, independentemente da comprovação de enriquecimento ilícito do agente público.

(D) caracteriza improbidade administrativa se for demonstrada conduta dolosa ou culposa, desde que seja comprovado o enriquecimento ilícito do agente público.

(E) caracteriza improbidade administrativa se for demonstrada conduta dolosa ou culposa, independentemente da comprovação de enriquecimento ilícito do agente público.

2. (Instituto de Previdência dos Municipários de Ribeirão Preto – IPM/SP – Assessoria em Organização de Concursos Públicos – AOCP – Agente de Administração – 2018) Conforme o art. 10 da Lei nº 8.429/1992, assinale a alternativa que apresenta uma conduta que se enquadra como ato de improbidade administrativa que causa prejuízo ao erário.

(A) Frustrar a licitude de concurso público.

(B) Revelar ou permitir que chegue ao conhecimento de terceiro, antes da respectiva divulgação oficial, teor de medida política ou econômica capaz de afetar o preço de mercadoria, bem ou serviço.

(C) Perceber vantagem econômica para intermediar a liberação ou aplicação de verba pública de qualquer natureza.

(D) Aceitar emprego, comissão ou exercer atividade de consultoria ou assessoramento para pessoa física ou jurídica que tenha interesse suscetível de ser atingido ou amparado por ação ou omissão decorrente das atribuições do agente público, durante a atividade.

(E) Permitir, facilitar ou concorrer para que terceiro se enriqueça ilicitamente.

1	2
E	E

VI - realizar operação financeira sem observância das normas legais e regulamentares ou aceitar garantia insuficiente ou inidônea;

COMENTÁRIOS

O tipo em questão considera ímprobo o comportamento do agente público que **realiza operação financeira ilegal** ou **aceita garantia insuficiente ou inidônea.** Para tanto, considera-se operação financeira qualquer transação envolvendo dinheiro público, tais como empréstimo, operações de crédito em geral, emissão de títulos da dívida pública, aplicação de recursos públicos e assunção de obrigações financeiras.

De acordo com a Lei de Responsabilidade Fiscal (LRF) são consideradas ilegais as seguintes operações:

- contratar operação de crédito em desacordo com os limites e condições estabelecidas em resolução do Senado Federal ou sem fundamento na lei orçamentária (art. 32, § 1º, incisos I e III);
- concessão de empréstimos, financiamentos, refinanciamentos e subvenções sem autorização legislativa específica, desatendendo as condições previstas na lei de diretrizes orçamentárias e sem previsão no orçamento ou em créditos adicionais (art. 26);
- contratação de operação de crédito por antecipação de receita enquanto existir operação anterior da mesma natureza ainda não integralmente resgatada (art. 38, inciso IV);
- contratação de empréstimos que superem o montante das despesas de capital não lastreadas em créditos suplementares ou especiais com finalidade precisa, aprovados pelo Poder Legislativo por maior absoluta (art. 32, § 1º, V, e art. 167, III, CF);
- realização de operação de crédito entre instituição financeira estatal e o ente da Federação que a controle, na qualidade de beneficiário do empréstimo (art. 36);

- concessão de empréstimos ou de financiamentos com dinheiro público para, sem autorização legislativa específica, socorrer instituição privada do Sistema Financeiro Nacional (art. 28).

Lembra Marino Pazzaglini Filho que "só haverá exclusão do elemento subjetivo na espécie se o agente público supôs, por interpretação ou erro inevitável, que a operação de crédito tinha base legal ou que a garantia prestada era suficiente ou idônea"[84]. Ora, tem que ficar claro que **o agente laborou em erro inevitável**, não lhe socorrendo interpretação manifestamente *contra legem*. Nesse sentido, a propósito, o art. 28 da Lei de Introdução às Normas do Direito Brasileiro, incluído pela Lei 13.655, de 2018, preconiza que "o agente público responderá pessoalmente por suas decisões ou opiniões técnicas em caso de **dolo ou erro grosseiro**".

CASUÍSTICA

"ADMINISTRATIVO. RECURSO ESPECIAL. EMPRÉSTIMO BANCÁRIO. ANTECIPAÇÃO DE RECEITA. EXIGÊNCIA DE AUTORIZAÇÃO LEGISLATIVA ESPECÍFICA. DESCUMPRIMENTO. IMPROBIDADE. 1. O acórdão manteve a condenação de Prefeito Municipal por improbidade administrativa, por entender necessário procedimento licitatório, bem como autorização legislativa específica para a contratação de empréstimos bancários por antecipação de receita. 2. Embora seja dispensável, na hipótese, o procedimento licitatório para a realização de operação bancária, já que realizada antes da Lei de Responsabilidade Fiscal, subiste o acórdão ao reconhecer a irregularidade das operações de empréstimo sem autorização do Legislativo Municipal. **3. A lei do orçamento anual (ato-regra) pode autorizar, genericamente, as operações de crédito por antecipação de receita (art. 165, § 8º), o que não afasta a necessidade de aprovação, em cada caso, por ato legislativo de inferior hierarquia (ato-condição). 4. Assim, para as operações de crédito por antecipação de receita não basta a autorização genérica contida na lei orçamentária, sendo indispensável autorização específica em cada operação. A inobservância de tal formalidade, ainda que não implique em enriquecimento ilícito do recorrente ou prejuízo para o erário municipal, caracteriza ato de improbidade, nos termos do art. 11 da Lei n.º 8.429/92, à mingua de observância dos preceitos genéricos que informam a administração pública, inclusive a rigorosa observância do princípio da legalidade.** 5. Recurso especial improvido" (STJ, *REsp 410.414/SP*, 2ª T., rel. Min. Castro Meira, j. 19.08.2004, DJ 27.09.2004, grifamos).

84. PAZZAGLINI FILHO, Marino. *Lei de Improbidade* ... p. 84.

APLICAÇÃO EM PROVAS E CONCURSOS PÚBLICOS

1. (Telebras – Especialista em Gestão de Telecomunicações – Cespe-Cebraspe – 2022) **Acerca das sanções aplicáveis em virtude da prática de atos de improbidade administrativa, julgue o item que se segue.**

   Constitui ato de improbidade administrativa que importa enriquecimento ilícito realizar operação financeira sem observância das normas legais e regulamentares, ou aceitar garantia insuficiente ou inidônea.

1
F

VII - conceder benefício administrativo ou fiscal sem a observância das formalidades legais ou regulamentares aplicáveis à espécie;

COMENTÁRIOS

A punição do ato de improbidade em comento decorre do fato de que a concessão benefício administrativo ou fiscal é medida excepcional que, não raras vezes, importa em redução de receita e, por isso, deve rigorosa observância às formalidades legais aplicáveis à espécie. No caso de benefícios fiscais que acarretam renúncia de receita, tais como anistia, remissão, subsídio, isenção tributária em caráter não geral, subvenções sociais e econômicas e redução discriminada de tributos ou contribuições, o art. 14 da Lei de Responsabilidade Fiscal condiciona sua concessão a concorrência dos seguintes requisitos:

(i) estimativa de seu impacto orçamentário-financeiro no exercício de sua vigência e nos dois subsequentes;

(ii) compatibilidade com a Lei de Diretrizes Orçamentárias (LDO);

(iii) cumprimento de pelo menos uma das seguintes condições:

(iv) demonstração de que a renúncia foi considerada na estimativa da receita prevista na Lei Orçamentária Anual (LOA) e ausência de comprometimento das metas previstas no Anexo de Metas Fiscais; ou

(v) previsão de medidas de compensação nos citados exercícios financeiros por meio de aumento de receita, proveniente de elevação de alíquotas ampliação da base de cálculo, majoração ou criação de tributo ou contribuição.

APLICAÇÃO EM PROVAS E CONCURSOS PÚBLICOS

1. **(MP/SC – Promotor de Justiça Substituto – Cespe-Cebraspe – 2021) Julgue o item seguinte, com base na Lei n.º 8.429/1992 — Lei de Improbidade Administrativa.**

   De acordo com a referida lei, constitui ato de improbidade administrativa a ação ou omissão para conceder benefício financeiro ou tributário indevido.

2. **(Fundo de Previdência dos Servidores – AparecidaPrev/GO – Assessor Jurídico – 2018) Segundo a tipologia da improbidade trazida pela Lei n. 8.429/1992, de Improbidade Administrativa, configura Ato de Improbidade Administrativa que causa prejuízo ao erário:**

   (A) perceber vantagem econômica para intermediar a liberação ou aplicação de verba pública de qualquer natureza.

   (B) conceder, aplicar ou manter benefício financeiro ou tributário contrário à alíquota mínima do Imposto Sobre Serviço de Qualquer Natureza, que é de 2%.

   (C) conceder benefício administrativo ou fiscal sem a observância das formalidades legais ou regulamentares aplicáveis à espécie.

   (D) descumprir as normas relativas à celebração, fiscalização e aprovação de contas de parcerias firmadas pela administração pública com entidades privadas.

3. **(IFF – Administrador – FCM – 2016) De acordo com o art. 10º da Lei n.º 8.429/1992, constitui ato de improbidade administrativa que causa prejuízo ao erário**

   (A) negar publicidade aos atos oficiais.

   (B) retardar ou deixar de praticar, indevidamente, ato de ofício.

   (C) conceder benefício administrativo ou fiscal sem a observância das formalidades legais ou regulamentares aplicáveis à espécie.

   (D) receber vantagem econômica de qualquer natureza, direta ou indiretamente, para omitir ato de ofício, providência ou declaração a que esteja obrigado.

   (E) receber, para si ou para outrem, dinheiro, bem móvel ou imóvel, ou qualquer outra vantagem econômica, direta ou indireta, a título de comissão, percentagem, gratificação ou presente de quem tenha interesse, direto ou indireto, que possa ser atingido ou amparado por ação ou omissão decorrente das atribuições do agente público.

1	2	3
V	C	C

~~VIII - frustrar a licitude de processo licitatório ou de processo seletivo para celebração de parcerias com entidades sem fins lucrativos, ou dispensá-los indevidamente (Redação dada pela Lei nº 13.019, de 2014);~~

VIII - frustrar a licitude de processo licitatório ou de processo seletivo para celebração de parcerias com entidades sem fins lucrativos, ou dispensá-los indevidamente, acarretando perda patrimonial efetiva; (Redação dada pela Lei nº 14.230, de 2021)

COMENTÁRIOS

Incorre no ato de improbidade de que trata o preceptivo legal em exame o agente público que **frustra a licitude de processo licitatório ou de processo seletivo** de seleção de parcerias com entidades sem fins lucrativos, ou dispensa-os indevidamente, **causando perda patrimonial efetiva**. A conduta consiste em **frustrar** a licitude, o que significa fraudar, prejudicar os objetivos do processo, reduzindo o seu caráter competitivo, bem como **dispensá-lo** indevidamente, ou seja, fora das hipóteses legalmente permitidas, incidindo tanto em relação ao processo licitatório quanto em processo de seleção de entidades sem fins lucrativos.

	Processo licitatório	Processo seletivo
Finalidade	Destinado para a contratação de serviços, obras, compras e alienações.	Instrumento próprio para a seleção de organizações da sociedade civil para fins de parceria.
Regência legal	Lei 8.666, de 1993/Lei 14.133/2021.	Lei 13.019, de 2014.

Analisemos, primeiramente, alguns aspectos do processo licitatório para, em seguida, valendo-se de tais lições, analisar as principais hipóteses de fraudes capazes de ensejar a punição do agente público e do terceiro colaborador ou beneficiário.

As contratações de obras e serviços pelo Poder Público devem ser precedidas de licitação pública, a fim de garantir a participação de todos os interessados. Trata-se de mandamento constitucional plasmado no inciso XXI do art. 37 segundo o qual "ressalvados os casos especificados na legislação, as obras, serviços, compras e alienações serão contratados mediante processo de licitação pública que assegure igualdade de condições a todos os concorrentes, com cláusulas que estabeleçam obrigações de pagamento, mantidas as condições efetivas da proposta, nos termos da lei, o qual somente permitirá as exigências de qualificação técnica e econômica indispensáveis à garantia do cumprimento das obrigações".

E para alcançar as finalidades anunciadas no dispositivo constitucional foi editada, pela União, no exercício da competência que lhe foi atribuída pelo art. 22, inciso XXVII, a Lei 8.666, de 1993, que dispõe sobre as regras gerais aplicáveis à licitação, a qual será revogada pela Lei 14.133/2021 após decorridos dois anos da publicação do novo Estatuto. Nesse período de transição, poder-se-á aplicar a Lei 8.666/93 ou a Lei 14.133/2021, a depender da escolha do órgão público, desde que não haja combinação das normas.

Cuida-se de um procedimento administrativo aberto à participação de todos os interessados e que tem por objetivo selecionar a proposta mais vantajosa para a Administração Pública firmar contrato administrativo de obras, serviços, inclusive de publicidade, compras ou alienações de bens, concessões, permissões e locações de seu interesse. A sobredita legislação traçou um procedimento bifásico para a concretização das compras públicas:

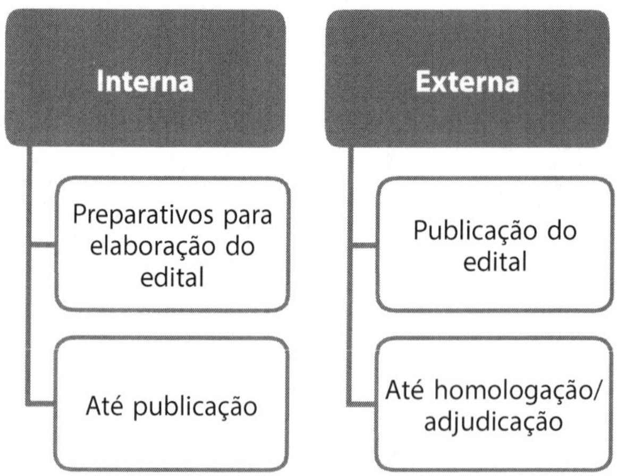

A fase interna compreende as atividades desenvolvidas no seio da Administração (*intra muros*), tais como elaboração de projeto básico, de pesquisa de mercado, verificação de previsão de recursos orçamentários e financeiros, escolha da modalidade, formação da Comissão (caso não haja Comissão Permanente), elaboração do edital e aprovação da assessoria jurídica. De outro lado, a fase externa é aquela em que é assegurada a participação dos interessados, tendo início com a publicação do edital e encerramento com a homologação do certame e adjudicação de seu objeto ao licitante vencedor.

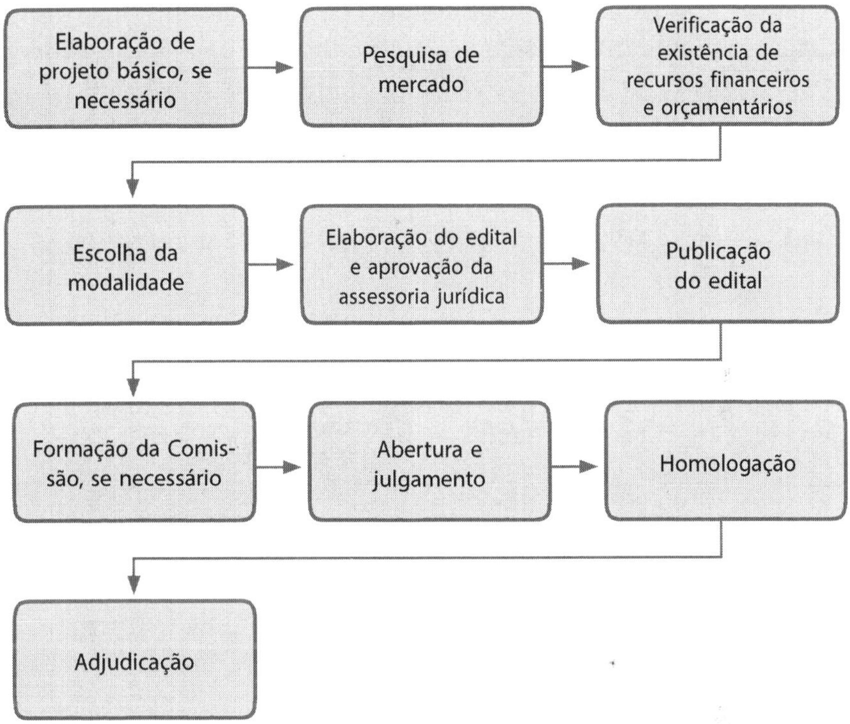

Excepcionalmente, não será necessária a realização do procedimento, podendo a contratação ser realizada diretamente com o interessado. Três são as hipóteses de contratação direta:

1. Licitação dispensável →	✓ Há viabilidade de competição, mas a lei autoriza o administrador não realizar o certamente licitatório. Vale dizer, a realização do procedimento licitatório fica a critério do administrador (**discricionariedade**); ✓ Hipóteses: art. 24, Lei 8.666, de 1993 e/ou art. 75 da Lei 14.133/2021 (**rol taxativo**).
2. Licitação dispensada →	✓ Há viabilidade de competição, mas o administrador **não** pode realizar o certame licitatório; ✓ Hipóteses: art. 17, incisos I e II, Lei 8.666, de 1993 e/ou art. 76, incisos I e II da Lei 14.133/2021 (**rol taxativo**).

3. Licitação inexigível →	✓ Há inviabilidade de competição; ✓ Hipóteses: art. 25, incisos I, II e III, Lei 8.666, de 1993 e/ou art. 74, incisos I a V da Lei 14.133/2021 (**rol exemplificativo**).

Sobre a licitação dispensável fundada no valor da compra ou serviço, prevista no art. 24, incisos I e II, da Lei 8.666, de 1993, importante **atualização legislativa ocorreu com a publicação do Decreto Federal nº 9.412, de 18 de junho de 2018**, que, com base no art. 120 da Lei de Licitações e Contratos Administrativos, atualizou os valores para a definição das modalidades de licitação, dispostos no art. 23, incisos I e II, que também são utilizados como parâmetro para a contratação direta. Assim, atualmente é dispensável a licitação:

Obras e serviços de engenharia	**Outros serviços e compras**
10% dos valores previstos no art. 1º, I, "a", Decreto 9.412/2018	10% dos valores previstos no art. 1º, II, "a", Decreto 9.412/2018
Até R$ 33.000,00	Até R$ 17.600,00

Atenção: a Lei 14.133/2021 ("Nova Lei de Licitações e Contratos Administrativos") previu no art. 75, incisos I e II, novos valores para a licitação dispensável fundada no valor, fixando-os da seguinte forma:

<table>
<tr><td>(a) obras e serviços de engenharia e serviços de manutenção de veículos automotores</td><td>contratação que envolva valores inferiores a R$ 100.000,00 (cem mil reais).</td></tr>
<tr><td>(b) outros serviços e compras</td><td>contratação que envolva valores inferiores a R$ 50.000,00 (cinquenta mil reais)</td></tr>
<tr><td colspan="2">Os referidos valores serão duplicados para obras e serviços contratados por consórcio público ou por autarquia ou fundação qualificadas como agências executivas, na forma da lei, por força do disposto no § 2º do art. 75 da Lei 14.133/2021.</td></tr>
</table>

> Além disso, para a aferição dos referidos valores, deverão ser observados:
>
> i. o somatório do que for despendido no exercício financeiro pela respectiva unidade gestora;
>
> ii. o somatório da despesa realizada com objetos de mesma natureza, entendidos como tais aqueles relativos a contratações no mesmo ramo de atividade (art. 75, § 1º da Lei 14.133/2021).
>
> O § 3º do art. 75 estabelece um procedimento para a realização da dispensa com base no valor, garantindo ampla competitividade ao dispor que as referidas contratações "serão preferencialmente precedidas de divulgação de aviso em sítio eletrônico oficial, pelo prazo mínimo de 3 (três) dias úteis, com a especificação do objeto pretendido e com a manifestação de interesse da Administração em obter propostas adicionais de eventuais interessados, devendo ser selecionada a proposta mais vantajosa".

"É necessário distinguir o pequeno valor do objeto a ser contratado ou do serviço e o mero fracionamento de outro objeto maior, que reclame licitação. O administrador público não pode, sob pena de ilegalidade, extrair pequenas obras e serviços de valor irrisório, de um complexo de obras e serviços necessários, salvo se o recomendar motivação de ordem técnica, inclusive para ensejar maior competitividade (art. 8º, § 1º). A fuga da licitação pela porta dos fundos do fracionamento de seu objeto é ato fraudulento que justifica as sanções do art. 12, II, da Lei nº 8.429/92"[85].

Por outro lado, a figura do processo seletivo para celebração de parceria com entidades sem fins lucrativos é relativamente nova, consagrada com o advento da Lei 13.019, de 2014, que instituiu normas gerais para as parcerias entre a administração pública e organizações da sociedade civil, em regime de mútua cooperação, para a consecução de finalidades de interesse público e recíproco, mediante a execução de atividades ou de projetos previamente estabelecidos em planos de trabalho inseridos em termos de colaboração, em termos de fomento ou em acordos de cooperação. A seleção das entidades, a teor do art. 2º, inciso XII, da sobredita Lei, opera-se por meio de chamamento público, assim considerado "o procedimento destinado a selecionar organização da sociedade civil para firmar parceria por meio de termo de colaboração ou de fomento, no qual se garanta a observância dos princípios da isonomia, da legalidade, da impessoalidade, da moralidade, da igualdade, da publicidade, da probidade administrativa, da

85. FAZZIO JÚNIOR, Waldo. *Improbidade* ... p. 274.

vinculação ao instrumento convocatório, do julgamento objetivo e dos que lhes são correlatos".

Da mesma forma que na Lei 8.666, de 1993, são previstas hipóteses de dispensa e inexigibilidade do chamamento público, elencadas nos arts. 30 e 31 da Lei 13.019, de 2014. No entanto, importante destacar que o **procedimento é um pouco diferente**. Enquanto na Lei de Licitações, o ato será necessariamente justificado e publicado na imprensa oficial o ato de ratificação, no prazo de cinco dias, como condição de eficácia (art. 26, *caput*), na Lei das Parcerias a justificativa do Poder Público é publicada na imprensa e aberto prazo de cinco dias para impugnação, a qual será apreciada pelo administrador público responsável em até cinco dias da data do respectivo protocolo, podendo adotar uma das seguintes posturas:

(a) vislumbrando fundamento na impugnação, revogar o ato que declarou a dispensa ou considerou inexigível o chamamento público, determinando imediatamente o início de novo procedimento para a realização de chamamento público, se for o caso;

(b) não havendo fundamento na impugnação, manter a seleção direta (art. 32, §§ 1º a 3º).

Lei 8.666, de 1993	Lei 13.019, de 2014
Publicação da ratificação	Publicação da justificativa
Sem contraditório	Contraditório
Condição de eficácia do ato	Ratificação ou revogação

Importante: o art. 72 da Lei 14.133/2021 ("Nova Lei de Licitações e Contratos Administrativos") estabelece os procedimentos indispensáveis para a regularidade da dispensa ou inexigibilidade de licitação:

"Art. 72. O processo de contratação direta, que compreende os casos de inexigibilidade e de dispensa de licitação, deverá ser instruído com os seguintes documentos:

I - documento de formalização de demanda e, se for o caso, estudo técnico preliminar, análise de riscos, termo de referência, projeto básico ou projeto executivo;

II - estimativa de despesa, que deverá ser calculada na forma estabelecida no art. 23 desta Lei;
III - parecer jurídico e pareceres técnicos, se for o caso, que demonstrem o atendimento dos requisitos exigidos;
IV - demonstração da compatibilidade da previsão de recursos orçamentários com o compromisso a ser assumido;
V - comprovação de que o contratado preenche os requisitos de habilitação e qualificação mínima necessária;
VI - razão da escolha do contratado;
VII - justificativa de preço;
VIII - autorização da autoridade competente.
Parágrafo único. O ato que autoriza a contratação direta ou o extrato decorrente do contrato deverá ser divulgado e mantido à disposição do público em sítio eletrônico oficial".

A diferença tem reflexos práticos, pois o contraditório acentua a possibilidade de controle popular, evitando que o prejuízo ao Erário se concretize. O desrespeito ao *novel* procedimento como forma de burlar o referido controle pode ensejar a responsabilização do agente por ato de improbidade que atenta contra os princípios caso não se constate prejuízo ao patrimônio público.

A contratação realizada em desacordo com os procedimentos elencados alhures pode ensejar a responsabilização do agente público, desde que **acarrete perda patrimonial efetiva.** A Lei 14.230/2021, neste particular, superou o entendimento firmado na jurisprudência no sentido de que tal espécie de ato de improbidade independeria da demonstração de prejuízo, o qual seria presumido (dano *in re ipsa*).

E tal modificação repercute no ônus da prova, eis que o Ministério Público, único legitimado para a ação (ver alterações do art. 17 promovidas pela Lei 14.230/2021), deverá demonstrar que a contratação irregular acarretou perda patrimonial efetiva, isto é, a Administração desembolsou valor superior ao que seria obtido em caso de licitação (valores indevidos, excessivos, desnecessários). Isso porque "é perfeitamente cabível que a contratação sem licitação propicie um resultado satisfatório e vantajoso para a Administração. Dito de outro modo, a ocorrência do dano ao erário é uma questão fática, que depende do exame dos fatos [...] Portanto, a ausência de licitação não induz, de modo automático e necessário, uma contratação prejudicial aos cofres públicos"[86].

86. JUSTEN FILHO, Marçal. *Reforma da Lei de Improbidade* ... p. 100.

Para tanto, o MP pode se valer de alguns expedientes, tais como informações sobre valores obtidos em contratações semelhantes pela própria Administração, precedidas ou não de licitação, bem como averiguar os valores cobrados pelo próprio particular em contratos similares.

Doutrina e jurisprudência são fartas de exemplos de vícios que maculam a licitude do procedimento licitatório e, não raras vezes, prejudicam o Erário com contratações desvantajosas.

Vícios comuns no edital	(a) Não divulgação do instrumento convocatório; (b) Omissão ou lacuna na descrição do objeto da licitação; (c) Cláusulas restritivas que direcionam para um único licitante (a exemplo da inserção de descrição de produto fornecido por um único fornecedor); (d) Inclusão de cláusulas discriminatórias ou de exigências desnecessárias; (e) Inserção de disposições subjetivas ou genéricas; (f) Ausência de cláusulas disciplinadoras do objeto do contrato.
Vícios comuns na fase de habilitação	Exclusão de licitantes sem base legal, por mera irregularidade na documentação ou desconsiderando preceitos legais que asseguram tratamento diferenciado (caso das ME e EPP).
Vícios comuns na fase de julgamento das propostas	(i) Escolha de proposta que não cumpre os requisitos do edital; (ii) Eleição de proposta em virtude de oferecimento de vantagem não constante dos critérios previstos no instrumento convocatório; (iii) Aceitação de proposta com valores superestimados, em desacordo com as pesquisas de mercado realizadas; (iv) Aceitação de proposta subestimada que acarretará necessidade de revisão contratual a pretexto de garantir o equilíbrio econômico-financeiro do contrato.
Vícios comuns na fase homologação e adjudicação	Em geral decorrem de omissão do agente responsável em adotar medidas saneadoras, a exemplo do agente que deixa de anular licitação viciada por inidoneidade do vencedor antes os documentos apresentados, por violação do sigilo das propostas ou mesmo por julgamento errôneo da comissão de licitação[87].

87. PAZZAGLINI FILHO, Marino. *Lei de Improbidade* ... p. 92-93; FAZZIO JÚNIOR, Waldo. *Improbidade* ... p. 268-269.

CASUÍSTICA

1. Improbidade administrativa – fracionamento indevido de despesa para fins de contratação direta – dolo – prejuízo ao Erário – desnecessidade (SUPERAÇÃO PELA LEI 14.230/2021): antes da Lei 14.230/2021 a jurisprudência do STJ excepcionava a regra de que os atos do art. 10 dependem de efetivo prejuízo ao Erário, considerando caracterizado o tipo com o mero **fracionamento na contratação – dispensa de licitação** (objeto do inciso VIII do art. 10), eis que o **prejuízo era presumido** (***in re ipsa***), na medida em que o Poder Público deixa de contratar a melhor proposta.

"PROCESSUAL CIVIL. ADMINISTRATIVO. AGRAVO INTERNO NOS EMBARGOS DE DIVERGÊNCIA EM RECURSO ESPECIAL. CÓDIGO DE PROCESSO CIVIL DE 2015. APLICABILIDADE. AÇÃO CIVIL PÚBLICA. IMPROBIDADE ADMINISTRATIVA. DISPENSA INDEVIDA DE LICITAÇÃO. DANO IN RE IPSA. CONFIGURAÇÃO. PRECEDENTES DESTA CORTE. INCIDÊNCIA DA SÚMULA N. 168/STJ. ARGUMENTOS INSUFICIENTES PARA DESCONSTITUIR A DECISÃO ATACADA. APLICAÇÃO DE MULTA. ART. 1.021, § 4º, DO CÓDIGO DE PROCESSO CIVIL DE 2015. DESCABIMENTO. I – Consoante o decidido pelo Plenário desta Corte na sessão realizada em 09.03.2016, o regime recursal será determinado pela data da publicação do provimento jurisdicional impugnado. In casu, aplica-se o Código de Processo Civil de 2015 para o presente Agravo Interno, embora os Embargos de Divergência estivessem sujeitos ao Código de Processo Civil de 1973. **II – O Superior Tribunal de Justiça tem entendimento consolidado segundo o qual a dispensa indevida de licitação configura dano in re ipsa, permitindo a configuração do ato de improbidade que causa prejuízo ao erário.** III – Não cabem embargos de divergência, quando a jurisprudência do tribunal se firmou no mesmo sentido do acórdão embargado, a teor da Súmula n. 168/STJ. IV – Não apresentação de argumentos suficientes para desconstituir a decisão recorrida. V – Em regra, descabe a imposição da multa, prevista no art. 1.021, § 4º, do Código de Processo Civil de 2015, em razão do mero improvimento do Agravo Interno em votação unânime, sendo necessária a configuração da manifesta inadmissibilidade ou improcedência do recurso a autorizar sua aplicação, o que não ocorreu no caso. VI – Agravo Interno improvido" (STJ, *AgInt nos EREsp 1.512.393/SP*, 1ª Seção, rel. Min. Regina Helena Costa, j. 28.11.2018, DJe 17.12.2018, grifamos).

"ADMINISTRATIVO E PROCESSUAL CIVIL. IMPROBIDADE ADMINISTRATIVA. DISPENSA INDEVIDA DE PROCEDIMENTO LICITATÓRIO. ART. 10, VIII, DA LEI N. 8.429/1992. DANO IN RE IPSA. SOCIEDADE EMPRESÁRIA CONTRATADA CUJO RECURSO NÃO FOI CONHECIDO NO ÂMBITO DO TRIBUNAL DE ORIGEM. RECURSO NA QUALIDADE DE TERCEIRA PREJUDICADA. POSSIBILIDADE, POR FORÇA DOS ARTIGOS 3º E 5º DA LEI N. 8.429/1992 E DO ART. 499, § 1º DO CPC. DISPOSITIVOS

LEGAIS NÃO PREQUESTIONADOS. SÚMULA N. 211 DO STJ. 1. Em observância aos princípios da inafastabilidade da jurisdição (art. 5º, XXXV, da Constituição Federal) e objetivando que a solução do litígio seja alcançada da forma mais célere possível (art. 5º, LXXVIII, da Constituição Federal), deve-se considerar que a sociedade empresária recorre na qualidade de terceira prejudicada, mormente porque, no caso, ela compõe o polo passivo da ação de improbidade por ter-se beneficiado de contratação procedida por meio de dispensa, indevida, de licitação, o que denota o nexo de interdependência entre o seu interesse de intervir e a relação jurídica que foi submetida à apreciação judicial. 2. "Em regra, é a parte sucumbente quem tem legitimidade para recorrer. O art. 499, §1º, do CPC, contudo, assegura ao terceiro prejudicado a possibilidade de interpor recurso de determinada decisão, desde que ela afete, direta ou indiretamente, uma relação jurídica de que seja titular" (REsp 1319626/MG, Rel. Ministra NANCY ANDRIGHI, TERCEIRA TURMA, julgado em 26/02/2013, DJe 05/03/2013). 3. O recurso especial não merece conhecimento, à luz da Súmula n. 211 do STJ, em razão da ausência de prequestionamento dos artigos 1º, 2º, 3º, 4º, 6º, 7º e 9º da Lei n. 8.429/1992. 4. A pretensão condenatória do Ministério Público foi manifestada com o ajuizamento da ação de improbidade, no prazo de 5 anos previsto no art. 23, I, da Lei n. 8.429/1992. Não há, pois, como concluir pela ocorrência da prescrição da pretensão condenatória. 5. É que, na melhor interpretação do art. 23, I, da Lei n. 8.429/1992, tem-se que a pretensão condenatória, nas ações civis públicas por ato de improbidade, tem o curso da prescrição interrompido com o mero ajuizamento da ação dentro do prazo de cinco anos após o término do exercício do mandato, de cargo em comissão ou de função de confiança. 6. Assim, à luz do princípio da especialidade (art. 2º, § 2º, da Lei de Introdução às normas do direito brasileiro - DL n. 4.657/1942) e em observância ao que dispõe o art. 23, I, da Lei n. 8.429/1992, o tempo transcorrido até a citação do réu, nas ações de improbidade, que já é amplo em razão do próprio procedimento estabelecido para o trâmite da ação, não justifica o acolhimento da arguição de prescrição, uma vez que o ajuizamento da ação de improbidade, à luz do princípio da actio nata, já tem o condão de interrompê-la. **7. O STJ tem externado que, em casos como o ora analisado, "o prejuízo ao erário, na espécie (fracionamento de objeto licitado, com ilegalidade da dispensa de procedimento licitatório), que geraria a lesividade apta a ensejar a nulidade e o ressarcimento ao erário, é in re ipsa, na medida em que o Poder Público deixa de, por condutas de administradores, contratar a melhor proposta (no caso, em razão do fracionamento e consequente não-realização da licitação, houve verdadeiro direcionamento da contratação)" (REsp 1280321/MG, Rel. Ministro MAURO CAMPBELL MARQUES, SEGUNDA TURMA, julgado em 06/03/2012, DJe 09/03/2012).** 8. Quanto à alegação de inexistência de ato de improbidade por parte da recorrente, que argui ter prestado o serviço de boa-fé, o Recurso não merece prosperar, à luz dos entendimentos das Súmulas n. 7 e n. 211 do STJ. 9. A ausência de menção do Tribunal de origem, quanto à intenção da sociedade empresária recorrente ou sua participação na conduta ilícita, não tem o condão de induzir à conclusão de que não pode ser apenada pela Lei de Improbidade, a qual, aliás, é clara ao estabelecer que "as disposições desta lei são aplicáveis, no que couber, àquele que, mesmo não sendo agente público, induza ou concorra para a prática do ato de improbidade ou dele se beneficie sob qualquer forma direta ou indireta" (art. 3º); e que, 'ocorrendo lesão ao patrimônio público por ação ou omissão, dolosa ou culposa, do agente ou de terceiro, dar-se-á o integral ressarcimento do dano" (art. 5º). Recurso especial parcialmente conhecido e, nessa parte, improvido' (STJ, *REsp 1.376.524/RJ*, 2ª T., rel. Min. Humberto Martins, j. 02.09.2014, DJe 09.09.2014, grifamos).

"ADMINISTRATIVO. AGRAVO INTERNO NO RECURSO ESPECIAL. IMPROBIDADE ADMINISTRATIVA. ART. 10, XIII, DA LEI N. 8.429/1992. ELEMENTO SUBJETIVO CULPA E NECESSIDADE DE DANO AO ERÁRIO. 1. Na hipótese dos autos, trata-se de ação civil pública de improbidade administrativa em razão da conduta do art. 10, XIII, da Lei 8.4289/1992. **2. A atual jurisprudência do STJ é no sentido de que para a configuração dos atos de improbidade administrativa previstos no art. 10 da Lei de Improbidade Administrativa (atos de Improbidade Administrativa que causam prejuízo ao erário), com a exceção da conduta do art.10, VIII, exige-se a presença do efetivo dano ao erário** (critério objetivo) e, ao menos, culpa. Precedentes: REsp 1.206.741/SP, Rel. Min. Benedito Gonçalves, Primeira Turma, DJe 24/4/2015; AgRg no AREsp 107.758/GO, Primeira Turma, Rel. Ministro Arnaldo Esteves Lima, DJe 10/12/2012; REsp 1228306/PB, Segunda Turma, Rel. Ministro Castro Meira, DJe 18/10/2012. 3. O Tribunal de Origem atestou a prática de ato de improbidade administrativa previsto no art. 10, XIII, da Lei 8.429/92, diante da presença do elemento subjetivo doloso do então Prefeito ao autorizar a utilização do ônibus escolar para finalidade estranha ao interesse público. Ademais, da leitura do acórdão da Corte de origem constata-se a existência de dano ao erário, consubstanciado nas despesas com a realização do transporte. 4. Agravo interno não provido" (STJ, *AgInt no REsp 1.542.025/MG,* 1ª T., rel. Min. Benedito Gonçalves, j. 05.06.2018, DJe 12.06.2018, grifamos).

2. Irregularidade licitação – homologação – dano ao Erário:

"PROCESSUAL CIVIL E ADMINISTRATIVO. AÇÃO CIVIL PÚBLICA. IMPROBIDADE. LICITAÇÃO IRREGULAR. HOMOLOGAÇÃO. DANO AO ERÁRIO NÃO COMPROVADO. VIOLAÇÃO DO ART. 10 DA LEI 8.429/1992 CONFIGURADA. 1. O Tribunal de origem constatou a irregularidade da licitação, por não ter sido observada a publicidade do edital, e enquadrou a conduta do recorrente no art. 10 da Lei 8.429/1992, que censura os atos de improbidade por dano ao Erário. 2. De acordo com a premissa fática do acordão recorrido, o edital da licitação foi publicado no Diário Oficial, tendo faltado divulgação em jornal de grande circulação. Tal omissão não foi imputada ao recorrente, então prefeito, que apenas homologou o procedimento licitatório. 3. A jurisprudência do STJ rechaça a responsabilidade objetiva na aplicação da Lei 8.429/1992, exigindo a presença de dolo nos casos dos arts. 9º e 11 – que coíbem o enriquecimento ilícito e o atentado aos princípios administrativos, respectivamente – e ao menos de culpa nos termos do art. 10, que censura os atos de improbidade por dano ao Erário. 4. Na hipótese, os fatos considerados pelo Tribunal a quo podem denotar somente negligência do recorrente por ter homologado a licitação, porém não se constatou dano concreto, tanto que não houve condenação ao ressarcimento. Nesse contexto, mostra-se equivocada a aplicação do art. 10 da Lei 8.429/1992. 5. Recurso Especial provido" (STJ, *REsp 414.697/RO*, 2ª T., rel. Min. Herman Benjamin, j. 25.05.2010, DJe 16.09.2010);

3. Contratação direta de advogados e os atos de improbidade do art. 10, inciso VII, da LIA: a Constituição Federal estruturou, em capítulos separados, a advocacia privada, a defensoria pública e a advocacia pública, cada qual constituindo uma unidade autônoma. A advocacia pública, que é o ente responsável pela representação, judicial e extrajudicial, dos entes federativos, é composta, em regra, por procuradores concursados. É notório, entretanto, que alguns entes não estruturaram até hoje suas procuradorias, necessitando no mais das vezes de contratar profissionais especializados para a defesa do interesse público. Aliás, tramita no Congresso Nacional a PEC 17, de 2012, que pretende instituir a obrigatoriedade de concurso para o provimento de cargos de advogado nos Municípios. Por outro lado, é ilícita a contratação de advogado por ente federativo dotado de procuradoria estruturada para o patrocínio genérico e contínuo de causas administrativas ou judiciais, ressalvadas algumas situações excepcionalíssimas. **Cabível a excepcional contratação de advogado, qual o instrumento para tanto? Vale dizer, a contratação pressupõe a realização de certame público?**

Inicialmente, importante ressaltar que a licitação pressupõe a viabilidade de competição, razão pela qual o art. 25 da Lei 8.666, de 1993, elenca situações em que inadmissível o procedimento licitatório em razão da impossibilidade de competição. E uma das hipóteses funda-se justamente na contratação de profissional de notória especialização, critério no qual prepondera a confiança do administrador no profissional, o que envolve grande carga de subjetividade, incompatível com a licitação. Nesse sentido o STF fixou os parâmetros para a regularidade da contratação direta:

"IMPUTAÇÃO DE CRIME DE INEXIGÊNCIA INDEVIDA DE LICITAÇÃO. SERVIÇOS ADVOCATÍCIOS. REJEIÇÃO DA DENÚNCIA POR FALTA DE JUSTA CAUSA. A contratação direta de escritório de advocacia, sem licitação, deve observar os seguintes parâmetros: a) existência de procedimento administrativo formal; b) notória especialização profissional; c) natureza singular do serviço; d) demonstração da inadequação da prestação do serviço pelos integrantes do Poder Público; e) cobrança de preço compatível com o praticado pelo mercado. Incontroversa a especialidade do escritório de advocacia, deve ser considerado singular o serviço de retomada de concessão de saneamento básico do Município de Joinville, diante das circunstâncias do caso concreto. Atendimento dos demais pressupostos para a contratação direta. Denúncia rejeitada por falta de justa causa" (STF, *Inq. 3.074/SC*, 1ª T., rel. Min. Roberto Barroso, j. 26.08.2014, DJe 03.10.2014).

E o STJ já teve a oportunidade de decidir que "[...] é impossível aferir, mediante processo licitatório, o trabalho intelectual do Advogado, pois trata-se de prestação de serviços de natureza personalíssima e singular, mostrando-se patente a inviabilidade de competição. 5. A singularidade dos serviços prestados pelo Advogado consiste em seus conhecimentos individuais, estando ligada à sua capacitação profissional, sendo, dessa forma, inviável escolher o melhor profissional, para prestar serviço de natureza intelectual, por meio de licitação, pois tal mensuração não se funda em critérios objetivos (como o menor preço). 6. Diante da natureza intelectual e singular dos serviços de assessoria jurídica, fincados, principalmente, na relação de confiança, é lícito ao administrador, desde que movido pelo interesse público, utilizar da discricionariedade, que lhe foi conferida pela lei, para a escolha do melhor profissional (STJ, *REsp 1.192.332/RS*, 1ª T., rel. Min. Napoleão Nunes Maia Filho, j. 12.11.2013, DJe 19.12.2013).

A referida orientação, que legitima a contratação de advogado por inexigibilidade de licitação, foi expressamente positivada no ordenamento jurídico pátrio pela Lei 14.039, de 2020, que inseriu o art. 3º-A ao Estatuto da Advocacia e da Ordem dos Advogados do Brasil (Lei 8.906, de 04 de julho de 1994), com o seguinte teor:

> Art. 3º-A. Os serviços profissionais de advogado são, por sua natureza, técnicos e singulares, quando comprovada sua notória especialização, nos termos da lei. (Incluído pela Lei nº 14.039, de 2020)
>
> Parágrafo único. Considera-se notória especialização o profissional ou a sociedade de advogados cujo conceito no campo de sua especialidade, decorrente de desempenho anterior, estudos, experiências, publicações, organização, aparelhamento, equipe técnica ou de outros requisitos relacionados com suas atividades,

> permita inferir que o seu trabalho é essencial e indiscutivelmente o mais adequado à plena satisfação do objeto do contrato. (Incluído pela Lei nº 14.039, de 2020)

Assim, parece pacificada a questão, de modo que não há como imputar responsabilidade por improbidade administrativa ao advogado contratado com base nas premissas anteriormente mencionadas. Nesse sentido, aliás, já era o entendimento consubstanciado no art. 1º da Recomendação nº 36, de 14 de junho de 2016, do Conselho Nacional do Ministério Público (CNMP), segundo o qual "a contratação direta de advogado ou escritório de advocacia por ente público, por inexigibilidade de licitação, por si só, não constitui ato ilícito ou ímprobo, pelo que recomenda aos membros do Ministério Público que, caso entenda irregular a contratação, descreva na eventual ação a ser proposta o descumprimento dos requisitos da Lei de Licitação".

☞ APLICAÇÃO EM PROVAS E CONCURSOS PÚBLICOS

1. **(DPE/AM – Assistente Técnico de Defensoria – Assistente Técnico Administrativo – FCC – 2018 - adaptada) Com fundamento na urgência foi dispensada, pela Administração pública, a realização de chamamento público para celebração de termo de colaboração com entidade privada, sem fins lucrativos, que receberia, para execução do objeto da avença, recursos públicos. Posteriormente, verificou-se não só a inexistência do pressuposto fático que fundamentou a dispensa como a existência de conluio entre o administrador público competente para assinar o juste e o dirigente da entidade, com a finalidade de frustrar a realização do processo seletivo exigível na hipótese. À luz da Lei de Improbidade Administrativa,**

    (A) tanto a conduta do administrador público como do dirigente da entidade constituem, em tese, ato de improbidade administrativa, causador de lesão ao erário, punível em caso de dolo.

    (B) responde por improbidade administrativa, independentemente da comprovação de dolo, o administrador público, não configurando ato de improbidade a conduta do dirigente da entidade, que não mantém vínculo empregatício com a Administração pública.

    (C) tanto a conduta do administrador público como do dirigente da entidade não constituem ato de improbidade, por falta de previsão em Lei, em razão da natureza da relação jurídica estabelecida formalmente entre a Administração pública e a organização da sociedade civil.

    (D) o administrador público responde por ato de improbidade, desde que sejam comprovados lesão ao erário e ação ao menos culposa, não sendo cabível a responsabilização do dirigente da entidade na hipótese.

    (E) em razão da natureza da relação jurídica estabelecida formalmente entre a Administração pública e a organização da sociedade civil, ambos os responsáveis respondem por ato de improbidade, não cabendo, na hipótese, a aplicação da pena de perda da função pública e de proibição de contratar com o Poder Público.

2. (UFU-MG – Assistente de Laboratório/Cerâmica e Imagens Impressas – 2016) Constitui ato de improbidade administrativa que causa lesão ao erário qualquer ação ou omissão, dolosa ou culposa, que enseje perda patrimonial, desvio, apropriação, malbaratamento ou dilapidação dos bens ou haveres das entidades referidas no art. 1º da Lei 8.429 de 02 de junho de 1992.

Assinale a alternativa que **NÃO** caracteriza ato de improbidade administrativa que prejudica o erário público.

(A) Frustrar a licitude de concurso público.

(B) Frustrar a licitude de processo licitatório ou de processo seletivo para celebração de parcerias com entidades sem fins lucrativos, ou dispensá-los indevidamente.

(C) Conceder benefício administrativo ou fiscal sem a observância das formalidades legais ou regulamentares aplicáveis à espécie.

(D) Permitir, facilitar ou concorrer para que terceiro se enriqueça ilicitamente.

1	2
A	A

IX - ordenar ou permitir a realização de despesas não autorizadas em lei ou regulamento;

COMENTÁRIOS

Trata-se de ato de improbidade consistente em **ordenar ou permitir** a realização de despesas não autorizadas em lei ou regulamento, extraindo-se da legislação de regência alguns **exemplos** desta espécie de conduta:

- ✓ despesas não previstas na LOA (Lei Orçamentária Anual) ou que superem os créditos orçamentários adicionais (art. 167, II, CF; art. 16, § 1º, LRF e art. 49, Lei 4.320, de 1964);
- ✓ despesas que não foram objeto de estimativa de seu impacto orçamentário-financeiro no exercício em que devam entrar em vigor e nos dois subsequentes (arts. 15 e 16, I, LRF);
- ✓ despesas sem respaldo em declaração do ordenador de despesa de que seu aumento está adequado à LOA e LDO (arts. 15 e 16, II, LRF);
- ✓ despesas obrigatórias de caráter continuado sem: (i) estimativa do impacto orçamentário-financeiro no exercício em que deva

entrar em vigor e nos dois subsequentes; (ii) demonstração de que não afetará os resultados fiscais previstos no Anexo de Metas Fiscais; (iii) demonstração da origem dos recursos para seu custeio, e (iv) previsão de sua compensação mediante aumento permanente de receita ou redução permanente de despesa (art. 17, LRF);

✓ aumento de despesa com pessoal nos últimos 180 dias anteriores ao fim do mandato do agente público (art. 21, inciso II da LRF, com redação da Lei Complementar 173, de 2020);

✓ realização de despesas sem prévio empenho ou cujo empenho supere o limite da dotação orçamentária prevista para a referida espécie de despesa (arts. 58 a 63, Lei 4.320, de 1964).

Figura como ordenador de despesa, para os fins deste tipo de ato ímprobo, tanto o agente que exerce cargo que a tem como função específica, a exemplo dos diretores de departamentos financeiros e/ou secretários de finanças, quanto o agente que desempenha funções de autorizar despesas, emitir empenhos e pagamentos.

~~X - agir negligentemente na arrecadação de tributo ou renda, bem como no que diz respeito à conservação do patrimônio público;~~

X - agir ilicitamente na arrecadação de tributo ou de renda, bem como no que diz respeito à conservação do patrimônio público; (Redação dada pela Lei nº 14.230, de 2021)

COMENTÁRIOS

Pune-se a ilicitude na arrecadação de **receitas tributárias e não tributárias e na conservação do patrimônio público**. A Lei 14.230/2021 substituiu a menção à negligência por ilicitude na medida em que extinguiu a figura culposa dos atos de improbidade. Embora o preceito fizesse referência a agir negligente, preponderava o entendimento no sentido da possibilidade de punição também a título de dolo, o que se revela importante para o exame da nova lei no tempo, pois não se configura *novatio legis in pejus* em relação à punição a título de dolo (que já era viável!). "Entretanto, a interpretação sistemática revela coisa diversa. Os atos aludidos também são puníveis quando praticados dolosamente, pois o art. 10, *caput*, estabelece que a lesão ao erário ocorre por ação ou omissão dolosa ou culposa. No mais, no preceito legal do inciso X, o intento foi restringir a modalidade culposa à figura da negligência, eliminando a imperícia e a imprudência"[88].

O **primeiro comportamento**, relativo à arrecadação de receitas, é extremamente grave, pois as receitas tributárias e extratributárias representam os principais mecanismos para a efetivação de políticas públicas necessárias a satisfação das necessidades coletivas. Nesse sentido, a propósito, o art. 11, *caput*, da LRF estabelece que "constituem requisitos essenciais da responsabilidade na gestão fiscal a instituição, previsão e efetiva arrecadação de todos os tributos da competência constitucional do ente da Federação".

A **segunda conduta**, que repete os mesmos contornos da primeira, mudando apenas o seu objeto, visa evitar o perecimento, perda ou dilapidação dos bens integrantes do acervo patrimonial público. O art. 45, LRF, visando evitar condutas desta espécie, prioriza a conservação do patrimônio público ao determinar que a lei orçamentária e a de créditos adicionais só incluirão novos projetos após adequadamente atendidos os em andamento e contempladas as despesas de conservação do patrimônio, nos termos preconizados pela LDO, podendo seu descumprimento ensejar punição do agente por ato de improbidade administrativa capitulado no inciso X do art. 10, ora em comento.

APLICAÇÃO EM PROVAS E CONCURSOS PÚBLICOS

1. **(SPGG – FUNDATEC – Analista de Planejamento, Orçamento e Gestão – 2018) De acordo com a Lei nº 8.429/1992, considera-se ato de improbidade administrativa que causa lesão ao erário a conduta consistente em:**

(A) Receber, para si ou para outrem, bem imóvel, de quem tenha interesse, direto ou indireto, que possa ser atingido ou amparado por ação ou omissão decorrente das atribuições do agente público.

(B) Perceber vantagem econômica para intermediar a liberação ou aplicação de verba pública de qualquer natureza.

(C) Transferir recurso à entidade privada, em razão da prestação de serviços na área de saúde sem a prévia celebração de contrato, convênio ou instrumento congênere, na forma da legislação específica.

(D) Agir negligentemente na celebração, fiscalização e análise das prestações de contas de parcerias firmadas pela administração pública com entidades privadas.

(E) Deixar de cumprir a exigência de requisitos de acessibilidade previstos na legislação.

88. MARTINS JÚNIOR, Wallace Paiva. *Probidade* ... p. 270.

1
D

XI - liberar verba pública sem a estrita observância das normas pertinentes ou influir de qualquer forma para a sua aplicação irregular;

COMENTÁRIOS

O preceptivo legal em estudo contempla duas condutas:

(*i*) do agente público que dolosamente faz a liberação de verba pública sem a observância das normas financeiras aplicáveis à espécie;

(*ii*) do agente público que persuade o servidor responsável pela liberação de verbas públicas a empregá-las de forma irregular, em desacordo com a sua finalidade.

"Cuida-se, portanto, da censura ao desvio e ao emprego irregular de verba pública, da tutela dos requisitos da forma e da finalidade da liberação de verba pública, abarcando não somente a despesa pública como também qualquer ato de saída de dinheiro dos cofres públicos, diferentemente do art. 10, IX, que trata apenas de despesa pública"[89].

Incorre neste ato de improbidade, por exemplo, o agente público que realiza o pagamento de despesa sem o prévio empenho, autoriza o pagamento de despesa empenhada antes de sua liquidação ou procede à quitação de débito oriundo de precatório judicial sem a observância

89. MARTINS JÚNIOR, Wallace Paiva. *Probidade ...* p. 272.

da ordem cronológica de sua apresentação (arts. 60, 63 e 67, Lei 4.320, de 1964).

CASUÍSTICA

"ADMINISTRATIVO. IMPROBIDADE ADMINISTRATIVA. A **tredestinação de verba pública causa lesão ao erário que fica desfalcado dos recursos que deveriam servir para a finalidade prevista em lei**; tanto mais grave na espécie, em que a verba pública desviada estava destinada à educação. **O dolo aí é manifesto, porque nela o resultado corresponde à intenção.** Embargos de declaração rejeitados." (STJ, *EDcl nos EDcl no AgRg no AREsp 166.481/RJ*, 1ª T., rel. Min. Ari Pargendler, j. 06.02.2014, DJe 17.02.2014, grifamos).

"ADMINISTRATIVO. IMPROBIDADE ADMINISTRATIVA. Embargos de declaração opostos com a pretensão de que o recurso especial seja rejulgado, de modo que a Turma decida que o desvio de recursos públicos para destinação diversa daquela prevista em convênio não constitui improbidade administrativa. **Não se trata de mera ilegalidade, mas, sim, de improbidade, em que o dolo é manifesto, porque a tredestinação dos recursos públicos frustrou a comunidade rural do município, que seria beneficiada com o atendimento odontológico.** Embargos de declaração rejeitados." (STJ, *EDcl no AgRg no AREsp 365.598/MG*, 1ª T., rel. Min. Ari Pargendler, j. 04.09.2014, DJe 15.09.2014, grifamos).

"PROCESSO CIVIL. ADMINISTRATIVO. AGRAVO REGIMENTAL NO RECURSO ESPECIAL. IMPROBIDADE. OMISSÃO NÃO CARACTERIZADA. ART. 538 DO CPC. EMBARGOS DE DECLARAÇÃO OPOSTOS POR UMA DAS PARTES. NÃO INTERRUPÇÃO DE PRAZO PARA A OPOSIÇÃO DE DECLARATÓRIOS POR LITISCONSORTE. INTERRUPÇÃO DA PRESCRIÇÃO. ART. 263 DO CPC. COMARCA ÚNICA. DATA DO PROTOCOLO DA INICIAL. SÚMULA 106/STJ. ART. 10, XI, DA LEI N. 8.429/92. DESPESA REALIZADA SEM PRÉVIO PARECER JURÍDICO. VERBA UTILIZADA EM IMÓVEL PARTICULAR. NÃO REVERSÃO DE PROVEITO AO MUNICÍPIO. ATO DE IMPROBIDADE CONFIGURADO. ABSOLVIÇÃO. PROVA DOCUMENTAL. SÚMULA 7/STJ [...] 4. O emprego irregular de verba pública ocorrido em Município vizinho ao de atuação dos acusados, em propriedade particular e, ainda, sem prévio parecer de assessoria jurídica, caracterizando, ao menos, a culpa e o dano ao erário, são elementos suficientes à caracterização do fattispecie previsto no art. 10, XI, da Lei n. 8.429/92. 5. A tese de violação do art. 10 da Lei n. 8.429/92, ao argumento de que análise de prova documental comprovaria a inocência do recorrente, demandaria a análise do contexto fático-probatório, vedada em sede de recurso especial (Súmula 7/STJ). 6. Agravo regimental a que se nega provimento" (STJ, *AgRg no REsp 1.169.161/PR*, 2ª T., rel. Min. Og Fernandes, j. 12.08.2014).

"ADMINISTRATIVO. IMPROBIDADE ADMINISTRATIVA. ART. 11 DA LEI N. 8429/92. ELEMENTO SUBJETIVO DOLOSO. CARACTERIZAÇÃO. DANO AO ERÁRIO. DESNECESSIDADE (EMBORA, NA ESPÉCIE, A CONFIGURAÇÃO TENHA SIDO APONTADA

PELA ORIGEM). RESSARCIMENTO DO PREJUÍZO. INTEGRALIDADE DO DANO. INAPLICABILIDADE DO ART. 12, P. ÚN., DA LEI N. 8.429/92 NO QUE SE REFERE AO RESSARCIMENTO. 1. Prioridade em razão da Lei Complementar n. 135/2010. 2. Sustenta a parte recorrente ter havido violação aos arts. 9º, 10, 11, 12, 17, § 2º, e 18 da Lei n. 8.429/92, sob os argumentos de que (i) a configuração de improbidade administrativa requer a perfectibilização do elemento subjetivo doloso, bem como a do dano ao erário, e (ii) o ressarcimento, na hipótese, não deve ser integral, à luz do comando legal de proporcionalidade/razoabilidade. 3. Como admitido pelo próprio recorrente em outra oportunidade, ele empregava verbas públicas destinadas à saúde para o pagamento de despesas pessoais de alimentação e telefonia. Além disto, com as mesmas verbas especialmente destinadas à saúde, o recorrente promoveu pagamento de diárias e aluguéis totalmente desnecessários. Estes são os fatos narrados pela origem às fls. 761/762 (e-STJ). 4. Não há como, pois, negar estar presente o dolo do agente público, eventualmente afastável (mas talvez não menos reprovável) se demonstrado o deslocamento das verbas públicas para outras finalidades públicas. Na espécie, entretanto, o recorrente, de forma livre e consciente, empregou verbas públicas destinadas à saúde para fins estritamente pessoais, tendo, inclusive, optado por não prestar conta do destino do dinheiro, valendo-se do silêncio para encobrir a conduta ilegal e claramente ímproba. 5. No mais, em relação à inexistência de dano ao erário e à ausência de enriquecimento ilícito por parte da recorrente, pacífico no Superior Tribunal de Justiça entendimento segundo o qual, para o enquadramento de condutas no art. 11 da Lei n. 8.429/92, é despicienda a caracterização do dano ao erário e do enriquecimento ilícito. Precedentes. 6. Mesmo que assim não fosse, a instância ordinária deixou clara a existência, na espécie, de prejuízo ao erário, consistente no desvio de verbas públicas obtidas pelo Município na via de convênio. 7. Esta Corte Superior possui jurisprudência no sentido de que, havendo dano ao erário, o ressarcimento deve ser integral e exatamente igual à extensão do dano suportado, uma vez que, na verdade, o ressarcimento não é sanção, mas simples medida consequencial cujo objetivo é reequilibrar os cofres públicos - daí porque, no que tange ao ressarcimento, não incide o art. 12, p. ún., da Lei n. 8.429/92. V., p. ex., REsp 622.234/SP, de minha relatoria, Segunda Turma, DJe 15.10.2009. 8. Recurso especial não provido" (STJ, *resp 1.042.100/Es*, 2ª t., rel. Min. Mauro Campbell Marques, j. 17.08.2010, DJe 20.09.2010)

"ADMINISTRATIVO. IMPROBIDADE ADMINISTRATIVA. SECRETÁRIO DE FAZENDA MUNICIPAL. APLICABILIDADE DA LEI DE IMPROBIDADE ADMINISTRATIVA A AGENTES POLÍTICOS MUNICIPAIS. USO INDEVIDO DE VERBA PÚBLICA. OMISSÃO QUANTO À PRESTAÇÃO DE CONTAS. PROPORCIONALIDADE DA CONDENAÇÃO. REVISÃO DA DOSIMETRIA DAS SANÇÕES PARA ADEQUÁ-LAS À CONDUTA INDIVIDUAL DO RECORRENTE. 1. A jurisprudência do Superior Tribunal de Justiça é pacífica no sentido de que se aplicam a agentes políticos municipais, tais como prefeitos e secretários municipais, as sanções previstas na Lei 8.429/1992. 2. Hipótese em que a verba pública aprovada para a realização de festejos leigos e religiosos foi aplicada em desconformidade com a lei que concedeu a subvenção, gerando prejuízo ao Erário. 3. Omissão do agravante em instaurar Tomada de Contas Especial, para cobrança do que foi gasto indevidamente, configurando ofensa aos princípios da Administração Pública, nos termos do art. 11 da Lei de Improbidade Administrativa. 4. Tendo em vista o fato de que o recorrente foi condenado nas mesmas penas que o ex-Prefeito, embora este tenha atuado de forma mais direta e incisiva na comissão dos atos ímprobos, enquadrando-se no art. 10 da Lei 8.429/1992, torna-se necessária nova dosimetria das sanções, à luz da participação individual do recorrente na improbidade e do princípio da proporcionalidade. 5. Redução da condenação ao pagamento de multa civil no valor de R$ 2.250,00 (dois mil e duzentos e cinquenta reais) e à proibição de contratar com o Poder Público ou receber benefícios ou incentivos fiscais ou creditícios, direta ou indiretamente, ainda que por intermédio de pessoa jurídica da qual seja sócio majoritário, pelo prazo de três anos. 6. Agravo Regimental parcialmente provido" (STJ, *AgRg no Ag 1.286.329/RJ*, 2ª T., rel. Min. Herman Benjamin, j. 17.08.2010, DJe 28.04.2011).

"PROCESSO CIVIL. AÇÃO DE IMPROBIDADE. GESTÃO IRRESPONSÁVEL. PAGAMENTO ANTES DO RECEBIMENTO DOS BENS. CONDENAÇÃO. MULTA ELEVADA. REDUÇÃO. APLICAÇÃO DO PRINCÍPIO DA RAZOABILIDADE. 1. Cuida-se de ingenuidade intolerável o gestor municipal fazer pagamento antes de receber os bens adquiridos. Fez o administrador (Prefeito Municipal) o que a lei proíbe, o que o qualifica como um improbus administrador, realizando conduta objetivamente proibida por lei, causando prejuízo ao erário municipal, visto que houve desembolso de recursos sem que houvesse a contrapartida, ou seja o recebimento pela Prefeitura dos bens adquiridos. Daí a ocorrência de uma lesão com repercussão patrimonial, que configura infração ao disposto no inciso XI do art. 10 da Lei 8.429, de 1992. 2. Não elide o ato ímprobo o fato o gestor que determinou o pagamento sem receber a mercadoria, ter ajuizado ação de execução de contrato para que a empresa entregasse os bens. 3. Valor da multa aplicada muito alto, levando em consideração o dano causado ao erário foi de R$ 45.000,00 (quarenta e cinco mil reais). Falta de razoabilidade. Redução para R$ 5.000,00 (cinco mil reais). 4. A decisão deve ser razoável, aceitável pela razão, plausível, justa, compreensível. Aplicação do princípio da proibição do excesso" (TRF-1ª Região, *ac 2001.30.00.001945-9/ac*, 3ª T., rel. Juiz Federal Tourinho Neto, j. 24.07.2007).

XII - permitir, facilitar ou concorrer para que terceiro se enriqueça ilicitamente;

COMENTÁRIOS

Pune-se aqui o agente público que deixa de buscar o interesse público, fim último da Administração, **para atuar em prol do enriquecimento**

de terceiro à custa dos cofres públicos. O comportamento do agente, pois, facilita ou concorre para o enriquecimento ilícito do terceiro em prejuízo do patrimônio público; **destinando-se ao enriquecimento do próprio agente ter-se-á ato de improbidade por enriquecimento ilícito capitulado no art. 9º, inciso IV, LIA.** Vale dizer, "o ato de improbidade administrativa em exame requer a demonstração do enriquecimento ilícito de terceiro às custas da Administração Pública e do elemento anímico entre a conduta do agente público e o enriquecimento ilícito de terceiro, estabelecendo nexo de causalidade entre ambos".

XIII - permitir que se utilize, em obra ou serviço particular, veículos, máquinas, equipamentos ou material de qualquer natureza, de propriedade ou à disposição de qualquer das entidades mencionadas no art. 1° desta lei, bem como o trabalho de servidor público, empregados ou terceiros contratados por essas entidades.

COMENTÁRIOS

O tipo em análise considera ilícita a conduta do agente que **permite** que terceiro se utilize, em obra ou serviço particular, de veículos, máquinas, equipamentos ou material de qualquer natureza de propriedade ou à disposição das entidades públicas ou privadas de que trata o art. 1º da LIA. **Difere da conduta prevista no art. 9º, inciso IV, na medida em que a utilização é feita em proveito do particular** (*vide* quadro comparativo constante dos comentários ao art. 9º, inciso IV). Em ambos, todavia, há prejuízo ao Erário pela subtração do uso de equipamentos pertencentes à Administração Pública.

Art. 9º, IV, LIA	Art. 10, XIII, LIA
Desvio de finalidade da utilização de veículos, máquinas, equipamentos ou material	
Em benefício do próprio agente público.	Em benefício de terceiro.

CASUÍSTICA

"ADMINISTRATIVO E PROCESSUAL CIVIL. RECURSO ESPECIAL. AÇÃO CIVIL DE IMPROBIDADE ADMINISTRATIVA. UTILIZAÇÃO DE AERONAVE OFICIAL POR EX-GOVERNADOR NA COMPANHIA DA ENTÃO GOVERNADORA DO DISTRITO

FEDERAL PARA A INAUGURAÇÃO DE OBRAS PÚBLICAS EM PERÍODO ELEITORAL. REVALORAÇÃO JURÍDICA. EXCEPCIONAL POSSIBILIDADE DIANTE DA MATÉRIA FÁTICA E PROBATÓRIA DESCRITA DO ACÓRDÃO RECORRIDO. AFASTAMENTO DA SÚMULA 7/STJ. LESÃO AO ERÁRIO CONFIGURADA (ART. 10 DA LIA). CASO CONCRETO QUE IMPÕE O RECONHECIMENTO DE ATO DE IMPROBIDADE ADMINISTRATIVA. PROVIMENTO DO RECURSO ESPECIAL. **1. No caso dos autos, o Ministério Público do Distrito Federal e Territórios ajuizou ação civil de improbidade administrativa contra Maria de Lourdes Abadia (Governadora do Distrito Federal) e Joaquim Roriz (ex-Governador do Distrito Federal), em razão da utilização de helicóptero oficial, pertencente ao Governo do Distrito Federal e de uso exclusivo ao Chefe do Poder Executivo, para comparecimento em eventos públicos da agenda de governo. Os fatos teriam ocorrido no ano de 2006, mesmo período que o segundo réu se afastou do governo local para concorrer ao cargo de Senador. O Tribunal de origem, ao analisar a controvérsia, reformou a sentença que tinha reconhecido a configuração de ato de improbidade administrativa lesivo ao erário**. 2. O Superior Tribunal de Justiça, em sede de recurso especial, não pode reexaminar provas e fatos contidos nos autos, nos termos da Súmula 7/STJ. Entretanto, é absolutamente adequada a revaloração da matéria fático-probatória descrita no aresto recorrido e, consequentemente, a atribuição de valoração jurídica diversa da conclusão exposta pela Corte de origem, hipótese configurada no presente caso concreto. Nesse sentido, recente julgado deste Órgão Julgador: (AgInt no AREsp 824.675/SC, Rel. Ministro HUMBERTO MARTINS, Rel. p/ Acórdão Ministro HERMAN BENJAMIN, SEGUNDA TURMA, julgado em 29/08/2016, DJe 02/02/2017). 3. É incontroverso nos autos que o ex-Governador do Distrito Federal (primeiro recorrido), após renunciar em março do ano de 2006 ao referido mandato, com o objetivo de concorrer ao cargo de Senador da República e para o qual foi efetivamente eleito nas eleições de outubro de 2006, utilizou aeronave oficial na companhia da então Governadora do Distrito Federal (segunda recorrida) e também candidata à reeleição, para a inauguração de obras públicas e visitas às cidades administrativas da capital federal, em pleno período eleitoral (eleições do ano de 2006). 4. Os limites para a utilização de bens públicos por candidatos à reeleição são tratados pela legislação eleitoral, a qual expressamente veda ao chefe do poder executivo distrital, ceder ou utilizar em benefício de candidato bens móveis e imóveis pertencentes à administração pública, ressalvada a realização de convenção partidária (art. 73, I, da Lei 9.504/1997). Estabelece, ainda, que a referida vedação não se aplica ao governador (a) e/ou vice-governador (a), ainda que em campanha eleitoral, do transporte de suas residências oficiais para atos de campanha, "desde que não tenham caráter de ato público" (art. 73, § 2º, da Lei 9.504/1997). Por fim, é possível afirmar que a norma regulamentar expressamente veda a utilização pelo governador/vice-governador a utilização de transporte oficial em campanha eleitoral (art. 37, § 4º, da Resolução TSE 20.988/2002). 5. O aresto recorrido reconhece que a então Governadora do Distrito Federal, na companhia do ex-Governador do Distrito Federal, utilizou aeronave oficial para visitar cidades administrativas e acompanhar o andamento e inaugurações de obras públicas. 6. Importante ressaltar que não está sendo imputada como ímproba a utilização do helicóptero pela chefe do poder executivo distrital em seus deslocamentos de/para sua residência oficial ou compromissos oficiais do governo. **O objeto do ato de improbidade administrativa compreende a determinação e conivência da mandatária do governo local utilizar bem móvel público para transportar candidato à cargo eletivo em manifesto período eleitoral. Por sua vez, o ex-Governador do Distrito Federal causou danos ao erário ao acompanhar a candidata à reeleição ao cargo de governador em aeronave oficial em evidente interesse próprio. As condutas dolosas praticas pelos ora recorridos configuram ato de improbidade administrativa previsto no art. 10 da Lei 8.429/1992. 7. A utilização do helicóptero oficial do Governo do Distrito Federal, em desvio de rotas em embarques e desembarques nas residências do ex-Governador Distrital, indiscutivelmente, causam lesão ao erário devido ao alto custo de deslocamento e manutenção de aeronave, a qual deveria ser utilizada exclusivamente no proveito do interesse público e nunca para satisfazer interesses privados de agentes políticos detentores de mandado eletivo e particulares em busca do retorno ao cargo político. 8. Conforme bem consignou o Ministério Público Federal, ao afirmar que a "documentação exibida faz prova cabal da utilização, pelo réu, de veículo público, apesar de não mais estar no exercício de cargo público à época dos fatos. O ex-governador foi transportado de helicóptero oficial, com anuência da Governadora Maria de Lourdes Abadia, sendo os embarques e desembarques em sua residência (Park Way) e em sua fazenda (Luziânia/GO). Tais fatos revelam o desvio de finalidade na utilização de equipamento/veículo de uso público para atendimento de interesses pessoais, especificamente, para fins eleitorais, considerando-se que Joaquim Domingos Roriz, naquele tempo, era candidato ao Senado nas eleições de 2006." (fl. 456)**. 9. Portanto, é manifesta a configuração do ato de improbidade administrativa praticado pelo recorridos, o que impõe o restabelecimento integral da sentença proferida em primeiro grau de jurisdição, a qual condenou os réus solidariamente, "com fundamento no artigo 10, XIII, da Lei 8.429/92 ao pagamento do dano causado ao erário concernente aos deslocamentos do segundo réu no helicóptero prefixo PP-JDR nos dias 17, 18, 20, 22, 30 e 31 de maio de 2006 nos trajetos originados e destinados ao heliponto da residência do segundo réu, no Park Way, Saída Sul e em sua Fazenda em Luziânia/GO, no que se refere ao custo de tais deslocamentos, o que engloba o custo proporcional da manutenção da aeronave, combustível e tripulação a ser apurado o quantum em liquidação de sentença por arbitramento", bem como condenou os réus ao pagamento de multa civil no valor de duas vezes o valor do dano apurado, nos termos do art. 12, II, da LIA (fls. 303/313). 10. Recurso especial provido" (STJ, *REsp 1.326.597/DF*, 2ª T., rel. Min. Mauro Campbell Marques, j. 12.12.2017, DJe 18.12.2017, grifamos).

"ADMINISTRATIVO E PROCESSUAL CIVIL. RECURSO ESPECIAL INTERPOSTO EM MOMENTO ANTERIOR AO JULGAMENTO DE EMBARGOS DE DECLARAÇÃO. RA-

TIFICAÇÃO INEXISTENTE. EXTEMPORANEIDADE. IMPROBIDADE ADMINISTRATIVA. QUATRO SERVIDORES PÚBLICOS MUNICIPAIS. UTILIZAÇÃO DE MÃO-DE-OBRA NA EDIFICAÇÃO DE RESIDÊNCIA DE PARTICULAR. SUSPENSÃO DOS DIREITOS POLÍTICOS. PRINCÍPIOS DA RAZOABILIDADE E PROPORCIONALIDADE [...] O Ministério Público do Estado de Minas Gerais ingressou com ação civil pública por improbidade administrativa sob o fundamento de que servidores públicos municipais trabalharam irregularmente por no mínimo dois meses, durante o horário de expediente, na edificação da residência de pessoa que mantinha relacionamento íntimo com o ex-prefeito do Município de Itamogi/MG, percebendo remuneração diretamente dos cofres públicos, com a colaboração do então Secretário Municipal de Obras. 3. Ao reformar a sentença que havia extinto a ação por insuficiência de provas, a Corte de origem reconheceu a existência de improbidade administrativa e, por conseguinte, estabeleceu condenação consistente na devolução, por todos os réus, dos pagamentos realizados aos servidores públicos que prestaram serviços a título particular, além de multa civil equivalente a três vezes esse valor [...] **Representa, na verdade, o uso ilegítimo da 'máquina pública', por um substancial período, no intuito de favorecer sem disfarces determinada pessoa em razão de suas ligações pessoais com os administradores do Município**. O objetivo de extrair proveito indevido salta aos olhos pela constatação de que o então Prefeito encontrava-se em final de mandato e não havia conseguido se reeleger no pleito de outubro de 2000, buscando os réus, no 'apagar das luzes' da administração, obter as últimas vantagens que o cargo poderia lhes proporcionar. 7. Hipoteticamente, caso a jornada laboral de cada um dos quatro pedreiros fosse de razoáveis 40 (quarenta) horas semanais, o desempenho das atividades por 2 (dois) meses significa aproximadamente 1.300 (mil e trezentas) horas de trabalho que deixaram de ser usufruídas pelo Município - que atualmente conta com pouco mais de 10.000 (dez mil) habitantes - para serem direcionadas única e exclusivamente à satisfação dos interesses privados de três pessoas. 8. Torna-se patente que ficou caracterizado tanto o enriquecimento ilícito da proprietária da residência edificada quanto o prejuízo ao erário decorrente da reprovável conduta dos então Prefeito e Secretário Municipal, não restando dúvidas, ademais, de que o ato em tela reveste-se de uma gravidade intensa e indiscutível na medida em que o descaso com a Municipalidade e a incapacidade de distinguir os patrimônios público e privado foram a tônica dos comportamentos adotados pelos réus [...]" (STJ, *REsp 877.106/MG*; 2ª T., rel. Min. Castro Meira, j. 18.08.2009, DJe 10.09.2009, grifamos)

"PROCESSUAL CIVIL E ADMINISTRATIVO. RECURSO ESPECIAL. IMPROBIDADE ADMINISTRATIVA. UTILIZAÇÃO DE BENS E SERVIÇOS PÚBLICOS POR PARTICULAR. ANÁLISE DE LEI LOCAL E DOS ELEMENTOS FÁTICO-PROBATÓRIOS. IMPOSSIBILIDADE. SÚMULAS 280/STF E 7/STJ. AUSÊNCIA DE DANO AO ERÁRIO. VIOLAÇÃO DO ART. 10 DA LEI 8.429/1992 NÃO-CONFIGURADA [...] **Hipótese em que o Ministério Público do Estado de Santa Catarina propôs Ação Civil Pública contra prefeito, imputando-lhe ato de improbidade administrativa por disponibilizar máquinas e servidores para uso de particular.** 2. O Tribunal de

Justiça rechaçou a alegada improbidade ao fundamento de que o demandado agiu em conformidade com lei municipal que, para fins de incentivo agrícola, autoriza o uso transitório de serviços e bens por particulares, mediante o pagamento das despesas [...] A configuração de ato de improbidade administrativa censurado pelo art. 10 da Lei 8.429/1992 pressupõe a ocorrência de dano ao Erário. In casu, a Corte estadual não apontou a existência de prejuízo ao patrimônio público, ao contrário, consignou que as despesas foram previamente pagas pelo particular, constatação não questionada pelo Parquet, que se limita a sustentar a ilegalidade da conduta [...]" (STJ, *REsp 1.040.814/SC*, 2ª T., rel. Min. Herman Benjamin, j. 18.06.2009, DJe 27.08.2009, grifamos).

"ADMINISTRATIVO. AÇÃO CIVIL PÚBLICA. IMPROBIDADE ADMINISTRATIVA. CESSÃO DE VEÍCULO. PREJUÍZO AO ERÁRIO. LESÃO A PRINCÍPIOS ADMINISTRATIVOS. ELEMENTO SUBJETIVO. DANO AO ERÁRIO. COMPROVAÇÃO. DESNECESSIDADE. PRECEDENTES DO STJ. Comprovada a indevida cessão de veículo de propriedade municipal para fins particulares, não obstante previsão na Lei Orgânica Municipal, configurada está a tipificação da conduta como ato de improbidade administrativa previsto no art. 12, inciso XIII, da Lei 8.429/92. A lesão a princípios administrativos contida no art. 11 da Lei nº 8.429/92 não exige dolo ou culpa na conduta do agente nem prova da lesão ao erário público. Basta a simples ilicitude ou imoralidade administrativa para restar configurado o ato de improbidade. A ação civil pública, ao coibir o dano moral, é própria para censura a ato de improbidade, mesmo que não haja lesão aos cofres públicos. (Precedente do STJ: REsp n. 261.691 - MG)" (TJMG, *APELAÇÃO CÍVEL Nº 1.0672.04.147832-8/001*, 5ª Câmara Cível, rel. Desª. Maria Elza, DJe 13.05.2008).

XIV – celebrar contrato ou outro instrumento que tenha por objeto a prestação de serviços públicos por meio da gestão associada sem observar as formalidades previstas na lei; (Incluído pela Lei nº 11.107, de 2005)

COMENTÁRIOS

Trata-se de tipo incluído pela Lei 11.107, de 2005, que dispõe sobre normas gerais de contratação de consórcios públicos, incriminando a conduta do agente público que celebra contrato ou outro instrumento que tenha por objeto a prestação de serviços públicos por meio de gestão associada sem a observância das formalidades legais.

E tal se efetiva, dentre outros instrumentos, pela celebração de contrato de consórcio pela União, Estados, Distrito Federal e Municípios, constituído na forma de associação pública ou pessoa jurídica de direito privado, para a realização de objetivos de interesse comum. A personalidade do consórcio pode ser:

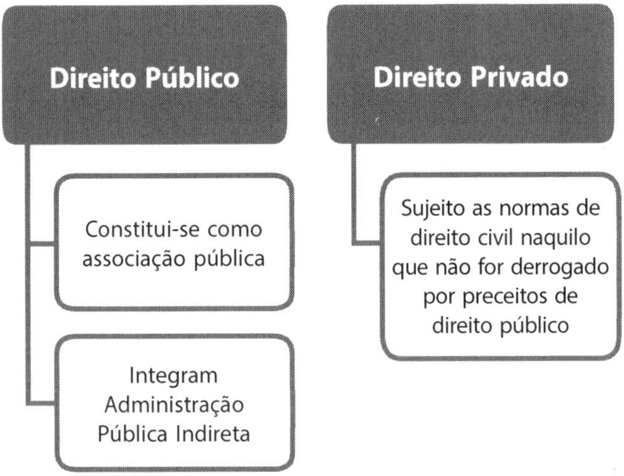

O ajuste é celebrado por contrato, precedido da formalização de protocolo de intenções pelos entes da Administração Pública, no qual serão estabelecidas:

> I – a denominação, a finalidade, o prazo de duração e a sede do consórcio;
>
> II – a identificação dos entes da Federação consorciados;
>
> III – a indicação da área de atuação do consórcio;
>
> IV – a previsão de que o consórcio público é associação pública ou pessoa jurídica de direito privado sem fins econômicos;
>
> V – os critérios para, em assuntos de interesse comum, autorizar o consórcio público a representar os entes da Federação consorciados perante outras esferas de governo;
>
> VI – as normas de convocação e funcionamento da assembleia geral, inclusive para a elaboração, aprovação e modificação dos estatutos do consórcio público;
>
> VII – a previsão de que a assembleia geral é a instância máxima do consórcio público e o número de votos para as suas deliberações;
>
> VIII – a forma de eleição e a duração do mandato do representante legal do consórcio público que, obrigatoriamente, deverá ser Chefe do Poder Executivo de ente da Federação consorciado;
>
> IX – o número, as formas de provimento e a remuneração dos empregados públicos, bem como os casos de contratação por

tempo determinado para atender a necessidade temporária de excepcional interesse público;

X – as condições para que o consórcio público celebre contrato de gestão ou termo de parceria;

XI – a autorização para a gestão associada de serviços públicos, explicitando:

a) as competências cujo exercício se transferiu ao consórcio público;

b) os serviços públicos objeto da gestão associada e a área em que serão prestados;

c) a autorização para licitar ou outorgar concessão, permissão ou autorização da prestação dos serviços;

d) as condições a que deve obedecer o contrato de programa, no caso de a gestão associada envolver também a prestação de serviços por órgão ou entidade de um dos entes da Federação consorciados;

e) os critérios técnicos para cálculo do valor das tarifas e de outros preços públicos, bem como para seu reajuste ou revisão; e

XII – o direito de qualquer dos contratantes, quando adimplente com suas obrigações, de exigir o pleno cumprimento das cláusulas do contrato de consórcio público.

A personalidade jurídica do consórcio público será adquirida:

Direito Público	Direito Privado
Com a vigência das leis de ratificação do protocolo de intenções.	Mediante o atendimento dos requisitos da legislação civil.

Nos termos do art. 13, *caput*, Lei 11.107, de 2005, "deverão ser constituídas e reguladas por contrato de programa, como condição de sua validade, as obrigações que um ente da Federação constituir para com outro ente da Federação ou para com consórcio público no âmbito de gestão associada em que haja a prestação de serviços públicos ou a transferência total ou parcial de encargos, serviços, pessoal ou de bens necessários à continuidade dos serviços transferidos".

Nessa conjuntura, configura o ato de improbidade em estudo a delegação de serviços públicos por meio de gestão associada antes da ratificação do protocolo de intenções subscrito pelos municípios que transferiram o serviço. No caso, a responsabilidade recairá sobre o representante legal do consórcio, que é o Chefe do Poder Executivo do ente consorciado e/ou o agente incumbido da gestão do consórcio.

Marino Pazzaglini Filho considera necessários dois requisitos para a caracterização deste ato de improbidade:

(i) inobservância das formalidades legais na celebração do contrato de gestão associada de serviços públicos que resulte em prejuízo ao Erário;

(ii) comprovação de que o agente público, responsável pela celebração do contrato de gestão associada, descumpriu formalidades previstas em lei essenciais em firmá-lo, conscientemente, por má-fé[90].

XV – celebrar contrato de rateio de consórcio público sem suficiente e prévia dotação orçamentária, ou sem observar as formalidades previstas na lei. (Incluído pela Lei nº 11.107, de 2005)

COMENTÁRIOS

Outra figura incluída pela Lei 11.107, de 2005, cuja compreensão depende das formalidades previstas na referida legislação para a celebração de contrato de rateio. Cuida-se de instrumento indispensável para que os entes consorciados transfiram recursos ao consórcio público, o qual será "formalizado em cada exercício financeiro e seu prazo de vigência não será superior ao das dotações que o suportam, com exceção dos contratos que tenham por objeto exclusivamente projetos consistentes em programas e ações contemplados em plano plurianual" (art. 8º, *caput* e § 1º, Lei 11.107, de 2005, com as alterações da Lei 14.026, de 2020).

Para a regularidade da transferência, o ente consorciado deve consignar, em sua lei orçamentária ou em créditos adicionais, as dotações necessárias para suportar as despesas assumidas por meio do contrato de rateio, sob pena de ser excluído do consórcio (art. 8º, § 5º, Lei 11.107, de 2005). De outro lado, a irregularidade poderá configurar ato de improbidade administrativa que terá como sujeito ativo o agente que representa o ente federativo no consórcio, cuja responsabilização dependerá da concorrência dos seguintes elementos:

90. PAZZAGLINI FILHO, Marino. *Lei de Improbidade* ... p. 114.

(a) existência de prejuízo aos Entes da federação consorciados decorrentes da não observância das disposições legais atinentes à formalização das despesas públicas;

(b) comportamento funcional desonesto do agente público que subscreveu, em nome do ente da federação, contrato de rateio sem suficiente e prévia dotação orçamentária.

XVI - facilitar ou concorrer, por qualquer forma, para a incorporação, ao patrimônio particular de pessoa física ou jurídica, de bens, rendas, verbas ou valores públicos transferidos pela administração pública a entidades privadas mediante celebração de parcerias, sem a observância das formalidades legais ou regulamentares aplicáveis à espécie (Incluído pela Lei nº 13.019, de 2014);

COMENTÁRIOS

Cuida-se de figura incluída na LIA por força da Lei 13.019, de 2014, punindo o agente que **facilita ou concorre**, por qualquer forma, para a incorporação, ao patrimônio particular de pessoa física ou jurídica, de bens, rendas, verbas ou valores públicos transferidos pela administração pública a entidades privadas mediante celebração de parcerias, sem a observância das formalidades legais aplicáveis à espécie. **A conduta é idêntica àquela capitulada no inciso I do art. 10, distinguindo-se apenas em razão das particularidades inerentes à celebração de parcerias com as organizações da sociedade civil, regidas pela Lei 13.019, de 2014**, valendo conferir as semelhanças e distinções tanto no que tange a definição legal quanto em relação aos requisitos necessários para a correta tipificação:

	Art. 10, inciso I, LIA	Art. 10, inciso XVI, LIA
Definição legal:	Facilitar ou concorrer, por qualquer forma, para a indevida incorporação ao patrimônio particular, de pessoa física ou jurídica, de bens, de rendas, de verbas ou de valores integrantes do acervo patrimonial **das entidades referidas no art. 1º desta Lei**;	Facilitar ou concorrer, por qualquer forma, para a incorporação, ao patrimônio particular de pessoa física ou jurídica, de bens, rendas, verbas ou valores públicos **transferidos pela administração pública a entidades privadas mediante celebração de parcerias,** sem a observância das formalidades legais ou regulamentares aplicáveis à espécie;

	Art. 10, inciso I, LIA	Art. 10, inciso XVI, LIA
Requisitos:	(*i*) incorporação ao patrimônio do particular de bens pertencentes ao patrimônio público; (*ii*) participação do agente público que concorre ou facilita a operação, dolosa; (*iii*) nexo entre a incorporação indevida e a atuação funcional do agente.	(*i*) incorporação ao patrimônio do particular de bens pertencentes ao patrimônio transferidos a entidades privadas **por força da celebração de parcerias;** (*ii*) participação do agente público que concorre ou facilita a operação, dolosa ou culposamente; (*iii*) nexo entre a incorporação indevida e a atuação funcional do agente.

Não por outra razão colhe-se da doutrina crítica no sentido de que a previsão de nova tipificação "era desnecessária e supérflua, pois está contida na descrita no inciso I, que trata da incorporação de bens ou valores públicos ao patrimônio particular mediante facilitação ou concurso"[91].

APLICAÇÃO EM PROVAS E CONCURSOS PÚBLICOS

1. **(PF – Delegado da Polícia Federal – Cespe – 2018) João, servidor público responsável pelo setor financeiro de uma autarquia federal, sem observar as formalidades legais necessárias, facilitou a incorporação, ao patrimônio particular de entidade privada sem fins lucrativos, de valores a ela repassados mediante a celebração de parceria.**

   Nessa situação hipotética, conforme a legislação e a doutrina a respeito de improbidade administrativa e regime disciplinar do servidor público federal, João poderá ser responsabilizado pela prática de ato de improbidade administrativa causador de prejuízo ao erário.

1
V

91. PAZZAGLINI FILHO, Marino. *Lei de Improbidade* ... p. 116.

XVII - permitir ou concorrer para que pessoa física ou jurídica privada utilize bens, rendas, verbas ou valores públicos transferidos pela administração pública a entidade privada mediante celebração de parcerias, sem a observância das formalidades legais ou regulamentares aplicáveis à espécie (Incluído pela Lei nº 13.019, de 2014);

COMENTÁRIOS

Da mesma forma que em relação ao inciso antecedente, o preceptivo em comento considera improbidade conduta semelhante àquela do inciso II do art. 10, acrescentando elementos especializantes decorrentes da transferência de recursos a entidades privadas por meio da celebração de parcerias entre a Administração Pública e organizações da sociedade civil.

	Art. 10, inciso II, LIA	Art. 10, inciso XVI, LIA
Definição legal:	Permitir ou concorrer para que pessoa física ou jurídica privada utilize bens, rendas, verbas ou valores **integrantes do acervo patrimonial das entidades mencionadas no art. 1º desta lei**, sem a observância das formalidades legais ou regulamentares aplicáveis à espécie;	Permitir ou concorrer para que pessoa física ou jurídica privada utilize bens, rendas, verbas ou valores públicos **transferidos pela administração pública a entidade privada mediante celebração de parcerias**, sem a observância das formalidades legais ou regulamentares aplicáveis à espécie;
Requisitos:	(*i*) Utilização indevida de bens ou valores integrantes das entidades públicas ou privadas (art. 1º, LIA); (*ii*) participação do agente público que permite ou concorre para a utilização indevida de bens ou valores integrantes do acervo das entidades públicas ou privadas; (*iii*) Lesão efetiva ao patrimônio público derivada da utilização de bens ou valores em desacordo com as disposições legais aplicáveis à espécie.	(*i*) Utilização indevida de bens ou valores **transferidos pela Administração a organização da sociedade civil por meio da celebração de parcerias;** (*ii*) participação do agente público que permite ou concorre para a utilização indevida de bens ou valores **transferidos a organização da sociedade civil**; (*iii*) Lesão efetiva ao patrimônio público derivada da utilização de bens ou valores em desacordo com as disposições legais aplicáveis à espécie.

XVIII - celebrar parcerias da administração pública com entidades privadas sem a observância das formalidades legais ou regulamentares aplicáveis à espécie (Incluído pela Lei nº 13.019, de 2014);

COMENTÁRIOS

Celebrar parcerias da Administração Pública com entidades privadas sem a observância das formalidades legais ou regulamentares aplicáveis à espécie pode ensejar a responsabilização do agente público se, do descumprimento das referidas formalidades, resultar efetivo prejuízo ao patrimônio público.

A colmatação da infração pressupõe o descumprimento das normas relativas à celebração de parcerias entre a Administração e as organizações da sociedade civil (OSC), cujo regime jurídico é delimitado pela Lei 13.019, de 2014, que estabelece o regramento das parcerias entre a Administração Pública e OSC, em regime de mútua cooperação, para a consecução de finalidades de interesse público e recíproco, mediante a execução de atividades ou de projetos previamente estabelecidos em planos de trabalho inseridos em termos de colaboração, em termos de fomento ou em acordos de cooperação.

Instrumentos para a celebração de parcerias entre a Administração e OSC	
Termo de colaboração	Instrumento por meio do qual são formalizadas as parcerias estabelecidas pela administração pública com organizações da sociedade civil para a consecução de finalidades de interesse público e recíproco **propostas pela administração pública** que envolvam a transferência de recursos financeiros (art. 2º, inciso VII da Lei 13.019/2014);
Termo de fomento	Instrumento por meio do qual são formalizadas as parcerias estabelecidas pela administração pública com organizações da sociedade civil para a consecução de finalidades de interesse público e recíproco **propostas pelas organizações da sociedade civil**, que envolvam a transferência de recursos financeiros (art. 2º, inciso VIII da Lei 13.019/2014);
Acordo de cooperação	Instrumento por meio do qual são formalizadas as parcerias estabelecidas pela administração pública com organizações da sociedade civil para a consecução de finalidades de interesse público e recíproco que **não envolvam a transferência de recursos financeiros** (art. 2º, inciso VIII-A da Lei 13.019/2014).

Assim, qualquer ajuste celebrado à revelia das sobreditas regras poderá caracterizar, caso evidenciado o prejuízo ao Erário, ato de improbidade tipificado no inciso XVIII do art. 10. Tal ocorre, **por exemplo,** com a formalização de parceria que tenha por objeto, envolva ou inclua, direta ou indiretamente, delegação de funções de regulação, de fiscalização do poder de polícia ou de outras atividades exclusivas de Estado, eis que expressamente vedado pelo art. 40 da Lei 13.019, de 2014.

Em suma, são necessários três requisitos para a configuração do ato de improbidade em estudo:

(i) formalização de parceria entre a Administração e OSC sem a observância dos preceitos da Lei 13.019, de 2014;

(ii) inobservância decorrente de dolo do agente público responsável;

(iii) ocorrência de efetivo prejuízo ao patrimônio público.

~~XIX - agir negligentemente na celebração, fiscalização e análise das prestações de contas de parcerias firmadas pela administração pública com entidades privadas; (Incluído pela Lei nº 13.019, de 2014, com a redação dada pela Lei nº 13.204, de 2015)~~

XIX - agir para a configuração de ilícito na celebração, na fiscalização e na análise das prestações de contas de parcerias firmadas pela administração pública com entidades privadas; (Redação dada pela Lei nº 14.230, de 2021)

COMENTÁRIOS

O dispositivo em exame tipifica três espécies de conduta ímproba do agente público no que se refere à prestação de contas de parcerias firmadas pela Administração Pública e entidades privadas, na forma preconizada pela Lei 13.019, de 2014:

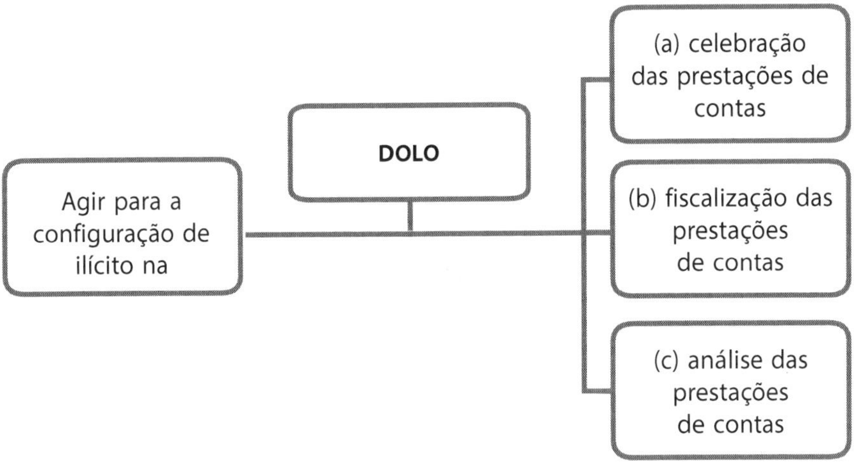

E o art. 2º, inciso XIV, da Lei 13.019, de 2014, com redação dada pela Lei 13.204, de 2015, definiu prestação de contas como o procedimento em que se analisa e se avalia a execução da parceria, pelo qual seja possível verificar o cumprimento do objeto da parceria e o alcance das metas e dos resultados previstos, compreendendo duas fases: (i) apresentação das contas, de responsabilidade da organização da sociedade civil; (ii) análise e manifestação conclusiva das contas, de responsabilidade da administração pública, sem prejuízo da atuação dos órgãos de controle.

Em relação ao **primeiro comportamento** (letra "a" do organograma), a prestação de contas apresentada pela organização da sociedade civil deverá conter elementos que permitam ao gestor da parceria avaliar o andamento ou concluir que o seu objeto foi executado conforme pactuado, com a descrição pormenorizada das atividades realizadas e a comprovação do alcance das metas e dos resultados esperados, até o período de que trata a prestação de contas (art. 64, *caput*, Lei 13.019, de 2014).

Tratando-se de pareceria que exceda o prazo de um ano, será apresentada prestação de contas ao final de cada exercício, para fins de monitoramento do cumprimento das metas do objeto (art. 67, § 2º, Lei 13.019, de 2014). Sobressai, neste aspecto, a fiscalização das prestações de contas, cuja avaliação deve averiguar a eficácia e efetividade das ações em execução ou que já foram realizadas, mencionando no parecer técnico (i) os resultados já alcançados e seus benefícios; (ii) os impactos econômicos ou sociais; (iii) o grau de satisfação do público-alvo; e (iv) a possibilidade de sustentabilidade das ações após a conclusão do objeto pactuado. (art. 67, § 4º, Lei 13.019, de 2014).

A análise da prestação de contas, por outro lado, deverá considerar a verdade real e os resultados alcançados, apresentando o gestor parecer técnico das contas analisadas (art. 64, § 3º c/c art. 67, *caput*, Lei 13.019, de 2014).

APLICAÇÃO EM PROVAS E CONCURSOS PÚBLICOS

1. (Prefeitura de Sorocaba/SP – Procurador do Município – Vunesp – 2018) Considere a seguinte situação hipotética.

Um Município firmou, em 2017, um termo de colaboração com uma Organização da Sociedade Civil para a realização de serviços de assistência social consistentes no abrigamento de pessoas em situação de rua. A entidade prestou contas das atividades realizadas no último trimestre de 2017, e um agente público da Secretaria Municipal de Assistência Social analisou a documentação e aprovou as contas prestadas. Posteriormente, a Controladoria Geral do Município recebeu uma denúncia de irregularidades na parceria e reanalisou a prestação de contas do período referido, concluindo que ocorreram despesas incompatíveis com o objeto da parceria, como compra de chocolates e bebidas alcoólicas no valor total de R$ 512,98. Considerando o disposto na Lei Federal n° 8.429/92, é correto afirmar que a conduta do agente público que analisou a prestação de contas

(A) não caracteriza ato de improbidade administrativa, pois a vantagem percebida, no valor de R$ 512,98, autoriza a aplicação do princípio da insignificância.

(B) caracteriza ato de improbidade administrativa que importa enriquecimento ilícito, independentemente de haver prova de que ele auferiu qualquer tipo de vantagem patrimonial.

(C) caracteriza ato de improbidade administrativa que atenta contra os princípios da Administração Pública, pois não se enquadra em nenhuma das outras hipóteses legais.

(D) caracteriza ato de improbidade administrativa que importa enriquecimento ilícito, pois presume-se que o agente obteve vantagem pessoal com a compra indevida.

(E) caracteriza ato de improbidade administrativa que causa prejuízo ao Erário, se comprovado que ele agiu negligentemente na análise da prestação de contas.

1
E

XX - liberar recursos de parcerias firmadas pela administração pública com entidades privadas sem a estrita observância das normas pertinentes ou influir de qualquer forma para a sua aplicação irregular. (Incluído pela Lei nº 13.019, de 2014, com a redação dada pela Lei nº 13.204, de 2015)

XXI - (revogado); (Redação dada pela Lei nº 14.230, de 2021)

COMENTÁRIOS

Contempla-se no comando legal em comento duas condutas capazes de lesar o patrimônio público e ensejar a responsabilização dos agentes envolvidos:

Liberação ilegal de recursos de parcerias	Tráfico de influência para aplicação irregular de recursos de parceria
Liberar o agente público responsável, por má-fé ou displicência (culpa), recursos de parcerias firmadas entre a Administração e entidades privadas em desacordo com o cronograma de desembolso aprovado.	Sujeito que, dolosamente, persuade agente público com atribuição funcional para disponibilizar os recursos de parceria entre a Administração e entidades privadas a aplicar irregularmente tais verbas.

XXII - conceder, aplicar ou manter benefício financeiro ou tributário contrário ao que dispõem o **caput** e o § 1º do art. 8º-A da Lei Complementar nº 116, de 31 de julho de 2003. (Incluído pela Lei nº 14.230, de 2021)

COMENTÁRIOS

Não se trata de nova modalidade de ato de improbidade administrativa, eis que a Lei Complementar 157, de 2016, positivou conduta semelhante no art. 10-A. Assim, a Lei 14.230/2021 promoveu verdadeira uniformização ao inserir o conteúdo do revogado dispositivo legal como inciso do art. 10, concentrando todos os atos de improbidade que causam prejuízo ao erário neste comando legal, submetendo os seus infratores a mesma punição.

Além disso, a mencionada alteração vincula a nova modalidade aos comandos do *caput* do art. 10, de modo que a tipificação dependerá da demonstração efetiva de ocorrência de prejuízo ao Erário, o que não era, ao menos expressamente, reconhecido pelo revogado art. 10-A.

Enfim, a Lei 14.230/2021 manteve as duas figuras outrora previstas no art. 10-A da LIA, punindo os seguintes comportamentos:

1. fixação de alíquota mínima do Imposto sobre Serviços de Qualquer Natureza (ISSQN) em patamar inferior a 2% (dois por cento);
2. concessão de isenções, incentivos ou benefícios tributários ou financeiros, inclusive de redução de base de cálculo ou de crédito presumido ou outorgado, ou sob qualquer outra forma que resulte, direta ou indiretamente, em carga tributária menor que a decorrente da aplicação da alíquota mínima (2%), restrição que não se aplica aos serviços descritos nos subitens 7.02, 7.05 e 16.01 da lista anexa a Lei Complementar 116, de 2003, *verbis*:

> "7.02 – Execução, por administração, empreitada ou subempreitada, de obras de construção civil, hidráulica ou elétrica e de outras obras semelhantes, inclusive sondagem, perfuração de poços, escavação, drenagem e irrigação, terraplanagem, pavimentação, concretagem e a instalação e montagem de produtos, peças e equipamentos (exceto o fornecimento de mercadorias produzidas pelo prestador de serviços fora do local da prestação dos serviços, que fica sujeito ao ICMS).
>
> 7.05 – Reparação, conservação e reforma de edifícios, estradas, pontes, portos e congêneres (exceto o fornecimento de mercadorias produzidas pelo prestador dos serviços, fora do local da prestação dos serviços, que fica sujeito ao ICMS).
>
> 16.01 - Serviços de transporte coletivo municipal rodoviário, metroviário, ferroviário e aquaviário de passageiros".

É bem verdade que idênticas restrições, desde o advento da Emenda Constitucional nº 37, de 12 de junho de 2002, constavam do art. 88 do Ato das Disposições Constitucionais Transitórias (ADCT), mas não foram suficientes para impedir a edição de leis municipais em sentido contrário. Tanto que o STF, ao julgar a *ADPF 190/SP*, sob a relatoria do Ministro Edson Fachin, em 29.09.2016, firmou a seguinte tese jurídica: "É inconstitucional lei municipal que veicule exclusão de valores da base de cálculo do ISSQN fora das hipóteses previstas em lei complementar nacional. Também é incompatível com o Texto Constitucional medida fiscal que resulte indiretamente na redução da alíquota mínima estabelecida pelo art. 88 do ADCT, a partir da redução da carga tributária incidente sobre a prestação de serviço na territorialidade do ente tributante".

Tal panorama demonstra que a vedação constitucional era insuficiente para coibir condutas de administradores inescrupulosos que, a pretexto de atrair investimentos e empreendimentos, concediam benefícios fiscais ao arrepio da Constituição Federal, valendo-se de legislações locais de duvidosa constitucionalidade. A nova tipificação (mantida pela Lei 14.230/2021), destarte, com nítido propósito de obstar práticas ilícitas semelhantes tornou possível a punição por ato de improbidade administrativa específico imputável ao Chefe do Poder Executivo Municipal e aos membros do Poder Legislativo local que houverem concorrido para a concessão de tais benefícios, funcionando como importante instrumento inibidor da denominada "guerra fiscal" entre os Municípios.

Noutras palavras, "ao instituir a alíquota mínima e limitar a concessão de benefícios, a Lei Complementar n. 157/2016 teve o evidente propósito de conter a guerra fiscal entre os Municípios, não superada pela Emenda Constituição n. 37, de 12 de junho de 2002, que inseriu um art. 88 no Ato das Disposições Constitucionais Transitórias [...]"[92].

Importante destacar que esta modalidade de improbidade envolve tributo de competência municipal, o ISSQN (art. 156, inciso III, CF) e, por conseguinte, **é direcionada aos agentes públicos municipais com competência para conceder, aplicar ou manter o benefício indevido em detrimento do patrimônio público municipal.** A pessoa natural ou jurídica que se beneficiar, dolosamente, ficará sujeita as sanções da LIA, por força do disposto no art. 3º. No entanto, "[...] não será possível a responsabilização daquele que, sem formular qualquer requerimento específico, simplesmente realize o cálculo do ISS levando em consideração um benefício genericamente concedido aos contribuintes"[93].

92. GARCIA, Emerson; ALVES, Rogério Pacheco. *Improbidade* ... p. 408.

93. GARCIA, Emerson; ALVES, Rogério Pacheco. *Improbidade* ... p. 409.

APLICAÇÃO EM PROVAS E CONCURSOS PÚBLICOS

1. (CFBio - Agente Administrativo - Quadrix - 2018)

Lava Jato empaca na área cível

Por BR18, 13/6/2018 | 6h13

Enquanto as ações penais da Lava Jato em Curitiba tramitam em ritmo acelerado, os processos por improbidade administrativa caminham devagar na esfera cível.

Levantamento do **Estadão** mostra que, das oito ações por improbidade propostas desde 2015 para cobrar de políticos, empresas e agentes públicos o ressarcimento de R$ 14,5 bilhões aos cofres da Petrobras, nenhuma foi julgada.

Internet: <http://br18.com.br> (com adaptações).

Considerando o texto acima como referência inicial, julgue o item seguinte de acordo com a Lei nº 8.429/1992, que dispõe sobre as sanções aplicáveis aos agentes públicos nos casos de enriquecimento ilícito no exercício de mandato, cargo, emprego ou função na Administração Pública direta, indireta ou fundacional.

Constitui ato de improbidade administrativa que causa lesão ao erário qualquer ação que conceda, aplique ou mantenha benefício financeiro ou tributário, não podendo o agente público ser responsabilizado pela omissão.

1
F

§ 1º Nos casos em que a inobservância de formalidades legais ou regulamentares não implicar perda patrimonial efetiva, não ocorrerá imposição de ressarcimento, vedado o enriquecimento sem causa das entidades referidas no art. 1º desta Lei. (Incluído pela Lei nº 14.230, de 2021)

COMENTÁRIOS

O parágrafo em comento, incluído no art. 10 pela Lei 14.230/2021 visa reafirmar a necessidade de perda patrimonial efetiva para o sancionamento do mencionado ato, inclusive a imposição de pena de ressarcimento, ressalvando o enriquecimento sem causa das entidades referidas no art. 1º da LIA.

A norma, por tais razões, afigura-se inócua e desnecessária, uma vez que a ausência de perda patrimonial efetiva torna a conduta atípica e, consequentemente, não legitima a imposição de qualquer sanção, ainda que de cunho meramente ressarcitório.

> § 2º A mera perda patrimonial decorrente da atividade econômica não acarretará improbidade administrativa, salvo se comprovado ato doloso praticado com essa finalidade. (Incluído pela Lei nº 14.230, de 2021)

COMENTÁRIOS

O preceito legal em estudo realça a importância e necessidade do elemento subjetivo para a configuração dos atos de improbidade que causam prejuízo ao erário, estatuindo que a mera perda patrimonial decorrente de atividade econômica é insuficiente para tanto quando não originada de conduta dolosa do agente. Assim, eventos extraordinários e imprevisíveis, bem assim os provenientes de atividade econômica regular não ensejam, por si só, punição com base na LIA. Afinal, "todos os agentes públicos e privados que desempenham certas atividades podem sofrer perdas em virtude da evolução ordinária dos mercados"[94].

94. JUSTEN FILHO, Marçal. *Reforma da Lei de Improbidade* ... p. 107.

Seção II-A
(Incluído pela Lei Complementar nº 157, de 2016)
Dos Atos de Improbidade Administrativa Decorrentes de Concessão ou Aplicação Indevida de Benefício Financeiro ou Tributário

Art. 10-A. Constitui ato de improbidade administrativa qualquer ação ou omissão para conceder, aplicar ou manter benefício financeiro ou tributário contrário ao que dispõem o **caput** e o § 1º do art. 8º-A da Lei Complementar nº 116, de 31 de julho de 2003. (Incluído pela Lei Complementar nº 157, de 2016) (Revogado pela Lei nº 14.230, de 2021)

COMENTÁRIOS

Conforme relatado nos comentários ao *novel* inciso XXII do art. 10 da LIA, a Lei 14.230/2021 transportou a conduta vedada pelo dispositivo em comento para o capítulo dos atos de improbidade que causam lesão ao Erário, unificando o regramento jurídico da matéria.

Seção III
Dos Atos de Improbidade Administrativa que Atentam Contra os Princípios da Administração Pública

~~**Art. 11.** Constitui ato de improbidade administrativa que atenta contra os princípios da administração pública qualquer ação ou omissão que viole os deveres de honestidade, imparcialidade, legalidade, e lealdade às instituições, e notadamente:~~

Art. 11. Constitui ato de improbidade administrativa que atenta contra os princípios da administração pública a ação ou omissão dolosa que viole os deveres de honestidade, de imparcialidade e de legalidade, caracterizada por uma das seguintes condutas: (Redação dada pela Lei nº 14.230, de 2021)

COMENTÁRIOS

1. Notas introdutórias: constitui dever dos agentes públicos pautar sua atuação pelos princípios que regem a Administração Pública, especialmente a legalidade, impessoalidade, moralidade, publicidade e eficiência, nos termos do art. 37, *caput*, CF. A desobediência aos referidos postulados, quer por **ação ou omissão**, caracteriza ato de improbidade e sujeita o seu infrator aos rigores da LIA, na forma como preconizada pelo dispositivo em comento.

Com a Lei 14.230/2021, a tipificação dos atos de improbidade que atentam contra os princípios da Administração Pública dependem da efetiva violação a um dever de honestidade, imparcialidade ou legalidade expressamente previsto em lei. Noutras palavras, a subsunção dos fatos a um dos tipos do art. 11 pressupõe a ocorrência de violação a deveres de conteúdo específico, pertinentes a honestidade, imparcialidade e legalidade. "Daí se segue a inviabilidade de enquadrar como improbidade uma conduta que não seja infringente de deveres previstos em lei. Assim se passa em virtude das garantias constitucionais pertinentes à atividade punitiva"[95].

Nesse sentido, determina o § 3º do art. 11 que o enquadramento da conduta a um dos tipos descritos no sobredito dispositivo depende da demonstração objetiva da prática de ilegalidade no exercício da função

95. JUSTEN FILHO, Marçal. *Reforma da Lei de Improbidade* ... p. 116.

pública, com a indicação das normas constitucionais, legais ou infralegais violadas, fato que, indiscutivelmente, traz reflexos práticos em relação ao ônus da prova. Dessa forma, a petição inicial da ação de improbidade deve indicar, de modo claro e objetivo, a descrição concreta dos atos imputados ao agente e a indicação dos dispositivos violados, sob pena de inépcia.

É o que prevê o art. 17, § 6º, inciso I da LIA, incluído pela Lei 14.230/2021, ao inserir entre os requisitos da petição inicial a necessidade de individualização da conduta do réu e o apontamento dos elementos probatórios mínimos que demonstrem a ocorrência de um dos atos de improbidade dos arts. 9º, 10 ou 11.

A alteração revela-se benéfica, na medida em que, no regime anterior, a tipificação não se restringia aos princípios (deveres) expressos, abrangendo **também a violação a princípios implícitos**. Tratava-se de uma decorrência da evolução do princípio da legalidade entendido hodiernamente como princípio da juridicidade, "[...] que impõe a obediência, por parte do administrador público, não apenas das regras formais (legalidade), mas, também, de todos os princípios reconhecidos pela comunidade jurídica"[96]. A mencionada exegese encontra respaldo legal, uma vez que o art. 2º, parágrafo único, inciso I, da Lei 9.784, de 1999, estabelece que o processo administrativo no âmbito federal será informado pelos critérios da "atuação conforme a lei e o **Direito**".

2. Requisitos para a configuração dos atos de improbidade do art. 11: a Lei 14.230/2021 remodelou a tipologia dos atos de improbidade que atentam contra os princípios, abandonando a técnica da enumeração exemplificava. Isso fica evidente pela substituição da expressão "notadamente" por "caracterizados por uma das seguintes condutas", de modo que o rol, agora, é **taxativo**!

Outra mudança consiste na necessidade de que os atos imputados ao agente violem deveres de honestidade, imparcialidade e legalidade previstos em lei (**deveres de conteúdo específico**). Trata-se, aliás, de uma decorrência da nova ideologia consagrada no art. 1º, § 4º da LIA, que estabelece a incidência dos princípios constitucionais do direito administrativo sancionador, do qual se extrai a garantia da legalidade/anterioridade, segundo a qual não há infração sem lei anterior que a defina, nem pena sem prévia cominação legal.

96. NEVES, Daniel Amorim Assumpção; OLIVEIRA, Rafael Carvalho Rezende. *Manual*... p 188.

Sendo assim, a violação a princípios por si só não é suficiente para a correta subsunção do fato ao tipo em exame, exigindo-se ainda a comprovação de que o agente agiu com **dolo**, além do **nexo de causalidade** entre a ação ou omissão e o ato atentório aos princípios da Administração. Até porque, conforme já afirmado em outras passagens desta obra, a jurisprudência do STJ **não tolera responsabilidade objetiva** por ato de improbidade.

Também é necessário que o ato cause lesividade relevante ao bem jurídico tutelado (consagração expressa do princípio da insignificância pelo § 4º do art. 11).

É desnecessário, por outro lado, o reconhecimento da produção de danos ao Erário e/ou de enriquecimento ilícito dos agentes públicos para a caracterização dos atos de improbidade de que trata o art. 11, sendo por isso tais atos rotulados por Waldo Fazzio Júnior como **improbidade administrativa em sentido estrito**, na medida em que independem da ocorrência de efeitos material subjetivo (enriquecimento do agente público) ou objetivo (lesão ao Erário)[97].

Eis em quadro mnemônico os requisitos para a tipificação dos atos de improbidade administrativa que violam princípios:

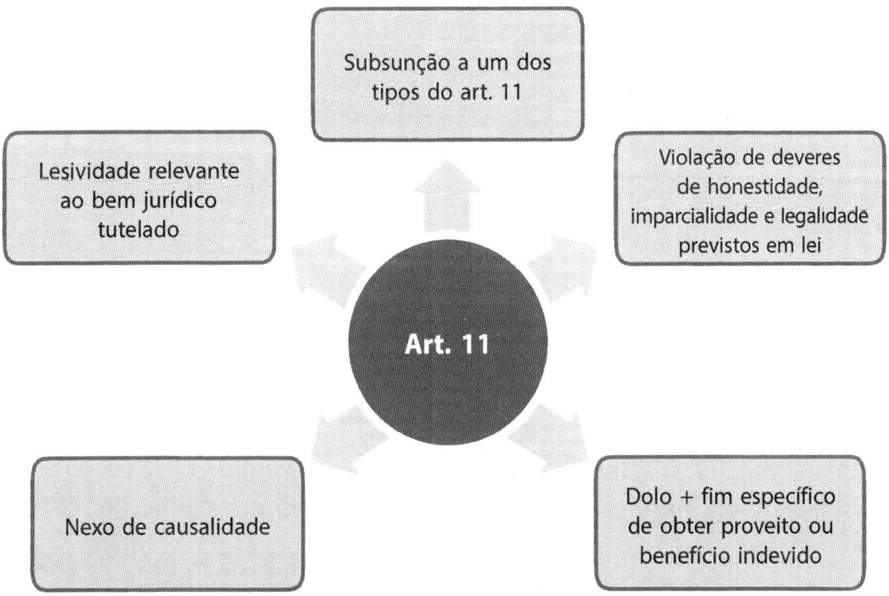

97. FAZZIO JÚNIOR, Waldo. *Improbidade* ... p. 298.

3. Elemento subjetivo versus mera irregularidade administrativa: pune-se somente o comportamento **DOLOSO** do agente público que malfere os princípios da administração, não havendo, pois, previsão de modalidade culposa. Não basta, entretanto, voluntariedade, exigindo-se vontade livre e consciente de alcançar o resultado ilícito tipificado no art. 11, bem como o fim específico de obter proveito ou benefício indevido para si ou para outra pessoa ou entidade (dolo específico), nos exatos termos do art. 1º, § 2º combinado com o art. 11, § 1º, todas da LIA, incluídos pela Lei 14.230/2021; superada, portanto, a jurisprudência do STJ, a qual preconizava que a punição do agente como incurso no art. 11 da LIA dependia da comprovação de **dolo,** eventual ou genérico, dispensada a intenção específica para tal desiderato (ver item 1 da CASUÍSTICA). A ausência da previsão de modalidade culposa evita que seja o agente/administrador sancionado por sua inabilidade, exigindo-se, além da existência de um ato ilegal, a comprovação de sua desonestidade. "Assim, os atos administrativos ilegais que não se revestem de inequívoca gravidade, que não ostentam indícios de desonestidade ou má-fé, que constituem simples irregularidades anuláveis (e não atos nulos de pleno direito), que decorrem de inabilitação ou despreparo escusável do agente público, não configuram improbidade administrativa"[98] (ver item 2 da CASUÍSTICA).

Enfim, "as deficiências pessoais, culturais e profissionais de agentes públicos podem promover irregularidades e, até mesmo, ilegalidades formais, mas é só o desvio de caráter que torna a ilegalidade sinônima de improbidade[99]."

4. Caráter subsidiário do art. 11, da LIA: em todas as espécies de atos de improbidade está presente, em menor ou maior extensão, a violação aos princípios da Administração Pública, especialmente o da legalidade. No entanto, o legislador separou os mencionados atos por categoria, escalonando-os conforme sua maior ou menor gravidade. "Daí se conclui que a norma em exame é residual em relação às que tratam das duas outras modalidades de atos de improbidade, pois a legalidade faz parte de sua contextura"[100]. Noutras palavras, somente

98. PAZZAGLINI FILHO, Marino. *Lei de Improbidade* ... p. 123.
99. FAZZIO JÚNIOR, Waldo. *Improbidade* ... p. 306.
100. PAZZAGLINI FILHO, Marino. *Lei de Improbidade* ... p. 122.

incorrerá o agente no art. 11 quando sua conduta não se amoldar a nenhuma das duas outras categorias de atos de improbidade (enriquecimento ilícito ou prejuízo ao Erário), assemelhando- aos denominados crimes subsidiários, que, na feliz expressão de Nelson Hungria, são *soldados de reserva.*

> "Desse modo, se o agente público não enriqueceu ilicitamente nem causou prejuízo ao erário, ações ou omissões que atentem contra os princípios da Administração Pública (não somente os do art. 37 da CF, mas os inerentes ao sistema, exemplificativamente arrolados no art. 11, *caput*, da Lei Federal n. 8.429/92) são censuradas, porquanto revelam o desvio ético de conduta, a inabilitação moral do agente público para o exercício da função pública"[101].

CASUÍSTICA

1. Elemento subjetivo (SUPERADO PELA LEI 14.230/2021, mostrando importante o seu estudo para efeito de aplicação retroativa da nova norma): segundo a jurisprudência do STJ, a punição do agente como incurso no art. 11 da LIA depende da comprovação de **dolo, eventual ou genérico, dispensada a intenção específica**:

> "ADMINISTRATIVO. AGRAVOS INTERNOS NO AGRAVO EM RECURSO ESPECIAL. IMPROBIDADE ADMINISTRATIVA. PERITO CRIMINAL DA POLÍCIA CIVIL DO DISTRITO FEDERAL. FALTA DA ELABORAÇÃO DE LAUDOS PERICIAIS A SEU CARGO. CONTEXTO FÁTICO-PROBATÓRIO DELINEADO PELAS INSTÂNCIAS DE ORIGEM DO QUAL DESPONTA A DESÍDIA FUNCIONAL DO SERVIDOR. CULPA. AUSÊNCIA DE DOLO. NÃO INCIDÊNCIA DA SÚMULA 7/STJ. REQUALIFICAÇÃO JURÍDICA DE FATOS INCONTROVERSOS. ART. 11 DA LEI Nº 8.429/92. ATO DE IMPROBIDADE NÃO CONFIGURADO. AGRAVO INTERNO DESPROVIDO. 1. A jurisprudência do Superior Tribunal de Justiça é firme no sentido de que "o elemento subjetivo, necessário à configuração de improbidade administrativa censurada nos termos do art. 11 da Lei 8.429/1992, é **o dolo genérico de realizar conduta que atente contra os princípios da Administração Pública, não se exigindo a presença de dolo específico**" (REsp 951.389/SC, Rel. Ministro Herman Benjamin, Primeira Seção, DJe 4/5/2011). [...] 3. **A negligência, enquanto modalidade de culpa, não se revela suficiente para caracterizar o ato de improbidade administrativa tipificado no art. 11 da Lei nº 8.429/92.** 4. Agravos internos

101. MARTINS JÚNIOR, Wallace Paiva. *Probidade* ... p. 276-277.

desprovidos. (STJ, *AgInt no AREsp 755.082/DF*, 1ª T., rel. Min. Sérgio Kukina, j. 27.10.2016, DJe 22.11.2016, grifamos).

"ADMINISTRATIVO E PROCESSUAL CIVIL. AGRAVO REGIMENTAL NO AGRAVO EM RECURSO ESPECIAL. AÇÃO CIVIL PÚBLICA. IMPROBIDADE ADMINISTRATIVA. LAUDO MÉDICO EMITIDO POR PROFISSIONAL MÉDICO, SERVIDOR PÚBLICO, EM SEU PRÓPRIO BENEFÍCIO. CONDENAÇÃO EM MULTA CIVIL. REDUÇÃO. PRINCÍPIOS DA PROPORCIONALIDADE E RAZOABILIDADE. 1. Agravos regimentais interpostos contra decisão que deu provimento ao recurso especial, por violação do art. 12 da Lei n. 8.429/1992, para reduzir a pena de multa imposta à recorrente, pela prática de ato de improbidade administrativa. A primeira agravante defende a inexistência de ato ímprobo e a desproporcionalidade da pena de multa que fora arbitrada. O segundo, que a pretensão não deveria ter sido acolhida, à luz do entendimento contido na Súmula n. 7 do STJ, e que "se a conduta ímproba é grave, a resposta judicial tem que guardar paridade e consonância com tal ato, devendo ser enérgica, sob pena de representar um incentivo à continuidade da prática de atos contrários aos princípios da legalidade e da moralidade" (fl. 788). **2. Conforme pacífico entendimento do STJ, "não se pode confundir improbidade com simples ilegalidade. A improbidade é ilegalidade tipificada e qualificada pelo elemento subjetivo da conduta do agente. Por isso mesmo, a jurisprudência do STJ considera indispensável, para a caracterização de improbidade, que a conduta do agente seja dolosa, para a tipificação das condutas descritas nos artigos 9º e 11 da Lei 8.429/92, ou pelo menos eivada de culpa grave, nas do artigo 10" (AIA 30/AM, Rel. Ministro Teori Albino Zavascki, Corte Especial, dje 28/09/2011). De outro lado, o elemento subjetivo necessário à configuração de improbidade administrativa previsto pelo art. 11 da Lei 8.429/1992 é o dolo eventual ou genérico de realizar conduta que atente contra os princípios da Administração Pública, não se exigindo a presença de intenção específica, pois a atuação deliberada em desrespeito às normas legais, cujo desconhecimento é inescusável, evidencia a presença do dolo**. Nesse sentido, dentre outros: AgRg no AREsp 8.937/MG, Rel. Ministro Benedito Gonçalves, Primeira Turma, DJe 02/02/2012. 3. O acórdão recorrido, sobre a caracterização do ato ímprobo, está em sintonia com o entendimento jurisprudencial do STJ, porquanto não se exige o dolo específico na prática do ato administrativo para caracterizá-lo como ímprobo. Ademais, não há como afastar o elemento subjetivo daquele que emite laudo médico de sua competência para si mesmo. 4. No caso dos autos, o Tribunal de Justiça do Estado de São Paulo, em razão da prática de ato ímprobo (art. 11 da Lei n. 8.429/1992), ponderando a respeito da extensão do dano causado, do proveito patrimonial obtido, da gravidade da conduta e da intensidade do elemento subjetivo do agente, condenou a ora recorrente à multa "no valor de 20 vezes o valor da remuneração percebida, quando da sua manutenção no primeiro cargo, pelo período de 5 (cinco) anos, 1999 a 2004, esclarecendo que esta não é quantia referente à lesão ao patrimônio público". 5. Em sede de revaloração do que fora considerado pelo acórdão a quo, atentando-se para os princípios da proporcionalidade e da razoabilidade, a multa deve ser reduzida para 5 vezes o valor da remuneração mensal que percebia pelo exercício do cargo, em razão desse valor ser suficiente para penalizar a recorrente pela conduta perpetrada. Sobre a possibilidade de readequação da pena, em sede de recurso especial, vide, dentre outros: REsp 980.706/RS, Rel. Ministro Luiz Fux, Primeira Turma, DJe 23/02/2011; REsp 875.425/RJ, Rel. Ministra Denise Arruda, Primeira Turma, DJe 11/02/2009. 6. Agravos regimentais não providos" (STJ, *AgRg no AREsp 73.968/SP*, 1ª T., rel. Min. Benedito Gonçalves, j. 02.10.2012, DJe 29.10.2012, grifamos).

2. Improbidade em sentido estrito não autoriza punição por meras irregularidades:

"PROCESSUAL CIVIL. ADMINISTRATIVO. AÇÃO CIVIL PÚBLICA. IMPROBIDADE ADMINISTRATIVA. LEI 8.429/92. RESSARCIMENTO DE DANO ERÁRIO. AUSÊNCIA DE DANO E DE MÁ-FÉ (DOLO). APLICAÇÃO DAS PENALIDADES. PRINCÍPIO DA PROPORCIONALIDADE. DIVERGÊNCIA JURISPRUDENCIAL NÃO DEMONSTRADA. VIOLAÇÃO AO ART. 535 DO CPC. INOCORRÊNCIA. 1. O caráter sancionador da Lei 8.429/92 é aplicável aos agentes públicos que, por ação ou omissão, violem os deveres de honestidade, imparcialidade, legalidade e lealdade às instituições e notadamente: a) importem em enriquecimento ilícito (art. 9º); b) causem prejuízo ao erário público (art. 10); c) atentem contra os princípios da Administração Pública (art. 11) compreendida nesse tópico a lesão à moralidade administrativa. **2. A exegese das regras insertas no art. 11 da Lei 8.429/92, considerada a gravidade das sanções e restrições impostas ao agente público, deve ser realizada cum granu salis, máxime porque uma interpretação ampliativa poderá acoimar de ímprobas condutas meramente irregulares, suscetíveis de correção administrativa, posto ausente a má-fé do administrador público, preservada a moralidade administrativa e, a fortiori, ir além de que o legislador pretendeu. 3. A má-fé, consoante cediço, é premissa do ato ilegal e ímprobo e a ilegalidade só adquire o status de improbidade, quando a conduta antijurídica fere os princípios constitucionais da Administração Pública, coadjuvados pela má-intenção do administrador. 4. Destarte, o elemento subjetivo é essencial à caracterização da improbidade administrativa, à luz da natureza sancionatória da Lei de Improbidade Administrativa, o que afasta, dentro do nosso ordenamento jurídico, a responsabilidade objetiva**. Precedentes: REsp 654.721/MT, Primeira Turma, julgado em 23/06/2009, DJe 01/07/2009; REsp 604.151/RS, Primeira Turma, DJ de 08/06/2006. 5. In casu, a ausência de dano ao patrimônio público e de enriquecimento ilícito do demandado, consoante assentado pelo tribunal local à luz do contexto fático encartado nos autos, revelam a desproporcionalidade da sanção imposta à parte, ora recorrente, máxime porque não restou afirmada a má-fé do agente público. 6. Deveras, o fato objeto da ação operou-se por via normativa, tendo como escopo reorganização administrativa. É que trata-se de Ação Civil Pública ajuizada pelo Ministério Público do Estado de Santa Catarina contra o ex-governador do

Estado, sob a acusação de prática de improbidade administrativa durante o mandato. Alegou o parquet, em suma, que o réu remanejara e transformara cargos da antiga estrutura administrativa do Estado por meio de Decretos. Ressaltou que o ex-governador do Estado de Santa Catarina, visando reformar a estrutura administrativa do Poder Executivo e dos entes da Administração Indireta, elaborou projeto de lei, através do qual propôs profundas transformações na concepção dos cargos e funções, inclusive em relação aos cargos comissionados (fl. 9) 7. A ausência da categorização do dolo está em que, o recorrente, seguindo orientação da Secretaria de Administração do Estado, remanejou cargos, e, se o fez equivocadamente, agiu com inépcia. É o que se colhe das razões do acórdão recorrido e do voto vencido. 8. Deveras, é cediço que não se enquadra nas espécies de improbidade o administrador inepto. Precedente: REsp 734984/SP, Rel. Ministro JOSÉ DELGADO, PRIMEIRA TURMA, julgado em 18/12/2008, DJe 16/06/2008. 9. A admissão do recurso especial pela alínea "c" exige a comprovação do dissídio na forma prevista pelo RISTJ, com a demonstração das circunstâncias que assemelham os casos confrontados, não bastando, para tanto, a simples transcrição das ementas dos paradigmas. Precedente desta Corte: AgRg nos EREsp 554.402/RS, CORTE ESPECIAL, DJ 01.08.2006. 10. O artigo 535 do CPC resta incólume quando o tribunal de origem, embora sucintamente, pronuncia-se de forma clara e suficiente sobre a questão posta nos autos. Ademais, o magistrado não está obrigado a rebater, um a um, os argumentos trazidos pela parte, desde que os fundamentos utilizados tenham sido suficientes para embasar a decisão. 11. Recurso especial provido" (STJ, *REsp 1.149.427/SC*, 1ª T. rel. Min. Luiz Fux, j. 17.08.2010, DJe 09.09.2010, grifamos).

"PROCESSUAL CIVIL E ADMINISTRATIVO. EMBARGOS DE DIVERGÊNCIA EM RECURSO ESPECIAL. IMPROBIDADE ADMINISTRATIVA. VIOLAÇÃO DE PRINCÍPIOS DA ADMINISTRAÇÃO PÚBLICA (ART. 11 DA LEI 8.429/92). ELEMENTO SUBJETIVO. REQUISITO INDISPENSÁVEL PARA A CONFIGURAÇÃO DO ATO DE IMPROBIDADE ADMINISTRATIVA. PACIFICAÇÃO DO TEMA NAS TURMAS DE DIREITO PÚBLICO DESTA CORTE SUPERIOR. SÚMULA 168/STJ. PRECEDENTES DO STJ. EMBARGOS DE DIVERGÊNCIA NÃO CONHECIDOS. 1. Os embargos de divergência constituem recurso que tem por finalidade exclusiva a uniformização da jurisprudência interna desta Corte Superior, cabível nos casos em que, embora a situação fática dos julgados seja a mesma, há dissídio jurídico na interpretação da legislação aplicável à espécie entre as Turmas que compõem a Seção. É um recurso estritamente limitado à análise dessa divergência jurisprudencial, não se prestando a revisar o julgado embargado, a fim de aferir a justiça ou injustiça do entendimento manifestado, tampouco a examinar correção de regra técnica de conhecimento. **2. O tema central do presente recurso está limitado à análise da necessidade da presença de elemento subjetivo para a configuração de ato de improbidade administrativa por violação de princípios da Administração Pública, previsto no art. 11 da Lei 8.429/92. Efetivamente, as Turmas de Direito Público desta Corte Superior divergiam sobre o tema, pois a Primeira Turma entendia ser indispensável a**

demonstração de conduta dolosa para a tipificação do referido ato de improbidade administrativa, enquanto a Segunda Turma exigia para a configuração a mera violação dos princípios da Administração Pública, independentemente da existência do elemento subjetivo. 3. Entretanto, no julgamento do REsp 765.212/AC (Rel. Min. Herman Benjamin, DJe de 23.6.2010), a Segunda Turma modificou o seu entendimento, no mesmo sentido da orientação da Primeira Turma, a fim de afastar a possibilidade de responsabilidade objetiva para a configuração de ato de improbidade administrativa. 4. Assim, o Superior Tribunal de Justiça pacificou o entendimento no sentido de que, para a configuração do ato de improbidade administrativa previsto no art. 11 da Lei 8.429/92, é necessária a presença de conduta dolosa, não sendo admitida a atribuição de responsabilidade objetiva em sede de improbidade administrativa. 5. Ademais, também restou consolidada a orientação de que somente a modalidade dolosa é comum a todos os tipos de improbidade administrativa, especificamente os atos que importem enriquecimento ilícito (art. 9º), causem prejuízo ao erário (art. 10) e atentem contra os princípios da administração pública (art. 11), e que a modalidade culposa somente incide por ato que cause lesão ao erário (art. 10 da LIA). 6. Sobre o tema, os seguintes precedentes desta Corte Superior: REsp 909.446/RN, 1ª Turma, Rel. Min. Luiz Fux, DJe de 22.4.2010; REsp 1.107.840/PR, 1ª Turma, Rel. Min. Teori Albino Zavascki, DJe de 13.4.2010; REsp 997.564/SP, 1ª Turma, Rel. Min. Benedito Gonçalves, DJe de 25.3.2010; REsp 816.193/MG, 2ª Turma, Rel. Min. Castro Meira, DJe de 21.10.2009; REsp 891.408/MG, 1ª Turma, Rel. Min. Denise Arruda, DJe de 11.02.2009; REsp 658.415/MG, 2ª Turma, Rel. Min. Eliana Calmon, DJ de 3.8.2006. No mesmo sentido, as decisões monocráticas dos demais integrantes da Primeira Seção: Ag 1.272.677/RS, Rel. Herman Benjamin, DJe de 7.5.2010; REsp 1.176.642/PR, Rel. Min. Hamilton Carvalhido, Dje de 29.3.2010; Resp 1.183921/MS, Rel. Min. Humberto Martins, Dje de 19.3.2010. 7. Portanto, atualmente, não existe divergência entre as Turmas de Direito Público desta Corte Superior sobre o tema, o que atra a incidência da Súmula 168/STJ: "Não cabem embargos de divergência, quando a jurisprudência do Tribunal se firmou no mesmo sentido do acórdão embargado". 8. Embargos de divergência não conhecidos" (STJ, *EREsp 875.163/RS*, 1ª Seção, rel. Min. Mauro Campbell Marques, j. 23.06.2010, DJe 30.06.2010, grifamos).

"AÇÃO DE IMPROBIDADE ADMINISTRATIVA. AUSÊNCIA DE MÁ-FÉ DO ADMINISTRADOR PÚBLICO. 1. A Lei 8.429/92 da Ação de Improbidade Administrativa, que explicitou o cânone do art. 37, § 4º da Constituição Federal, teve como escopo impor sanções aos agentes públicos incursos em atos de improbidade nos casos em que: a) importem em enriquecimento ilícito (art.9º); b) que causem prejuízo ao erário público (art. 10); c) que atentem contra os princípios da Administração Pública (art. 11), aqui também compreendida a lesão à moralidade administrativa. 2. Destarte, para que ocorra o ato de improbidade disciplinado pela referida norma, é mister o alcance de um dos bens jurídicos acima referidos e tutelados pela norma especial. 3. No caso específico do art.

11, é necessária cautela na exegese das regras nele insertas, porquanto sua amplitude constitui risco para o intérprete induzindo-o a acoimar de ímprobas condutas meramente irregulares, suscetíveis de correção administrativa, posto ausente a má-fé do administrador público e preservada a moralidade administrativa. 4. In casu, evidencia-se que os atos praticados pelos agentes públicos, consubstanciados na alienação de remédios ao Município vizinho em estado de calamidade, sem prévia autorização legal, descaracterizam a improbidade strictu senso, uma vez que ausentes o enriquecimento ilícito dos agentes municipais e a lesividade ao erário. A conduta fática não configura a improbidade. 5. É que comprovou-se nos autos que os recorrentes, agentes políticos da Prefeitura de Diadema, agiram de boa-fé na tentativa de ajudar o município vizinho de Avanhandava a solucionar um problema iminente de saúde pública gerado por contaminação na merenda escolar, que culminou no surto epidêmico de diarreia na população carente e que o estado de calamidade pública dispensa a prática de formalidades licitatórias que venha a colocar em risco a vida, a integridade das pessoas, bens e serviços, ante o retardamento da prestação necessária. 6. É cediço que a má-fé é premissa do ato ilegal e ímprobo. Consectariamente, **a ilegalidade só adquire o status de improbidade quando a conduta antijurídica fere os princípios constitucionais da Administração Pública coadjuvados pela má-fé do administrador. A improbidade administrativa, mais que um ato ilegal, deve traduzir, necessariamente, a falta de boa-fé, a desonestidade, o que não restou comprovado nos autos pelas informações disponíveis no acórdão recorrido, calcadas, inclusive, nas conclusões da Comissão de Inquérito**. 7. É de sabença que a alienação da res publica reclama, em regra, licitação, à luz do sistema de imposições legais que condicionam e delimitam a atuação daqueles que lidam com o patrimônio e com o interesse públicos. Todavia, o art. 17, I, "b", da lei 8.666/93 dispensa a licitação para a alienação de bens da Administração Pública, quando exsurge o interesse público e desde que haja valoração da oportunidade e conveniência, conceitos estes inerentes ao mérito administrativo, insindicável, portanto, pelo Judiciário. 8. In casu, raciocínio diverso esbarraria no art. 196 da Constituição Federal, que assim dispõe: "A saúde é considerada dever do Estado, o qual deverá garanti-la através do desenvolvimento de políticas sociais e econômicas ou pelo acesso universal e igualitário às ações e serviços para sua promoção, proteção e recuperação.", dispositivo que recebeu como influxo os princípios constitucionais da dignidade da pessoa humana (art. 1º, III), da promoção do bem comum e erradicação de desigualdades e do direito à vida (art. 5º, caput), cânones que remontam às mais antigas Declarações Universais dos Direitos do Homem. 9. A atuação do Ministério Público, pro populo, nas ações difusas, justificam, ao ângulo da lógica jurídica, sua dispensa em suportar os ônus sucumbenciais, acaso inacolhida a ação civil pública. 10. Consectariamente, o Ministério Público não deve ser condenado ao pagamento de honorários advocatícios e despesas processuais, salvo se comprovada má-fé. 11. Recursos especiais providos" (STJ, *REsp 480.387/SP*, 1ª T., rel. Min. Luiz Fux, j. 16.03.2004, DJ 24.05.2004, p. 163, grifamos).

"APELAÇÃO CÍVEL. IMPROBIDADE ADMINISTRATIVA. EX-PREFEITO. INOBSERVÂNCIA DA ORDEM DE PAGAMENTO DOS PRECATÓRIOS. NECESSIDADE DE DEMONSTRAÇÃO DO ELEMENTO SUBJETIVO DA CONDUTA. IMPROCEDÊNCIA DO PEDIDO MANTIDA. 1. O simples descumprimento da ordem de pagamento de precatórios prevista no artigo 100 da CRFB/88 em razão da celebração de acordo sabidamente vantajoso para a Administração Pública, desprovido de qualquer indicativo de comportamento desonesto por parte do agente público, a caracterizar a gravidade de sua conduta, não basta para configurar a prática de ato de improbidade administrativa. Interpretar o art. 11 de modo a entender que a simples violação ao princípio da legalidade, por si só, ensejaria a caracterização de ato ímprobo, seria o mesmo que confundir os conceitos de improbidade administrativa e da legalidade, em violação ao princípio da razoabilidade. 2. Embora evidente a ilegalidade na inobservância da ordem imposta no artigo 100 da CFRB/88, o que se verifica dos autos é que o mesmo procedimento foi adotado pelo DNER em diversas reclamações trabalhistas semelhantes, havendo divulgação dos atos realizados de um modo geral e inexistindo qualquer indício de tratamento privilegiado, sendo certo, ainda, que, uma vez alertada a este respeito, a Autarquia Federal acatou a recomendação da Procuradoria Regional dos Direitos do Cidadão, que considerou naquela oportunidade não ser necessária a propositura de ação de improbidade, face à ausência de prejuízo ao Erário, igualmente não demonstrado no presente feito. Remessa necessária e apelação desprovidas" (TRF-2ª Região, *Apelação/Reexame Necessário 2001.51.01.013057-5*, 8ª T., rel. Des. Federal Marcelo Pereira da Silva, DJe 01.04.2014).

"ADMINISTRATIVO. AÇÃO DE IMPROBIDADE. PROCEDIMENTO LICITATÓRIO. LEI Nº 8.666/93. IRREGULARIDADES. CONCLUSÃO DO TCU. INDEPENDÊNCIA ENTRE AS INSTÂNCIAS ADMINISTRATIVAS E JUDICIAIS. SENTENÇA CONFIRMADA. 1. É **conditio sine qua non** para caracterizar ato de improbidade que causa lesão ao erário, a ilegalidade da conduta funcional do agente e a ocorrência de efetivo dano material aos cofres públicos. 2. Não configuram atos de improbidade administrativa que atentam contra os princípios da Administração Pública os atos administrativos ilegais que não se revestem de inequívoca gravidade, que não ostentam indícios de desonestidade ou má-fé, que constituem simples irregularidades anuláveis (e não atos nulos de pleno direito), que decorrem da inabilitação ou despreparo escusável do agente público. 3. Sem deixar de ressaltar a independência entre as instâncias administrativas e judiciais, o apelante não logrou demonstrar a ocorrência de dano efetivo ao erário, sabido que o dano presumido ou mesmo o dano moral não são aptos para caracterizá-lo. 4. Apelo improvido. Sentença confirmada" (TRF-1ª Região, *AC 2001.40.00.005555-1/PI*, 4ª T., rel. Des. Federal Hilton Queiroz, j. 13.06.2006).

3. Assédio moral como ato de improbidade administrativa por violação a princípios da Administração Pública (SUPERADO EM RAZÃO DA MUDANÇA DA NATUREZA DO ROL DO ART. 11, que deixou de ser exemplificativo e passou ser taxativo, revelan-

do-se importante o seu estudo para efeito de aplicação da nova Lei retroativamente):

"ADMINISTRATIVO. AÇÃO CIVIL PÚBLICA. IMPROBIDADE ADMINISTRATIVA. ASSÉDIO MORAL. VIOLAÇÃO DOS PRINCÍPIOS DA ADMINISTRAÇÃO PÚBLICA. ART. 11 DA LEI 8.429/1992. ENQUADRAMENTO. CONDUTA QUE EXTRAPOLA MERA IRREGULARIDADE. ELEMENTO SUBJETIVO. DOLO GENÉRICO. 1. O ilícito previsto no art. 11 da Lei 8.249/1992 dispensa a prova de dano, segundo a jurisprudência do STJ. 2. Não se enquadra como ofensa aos princípios da administração pública (art. 11 da LIA) a mera irregularidade, não revestida do elemento subjetivo convincente (dolo genérico). **3. O assédio moral, mais do que provocações no local de trabalho — sarcasmo, crítica, zombaria e trote —, é campanha de terror psicológico pela rejeição. 4. A prática de assédio moral enquadra-se na conduta prevista no art. 11, *caput*, da Lei de Improbidade Administrativa, em razão do evidente abuso de poder, desvio de finalidade e malferimento à impessoalidade, ao agir deliberadamente em prejuízo de alguém.** 5. A Lei 8.429/1992 objetiva coibir, punir e/ou afastar da atividade pública os agentes que demonstrem caráter incompatível com a natureza da atividade desenvolvida. 6. Esse tipo de ato, para configurar-se como ato de improbidade exige a demonstração do elemento subjetivo, a título de dolo lato sensu ou genérico, presente na hipótese. 7. Recurso especial provido" (STJ, *REsp 1.286.466/RS,* 2ª T., rel. Min. Eliana Calmon, j. 03.09.2013, DJe 18.09.2013, grifamos).

4. Promoção pessoal do administrador público como ato de improbidade por violação aos princípios da Administração Pública:

"PROCESSO CIVIL E ADMINISTRATIVO. VIOLAÇÃO DO ART. 535 DO CPC. INEXISTÊNCIA. IMPROBIDADE ADMINISTRATIVA. APLICAÇÃO DA LEI DE IMPROBIDADE AOS AGENTES POLÍTICOS. CABIMENTO. PRECEDENTES. SÚMULA 83/STJ. ART. 11 DA LEI N. 8.429/92. NECESSIDADE DE DOLO GENÉRICO NO ELEMENTO SUBJETIVO DO TIPO. PROMOÇÃO PESSOAL EM PROPAGANDA. ATO ÍMPROBO POR VIOLAÇÃO DO PRINCÍPIO IMPESSOALIDADE CARACTERIZADO [...] 4. **No caso dos autos, ficou comprovada a utilização de recursos públicos em publicidade, para promoção pessoal, uma vez que a veiculação da imagem do agravante não teve finalidade informativa, educacional ou de orientação, desviando-se do princípio da impessoalidade.** 5. Caso em que a conduta do agente se amolda ao disposto no art. 11 da Lei 8.429/1992, pois atenta contra os princípios da Administração Pública, em especial a impessoalidade, além de ofender frontalmente a norma contida no art. 37, § 1º, da Constituição da República, que veda a publicidade governamental para fins de promoção pessoal. 6. As considerações feitas pelo Tribunal de origem NÃO afastam a prática do ato de improbidade administrativa por violação de princípios da Administração Pública, uma vez que foi constatado o elemento subjetivo dolo na conduta do agente, mesmo na modalidade genérica, o que permite o reconhecimento de ato de improbidade administrativa. Agravo regimental improvido" (STJ, *AgRg no AREsp 634.908/MG*, 2ª T., rel. Min. Humberto Martins, j. 14.04.2015, DJe 20.04.2015, grifamos).

"APELAÇÃO CÍVEL. AÇÃO CIVIL PÚBLICA POR ATO DE IMPROBIDADE ADMINISTRATIVA. PRELIMINAR DE CERCEAMENTO DE DEFESA. REJEITADA. VIOLAÇÃO AOS PRINCÍPIOS NORTEADORES DA ADMINISTRAÇÃO PÚBLICA? LEGALIDADE, MORALIDADE E IMPESSOALIDADE. ART.37, §1º DA CF/88 E ART. 11 DA LEI DE IMPROBIDADE. PROMOÇÃO PESSOAL DA PREFEITA. CARACTERIZADA. SANCIONAMENTO. CRITÉRIOS DA PROPORCIONALIDADE E SUFICIÊNCIA. REDUÇÃO. ADEQUAÇÃO.POSSIBILIDADE [...] 2. A publicidade institucional, com uso de nome, símbolos, imagens slogan que vinculem a divulgação do governante, **estando ausente o caráter informativo, educativo ou de orientação social, configura promoção pessoal, em clara afronta à norma constitucional prevista no art. 37, § 1º, da CF. 3- O chefe do executivo municipal que, durante seu governo, se utiliza de faixa, cartazes e slogan de campanha eleitoral em atos, obras, programas, serviços e campanhas públicas, vinculando a sua pessoa e a sua administração, para fins de promoção pessoal, incorre na violação da norma do art.11, I da Lei de Improbidade Administrativa.** [...]" (TJE/PA, *Apelação 2016.03710328-20*; 2ª Câmara Cível, rel. Des. Celia Regina de Lima Pinheiro, j. 29.08.2016, DJ 14.09.2016, grifamos).

5. Tortura como ato de improbidade por violação aos princípios da Administração Pública:

"ADMINISTRATIVO. AGRAVO REGIMENTAL NO RECURSO ESPECIAL. AÇÃO CIVIL PÚBLICA. IMPROBIDADE ADMINISTRATIVA. AGENTES POLICIAIS. PRÁTICA DE TORTURA. CONFIGURAÇÃO DE ATO DE IMPROBIDADE ADMINISTRATIVA PREVISTO NO ART. 11 DA LEI 8429/92. AGRAVO REGIMENTAL NÃO PROVIDO [...] 2. A Primeira Seção desta Corte Superior, em recente julgado, proclamou entendimento no sentido de que **a prática de tortura por policiais configura ato de improbidade administrativa por violação dos princípios da administração pública, ao afirmar que: 'atentado à vida e à liberdade individual de particulares, praticado por agentes públicos armados - incluindo tortura, prisão ilegal e 'justiciamento' -, afora repercussões nas esferas penal, civil e disciplinar, pode configurar improbidade administrativa, porque, além de atingir a pessoa-vítima, alcança simultaneamente interesses caros à Administração em geral, às instituições de segurança pública em especial, e ao próprio Estado Democrático de Direito**. Nesse sentido: REsp 1081743/MG, Relator Ministro Herman Benjamin, Segunda Turma, julgado em 24.3.2015, acórdão ainda não publicado." (excerto da ementa do REsp 1.177.910/SE, Rel. Ministro HERMAN BENJAMIN, PRIMEIRA SEÇÃO, julgado em 26/08/2015, DJe 17/02/2016). 3. Agravo regimental não provido. (STJ, *AgRg no REsp 1.200.575/DF*, 2ª T., rel. Min. Mauro Campbell Marques, j. 05.05.2016, DJe 16.05.2016, grifamos).

APLICAÇÃO EM PROVAS E CONCURSOS PÚBLICOS

1. **(MP/TO – Promotor de Justiça Substituto – Cespe-Cebraspe – 2022) A respeito de improbidade administrativa, assinale a opção correta.**

(A) A configuração de ato de improbidade contrário a princípio da administração pública independe de prova de dano ao erário ou enriquecimento ilícito do agente.

(B) A exigência de que os agentes públicos apresentem declaração anual de bens ao órgão ou ao ente a que estejam ligados pode ser mitigada em caso de recusa de consciência, devidamente fundamentada.

(C) A ação por improbidade administrativa tem natureza criminal.

(D) No atual regime legal da improbidade administrativa, são puníveis atos praticados com culpa grave, devidamente provados e que tenham causado dano ao erário.

(E) No caso de condenação à perda da função pública, a eficácia da decisão judicial deve alcançar qualquer vínculo atual do réu com o serviço público, ainda que diverso do existente quando do cometimento da improbidade.

2. **(CIASC – Advogado – FEPESE – 2017) De acordo com a Lei de Improbidade Administrativa (Lei nº 8.429/1992), constitui ato de improbidade administrativa que atenta contra os princípios da administração pública qualquer ação ou omissão que viole os deveres de honestidade, imparcialidade, legalidade e lealdade às instituições, e notadamente:**

1. negar publicidade aos atos oficiais.
2. frustrar a licitude de concurso público.
3. permitir, facilitar ou concorrer para que terceiro se enriqueça ilicitamente.
4. perceber vantagem econômica para intermediar a liberação ou aplicação de verba pública de qualquer natureza.

Assinale a alternativa que indica todas as afirmativas corretas.

(A) São corretas apenas as afirmativas 1 e 2.

(B) São corretas apenas as afirmativas 2 e 4.

(C) São corretas apenas as afirmativas 1, 2 e 3.

(D) São corretas apenas as afirmativas 1, 3 e 4.

(E) São corretas apenas as afirmativas 2, 3 e 4.

3. **(MP/SC – Promotor de Justiça – 2019) Os atos de improbidade administrativa que atentam contra os Princípios da Administração Pública, previstos no art. 11 da Lei n. 8.429/92, permitem a punição do agente imperito.**

1	2	3
A	A	F

~~I - praticar ato visando fim proibido em lei ou regulamento ou diverso daquele previsto, na regra de competência;~~ (Revogado pela Lei nº 14.230, de 2021)

COMENTÁRIOS

A Lei 14.230/2021 revogou o dispositivo em comento, que tipificava como ato de improbidade o desvio de finalidade. Marçal Justen Filho destaca que "a tipificação do desvio de finalidade como hipótese de improbidade administrativa implicava a desnaturação do instituto [...] Atos praticados com desvio de finalidade comportam sancionamento severo, em diversas órbitas. Mas não se enquadram no instituto da improbidade, ressalvadas hipóteses diferenciadas, em que estejam presentes elementos peculiares à referida figura"[102].

O tipo punia o agente público que atua *contra legem*, visando fim proibido em lei ou regulamento ou diverso daquele previsto, na regra de competência. Trata-se do **desvio de finalidade** que também autoriza a anulação do ato por meio de ação popular. Nesse sentido, a Lei 4.717, de 1965, conhecida como Lei da Ação Popular (LAP) considera desvio de finalidade a situação em que "o agente pratica o ato visando a fim diverso daquele previsto, explícita ou implicitamente, na regra de competência". Infere-se, comparativamente, que a LIA é mais ampla porque contempla nesta categoria também os atos praticados visando fim proibido por lei.

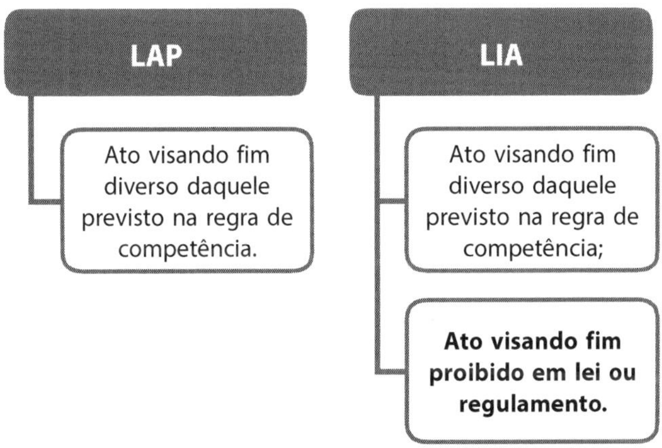

102. JUSTEN FILHO, Marçal. *Reforma da Lei de Improbidade* ... p. 118.

Na doutrina, afirma-se que:

> "O desvio de finalidade ou de poder é, assim, a violação ideológica da lei, ou, por outras palavras, a violação moral da lei, colimando o administrador público fins não queridos pelo legislador, ou utilizando motivos e meios imorais para a prática de um ato administrativo aparentemente legal. Tais desvios ocorrem, p. ex., quando a autoridade pública decreta uma desapropriação alegando utilidade pública mas visando, na realidade, a satisfazer interesse pessoal próprio ou favorecer algum particular com a subsequente transferência do bem expropriado; ou quando outorga uma permissão sem interesse coletivo; quando classifica um concorrente por favoritismo, sem atender aos fins objetivados pela licitação; ou, ainda, quando adquire tipo de veículo com características incompatíveis com a natureza do serviço a que se destinava"[103].

Uma vez que se trata de um vício ideológico, normalmente é praticado às escondidas ou dissimulado como um ato legal, o que dificulta sua apuração e comprovação em sede judicial. Demanda, portanto, prova negativa, eis que o autor da ação de improbidade deverá demonstrar que o agente público a quem se imputa o ato de improbidade "[...] não se conduziu de modo a atender o fim legalmente previsto no ato inquinado, mas de modo a satisfazer outros interesses distintos daquele"[104].

CASUÍSTICA

"ADMINISTRATIVO. AÇÃO CIVIL PÚBLICA. IMPROBIDADE. LOTEAMENTO ILEGAL DE IMÓVEL PARTICULAR. PAGAMENTO DO VALOR PELA DESAPROPRIAÇÃO. CESSÃO PARA CONSTRUÇÃO DE CASAS POPULARES. AUSÊNCIA DE AUTORIZAÇÃO DOS ÓRGÃOS COMPETENTES E DE INFRA-ESTRUTURA BÁSICA. INOBSERVÂNCIA À LEI 6.766/1979. BENEFICIÁRIOS ESCOLHIDOS A CRITÉRIO DO ADMINISTRADOR. VIOLAÇÃO DO ART. 11 DA LEI 8.429/1992 CONFIGURADA. ELEMENTO SUBJETIVO. 1. O Ministério Público do Estado de São Paulo ajuizou Ação Civil Pública contra ex-prefeito do Município de Tejupá e cônjuge, à época chefe-de-gabinete, pela prática de improbidade consubstanciada em loteamento irregular do solo – em imóvel pertencente a particular que, diante de tal fato, teve de ser desapropriado pelo ente municipal – e posterior doação dos lotes a munícipes para construção de casas populares. 2. O Juízo de 1º grau julgou

103. MEIRELLES, Hely Lopes. *Direito* ... p. 123.

104. FAZZIO JÚNIOR, Waldo. *Improbidade* ... p. 316.

procedente o pedido e enquadrou a conduta dos réus nos arts. 10 e 11 da Lei 8.429/1992, condenando-os ao ressarcimento do Erário e impondo-lhes sanções. 3. O Tribunal de Justiça proveu a apelação dos réus e reformou a sentença, ao fundamento de que a ausência de má-fé e de prejuízo ao Erário afasta a configuração de improbidade administrativa, havendo mera irregularidade. No seu entender, não houve doação, mas apenas cessão do imóvel para moradia. **4. É incontroverso o fato de que, em 1995, os recorridos procederam a irregular loteamento de imóvel particular – e por isso o município teve que pagar posteriormente o valor da indenização –, sem autorização dos órgãos públicos competentes, nem realização de infra-estrutura básica e outros requisitos exigidos pela Lei 6.766/1979, e permitiram a construção de casas populares para pessoas por eles selecionadas. 5. Tal conduta não constitui mera irregularidade, mas traduz grave ofensa aos princípios que devem pautar a atuação de quem se dispõe a exercer o múnus público, sobretudo o da legalidade e o da impessoalidade. 6. É inegável que as questões sociais devem ser tratadas com primazia e que a função social da propriedade deve ser observada. Isso não autoriza, contudo, que o administrador aja a seu talante, à margem das normas legais e de políticas públicas previamente definidas e autorizadas**. 7. Ademais, não é certo que o interesse público tenha sido alcançado no caso dos autos, seja porque se autorizou a construção de casas populares para pessoas escolhidas livremente pelos recorridos, seja porque se fez o suposto loteamento sem infra-estrutura básica, estando asseverado de forma contundente na sentença o estado precário da área em comento, sobretudo pela inexistência de sistema de captação e escoamento de águas pluviais. 8. Conforme já decidido pela Segunda Turma do STJ (REsp 765.212/AC), o elemento subjetivo necessário à configuração de improbidade administrativa censurada pelo art. 11 da Lei 8.429/1992 é o dolo eventual ou genérico de realizar conduta que atente contra os princípios da Administração Pública, não se exigindo a presença de intenção específica. 9. *In casu*, **a atuação deliberada dos recorridos em desrespeito às normas legais que regulam o loteamento do solo urbano, cujo desconhecimento é inescusável, evidencia a presença do dolo. A situação fática delineada na sentença e no acórdão recorrido não permite concluir pela ocorrência de mera irregularidade.** 10. Está configurada violação do art. 11 da Lei 8.429/1992, com a ressalva de que não há como reinstituir a sentença, porque as penalidades foram aplicadas com base em parâmetros estabelecidos para o art. 10 da referida lei, e também por observar que não se fixara o prazo da proibição temporária de contratar e receber benefícios do Poder Público. 11. Assim, fica a cargo do Tribunal de origem proceder à dosimetria das sanções cominadas no art. 12, III, da Lei 8.429/1992, que não são necessariamente cumulativas, à luz dos princípios da razoabilidade e da proporcionalidade, levando-se em conta o disposto no caput e no parágrafo único da mesma lei (gravidade do fato, extensão do dano causado e proveito obtido pelo agente). 12. Recurso Especial parcialmente provido" (STJ, *REsp 1.156.209/SP*, 2ª T., rel. Min. Herman Benjamin, j. 19.08.2010, DJe 27.04.2011, grifamos).

1. Acumulação remunerada indevida de cargos públicos:

"PROCESSUAL CIVIL. AGRAVO INTERNO NO RECURSO ESPECIAL. CÓDIGO DE PROCESSO CIVIL DE 2015. APLICABILIDADE. DOCENTE QUE SE COMPROMETE A EXERCER A ATIVIDADE EM DEDICAÇÃO EXCLUSIVA E ACUMULA FUNÇÃO EM OUTRA INSTITUIÇÃO DE ENSINO. IMPROBIDADE ADMINISTRATIVA. CONFIGURAÇÃO. PERDA DO CARGO E RESSARCIMENTO AO ERÁRIO. DESPROPORCIONALIDADE ENTRE O ATO PRATICADO E AS SANÇÕES IMPOSTAS. REVISÃO. POSSIBILIDADE. I – Consoante o decidido pelo Plenário desta Corte na sessão realizada em 09.03.2016, o regime recursal será determinado pela data da publicação do provimento jurisdicional impugnado. In casu, aplica-se o Código de Processo Civil de 2015. II – Comete ato de improbidade administrativa previsto no art. 11, "caput", e I, da Lei n. 8.429/92 o professor universitário submetido ao regime de dedicação exclusiva que acumula função remunerada em outra instituição de ensino. III – A orientação desta Corte é no sentido de que a revisão da dosimetria das sanções aplicadas em ações de improbidade administrativa implica reexame do conjunto fático-probatório dos autos, o que esbarra na Súmula n. 7/STJ, salvo em hipóteses excepcionais, no caso de se constatar a desproporcionalidade entre os atos praticados e as sanções impostas pelo tribunal de origem. IV – Verificada, no presente caso, a excessividade nas penas aplicadas, afasta-se a sanção de perda do cargo, restando apenas a de ressarcimento ao erário. V – Agravo Interno provido" (STJ, *AgInt no REsp 1.445.262/ES,* 1ª T., rel. Min. Regina Helena Costa, j. 08.02.2018, DJe 14.03.2018).

2. Declaração falsa inserida em documento público:

"ADMINISTRATIVO. IMPROBIDADE ADMINISTRATIVA. CARACTERIZAÇÃO A PARTIR DE DOLO GENÉRICO. REVISÃO DOS ELEMENTOS SUBJETIVOS. SÚMULA 7/STJ. PROCESSO-CRIME SEM IDENTIDADE SUBJETIVA QUE NÃO AFASTA PEREMPTORIAMENTE A CONDUTA ILÍCITA. AUSÊNCIA DE EFEITOS ADMINISTRATIVOS DA SENTENÇA PENAL. DOSIMETRIA DA PENA EXIGE, IN CASU, REVISÃO DE PROVAS. HONORÁRIOS ADVOCATÍCIOS. DECISÃO COM AMPARO EM NORMA ESTADUAL. SÚMULA 280/STF. PRESCRIÇÃO NÃO CARACTERIZADA. 1. **A prestação de "declaração falsa inserida em documento público" (apresentação de nota de importação inexistente) caracteriza improbidade administrativa prevista no art. 11, I, da Lei 8.429/1992, por ter como efeito a liberação de arma de fogo de uso proibido.** [...]" (STJ, *AgRg no Ag 1331116/PR,* 2ª T., rel. Min. Herman Benjamin, j. 01.03.2011, DJe 16.03.2011, grifamos).

~~II - retardar ou deixar de praticar, indevidamente, ato de ofício;~~
(Revogado pela Lei nº 14.230, de 2021)

COMENTÁRIOS

Assim como ocorreu em relação ao inciso anterior, a Lei 14.230/2021 deixou de tipificar como improbidade a conduta consistente no retardamento, indevido, da prática de ato de ofício.

Tratava-se de ato de improbidade **semelhante a uma espécie de prevaricação administrativa**, pois é punido o agente que retarda ou deixa de praticar, indevidamente, ato de ofício, isto é, atrasa ou mesmo não pratica ato inerente às suas atribuições funcionais. São punidos dois comportamentos:

Retardar	Deixar de praticar
Atrasar, causar adiamento ou demora, procrastinação;	Omissão do agente em realizar ato de ofício;
Intenção do agente é realizar tardiamente o ato.	Intenção do agente é não realizar o ato administrativo.

Não basta, entretanto, o retardamento, ou sua não realização, **é indispensável que o ato esteja compreendido nas atribuições legais do agente**. O tipo exige ainda um **elemento normativo** materializado no advérbio **indevidamente**, exigindo que o agente, ciente de seu dever funcional, procrastine a realização do ato ou deixe de praticá-lo. O referido elemento impede que condutas derivadas de desleixo ou indolência do agente sejam punidas com tamanha severidade, reservando-se ao processo administrativo disciplinar as punições adequadas. "O agir ímprobo supõe intento de violar a ordem jurídica, com plena consciência da ilicitude do resultado que vai obter. O advérbio indevidamente, posto no texto legal, não deixa espaço para outro entendimento".

Importante: há entendimento no sentido de que os comportamentos originalmente previstos incisos I e II do art. 11 "não deixaram de ser condutas ímprobas tipificadas em lei, no âmbito do sistema de responsabilidade de improbidade administrativa, considerando que, para as referidas hipóteses, está presente a continuidade normativa típica, encontrando-se todas passíveis de enquadramento como violação dos "deveres de honestidade, legalidade e imparcialidade", em abuso de função pública, conforme o artigo 11, *caput* e parágrafo 1º da LIA, na redação dada pela Lei nº 14.230/2021" (Nota Técnica nº 01/2021 – CCR).

CASUÍSTICA

"PROCESSO CIVIL. ADMINISTRATIVO. IMPROBIDADE ADMINISTRATIVA. CONDENAÇÃO POR QUEBRA DOS PRINCÍPIOS DA ADMINISTRAÇÃO PÚBLICA. REEXAME DO CONJUNTO FÁTICO-PROBATÓRIO. VIOLAÇÃO AO PRINCÍPIO DA AMPLA DEFESA. INDEFERIMENTO DE PRODUÇÃO DE PROVA PERICIAL. APLICAÇÃO DA SÚMULA 7 DO STJ. AGRAVO DESPROVIDO. **1. A discussão posta em exame consiste em reconhecer configurada (ou não) a improbidade administrativa (art. 11, II - Lei 8.429/1992), circunstanciada no fato de a ré, médica submetida a regime com carga horária de 4 horas diárias, ausentar-se do consultório antes de vencida a jornada do dia.** 2. Saber se a conduta se deu justificadamente (ou não), constitui circunstância que somente o reexame da prova poderia, eventualmente, demonstrar, atuação que encontra óbice na Súmula 7/STJ. 3. O mesmo empecilho se dá quanto à alegação de quebra do princípio da ampla defesa, por violação ao art. 130 do CPC, ao argumento de que fora indeferida a prova pericial. Ainda que se entenda desnecessária a prova, diante do quadro fático da imputação, a jurisprudência desta Corte tem reconhecido que o juízo ordinário é soberano no exame da necessidade ou não da produção das provas. 4. A eventual desqualificação dos fundamentos que adote para deferir ou indeferir a prova demandaria reexame do conjunto fático-probatória, obstado de mesma forma pelo referido verbete. 5. Agravo regimental desprovido" (STJ, *AgRg no AREsp 389.077/ES*, 1ª T., rel. Min. Olindo Menezes, j. 16.02.2016, DJe 22.02.2016, grifamos).

"ACOLHIMENTO EM RELAÇÃO À CARACTERIZAÇÃO DA CONDUTA ÍMPROBA DE VIOLAÇÃO A PRINCÍPIOS DA ADMINISTRAÇÃO PÚBLICA, PRESENTE O DOLO GENÉRICO, COM O RESTABELECIMENTO DAS SANÇÕES IMPOSTAS EM PRIMEIRA INSTÂNCIA. RECURSO PARCIALMENTE PROVIDO [...] 3. Já no que respeita ao Alcaide, consoante desponta do arcabouço fático delineado no acórdão, sobre o qual não há controvérsia, e diversamente da conclusão adotada pela instância recursal de origem, está claramente demonstrado o dolo desse recorrido, no mínimo genérico, resultante da **ausência de repasse ao Fundo Previdenciário dos Servidores Públicos do Município de verba a este pertencente por determinação legal, alusiva aos valores efetivamente descontados dos vencimentos dos servidores e também da contribuição devida pela Prefeitura Municipal**. Tal conduta, atentatória ao princípio da legalidade, nos termos da jurisprudência desta Corte, é suficiente para configurar o ato de improbidade capitulado no art. 11, caput e II, da Lei nº 8.429/92 [...]" (STJ, *REsp 1238301/MG*, 1ª T., rel. Min. Sérgio Kukina, j. 19.03.2015, Dje 04.05.2015, grifamos).

"ADMINISTRATIVO. AÇÃO DE IMPROBIDADE. A autoridade que deixa de encaminhar ao Ministério Público a cópia de relatório de processo disciplinar (L. 8.112/90, art. 154, parágrafo único) só incorre na conduta prevista no art. 11, II, da Lei nº 8.429, de 1992 ("retardar ou deixar de praticar, indevidamente, ato de ofício") se o aludido relatório capitular como infrações penais os atos ilícitos apurados administrativamente - circunstância inocorrente na espécie. Recurso especial conhecido e provido" (STJ, *REsp 1.312.090/DF,* 1ª T., rel. Min. Ari Pargendler, j. 08.04.2014, DJe 09.05.2014).

"ADMINISTRATIVO. AÇÃO DE IMPROBIDADE ADMINISTRATIVA. LEI Nº 8.429/92. IMPOSTO DE RENDA RETIDO NA FONTE. AUSÊNCIA DE REPASSE AOS COFRES DO MUNICÍPIO. VIOLAÇÃO A PRINCÍPIO DA ADMINISTRAÇÃO PÚBLICA. CONFIGURAÇÃO DE DOLO GENÉRICO. DANO AO ERÁRIO EVIDENCIADO. RECURSO DESPROVIDO. 1. Segundo o arcabouço fático delineado no acórdão, sobre o qual não há controvérsia, restou demonstrado o dolo do réu, no mínimo genérico, na ausência de recolhimento aos cofres do Município de verba a ele pertencente por determinação constitucional, referente a valores retidos de vereadores e funcionários da Câmara Municipal a título de Imposto de Renda. Tal conduta, atentatória ao princípio da legalidade, é suficiente para configurar o ato de improbidade capitulado no art. 11, caput e II, da Lei nº 8.429/92. 2. A omissão no cumprimento de obrigação legalmente imposta, com desvio de destinação de valores, resultou em diminuição da receita tributária do Município (art. 158, I, da CF) e, consequentemente, em dano ao erário. Logo, quanto à efetiva consumação da conduta ímproba constante do art. 10, caput, da Lei nº 8.429/92, o acórdão local também deve ser mantido. 3. Recurso especial a que se nega provimento" (STJ, *REsp 1.178.877/AM,* 1ª T., rel. Min. Sérgio Kukina, j. 27.08.2013, DJe 12.02.2014).

"AÇÃO CIVIL PÚBLICA. ORDEM JUDICIAL. CUMPRIMENTO. OFICIAL TITULAR DE OFÍCIO DE REGISTRO IMOBILIÁRIO. IMPROBIDADE ADMINISTRATIVA CONFIGURADA. MULTA CIVIL. Afronta a Lei nº 8.429/92 da Improbidade Administrativa o servidor - Oficial Titular do Ofício de Registro Imobiliário, que deixa, de pronto, de cumprir ordem judicial, no sentido de proceder ao sequestro prévio de 50% de imóvel, ao argumento de que o Ofício oriundo do Juízo competente ressentia-se de elementos formais indispensáveis ao seu cumprimento, ainda que venha a fazê-lo posteriormente. Não causando dano ao erário, a aplicação da multa civil, como pena, é medida correta adotada pelo Juízo" (TRF – 4ª Região, *AC 2000.71.07.006391-0,* 4ª T., rel. Des. Federal Edgard Lippmann JR, j. 13.08.2003).

~~III - revelar fato ou circunstância de que tem ciência em razão das atribuições e que deva permanecer em segredo;~~

III - revelar fato ou circunstância de que tem ciência em razão das atribuições e que deva permanecer em segredo, propiciando beneficiamento por informação privilegiada ou colocando em risco a segurança da sociedade e do Estado; (Redação dada pela Lei nº 14.230, de 2021)

COMENTÁRIOS

O comando legal em comento prevê tipo de ato de improbidade que penaliza o agente que **quebra sigilo funcional**, revelando fato ou circunstância de que tem ciência em razão das atribuições e que deva permanecer em segredo, **propiciando beneficiamento por informação privilegiada ou colocando em risco a segurança da sociedade e do Estado**.

A Lei 14.230/2021 exigiu expressamente a necessidade de que a revelação propicie ao agente ímprobo beneficiamento por informação privilegiada ou coloque em risco a segurança da sociedade e do Estado. Na doutrina já há receio da insegurança que a hipótese referente à colocação em risco da sociedade e do Estado pode causar, notadamente em face da indeterminação destas expressões. Por isso, sustenta-se que somente se caracterizará o ato de improbidade em comento se a indevida divulgação ocasionar risco concreto quanto à vida social e a à normalidade da existência do Estado[105].

A tipificação dos atos descritos no inciso em exame visa tutelar o direito fundamental de acesso à informação, insculpido no art. 5º, inciso XXXIII, da CF, que assegura a "todos têm direito a receber dos órgãos públicos informações de seu interesse particular, ou de interesse coletivo ou geral, que serão prestadas no prazo da lei, sob pena de responsabilidade, ressalvadas aquelas cujo sigilo seja imprescindível à segurança da sociedade e do Estado". E o referido comando foi regulamentado pela Lei 12.527, de 18 de novembro de 2011, conhecida como Lei de Acesso à Informação (LAI), que previu como diretriz para assegurar o referido direito fundamental a "observância da publicidade como preceito geral e do sigilo como exceção" (art. 3º, inciso I).

Infere-se desta sistemática que o inciso III em exame parte da exceção, a restrição de publicidade, impondo-se ao intérprete conjugar a LIA com os comandos da LAI, sobretudo os arts. 23 a 27, que cuidam da classificação da informação quanto ao grau e prazos de sigilo, proteção e do controle de informações sigilosas e procedimentos de classificação, reclassificação e desclassificação.

105. JUSTEN FILHO, Marçal. *Reforma da Lei de Improbidade ...* p. 119-120.

Nesse sentido esclarecedor o art. 25 da LAI:

> "Art. 25. É dever do Estado controlar o acesso e a divulgação de informações sigilosas produzidas por seus órgãos e entidades, assegurando a sua proteção.
>
> § 1º O acesso, a divulgação e o tratamento de informação classificada como sigilosa ficarão restritos a pessoas que tenham necessidade de conhecê-la e que sejam devidamente credenciadas na forma do regulamento, sem prejuízo das atribuições dos agentes públicos autorizados por lei.
>
> § 2º O acesso à informação classificada como sigilosa cria a obrigação para aquele que a obteve de resguardar o sigilo.
>
> § 3º Regulamento disporá sobre procedimentos e medidas a serem adotados para o tratamento de informação sigilosa, de modo a protegê-la contra perda, alteração indevida, acesso, transmissão e divulgação não autorizados."

APLICAÇÃO EM PROVAS E CONCURSOS PÚBLICOS

1. **(IBAMA – Técnico Ambiental – Cespe-Cebraspe – 2022) Considerando a hipótese de que servidor público civil do Poder Executivo federal tenha usado, em benefício de terceiros, informação privilegiada que deveria manter em segredo, obtida no âmbito interno de seu serviço, julgue o item seguinte.**

   Tal conduta configura ato improbidade que causa lesão ao erário.

1
F

~~IV - negar publicidade aos atos oficiais;~~

IV - negar publicidade aos atos oficiais, exceto em razão de sua imprescindibilidade para a segurança da sociedade e do Estado ou de outras hipóteses instituídas em lei; (Redação dada pela Lei nº 14.230, de 2021)

COMENTÁRIOS

A publicidade, princípio insculpido no art. 37, *caput*, CF, é importante mecanismo para efetividade da transparência da gestão da coisa pública, de modo que deve ser assegurada ampla divulgação dos atos da Administração Pública. O descumprimento do mencionado postulado, seja por ação ou omissão, pode resultar na punição do agente público por atos de improbidade que atentam contra os princípios da Administração, nos exatos termos do art. 11, inciso IV, da LIA. Está presente nos mais variados seguimentos de atuação do Poder Público, tais como licitações e contratos administrativos (art. 15, § 2º e 61, parágrafo único, Lei 8.666, de 1993; arts. 5º, 13, 31, § 3º, 54, 87, § 3º e 152 da Lei 14.133/2021) e na execução orçamentária (art. 165, § 3º, CF).

Importante registrar que a **publicidade não é elemento de validade do ato**, mas **requisito de eficácia e moralidade**, condição para que o ato produza efeitos externamente. "Daí por que as leis, atos e contratos administrativos que produzem consequências jurídicas fora dos órgãos que os emitem exigem publicidade para adquirirem validade universal, isto é, perante as partes e terceiros"[106].

Negar publicidade aos atos administrativos fora das hipóteses legais de sigilo constitui comportamento antidemocrático, porquanto inibe o controle e fiscalização da Administração Pública. "E tanto infringe o princípio quem nega publicidade aos atos oficiais, quanto aquele que o realiza a destempo, porque, embora válido o ato subjacente, inegável que com a omissão ou retardo violaram-se o princípio e sua teleologia"[107].

A Lei 14.230/2021 consagrou, expressamente, o que já era aplicável por força de interpretação sistemática da LIA, eis que não era crível a punição de qualquer agente público por negar publicidade a atos legalmente protegidos pelo sigilo, a exemplo das informações pessoais.

As ressalvas decorrem do próprio texto constitucional cujo inciso XXXIII do art. 5º, ao consagrar o direito fundamental à informação, excepcionou "aquelas cujo sigilo seja imprescindível à segurança da sociedade e do Estado". E o art. 23 da Lei de Acesso à Informação, regulamentando o referido preceito, estabeleceu o que se compreende por informações imprescindíveis à segurança da sociedade ou do Estado.

> "Art. 23. São consideradas imprescindíveis à segurança da sociedade ou do Estado e, portanto, passíveis de classificação as informações cuja divulgação ou acesso irrestrito possam:

106. MEIRELLES, Hely Lopes. *Direito* ... p. 100.
107. MARTINS JÚNIOR, Wallace Paiva. *Probidade* ... p. 291.

> I - pôr em risco a defesa e a soberania nacionais ou a integridade do território nacional;
>
> II - prejudicar ou pôr em risco a condução de negociações ou as relações internacionais do País, ou as que tenham sido fornecidas em caráter sigiloso por outros Estados e organismos internacionais;
>
> III - pôr em risco a vida, a segurança ou a saúde da população;
>
> IV - oferecer elevado risco à estabilidade financeira, econômica ou monetária do País;
>
> V - prejudicar ou causar risco a planos ou operações estratégicos das Forças Armadas;
>
> VI - prejudicar ou causar risco a projetos de pesquisa e desenvolvimento científico ou tecnológico, assim como a sistemas, bens, instalações ou áreas de interesse estratégico nacional;
>
> VII - pôr em risco a segurança de instituições ou de altas autoridades nacionais ou estrangeiras e seus familiares; ou
>
> VIII - comprometer atividades de inteligência, bem como de investigação ou fiscalização em andamento, relacionadas com a prevenção ou repressão de infrações".

Outras ressalvas podem ser estabelecidas por lei. É o caso, por exemplo, da Lei 13.709, de 14 de agosto de 2018 ("Lei Geral de Proteção de Dados – LGPD"), que dispõe sobre o tratamento de dados pessoais, inclusive nos meios digitais, por pessoa natural ou por pessoa jurídica de direito público ou privado, com o objetivo de proteger os direitos fundamentais de liberdade e de privacidade e o livre desenvolvimento da personalidade da pessoa natural.

CASUÍSTICA

Consoante afirmado pelo representante do *Parquet* federal, em parecer nos autos do *REsp 150.897/SC*, fundamento adotado pelo relator como razão de decidir, "[...] o **retardamento da publicação de lei devidamente promulgada também configura ato de improbidade administrativa que atenta contra os princípios da Administração Pública**, nos termos do art. 11, IV, da lei nº 8.429/92 [...]" (STJ, *REsp 150.897/SC*, 5ª T., rel. Min. Jorge Scartezzini, j. 13.11.2001, DJ 18.02.2002, grifamos).

APLICAÇÃO EM PROVAS E CONCURSOS PÚBLICOS

1. **(Prefeitura de Solonópole/CE – Auditor de Controle Interno – Instituto Pró-Município – 2018) Negar publicidade de atos oficiais constitui ato de improbidade administrativa que:**

(A) Causam prejuízo ao erário;

(B) Causam enriquecimento ilícito e contra os princípios da administração pública;

(C) São contra os princípios da administração pública;

(D) Causam enriquecimento ilícito

2. **(IF-SP – Assistente em Administração – 2018) Sócrates é servidor público federal do campus Atenas, investido na função de instaurar e julgar processos administrativos que visam à apuração de responsabilidade de licitantes e/ou contratadas. Num dado processo, Sócrates proferiu decisão final administrativa, que culminou na aplicação da penalidade de impedimento de licitar e contratar com a União em face de determinada contratada. Contudo, negou o direito à publicidade de tal decisão sem consignar qualquer motivação, contrariando, notadamente, o princípio da publicidade. Com base no disposto na Lei nº 8.429/92, a conduta de Sócrates:**

(A) configura ato de improbidade administrativa que causa lesão ao erário, ao negar publicidade ao ato oficial (decisão final administrativa).

(B) configura ato de improbidade administrativa que importa em enriquecimento ilícito, ao negar publicidade ao ato oficial (decisão final administrativa).

(C) configura ato de improbidade administrativa que atenta contra os princípios da administração pública, ao negar publicidade ao ato oficial (decisão final administrativa).

(D) não configura qualquer hipótese de improbidade administrativa, na medida em que a natureza da decisão administrativa, que restringe o direito da contratada de licitar e contratar com a União, é sigilosa.

1	2
C	C

~~V - frustrar a licitude de concurso público;~~

V - frustrar, em ofensa à imparcialidade, o caráter concorrencial de concurso público, de chamamento ou de procedimento licitatório, com vistas à obtenção de benefício próprio, direto ou indireto, ou de terceiros; (Redação dada pela Lei nº 14.230, de 2021)

COMENTÁRIOS

1. Exame do tipo:

O preceito legal em comento, na redação dada pela Lei 14.230/2021, prevê punição para o agente público que frustra, em ofensa à imparcialidade, o caráter concorrencial de concurso público, **de chamamento ou de procedimento licitatório, com vistas à obtenção de benefício próprio, direto ou indireto, ou de terceiros** (expressões grafadas que representam verdadeira inovação em relação à redação originária). Vale dizer, configura ato de improbidade o comportamento do agente que prejudica o resultado do certame público, quer por ação (mediante, por exemplo, o fornecimento de informações privilegiadas a terceiro), quer por omissão caracterizada pela não adoção de providência indispensável à preservação da integridade do procedimento.

Exige-se, ainda, o especial fim de agir consistente na obtenção, com a violação do caráter concorrencial, de benefício próprio, direto ou indireto, ou de terceiros. É o caso do agente que divulga informações privilegiadas a um parente que concorre no certame público, visando com isso assegurar sua aprovação em detrimento dos demais candidatos.

O concurso público é mecanismo constitucional destinado a viabilizar o acesso aos cargos, empregos e funções públicas, tal como preconiza o art. 37, inciso I, CF. Trata-se de uma seleção, isto é, competição entre os interessados para que ao final sejam escolhidos os candidatos mais bem preparados para o exercício da função pública.

E para que a seleção não seja fundada em critérios exclusivamente pessoais do administrador público, "a investidura em cargo ou emprego público depende de aprovação prévia em concurso público de provas ou de provas e títulos, de acordo com a natureza e a complexidade do cargo ou emprego, na forma prevista em lei, ressalvadas as nomeações para cargo em comissão declarado em lei de livre nomeação e exoneração" (art. 37, inciso II, CF). Toda e qualquer conduta visando frustrar a licitude de concurso público representa, em última análise, afronta aos princípios da igualdade e da impessoalidade, valores fundamentais tutelados pelo legislador constituinte.

Dentre outras hipóteses, frustra-se a licitude de concurso público com a adoção de critério subjetivo de julgamento, a inserção de

cláusulas discriminatórias ou desarrazoadas, a previsão de restrições à inscrição de candidatos, a aprovação de candidatos parentes de membros da banca examinadora. Não se insere nestes casos a inclusão de cláusula assegurando percentual de cargos e empregos a deficientes físicos e negros, consoante a pacífica jurisprudência do STF. É que a política de cotas é forma de minimizar os efeitos da deficiência e do preconceito em relação aos negros. Nesse sentido, aliás, a Lei 12.990, de 09 de junho de 2014, cuja constitucionalidade foi atestada pelo STF ao julgar a *ADC 41/DF* (ver item 1 CASUÍSTICA), reserva aos negros 20% (vinte por cento) das vagas oferecidas nos concursos públicos para provimento de cargos efetivos e empregos públicos no âmbito da administração pública federal, das autarquias, das fundações públicas, das empresas públicas e das sociedades de economia mista controladas pela União.

2. Conflito aparente de infrações:

2.1 Art. 10, VIII, primeira parte versus art. 11, inciso V: a primeira parte do inciso VIII do art. 10 da LIA capitula como ato de improbidade que causa prejuízo ao Erário frustrar a licitude de processo licitatório ou de processo seletivo para a celebração de parcerias, acarretando perda patrimonial efetiva. A infração é semelhante à do art. 11, inciso V, ora em comento, distinguindo-se em razão necessidade da perda patrimonial efetiva, o que é dispensável no tipo do art. 11, inciso V da LIA.

Art. 10, inciso VIII x Art. 11, inciso V da LIA	
Art. 10, VIII,	**Art. 11, V**
VIII - frustrar a licitude de processo licitatório ou **de processo seletivo para celebração de parcerias com entidades sem fins lucrativos**, ou dispensá-los indevidamente, **acarretando perda patrimonial efetiva**;	V - frustrar, em ofensa à imparcialidade, o caráter concorrencial de **concurso público, de chamamento ou** de procedimento licitatório, **com vistas à obtenção de benefício próprio, direto ou indireto, ou de terceiros**;

Como se vê, parte dos comportamentos descritos no art. 11, inciso V encontram igual tutela no art. 10, inciso VIII, variando a tipificação conforme ocorra, ou não, perda patrimonial efetiva.

Ocorrendo dano patrimonial efetivo → Ato de improbidade que causa prejuízo ao Estário (art. 10, VIII da LIA)

Sem perda patrimonial efetivo + dolo específico → Ato de improbidade que atenta contra os princípios da Administração (art. 11, V da LIA)

2.2 Frustração (art. 11, V) versus contratação direta indevida (art. 10, VIII, parte final): na figura do art. 10, inciso VIII, parte final, a frustração do procedimento licitatório opera-se por meio de dispensa indevida, enquanto no art. 11, inciso V, a licitação é, indevidamente, desvirtuada através da atuação do agente ímprobo.

Art. 10, VIII, parte final	Art. 11, inciso V
Ato de improbidade que causa prejuízo ao Erário	Ato de improbidade que atenta contra os princípios da Administração
Frustração mediante dispensa indevida do processo licitatório ou processo seletivo	Frustrar o caráter concorrencial de chamamento ou processo licitatório
Inexiste processo licitatório, pois indevidamente dispensado	Há processo licitatório, porém seu caráter competitivo é indevidamente violado

CASUÍSTICA

1. Constitucionalidade da Lei 12.990, de 2014:

"Direito Constitucional. Ação Direta de Constitucionalidade. Reserva de vagas para negros em concursos públicos. Constitucionalidade da Lei n° 12.990/2014. Procedência do pedido. 1. É constitucional a Lei n° 12.990/2014, que reserva a pessoas negras 20% das vagas oferecidas nos concursos públicos para provimento de cargos efetivos e empregos públicos no âmbito da administração pública federal direta e indireta, por três fundamentos. 1.1. Em primeiro lugar, a desequiparação promovida pela política de ação afirmativa em questão está em consonância com o princípio da isonomia. Ela se funda na necessidade de superar o racismo estrutural e institucional ainda existente na sociedade brasileira, e garantir a igualdade material entre os cidadãos, por meio da distribuição mais equitativa de bens sociais e da promoção do reconhecimento da população afrodescendente. 1.2. Em segundo lugar, não há violação aos princípios do concurso público e da eficiência. A reserva de vagas para negros não os isenta da aprovação no concurso público. Como qualquer outro candidato, o beneficiário da política deve alcançar a nota necessária para que seja considerado apto a exercer, de forma adequada e eficiente, o cargo em questão. Além disso, a incorporação do fator "raça" como critério de seleção, ao invés de afetar o princípio da eficiência, contribui para sua realização em maior extensão, criando uma "burocracia representativa", capaz de garantir que os pontos de vista e interesses de toda a população sejam considerados na tomada de decisões estatais. 1.3. Em terceiro lugar, a medida observa o princípio da proporcionalidade em sua tríplice dimensão. A existência de uma política de cotas para o acesso de negros à educação superior não torna a reserva de vagas nos quadros da administração pública desnecessária ou desproporcional em sentido estrito. Isso porque: (i) nem todos os cargos e empregos públicos exigem curso superior; (ii) ainda quando haja essa exigência, os beneficiários da ação afirmativa no serviço público podem não ter sido beneficiários das cotas nas universidades públicas; e (iii) mesmo que o concorrente tenha ingressado em curso de ensino superior por meio de cotas, há outros fatores que impedem os negros de competir em pé de igualdade nos concursos públicos, justificando a política de ação afirmativa instituída pela Lei n° 12.990/2014. 2. Ademais, a fim de garantir a efetividade da política em questão, também é constitucional a instituição de mecanismos para evitar fraudes pelos candidatos. É legítima a utilização, além da autodeclaração, de critérios subsidiários de heteroidentificação (e.g., a exigência de autodeclaração presencial perante a comissão do concurso), desde que respeitada a dignidade da pessoa humana e garantidos o contraditório e a ampla defesa. 3. Por fim, a administração pública deve atentar para os seguintes parâmetros: (i) os percentuais de reserva de vaga devem valer para todas as fases dos concursos; (ii) a reserva deve ser aplicada em todas as vagas oferecidas no concurso público (não apenas no edital de abertura); (iii) os concursos não podem fracionar as vagas de acordo com a especialização exigida para burlar a política de ação afirmativa, que só se aplica em concursos com mais de duas vagas; e (iv) a ordem classificatória obtida a partir da aplicação dos critérios de alternância e proporcionalidade na nomeação dos candidatos aprovados deve produzir efeitos durante toda a carreira funcional do beneficiário da reserva de vagas. 4. Procedência do pedido, para fins de declarar a integral constitucionalidade da Lei n° 12.990/2014. Tese de julgamento: 'É constitucional a reserva de 20% das vagas oferecidas nos concursos públicos para provimento de cargos efetivos e empregos públicos no âmbito da administração pública direta e indireta. É legítima a utilização, além da autodeclaração, de critérios subsidiários de heteroidentificação, desde que respeitada a dignidade da pessoa humana e garantidos o contraditório e a ampla defesa'." (STF, *ADC 41/DF*, Pleno, rel. Min. Roberto Barroso, j. 08.06.2017, DJe 17.08.2017).

2. Exemplos de frustração da licitude de concurso público:

"RECURSO ESPECIAL. AÇÃO CIVIL PÚBLICA. IMPROBIDADE. ATOS ILEGAIS PRATICADOS POR AGENTES. IRREGULARIDADES PRATICADAS EM CONCURSO PÚBLICO. AUSÊNCIA DE DANO PATRIMONIAL. DESNECESSIDADE. VIOLAÇÃO DO DEVER DA MORALIDADE PÚBLICA. DESNECESSIDADE DE PROVA DE DANO. 1. **Verifica-se frustração de licitude de concurso público e prática de ato com finalidade proibida em lei (art. 11, I e V, da Lei 8.429/1992)**, na hipótese em que a) se realiza certame sem licitação, b) são inobservadas as disposições do edital, c) há atraso na abertura dos portões, d) viola-se o lacre dos pacotes que continham as provas, e) descumprem-se as obrigações contratadas pelas empresas recorridas. 2. O simples fato de a conduta do agente não ocasionar dano ou prejuízo financeiro direto ao Erário não significa que seja imune a reprimendas, nos termos dos arts. 11, caput, e 12, III, da Lei 8.429/92. Precedentes do STJ. 3. Recurso Especial parcialmente provido tão-somente para anular o acórdão de origem, determinando-se nova apreciação da apelação do Ministério Público, observadas as diretrizes de hermenêutica do art. 11, caput, da Lei 8.429/1992" (STJ, *REsp 1143815/MT*, 2ª T., rel. Min. Herman Benjamin, j. 06.04.2010, DJe 20.04.2010, grifamos)

3. Contratação de servidores sem concurso baseada em lei local não configura improbidade administrativa:

"ADMINISTRATIVO. RECURSO ESPECIAL. AÇÃO CIVIL PÚBLICA. IMPROBIDADE ADMINISTRATIVA. PREFEITA MUNICIPAL. CONTRATAÇÃO DE SERVIDORES TEMPORÁRIOS SEM CONCURSO PÚBLICO. AMPARO EM LEGISLAÇÃO MUNICIPAL. AUSÊNCIA DO ELEMENTO SUBJETIVO (DOLO). ART. 11 DA LEI 8.429/92. 1. Nos termos da jurisprudência desta Corte Superior de Justiça, a contratação de servidores públicos sem concurso público baseada em legislação local não configura improbidade administrativa prevista no art. 11 da Lei 8.429/92, por estar ausente o elemento subjetivo (dolo), necessário para a configuração do ato de improbidade violador dos princípios da administração pública. A propósito: AgRg no REsp 1358567 / MG, desta relatoria, Primeira Turma, DJe 09/06/2015; REsp 1.248.529/MG, Rel. Min. Napoleão Nunes Maia Filho, Primeira Turma, DJe 18/09/2013. 2. Recurso especial provido" (STJ, *REsp 1.529.5630/SP*, 1ª T., rel. Min. Benedito Gonçalves, j. 16.06.2016, DJe 27.06.2016).

4. Extensão da exigência do concurso público: o tipo do art. 11, inciso V, LIA, tem como sujeito passivo as entidades obrigadas a realizar concurso público para a seleção de seus agentes, **alcançando inclusive as empresas públicas e sociedades de economia mista. Não é o caso, todavia, dos serviços sociais autônomos**, conforme pacífica jurisprudência do STF.

(a) *Empresas públicas e sociedades de economia mista* – aplicabilidade da regra do concurso:

"Pela vigente ordem constitucional, em regra, o acesso aos empregos públicos opera-se mediante concurso público, que pode não ser de igual conteúdo, mas há de ser público. As autarquias, empresas públicas ou sociedades de economia mista estão sujeitas à regra, que envolve a administração direta, indireta ou fundacional, de qualquer dos poderes da União, dos Estados, do Distrito Federal e dos Municípios. Sociedade de economia mista destinada a explorar atividade econômica está igualmente sujeita a esse princípio, que não colide com o expresso no art. 173, § 1º" (STF, *MS 21.322*, rel. Min. Paulo Brossard, j. 03.12.1992, *DJ* de 23.04.1993). No mesmo sentido STF, *AgRg no RE 558.833-5/CE*, 2ª T., rel. Min. Ellen Gracie, j. 08.09.2009, DJe 25.09.2009.

(b) *Serviços sociais autônomos*: inaplicabilidade da regra do concurso público:

"ADMINISTRATIVO E CONSTITUCIONAL. SERVIÇOS SOCIAIS AUTÔNOMOS VINCULADOS A ENTIDADES SINDICAIS. SISTEMA "S". AUTONOMIA ADMINISTRATIVA. RECRUTAMENTO DE PESSOAL. REGIME JURÍDICO DEFINIDO NA LEGISLAÇÃO INSTITUIDORA. SERVIÇO SOCIAL DO TRANSPORTE. NÃO SUBMISSÃO AO PRINCÍPIO DO CONCURSO PÚBLICO (ART. 37, II, DA CF). 1. Os serviços sociais autônomos integrantes do denominado Sistema "S", vinculados a entidades patronais de grau superior e patrocinados basicamente por recursos recolhidos do próprio setor produtivo beneficiado, ostentam natureza de pessoa jurídica de direito privado e não integram a Administração Pública, embora colaborem com ela na execução de atividades de relevante significado social. Tanto a Constituição Federal de 1988, como a correspondente legislação de regência (como a Lei 8.706/93, que criou o Serviço Social do Trabalho – SEST) asseguram autonomia administrativa a essas entidades, sujeitas, formalmente, apenas ao controle finalístico, pelo Tribunal de Contas, da aplicação dos recursos recebidos. Presentes essas características, não estão submetidas à exigência de concurso público para a contratação de pessoal, nos moldes do art. 37, II, da Constituição Federal. Precedente: ADI 1864, Rel. Min. Joaquim Barbosa, DJe de 2/5/2008. 2. Recurso extraordinário a que se nega provimento" (STF, *RE 789.874/DF*, [**com repercussão geral**] Pleno, rel. Min. Teori Zavascki, j. 17.09.2014, DJe 19.11.2014).

5. Consequência da burla à regra do concurso público e os efeitos patrimoniais em relação ao contratado: a contratação sem prévia seleção por concurso público de pessoal para serviços técnicos e burocráticos configura flagrante burla ao texto constitucional e pode caracterizar ato de improbidade administrativa. No entanto, é pacífico o entendimento no sentido de que, **se houve a prestação dos serviços, é devida a remuneração ao contratado, de modo que não se afigura legítimo compelir o prestador do serviço a restituir os valores percebidos, sob pena de enriquecimento ilícito do Poder Público.** O administrador que admite e mantém servidores sem concurso pode ser penalizado como incurso no art. 11, *caput*, da LIA e sofrer as sanções constantes do inciso III do art. 12, excluído o ressarcimento ao Erário. Nesse sentido:

> "ADMINISTRATIVO. CONTRATAÇÃO DE SERVIDOR SEM CONCURSO PÚBLICO. IMPROBIDADE ADMINISTRATIVA. LESÃO A PRINCÍPIOS ADMINISTRATIVOS. AUSÊNCIA DE DANO AO ERÁRIO. 1. A ofensa a princípios administrativos, nos termos do art. 11 da Lei nº 8.429/92, em princípio, não exige dolo na conduta do agente nem prova da lesão ao erário público. Basta a simples ilicitude ou imoralidade administrativa para restar configurado o ato de improbidade. Demonstrada a lesão, o inciso III do art. 12 da Lei nº 8.429/92, independentemente da presença de dolo, autoriza seja o agente público condenado a ressarcir o erário. 2. **Ao contratar e manter servidora sem concurso público na Administração, a conduta do recorrente amolda-se ao disposto no caput do art. 11 da Lei nº 8.429/92, ainda que o serviço público tenha sido devidamente prestado, tendo em vista a ofensa direta à exigência constitucional nesse sentido**. O acórdão recorrido ressalta que a admissão da servidora "não teve por objetivo atender a situação excepcional e temporária, pois a contratou para desempenhar cargo permanente na administração municipal, tanto que, além de não haver qualquer ato a indicar a ocorrência de alguma situação excepcional que exigisse a necessidade de contratação temporária, a função que passou a desempenhar e o tempo que prestou serviços ao Município demonstram claramente a ofensa à legislação federal". 3. Desse modo, é razoável a sua condenação na pena de suspensão dos direitos políticos pelo prazo de 3 (três) anos e o pagamento de multa civil no valor equivalente a duas remunerações percebidas como Prefeito do Município – punições previstas no patamar mínimo do artigo 12, III, da LIA. 5. Recurso especial não provido" (STJ, *REsp 1.005.801 PR*, 1ª Seção, rel. Min. Castro Meira, j. 27.04.2011, DJe 12.05.2011, grifamos).

"ADMINISTRATIVO E PROCESSUAL CIVIL. RECURSO ESPECIAL. JULGAMENTO ANTECIPADO DA LIDE. CERCEAMENTO DE DEFESA. AÇÃO CIVIL PÚBLICA. IMPROBIDADE ADMINISTRATIVA. VIOLAÇÃO DOS PRINCÍPIOS DA ADMINISTRAÇÃO PÚBLICA E ENRIQUECIMENTO ILÍCITO [...] Nos termos do inciso V, do artigo 11, da Lei 8.429/92, constitui ato de improbidade que atenta contra os princípios da administração pública qualquer ação ou omissão que viole os deveres de honestidade, imparcialidade, legalidade e lealdade às instituições, notadamente a prática de ato que visa frustrar a licitude de concurso público. **Nesse sentido, a 'contratação de funcionários sem a observação das normas de regência dos concursos públicos caracteriza improbidade administrativa'** [...]"(STJ, *REsp 1.140.315/SP*, 2ª T., rel. Min. Castro Meira, j. 10.08.2010, DJe 19.08.2010, grifamos).

"ADMINISTRATIVO. CONTRATAÇÃO DE SERVIDOR SEM CONCURSO PÚBLICO. IMPROBIDADE ADMINISTRATIVA. LESÃO A PRINCÍPIOS ADMINISTRATIVOS. AUSÊNCIA DE DANO AO ERÁRIO. 1. A lesão a princípios administrativos contida no art. 11 da Lei nº 8.429/92, em princípio, não exige dolo ou culpa na conduta do agente nem prova da lesão ao erário público. Basta a simples ilicitude ou imoralidade administrativa para restar configurado o ato de improbidade. Caso reste demonstrada a lesão, o inciso III do art. 12 da Lei nº 8.429/92 autoriza seja o agente público condenado a ressarcir o erário. 2. A conduta do recorrente de contratar e manter servidores sem concurso público na Administração amolda-se ao caput do art. 11 da Lei nº 8.429/92, ainda que o serviço público tenha sido devidamente prestado. 3. Não havendo prova de dano ao erário, não há que se falar em ressarcimento, nos termos da primeira parte do inciso III do art. 12 da Lei 8.429/92. As demais penalidades, inclusive a multa civil, que não ostenta feição indenizatória, são perfeitamente compatíveis com os atos de improbidade tipificados no art. 11 da Lei 8.429/92 (lesão aos princípios administrativos). 4. Acórdão reformado para excluir a condenação ao ressarcimento de danos e reduzir a multa civil de dez para três vezes o valor da última remuneração recebida no último ano de mandato em face da ausência de prejuízo ao erário. 5. Recurso especial provido em parte" (STJ, *REsp 737.279/PR*, 2ª T., rel. Min. Castro Meira, j. 13.05.2008, DJe 21.05.2008).

"PROCESSO CIVIL – AÇÃO CIVIL PÚBLICA – ATO DE IMPROBIDADE. 1. Ilegalidade do ato de contratação de servidores públicos sem concurso por presidente da Câmara de Vereadores. 2. Ilegalidade que não se pode imputar ao sucessor pelo só fato de manter os servidores irregularmente contratados. 3. Apesar de não ter sido o contrato precedido de concurso, houve trabalho dos servidores contratados o que impede a devolução dos valores correspondentes ao trabalho devido. 4. Recurso especial improvido" (STJ, *REsp 514.820/SP*, 2ª T., rel. Min. Eliana Calmon, j. 05.05.2005, DJ 06.06.2005).

~~VI - deixar de prestar contas quando esteja obrigado a fazê-lo;~~

VI - deixar de prestar contas quando esteja obrigado a fazê-lo, desde que disponha das condições para isso, com vistas a ocultar irregularidades; (Redação dada pela Lei nº 14.230, de 2021)

COMENTÁRIOS

Incorre no ato de improbidade administrativa de que trata o dispositivo em comento todo aquele que deixa de prestar contas quando esteja obrigado a fazê-lo, **desde que disponha das condições para tanto, com vistas a ocultar irregularidades. Não se pune, todavia, o simples atraso na prestação de contas**, eis que se trata de mera irregularidade formal, incapaz por si só de tipificar o ato de improbidade em exame[108].

Corolário do princípio constitucional da publicidade, a prestação de contas permite o controle popular da gestão da coisa pública. Mas **quem está obrigado a prestar contas?** Responde o parágrafo único do art. 70 da CF, com redação dada pela Emenda Constitucional nº 98, de 1998: "Prestará contas qualquer pessoa física ou jurídica, pública ou privada, que utilize, arrecade, guarde, gerencie ou administre dinheiros, bens e valores públicos ou pelos quais a União responda, ou que, em nome desta, assuma obrigações de natureza pecuniária".

Na legislação infraconstitucional, o art. 58 da Lei de Responsabilidade Fiscal estabelece os contornos necessários à prestação de contas, dispondo que "a prestação de contas evidenciará o desempenho da arrecadação em relação à previsão, destacando as providências adotadas no âmbito da fiscalização das receitas e combate à sonegação, as ações de recuperação de créditos nas instâncias administrativa e judicial, bem como as demais medidas para incremento das receitas tributárias e de contribuições".

A Lei 14.230/2021 condicionou a responsabilização do agente público a dois fatores:

108. PAZZAGLINI FILHO, Marino. *Lei de Improbidade ...* p. 138.

(i) Existência de condições para a prestação de contas	(ii) finalidade de ocultar irregularidades

Em relação à primeira condicionante, Marçal Justen Filho entende que "essa hipótese destina-se a afastar a improbidade especificamente nos casos em que as condições precárias quanto ao exercício da função pública dificultam o cumprimento do dever em questão"[109].

À luz das reformas operadas pela Lei 14.230/2021, a simples omissão no dever de prestar contas não configura, por si só, ato de improbidade, sendo indispensável que o agente tenha condições para tanto e deixe de fazê-lo para ocultar irregularidades (dolo específico).

CASUÍSTICA

1. Atraso na prestação de contas não é capaz, por si só, de gerar a responsabilização do agente público:

"DIREITO SANCIONADOR. AGRAVO INTERNO EM RECURSO ESPECIAL. AÇÃO CIVIL PÚBLICA POR SUPOSTO ATO DE IMPROBIDADE ADMINISTRATIVA. IMPUTAÇÃO PELO ART. 11, VI (OFENSA A PRINCÍPIOS ADMINISTRATIVOS POR DEIXAR O AGENTE PÚBLICO DE PRESTAR CONTAS QUANDO ESTEJA OBRIGADO A FAZÊ-LO) DA LEI 8.429/92. CONVÊNIO 816.101/2007, CELEBRADO ENTRE O MUNICÍPIO DE BARRA DE SANTA ROSA/PB E O FUNDO NACIONAL DE DESENVOLVIMENTO DA EDUCAÇÃO. ATRASO NA PRESTAÇÃO DE CONTAS. CONDUTA QUE NÃO SE SUBSUME AO ART. 11, VI DA LIA, QUE DISCIPLINA O ATO ÍMPROBO ENSEJADOR DE OFENSA AOS PRINCÍPIOS NUCLEARES ADMINISTRATIVOS POR AUSÊNCIA DE PRESTAÇÃO DE CONTAS, QUANDO SE ESTÁ OBRIGADO A FAZÊ-LO. ACÓRDÃO DO TRF DA 5a. REGIÃO MANTIDO, POIS, DE FATO, NÃO HÁ TIPICIDADE FORMAL NA LIA QUANTO A EVENTUAL PRAZO DE DEMORA NA PRESTAÇÃO DE CONTAS PELO EX-PREFEITO QUE PUDESSE SIGNIFICAR A LINHA DE CRUZAMENTO PARA INGRESSO EM ATO ÍMPROBO. ADEMAIS, AS INSTÂNCIAS ORDINÁRIAS FORAM UNÂNIMES EM RECONHECER QUE O ENTÃO ALCAIDE APRESENTOU AS CONTAS DO CONVÊNIO, AINDA QUE A DESTEMPO, SINALIZANDO A FUNDAMENTAL DISTINÇÃO ENTRE IRREGULARIDADES FORMAIS E IMPROBIDADE ADMINISTRATIVA. REGISTRE-SE, TAMBÉM, QUE A IDENTIFICAÇÃO DO DOLO É

109. JUSTEN FILHO, Marçal. *Reforma da Lei de Improbidade* ... p. 123-124.

FUNDAMENTAL PARA A CONDENAÇÃO POR ATO MALEFICENTE, O QUE NÃO OCORREU NA HIPÓTESE. AGRAVO INTERNO DO MPF A QUE SE NEGA PROVIMENTO. 1. Cinge-se a controvérsia em saber se à conduta imputada ao Alcaide demandado – atraso em prestação de contas – pode ser atribuído o rótulo de improbidade administrativa. 2. A ilegalidade e a improbidade não são, em absoluto, situações ou conceitos intercambiáveis, não sendo juridicamente aceitável tomar-se uma pela outra (ou vice-versa), uma vez que cada uma delas tem a sua peculiar conformação estrita: a improbidade é, destarte, uma ilegalidade qualificada pelo intuito malsão do agente, atuando sob impulsos eivados de desonestidade, malícia, dolo ou culpa grave. 3. **Verifica-se, *in casu*, que houve a apresentação das contas, não obstante a destempo, bem como a inexistência de efeitos deletérios ao ente público decorrentes da conduta imputada ao acusado. 4. O mero atraso no cumprimento da obrigação de prestar contas, desassociado a outros elementos que evidenciem de forma clara a existência de dolo ou má-fé, não configura ato de improbidade previsto no art. 11, VI da Lei 8.429/92.** 5. Agravo Interno do MPF a que se nega provimento" (STJ, *AgInt no REsp 1.518.133/PB*, 1ª T., rel. Min. Napoleão Nunes Maia Filho, j. 04.09.2018, DJe 21.09.2018, grifamos).

"ADMINISTRATIVO. AÇÃO CIVIL PÚBLICA. ISENÇÃO PREVISTA NA AÇÃO CIVIL PÚBLICA. SÚMULA 83 DO STJ. PRESCRIÇÃO. ART. 23 DA LEI N. 8.429/92. TÉRMINO DO MANDATO. IMPROBIDADE ADMINISTRATIVA. VIOLAÇÃO DE PRINCÍPIOS. MORALIDADE, INTERESSE PÚBLICO E LEGALIDADE. AUSÊNCIA DE PRESTAÇÃO DE CONTAS. POSSIBILIDADE. PRECEDENTES. [...] 4. A conduta do agente se amolda ao disposto no art. 11 da Lei 8.429/1992, pois atenta contra os princípios da administração pública, em especial interesse público, legalidade e da moralidade, bem como, da publicidade. As considerações feitas pelo Tribunal de origem NÃO afastam a prática do ato de improbidade administrativa por violação de princípios da administração pública, uma vez que foi constatado o elemento subjetivo dolo na conduta do agente, mesmo na modalidade genérica, o que permite o reconhecimento de ato de improbidade administrativa. 5. **Não se pode aceitar que prefeitos não saibam da ilicitude da não prestação de contas. Trata-se de conhecimento mínimo que todo e qualquer gestor público deve ter.** Demonstrada a conduta típica por meio de dilação probatória nas instâncias ordinárias, não se pode rediscutir a ausência de dolo em sede de recurso excepcional, haja vista o impedimento da Súmula 7/STJ. 6. No tocante ao alegado de que houve prestação de contas, não é possível analisar sem afastar o óbice da Súmula 7 desta Corte, uma vez que o acórdão expressamente afirmou e determinou a condenação por improbidade administrativa, exatamente por sua ausência. Agravo regimental improvido. (STJ, *AgRg no REsp 1.411.699/SP*, 2ª T., rel. Min. Humberto Martins, j. 12.02.2015, DJe 19.02.2015, grifamos).

"ADMINISTRATIVO. AGRAVO REGIMENTAL NO RECURSO ESPECIAL IMPROBIDADE ADMINISTRATIVA. ART. 11, INC. VI, DA LEI N. 8.429/92. MERO ATRASO NA PRESTAÇÃO DE CONTAS. AUSÊNCIA DE DOLO E MA-FÉ AFIRMADO PELA CORTE DE ORIGEM COM BASE NO CONJUNTO PROBATÓRIO. REVISÃO. IMPOSSIBILIDADE.

SÚMULA 7/STJ. 1. Nos termos da jurisprudência desta Corte Superior, **para a configuração do ato de improbidade previsto no art. 11, inc. VI, da Lei n. 8.429/92, não basta o mero atraso na prestação de contas, sendo necessário demonstrar a má-fé ou o dolo genérico** na prática de ato tipificado no aludido preceito normativo. Precedentes: REsp 1161215 / MG, Rel. Ministra Marga Tessler (Juíza Federal Convocada do TRF 4ª Região), Primeira Turma, DJe 12/12/2014, AgRg no REsp 1223106 / RN, Rel. Ministro Og Fernandes, Segunda Turma, DJe 20/11/2014, AgRg no REsp 1382436 / RN, Rel. Ministro Humberto Martins, Segunda Turma, DJe 30/08/2013. (...) (STJ, *AgRg no REsp 1.420.875/ MG*, 1ª T., rel. Min. Benedito Gonçalves, j. 26.05.2015, DJe 09.06.2015, grifamos)

"ADMINISTRATIVO. EMBARGOS DE DECLARAÇÃO NO RECURSO ESPECIAL. JULGAMENTO DE TOMADA DE CONTAS PELO TCU. APLICAÇÃO IRREGULAR DE RECURSOS. CONVÊNIO. CODEVASF. RESPONSABILIZAÇÃO, DO PREFEITO SUCESSOR, PELA OMISSÃO NA PRESTAÇÃO DE CONTAS. POSSIBILIDADE [...] **4. a responsabilização do embargado se dá pela omissão na prestação de contas e não pela má gestão ou eventual desvio dos valores repassados pela União para a execução do objeto firmado no Convênio, e tal responsabilização não pode ser afastada na hipótese. A apresentação da prestação de contas, no tempo exigido por lei, permite à Administração aferir a legalidade dos atos praticados e comprovar o efetivo cumprimento do convênio firmado. Esses dois vetores de avaliação do convênio são consideradas quando da análise da prestação de contas pelo órgão que disponibilizou o recurso. Impropriedades detectadas podem resultar em rejeição das contas e instauração do processo de tomada de contas especial, a ser julgada pelo Tribunal de Contas da União, assim como se deu no caso em questão.** 5. Não restam dúvidas, portanto, de que a responsabilização que se impõe no presente processo não se dá em decorrência da malversação dos valores depositados pela União para a consecução do Convênio, mas sim pelas consequências da ausência de prestação de contas da qual era, por força de lei, obrigado a fazer. Assim, não há que se falar em solidariedade, mas sim na responsabilidade direta pela omissão na prestação de contas. 6. Embargos de declaração acolhidos, com efeitos infringentes, para dar provimento ao recurso especial" (STJ, *EDcl no REsp 867.374/BA*, 2ª T., rel. Min. Mauro Campbell Marques, j. 27.04.2010, DJe 21.05.2010, grifamos).

2. Deficiência na prestação de contas não autoriza punição por ato de improbidade, eis que aplicável os princípios da taxatividade e da fragmentariedade inerentes ao direito sancionador:

"DIREITO SANCIONADOR. AGRAVO INTERNO EM RESP. ALEGADA CONDUTA ÍMPROBA OFENSIVA A PRINCÍPIOS, IMPUTADA AO ENTÃO DIRETOR DO DEPARTAMENTO DE FAZENDA DO MUNICÍPIO DE SÃO CARLOS/SP, POR TER, SEGUNDO O ACÓRDÃO, PRESTADO MAL AS CONTAS DE RECURSOS DO FUNDO DE CAIXA PEQUENO. ABSOLVIÇÃO ADVENIENTE DA DECISÃO AGRAVADA. EVENTUAIS DEFICIÊNCIAS EM PRESTAÇÃO DE CONTAS NÃO RESULTAM EM IDENTIFICAÇÃO

DA OMISSÃO DOLOSA TIPIFICADA NO ART. 11, VI DA LEI 8.429/1992. ADEMAIS, O DOLO DE OFENDER A PROBIDADE ADMINISTRATIVA NÃO FOI IDENTIFICADO NA ESPÉCIE, AO CONTRÁRIO DO QUE ARGUMENTA O INSURGENTE. AGRAVO INTERNO DO ÓRGÃO ACUSADOR DESPROVIDO. 1. Cinge-se a controvérsia em saber se a conduta do Imputado, então Diretor do Departamento de Fazenda do Município de São Carlos/SP, deve ser rotulada como ato de Improbidade Administrativa, por ter prestado contas de Fundo de Caixa Pequeno com supostas deficiências quanto às despesas em R$ 21.440,00. **2. Eventual deficiência em prestação de contas não consubstancia a conduta do art. 11, VI da Lei 8.429/92, que assinala o ato doloso e malévolo de deixar de prestar contas de recursos públicos. Em matéria de Direito Sancionador, que recolhe do Direito Penal os postulados da taxatividade e da fragmentariedade, inexiste alicerce jurídico-legal para a afirmação do acórdão de que prestar mal as contas equivale a não o fazer (fls. 566), fundamentação esta censurável. 3. Mais a mais, ao contrário do que argumenta o insurgente, não houve identificação de conduta dolosa na espécie, mesmo o chamado dolo genérico.** Decisão agravada mantida. 4. Agravo Interno do Órgão Acusador desprovido" (STJ, *AgInt no AREsp 80.466/SP*, 1ª T., rel. Min. Napoleão Nunes Maia Filho, j. 13.03.2018, DJe 22.03.2018, grifamos).

APLICAÇÃO EM PROVAS E CONCURSOS PÚBLICOS

1. (Prefeitura de Petrolina/PE – Guarda Civil – IDIB - 2019) Sabe-se que os atos de improbidade administrativa acarretam a suspensão dos direitos políticos, a perda da função pública, a indisponibilidade dos bens e o ressarcimento ao erário. Nesse cenário, é correto afirmar:

(A) Para a aplicação das sanções relativas à improbidade administrativa, é necessário que o agente público tenha auferido algum tipo de vantagem patrimonial indevida em razão do exercício de cargo, mandato, função, emprego.

(B) Não se considera improbidade administrativa o ato de conceder benefício fiscal sem a observância das formalidades legais ou regulamentares aplicáveis à espécie.

(C) Os atos de improbidade administrativa somente podem ser praticados de forma dolosa.

(D) Para a aplicação das sanções relativas à improbidade administrativa, é necessário que tenha ocorrido algum tipo de lesão patrimonial ao erário.

(E) Pratica improbidade administrativa o agente público que deixar de prestar contas quando esteja obrigado a fazê-lo.

2. (CFBio – Agente Administrativo – Quadrix – 2018)

Lava Jato empaca na área cível

Por BR18, 13/6/2018 | 6h13

Enquanto as ações penais da Lava Jato em Curitiba tramitam em ritmo acelerado, os processos por improbidade administrativa caminham devagar na esfera cível.

Levantamento do **Estadão** mostra que, das oito ações por improbidade propostas desde 2015 para cobrar de políticos, empresas e agentes públicos o ressarcimento de R$ 14,5 bilhões aos cofres da Petrobras, nenhuma foi julgada.

Internet: <http://br18.com.br> (com adaptações).

Considerando o texto acima como referência inicial, julgue o item seguinte de acordo com a Lei nº 8.429/1992, que dispõe sobre as sanções aplicáveis aos agentes públicos nos casos de enriquecimento ilícito no exercício de mandato, cargo, emprego ou função na Administração Pública direta, indireta ou fundacional.

Não constitui ato de improbidade administrativa o agente público deixar de prestar contas quando não estiver obrigado a fazê-lo.

1	2
E	V

VII - revelar ou permitir que chegue ao conhecimento de terceiro, antes da respectiva divulgação oficial, teor de medida política ou econômica capaz de afetar o preço de mercadoria, bem ou serviço.

COMENTÁRIOS

Cuida o ato de improbidade em análise de um **caso específico de revelação de sigilo funcional**: revelação ou permissão que chegue ao conhecimento de terceiro, antes da respectiva divulgação, de teor de medida política ou econômica capaz de afetar o preço de mercadoria, bem ou serviço.

Inciso III	Inciso VII
Revelar **fato ou circunstância** de que tem ciência em razão das atribuições e que deva permanecer em segredo	Revelar **ou permitir** que chegue ao conhecimento de terceiro, antes da respectiva divulgação oficial, **teor de medida política ou econômica capaz de afetar o preço de mercadoria, bem ou serviço.**
Violação de qualquer fato acobertado pelo sigilo.	Transgressão de sigilo referente a medida política ou econômica capaz de afetar o preço de mercadoria, bem ou serviço.

O tipo do inciso VII, diferentemente do inciso III, pune também a conduta de permitir que chegue ao conhecimento de terceiro, antes da respectiva divulgação oficial, teor de medida política ou econômica capaz de afetar o preço de mercadoria, bem ou serviço. Vale dizer, incorre no referido ato de improbidade o agente que facilita, maliciosamente, a revelação de tais informações antes da divulgação oficial. "[...] O agente público a quem a norma se destina é o que tem acesso privilegiado a informações relevantes, antes que elas sejam de conhecimento público, donde o dever de guardar sigilo"[110].

APLICAÇÃO EM PROVAS E CONCURSOS PÚBLICOS

1. **(Telebras – Especialista em Gestão de Telecomunicações – Cespe-Cebraspe – 2022) Acerca das sanções aplicáveis em virtude da prática de atos de improbidade administrativa, julgue o item que se segue.**

   Constitui ato de improbidade administrativa que atenta contra os princípios da administração pública revelar, antes da divulgação oficial, teor de medida econômica capaz de afetar o preço de mercadoria, bem ou serviço.

1
V

VIII - descumprir as normas relativas à celebração, fiscalização e aprovação de contas de parcerias firmadas pela administração pública com entidades privadas. (Incluído pela Lei nº 13.019, de 2014).

COMENTÁRIOS

O preceptivo legal em análise pune a mesma conduta do art. 10, inciso XIX, da LIA, razão pela qual sua aplicação, assim como as demais hipóteses do art. 11, é residual. Significa dizer que o agente somente incorrerá neste ato de improbidade caso o descumprimento de normas relativas a celebração, fiscalização e aprovação de contas de parcerias firmadas pela Administração com entidades privadas **não** resulte em prejuízo ao patrimônio público.

110. FAZZIO JÚNIOR, Waldo. *Improbidade* ... p. 350.

Art. 10, XIX	Art. 11, VIII
Agir para a configuração de ilícito na celebração, na fiscalização e na análise das prestações de contas de parcerias firmadas pela administração pública com entidades privadas.	Descumprir as normas relativas à celebração, fiscalização e aprovação de contas de parcerias firmadas pela administração pública com entidades privadas.
Pressupõe dano ao Erário.	**Independe** de prejuízo ao Erário.

APLICAÇÃO EM PROVAS E CONCURSOS PÚBLICOS

1. (DPE/AM – Analista Jurídico de Defensoria – Ciências Jurídicas – FCC – 2019) Constitui ato de improbidade administrativa que atenta contra os princípios da Administração pública, conforme previsão da Lei nº 8.429/2012:

(A) Descumprir as normas relativas à celebração, fiscalização e aprovação de contas de parcerias firmadas pela Administração pública com entidades privadas.

(B) Celebrar contrato de rateio de consórcio público sem suficiente e prévia dotação orçamentária, ou sem observar as formalidades previstas na lei.

(C) Celebrar parcerias da administração pública com entidades privadas sem a observância das formalidades legais ou regulamentares aplicáveis à espécie.

(D) Aceitar emprego, comissão ou exercer atividade de consultoria ou assessoramento para pessoa física ou jurídica que tenha interesse suscetível de ser atingido ou amparado por ação ou omissão decorrente das atribuições do agente público, durante a atividade.

(E) Utilizar, em obra ou serviço particular, veículos, máquinas, equipamentos ou material de qualquer natureza, de propriedade ou à disposição de qualquer das entidades mencionadas no art. 1º desta Lei.

1
A

~~IX - deixar de cumprir a exigência de requisitos de acessibilidade previstos na legislação. (Incluído pela Lei nº 13.146, de 2015)~~ (Revogado pela Lei nº 14.230, de 2021)

COMENTÁRIOS

A Lei 14.230/2021 revogou o preceito legal em comento, que foi inserido na LIA pela Lei 13.146, de 06 de julho de 2015, que instituiu o Estatuto da Pessoa com Deficiência, a pretexto de punir conduta

omissiva no cumprimento das exigências de requisitos de acessibilidade previstos na legislação.

Não obstante, não se pode olvidar que o descumprimento dos requisitos de acessibilidade representa ofensa a princípio constitucional, tendo em vista que a Convenção Internacional sobre os Direitos das Pessoas com Deficiência e seu Protocolo Facultativo foram internalizados com status de Emenda Constitucional pelo Decreto 6.949, de 25 de agosto de 2009, e inclui entre seus princípios gerais "a acessibilidade" (art. 3º, alínea "f").

O art. 9º da mencionada Convenção estatui deveres aos órgãos públicos para assegurar o princípio da acessibilidade, dispondo *in verbis*:

> "Artigo 9
>
> Acessibilidade
>
> 1. A fim de possibilitar às pessoas com deficiência viver de forma independente e participar plenamente de todos os aspectos da vida, os Estados Partes tomarão as medidas apropriadas para assegurar às pessoas com deficiência o acesso, em igualdade de oportunidades com as demais pessoas, ao meio físico, ao transporte, à informação e comunicação, inclusive aos sistemas e tecnologias da informação e comunicação, bem como a outros serviços e instalações abertos ao público ou de uso público, tanto na zona urbana como na rural. Essas medidas, que incluirão a identificação e a eliminação de obstáculos e barreiras à acessibilidade, serão aplicadas, entre outros, a:
>
> a) Edifícios, rodovias, meios de transporte e outras instalações internas e externas, inclusive escolas, residências, instalações médicas e local de trabalho;
>
> b) Informações, comunicações e outros serviços, inclusive serviços eletrônicos e serviços de emergência.
>
> 2. Os Estados Partes também tomarão medidas apropriadas para:
>
> a) Desenvolver, promulgar e monitorar a implementação de normas e diretrizes mínimas para a acessibilidade das instalações e dos serviços abertos ao público ou de uso público;
>
> b) Assegurar que as entidades privadas que oferecem instalações e serviços abertos ao público ou de uso público levem em consideração todos os aspectos relativos à acessibilidade para pessoas com deficiência;

c) Proporcionar, a todos os atores envolvidos, formação em relação às questões de acessibilidade com as quais as pessoas com deficiência se confrontam;

d) Dotar os edifícios e outras instalações abertas ao público ou de uso público de sinalização em braille e em formatos de fácil leitura e compreensão;

e) Oferecer formas de assistência humana ou animal e serviços de mediadores, incluindo guias, ledores e intérpretes profissionais da língua de sinais, para facilitar o acesso aos edifícios e outras instalações abertas ao público ou de uso público;

f) Promover outras formas apropriadas de assistência e apoio a pessoas com deficiência, a fim de assegurar a essas pessoas o acesso a informações;

g) Promover o acesso de pessoas com deficiência a novos sistemas e tecnologias da informação e comunicação, inclusive à Internet;

h) Promover, desde a fase inicial, a concepção, o desenvolvimento, a produção e a disseminação de sistemas e tecnologias de informação e comunicação, a fim de que esses sistemas e tecnologias se tornem acessíveis a custo mínimo".

Com isso, tem-se uma ilegalidade que não recebe os consectários da improbidade administrativa, revelando-se a nova legislação, nesse particular, mais benéfica ao agente ímprobo e, destarte, deve retroagir.

~~X - transferir recurso a entidade privada, em razão da prestação de serviços na área de saúde sem a prévia celebração de contrato, convênio ou instrumento congênere, nos termos do parágrafo único do art. 24 da Lei nº 8.080, de 19 de setembro de 1990. (Incluído pela Lei nº 13.650, de 2018)~~ (Revogado pela Lei nº 14.230, de 2021)

COMENTÁRIOS

Trata-se de outro tipo revogado pela Lei 14.230/2021 e, provavelmente, com a mesma motivação, qual seja, evitar que ilegalidades sejam sancionadas como improbidade administrativa. A supressão da figura revela-se benéfica e, por conseguinte, deve retroagir, razão pela qual mantivemos os comentários anteriores para efeito de contextualização e estudo.

A conduta ímproba prevista no preceptivo em comento foi inserida pela Lei 13.650, de 2018, em razão da proliferação de entidades sociais contratadas pelo Poder Público para a gestão compartilhada da saúde e dos inúmeros casos envolvendo a transferência de recursos para tais organizações, fenômeno favorecido pela declaração de constitucionalidade da Lei 9.637, de 1998 pelo STF no ano de 2015 (ver CASUÍSTICA).

Importante lembrar, a propósito, o § 1º do art. 199 da Constituição Federal, prevê que as instituições privadas podem participar de **forma complementar** do sistema único de saúde, segundo diretrizes deste, mediante contrato de direito público ou convênio, tendo preferência as entidades filantrópicas e as sem fins lucrativos.

No mesmo sentido, o art. 24 da Lei 8.080, de 19 de setembro de 1990, que dispõe sobre as condições para a promoção, proteção e recuperação da saúde, a organização e o funcionamento dos serviços correspondentes e dá outras providências:

> Art. 24. Quando as suas disponibilidades forem insuficientes para garantir a cobertura assistencial à população de uma determinada área, o Sistema Único de Saúde (SUS) poderá recorrer aos serviços ofertados pela iniciativa privada.
>
> Parágrafo único. A participação complementar dos serviços privados será formalizada mediante contrato ou convênio, observadas, a respeito, as normas de direito público.

O repasse de verbas para organizações sociais antes da celebração de contrato, convênio ou instrumento congênere, em manifesta ofensa aos comandos do art. 24 da Lei 8.080, de 1990, sujeita o infrator às penalidades da LIA, desde que evidenciada sua atuação dolosa.

CASUÍSTICA

"AÇÃO DIRETA DE INCONSTITUCIONALIDADE. CONSTITUCIONAL. ADMINISTRATIVO. TERCEIRO SETOR. MARCO LEGAL DAS ORGANIZAÇÕES SOCIAIS. LEI Nº 9.637/98 E NOVA REDAÇÃO, CONFERIDA PELA LEI Nº 9.648/98, AO ART. 24, XXIV, DA LEI Nº 8.666/93. MOLDURA CONSTITUCIONAL DA INTERVENÇÃO DO ESTADO NO DOMÍNIO ECONÔMICO E SOCIAL. SERVIÇOS PÚBLICOS SOCIAIS. SAÚDE (ART. 199, *CAPUT*), EDUCAÇÃO (ART. 209,

***CAPUT*), CULTURA (ART. 215), DESPORTO E LAZER (ART. 217), CIÊNCIA E TECNOLOGIA (ART. 218) E MEIO AMBIENTE (ART. 225). ATIVIDADES CUJA TITULARIDADE É COMPARTILHADA ENTRE O PODER PÚBLICO E A SOCIEDADE. DISCIPLINA DE INSTRUMENTO DE COLABORAÇÃO PÚBLICO-PRIVADA. INTERVENÇÃO INDIRETA. AUSÊNCIA DE VIOLAÇÃO AOS DIREITOS CONSTITUCIONAIS DOS SERVIDORES PÚBLICOS CEDIDOS. PRESERVAÇÃO DO REGIME REMUNERATÓRIO DA ORIGEM. AUSÊNCIA DE SUBMISSÃO AO PRINCÍPIO DA LEGALIDADE PARA O PAGAMENTO DE VERBAS, POR ENTIDADE PRIVADA, A SERVIDORES. INTERPRETAÇÃO DOS ARTS. 37, X, E 169, §1º, DA CONSTITUIÇÃO. CONTROLES PELO TRIBUNAL DE CONTAS DA UNIÃO E PELO MINISTÉRIO PÚBLICO. PRESERVAÇÃO DO ÂMBITO CONSTITUCIONALMENTE DEFINIDO PARA O EXERCÍCIO DO CONTROLE EXTERNO (CF, ARTS. 70, 71, 74 E 127 E SEGUINTES). INTERFERÊNCIA ESTATAL EM ASSOCIAÇÕES E FUNDAÇÕES PRIVADAS (CF, ART. 5º, XVII E XVIII). CONDICIONAMENTO À ADESÃO VOLUNTÁRIA DA ENTIDADE PRIVADA. INEXISTÊNCIA DE OFENSA À CONSTITUIÇÃO. AÇÃO DIRETA JULGADA PARCIALMENTE PROCEDENTE PARA CONFERIR INTERPRETAÇÃO CONFORME AOS DIPLOMAS IMPUGNADOS.**

1. A atuação da Corte Constitucional não pode traduzir forma de engessamento e de cristalização de um determinado modelo pré-concebido de Estado, impedindo que, nos limites constitucionalmente assegurados, as maiorias políticas prevalecentes no jogo democrático pluralista possam pôr em prática seus projetos de governo, moldando o perfil e o instrumental do poder público conforme a vontade coletiva.

2. Os setores de saúde (CF, art. 199, *caput*), educação (CF, art. 209, *caput*), cultura (CF, art. 215), desporto e lazer (CF, art. 217), ciência e tecnologia (CF, art. 218) e meio ambiente (CF, art. 225) configuram serviços públicos sociais, em relação aos quais a Constituição, ao mencionar que "*são deveres do Estado e da Sociedade*" e que são "*livres à iniciativa privada*", permite a atuação, por direito próprio, dos particulares, sem que para tanto seja necessária a delegação pelo poder público, de forma que não incide, *in casu*, o art. 175, *caput*, da Constituição.

3. A atuação do poder público no domínio econômico e social pode ser viabilizada por intervenção direta ou indireta, disponibilizando utilidades materiais aos beneficiários, no primeiro caso, ou fazendo uso, no segundo caso, de seu instrumental jurídico para induzir que os particulares executem atividades de interesses públicos através da regulação, com coercitividade, ou através do fomento, pelo uso de incentivos e estímulos a comportamentos voluntários.

4. Em qualquer caso, o cumprimento efetivo dos deveres constitucionais de atuação estará, invariavelmente, submetido ao que a doutrina contemporânea denomina de *controle da Administração Pública sob o ângulo do resultado* (Diogo de Figueiredo Moreira Neto).

5. O marco legal das Organizações Sociais inclina-se para a atividade de fomento público no domínio dos serviços sociais, entendida tal atividade como a disciplina

não coercitiva da conduta dos particulares, cujo desempenho em atividades de interesse público é estimulado por sanções premiais, em observância aos princípios da consensualidade e da participação na Administração Pública.

6. A finalidade de fomento, *in casu*, é posta em prática pela cessão de recursos, bens e pessoal da Administração Pública para as entidades privadas, após a celebração de contrato de gestão, o que viabilizará o direcionamento, pelo Poder Público, da atuação do particular em consonância com o interesse público, através da inserção de metas e de resultados a serem alcançados, sem que isso configure qualquer forma de renúncia aos deveres constitucionais de atuação.

7. Na essência, preside a execução deste programa de ação institucional a lógica que prevaleceu no jogo democrático, de que a atuação privada pode ser mais eficiente do que a pública em determinados domínios, dada a agilidade e a flexibilidade que marcam o regime de direito privado.

8. Os arts. 18 a 22 da Lei nº 9.637/98 apenas concentram a decisão política, que poderia ser validamente feita no futuro, de afastar a atuação de entidades públicas através da intervenção direta para privilegiar a escolha pela busca dos mesmos fins através da indução e do fomento de atores privados, razão pela qual a extinção das entidades mencionadas nos dispositivos não afronta a Constituição, dada a irrelevância do fator tempo na opção pelo modelo de fomento – se simultaneamente ou após a edição da Lei.

9. O procedimento de qualificação de entidades, na sistemática da Lei, consiste em etapa inicial e embrionária, pelo deferimento do título jurídico de "*organização social*", para que Poder Público e particular colaborem na realização de um interesse comum, não se fazendo presente a contraposição de interesses, com feição comutativa e com intuito lucrativo, que consiste no núcleo conceitual da figura do contrato administrativo, o que torna inaplicável o dever constitucional de licitar (CF, art. 37, XXI).

10. A atribuição de título jurídico de legitimação da entidade através da qualificação configura hipótese de *credenciamento*, no qual não incide a licitação pela própria natureza jurídica do ato, que não é contrato, e pela inexistência de qualquer competição, já que todos os interessados podem alcançar o mesmo objetivo, de modo includente, e não excludente.

11. A previsão de competência discricionária no art. 2º, II, da Lei nº 9.637/98 no que pertine à qualificação tem de ser interpretada sob o influxo da principiologia constitucional, em especial dos princípios da *impessoalidade*, *moralidade*, *publicidade* e *eficiência* (CF, art. 37, *caput*). É de se ter por vedada, assim, qualquer forma de arbitrariedade, de modo que o indeferimento do requerimento de qualificação, além de pautado pela publicidade, transparência e motivação, deve observar critérios objetivos fixados em ato regulamentar expedido em obediência ao art. 20 da Lei nº 9.637/98, concretizando de forma homogênea as diretrizes contidas nos inc. I a III do dispositivo.

12. A figura do contrato de gestão configura hipótese de convênio, por consubstanciar a conjugação de esforços com plena harmonia entre as posições

subjetivas, que buscam um negócio verdadeiramente associativo, e não comutativo, para o atingimento de um objetivo comum aos interessados: a realização de serviços de saúde, educação, cultura, desporto e lazer, meio ambiente e ciência e tecnologia, razão pela qual se encontram fora do âmbito de incidência do art. 37, XXI, da CF.

13. Diante, porém, de um cenário de escassez de bens, recursos e servidores públicos, no qual o contrato de gestão firmado com uma entidade privada termina por excluir, por consequência, a mesma pretensão veiculada pelos demais particulares em idêntica situação, todos almejando a posição subjetiva de parceiro privado, impõe-se que o Poder Público conduza a celebração do contrato de gestão por um procedimento público impessoal e pautado por critérios objetivos, por força da incidência direta dos princípios constitucionais da impessoalidade, da publicidade e da eficiência na Administração Pública (CF, art. 37, *caput*).

14. As dispensas de licitação instituídas no art. 24, XXIV, da Lei nº 8.666/93 e no art. 12, §3º, da Lei nº 9.637/98 têm a finalidade que a doutrina contemporânea denomina de *função regulatória da licitação*, através da qual a licitação passa a ser também vista como mecanismo de indução de determinadas práticas sociais benéficas, fomentando a atuação de organizações sociais que já ostentem, à época da contratação, o título de qualificação, e que por isso sejam reconhecidamente colaboradoras do Poder Público no desempenho dos deveres constitucionais no campo dos serviços sociais. O afastamento do certame licitatório não exime, porém, o administrador público da observância dos princípios constitucionais, de modo que a contratação direta deve observar critérios objetivos e impessoais, com publicidade de forma a permitir o acesso a todos os interessados.

15. As organizações sociais, por integrarem o Terceiro Setor, não fazem parte do conceito constitucional de Administração Pública, razão pela qual não se submetem, em suas contratações com terceiros, ao dever de licitar, o que consistiria em quebra da lógica de flexibilidade do setor privado, finalidade por detrás de todo o marco regulatório instituído pela Lei. Por receberem recursos públicos, bens públicos e servidores públicos, porém, seu regime jurídico tem de ser minimamente informado pela incidência do núcleo essencial dos princípios da Administração Pública (CF, art. 37, *caput*), dentre os quais se destaca o princípio da impessoalidade, de modo que suas contratações devem observar o disposto em regulamento próprio (Lei nº 9.637/98, art. 4º, VIII), fixando regras objetivas e impessoais para o dispêndio de recursos públicos.

16. Os empregados das Organizações Sociais não são servidores públicos, mas sim empregados privados, por isso que sua remuneração não deve ter base em lei (CF, art. 37, X), mas nos contratos de trabalho firmados consensualmente. Por identidade de razões, também não se aplica às Organizações Sociais a exigência de concurso público (CF, art. 37, II), mas a seleção de pessoal, da mesma forma como a contratação de obras e serviços, deve ser posta em prática através de um procedimento objetivo e impessoal.

17. Inexiste violação aos direitos dos servidores públicos cedidos às organizações sociais, na medida em que preservado o paradigma com o cargo de origem, sendo desnecessária a previsão em lei para que verbas de natureza privada sejam pagas pelas organizações sociais, sob pena de afronta à própria lógica de eficiência e de flexibilidade que inspiraram a criação do novo modelo.

18. O âmbito constitucionalmente definido para o controle a ser exercido pelo Tribunal de Contas da União (CF, arts. 70, 71 e 74) e pelo Ministério Público (CF, arts. 127 e seguintes) não é de qualquer forma restringido pelo art. 4º, *caput,* da Lei nº 9.637/98, porquanto dirigido à estruturação interna da organização social, e pelo art. 10 do mesmo diploma, na medida em que trata apenas do dever de representação dos responsáveis pela fiscalização, sem mitigar a atuação de ofício dos órgãos constitucionais.

19. A previsão de percentual de representantes do poder público no Conselho de Administração das organizações sociais não encerra violação ao art. 5º, XVII e XVIII, da Constituição Federal, uma vez que dependente, para concretizar-se, de adesão voluntária das entidades privadas às regras do marco legal do Terceiro Setor.

20. Ação direta de inconstitucionalidade cujo pedido é julgado parcialmente procedente, para conferir interpretação conforme à Constituição à Lei nº 9.637/98 e ao art. 24, XXIV, da Lei nº 8666/93, incluído pela Lei nº 9.648/98, para que: (i) o procedimento de qualificação seja conduzido de forma pública, objetiva e impessoal, com observância dos princípios do *caput* do art. 37 da CF, e de acordo com parâmetros fixados em abstrato segundo o que prega o art. 20 da Lei nº 9.637/98; (ii) a celebração do contrato de gestão seja conduzida de forma pública, objetiva e impessoal, com observância dos princípios do *caput* do art. 37 da CF; (iii) as hipóteses de dispensa de licitação para contratações (Lei nº 8.666/93, art. 24, XXIV) e outorga de permissão de uso de bem público (Lei nº 9.637/98, art. 12, §3º) sejam conduzidas de forma pública, objetiva e impessoal, com observância dos princípios do *caput* do art. 37 da CF; (iv) os contratos a serem celebrados pela Organização Social com terceiros, com recursos públicos, sejam conduzidos de forma pública, objetiva e impessoal, com observância dos princípios do *caput* do art. 37 da CF, e nos termos do regulamento próprio a ser editado por cada entidade; (v) a seleção de pessoal pelas Organizações Sociais seja conduzida de forma pública, objetiva e impessoal, com observância dos princípios do *caput* do art. 37 da CF, e nos termos do regulamento próprio a ser editado por cada entidade; e (vi) para afastar qualquer interpretação que restrinja o controle, pelo Ministério Público e pelo TCU, da aplicação de verbas públicas" (STF, ADI 1.923/DF, Pleno, rel. Min. Ayres Britto, rel. p/ acórdão Luiz Fux, j. 16..04.2015).

XI - nomear cônjuge, companheiro ou parente em linha reta, colateral ou por afinidade, até o terceiro grau, inclusive, da autoridade nomeante ou de servidor da mesma pessoa jurídica investido em cargo de direção, chefia ou assessoramento, para o exercício de cargo em comissão ou de confiança ou, ainda, de função gratificada na administração pública direta e indireta em qualquer dos Poderes da União, dos Estados, do Distrito Federal e dos Municípios, compreendido o ajuste mediante designações recíprocas; (Incluído pela Lei nº 14.230, de 2021)

COMENTÁRIOS

O novo preceito legal tipifica como ato de improbidade administrativa que atenta contra os princípios da Administração o denominado "**nepotismo**", prática reprovável e violadora dos princípios da impessoalidade, da moralidade, da igualdade e eficiência. A punição destina-se a agentes públicos que se aproveitam dos cargos que ocupam para conceder favores e benefícios pessoais a parentes ou amigos, notadamente através da nomeação para o exercício de cargos de chefia, direção e assessoramento.

O nepotismo já era proscrito no ordenamento jurídico nos moldes determinados pela **Súmula Vinculante 13**, cujo teor foi reproduzido no *novel* inciso XI. De acordo com o verbete sumular, "a nomeação de cônjuge, companheiro ou parente em linha reta, colateral ou por afinidade, até o terceiro grau, inclusive, da autoridade nomeante ou de servidor da mesma pessoa jurídica investido em cargo de direção, chefia ou assessoramento, para o exercício de cargo em comissão ou de confiança ou, ainda, de função gratificada na administração pública direta e indireta em qualquer dos poderes da União, dos Estados, do Distrito Federal e dos Municípios, compreendido o ajuste mediante designações recíprocas, viola a Constituição Federal".

Não por outra razão que a jurisprudência do STJ orientava-se no sentido da caracterização de tal conduta como improbidade administrativa; razão pela qual a Nota Técnica nº 01/2021-5ªCCR, do MPF, esclarece (para os seus membros) que "[...] o novo inciso XI do artigo 11 da LIA, manteve a continuidade normativa típica de atos de improbidade administrativa configuradores da prática de nepotismo (tal como alinhavado na Súmula Vinculante STF nº 13), cuja subsunção repousava no artigo 11, caput e inciso I, em sua redação originária, demonstrando que a ofensa à lealdade às instituições encontra-se abrangido pelo dever de imparcialidade".

CASUÍSTICA:

"RECURSO EXTRAORDINÁRIO. REPERCUSSÃO GERAL. LEI PROIBITIVA DE NEPOTISMO. VÍCIO FORMAL DE INICIATIVA LEGISLATIVA: INEXISTÊNCIA. NORMA COERENTE COM OS PRINCÍPIOS DO ART. 37, CAPUT, DA CONSTITUIÇÃO DA REPÚBLICA. RECURSO EXTRAORDINÁRIO PROVIDO. 1. O Procurador-Geral do Estado dispõe de legitimidade para interpor recurso extraordinário contra acórdão do Tribunal de Justiça proferido em representação de inconstitucionalidade (art. 125, § 2º, da Constituição da República) em defesa de lei ou ato normativo estadual ou municipal, em simetria a mesma competência atribuída ao Advogado-Geral da União (art. 103, § 3º, da Constituição da República). Teoria dos poderes implícitos. 2. Não é privativa do Chefe do Poder Executivo a competência para a iniciativa legislativa de lei sobre nepotismo na Administração Pública: leis com esse conteúdo normativo dão concretude aos princípios da moralidade e da impessoalidade do art. 37, caput, da Constituição da República, que, ademais, têm aplicabilidade imediata, ou seja, independente de lei. Precedentes. Súmula Vinculante n. 13. 3. Recurso extraordinário provido" (STF, *RE 570.392/RS*, Pleno, rel. Min. Cármen Lúcia, j. 11.12.2014, DJe 19.02.2015, tema 29 de repercussão geral).

"Agravo regimental na reclamação. Súmula Vinculante nº 13. Caráter preventivo. Impossibilidade. Agravo regimental ao qual se nega provimento. 1. Por atribuição constitucional, presta-se a reclamação para preservar a competência do STF e garantir a autoridade de suas decisões (art. 102, inciso I, alínea l, CF/88), bem como para resguardar a correta aplicação das súmulas vinculantes (art. 103-A, § 3º, CF/88). 2. Ausência de indicação de qualquer ato concreto passível de confronto com o enunciado vinculante do STF que possibilite a formação de um juízo de aderência estrita entre a decisão reclamada e o paradigma. 3. A redação do enunciado da Súmula Vinculante nº 13 não pretendeu esgotar todas as possibilidades de configuração de nepotismo na Administração Pública, uma vez que a tese constitucional nele consagrada consiste na proposição de que essa irregularidade decorre diretamente do caput do art. 37 da Constituição Federal, independentemente da edição de lei formal sobre o tema. 4. Agravo regimental não provido" (STF, *Rcl 15.451-AgE/RJ*, Pleno, rel. Min. Dias Toffoli, j. 27.02.2014, DJe 03.04.2014).

"ADMINISTRAÇÃO PÚBLICA. VEDAÇÃO NEPOTISMO. NECESSIDADE DE LEI FORMAL. INEXIGIBILIDADE. PROIBIÇÃO QUE DECORRE DO ART. 37, CAPUT, DA CF. RE PROVIDO EM PARTE. I - Embora restrita ao âmbito do Judiciário, a Resolução 7/2005 do Conselho Nacional da Justiça, a prática do nepotismo nos demais Poderes é ilícita. II - A vedação do nepotismo não exige a edição de lei formal para coibir a prática. III - Proibição que decorre diretamente dos princípios contidos no art. 37, caput, da Constituição Federal. IV - Precedentes. V - RE conhecido e parcialmente provido para anular a nomeação do servidor, aparentado com agente político, ocupante, de cargo em comissão" (STF, RE 579.951/RN, Pleno, rel. Min. Ricardo Lewandowski, j. 30.08.2008, DJe 24.10.2008).

Nepotismo e sua configuração como ato de improbidade antes da Súmula Vinculante 13:

"ADMINISTRATIVO. AÇÃO CIVIL PÚBLICA. IMPROBIDADE ADMINISTRATIVA. NEPOTISMO. NOMEAÇÃO DE FAMILIARES PARA OCUPAR CARGOS EM COMISSÃO ANTES DA EDIÇÃO DA SÚMULA VINCULANTE 13/STF. DESCUMPRIMENTO DE DEVER LEGAL. VIOLAÇÃO DE PRINCÍPIOS DA ADMINISTRAÇÃO PÚBLICA. OFENSA AO ART. 11 DA LEI 8.429/1992. DESPROPORCIONALIDADE DAS SANÇÕES. INEXISTÊNCIA. 1. Na origem, o Ministério Público do Estado de Minas Gerais propôs ação civil pública, na qual imputa aos réus a prática de atos de improbidade administrativa oriundos de nepotismo, requerendo sua condenação nas sanções previstas nos arts. 4 e 11 da Lei n. 8.429/1992. 2. No caso, a prática de nepotismo está efetivamente configurada, e, como tal, representa grave ofensa aos princípios da Administração Pública, em especial, aos princípios da moralidade e da isonomia, enquadrando-se, dessa maneira, no art. 11 da Lei n. 8.429/1992. 3. **A nomeação de parentes para ocupar cargos em comissão, ainda que ocorrida antes da publicação da Súmula Vinculante 13 do Supremo Tribunal Federal, constitui ato de improbidade administrativa, que atenta contra os princípios da Administração Pública, nos termos do art. 11 da Lei n. 8.429/1992, sendo despicienda a existência de regra explícita de qualquer natureza acerca da proibição**. 4. A revisão da dosimetria das sanções aplicadas em ações de improbidade administrativa implica reexame do conjunto fático-probatório dos autos, o que esbarra na Súmula 7/STJ, ressalvados casos excepcionais, nos quais, da leitura dos julgados proferidos na instância ordinária, exsurgir a desproporcionalidade entre o ato praticado e as sanções aplicadas, o que não ocorre no caso vertente. Agravo regimental improvido" (STJ, *AgRg no REsp 1.362.789/MG*, 2ª T., rel. Min. Humberto Martins, j. 12.05.2015, DJe 19.05.2015, grifamos).

Necessidade de se demonstrar potencial de interferência em seleção de candidato a cargo de direção, chefia ou assessoramento para configuração de nepotismo:

"Agravo regimental na reclamação. Súmula Vinculante nº 13. Ausência de configuração objetiva de nepotismo. Agravo regimental ao qual se nega provimento. 1. Ao editar a Súmula Vinculante nº 13, embora não se tenha pretendido esgotar todas as possibilidades de configuração de nepotismo na Administração Pública, foram erigidos critérios objetivos de conformação, a saber: i) ajuste mediante designações recíprocas, quando inexistente a relação de parentesco entre a autoridade nomeante e o ocupante do cargo de provimento em comissão ou função comissionada; ii) relação de parentesco entre a pessoa nomeada e a autoridade nomeante; iii) relação de parentesco entre a pessoa nomeada e o ocupante de cargo de direção, chefia ou assessoramento a quem estiver subordinada e iv) relação de parentesco entre a pessoa nomeada e a autoridade que exerce ascendência hierárquica ou funcional sobre a autoridade nomeante. 2. A incompatibilidade da prática enunciada na Súmula Vinculante nº 13 com o art. 37, caput, da CF/88 não decorre diretamente da existência de relação de parentesco entre pessoa designada e agente político ou servidor público ocupante de cargo em comissão ou função comissionada, mas da presunção de que a escolha para ocupar cargo de direção, chefia ou assessoramento tenha sido direcionada a pessoa com relação de parentesco com alguém que tenha potencial de interferir no processo de seleção. 3. Agravo regimental não provido" (STF, *Rcl 19.529-AgR/RS,* 2ª T., rel. Min. Dias Toffoli, j. 15.03.2016, DJe 18.04.2016).

"Constitucional e Administrativo. Súmula Vinculante nº 13. Ausência de configuração objetiva de nepotismo. Reclamação julgada improcedente. Liminar anteriormente deferida cassada. 1. Com a edição da Súmula Vinculante nº 13, embora não se tenha pretendido esgotar todas as possibilidades de configuração de nepotismo na Administração Pública, foram erigidos critérios objetivos de conformação, a saber: i) ajuste mediante designações recíprocas, quando inexistente a relação de parentesco entre a autoridade nomeante e o ocupante do cargo de provimento em comissão ou função comissionada; ii) relação de parentesco entre a pessoa nomeada e a autoridade nomeante; iii) relação de parentesco entre a pessoa nomeada e o ocupante de cargo de direção, chefia ou assessoramento a quem estiver subordinada e iv) relação de parentesco entre a pessoa nomeada e a autoridade que exerce ascendência hierárquica ou funcional sobre a autoridade nomeante. 2. Em sede reclamatória, com fundamento na SV nº 13, é imprescindível a perquirição de projeção funcional ou hierárquica do agente político ou do servidor público de referência no processo de seleção para fins de configuração objetiva de nepotismo na contratação de pessoa com relação de parentesco com ocupante de cargo de direção, chefia ou assessoramento no mesmo órgão, salvo ajuste mediante designações recíprocas. 3. Reclamação julgada improcedente. Cassada a liminar anteriormente deferida" (STF, *Rcl 18.564/SP,* 2ª T., rel. Min. Dias Toffoli, j. 23.02.2016, DJe 03.08.2016).

Servidores públicos concursados e nepotismo:

"AÇÃO DIRETA DE INCONSTITUCIONALIDADE. INCISO VI DO ART. 32 DA CONSTITUIÇÃO DO ESTADO DO ESPÍRITO SANTO. SERVIDOR PÚBLICO. NEPOTISMO. VEDAÇÃO AO EXERCÍCIO DE FUNÇÕES SOB A DIREÇÃO IMEDIATA DE CÔNJUGE OU PARENTE ATÉ O SEGUNDO GRAU CIVIL. VIOLAÇÃO AO INCISO II DO ART. 37 DA CONSTITUIÇÃO FEDERAL E AO PRINCÍPIO DA ISONOMIA. INEXISTÊNCIA.

PROIBIÇÃO QUE DECORRE DO CAPUT DO ART. 37 DA CF. PROCEDÊNCIA PARCIAL PARA EMPRESTAR INTERPRETAÇÃO CONFORME A CONSTITUIÇÃO. **INCIDÊNCIA EXCLUSIVA SOBRE CARGOS DE PROVIMENTO EM COMISSÃO, FUNÇÃO GRATIFICADA E CARGOS E DIREÇÃO E ASSESSORAMENTO**" (STF, *ADI 524/ES*, Pleno, rel. Min. Sepúlveda Pertence, rel. p/ acórdão Min. Ricardo Lewandowski, j. 20.05.2015, DJe 03.08.2015, grifamos).

Nepotismo e conceito de parentesco por afinidade segundo o Código Civil/2002:

"[...], a jurisprudência desta Corte afirma que o conceito de parentesco para efeitos da incidência da Súmula não é o do Código Civil, como bem apontou o e. Min. Nelson Jobim, quando do julgamento da ADC 12 MC, Rel. Min. Ayres Britto: 'a questão do parentesco definida no Código Civil é para efeitos civis e, aqui, visa-se a vigência absoluta do princípio da impessoalidade'. Isso porque, como bem destacou o e. Min. Cezar Peluso, 'o problema não é de definir quais são os parentes para efeitos civis, mas definir quais aquelas pessoas que, sob a classe de parentela, tendem a ser escolhidas, não por interesse público, mas por interesse de caráter pessoal'. [...] Como se observa da leitura desses precedentes, a limitação constante do § 1º do art. 1.595 do Código Civil não tem aplicação para efeitos da Súmula Vinculante 13, vale dizer, o parentesco por afinidade não é limitado apenas aos ascendentes, descendentes, irmãos, cônjuges ou companheiros. Para efeitos da Súmula Vinculante 13, os chamados 'concunhados' estão abrangidos no conceito de parente de 3º grau em linha colateral" (STF, *Rcl 26.448/SP*, rel. min. Edson Fachin, dec. monocrática, j. 12.09.2019, DJe 17.09.2019).

"A Súmula Vinculante 13 é expressa em incluir a nomeação de parentes por afinidade, até o terceiro grau, inclusive, no conceito de nepotismo. Tal formulação, é verdade, pode se entender que conflitaria com o conceito de parentesco delimitado na lei civil, que, conforme já ressaltado, limita-o aos ascendentes, descendentes e irmãos do cônjuge ou companheiro. Essa suposta incompatibilidade, contudo, foi afastada por este Tribunal por ocasião do julgamento da ADC 12 MC/DF, rel. min. Ayres Britto. [...] Verifica-se, dessa forma, que há independência entre as esferas civil e administrativo-constitucional, razão pela qual o conceito de parentesco estabelecido no Código Civil/2002 não tem o mesmo alcance para fins de obediência aos princípios da impessoalidade, moralidade e eficiência, que vedam a prática de nepotismo na Administração Pública" (STF, *Rcl 9.013*/PI, rel. Min. Ricardo Lewandowski, dec. monocrática, j. 21.09.2011, DJe 26.09.2011).

APLICAÇÃO EM PROVAS E CONCURSOS PÚBLICOS

1. (IPE Prev – Analista em Previdência – Instituto AOCP – 2022) Analise o seguinte caso hipotético: Marinalva, prefeita municipal, foi condenada em ação

de improbidade administrativa por ter nomeado seu cônjuge, José, para o exercício de cargo em comissão como Chefe de Gabinete. Nos termos da Lei Federal nº 8.429/1992, a conduta de Marinalva caracterizou ato de improbidade administrativa, na modalidade

(A) enriquecimento ilícito, podendo acarretar, dentre outras penas, a perda da função pública e a suspensão dos direitos políticos por até 14 (catorze) anos.

(B) lesão ao erário, podendo acarretar, dentre outras penas, a perda da função pública e a suspensão dos direitos políticos por até 12 (doze) anos.

(C) lesão ao erário, podendo acarretar, dentre outras penas, o pagamento de multa civil de até 12 (doze) vezes o valor da remuneração percebida pelo agente.

(D) violação aos princípios da administração pública, podendo acarretar, dentre outras penas, a perda da função pública e a suspensão dos direitos políticos por até 4 (quatro) anos.

(E) violação aos princípios da administração pública, podendo acarretar, dentre outras penas, o pagamento de multa civil de até 24 (vinte e quatro) vezes o valor da remuneração percebida pelo agente.

1
E

XII - praticar, no âmbito da administração pública e com recursos do erário, ato de publicidade que contrarie o disposto no § 1º do art. 37 da Constituição Federal, de forma a promover inequívoco enaltecimento do agente público e personalização de atos, de programas, de obras, de serviços ou de campanhas dos órgãos públicos. (Incluído pela Lei nº 14.230, de 2021)

COMENTÁRIOS

A Lei 14.230/2021 consagrou como novo ato de improbidade administrativa que atenta contra os princípios da Administração os atos de promoção pessoal efetivados no âmbito da administração e com recursos públicos, em desacordo com os ditames do art. 37, § 1º da CF. Eis o teor do dispositivo constitucional, que traça as diretrizes para regularidade da publicidade dos atos institucionais.

> Art. 37 ...
>
> § 1º A publicidade dos atos, programas, obras, serviços e campanhas dos órgãos públicos deverá ter caráter educativo, informativo ou

> de orientação social, dela não podendo constar nomes, símbolos ou imagens que caracterizem promoção pessoal de autoridades ou servidores públicos.

A configuração do ato de improbidade em comento depende da presença simultânea de três requisitos:

(a) ato de publicidade realizado no âmbito da administração pública em desacordo com o disposto no art. 37, § 1º da CF;

(b) utilização de recursos do erário;

(c) promoção de inequívoco enaltecimento do agente público e persononalização de atos, de programas, de obras, de serviços ou de campanhas dos órgãos públicos.

O primeiro requisito consubstancia vinculação da publicidade estatal à pessoa de agente público certo e determinado, violando o caráter educativo, informativo e/ou de orientação social que deve permear a publicidade institucional.

O segundo requisito reside na necessidade de que a publicidade seja custeada com recursos públicos, o que torna superado o entendimento jurisprudencial que considerava desimportante a origem dos recursos, eis que o fato de ser suportada por recursos privados não retira o caráter oficial da publicidade (ver CASUÍSTICA).

Exige-se, por fim, ato de enaltecimento do agente público e personalização de atos, de programas, de ogras, de serviços ou de companhas dos órgãos públicos. O enaltecimento visa criar no imaginário da população uma concepção de virtuosidade do governante, através de elogio e destaque personalíssimo à sua atuação, enquanto a personalização da atuação estatal "[...] significa a vinculação entre a atuação estatal e pessoal do agente público, de modo a identificar a imagem do exercente da função pública com a execução de obras, serviços, fornecimentos e outras prestação aptas a beneficiar a sociedade"[111].

CASUÍSTICA:

"ADMINISTRATIVO. CONSTITUCIONAL. IMPROBIDADE ADMINISTRATIVA. PUBLICIDADE. PROMOÇÃO PESSOAL DO AGENTE PÚBLICO. CUSTEIO COM RECURSOS PRIVADOS QUE NÃO RETIRA O CARÁTER OFICIAL DA PROPAGANDA. OFENSA

111. JUSTEN FILHO, Marçal. *Reforma da Lei de Improbidade* ... p. 127.

AO PRINCÍPIO DA IMPESSOALIDADE. 1. Caso em que, independentemente de a publicidade questionada na subjacente ação haver sido custeada com recursos privados, ainda assim não perde ela o seu caráter oficial, continuando jungida às exigências previstas no § 1º do art. 37 da Constituição Federal, no que tal comando impõe o dever de observância ao primado da impessoalidade. 2. Ademais, é fora de dúvida que, como bem salientado pela sentença incorporada ao acórdão recorrido, "descabem manifestações deste gênero, por parte do Administrador, em razão do cargo que ocupa, com ou sem custo aos cofres públicos, pois, traduzem publicações de congratulações, comemorações da sociedade pelo sucesso alcançado pela Secretaria de Desenvolvimento Regional, não havendo de forma alguma caráter educativo, de informação ou orientação social que justifique a enorme quantidade de fotografias com destaque para o ex- Secretário, nitidamente em afronta ao princípio constitucional da impessoalidade" (fl. 521). 3. A dicção do § 1º do art. 37 da Constituição Federal não permite legitimar a compreensão de que a publicidade dos atos governamentais, ainda que sob o viés de prestação de contas à população, pudesse ganhar foros de validade caso a respectiva propaganda, como na hipótese em análise, fosse custeada com verbas de particulares, sob pena de se anular o propósito maior encartado na regra, a saber, a defesa do princípio da impessoalidade do agente público ou político. 4. Nessa mesma linha de raciocínio, aliás, o voto condutor do acórdão estadual, em tom de pertinente advertência, fez por "registar a crescente utilização da mídia paga para a veiculação de propaganda pessoal de políticos, de forma travestida" (fl. 527). 5. Agravo conhecido para negar provimento ao recurso especial" (STJ, *AREsp 672.726*/SC, 1ª T., rel. Min. Napoleão Nunes Maia Filho, rel. p/ acórdão Min. Sérgio Kukina, j. 27.11.2018, DJe 04.02.2019).

§ 1º Nos termos da Convenção das Nações Unidas contra a Corrupção, promulgada pelo Decreto nº 5.687, de 31 de janeiro de 2006, somente haverá improbidade administrativa, na aplicação deste artigo, quando for comprovado na conduta funcional do agente público o fim de obter proveito ou benefício indevido para si ou para outra pessoa ou entidade. (Incluído pela Lei nº 14.230, de 2021)

§ 2º Aplica-se o disposto no § 1º deste artigo a quaisquer atos de improbidade administrativa tipificados nesta Lei e em leis especiais e a quaisquer outros tipos especiais de improbidade administrativa instituídos por lei. (Incluído pela Lei nº 14.230, de 2021)

COMENTÁRIOS

Por força do preceito legal em análise, que se ampara na Convenção das Nações Unidas contra a Corrupção, promulgada no ordenamento jurídico brasileiro pelo Decreto 5.687, de 31 de janeiro de 2006, não é suficiente para a configuração da infração prevista no art. 11 a mera voluntariedade, exigindo-se fim específico de obter proveito ou benefício indevido para o agente ímprobo ou para outra pessoa ou entidade.

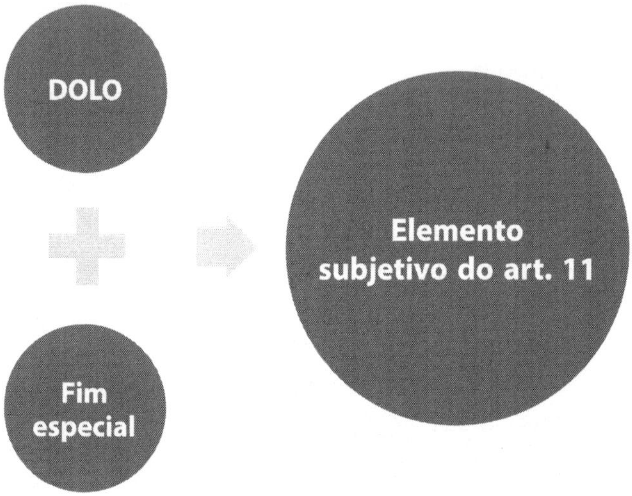

A mencionada sistemática aplica-se a quaisquer atos de improbidade administrativa tipificados nesta Lei, e em leis especiais, e a quaisquer outros tipos especiais de improbidade administrativa instituídos por lei. Marçal Justen Filho, contudo, faz a seguinte ressalva: "[...] a intenção de obter um benefício ou uma vantagem diferenciada não se constitui em elemento subjetivo necessário em toda e qualquer conduta ímproba prevista no art. 11. Por exemplo, a improbidade por negativa de publicidade a ato oficial (art. 11, inc. IV) exige a presença do dolo, mas não é indispensável a intenção de obter um benefício para o agente ou para terceiro"[112].

Ademais, conforme alerta a Nota Técnica 01/2021-5ªCCR do MPF, "a exigência de conduta funcional ilícita com 'o fim de obter proveito ou benefício indevido, para si ou para outra pessoa ou entidade' já integra,

112. JUSTEN FILHO, Marçal. *Reforma da Lei de Improbidade* ... p. 130.

em suas estruturas, todos os tipos de conduta ilícita previstos nos artigos 9º e 10, da LIA, em sua versão originária, bem como em sua versão atual".

O fim especial deve ser aferido à luz das circunstâncias fáticas objetivas do caso concreto, tal como preconiza o art. 28 da Convenção das Nações Unidas contra a Corrupção, *verbis*:

> "Artigo 28
>
> Conhecimento, intenção e propósito como elementos de um delito
>
> O conhecimento, a intenção ou o propósito que se requerem como elementos de um delito qualificado de acordo com a presente Convenção poderão inferir-se de circunstâncias fáticas objetivas".

§ 3º O enquadramento de conduta funcional na categoria de que trata este artigo pressupõe a demonstração objetiva da prática de ilegalidade no exercício da função pública, com a indicação das normas constitucionais, legais ou infralegais violadas. (Incluído pela Lei nº 14.230, de 2021)

COMENTÁRIOS

O novo dispositivo esclarece que a tipificação dos atos de improbidade que atentam contra os princípios da Administração pressupõe a demonstração objetiva da prática de ilegalidade no exercício da função pública mediante a precisa indicação das normas constitucionais, legais ou infralegais violadas.

Eliminou-se, dessa forma, o rol exemplificativo do art. 11, outrora previsto na redação originária da LIA. E tal orientação decorre, inclusive, da nova sistemática que se aplica à improbidade, notadamente em face da consagração da incidência dos princípios constitucionais do direito administrativo sancionador, do qual deriva o princípio da legalidade estrita ou cerrada.

§ 4º Os atos de improbidade de que trata este artigo exigem lesividade relevante ao bem jurídico tutelado para serem passíveis de sancionamento e independem do reconhecimento da produção de danos ao erário e de enriquecimento ilícito dos agentes públicos. (Incluído pela Lei nº 14.230, de 2021)

COMENTÁRIOS

A punição do agente ímprobo, em se tratando dos tipos do art. 11, depende da demonstração da lesividade relevante ao bem jurídico tutelado e independe do reconhecimento da produção de danos ao erário e de enriquecimento ilícito dos agentes públicos.

De um lado, o preceptivo legal em comento consagra a aplicação do princípio da insignificância aos atos de improbidade administrativa que atentam contra os princípios da Administração, tema em que pairava certa divergência na doutrina e na jurisprudência. Para uma linha de pensamento, seria inaplicável a insignificância em razão da indisponibilidade do bem jurídico tutelado (moralidade), aplicando-se a mesma concepção da Súmula 599 do STJ. Outro entendimento era no sentido da aplicação do princípio conforme as particularidades do caso concreto (ver CASUÍSTICA).

De outro, estabelece que a caracterização dos atos de improbidade do art. 11 independem do reconhecimento da produção de danos ao Erário e de enriquecimento ilícito dos agentes públicos. Trata-se, aliás, de diretriz constante do art. 3º, item "2" da Convenção das Nações Unidas contra a Corrupção, promulgada pelo Decreto 5.687/2006, segundo a qual "para a aplicação da presente Convenção, a menos que contenha uma disposição em contrário, não será necessário que os delitos enunciados nela produzam dano ou prejuízo patrimonial ao Estado".

CASUÍSTICA:

(1ª CORRENTE) Inaplicabilidade do princípio da insignificância (SUPERADO pela Lei 14.230/2021):

Súmula 599 do STJ: "O princípio da insignificância é inaplicável aos crimes contra a administração pública".

"PROCESSUAL CIVIL. ADMINISTRATIVO. AÇÃO CIVIL PÚBLICA. ATOS DE IMPROBIDADE ADMINISTRATIVA. ALEGAÇÃO DE VIOLAÇÃO DOS ARTS. 11 E 12 DA LEI N. 8.429/92. ANÁLISE QUANTO À EXISTÊNCIA OU NÃO DE ELEMENTO ANÍMICO. PRETENSÃO DE REEXAME FÁTICO-PROBATÓRIO. SÚMULA N. 7 DO STJ. SUFICIENTE A DEMONSTRAÇÃO DO DOLO GENÉRICO. PRECEDENTES DO STJ. DOSIMETRIA DAS SANÇÕES. INEXISTÊNCIA DE MANIFESTA DESPROPORCIONALIDADE. INVIABILIDADE QUANTO À APLICAÇÃO DO PRINCÍPIO DA INSIGNIFICÂNCIA [...] IX - Por fim, no tocante à aplicação do princípio da insignificância, uma vez constatada a utilização de cargo público para o impulso da campanha de reeleição, o que configura ato ímprobo de elevada gravidade, inviável a aplicação do referido princípio. Não há absolutamente nada de insignificante na conduta não republicana consistente em utilizar recursos públicos para fins de projeção pessoal, de sorte que a proteção do bem jurídico violado justifica a incidência das regras da Lei n. 8.429/92. Aliás, é pertinente, nesse aspecto, rememorar o trecho do voto do desembargador do Tribunal de origem (fl. 2.259), vejamos: "O número de exames autorizados nas proximidades do pleito, principalmente por cabos eleitorais, demonstra cabalmente o desvio da finalidade da prestação do serviço público médico-hospitalar para eleger o requerido, que se aproveitou de recurso público para promover sua imagem de médico competente, inclusive em periódico local". X - Agravo interno improvido" (STJ, *AgInt no REsp 1.774.729/MG,* 2ª T., rel. Min. Francisco Falcão, j. 10.12.2019, DJe 13.12.2019).

(2ª CORRENTE) Aplicação casuística do princípio da insignificância:

"PROCESSUAL CIVIL E ADMINISTRATIVO. IMPUTAÇÃO DA PRÁTICA DE ATO DE IMPROBIDADE ADMINISTRATIVA. CONSTRUÇÃO DA IGREJA DE SÃO JORGE, EM SANTA CRUZ, BAIRRO DA PERIFERIA DO MUNICÍPIO DO RIO DE JANEIRO/RJ. INDISPENSABILIDADE DE COMPROVAÇÃO DO DOLO DO AGENTE, PARA CONFIGURAR-SE IMPROBIDADE, NOS CASOS DO ART. 11 DA LEI 8.429/92. CARÊNCIA DE DEMONSTRAÇÃO PROBATÓRIA CONSISTENTE, DE MODO A SUPORTAR JUÍZO CONDENATÓRIO QUANTO ÀS IMPUTAÇÕES DE ENRIQUECIMENTO LÍCITO, DANO AO ERÁRIO E CONDUTA DOLOSA DO AGENTE. RECURSOS ESPECIAIS AOS QUAIS SE DÁ PROVIMENTO. 1. O Tribunal a quo não demonstrou a presença do indispensável elemento subjetivo do agente na prática do ato que lhe foi imputado como ímprobo; pelo contrário, malgrado o acórdão recorrido mantivesse a condenação dos recorrentes por improbidade administrativa capitulada no art. 11 da Lei 8.429/92, tal como a sentença condenatória, assentou o elemento subjetivo do agente perpetrado no dolo genérico, por se entender que a aplicação de recursos públicos em obras e eventos religiosos viola a laicidade estatal. 2. Esta orientação não tem o abono jurisprudencial do STJ, que exige a comprovação do dolo como elemento da conduta, para submeter legitimamente o infrator às iras do art. 11 da Lei 8.429/92; precedentes: REsp. 1.478.274/MT, Rel. Min. HERMAN BENJAMIN, DJe 31/3/2015; AgRg no REsp. 1.191.261/RJ, Rel. Min. HUMBERTO MARTINS, DJe 25/11/2011; o dolo deve ser verificado na conduta, na maquinação, na maldade, na malícia do agente, sendo isso o que deve ser demonstrado e o que não foi, no caso em apreço. 3. Ademais, o ato havido por ímprobo deve ser administrativamente relevante, sendo de se aplicar, na sua compreensão, o conhecido princípio da insignificância, de notável préstimo no Direito Penal moderno, a indicar a inaplicação de sanção criminal punitiva ao agente, quando o efeito do ato agressor é de importância mínima ou irrelevante, constituindo a chamada bagatela penal: de minimis non curat Praetor, neste caso, trata-se de contribuição do Município do Rio de Janeiro para construção de uma pequena igreja dedicada à devoção de São Jorge, na periferia da Cidade do Rio de Janeiro, no valor de R$ 150.000,00. 4. Recursos Especiais de CÉSAR EPITÁCIO MAIA e

STÚDIO G. CONSTRUTORA LTDA, aos quais se dá provimento para afastar suas condenações por improbidade administrativa" (STJ, *REsp 1.536.895/RJ*, 1ª T., rel. Min. Napoleão Nunes Maia Filho, j. 15.12.2015).

"PROCESSUAL CIVIL E ADMINISTRATIVO. AGRAVO REGIMENTAL NO RECURSO ESPECIAL. IMPUTAÇÃO DA PRÁTICA DE ATO DE IMPROBIDADE ADMINISTRATIVA POR DESCUMPRIMENTO DE DECISÃO JUDICIAL. ALEGAÇÃO DE AUSÊNCIA DE INTIMAÇÃO PARA CUMPRIMENTO. PROVA DIABÓLICA: EXIGÊNCIA DE FATO NEGATIVO, POR ILÓGICO QUE PAREÇA. CERCEAMENTO DE DEFESA. REQUISITO DA MÁ-FÉ. ACÓRDÃO EM CONFRONTO COM A JURISPRUDÊNCIA DO STJ POR ENTENDER INDISPENSÁVEL A DEMONSTRAÇÃO DO DOLO. VIOLAÇÃO AO ART. 11, DA LEI 8.429/92 RECONHECIDA. 1. O Tribunal a quo não demonstrou a presença do indispensável elemento subjetivo do agente; pelo contrário, assentou, expressamente, que a existência de má-fé na negativa do fornecimento das informações não é relevante, importando, apenas, que não foi cumprida uma decisão judicial transitada em julgado; essa orientação não tem o abono jurisprudencial do STJ, que exige o dolo como elemento da conduta, para submeter legitimamente o infrator às iras do art. 11 da Lei 8.429/92. 2. Caso entenda-se que o dolo está no resultado, pode-se dizer que todo resultado lesivo será automaticamente doloso; no entanto, certo é que o dolo está na conduta, na maquinação, na maldade, na malícia do agente, sendo isso o que deve ser demonstrado e o que não foi, no caso em apreço. 3. O ato havido por ímprobo deve ser administrativamente relevante, sendo de se aplicar, na sua compreensão, o conhecido princípio da insignificância, de notável préstimo no Direito Penal moderno, a indicar a inaplicação de sanção criminal punitiva ao agente, quando o efeito do ato agressor é de importância mínima ou irrelevante, constituindo a chamada bagatela penal: de minimis non curat Praetor. 4. Agravo Regimental a que se nega provimento" (STJ, *AgRg no REsp 968.447/PR*, 1ª T., rel. Min. Napoleão Nunes Maia Filho, j. 16.04.2015, DJe 18.05.2015).

§ 5º Não se configurará improbidade a mera nomeação ou indicação política por parte dos detentores de mandatos eletivos, sendo necessária a aferição de dolo com finalidade ilícita por parte do agente. (Incluído pela Lei nº 14.230, de 2021)

COMENTÁRIOS

O preceito legal em comento ressalva que não configura o ato de improbidade, de que trata o art. 11, inciso XI da LIA, a mera nomeação ou indicação política por parte dos detentores de mandatos eletivos, sendo necessária a aferição de dolo com finalidade ilícita por parte do agente.

A propósito da interpretação do *novel* comando legal, Marçal Justen Filho lembra que a redação legal gera dúvida, notadamente em vista do adjetivo "mera". "Em princípio, toda nomeação se configura como um ato jurídico equivalente, sendo inviável diferenciar "mera nomeação" daquela que não seja dotada desse atributo". E acrescenta o autor que "talvez o dispositivo se refira às nomeações envolvendo posição jurídica de cunho político. Nesse caso, cabe aplicar a orientação adotada pelo próprio STF [...] no sentido da ausência de vedação ao nepotismo no âmbito de cargos e funções de natureza política [ver CASUÍSTICA]" [113].

A Nota Técnica nº 01/2021-5ªCCR, do MPF, considera o § 5º, ora em exame, inconstitucional, "porque ofende o princípio da razoabilidade e da proporcionalidade, na medida em que a prática do ilícito descrito no novo inciso XI se perfaz com a prática da nomeação ilícita, inexistindo justificação racional para não proteção do bem jurídico em caso de "nomeação ou indicação política por parte de detentores de mandatos eletivos", revelando uma contradição normativa desarrazoada".

CASUÍSTICA:

A jurisprudência do STF se consolidou no sentido de que não se configura como nepotismo a nomeação de parentes para cargos públicos de natureza política, sendo por isso insuscetível de reprimenda na esfera da improbidade administrativa.

"NOMEAÇÃO PARA CARGOS POLÍTICOS DO PRIMEIRO ESCALÃO DO PODER EXECUTIVO. CRITÉRIOS FIXADOS DIRETAMENTE PELO TEXTO CONSTITUCIONAL. EXCEPCIONALIDADE DA APLICAÇÃO DA SV 13 NO CASO DE COMPROVADA FRAUDE. INOCORRÊNCIA. NOMEAÇÃO VÁLIDA. DESPROVIMENTO. PRECEDENTES. 1. O texto constitucional estabelece os requisitos para a nomeação dos cargos de primeiro escalão do Poder Executivo (Ministros), aplicados por simetria aos Secretários estaduais e municipais. 2. Inaplicabilidade da SV 13, salvo comprovada fraude na nomeação, conforme precedentes (Rcl. 7590, Relator Min. DIAS TOFFOLI, Primeira Turma, julgado em 30/9/2014, DJe de 14/11/2014, Rcl 28.681 AgR, Primeira Turma, Rel. Min. ALEXANDRE DE MORAES, Dje de 7/2/18; Rcl 28.024 AgR, Primeira Turma, Rel, Min. ROBERTO BARROSO, Dje de 29/5/18). 3. Agravo interno ao qual se nega provimento" (STF, *Rcl 34.413-AgR/PR,* 1ª T., rel. Min. Alexandre de Moraes, j. 20.09.2019, DJe 10.10.2019).

"Agravo regimental em reclamação. 2. Nomeação de cônjuge de Prefeita para ocupar cargo de Secretário municipal. 3. Agente político. Ausência de violação

113. JUSTEN FILHO, Marçal. *Reforma da Lei de Improbidade ...* p. 126.

ao disposto na Súmula Vinculante 13. 4. Os cargos que compõem a estrutura do Poder Executivo são de livre nomeação e exoneração pelo Chefe desse Poder. 4. Fraude à lei ou hipótese de nepotismo cruzado por designações recíprocas. Inocorrência. Precedente: RE 579.951/RN, Rel. Min. Ricardo Lewandowski, Dje 12.9.2008. 7. Agravo regimental a que se dá provimento para julgar procedente a reclamação" (STF, *Rcl 22.339-AgR/SP,* 2ª T., rel. Min. Edson Fachin, rel. p/ acórdão Min. Gilmar Mendes, j. 04.09.0218, DJe 21.03.2019).

"DIREITO ADMINISTRATIVO. AGRAVO INTERNO EM RECLAMAÇÃO. NEPOTISMO. SÚMULA VINCULANTE 13. 1. O Supremo Tribunal Federal tem afastado a aplicação da Súmula Vinculante 13 a cargos públicos de natureza política, ressalvados os casos de inequívoca falta de razoabilidade, por manifesta ausência de qualificação técnica ou inidoneidade moral. Precedentes. 2. Não há nos autos qualquer elemento que demonstre a ausência de razoabilidade da nomeação. 3. Agravo interno a que se nega provimento" (STF, *Rcl 28.024-AgR/SP,* 1ª T., rel. Min. Roberto Barroso, j. 29.05.2018, DJe 25.06.2018).

"Reclamação – Constitucional e administrativo – Nepotismo – Súmula vinculante nº 13 – Distinção entre cargos políticos e administrativos – Procedência. 1. Os cargos políticos são caracterizados não apenas por serem de livre nomeação ou exoneração, fundadas na fidúcia, mas também por seus titulares serem detentores de um munus governamental decorrente da Constituição Federal, não estando os seus ocupantes enquadrados na classificação de agentes administrativos. 2. Em hipóteses que atinjam ocupantes de cargos políticos, a configuração do nepotismo deve ser analisado caso a caso, a fim de se verificar eventual "troca de favores" ou fraude a lei. 3. Decisão judicial que anula ato de nomeação para cargo político apenas com fundamento na relação de parentesco estabelecida entre o nomeado e o chefe do Poder Executivo, em todas as esferas da federação, diverge do entendimento da Suprema Corte consubstanciado na Súmula Vinculante nº 13. 4. Reclamação julgada procedente" (STF, *Rcl 7.590/PR,* 1ª T., rel. Min. Dias Toffoli, j. 30.09.2014, DJe 14.11.2014).

CAPÍTULO III
Das Penas

~~**Art. 12.** Independentemente das sanções penais, civis e administrativas previstas na legislação específica, está o responsável pelo ato de improbidade sujeito às seguintes cominações, que podem ser aplicadas isolada ou cumulativamente, de acordo com a gravidade do fato: (Redação dada pela Lei nº 12.120, de 2009).~~

~~I - na hipótese do art. 9°, perda dos bens ou valores acrescidos ilicitamente ao patrimônio, ressarcimento integral do dano, quando houver, perda da função pública, suspensão dos direitos políticos de oito a dez anos, pagamento de multa civil de até três vezes o valor do acréscimo patrimonial e proibição de contratar com o Poder Público ou receber benefícios ou incentivos fiscais ou creditícios, direta ou indiretamente, ainda que por intermédio de pessoa jurídica da qual seja sócio majoritário, pelo prazo de dez anos;~~

~~II - na hipótese do art. 10, ressarcimento integral do dano, perda dos bens ou valores acrescidos ilicitamente ao patrimônio, se concorrer esta circunstância, perda da função pública, suspensão dos direitos políticos de cinco a oito anos, pagamento de multa civil de até duas vezes o valor do dano e proibição de contratar com o Poder Público ou receber benefícios ou incentivos fiscais ou creditícios, direta ou indiretamente, ainda que por intermédio de pessoa jurídica da qual seja sócio majoritário, pelo prazo de cinco anos;~~

~~III - na hipótese do art. 11, ressarcimento integral do dano, se houver, perda da função pública, suspensão dos direitos políticos de três a cinco anos, pagamento de multa civil de até cem vezes o valor da remuneração percebida pelo agente e proibição de contratar com o Poder Público ou receber benefícios ou incentivos fiscais ou creditícios, direta ou indiretamente, ainda que por intermédio de pessoa jurídica da qual seja sócio majoritário, pelo prazo de três anos.~~

~~IV - na hipótese prevista no art. 10-A, perda da função pública, suspensão dos direitos políticos de 5 (cinco) a 8 (oito) anos e multa civil de até 3 (três) vezes o valor do benefício financeiro ou tributário concedido. (Incluído pela Lei Complementar nº 157, de 2016)~~

~~Parágrafo único. Na fixação das penas previstas nesta lei o juiz levará em conta a extensão do dano causado, assim como o proveito patrimonial obtido pelo agente.~~

Art. 12. Independentemente do ressarcimento integral do dano patrimonial, se efetivo, e das sanções penais comuns e de responsabilidade, civis e administrativas previstas na legislação específica, está o responsável pelo ato de improbidade sujeito às seguintes cominações, que podem ser aplicadas isolada ou cumulativamente, de acordo com a gravidade do fato: (Redação dada pela Lei nº 14.230, de 2021)

I - na hipótese do art. 9º desta Lei, perda dos bens ou valores acrescidos ilicitamente ao patrimônio, perda da função pública, suspensão dos direitos políticos até 14 (catorze) anos, pagamento de multa civil equivalente ao valor do acréscimo patrimonial e proibição de contratar com o poder público ou de receber benefícios ou incentivos fiscais ou creditícios, direta ou indiretamente, ainda que por intermédio de pessoa jurídica da qual seja sócio majoritário, pelo prazo não superior a 14 (catorze) anos; (Redação dada pela Lei nº 14.230, de 2021)

II - na hipótese do art. 10 desta Lei, perda dos bens ou valores acrescidos ilicitamente ao patrimônio, se concorrer esta circunstância, perda da função pública, suspensão dos direitos políticos até 12 (doze) anos, pagamento de multa civil equivalente ao valor do dano e proibição de contratar com o poder público ou de receber benefícios ou incentivos fiscais ou creditícios, direta ou indiretamente, ainda que por intermédio de pessoa jurídica da qual seja sócio majoritário, pelo prazo não superior a 12 (doze) anos; (Redação dada pela Lei nº 14.230, de 2021)

III - na hipótese do art. 11 desta Lei, pagamento de multa civil de até 24 (vinte e quatro) vezes o valor da remuneração percebida pelo agente e proibição de contratar com o poder público ou de receber benefícios ou incentivos fiscais ou creditícios, direta ou indiretamente, ainda que por intermédio de pessoa jurídica da qual seja sócio majoritário, pelo prazo não superior a 4 (quatro) anos; (Redação dada pela Lei nº 14.230, de 2021)

IV - (revogado). (Redação dada pela Lei nº 14.230, de 2021)

Parágrafo único. (Revogado). (Redação dada pela Lei nº 14.230, de 2021)

§ 1º A sanção de perda da função pública, nas hipóteses dos incisos I e II do **caput** deste artigo, atinge apenas o vínculo de mesma qualidade e natureza que o agente público ou político detinha com o poder público na época do cometimento da infração, podendo o magistrado, na hipótese do inciso I do **caput** deste artigo, e em caráter excepcional, estendê-la aos demais vínculos, consideradas as circunstâncias do caso e a gravidade da infração. (Incluído pela Lei nº 14.230, de 2021)

§ 2º A multa pode ser aumentada até o dobro, se o juiz considerar que, em virtude da situação econômica do réu, o valor calculado na forma dos incisos I, II e III do **caput** deste artigo é ineficaz para reprovação e prevenção do ato de improbidade. (Incluído pela Lei nº 14.230, de 2021)

§ 3º Na responsabilização da pessoa jurídica, deverão ser considerados os efeitos econômicos e sociais das sanções, de modo a viabilizar a manutenção de suas atividades. (Incluído pela Lei nº 14.230, de 2021)

§ 4º Em caráter excepcional e por motivos relevantes devidamente justificados, a sanção de proibição de contratação com o poder público pode extrapolar o ente público lesado pelo ato de improbidade, observados os impactos econômicos e sociais das sanções, de forma a preservar a função social da pessoa jurídica, conforme disposto no § 3º deste artigo. (Incluído pela Lei nº 14.230, de 2021)

§ 5º No caso de atos de menor ofensa aos bens jurídicos tutelados por esta Lei, a sanção limitar-se-á à aplicação de multa, sem prejuízo do ressarcimento do dano e da perda dos valores obtidos, quando for o caso, nos termos do **caput** deste artigo. (Incluído pela Lei nº 14.230, de 2021)

§ 6º Se ocorrer lesão ao patrimônio público, a reparação do dano a que se refere esta Lei deverá deduzir o ressarcimento ocorrido nas instâncias criminal, civil e administrativa que tiver por objeto os mesmos fatos. (Incluído pela Lei nº 14.230, de 2021)

§ 7º As sanções aplicadas a pessoas jurídicas com base nesta Lei e na Lei nº 12.846, de 1º de agosto de 2013, deverão observar o princípio constitucional do **non bis in idem**. (Incluído pela Lei nº 14.230, de 2021)

§ 8º A sanção de proibição de contratação com o poder público deverá constar do Cadastro Nacional de Empresas Inidôneas e Suspensas (CEIS) de que trata a Lei nº 12.846, de 1º de agosto de 2013, observadas as limitações territoriais contidas em decisão judicial, conforme disposto no § 4º deste artigo. (Incluído pela Lei nº 14.230, de 2021)

§ 9º As sanções previstas neste artigo somente poderão ser executadas após o trânsito em julgado da sentença condenatória. (Incluído pela Lei nº 14.230, de 2021)

§ 10. Para efeitos de contagem do prazo da sanção de suspensão dos direitos políticos, computar-se-á retroativamente o intervalo de tempo entre a decisão colegiada e o trânsito em julgado da sentença condenatória. (Incluído pela Lei nº 14.230, de 2021)

COMENTÁRIOS

1. Definição e espécies de sanções: o art. 37, § 4º, da CF, estabeleceu um rol de sanções como resposta ao ilícito praticado pelo agente ímprobo, dispondo que "os atos de improbidade administrativa importarão a suspensão dos direitos políticos, a perda da função pública, a indisponibilidade dos bens e o ressarcimento ao erário, na forma e gradação previstas em lei, sem prejuízo da ação penal cabível". **A LIA assegurou eficácia ao mandamento constitucional e, no art. 12, previu quatro outras penalidades**, a saber: (a) proibição de contratar com o Poder Público ou receber benefícios ou incentivos fiscais ou creditícios; (b) multa civil; (c) ressarcimento integral do dano e (d) perda dos bens ou valores acrescidos ilicitamente ao patrimônio.

Logo que promulgada a LIA surgiram dúvidas sobre a constitucionalidade do art. 12, na medida em que positivou **sanções inéditas**, inexistentes no texto constitucional, havendo quem considerasse que o legislador extrapolou os limites delineados pelo § 4º do art. 37 da CF. **Prevaleceu**, todavia, o entendimento de que a **Constituição previu um piso mínimo de sanções**, um **rol exemplificativo**, sendo legítima a ampliação das punições pela legislação infraconstitucional, a fim de garantir maior efetividade no combate à improbidade administrativa. Até porque o próprio dispositivo constitucional reporta-se a legislação infraconstitucional para a sua regulamentação[114].

Algumas sanções foram graduadas em razão da gravidade do ato de improbidade, conforme visualizado pela tabela abaixo:

114. FAZZIO JÚNIOR, Waldo. *Improbidade*... p. 478; NEVES, Daniel Amorim Assumpção; OLIVEIRA, Rafael Carvalho Rezende. *Manual*... p. 54-55; GARCIA, Emerson; ALVES, Rogério Pacheco. *Improbidade*... p. 618-619.

Espécie de ato de improbidade	Multa Civil	Suspensão dos direitos políticos	Proibição de contratar com o Poder Público ou receber benefícios ou incentivos fiscais ou creditícios
Enriquecimento ilícito	Equivalente ao valor do acréscimo patrimonial	Até 14 anos	Prazo não superior a 14 anos
Lesão ao Erário	Equivalente ao valor do dano	Até 12 anos	Prazo não superior 12 anos
Violação a princípios	Até 24 (vinte e quatro) vezes o valor da remuneração auferida pelo agente público	XXX	Prazo não superior a quatro anos

Importante: a Lei 14.230/2021 tornou mais severa a punição aos atos de improbidade tipificados nos arts. 9º (Enriquecimento Ilícito) e 10 (Prejuízo ao Erário), além do art. 10-A cuja conduta foi incorporada pelo inciso XXII do art. 10, sendo por isso irretroativa, de modo que as condutas anteriores ao novo regramento legal seguem sancionados com as penas previstas na redação originária da LIA.

Enquanto outras foram estabelecidas sem qualquer graduação, por isso tidas como sanções fixas:

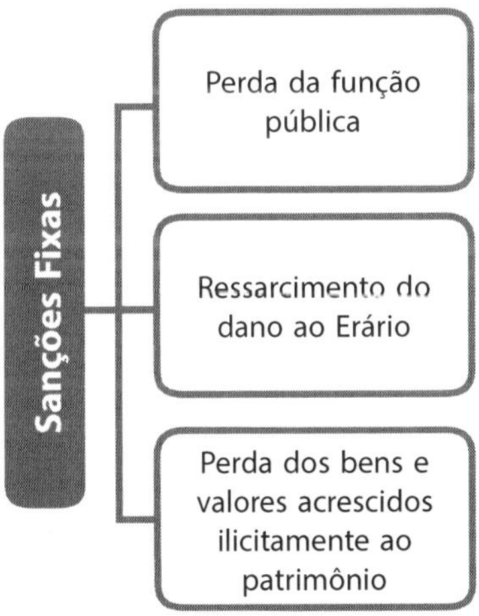

2. Natureza jurídica das sanções: a LIA não contempla qualquer sanção de natureza criminal, o que fica nítido pela leitura do *caput* do art. 12 quando menciona que o responsável pelo ato de improbidade administrativa ficará sujeito as penas cominadas nos seus incisos, "independentemente do ressarcimento integral do dano patrimonial, se efetivo, e das sanções penais comuns e de responsabilidade, civis e administrativas previstas na legislação específica". Wallace Paiva Martins Júnior considera que as sanções do art. 12 "configuram reparações por danos materiais e morais traduzidos, consubstanciadas em provimentos condenatórios (ressarcimento do dano, pagamento de multa civil, perda dos bens ou valores ilicitamente acrescidos), desconstitutivos (perda da função pública) e restritivos de direitos (proibição de contratar com o Poder Público, de receber benefícios ou incentivos fiscais ou creditícios e suspensão dos direitos políticos)"[115].

Outra classificação encontrada na doutrina[116] divide as sanções em:

Política	Político-administrativa	Administrativa	Civil
• Suspensão dos direitos políticos.	• Perda da função pública.	• Proibição de contratar com o Poder Público ou receber benefícios ou incentivos fiscais ou creditícios.	• Multa civil; • Ressarcimento integral do dano; • Perda dos bens ou valores acrescidos ilicitamente ao patrimônio.

3. Suspensão dos direitos políticos: a nova ordem constitucional inaugurada com a Constituição Federal de 1988 aboliu a figura da cassação de direitos políticos, permitindo sua perda ou suspensão nos casos elencados no art. 15. Nada mais natural, eis que os direitos políticos asseguram a participação dos cidadãos nos destinos da nação, sendo medida excepcional sua restrição, que se dá através:

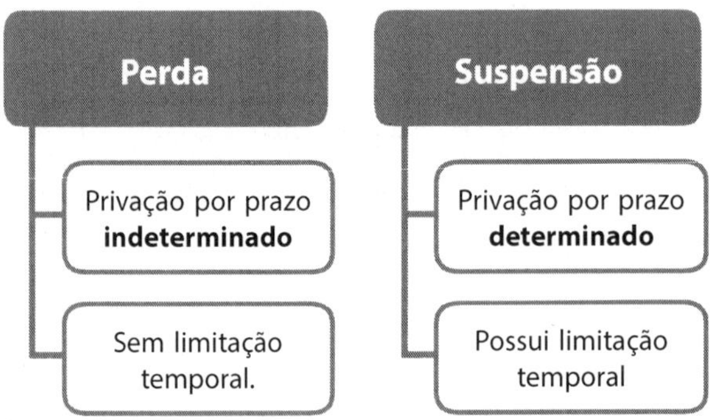

115. MARTINS JÚNIOR, Wallace Paiva. *Probidade* ... p. 322.

116. PAZZAGLINI FILHO, Marino. *Lei de Improbidade* ... p. 164.

E uma das hipóteses de suspensão admitidas pela Constituição é aquela oriunda de condenação do agente público por atos de improbidade administrativa, regulando a LIA o limite temporal desta sanção conforme a gravidade do ato praticado:

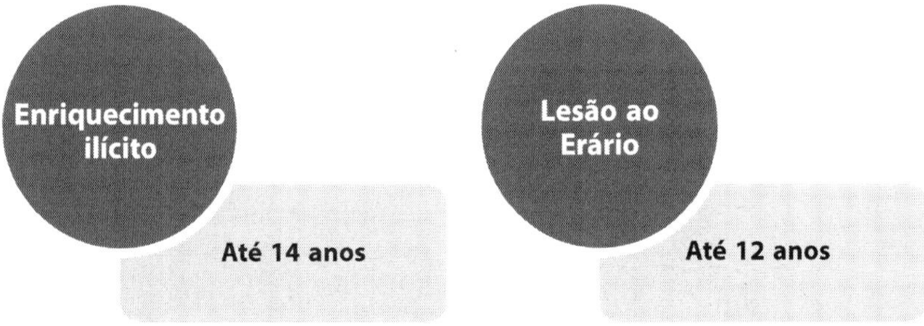

Atenção: a nova redação do art. 12, inciso III da LIA, dada pela Lei 14.230/2021, não contemplou como sanção aplicável aos atos de improbidade que atentam contra os princípios a suspensão dos direitos políticos, sendo importante que o candidato memorize a inovação para evitar pegadinhas de concurso!

Ademais, na contagem do prazo da suspensão dos direitos políticos, computar-se-á retroativamente o intervalo de tempo entre a decisão colegiada e o trânsito em julgado da sentença condenatória, por força do disposto no § 10 do art. 12 da LIA, incluído pela Lei 14.230/2021. A novidade decorre dos comandos do art. 1º, inciso I, alínea "l" da Lei Complementar 64/90, com as alterações da Lei Complementar 135/2010 ("Lei da Ficha Limpa"), que considera inelegível para qualquer cargo "os que forem condenados à suspensão dos direitos políticos, em decisão transitada em julgado ou proferida por órgão judicial colegiado, por ato doloso de improbidade administrativa que importe lesão ao patrimônio público e enriquecimento ilícito, desde a condenação ou o trânsito em julgado até o transcurso do prazo de 8 (oito) anos após o cumprimento da pena".

Fernando da Fonseca Gajardoni *et* assevera que o § 10 do art. 12 corrigiu grave injustiça no caso de condenações em ações de improbidade. Isso porque "no passado, a inelegibilidade decorrente da Lei da Ficha Limpa passava a incidir desde o julgamento colegiado, indo até 8 anos após o cumprimento da pena em sua totalidade", de modo que "quanto mais recursos eram apresentados, maior seria o período da inelegibilidade"[117].

No entanto, alerta a doutrina[118] que a referida penalidade não é consectário lógico e automático da sentença de improbidade administrativa, diferenciando-se nesse particular da esfera processual penal:

117. GAJARDONI, Fernando da Fonseca; CRUZ, Luana Pedrosa de Figueiredo; GOMES JUNIOR, Luiz Manoel; FAVRETO, Rogério. *Comentários à Nova Lei de Improbidade Administrativa: Lei 8.429/1992, com as alterações da Lei 14.230/2021*. 5ª ed. São Paulo: Thomson Reuters Brasil, 2021, p. 221.

118. CARVALHO FILHO, José dos Santos. *Manual* ... p. 1007.

Suspensão direitos políticos	
Processo penal	**Improbidade Administrativa**
Efeito automático da condenação;	Depende de provimento especifico do magistrado sentenciante;
Persiste enquanto durarem os efeitos da sentença condenatória.	Persiste pelo prazo fixado pelo magistrado na sentença.

A suspensão dos direitos políticos, por si só, não enseja a perda da função pública do agente ímprobo. Excepcionalmente, entretanto, a mencionada sanção terá efeito de perda da função pública "[...] na hipótese de agente político, que tendo sido eleito para o exercício da função, tem como condição para o exercício da função o pleno exercício de seus direitos políticos. Nesse caso, portanto, sendo determinada em sentença a suspensão dos direitos políticos, entende-se também pela perda do cargo eletivo, ainda que omissa a decisão quanto à aplicação dessa pena"[119].

4. Perda da função pública:

4.1 Alcance da sanção: trata-se de sanção que impõe o rompimento coercitivo do vínculo jurídico do agente público com os sujeitos passivos do ato de improbidade, indicados no art. 1º da LIA. Falando a lei em "perda da função pública", fica evidente que a **penalidade é de aplicação exclusiva aos agentes públicos**, não alcançando terceiros beneficiários do ato de improbidade administrativa.

A Lei 14.230/2021 especificou que a perda da função pública alcança apenas o vínculo de mesma qualidade e natureza que o agente público ou político detinha com o poder público na época do cometimento da infração. Ressalvou, entretanto, que nos atos de improbidade que causam prejuízo ao Erário, em caráter excepcional, pode o magistrado estender os efeitos da sanção aos demais vínculos, consideradas as circunstâncias do caso e a gravidade da infração (art. 12, § 1º da LIA, incluído pela Lei 14.230/2021).

Superou, dessa forma, a orientação então majoritária, no sentido de que o agente perderá a função exercida no momento do trânsito

119. NEVES, Daniel Amorim Assumpção; OLIVEIRA, Rafael Carvalho Rezende. *Manual* ... p 443.

em julgado da sentença, ainda que diferente daquela exercida por ocasião da prática do ato de improbidade (ver item 02 da CASUÍSTICA). Desconsiderou o legislador as ponderações da doutrina especializada, segundo a qual "além de ser intepretação que dá uma maior eficácia à sanção ora analisada, é a única que afasta o agente ímprobo de sua vinculação com a Administração Pública. Que sentido teria reconhecer que o sujeito é ímprobo e mantê-lo nos quadros da Administração Pública, dando-lhe total condição para que venha a repetir a prática de tais atos?"[120].

4.2 Perda da função pública do agente público aposentado: o art. 12 prevê como espécie de sanção a perda da função pública e nada menciona acerca dos agentes públicos aposentados, fato objeto de insegurança jurídica dadas as divergências em sua intepretação. Com efeito, **não há um entendimento uniforme** e nem mesmo a jurisprudência apresenta solução satisfatória (ver item 03 da CASUÍSTICA). Na doutrina, de um lado defende-se a possibilidade de extensão da perda da função pública ao agente público aposentado, devendo o magistrado, no provimento jurisdicional, anular o ato de aposentadoria e decretar a perda da função pública antes exercida pelo agente ímprobo[121]; de outro, sustenta-se a inadmissibilidade da aplicação da referida sanção aos agentes aposentados, na medida em que a aposentadoria extingue a relação jurídica mantida com a Administração e "[...] o vínculo previdenciário só se extingue por outro tipo de punição, a cassação de aposentadoria, que, entretanto, não tem previsão na Lei de Improbidade, além de não confundir-se com a perda da função pública (afinal, esta nem mais existe com o advento da aposentadoria)"[122].

Atenção: a inclusão do § 1º ao art. 12 da LIA pela Lei 14.230/2021 parece indicar a preponderância da segunda corrente, eis que estabeleceu que a perda da função pública **atinge apenas o vínculo de mesma qualidade e natureza**, sendo certo que a aposentadoria faz nascer um novo vínculo, distinto do anterior mantido com a Administração, salvo em se tratando de ato de improbidade que importa enriquecimento ilícito, para o qual o magistrado, excepcionalmente, está autorizado a estender os efeitos da sanção a outros vínculos.

---

120. NEVES, Daniel Amorim Assumpção; OLIVEIRA, Rafael Carvalho Rezende. *Manual* ... p 439.
121. MARTINS JÚNIOR, Wallace Paiva. *Probidade* ... p. 354.
122. CARVALHO FILHO, José dos Santos. *Manual* ... p. 1005. No mesmo sentido: PAZZAGLINI FILHO, Marino. *Lei de Improbidade* ... p. 168.

4.3 Perda da função pública dos agentes políticos: conforme já abordado nos comentários ao art. 2º da LIA, prepondera a orientação no sentido de que os agentes políticos podem ser sujeitos ativos dos atos de improbidade (entendimento positivado no texto da LIA pela Lei 14.230/2021); porém, determinados cargos titularizados por agentes políticos contam com regime especial relativamente à perda da função pública, sem incidência dos preceitos da LIA, por conseguinte. É bem verdade que existe corrente minoritária que, fundada no princípio da igualdade, defende a perda da função pública na forma preconizada pela LIA.

Analisemos algumas hipóteses:

(i) *Presidente da República:* só perde o cargo por crime de responsabilidade mediante a deflagração de processo de *impeachment* (inteligência dos arts. 85 e 86, CF);

(ii) *Deputados Federais e Senadores:* a perda do mandato depende de decisão da respectiva Casa Legislativa (Câmara dos Deputados ou Senado Federal), nos moldes prescritos pelo art. 55 da CF;

(iii) *Deputados Estaduais:* aplica-se a mesma sistemática dos Deputados Federais, por força do disposto no art. 27, § 1º, da CF;

(iv) *Agentes públicos vitalícios* (membros da magistratura, do MP e Tribunais de Contas): é polêmica a questão atinente à definição do órgão jurisdicional competente para aplicar a sanção de perda do cargo, especialmente porque as Leis Orgânicas das respectivas carreiras, em decorrência da garantia da vitaliciedade, preveem expressamente que os seus membros só podem perder o cargo em ação civil pública processada perante os Tribunais a que estejam vinculados (art. 38, §§ 1º e 2º da Lei nº 8.625, de 1993 – Lei Orgânica do Ministério Público –, e art. 26 da Lei Complementar nº 35, de 1979 – Lei Orgânica da Magistratura Nacional).

Enquanto alguns sustentam que os dispositivos legais das respectivas legislações orgânicas não impedem a decretação da perda do cargo em ação de improbidade administrativa, devendo-se interpretá-los em conjunto com todo o ordenamento jurídico, de modo que poderia o órgão jurisdicional de primeira instância, ao julgar demanda de improbidade, decretar a perda do cargo[123]; outros autores defendem que o juízo primevo tem competência para aplicar as sanções, ressalvada a perda do cargo que deve ser decretada pelo respectivo tribunal[124]. (Ver item 04 da CASUÍSTICA).

5. Proibição de contratar com o Poder Público ou receber benefícios ou incentivos fiscais ou creditícios: a penalidade em exame representa verdadeira interdição temporária do exercício de direitos por aquele que demonstrou, com seu comportamento anterior, desprezo aos ditames legais, éticos e morais estatuídos pela ordem jurídica, que ficam impedidos de firmar negócios jurídicos com o Poder Público ou receber benefícios ou incentivos fiscais ou creditícios, tais como isenção de caráter restrito, anistia, remissão e subvenções (sociais e/econômicas). "Tem singular eficácia contra o particular beneficiário da improbidade administrativa, mesmo que não tenha causado dano ao erário, o que é muito significativo, na medida em que dele exige a observância dos princípios éticos e jurídicos da Administração Pública nas relações jurídicas entre eles mantidas"[125].

A proibição impede a celebração de contrato com o ente público lesado, conclusão extraída da interpretação *a contrario sensu* do § 4º do art. 12 da LIA, incluído pela Lei 14.230/2021. Significa, portanto, que a sanção não estende os seus efeitos para todo e qualquer entidade integrante da Administração Pública Direta e/ou Indireta, restringindo-se ao ente que a aplicou (sujeito passivo do ato de improbidade). Nesse sentido, a partir da nova redação, será correta construção em provas de concurso que afirmem que a proibição de contratar com o Poder Público ou receber benefícios ou incentivos fiscais ou creditícios limita-se ao sujeito passivo do ato de improbidade.

Importante observar, para evitar pegadinhas de provas, que houve a superação da interpretação segundo a qual a expressão "Poder Público" abrangeria "[...] a Administração Pública, direta e indireta, de qualquer dos Poderes da União, dos Estados, do Distrito Federal e dos

123. Nesse sentido: GARCIA, Emerson; ALVES, Rogério Pacheco. *Improbidade administrativa*. 9ª ed. São Paulo: Saraiva, 2017, P. 690 E 691.

124. Nesse sentido: CARVALHO FILHO, José dos Santos. *Manual de direito administrativo*. 24ª ed. Rio de Janeiro: Lumen Juris, 2011, p. 1.006.

125. MARTINS JÚNIOR, Wallace Paiva. *Probidade* ... p. 363.

Municípios, e não somente o sujeito passivo do ato de improbidade praticado pelo ímprobo"[126].

O § 4º do art. 12 da LIA expressamente autorizou o magistrado a, em caráter excepcional e por motivos relevantes devidamente justificados, determinar que a proibição extrapole o ente público lesado pelo ato de improbidade, observados os impactos econômicos e sociais das sanções, de forma a preservar a função social da pessoa jurídica, na forma do disposto no § 3º do mesmo dispositivo legal ("Na responsabilização da pessoa jurídica, deverão ser considerados os efeitos econômicos e sociais das sanções, de modo a viabilizar a manutenção de suas atividades").

Trata-se de mais uma previsão fundada no princípio do consequencialismo (expressamente reconhecido pela Lei 13.655, de 2018, que promoveu várias alterações na LINDB, notadamente mediante a inclusão dos arts. 20 e 21[127]), eis que exige do magistrado o exame do caso concreto para averiguar se a ampliação da sanção prejudicará a manutenção das atividades da empresa sancionada, tal como já o fez o STJ com base no princípio da proporcionalidade antes do advento da Lei 14.230/2021 (ver item 6 do tópico CASUÍSTICA).

Outra inovação da Lei 14.230/2021, efetivada mediante a inserção de dispositivo no art. 12 (§ 8º) e que deve ser lembrada para fins de concurso, foi a previsão de que que a sanção deverá constar do Cadastro Nacional de Empresas Inidôneas e Suspensas (CEIS) de que trata a Lei nº 12.846, de 1º de agosto de 2013, observadas as limitações territoriais contidas em decisão judicial.

A propósito, Marçal Justen Filho lembra que além do CEIS, a Lei 14.133, de 1º de abril de 2021 ("Nova Lei de Licitações e Contratos

---

126. GARCIA, Emerson; ALVES, Rogério Pacheco. *Improbidade* ... p. 713-714.

127. "Art. 20. Nas esferas administrativa, controladora e judicial, não se decidirá com base em valores jurídicos abstratos sem que sejam consideradas as consequências práticas da decisão. (Incluído pela Lei nº 13.655, de 2018)

Parágrafo único. A motivação demonstrará a necessidade e a adequação da medida imposta ou da invalidação de ato, contrato, ajuste, processo ou norma administrativa, inclusive em face das possíveis alternativas. (Incluído pela Lei nº 13.655, de 2018)

Art. 21. A decisão que, nas esferas administrativa, controladora ou judicial, decretar a invalidação de ato, contrato, ajuste, processo ou norma administrativa deverá indicar de modo expresso suas consequências jurídicas e administrativas. (Incluído pela Lei nº 13.655, de 2018)

Parágrafo único. A decisão a que se refere o **caput** deste artigo deverá, quando for o caso, indicar as condições para que a regularização ocorra de modo proporcional e equânime e sem prejuízo aos interesses gerais, não se podendo impor aos sujeitos atingidos ônus ou perdas que, em função das peculiaridades do caso, sejam anormais ou excessivos. (Incluído pela Lei nº 13.655, de 2018)".

Administrativos") instituiu o Cadastro Nacional de Empresas Punidas (CNEP), dispondo em seu art. 161, *caput*, que "os órgãos e entidades dos Poderes Executivo, Legislativo e Judiciário de todos os entes federativos deverão, no prazo máximo 15 (quinze) dias úteis, contado da data de aplicação da sanção, informar e manter atualizados os dados relativos às sanções por eles aplicadas, para fins de publicidade no Cadastro Nacional de Empresas Inidôneas e Suspensas (Ceis) e no Cadastro Nacional de Empresas Punidas (Cnep), instituídos no âmbito do Poder Executivo federal". Para o mencionado autor, "deve-se reputar que a previsão do § 8º do art. 12 deve compreender tanto o CEIS como o CNEP"[128].

Por outro lado, somente os benefícios ou incentivos condicionados, caracterizados por uma relação direta entre o agente e a Administração são abrangidos pela penalidade. "Tratando-se de benefícios ou incentivos incondicionais, em que não é exigido do interessado o preenchimento de requisitos especiais, ou determinada contraprestação, inexistirá óbice a que o ímprobo venha a auferi-lo, pois referidos benefícios, em verdade, não representam um privilégio, mas medida de política fiscal adotada em prol da coletividade"[129].

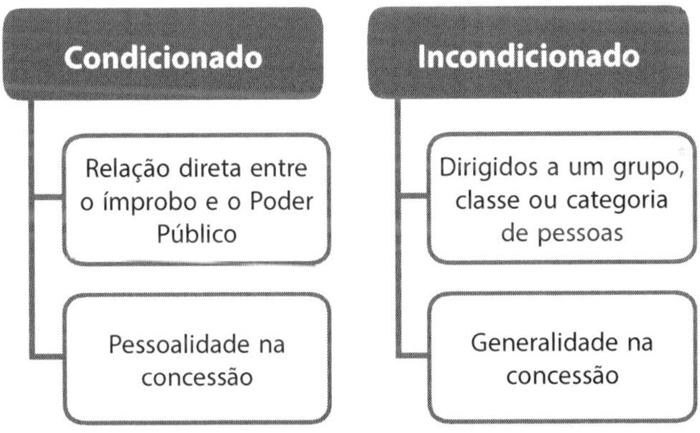

6. Multa civil: trata-se de sanção de cunho nitidamente punitivo, pois repercute diretamente no patrimônio do agente ímprobo visando desestimular a prática de condutas semelhantes. Tal característica evidencia que a multa civil imposta como consequência do ato de improbidade administrativa não se confunde com as *astreintes* do processo civil:

128. JUSTEN FILHO, Marçal. *Reforma da Lei de Improbidade* ... p. 159.
129. GARCIA, Emerson; ALVES, Rogério Pacheco. *Improbidade* ... p. 715.

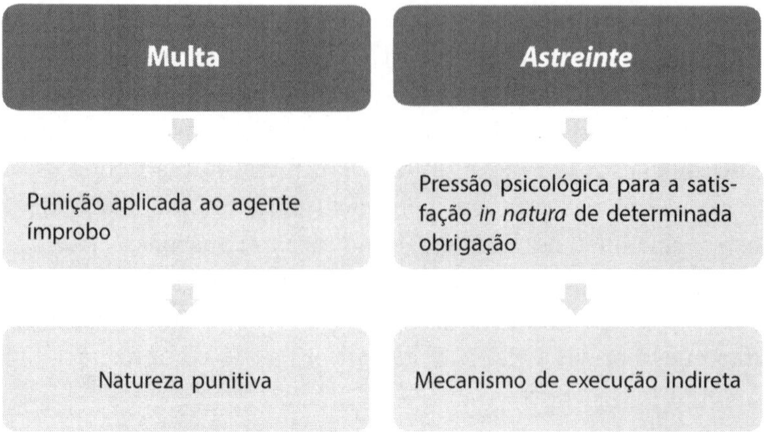

As alterações da Lei 14.230/2021, no que tange ao cálculo da multa, resultaram na seguinte configuração:

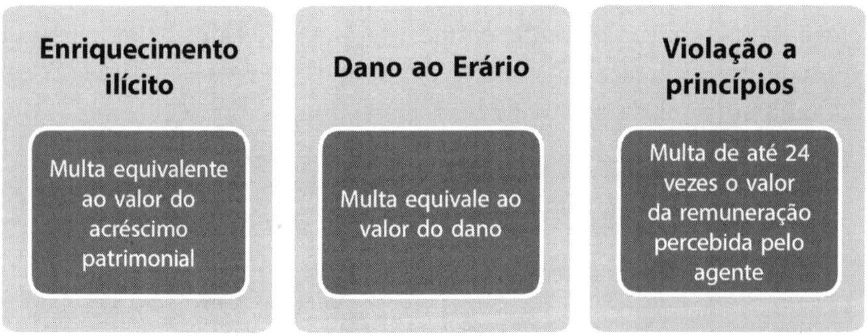

Para o arbitramento do valor da multa, o magistrado deverá se nortear pelos critérios previstos no art. 17-C, inciso IV da LIA, especialmente o disposto na alínea "a" do sobredito dispositivo legal, que consubstancia os princípios da proporcionalidade e da razoabilidade, de modo que a dosimetria da pena deve observar critérios relativos à gravidade da infração visando a reprovação e prevenção dos atos de improbidade. Os §§ 2º e 5º do art. 12, ora em comento, constituem desdobramento lógico e necessário desta nova sistemática.

O primeiro preceito estabelece que o juiz pode aumentar o valor da multa até o dobro se constatar que, em virtude da situação econômica do réu, o valor calculado na forma dos incisos I, II e III do caput do art. 12 (reproduzidas no quadro acima) é ineficaz para reprovação e prevenção do ato de improbidade.

Enquanto o segundo dispõe que no caso de atos de menor ofensa aos bens jurídicos tutelados por esta Lei, a sanção limitar-se-á à aplicação de multa, sem prejuízo do ressarcimento do dano e da perda dos valores obtidos, quando for o caso. Nesse ponto, importante rememorar que o § 4º do art. 11, cuja aplicação é restrita aos atos de improbidade que atentam contra os princípios, exige para efeito de caracterização de tais ilícitos lesividade relevante ao bem jurídico tutelado (princípio da insignificância).

Art. 11, § 4º	Art. 12, § 5º
Lesividade relevante como requisito de tipicidade dos atos de improbidade que atentam contra os princípios da Administração.	**Menor ofensividade** como critério norteador na dosimetria da pena multa.

A LIA não estabelece o destinatário da multa, mas a doutrina é uníssona no sentido de que ela reverte em favor do sujeito passivo do ato de improbidade administrativa, que é pessoa jurídica lesada, não se lhe aplicando o art. 13 da LACP. Recomenda-se, pois, a aplicação por analogia do art. 18, *caput* da LIA, o qual dispõe que "a sentença que julgar procedente a ação fundada nos arts. 9º e 10 desta Lei condenará ao ressarcimento dos danos e à perda ou à reversão dos bens e valores ilicitamente adquiridos, conforme o caso, em favor da pessoa jurídica prejudicada pelo ilícito".

7. Ressarcimento integral do dano: tem natureza **reparatória** e, por conseguinte, não constitui propriamente uma pena, sendo este entendimento inclusive consagrado na jurisprudência do STJ, conforme acórdãos colacionados no item 05 do tópico CASUÍSTICA. A doutrina, a propósito desta sanção, salienta que "[...] o ressarcimento somente é exigível, por ato de improbidade administrativa, com a ocorrência de dano real (e não hipotético) de natureza econômica, com o efetivo desfalque do Erário"[130].

A Lei 14.230/2021 realçou a natureza reparatória e não sancionatória da mencionada penalidade ao dispor que as sanções da LIA podem ser aplicadas independentemente da reparação integral do dano, consagrando verdadeiro **sancionamento cumulativo**.

130. PAZZAGLINI FILHO, Marino. *Lei de Improbidade* ... p. 37, grifos no original.

No entanto, a punição cumulativa não pode ensejar *bis in idem*, razão pela qual o § 6º do art. 12 determina que, se houver lesão ao patrimônio público, deverá ser deduzida da reparação do dano o ressarcimento efetivado nas instâncias criminal, civil e administrativa que tiver por objeto os mesmos fatos. Assim, em certas situações o sancionamento imposto no âmbito do processo por improbidade importará no exaurimento da punibilidade da infração, tal como ocorre na hipótese de condenação ao ressarcimento dos danos decorrentes da conduta ilícita, caso em que ficará automaticamente impossibilitada a imposição, em outra sede, de idêntica exigência[131].

Daniel Amorim Assumpção Neves *et al* considera viável a condenação ao ressarcimento do dano apenas em duas hipóteses:

(i) haja efetivo prejuízo ao patrimônio público, ainda que não ocorra desvio de bens ou valores pelo agente ímprobo, exemplificando com a "[...] compra de bens sem a devida licitação com evidente prejuízo ao erário, sem que o agente público tenha com isso agregado bens ou valores a seu patrimônio", na medida em que a frustração do certame ocorreu em razão da amizade mantida pelo agente público e os sócios da empresa contratada;

(ii) quando eventual perdimento de bens for insuficiente para recompor o patrimônio público lesado[132].

8. Perda dos bens e valores acrescidos ilicitamente ao patrimônio:

8.1 Conceito e natureza jurídica: cuida-se de mais uma medida de **natureza ressarcitória, sem caráter punitivo**, tanto que é **transmissível** aos sucessores no caso de falecimento do agente ímprobo, por força do art. 8º da LIA. Para Wallace Paiva Martins Júnior "[...] é sanção de natureza ressarcitória, inspirada por um componente preponderantemente moral. Ela encerra uma indenização pelo dano moral sofrido pela Administração Pública (art. 18), cujo agente público violou os preceitos éticos elementares à instituição para se enriquecer ilicitamente"[133].

131. JUSTEN FILHO, Marçal. *Reforma da Lei de Improbidade* ... p. 141.
132. NEVES, Daniel Amorim Assumpção; OLIVEIRA, Rafael Carvalho Rezende. *Manual* ... p 434.
133. MARTINS JÚNIOR, Wallace Paiva. *Probidade* ... p. 337.

Diferencia-se, do ponto de vista formal, do perdimento de bens e valores aplicável como efeito da condenação criminal, eis que a LIA a trata como sanção autônoma:

LIA – **Espécie de sanção**

CP – **Efeito da condenação**

8.2 Pressupostos necessários para sua aplicação: trata-se de medida cuja aplicação pressupõe a concorrência dos seguintes elementos[134]:

(a) locupletamento de uma parte;

(b) empobrecimento de outra;

(c) ausência de justa causa; e

(d) nexo de causalidade.

Vale dizer "pressupõe a existência de uma evolução patrimonial contemporânea à atividade do agente público, e a incompatibilidade com a remuneração deste e do *extraneus* que tenha contribuído para a prática do ato ou com ele auferido benefícios [...]"[135].

8.3 Bens suscetíveis de perdimento: são suscetíveis de perdimento os bens, valores, frutos e rendimentos, lembrando que, quando se tratar de bens fungíveis já consumidos ou deteriorados, recairá sobre o valor equivalente do patrimônio do ímprobo. É **majoritário o entendimento**

134. MARTINS JÚNIOR, Wallace Paiva. *Probidade* ... p. 339.

135. GARCIA, Emerson; ALVES, Rogério Pacheco. *Improbidade* ... p. 645.

de que o perdimento alcança o patrimônio amealhado posteriormente à prática do ato de improbidade administrativa. Isso porque o agente público, nesse caso, "[...] **não sofre sanção patrimonial, mas apenas restitui (indeniza) o que auferiu indevidamente em razão do uso abusivo da função pública**"[136].

Em outros termos, a punição em exame somente incide sobre os bens acrescidos ao patrimônio do agente após a prática do ato de improbidade administrativa, na medida em que retroagir para alcançar bens anteriores seria legitimar o confisco.[137] Nesse particular nota-se uma distinção entre ressarcimento do dano e perda dos bens e valores acrescidos ilicitamente ao patrimônio do agente ímprobo:

Limitação temporal	
Ressarcimento integral do dano	**Perda de bens e valores acrescidos ilicitamente ao patrimônio**
Atinge os bens adquiridos antes da prática do ato de improbidade.	Alcança bens acrescidos após a prática do ato de improbidade administrativa.

A perda alcança tanto os bens desviados e incorporados ao patrimônio do agente quanto aqueles licitamente adquiridos com os proveitos da improbidade. Até mesmo o patrimônio transferido a terceiros poderá ser alcançado, seja pela configuração de fraude à execução ou fraude a credores, variando os requisitos para tanto; esvaziando-se os famosos ardis de alguns agentes que transferem o patrimônio adquirido para o nome de laranjas, parentes ou empresas fantasmas.

9. Sancionamento de pessoas jurídicas e o princípio do *non bis in idem* (art. 12, § 7º): há um ponto de interseção entre a LIA e a Lei Anticorrupção, mas o pseudoconflito resolve-se mediante a aplicação do princípio do *non bis in idem.*, de modo que, havendo coincidência, prevalecerá as sanções da Lei Anticorrupção, que é específica para as pessoas jurídicas. Dessa forma, as sanções da LIA incidem em relação às pessoas físicas e as da Lei Anticorrupção, contra as pessoas jurídicas,

136. PAZZAGLINI FILHO, Marino. *Lei de Improbidade* ... p. 174, grifos no original. No mesmo sentido: GARCIA, Emerson; ALVES, Rogério Pacheco. *Improbidade* ... p. 645; MARTINS JÚNIOR, Wallace Paiva. *Probidade* ... p. 341.

137. CARVALHO FILHO, José dos Santos. *Manual* ... p. 1003; NEVES, Daniel Amorim Assumpção; OLIVEIRA, Rafael Carvalho Rezende. *Manual* ... p 429.

o que é reforçado pela regra do § 7º do art. 12, acrescentado pela Lei 14.230/2021[138]. Marçal Justen Filho, na mesma linha, destaca que "[...] a LIA é lei especial de repressão a condutas ímprobas de agentes públicos e a LAC é lei especial de repressão a condutas corruptas de empresas privadas. Cada qual apresenta o seu campo próprio de vigência"[139].

10. Princípio da presunção de inocência no âmbito da ação de improbidade: a Constituição Federal cataloga entre os direitos fundamentais o princípio da presunção de inocência ou de não culpabilidade, segundo o qual "ninguém será considerado culpado até o trânsito em julgado de sentença penal condenatória"; sendo tal princípio aplicável à improbidade por força do art. 1º, § 4º da LIA. Aliás, antes mesmo da Lei 14.230/2021 o princípio encontrava guarida no art. 20, *caput* da LIA, o qual estabelece que a perda da função pública e a suspensão dos direitos políticos **só se efetivam** com o **trânsito em julgado** da sentença condenatória. Logo, é possível afirmar que a presunção de inocência é "[...] aplicável a qualquer réu que venha a sofrer sanções, sejam elas de natureza penal ou administrativa, como é o caso das sanções de perda da função pública e de suspensão dos direitos políticos"[140].

A Lei 14.230/2021 ampliou a extensão da proteção do princípio da presunção de inocência para todas as sanções da LIA, não se limitando à perda da função pública e à suspensão dos direitos políticos, tornando inadmissível a execução de qualquer das sanções previstas na LIA enquanto não esgotadas as instâncias recursais. Houve, por conseguinte, a superação da jurisprudência do STJ que considerava possível a execução provisória da sentença que não tinha por objeto as penalidades vedadas pelo art. 20 (ver CASUÍSTICA).

A vedação, contudo, não se aplica ao ressarcimento integral do dano, eis que a referida penalidade tem natureza ressarcitória. Nesse sentido, leciona Fernando Gajardoni *et al* que "[...] não sendo o ressarcimento uma indenização, ele fica fora da restrição legal, podendo haver a execução provisória a critério da pessoa jurídica de direito público interessada, mesmo que não esteja atuando nos autos (interveniente),

138. GAJARDONI, Fernando da Fonseca; CRUZ, Luana Pedrosa de Figueiredo; GOMES JUNIOR, Luiz Manoel; FAVRETO, Rogério. *Comentários à Nova Lei de Improbidade* ... p. 218.

139. JUSTEN FILHO, Marçal. *Reforma da Lei de Improbidade* ... p. 158-159.

140. NEVES, Daniel Amorim Assumpção; OLIVEIRA, Rafael Carvalho Rezende. *Manual* ... p 550.

já que ela é a real titular do direito (art. 18 da Lei de Improbidade), devendo ser pessoalmente intimada ou o Ministério Público, mas de forma subsidiária (§ 2º do art. 18 da Lei de Improbidade)"[141].

11. Aplicação e individualização das penas: reconhecida a prática de ato de improbidade administrativa, o magistrado na sentença condenatória aplicará, **isolada ou cumulativamente**, as sanções cabíveis, observando os parâmetros preconizados pelos incisos I a III do art. 12, reproduzidos na tabela abaixo:

Improbidade por enriquecimento ilícito	1) Perda dos bens ou valores acrescidos ilicitamente ao patrimônio;
	2) Ressarcimento integral do dano, quando houver;
	3) Perda da função pública;
	4) Suspensão dos direitos políticos por até 14 anos;
	5) Pagamento de multa civil equivalente ao valor do acréscimo patrimonial; e
	6) Proibição de contratar com o Poder Público ou receber benefícios ou incentivos fiscais ou creditícios, direta ou indiretamente, ainda que por intermédio de pessoa jurídica da qual seja sócio majoritário, pelo prazo não superior a 14 anos.

Improbidade por lesão ao Erário	1) Ressarcimento integral do dano;
	2) Perda dos bens ou valores acrescidos ilicitamente ao patrimônio, se concorrer esta circunstância;
	3) Perda da função pública;
	4) Suspensão dos direitos políticos por até 12 anos;
	5) Pagamento de multa civil equivalente ao valor do dano; e
	6) proibição de contratar com o Poder Público ou receber benefícios ou incentivos fiscais ou creditícios, direta ou indiretamente, ainda que por intermédio de pessoa jurídica da qual seja sócio majoritário, pelo prazo não superior a 12 anos.

141. GAJARDONI, Fernando da Fonseca; CRUZ, Luana Pedrosa de Figueiredo; GOMES JUNIOR, Luiz Manoel; FAVRETO, Rogério. *Comentários à Nova Lei de Improbidade* ... p. 221.

Improbidade por violação aos princípios da Administração Pública	1) Ressarcimento integral do dano, se houver;
	2) Pagamento de multa civil de até 24 vezes o valor da remuneração percebida pelo agente; e
	3) Proibição de contratar com o Poder Público ou receber benefícios ou incentivos fiscais ou creditícios, direta ou indiretamente, ainda que por intermédio de pessoa jurídica da qual seja sócio majoritário, pelo prazo não superior a 04 anos.

Importante memorizar as sanções que não se aplicam aos atos de improbidade que atentam contra os Princípios da Administração Pública:

Perda da função pública	**Suspensão dos direitos políticos**

CASUÍSTICA

1. Cumulação de sanções de suspensão dos direitos políticos: questão interessante diz respeito a possibilidade de cumulação de sanções de suspensão dos direitos políticos decorrentes de concurso formal ou material. **Prevalece que é inadmissível** a referida tese porque redundaria em cassação de direitos políticos, afrontando o art. 15, *caput*, CF.

> "PROCESSUAL CIVIL. ADMINISTRATIVO. AÇÃO CIVIL PÚBLICA. LEI 8.429/92. SUSPENSÃO DE DIREITOS POLÍTICOS. MULTIPLICIDADE DE CONDENAÇÕES. SOMATÓRIO DAS PENAS. TRÂNSITO EM JULGADO. ART. 20, LEI 8429/92. PRINCÍPIOS CONSTITUCIONAIS. RAZOABILIDADE E PROPORCIONALIDADE. DETRAÇÃO. ART. 11 DA LEI 7.210/84. EMBARGOS DE DECLARAÇÃO. OMISSÃO CONFIGURADA. **1. O cumprimento de sanções políticas concomitantes, por atos de improbidade administrativa contemporâneos (art. 20 da Lei 8.429/92), deve observar as disposições encartadas no art. 11 da Lei 7.210/84. 2. É que a inexistência de legislação específica acerca da forma de cumprimento das sanções políticas, por atos de improbidade administrativa contemporâneos, deve ser suprida à luz das disposições encartadas no art. 11 da Lei 7.210/84, que instrui a Lei de Execuções Penais**, verbis: "Art. 111. Quando houver condenação por mais de um crime, no mesmo processo ou em processos distintos, a determinação do regime de cumprimento será feita pelo resultado da soma ou unificação das penas, observada, quando for o caso,

a detração ou remição. Parágrafo único. Sobrevindo condenação no curso da execução, somar-se-á a pena ao restante da que está sendo cumprida, para determinação do regime." 3. Embargos de declaração acolhidos, apenas, para esclarecer que cumprimento das sanções políticas, por atos de improbidade administrativa contemporâneos, deve observar as disposições encartadas no art. 11 da Lei 7.210/84, mantendo incólume o acórdão de fls. 383/423" (STJ, *EDcl no REsp 993.658/SC*, 1ª T., rel. Min. Luiz Fux, j. 09.03.2010, *DJe* 23.03.2010, grifamos).

2. Abrangência da sanção de perda da função pública (SUPERAÇÃO COM O ADVENTO DA LEI 14.230/2021):

"PROCESSUAL CIVIL E ADMINISTRATIVO. IMPROBIDADE. LITISCONSÓRCIO PASSIVO. DESNECESSIDADE. VIOLAÇÃO DE DISPOSITIVO CONSTITUCIONAL. EXAME. VIA IMPRÓPRIA. ATO CONFIGURADO. REEXAME FÁTICO-PROBATÓRIO. SÚMULA 7 DO STJ. INCIDÊNCIA. PERDA DO CARGO. INTERPRETAÇÃO RESTRITIVA [...] 6. A teor do entendimento majoritário da Primeira Turma do STJ, **a sanção da perda do cargo público, prevista entre aquelas do art. 12 da Lei n. 8.429/1992, não está relacionada ao cargo ocupado pelo agente ímprobo ao tempo do trânsito em julgado da sentença condenatória, mas sim àquele (cargo) que serviu de instrumento para a prática da conduta ilícita**. 7. A obrigação de reparar o dano causado ao erário, correspondente ao total das remunerações percebidas pelos parentes dos vereadores que foram nomeados indevidamente para ocupar cargos em comissão, constitui enriquecimento ilícito por parte da Administração, considerando que o serviço público foi desenvolvido. 8. Fixação da multa civil em 3 (três) vezes o valor da remuneração percebida pelo recorrente à época dos fatos. 9. Recurso especial parcialmente provido, na parte conhecida" (STJ, *REsp 1.766.149/RJ*, 1ª T., rel. Min. Regina Helena Costa, rel. p/ acórdão Min. Gurgel de Faria, j. 08.11.2018, DJe 04.02.2019, grifamos).

"ADMINISTRATIVO. PROCESSUAL CIVIL. IMPROBIDADE. PERDA DA FUNÇÃO PÚBLICA. SENTENÇA CONDENAÇÃO. TRÂNSITO EM JULGADO. DECLARAÇÃO POR PARTE DA ADMINISTRAÇÃO. MERO CUMPRIMENTO DE DECISÃO JUDICIAL. PRECEDENTES. ALEGAÇÃO DE VIOLAÇÃO DO DEVIDO PROCESSO LEGAL. AUSÊNCIA. INEXISTÊNCIA DE LIQUIDEZ E CERTEZA AO DIREITO POSTULADO. 1. Recurso ordinário em mandado de segurança impetrado contra o ato administrativo que declarou a perda da função pública de servidor público por atenção ao teor de sentença judicial transitada em julgada. O impetrante alega violação do devido processo legal e o abuso de direito. 2. **A aplicação da penalidade de perda de função pública, prevista nos arts. 9º, 10º e 11 da Lei n. 8.429/1992 (Lei de Improbidade Administrativa), abrange todas as atividades e vínculos que o agente ímprobo eventualmente possuir com o poder público.** 3. 'A sanção de perda da função pública visa a extirpar da Administração Pública aquele que exibiu inidoneidade (ou inabilitação) moral e desvio ético para o exercício da função pública, abrangendo qualquer atividade que o agente esteja exercendo ao tempo da condenação irrecorrível' (REsp

1.297.021/PR, Rel. Ministra Eliana Calmon, Segunda Turma, DJe 20.11.2013). No mesmo sentido: REsp 924.439/RJ, Rel. Ministra Eliana Calmon, Segunda Turma, DJe 19.8.2009. 4. Não há falar em violação do devido processo legal, pois o ato administrativo atacado (fl. 12) somente deu cumprimento administrativo à decisão judicial, transitada em julgado, por meio da qual se declarou a perda da função pública. Recurso ordinário improvido. (STJ, *RMS 32.378/SP*, 2ª T., rel. Min. Humberto Martins, j. 05.05.2015 DJe 11.05.2015, grifamos)

"PROCESO CIVL. ADMINSTRATIVO. IMPROBIDADE ADMINSTRATIVA. ART. 12 DA LEI N. 8.429/192. PENA DE PERDA DA FUNÇÃO PÚBLICA. CONTROVÉRSIA RESPEITO DOSEUS EFITOS [...] 2. Recurso especial no qual se discute sanção de perda da função pública se limita à proibição do exercício da função até então desempenhado pelo agente ímprobo, ou acarreta perda do direto de ocupar o cargo público por meio do qual desempenhava. 3. **O art. 12 da Lei n. 8429/192, quanto à sanção de perda função pública, refere-se à extinção do vínculo jurídico entre o agente ímprobo e a Administração Pública, de tal sorte que, se ocaso de improbidade se referir a servidor público, ele perderá o direto de ocupar o cargo público,** qual lhe proporcionava desempenhar função pública correlata, que não mais poderá exercer. Recurso especial provido par cassar o acórdão recorrido e restabelecer a sentença." (STJ, *REsp 1.069.03/RO*, 2ª T., rel. Min. Humberto Martins, j. 11.11.2014, grifamos).

"ADMINISTRATIVO E PROCESSUAL CIVIL. AÇÃO CIVIL PÚBLICA. IMPROBIDADE ADMINISTRATIVA. POLICIAL RODOVIÁRIO FEDERAL. COBRANÇA DE PROPINA. PREQUESTIONAMENTO AUSENTE: SÚMULA 211/STJ. PROVA EMPRESTADA. ESFERA PENAL. POSSIBILIDADE. EXISTÊNCIA DOS FATOS. MODIFICAÇÃO DE PREMISSA INVIÁVEL. SÚMULA 7/STJ. AUSÊNCIA DE FUNDAMENTAÇÃO NÃO CONFIGURADA. PERDA DA FUNÇÃO PÚBLICA. ART. 12 DA LEI 8.429/1992. PRINCÍPIOS DA RAZOABILIDADE E PROPORCIONALIDADE. SÚMULA 7/STJ. [...] 4. Inexistente violação dos arts. 458 do CPC e 12, parágrafo único, da Lei 8.429/1992, pois o acórdão recorrido fundamentou adequadamente a imposição da perda de função pública. 5. A Lei 8.429/1992 objetiva coibir, punir e afastar da atividade pública todos os agentes que demonstraram pouco apreço pelo princípio da juridicidade, denotando uma degeneração de caráter incompatível com a natureza da atividade desenvolvida. 6. A sanção de perda da função pública visa a extirpar da Administração Pública aquele que exibiu inidoneidade (ou inabilitação) moral e desvio ético para o exercício da função pública, **abrangendo qualquer atividade que o agente esteja exercendo ao tempo da condenação irrecorrível**. 7. Não havendo violação aos princípios da razoabilidade e proporcionalidade, modificar o quantitativo da sanção aplicada pela instância de origem, no caso concreto, enseja reapreciação dos fatos e provas, obstado nesta instância especial (Súmula 7/STJ). 8. Recurso especial parcialmente conhecido e não provido" (STJ, *REsp 1297021/PR*, rel. Min. Eliana Calmon, j. 12.11.2013, DJe 20.11.2013, grifamos)

3. Perda da função pública do aposentado:

3.1 Admissibilidade:

"PROCESSUAL CIVIL. SERVIDOR PÚBLICO. PERDA DA FUNÇÃO PÚBLICA. ANÁLISE DE MATÉRIA CONSTITUCIONAL. INCABÍVEL AO SUPERIOR TRIBUNAL DE JUSTIÇA. DIVERGÊNCIA JURISPRUDENCIAL. DEFICIÊNCIA NA FUNDAMENTAÇÃO. SÚMULA 284/STF. CASSAÇÃO DE APOSENTADORIA. POSSIBILIDADE [...] 4. A ausência de previsão expressa da pena de cassação de aposentadoria na Lei de Improbidade Administrativa não constitui óbice à sua aplicação na hipótese de servidor aposentado, condenado judicialmente pela prática de atos de improbidade administrativa. 5. **Trata-se de consequência lógica da condenação à perda da função pública, pela conduta ímproba, infligir a cassação da aposentadoria ao servidor aposentado no curso da Ação de Improbidade**. 6. Agravo Regimental não provido. (STJ, *AgRg no AREsp 826.114/RJ*, 2ª T., rel. Min. Herman Benjamin, j. 19.04.2016, DJe 25.05.2016, grifamos).

"ADMINISTRATIVO. MANDADO DE SEGURANÇA. IMPROBIDADE ADMINISTRATIVA. CASSAÇÃO DE APOSENTADORIA. AUSÊNCIA DE DIREITO LÍQUIDO E CERTO. 1. Trata-se de Mandado de Segurança impetrado por Eraldo de Araújo Sobral contra ato do Ministro de Estado da Previdência Social, consubstanciado na Portaria 330/2013, que cassou sua aposentadoria em virtude de sentença condenatória transitada em julgado, nos autos de Ação Civil Pública de Improbidade Administrativa. 2**. A Lei 8.429/92 não comina, expressamente, a pena de cassação de aposentadoria a agente público condenado pela prática de atos de improbidade em sentença transitada em julgado. Todavia, é consequência lógica da condenação à pena de demissão pela conduta ímproba infligir a cassação de aposentadoria a servidor aposentado no curso de Ação de Improbidade**. 3. O art. 134 da Lei 8.112/90 determina a cassação da aposentadoria do inativo que houver praticado, na atividade, falta punível com a demissão. 4. Segurança denegada. (STJ, *MS 20.444/DF*, 1ª T., rel. Min. Herman Benjamin, j. 27.11.2013, DJe 11.03.2014, grifamos).

"DIREITO ADMINISTRATIVO. RECURSO ORDINÁRIO EM MANDADO DE SEGURANÇA. POLICIAL. PERDA DA FUNÇÃO PÚBLICA. SENTENÇA PENAL CONDENATÓRIA. MODIFICAÇÃO NA ESFERA CÍVEL. IMPOSSIBILIDADE. RECURSO IMPROVIDO. 1. Diante do trânsito em julgado de sentença penal condenatória que decreta a perda do cargo público, a autoridade administrativa tem o dever de proceder à demissão do servidor **ou à cassação da aposentadoria**, independentemente da instauração de processo administrativo disciplinar, que se mostra desnecessária. Isso porque qualquer resultado a que chegar a apuração realizada no âmbito administrativo não terá o condão de modificar a força do decreto penal condenatório. 2. Em consequência, nesses casos, não há falar em contrariedade ao devido processo legal e aos princípios constitucionais da ampla defesa e do contraditório, já plenamente exercidos nos rigores da lei processual penal, tampouco na ocorrência de prescrição da pretensão punitiva do Estado ou de bis in idem, sendo esta última oriunda de eventual apuração, na esfera administrativa, do ilícito praticado. 3. Do administrador não se pode esperar outra conduta, tendo em vista a possibilidade de, em tese, incidir no crime de prevaricação ou de desobediência, conforme for apurado, segundo os arts. 319 e 330 do Código Penal. O fato poderá, ainda, constituir ato de improbidade administrativa, conforme art. 11, II, da Lei 8.429/92. 4. Qualquer modificação dos efeitos da sentença condenatória, bem como a extensão de qualquer benefício ou vantagem, deve ser buscada e solucionada na própria esfera penal. Em mandado de segurança impetrado contra ato que, em cumprimento à sentença que decreta a perda da função pública, aplica a servidor público a pena de cassação de aposentadoria, não cabe a reforma da decisão proferida no juízo criminal. 5. Recurso ordinário improvido" (STJ, *RMS 22.570/SP*, 5ª T., rel. Min. Arnaldo Esteves Lima, j. 18.03.2008, DJe 19.05.2008, grifamos).

3.2 Inadmissibilidade:

"RECURSO ESPECIAL. IMPROBIDADE ADMINISTRATIVA. ART. 12 DA LEI 8.429/92. CONDENAÇÃO AO RESSARCIMENTO DO DANO E A PERDA DA FUNÇÃO PÚBLICA. EXECUÇÃO DO JULGADO. CASSAÇÃO DE APOSENTADORIA. EXORBITÂNCIA DO TITULO EXEQÜENDO. ILEGALIDADE. PROVIMENTO DO RECURSO ESPECIAL. 1. Trata-se de agravo de instrumento contra decisão, em execução de sentença de ação de improbidade administrativa, que deferiu o pedido de cassação de aposentadoria. A sentença impusera ao recorrente, em razão de improbidade no exercício do cargo de Diretor Financeiro da Centrais Elétricas de Rondônia – CERON, o ressarcimento integral do dano (R$ 23.500,00) e a perda da função pública que estivesse exercendo quando do trânsito em julgado. 2. Na execução, como não mais ocupasse cargo público, procedeu-se à cassação da aposentadoria no cargo de Procurador Jurídico da Assembleia Legislativa/RO, diverso daquele em cujo exercício perpetrara a improbidade, e que não mais ocupava ao tempo da execução (Diretor Financeiro da CERON), em exorbitância, portanto, do comando sentencial. **3. O art. 12 da Lei 8.429/92, quando cuida das sanções aplicáveis aos agentes públicos que cometem atos de improbidade administrativa, não contempla a cassação de aposentadoria, mas tão só a perda da função pública. As normas que descrevem infrações administrativas e cominam penalidades constituem matéria de legalidade estrita, não podendo sofrer interpretação extensiva. 4. 'O direito à aposentadoria submete-se aos requisitos próprios do regime contributivo, e sua extinção não é decorrência lógica da perda da função pública posteriormente decretada.'** (SJ – 2ª Turma - REsp 1.186.123/SP, Relator Ministro Herman Benjamim). 5. Recurso especial provido" (STJ, *REsp 1.564.682/RO*, 1ª T., rel. Min. Olindo Menezes – Des. convocado do TRF da 1ª Região –, j. 10.11.2015, DJe 14.12.2015, grifamos).

"PROCESSUAL CIVIL E ADMINISTRATIVO. IMPROBIDADE. EXECUÇÃO DE SENTENÇA CONDENATÓRIA. CASSAÇÃO DA APOSENTADORIA. MEDIDA QUE EXTRAPOLA O TÍTULO EXECUTIVO. DESCABIDO EFEITO RETROATIVO DA SANÇÃO DE PERDA DA FUNÇÃO PÚBLICA. 1. Cuidam os autos de execução de sentença que condenou o ora recorrente pela prática de improbidade administrativa, especificamente por ter participado, na qualidade de servidor público municipal, de licitações irregulares realizadas em 1994. Foram-lhe cominadas as seguintes sanções: perda da função pública, suspensão dos direitos políticos, proibição temporária de contratar com o Poder Público e multa. 2. O Juízo da execução determinou a cassação da aposentadoria, ao fundamento de que se trata de consequência da perda da função pública municipal. O Tribunal de Justiça, por maioria, manteve a decisão. **3. O direito à aposentadoria submete-se aos requisitos próprios do regime jurídico contributivo, e sua extinção não é decorrência lógica da perda da função pública posteriormente decretada. 4. A cassação do referido benefício previdenciário não consta no título executivo nem constitui sanção prevista na Lei 8.429/1992. Ademais, é incontroverso nos autos o fato de que a aposentadoria ocorreu após a conduta ímproba, porém antes do ajuizamento da Ação Civil Pública. 5. A sentença que determina a perda da função pública é condenatória e com efeitos *ex nunc*, não podendo produzir efeitos retroativos ao *decisum*, tampouco ao ajuizamento da ação que acarretou a sanção. A propósito, nos termos do art. 20 da Lei 8.429/1992, 'a perda da função pública e a suspensão dos direitos políticos só se efetivam com o trânsito em julgado da sentença condenatória'. 6. Forçosa é a conclusão de que, in casu, a cassação da aposentadoria ultrapassa os limites do título executivo, sem prejuízo de seu eventual cabimento como penalidade administrativa disciplinar, com base no estatuto funcional ao qual estiver submetido o recorrente.** 7. Recurso Especial provido" (STJ, *REsp 1.186.123/SP*, 2ª T., rel. Min. Herman Benjamin, j. 02.12.2010, DJe 04.02.2011, grifamos).

4. Perda da função pública – Magistrados e membros do Ministério Público:

(a) *Precedente no sentido da inadmissibilidade de perda da função em ação de improbidade administrativa:* **para esta vertente, é inadmissível a imposição da perda da função pública em sede de ação de improbidade. Não significa, contudo, que os membros do MP e da magistratura estejam imunes às sanções da LIA, mas tão somente que a perda da função apenas pode ser decretada em ação civil específica proposta pelo Chefe da instituição (PGJ ou PGR, conforme o caso).**

"EMBARGOS DE DECLARAÇÃO NA QUESTÃO DE ORDEM. AÇÃO DE IMPROBIDADE ADMINISTRATIVA. RÉU. DESEMBARGADOR DE TRT. COMPETÊNCIA DAS INSTÂNCIAS ORDINÁRIAS. PRERROGATIVA DE FORO ADSTRITA À PERSECUÇÃO CRIMINAL. REFORMULAÇÃO DO ENTENDIMENTO DA CORTE ESPECIAL DO STJ. DEVOLUÇÃO DOS AUTOS À ORIGEM. PEDIDO DE PRONUNCIAMENTO SOBRE DISPOSITIVOS CONSTITUCIONAIS CUJA INCIDÊNCIA FOI IMPLICITAMENTE AFASTADA. EMBARGOS DE DECLARAÇÃO REJEITADOS. 1. Não há omissão a ser sanada, na medida em que se infere dos fundamentos declinados no julgamento da Questão de Ordem que os dispositivos constitucionais indicados não foram malferidos. 2. **É pacífico no Superior Tribunal de Justiça o entendimento de que magistrados são agentes públicos para fins de aplicação da Lei de Improbidade Administrativa**, na forma dos arts. 2.º e 3.º da Lei n.º 8.429/92. Precedentes citados: AgRg no Ag 1323633/SP, Rel. Ministro BENEDITO GONÇALVES, PRIMEIRA TURMA, julgado em 05/04/2011, DJe 11/04/2011; AgRg no REsp 1127541/RN, Rel. Ministro HUMBERTO MARTINS, SEGUNDA TURMA, DJe 11/11/2010; EDcl no AgRg na AIA 26/SP, Rel. MINISTRA DENISE ARRUDA, CORTE ESPECIAL, DJe 01/07/2009; REsp 1127182/RN, Rel. Ministro MAURO CAMPBELL MARQUES, SEGUNDA TURMA, DJe 15/10/2010. 3. A competência para o processamento e julgamento de autoridades públicas nas ações de improbidade pode perfeitamente se compatibilizar com a natureza das sanções que eventualmente possam vir a ser decretadas pelo juízo de piso, desde que respeitados certos limites. No caso, o magistrado sentenciante, com absoluto acerto, limitou-se a impor penalidades patrimoniais, eximindo-se de invadir seara que extrapolasse sua competência, deixando de aplicar as sanções de perda dos direitos políticos e do cargo ao réu. 4. Embargos de declaração rejeitados (STJ, *EDcl na AIA 45/AM*, Corte Especial, rel. Min. Laurita Vaz, j. 21.05.2014, DJe 28.05.2014, grifamos).

(b) *Precedente no sentido da possibilidade de aplicação da perda da função pública em ação de improbidade ou ação civil específica proposta pelo Chefe da instituição:*

"ADMINISTRATIVO E PROCESSUAL CIVIL. RECURSO ESPECIAL. AÇÃO CIVIL PÚBLICA. IMPROBIDADE ADMINISTRATIVA. CONTROVÉRSIA A RESPEITO DA POSSIBILIDADE DE APLICAÇÃO DA PENA DE PERDA DE CARGO A MEMBRO DO MINISTÉRIO PÚBLICO. POSSIBILIDADE. 1. Recurso especial no qual se discute a possibilidade de haver aplicação da pena de perda do cargo a membro do Ministério Público, em ação civil pública por ato de improbidade administrativa. 2. Constatado que a Corte de origem empregou fundamentação adequada e suficiente para dirimir a controvérsia, é de se afastar a alegada violação do art. 535 do CPC. 3. Nos termos do art. 37, § 4º, da Constituição Federal e da Lei n. 8.429/1992, qualquer agente público, de qualquer dos Poderes da União, dos Estados, do Distrito Federal e dos Municípios pode ser punido com a pena de perda do cargo que ocupa, pela prática de atos de improbidade administrativa. **4. A previsão legal de que o Procurador-Geral de Justiça ou o Procurador-Geral da República ajuizará ação civil específica para a aplicação da pena de demissão ou perda do cargo, nos casos elencados na lei, dentre os quais destacam-se a prática de crimes e os atos de improbidade, não obsta que o legislador ordinário, cumprindo o mandamento do § 4º do art. 37 da Constituição Federal, estabeleça a pena de perda do cargo a membro do Ministério Público quando comprovada a prática de ato ímprobo, em ação civil pública específica para sua constatação.** 5. Na legislação aplicável aos membros do Ministério Público, asseguram-se à instituição as providências cabíveis para sancionar o agente comprovadamente ímprobo. Na Lei n. 8.429/1992, o legislador amplia a legitimação ativa, ao prever que a ação será proposta "pelo Ministério Público ou pela pessoa jurídica interessada" (art. 17). Não há competência exclusiva do Procurador-Geral. 6. Assim, a demissão por ato de improbidade administrativa de membro do Ministério Público (art. 240, inciso V, alínea b, da LC n. 75/1993) não só pode ser determinada pelo trânsito em julgado de sentença condenatória em ação específica, cujo ajuizamento foi provocado por procedimento administrativo e é da competência do Procurador-Geral, como também pode ocorrer em decorrência do trânsito em julgado da sentença condenatória proferida em ação civil pública prevista na Lei n. 8.429/1992. Inteligência do art. 12 da Lei n. 8.429/1992. 7. Recurso especial provido para declarar a possibilidade de, em ação civil pública por ato de improbidade administrativa, ser aplicada a pena de perda do cargo a membro do Ministério Público, caso a pena seja adequada à sua punição" (STJ, *REsp 1.191.613/MG*, 1ª T., rel. Min. Benedito Gonçalves, j. 19.03.2015, DJe 17.04.2015, grifamos).

A propósito desta orientação, o STJ, ao julgar o **EDcl no REsp 1.298.092/SP** em 04 de agosto de 2020, reafirmou sua jurisprudência no sentido de que a ação de improbidade administrativa deve processada e julgada nas instâncias ordinárias, ainda que proposta contra agente político detentor de foro por prerrogativa de função no âmbito penal e nos crimes de responsabilidade. Versava o caso sobre uma ação de improbidade administrativa proposta contra Promotor de Justiça aposentado e que tramitou perante o Órgão Especial do Tribunal de Justiça do Estado de São Paulo, circunstância que motivou o provimento dos embargos de declaração com efeito infringente para anular a condenação e determinar a remessa dos autos à primeira instância.

Enfim, a perda da função pode ser decretada tanto em sede de ação de improbidade administrativa quanto no bojo de ação especifica, manejada pelo Procurador-Geral de Justiça ou Procurador-Geral da República, a qual é de competência privativa dos Tribunais, de modo que é preciso distinguir:

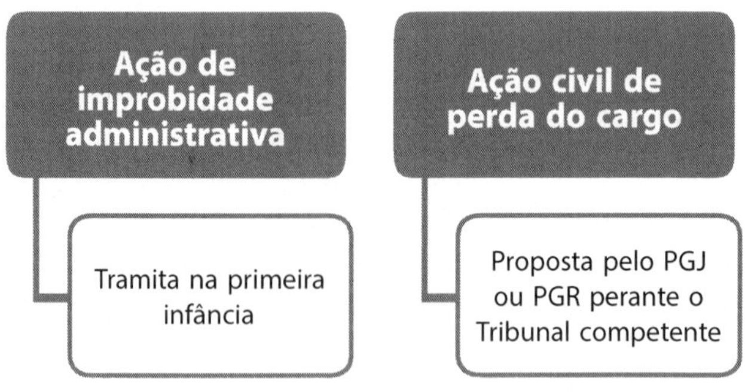

5. Natureza do ressarcimento ao Erário:

"ADMINISTRATIVO – AÇÃO DE IMPROBIDADE ADMINISTRATIVA – OCORRÊNCIA DE DANO AO ERÁRIO RECONHECIDA PELO TRIBUNAL DE ORIGEM – INEXISTÊNCIA DE OFENSA AO ART. 535 DO CPC – ACÓRDÃO RECORRIDO QUE NÃO APLICOU A OBRIGAÇÃO DE RESSARCIMENTO COM FUNDAMENTO NO PRINCÍPIO DA PROPORCIONALIDADE – VIOLAÇÃO DOS ARTS. 5ºE 12, INCISO II, DA LEI 8.429/92. [...] 2. **A reparação do prejuízo causado aos cofres públicos não é medida sancionatória, mas simplesmente uma consequência civil decorrente do dano causado pelo agente ao patrimônio público**. 3. Não há vinculação entre o ressarcimento do prejuízo causado e a extensão da gravidade da conduta ímproba, motivo pelo qual a obrigação de recompor o dano não pode ser afastada em razão dos princípios da razoabilidade e proporcionalidade. Recurso especial parcialmente provido. (STJ, *REsp 977.093/RS*, 2ª T., rel. Min. Humberto Martins, j. 04.08.2009, DJe 25.08.2009, grifamos).

"ADMINISTRATIVO. IMPROBIDADE. DANO AO ERÁRIO. CULPA. IMPROBIDADE CONFIGURADA. RESSARCIMENTO. INSUFICIÊNCIA. APLICAÇÃO DAS SANÇÕES PROPRIAMENTE DITAS. NECESSIDADE. DOSIMETRIA A CARGO DO JULGADOR ORDINÁRIO. 1. Cuidam os autos de Ação de Improbidade Administrativa movida contra ex-prefeita do Município de Rio Formoso/PE, com base em apuração feita pelo Tribunal de Contas das seguintes irregularidades: não-aplicação de material adquirido para saneamento básico e recuperação das vias públicas; dispêndios representados pelo excedente embutido nos custos globais de obras; aquisição de insumos por preços maiores que os praticados no mercado na recuperação de casas populares e escolas; e gastos com material de construção e serviços sem destinação definida. 2. A instância ordinária julgou o pedido procedente em parte para condenar a ré ao ressarcimento do Erário no valor de R$ 25.000,00, deixando, porém, de lhe impor sanções pela prática de improbidade administrativa, ao fundamento de não ter havido comprovação de dolo, mas apenas negligência. 3. O art. 10 da Lei 8.429/1992, que censura as condutas ímprobas por dano ao Erário, admite a modalidade culposa. Precedentes do STJ. **4. O ressarcimento não constitui sanção propriamente dita, mas sim consequência necessária do prejuízo causado. Caracterizada a improbidade administrativa por dano ao Erário, a devolução dos valores é imperiosa e deve vir acompanhada de pelo menos uma das sanções legais que, efetivamente, visam a reprimir a conduta ímproba e a evitar o cometimento de novas infrações**. Precedentes do STJ. 5. A repercussão do dano, o elemento subjetivo do agente e outras particularidades do caso concreto devem ser avaliados e ponderados pelo julgador ordinário na dosimetria das sanções, aplicáveis cumulativamente ou não, à luz dos princípios da razoabilidade e da proporcionalidade. 6. Recurso Especial provido, com o retorno do processo ao Tribunal de origem" (STJ, *REsp 1.184.897/PE*, 2ª T., rel. Min. Herman Benjamin, j. 15.06.2010, DJe 27.042011, grifamos).

"ADMINISTRATIVO E PROCESSUAL CIVIL. MINISTÉRIO PÚBLICO. COMPETÊNCIA FUNCIONAL. PROCURADOR DE JUSTIÇA. ART. 31 DA LEI Nº 8.625/93. AÇÃO CIVIL

PÚBLICA. IMPROBIDADE ADMINISTRATIVA. CONTRATAÇÃO DE "FUNCIONÁRIO--FANTASMA". ATO ILÍCITO. SANÇÕES. RESSARCIMENTO AO ERÁRIO. INSUFICIÊNCIA. ART. 12 DA LEI Nº 8.429/97. (...) 5. Não há necessidade de aplicação cumulada das sanções previstas no art. 12 da Lei nº 8.429/97, cabendo ao julgador, diante das peculiaridades do caso concreto, avaliar, sob a luz dos princípios da proporcionalidade e da razoabilidade, a adequação das penas, decidindo quais as sanções apropriadas e suas dimensões, de acordo com a conduta do agente e o gravame impingido ao erário, dentre outras circunstâncias. Precedentes desta Corte. 6. Todavia, afastadas pelo Tribunal a quo as sanções de suspensão de direitos políticos e proibição de contratar com o Poder Público ou receber benefícios ou incentivos fiscais ou creditícios, remanesceu apenas a condenação solidária dos recorridos ao ressarcimento dos valores indevidamente percebidos, subtraída a parcela já devolvida. **7. Caracterizado o ato de improbidade administrativa, o ressarcimento ao erário constitui o mais elementar consectário jurídico, não se equiparando a uma sanção em sentido estrito e, portanto, não sendo suficiente por si só a atender ao espírito da Lei nº 8.429/97, devendo ser cumulada com ao menos alguma outra das medidas previstas em seu art. 12. 8. Pensamento diverso, tal qual o esposado pela Corte de origem, representaria a ausência de punição substancial a indivíduos que adotaram conduta de manifesto descaso para com o patrimônio público. Permitir-se que a devolução dos valores recebidos por "funcionário-fantasma" seja a única punição a agentes que concorreram diretamente para a prática deste ilícito significa conferir à questão um enfoque de simples responsabilidade civil, o que, à toda evidência, não é o escopo da Lei nº 8.429/97.** 9. "A ação de improbidade se destina fundamentalmente a aplicar as sanções de caráter punitivo acima referidas, que têm a força pedagógica e intimidadora de inibir a reiteração da conduta ilícita. Assim, embora seja certo que as sanções previstas na Lei 8.429/92 não são necessariamente aplicáveis cumuladamente (podendo o juiz, sopesando as circunstâncias do caso e atento ao princípio da proporcionalidade, eleger a punição mais adequada), também é certo que, verificado o ato de improbidade, a sanção não pode se limitar ao ressarcimento de danos" (Ministro Teori Albino Zavascki, Voto-Vista no REsp nº 664.440/MG, DJU 06.04.06). [...] 15. Recurso especial provido. (STJ, *REsp 1.019.555/SP*, 2ª T., rel. Min. Castro Meira, j. 16.06.2009, DJe 29.06.2009, grifamos)

6. Mensuração do magistrado na aplicação da pena de proibição de contratar com o Poder Público e dele receber incentivos ou benefícios extrafiscais: mesmo antes da Lei 14.230/2021 o STJ, fundado no princípio da proporcionalidade, autorizava a mensuração do magistrado por ocasião da aplicação da pena de proibição de contratar com o Poder Público e dele receber incentivos ou benefícios.

"ADMINISTRATIVO. AÇÃO CIVIL PÚBLICA. DANO AO ERÁRIO. APLICAÇÃO DE MULTA CIVIL. INSUFICIÊNCIA. ART. 12 DA LEI Nº 8.429/97. INSTITUTOS JURÍDICOS

PARA FINS DE INCIDÊNCIA DAS PREVISÕES DO ART. 12 DA LEI N. 8.249/92. 1. As Turmas que compõem a Primeira Seção do Superior Tribunal de Justiça já se posicionaram no sentido de que, caracterizado o prejuízo ao erário, o ressarcimento não pode ser considerado propriamente uma sanção, senão uma consequência imediata e necessária do ato combatido, razão pela qual não se pode excluí-lo, a pretexto de cumprimento do paradigma da proporcionalidade das penas estampado no art. 12 da Lei n. 8.429/92. A este respeito, v., p. ex., REsp 664.440/MG, Rel. Min. José Delgado, Primeira Turma, DJU 8.5.2006. 2. A Lei n. 8.429/92 - LIA, em seu art. 12, arrola diversas sanções concomitantemente aplicáveis ao ressarcimento (não sendo este, frise-se, verdadeiramente uma sanção) e são elas que têm o objetivo de verdadeiramente reprimir a conduta ímproba e evitar o cometimento de novas infrações. Somente elas estão sujeitas a considerações outras que não a própria extensão do dano. 3. O ressarcimento é apenas uma medida ética e economicamente defluente do ato que macula a saúde do erário; as outras demais sanções é que podem levar em conta, e.g., a gravidade da conduta ou a forma como o ato ímprobo foi cometido, além da própria extensão do dano. Vale dizer: o ressarcimento é providência de caráter rígido, i.e., sempre se impõe e sua extensão é exatamente a mesma do prejuízo ao patrimônio público. **4. A perda da função pública, a sanção política, a multa civil e a proibição de contratar com a Administração Pública e de receber benefícios do Poder Público, ao contrário, têm caráter elástico, ou seja, são providências que podem ou não ser aplicadas e, caso o sejam, são dadas à mensuração - conforme, exemplificativamente, à magnitude do dano, à gravidade da conduta e/ou a forma de cometimento do ato - nestes casos, tudo por conta do p. ún. do art. 12 da Lei n. 8.429/92**. A bem da verdade, existe uma única exceção a essa elasticidade das sanções da LIA: é que pelo menos uma delas deve vir ao lado do dever de ressarcimento. 5. Existem duas consequências de cunho pecuniário, que são a multa civil e o ressarcimento. A primeira vai cumprir o papel de verdadeiramente sancionar o agente ímprobo, enquanto o segundo vai cumprir a missão de caucionar o rombo consumado em desfavor do erário. 6. É preciso reconhecer e bem lidar com essa diferenciação para evitar uma proteção da moralidade de forma deficiente ou excessiva, pois ambas as situações corresponderiam à antítese da proporcionalidade. 7. A mera condenação em multa civil realizada pelo Tribunal de origem é demasiadamente pouca. Daí que é viável manter a condenação pecuniária imposta aos recorridos, mas nos seguintes termos: (i) ressarcimento integral do dano causado; (ii), aumentar a multa civil do ex-prefeito para 20(vinte) vezes a última remuneração que percebia como Prefeito, e (iii) para a empresa beneficiada, manter a multa de 10(dez) vezes a última remuneração do ex-prefeito, e estabelecer a proibição de contratar com o Poder Público ou receber benefícios ou incentivos fiscais ou creditícios, direta ou indiretamente, ainda que por intermédio de pessoa jurídica da qual seja sócio majoritário, pelo prazo de três anos, conforme disposto no art. 12, inciso III, da Lei de Improbidade. 8. Visa-se inibir qualquer nova conduta dos recorridos em atos de improbidade. Posto que a ação de improbidade se destina fundamentalmente a aplicar as sanções de caráter punitivo referidas, que têm a força pedagógica e intimidadora de inibir a reiteração da conduta ilícita. 9. Recurso especial parcialmente conhecido e nessa parte provido" (STJ, *REsp 1.185.114/MG*, 2ª T., rel. Min. Mauro Campbell Marques, j. 02.09.2010, DJe 04.10.2010, grifamos).

Inclusive, admitia-se a restrição territorial da sanção com vistas na preservação da atividade empresarial, entendimento que se tornou a regra com a Lei 14.230/2021:

"ADMINISTRATIVO. IMPROBIDADE. JUSTIÇA ESTADUAL. COMPETÊNCIA. JULGAMENTO ANTECIPADO DA LIDE. SÚMULA 7 DO STJ. INCIDÊNCIA. ART. 10 DA LEI N. 8.429/1992. DOLO OU CULPA. DESCONSTITUIÇÃO DE PREMISSAS FÁTICAS. IMPOSSIBILIDADE. SANÇÃO IMPOSTA. MODULAÇÃO [...] 6. Esta Corte consolidou o entendimento acerca da viabilidade da revisão da dosimetria das sanções aplicadas em ação de improbidade administrativa quando, da leitura do acórdão recorrido, verificar-se a desproporcionalidade entre os atos praticados e as sanções impostas. 7. No caso, a imposição à construtora da pena de proibição de contratar com a Administração Pública em todas as suas esferas pelo prazo de 5 (cinco) anos afigura-se extremamente gravosa, de modo a autorizar a modulação da sanção, restringindo-a à esfera municipal do local do dano. Precedentes. 8. Agravos internos desprovidos" (STJ, *AgInt no REsp 1.589.661/SP*, 1ª T., rel. Min. Gurgel de Faria, j. 21.02.2017, DJe 24.03.2017).

"PROCESSUAL CIVIL E ADMINISTRATIVO. AÇÃO CIVIL PÚBLICA. IMPROBIDADE ADMINISTRATIVA. OFENSA AO ART. 535 DO CPC NÃO CONFIGURADA. REEXAME DO CONJUNTO FÁTICO-PROBATÓRIO. IMPOSSIBILIDADE. SÚMULA 7/STJ. CONTRATAÇÃO DE SERVIÇOS DE TERRAPLANAGEM SEM LICITAÇÃO. NULIDADE DO CONTRATO. PREJUÍZO AO ERÁRIO. INDENIZAÇÃO PELOS SERVIÇOS EXECUTADOS. AUSÊNCIA DE BOA-FÉ. VEDAÇÃO DO ENRIQUECIMENTO SEM CAUSA. CUSTOS DO SERVIÇO. MODULAÇÃO DA PENA DE PROIBIÇÃO DE CONTRATAR. CRITÉRIOS. DIVERGÊNCIA JURISPRUDENCIAL NÃO DEMONSTRADA [...] 13. Com efeito, a modulação da pena de proibição de contratar pode ser feita por elementos do caso concreto, como ocorrência de: gravidade da conduta, possibilidade de sua repetição nas demais esferas da Administração, interesse público de caráter nacional. Sobre ser viável modular a citada penalidade: EDcl no REsp 1.021.851/SP, Rel. Ministra Eliana Calmon, Segunda Turma, DJe 6.8.2009. 14. Neste feito e tendo em vista os critérios acima, os elementos assentados pelo Tribunal de origem indicam exacerbação da penalidade imposta, de forma que é de rigor a modulação da pena de proibição de contratar com a Administração Pública para restringi-la à esfera municipal. 15. A divergência jurisprudencial deve ser comprovada, cabendo a quem recorre demonstrar as circunstâncias que identificam ou assemelham os casos confrontados, com indicação da similitude fática e jurídica entre eles. Indispensável a transcrição de trechos do relatório e do voto dos acórdãos recorrido e paradigma, realizando-se o cotejo analítico entre ambos, com o intuito de bem caracterizar a interpretação legal divergente. O desrespeito a esses requisitos legais e regimentais (art. 541, parágrafo único, do CPC e art. 255 do RI/STJ) impede o conhecimento do Recurso Especial, com base na alínea "c" do inciso III do art. 105 da Constituição Federal. 14. Recurso Especial parcialmente conhecido e provido em parte" (STJ, *REsp 1.188.289/SP*, 2ª T., rel. Min. Herman Benjamin, j. 14.08.2012, DJe 13.12.2013).

"PROCESSUAL CIVIL – EMBARGOS DE DECLARAÇÃO – AÇÃO CIVIL PÚBLICA – IMPROBIDADE ADMINISTRATIVA – OMISSÕES E CONTRADIÇÕES – MODULAÇÃO AUTORIZADA PELO PARÁGRAFO ÚNICO DO ART. 12 DA LIA (LEI 8.429/92) – EMBARGOS DE DECLARAÇÃO NA MC 10.517/SP: ANÁLISE PREJUDICADA. 1. O princípio da legalidade estrita enseja o exame do questionamento dos embargantes quanto à modulação das sanções administrativas diante da previsão constante do parágrafo único do art. 12 da LIA, para verificar se as condenações foram proporcionais e razoáveis à extensão do dano causado. 2. Constatada a demasia nas sanções administrativas aplicadas às empresas, merecem acolhida os embargos de declaração, para readequá-las às condutas examinadas. 3. Proibição de contratar com o serviço público que deve restringir-se, para a empresa ODEBRECHT S.A. às avenças com a empresa LIMPURB, diante do fato de só ter participado de três aditamentos, nenhum deles para inserir serviços sem licitação. Pela mesma razão, a vedação ao recebimento de benefícios e incentivos deve ficar restrito ao Município de São Paulo. 4. Aceita-se ainda a moderação para a empresa CBPO LTDA., para limitar a sanção quanto à contratação com o serviço público e ao recebimento de benefícios e incentivos ao Município de São Paulo. 5. Prejudicada a análise dos embargos de declaração na MC 10.517/SP, cujo pleito era para manter o efeito suspensivo do recurso especial até o julgamento dos presentes embargos declaratórios. 6. Embargos de declaração acolhidos para esclarecimentos e ajustamentos quanto à extensão dos dois primeiros declaratórios, sem efeito modificativo quanto ao resultado, no que se refere aos demais recursos" (STJ, *EDcl no REsp 1021851/SP*, 2ª T., rel. Min. Eliana Calmon, DJe 06.08.2009).

7. Ressarcimento integral e dano moral: a reparação integral do dano compreende também o dano moral? Embora exista entendimento de que a multa civil faz as vezes da condenação por dano moral[142], o **entendimento majoritário** é no sentido da **admissibilidade** da condenação do agente ímprobo por **prejuízos extrapatrimoniais**.

"ADMINISTRATIVO. IMPROBIDADE ADMINISTRATIVA. DANO AO ERÁRIO. MULTA CIVIL. DANO MORAL. POSSIBILIDADE. PRESCRIÇÃO. 1. Afastada a multa civil com fundamento no princípio da proporcionalidade, não cabe se alegar violação do artigo 12, II, da LIA por deficiência de fundamentação, sem que a tese tenha sido anteriormente suscitada. Ocorrência do óbice das Súmulas 7 e 211/STJ. 2.

142. MARTINS JÚNIOR, Wallace Paiva. *Probidade* ... p. 362.

'A norma constante do art. 23 da Lei nº 8.429 regulamentou especificamente a primeira parte do § 5º do art. 37 da Constituição Federal. À segunda parte, que diz respeito às ações de ressarcimento ao erário, por carecer de regulamentação, aplica-se a prescrição vintenária preceituada no Código Civil (art. 177 do CC de 1916)' – REsp 601.961/MG, Rel. Min. João Otávio de Noronha, DJU de 21.08.07. **3. Não há vedação legal ao entendimento de que cabem danos morais em ações que discutam improbidade administrativa seja pela frustração trazida pelo ato ímprobo na comunidade, seja pelo desprestígio efetivo causado à entidade pública que dificulte a ação estatal. 4. A aferição de tal dano deve ser feita no caso concreto com base em análise detida das provas dos autos que comprovem efetivo dano à coletividade, os quais ultrapassam a mera insatisfação com a atividade administrativa.** 5. Superado o tema da prescrição, devem os autos retornar à origem para julgamento do mérito da apelação referente ao recorrido Selmi José Rodrigues e quanto à ocorrência e mensuração de eventual dano moral causado por ato de improbidade administrativa. 6. Recurso especial conhecido em parte e provido também em parte" (STJ, *REsp 960.926/MG*, 2ª T., rel. Min. Castro Meira, j. 18.03.2008, DJe 01.04.2008, grifamos).

8. Dano Moral Coletivo: não é pacífica a jurisprudência, havendo entendimentos tanto no sentido da admissibilidade quanto da inadmissibilidade:

8.1 Admissibilidade:

"ADMINISTRATIVO. IMPROBIDADE ADMINISTRATIVA. DANO AO ERÁRIO. MULTA CIVIL. DANO MORAL. POSSIBILIDADE. PRESCRIÇÃO [...] 3. **Não há vedação legal ao entendimento de que cabem danos morais em ações que discutam improbidade administrativa seja pela frustração trazida pelo ato ímprobo na comunidade, seja pelo desprestígio efetivo causado à entidade pública que dificulte a ação estatal. 4. A aferição de tal dano deve ser feita no caso concreto com base em análise detida das provas dos autos que comprovem efetivo dano à coletividade, os quais ultrapassam a mera insatisfação com a atividade administrativa.** 5. Superado o tema da prescrição, devem os autos retornar à origem para julgamento do mérito da apelação referente ao recorrido Selmi José Rodrigues e quanto à ocorrência e mensuração de eventual dano moral causado por ato de improbidade administrativa. 6. Recurso especial conhecido em parte e provido também em parte" (STJ, *REsp 960.926/MG*, 1ª T., rel. Min. Castro Meira, j. 18.03.2008, DJe 01.04.2008, grifamos).

8.2 Inadmissibilidade:

"PROCESSUAL CIVIL. ADMINISTRATIVO. AÇÃO CIVIL PÚBLICA. IMPROBIDADE ADMINISTRATIVA. FRAUDE EM LICITAÇÃO REALIZADA PELA MUNICIPALIDADE.

ANULAÇÃO DO CERTAME. APLICAÇÃO DA PENALIDADE CONSTANTE DO ART. 87 DA LEI 8.666/93. DANO MORAL COLETIVO. IMPOSSIBILIDADE. AUSÊNCIA DE PREQUESTIONAMENTO. INDICAÇÃO DE DISPOSITIVO NÃO DEBATIDO NA INSTÂNCIA 'A QUO' [...] 2. Ad argumentandum tantum, ainda que ultrapassado o óbice erigido pelas Súmulas 282 e 356 do STF, melhor sorte não socorre ao recorrente, **máxime porque a incompatibilidade entre o dano moral, qualificado pela noção de dor e sofrimento psíquico, e a transindividualidade, evidenciada pela indeterminabilidade do sujeito passivo e indivisibilidade da ofensa objeto de reparação, conduz à não indenizabilidade do dano moral coletivo, salvo comprovação de efetivo prejuízo dano.** 3. Sob esse enfoque decidiu a 1ª Turma desta Corte, no julgamento de hipótese análoga, verbis: "PROCESSUAL CIVIL. AÇÃO CIVIL PÚBLICA. DANO AMBIENTAL. DANO MORAL COLETIVO. NECESSÁRIA VINCULAÇÃO DO DANO MORAL À NOÇÃO DE DOR, DE SOFRIMENTO PSÍQUICO, DE CARÁTER INDIVIDUAL. INCOMPATIBILIDADE COM A NOÇÃO DE TRANSINDIVIDUALIDADE (INDETERMINABILIDADE DO SUJEITO PASSIVO E INDIVISIBILIDADE DA OFENSA E DA REPARAÇÃO). RECURSO ESPECIAL IMPROVIDO." (REsp 598.281/MG, Rel. Ministro LUIZ FUX, Rel. p/ Acórdão Ministro TEORI ALBINO ZAVASCKI, PRIMEIRA TURMA, julgado em 02.05.2006, DJ 01.06.2006) 4. Nada obstante, e apenas obiter dictum, há de se considerar que, no caso concreto, o autor não demonstra de forma clara e irrefutável o efetivo dano moral sofrido pela categoria social titular do interesse coletivo ou difuso, consoante assentado pelo acórdão recorrido: '...Entretanto, como já dito, por não se tratar de situação típica da existência de dano moral puro, não há como simplesmente presumi-la. Seria necessária prova no sentido de que a Municipalidade, de alguma forma, tenha perdido a consideração e a respeitabilidade e que a sociedade uruguaiense efetivamente tenha se sentido lesada e abalada moralmente, em decorrência do ilícito praticado, razão pela qual vai indeferido o pedido de indenização por dano moral'. 5. Recurso especial não conhecido." (STJ, *REsp 821.891/RS*, 1ª T., rel. Min. Luiz Fux, j. 08.04.2008, DJe 12.05.2008, grifamos).

Não obstante a divergência, já há doutrina sustentando que a Lei 14.230/2021 limitou o ressarcimento ao dano patrimonial, vedando implicitamente a condenação por danos morais coletivos. Nesse sentido Luiz Manoel Gomes Junior e Rogério Favreto lecionam que o art. 12, incisos I a III da LIA, na redação originária, mencionava "ressarcimento integral do dano", o que permitia concluir que abrangia também o DANO MORAL COLETIVO. A nova redação do preceito legal, dada pela Lei 14.230/2021, restringiu o ressarcimento ao *dano patrimonial*: "Independentemente do **ressarcimento integral do dano patrimonial**, se efetivo, e das sanções penais comuns e de responsabilidade, civis e administrativas previstas na legislação específica, está o responsável pelo ato de improbidade sujeito às seguintes cominações, que podem ser aplicadas isolada ou cumulativamente, de acordo com a gravidade do fato [...]".

9. Correção monetária e juros de mora sobre o valor do dano ao Erário como pedidos implícitos:

"ADMINISTRATIVO E PROCESSUAL CIVIL. IMPROBIDADE ADMINISTRATIVA. RECURSO ESPECIAL INTERPOSTO ANTES DO ACÓRDÃO DOS EMBARGOS DE DECLARAÇÃO. AUSÊNCIA DE REITERAÇÃO. EXTEMPORANEIDADE. SÚMULA 418/STJ. PENA DE RESSARCIMENTO DE DANO AO ERÁRIO. TERMO INICIAL DOS JUROS DE MORA E CORREÇÃO MONETÁRIA. ART. 398 DO CC. SÚMULAS 43 E 54/STJ [...] 3. **É pacífica a jurisprudência do STJ, no sentido de que a correção monetária desde o evento danoso sobre a quantia fixada na condenação, nos termos da Súmula 43/STJ: "Incide correção monetária sobre dívida por ato ilícito a partir da data do efetivo prejuízo".** 4. Agravo em recurso especial não provido. 5. Recursos especiais do MPE/PR e do Estado do Paraná providos" (STJ, *REsp 1.336.977/PR*, 2ª T., rel. Min. Eliana Calmon, j. 13.08.2013, DJe 20.08.2013, grifamos).

"PROCESSUAL CIVIL. OFENSA AO ART. 535 DO CPC NÃO CONFIGURADA. REEXAME DO CONJUNTO FÁTICO-PROBATÓRIO. IMPOSSIBILIDADE. SÚMULA 7/STJ. TERMO INICIAL DOS JUROS DE MORA E CORREÇÃO MONETÁRIA. ART. 398 DO CC. SÚMULAS 43 E 54/STJ. FUNDAMENTO NÃO IMPUGNADO. SÚMULA 283/STF [...] 5. **Ademais, resultando o dever de ressarcir ao Erário de uma obrigação extracontratual, a fluência dos juros moratórios se principiará no momento da ocorrência do dano resultante do ato de improbidade, de acordo com a regra do art. 398 do Código Civil ('Nas obrigações provenientes de ato ilícito, considera-se o devedor em mora, desde que o praticou') e da Súmula 54/STJ ('Os juros moratórios fluem a partir do evento danoso, em caso de responsabilidade extracontratual').** 6. Os fundamentos utilizados pelo Tribunal de origem capazes de manter o acórdão hostilizado não foram atacados pelos recorrentes. Incidência, por analogia, da Súmula 283/STF. 7. Agravo Regimental não provido" (STJ, *AgRg no AREsp 601.266/RS*, 2ª T., rel. Min. Herman Benjamin, j. 17.05.2016, DJe 02.06.2016, grifamos).

10. Responsabilidade solidária pelo ressarcimento ao Erário:

"PROCESSUAL CIVIL E ADMINISTRATIVO. AGRAVO REGIMENTAL NO RECURSO ESPECIAL. AÇÃO CIVIL PÚBLICA. IMPROBIDADE ADMINISTRATIVA. ATO DE IMPROBIDADE QUE CAUSE LESÃO AO ERÁRIO. CONDENAÇÃO SOLIDÁRIA. POSSIBILIDADE. PRECEDENTES DO STJ. REVISÃO DAS SANÇÕES IMPOSTAS. PRINCÍPIOS DA PROPORCIONALIDADE E RAZOABILIDADE. REEXAME DE MATÉRIA FÁTICO PROBATÓRIA. SÚMULA 7/STJ. DISSÍDIO JURISPRUDENCIAL NÃO DEMONSTRADO. 1. A orientação fixada neste Tribunal Superior é no sentido de que, **nos atos de improbidade administrativa que causem lesão ao erário, a responsabilidade entre os agentes ímprobos é solidária, o que poderá ser reavaliado por ocasião da instrução final do feito ou ainda em fase de liquidação, inexistindo violação ao princípio da individualização da pena**. 2. Nesse sentido: REsp 1261057/SP, 2ª Turma, Rel. Ministro Humberto Martins,

DJe 15/05/2015; REsp 1407862/RO, 2ª Turma, Rel. Ministro Mauro Campbell Marques, DJe 19/12/2014; REsp 1.119.458/RO, 1ª Turma, Rel. Min. Hamilton Carvalhido, DJe de 29.4.2010. 3. No que concerne à apontada violação ao art. 12, parágrafo único, da Lei 8429/92, a análise da pretensão recursal no sentido de que sanções aplicadas não observaram os princípios da proporcionalidade e razoabilidade, com a consequente reversão do entendimento manifestado pelo Tribunal de origem, exige o reexame de matéria fático-probatória dos autos, o que é vedado em sede de recurso especial, nos termos da Súmula 7/STJ. 4. Os recorrentes não cumpriram os requisitos recursais que comprovassem o dissídio jurisprudencial nos termos do art. 541, parágrafo único, do CPC e do art. 255 e parágrafos, do RISTJ, pois há a necessidade do cotejo analítico entre os acórdãos considerados paradigmas e a decisão impugnada, sendo imprescindível a exposição das similitudes fáticas entre os julgados. 5. Agravo regimental não provido. (STJ, *AgRg no REsp 1.521.595/SP*, 2ª T., rel. Min. Mauro Campbell Marques, j. 05.11.2015, grifamos).

11. Devolução em dobro como sanção por ato de improbidade administrativa: o art. 12 da LIA contém rol **taxativo** *(numerus clausus)* de sanções comináveis ao agente ímprobo e não contempla a imposição de devolução em dobro dos prejuízos causados ao Erário. Assim já decidiu o STJ:

"PROCESSUAL CIVIL E ADMINISTRATIVO. AÇÃO CIVIL DE IMPROBIDADE ADMINISTRATIVA. ATO ÍMPROBO CONFIGURADO. **IMPOSIÇÃO DE DEVOLUÇÃO EM DOBRO DOS VALORES DESVIADOS. INADEQUAÇÃO. NECESSIDADE DE IMPOSIÇÃO DAS ESPÉCIES DE SANÇÕES PREVISTAS NA LEI 8.429/92.** RECURSO ESPECIAL PROVIDO [...] 3. **Efetivamente, a imposição da pena consistente na 'devolução em dobro' dos valores desviados não corresponde à nenhuma das espécies de sanções previstas na Lei de Improbidade Administrativa (art. 12 e incisos)**, especificamente: multa civil, suspensão dos direitos políticos, proibição de contratar com o Poder Público e receber benefícios ou incentivos fiscais ou creditícios, perda da função pública, ressarcimento integral do dano e perda de bens acrescidos ilicitamente ao patrimônio. 4. A aplicação das penalidades previstas na norma exige que o magistrado considere, no caso concreto, "a extensão do dano causado, assim como o proveito patrimonial obtido pelo agente" (conforme previsão expressa contida no parágrafo único do art. 12 da Lei 8.429/92). Assim, é necessária a análise da razoabilidade e proporcionalidade em relação à gravidade do ato de improbidade e à cominação das penalidades, as quais podem ocorrer de maneira cumulativa, embora não necessariamente. Nesse sentido: REsp 1.091.420/SP, 1ª Turma, Rel. Min. Sérgio Kukina, DJe de 5.11.2014; AgRg no AREsp 149.487/MS, 2ª Turma, Rel. Min. Humberto Martins, DJe de 29.6.2012. 5. Todavia, apesar da cumulação das referidas sanções não ser obrigatória, é pacífico no âmbito desta Corte Superior o entendimento de que, caracterizado o prejuízo ao erário, o ressarcimento não pode ser considerado propriamente uma sanção, mas apenas consequência imediata e necessária de reparação do ato ímprobo, razão pela qual não pode figurar isoladamente como penalidade. Sobre o tema: REsp 1.315.528/SC, 2ª Turma, Rel. Min. Mauro Campbell Marques, DJe de 9.5.2013; REsp 1.184.897/PE, 2ª Turma, Rel. Min. Herman Benjamin, DJe de 27.4.2011; (REsp 977.093/RS, 2ª Turma, Rel. Min. Humberto Martins, DJe de 25.8.2009; REsp 1.019.555/SP, 2ª Turma, Rel. Min. Castro Meira, DJe de 29.6.2009. 6. Portanto, a sanção imposta pela Corte de origem - devolução em dobro dos valores desviados - não corresponde as sanções previstas na Lei de Improbidade, o que viola o art. 12 da norma sancionadora. Tal consideração impõe o retorno dos autos ao Tribunal de origem para que aplique, em razão do reconhecimento da configuração de ato de improbidade administrativa, com base nos princípios da razoabilidade e proporcionalidade, as sanções cabíveis previstas na Lei 8.429/92. 7. Recurso especial provido. (STJ, *REsp 1376481/RN*, 2ª T., rel. Min. Mauro Campbell Marques, j. 15.10.2015, grifamos).

12. Execução provisória (SUPERAÇÃO PELA LEI 14.230/2021):

"ADMINISTRATIVO E PROCESSUAL CIVIL. AÇÃO CIVIL PÚBLICA. IMPROBIDADE ADMINISTRATIVA. RECURSO DE APELAÇÃO. EFEITO SUSPENSIVO. EXCEÇÃO. 1. Cinge-se a questão a saber se, ante a omissão da Lei de Improbidade Administrativa no que se refere aos efeitos atribuídos ao recurso de Apelação, deve-se aplicar subsidiariamente as regras previstas na Lei 7.347/85 (Lei de Ação Civil Pública) ou no Código de Processo Civil. **2. Nos termos do art. 20 da Lei 8.429/1992 – LIA, a imposição das sanções de perda da função pública e de suspensão de direitos políticos apenas se dá com o trânsito em julgado da sentença condenatória. 3. Por outro lado, em relação às penalidades de ressarcimento ao erário, multa civil e proibição de contratar com o Poder Público ou receber benefícios ou incentivos fiscais ou creditícios, pelo período de cinco anos, não existe na Lei de Improbidade Administrativa a mesma previsão, sendo omisso o diploma quanto a esse aspecto.** 4. Deve-se aplicar subsidiariamente à Ação de Improbidade Administrativa a Lei 7.347/1985, que estabeleceu a Ação Civil Pública, porquanto a primeira é uma modalidade da segunda, na defesa da moralidade administrativa. 5. Por se tratar de Ação Civil Pública, portanto, não se aplica a norma do art. 520 do CPC/1973 (art. 1.012/CPC/2015), uma vez que esta é regra geral em relação àquela, que é norma de caráter especial. 6. A concessão do efeito suspensivo, em tais casos, somente ocorrerá em situações excepcionais, quando demonstrada a possibilidade de dano irreparável ao réu, conforme dispõe o art. 14 do referido diploma legal: 'O juiz poderá conferir efeito suspensivo aos recursos, para evitar dano irreparável à parte'. 7. Recurso Especial provido" (STJ, *REsp 1.523.385*/PE, 2ª T., rel. Min. Herman Benjamin, j. 13.09.2016, DJe 07.10.2016, grifamos).

13. Inexistência de efeito suspensivo automático da apelação – aplicação supletiva da Lei 7.347/85 (SUPERADO PELA LEI 14.230/2021): como a LIA passou a proibir a execução provisória de qualquer uma das penas do art. 12, eventual recurso interposto contra a sentença condenatória terá o condão de suspender sua execução, tornando superada a orientação no sentido de que o recurso não teria efeito suspensivo automático por força da aplicação supletiva da Lei 7.347/85: "ADMINISTRATIVO E PROCESSUAL CIVIL. AÇÃO CIVIL PÚBLICA. **IMPROBIDADE ADMINISTRATIVA. RECURSO DE APELAÇÃO. EFEITO SUSPENSIVO. EXCEÇÃO.** 1. Cinge-se a questão a saber se, ante a omissão da Lei de Improbidade Administrativa no que se refere aos efeitos atribuídos ao recurso de Apelação, deve-se aplicar subsidiariamente as regras previstas na Lei 7.347/85 (Lei de Ação Civil Pública) ou no Código de Processo Civil. 2. Nos termos do art. 20 da Lei 8.429/1992 - LIA, a imposição das sanções de perda da função pública e de suspensão de direitos políticos apenas se dá com o trânsito em julgado da sentença condenatória. 3. Por outro lado, em relação às penalidades de ressarcimento ao erário, multa civil e proibição de contratar com o Poder Público ou receber benefícios ou incentivos fiscais ou creditícios, pelo período de cinco anos, não existe na Lei de Improbidade Administrativa a mesma previsão, sendo omisso o diploma quanto a esse aspecto. **4. Deve-se aplicar subsidiariamente à Ação de Improbidade Administrativa a Lei 7.347/1985, que estabeleceu a Ação Civil Pública, porquanto a primeira é uma modalidade da segunda, na defesa da moralidade administrativa. 5. Por se tratar de Ação Civil Pública, portanto, não se aplica a norma do art. 520 do CPC/1973** (art. **1.012/CPC/2015), uma vez que esta é regra geral em relação àquela, que é norma de caráter especial. 6. A concessão do efeito suspensivo, em tais casos, somente ocorrerá em situações excepcionais, quando demonstrada a possibilidade de dano irreparável ao réu, conforme dispõe o art. 14 do referido diploma legal: O juiz poderá conferir efeito suspensivo aos recursos, para evitar dano irreparável à parte.** 7. Recurso Especial provido" (STJ, *REsp. 1.523.385/PE*, 2ª T., rel. Min. Herman Benjamin, j. 13.09.2016, DJe 7.10.2016, grifamos).

> "RECURSO ESPECIAL. **AÇÃO CIVIL PÚBLICA. EFEITO SUSPENSIVO**. ART. 14. LEI 7.347/85. FUMUS BONI IURIS. PERICULUM IN MORA. EFEITO DEVOLUTIVO. REGRA. REVISÃO. FATOS. SÚMULA 07/STJ. **1. Na ação civil pública, os recursos devem ser recebidos, em regra, apenas no efeito devolutivo, ressalvados os casos de iminente dano irreparável às partes, em que poderá ser conferido efeito**

suspensivo, na forma do art. 14, da Lei 7.347/85. Precedentes. 2. É vedado, em sede de recurso especial, revolverem-se os elementos fático-probatórios da demanda a fim de demonstrar a inconveniência da execução imediata da sentença de 1º grau, nos termos da Súmula 07/STJ. 3. Recurso especial não provido (STJ, *REsp. 1.125.494/SP*, 2ª T., rel. Min. Castro Meira, j. 13.04.2010, DJe 23.4.2010, grifamos).

14. Tese 11 da Edição 40 do "Jurisprudência em Teses" do STJ: "O magistrado não está obrigado a aplicar cumulativamente todas as penas previstas no art. 12 da Lei n. 8.429/92, podendo, mediante adequada fundamentação, fixá-las e dosá-las segundo a natureza, a gravidade e as consequências da infração".

APLICAÇÃO EM PROVAS E CONCURSOS PÚBLICOS

1. **(MP/TO – Promotor de Justiça Substituto – Cespe-Cebraspe – 2022) De acordo com a Lei de Improbidade Administrativa, na hipótese da prática de ato de improbidade administrativa que atente contra os princípios da administração pública, com lesividade relevante, caracterizado pela conduta dolosa de agente público deixar de prestar contas quando obrigado a fazê-lo, desde que disponha das condições para isso, com vistas a ocultar irregularidades, o agente público estará sujeito**

   (A) às sanções de perda da função pública, perda de bens ou valores obtidos ilicitamente, suspensão de direitos políticos, proibição de contratar com o poder público ou de receber benefícios ou incentivos fiscais ou creditícios, e multa.

   (B) exclusivamente à sanção de multa.

   (C) apenas às sanções de perda de bens ou valores obtidos ilicitamente, suspensão de direitos políticos, proibição de contratar com o poder público ou de receber benefícios ou incentivos fiscais ou creditícios, e multa.

   (D) apenas às sanções de suspensão de direitos políticos, proibição de contratar com o poder público ou de receber benefícios ou incentivos fiscais ou creditícios, e multa.

   (E) apenas às sanções de multa e proibição de contratar com o poder público ou de receber benefícios ou incentivos fiscais ou creditícios.

2. **(MP-PB – Promotor de Justiça Substituto – FCC – 2018) Considere a seguinte situação hipotética: tendo recebido comunicação anônima de que um servidor público havia vendido o gabarito de um concurso público a um candidato, autoridades policiais investigaram o fato e coletaram indícios da veracidade da acusação, indiciando o servidor e o candidato. Na conclusão do inquérito, o relatório da autoridade policial apontou, no tocante ao servidor, a prática de corrupção passiva (art. 317 do Código Penal) e fraude em certame de interesse público (art. 311-A, do Código Penal). Cópia do referido inquérito chegou às mãos da Promotoria de Defesa do Patrimônio Público, para análise quanto ao ajuizamento de ação de improbidade em face do referido agente público. Registre-se que, dada a contenção dos efeitos da conduta ilícita, não**

houve necessidade de anulação do concurso público. À vista do caso narrado e à luz do que dispõe a Lei de Improbidade (Lei Federal nº 8.429/92),

(A) não deve haver o ajuizamento de ação de improbidade em face do servidor público, visto que não se constatou dano ao patrimônio público.

(B) sendo comprovada a conduta ilícita e tendo em vista a existência de tipificação específica, o servidor será enquadrado somente na modalidade de ato de improbidade atentatório aos princípios da Administração Pública (art. 11), sendo somente aplicável o feixe de sanções constantes do art. 12, III.

(C) sendo comprovada a conduta ilícita e tendo em vista a prática de ato que, concomitantemente, importa em enriquecimento ilícito (art. 9º) e atentado aos princípios da Administração Pública (art. 11), é aplicável o feixe de sanções mais graves, relativos à primeira modalidade de improbidade (art. 12, I).

(D) sendo comprovada a conduta ilícita e tendo em vista a prática de ato que, concomitantemente, importa em enriquecimento ilícito (art. 9º) e atentado aos princípios da Administração Pública (art. 11), deve-se aplicar analogicamente a majoração prevista no art. 70 do Código Penal (concurso formal).

(E) sendo comprovada a conduta ilícita e tendo em vista a prática de ato que, concomitantemente, importa em enriquecimento ilícito (art. 9º) e atentado aos princípios da Administração Pública (art. 11), o juiz, ao dosar as sanções, poderá somar as penalidades constantes dos incisos I e III do art. 12.

3. (MP-PB – Promotor de Justiça Substituto – FCC – 2018) As sanções previstas pela Lei de Improbidade Administrativa podem ser aplicadas

(A) isolada ou cumulativamente e têm natureza civil e penal.

(B) cumulativamente e têm natureza política e penal.

(C) isoladamente e têm natureza administrativa e penal.

(D) isoladamente e têm natureza política, político-administrativa, administrativa e penal.

(E) isolada ou cumulativamente e têm natureza política, político-administrativa, administrativa e civil.

4. (IF-TO – Assistente em Administração – 2018) São cominações sujeitas ao responsável pelo ato de improbidade, segundo a Lei n.º 8.429/92:

(A) Suspensão dos direitos políticos de três a oito anos nos casos de retardar ou deixar de praticar, indevidamente, ato de ofício.

(B) Perda dos bens ou valores acrescidos ilicitamente ao patrimônio, no caso de receber vantagem econômica de qualquer natureza, direta ou indiretamente, para omitir ato de ofício, providência ou declaração a que esteja obrigado.

(C) Ressarcimento parcial do dano, se houver, no caso de negar publicidade aos atos oficiais.

(D) Suspensão dos direitos políticos de cinco a dez anos nos casos que ordenar ou permitir a realização de despesas não autorizadas em lei ou regulamento.

(E) Proibição de contratar com o Poder Público ou receber benefícios ou incentivos fiscais ou creditícios, direta ou indiretamente, ainda que por intermédio de pessoa jurídica da qual seja sócio majoritário, pelo prazo de dois anos no caso de perceber vantagem econômica para intermediar a liberação ou aplicação de verba pública de qualquer natureza.

5. (TCE-SP – Agente de Fiscalização - Administração – Vunesp – 2017 - adaptada) Hércules das Dores deixou de prestar contas quando estava obrigado a fazê-lo, praticando conduta prevista na Lei de Improbidade Administrativa. Nessa hipótese, a Lei n° 8.429/92 estabelece que Hércules

(A) sofrerá sanções da Lei, sendo servidor público ou não, desde que constatado, no caso, efetivo prejuízo aos cofres públicos.

(B) ficará, se servidor público, sujeito à pena de perda da função pública, desde que tenha ocorrido prejuízo material aos cofres públicos em razão de sua conduta.

(C) não sofrerá penalidade dessa Lei, se não for servidor público, mas poderá sofrer sanções criminais e civis.

(D) estará sujeito, dentre outras, à pena de ressarcimento integral do dano, se houver, e pode ser proibido de contratar com o poder público por prazo não superior a 4 anos.

(E) ficará sujeito à pena de ressarcimento integral do dano, perda da função pública, se servidor público, e cassação dos seus direitos políticos.

6. (MP/SC – Promotor de Justiça – 2019) A aplicação das penalidades previstas no art. 12 da Lei n. 8.429/1992 pode ser isolada ou cumulativa. Porém, caracterizado o prejuízo ao erário, o ressarcimento não pode figurar isoladamente como pena, já que não configura propriamente uma sanção.

7. (DEP/AM – Assistente Técnico de Defensoria – Assistente Técnico Administrativo – FCC – 2019- adaptada) Independentemente das sanções penais, civis e administrativas previstas na legislação específica e de outras previstas na própria Lei nº 8.429/1992, o responsável pelo ato de improbidade que atenta contra os princípios da administração pública está sujeito

(A) à perda dos direitos civis e políticos por até 12 anos.

(B) ao pagamento de multa civil de até vinte e quatro vezes o valor da remuneração percebida pelo agente.

(C) à perda do cargo e à declaração de incapacidade permanente para investidura em função pública

(D) à suspensão da licença para exercício de profissão relacionada à prática do ato de improbidade.

(E) à censura pública em publicação oficial ou privada de grande circulação.

8. (Câmara Municipal de São José dos Campos – Técnico Legislativo – Vunesp – 2022) Na hipótese de prática de ato de improbidade administrativa que causa lesão ao erário, o agente público estará sujeito à aplicação de pena de suspensão dos direitos políticos por até

(A) 4 (quatro) anos.

(B) 6 (seis) anos.

(C) 8 (oito) anos.

(D) 12 (doze) anos.

(E) 14 (quatorze) anos.

9. (TJ/SP – Juiz Substituto – Vunesp – 2021) No que diz respeito à aplicação da Lei de Improbidade Administrativa, é correto afirmar que

(A) o ressarcimento espontâneo do dano inibe a ação de improbidade.

(B) as penas de suspensão dos direitos políticos e perda do cargo são aplicadas a partir do momento em que não penda recurso com efeito suspensivo.

(C) caso a conduta ofenda simultaneamente os artigos 9º, 10 e 11 da Lei de Improbidade, embora única, há de ser aplicado o princípio da subsunção, em que a sanção mais grave absorve as demais. Se forem várias condutas, pode haver aplicação cumulativa das sanções, desde que compatíveis.

(D) o artigo 37, § 4º, da Constituição, previu apenas as sanções de suspensão dos direitos políticos, perda da função pública, indisponibilidade dos bens e ressarcimento ao erário, sendo forçoso concluir que o elenco de outras sanções na Lei nº 8.429/1992 implica inconstitucionalidade.

1	2	3	4	5	6	7	8	9
E	C	E	B	D	V	B	D	C

CAPÍTULO IV
Da Declaração de Bens

~~**Art. 13.** A posse e o exercício de agente público ficam condicionados à apresentação de declaração dos bens e valores que compõem o seu patrimônio privado, a fim de ser arquivada no serviço de pessoal competente.~~

Art. 13. A posse e o exercício de agente público ficam condicionados à apresentação de declaração de imposto de renda e proventos de qualquer natureza, que tenha sido apresentada à Secretaria Especial da Receita Federal do Brasil, a fim de ser arquivada no serviço de pessoal competente. (Redação dada pela Lei nº 14.230, de 2021)

~~§ 1º A declaração compreenderá imóveis, móveis, semoventes, dinheiro, títulos, ações, e qualquer outra espécie de bens e valores patrimoniais, localizado no País ou no exterior, e, quando for o caso, abrangerá os bens e valores patrimoniais do cônjuge ou companheiro, dos filhos e de outras pessoas que vivam sob a dependência econômica do declarante, excluídos apenas os objetos e utensílios de uso doméstico.~~ (Revogado pela Lei nº 14.230, de 2021)

~~§ 2º A declaração de bens será anualmente atualizada e na data em que o agente público deixar o exercício do mandato, cargo, emprego ou função.~~

~~§ 3º Será punido com a pena de demissão, a bem do serviço público, sem prejuízo de outras sanções cabíveis, o agente público que se recusar a prestar declaração dos bens, dentro do prazo determinado, ou que a prestar falsa.~~

§ 2º A declaração de bens a que se refere o **caput** deste artigo será atualizada anualmente e na data em que o agente público deixar o exercício do mandato, do cargo, do emprego ou da função. (Redação dada pela Lei nº 14.230, de 2021)

§ 3º Será apenado com a pena de demissão, sem prejuízo de outras sanções cabíveis, o agente público que se recusar a prestar a declaração dos bens a que se refere o **caput** deste artigo dentro do prazo determinado ou que prestar declaração falsa. (Redação dada pela Lei nº 14.230, de 2021)

~~§ 4º O declarante, a seu critério, poderá entregar cópia da declaração anual de bens apresentada à Delegacia da Receita Federal na conformidade da legislação do Imposto sobre a Renda e~~

~~proventos de qualquer natureza, com as necessárias atualizações, para suprir a exigência contida no caput e no § 2º deste artigo.~~ (Revogado pela Lei nº 14.230, de 2021)

COMENTÁRIOS

O comando legal em exame cuida da declaração de bens e valores dos agentes públicos como condição para a posse e exercício de cargo/emprego público. Significa dizer que o cidadão aprovado em concurso público deverá apresentar, para viabilizar sua posse e exercício, declaração de bens e valores que compõem seu patrimônio privado, a fim de ser arquivada no serviço pessoal competente. A exigência, a propósito, não é inédita em nosso ordenamento jurídico, haja vista que a Lei nº 3.164, de 1957, conhecida como Lei Pitombo-Godói Ilha, instituiu o registro público obrigatório dos valores e bens pertencentes ao patrimônio privado de quantos exerçam cargos ou funções públicas da União e entidades autárquicas, eletivas ou não e previu a declaração de bens como condição indispensável à posse do servidor público (art. 3º).

A declaração de bens constitui importante instrumento inibitório de condutas de agentes públicos tendentes ao enriquecimento ilícito, especialmente aquelas envolvendo evolução patrimonial incompatível com a renda auferida. Enfim, "a declaração de bens atualizada anualmente constitui instrumento valioso da transparência da conduta dos agentes no trato das coisas públicas. E, ao mesmo tempo, permite, ante a constatação de sinais exteriores de riqueza ou de aumento patrimonial incompatível com a renda declarada, a investigação de tal enriquecimento, com a instauração de inquérito ou outro procedimento adequado, bem como a comunicação de sua ocorrência à Secretaria da Receita Federal do Ministério da Fazenda, ao Tribunal de Contas e ao Ministério Público"[143].

Por isso, a obrigatoriedade alcança os agentes públicos de quaisquer dos poderes da União, dos Estados, do Distrito Federal e dos Municípios, e as respectivas entidades da Administração Indireta (autarquias, fundações públicas, sociedades de economia mista e empresas públicas). É bem verdade que Estados e Municípios "[...] têm a prerrogativa de

143. PAZZAGLINI FILHO, Marino. *Lei de Improbidade* ... p. 189.

estabelecer normas próprias a respeito, sem, no entanto, nulificar ou contraria as disposições da legislação federal comentada, que fixa requisitos mínimos de observância compulsória para as unidades federadas além daqueles que estas venham posteriormente estabelecer"[144].

Ademais, a Lei 8.730, de 10 de novembro de 1993, modernizou a declaração de bens estabelecendo a necessidade de indicação das fontes de renda no momento da posse ou ao entrar em exercício e ao final do exercício financeiro, além de instituir o controle externo da legitimidade do enriquecimento ilícito dos agentes públicos federais.

O descumprimento da obrigação ou a apresentação de documento falso traz consequências drásticas ao agente público faltoso, que fica sujeito à pena de demissão, sem prejuízo de outras sanções cabíveis, na forma como preconizado pelo § 3º do art. 13.

A Lei 14.230/2021 alterou o art. 13 e passou a exigir, para efeito de satisfação da declaração de bens como condição para posse em cargo público, a apresentação da declaração do imposto de renda e proventos de qualquer natureza, que tenha sido apresentada à Secretaria da Receita Federal do Brasil. Nesse particular, consagrou uma praxe que já ocorria no serviço público, mas deixou um vácuo em relação ao agente isento do dever de apresentar a declaração do imposto de renda.

Uma interpretação literal poderia conduzir à conclusão da desnecessidade da declaração, o que colocaria em "xeque" os propósitos da exigência, além de criar odiosa distinção. Marçal Justen filho, comentando o preceito legal, considera que o sujeito isento deverá produzir declaração simplificada de seu patrimônio e renda para efeito de arquivar na repartição pessoal[145].

CASUÍSTICA

"RECURSO ESPECIAL. FALSIDADE IDEOLÓGICA. USO DE DOCUMENTO FALSO. DENÚNCIA. POTENCIALIDADE DA FALSIFICAÇÃO QUE EXTRAPOLA A FINALIDADE TRIBUTÁRIA. CONTROLE DA EVOLUÇÃO PATRIMONIAL DO AGENTE PÚBLICO. VIABILIDADE. RECEBIMENTO DA INCOATIVA. IMPLEMENTO DO FALSO EM DOCUMENTOS E SUA UTILIZAÇÃO PELO MESMO AGENTE. PRINCÍPIO DA CONSUNÇÃO. APLICABILIDADE. RECURSO PARCIALMENTE PROVIDO [...] 3. Todos os agentes públicos têm obrigação legal de manter a administração

144. MARTINS JÚNIOR, Wallace Paiva. *Probidade ...* p. 153.
145. JUSTEN FILHO, Marçal. *Reforma da Lei de Improbidade ...* p. 163.

pública atualizada acerca dos bens e valores que compõem o seu patrimônio privado, sujeitando-o à pena de demissão caso se recuse a prestar a respectiva declaração ou a fizer falsa, conforme preceitua o artigo 13, § 3º, da Lei n. 8.429/92, exsurgindo daí a possibilidade da falsificação atribuída ao recorrido ter potencialidade lesiva que extrapola a esfera tributária. 4. Nos termos de entendimento consolidado no âmbito dos Tribunais Superiores, a utilização dos documentos ideologicamente falsificados deve ser absorvida pelo próprio ato de falsificação quando atribuídos ao mesmo agente. Precedentes STF e STJ. 5. Recurso especial parcialmente provido para receber a denúncia contra o recorrido, determinando-se o retorno dos autos ao Tribunal de origem para o regular processamento da ação penal pela prática do delito previsto no artigo 299 do Código Penal" (STJ, *REsp 1389214/DF*, 5ª T., rel. Min. Jorge Mussi, j. 02.06.2016, DJe 15.06.2016).

"ADMINISTRATIVO. IMPROBIDADE. INQUÉRITO CIVIL. INVESTIGAÇÃO DECORRENTE DE DENÚNCIA ANÔNIMA. EVOLUÇÃO PATRIMONIAL INCOMPATÍVEL COM OS RENDIMENTOS. AGENTES POLÍTICOS. ILÍCITO QUE SE COMPROVA NECESSARIAMENTE POR ANÁLISE DE DOCUMENTOS. HARMONIZAÇÃO ENTRE A VEDAÇÃO DO ANONIMATO E O DEVER CONSTITUCIONAL IMPOSTO AO MINISTÉRIO PÚBLICO. POSSIBILIDADE. 1. Cinge-se a controvérsia a definir se os recorrentes possuem o direito líquido e certo de impedir o prosseguimento de Inquérito Civil instaurado, após denúncia anônima recebida pela Ouvidoria-Geral do Ministério Público do Estado do Rio de Janeiro, com a finalidade de apurar possível incompatibilidade entre a evolução patrimonial de agentes políticos e seus respectivos rendimentos. **2. O simples fato de o Inquérito Civil ter-se formalizado com base em denúncia anônima não impede que o Ministério Público realize administrativamente as investigações para formar juízo de valor sobre a veracidade da notícia. Ressalte-se que, no caso em espécie, os servidores públicos já estão, por lei, obrigados na posse e depois, anualmente, a disponibilizar informações sobre seus bens e evolução patrimonial. 3. A Lei da Improbidade Administrativa (Lei 8.429/92), não deixa dúvida a respeito**: "Art. 13. A posse e o exercício de agente público ficam condicionados à apresentação de declaração dos bens e valores que compõem o seu patrimônio privado, a fim de ser arquivada no serviço de pessoal competente. § 1° A declaração compreenderá imóveis, móveis, semoventes, dinheiro, títulos, ações, e qualquer outra espécie de bens e valores patrimoniais, localizado no País ou no exterior, e, quando for o caso, abrangerá os bens e valores patrimoniais do cônjuge ou companheiro, dos filhos e de outras pessoas que vivam sob a dependência econômica do declarante, excluídos apenas os objetos e utensílios de uso doméstico. § 2º A declaração de bens será anualmente atualizada e na data em que o agente público deixar o exercício do mandato, cargo, emprego ou função". **4. As providências solicitadas pelo Parquet, na hipótese dos autos, não ferem direitos fundamentais dos recorrentes, os quais, na condição de agentes políticos, sujeitam-se a uma diminuição na esfera de privacidade e intimidade, de modo que não se mostra legítima a pretensão por não revelar fatos relacionados à evolução patrimonial.**

Sobre o tema, oportuno observar recente diretriz adotada pelo STF na SS 3902, Relator Min. Ayres Britto, Tribunal Pleno, DJe-189, de 3.10.2011. 5. A vedação ao anonimato, constante no art. 5°, IV, da Constituição Federal, há de ser harmonizada, com base no princípio da concordância prática, com dever constitucional imposto ao Ministério Público de promover o Inquérito Civil e a Ação Civil Pública, para a proteção do patrimônio público e social, do meio ambiente e de outros interesses difusos e coletivos (art. 129, III). 6. Nos termos do art. 22 da Lei 8.429/1992, o Ministério Público pode, mesmo de ofício, requisitar a instauração de inquérito policial ou procedimento administrativo para apurar qualquer ilícito previsto no aludido diploma legal. 7. Assim, ainda que a notícia da suposta discrepância entre a evolução patrimonial de agentes políticos e seus rendimentos tenha decorrido de denúncia anônima, não se pode impedir que o membro do Parquet tome medidas proporcionais e razoáveis, como no caso dos autos, para investigar a veracidade do juízo apresentado por cidadão que não se tenha identificado. 8. Em matéria penal, o STF já assentou que "nada impede, contudo, que o Poder Público provocado por delação anônima ('disque-denúncia', p. ex.), adote medidas informais destinadas a apurar, previamente, em averiguação sumária, 'com prudência e discrição', a possível ocorrência de eventual situação de ilicitude penal, desde que o faça com o objetivo de conferir a verossimilhança dos fatos nela denunciados, em ordem a promover, então, em caso positivo, a formal instauração da persecutio criminis, mantendo-se, assim, completa desvinculação desse procedimento estatal em relação às peças apócrifas" (Inq 1.957, Rel. Min. Carlos Velloso, voto do Min. Celso de Mello, julgamento em 11.5.2005, Plenário, DJ de 11.11.2005). 9. Em se tratando de suposto ato de improbidade que só pode ser analisado mediante documentos, descabe absolutamente adotar medidas informais para examinar a verossimilhança, ao contrário do que se passa, por exemplo, em caso de denúncia anônima da ocorrência de homicídio. 10. O STJ reconhece a possibilidade de investigar a veracidade de denúncia anônima em Inquérito Civil ou Processo Administrativo, conforme se observa nos seguintes precedentes, entre os quais se destacam a orientação já firmada por esta Segunda Turma e uma recente decisão da Primeira Turma: RMS 37.166/SP, Rel. Ministro Benedito Gonçalves, Primeira Turma, DJe 15.4.2013; RMS 30.510/RJ, Rel. Ministra Eliana Calmon, Segunda Turma, DJe 10.2.2010; MS 13.348/DF, Rel. Ministra Laurita Vaz, Terceira Seção, DJe 16.9.2009. 11. Recurso Ordinário não provido" (STJ, *RMS 38.010/RJ,* 2ª T., rel. Min. Herman Benjamin, j. 02.05.2013, DJe 160.05.2013, grifamos).

APLICAÇÃO EM PROVAS E CONCURSOS PÚBLICOS

1. **(CRECI-24ª Região /RO – Fiscal – Quadrix – 2022) Acerca das disposições da Lei n.º 8.429/1992, julgue o item.**

   O agente público poderá, antes de tomar posse no respectivo cargo, deixar de apresentar declaração de bens, desde que assuma o risco de responder, objetivamente, por eventual ato de improbidade administrativa.

2. (TRF-3ª Região – Juiz Federal Substituto – 2018 - adaptada) A posse de servidor público é condicionada à apresentação da declaração de imposto de renda e proventos de qualquer natureza, que tenha sido apresentada à Secretaria Especial da Receita Federal do Brasil, para ser arquivada no serviço de pessoal competente. A prestação de informação falsa nesse documento acarretará ao declarante:

(A) A aplicação da pena de demissão.

(B) A aplicação da pena de advertência.

(C) A aplicação da pena de suspensão por 30 (trinta) dias.

(D) A abertura de prazo para a regularização da informação na declaração.

3. (ALERJ – Especialista Legislativo – FGV – 2017 - adaptada) A Lei nº 8.429/1992 dispõe sobre as sanções aplicáveis aos agentes públicos nos casos de enriquecimento ilícito no exercício de função na administração pública.

Acerca das disposições legais relativas à declaração de bens pelos agentes públicos, é correto afirmar que:

(A) a posse no cargo do agente público é condicionada à apresentação de declaração do imposto de renda;

(B) a declaração de bens do agente público está limitada ao seu patrimônio pessoal;

(C) a declaração de bens só precisa ser atualizada quando houver alterações significativas no patrimônio do agente público;

(D) a pena para o agente público que se recusar a prestar declaração dos bens é a suspensão.

4. (Prefeitura de Portão/RS – Fiscal Tributário - LAGALLE Concursos – 2016) A declaração de bens dos servidores será atualizada com qual frequência?

(A) A cada 3 meses.

(B) A cada 6 meses.

(C) A cada 9 meses.

(D) A cada 12 meses.

(E) A cada 15 meses.

1	2	3	4
F	A	A	D

CAPÍTULO V
Do Procedimento Administrativo e do Processo Judicial

Art. 14. Qualquer pessoa poderá representar à autoridade administrativa competente para que seja instaurada investigação destinada a apurar a prática de ato de improbidade.

§ 1º A representação, que será escrita ou reduzida a termo e assinada, conterá a qualificação do representante, as informações sobre o fato e sua autoria e a indicação das provas de que tenha conhecimento.

§ 2º A autoridade administrativa rejeitará a representação, em despacho fundamentado, se esta não contiver as formalidades estabelecidas no § 1º deste artigo. A rejeição não impede a representação ao Ministério Público, nos termos do art. 22 desta lei.

~~§ 3º Atendidos os requisitos da representação, a autoridade determinará a imediata apuração dos fatos que, em se tratando de servidores federais, será processada na forma prevista nos arts. 148 a 182 da Lei nº 8.112, de 11 de dezembro de 1990 e, em se tratando de servidor militar, de acordo com os respectivos regulamentos disciplinares.~~

§ 3º Atendidos os requisitos da representação, a autoridade determinará a imediata apuração dos fatos, observada a legislação que regula o processo administrativo disciplinar aplicável ao agente. (Redação dada pela Lei nº 14.230, de 2021)

COMENTÁRIOS

1. Generalidades: é indiscutível que a improbidade administrativa tem caráter punitivo e, por isso, conta com procedimentos diferenciados, muito semelhantes ao que ocorre no âmbito processual penal, a exemplo da justa causa, vale dizer, o recebimento da inicial da ação de improbidade depende da existência de um suporte probatório mínimo que evidencie indícios de autoria e prova da materialidade do ilícito. Além disso, muitas vezes as condutas ímprobas desenvolvem-se no seio da Administração, de modo que a existência de procedimentos administrativos facilita a colheita de elementos informativos.

Logo, não raras vezes é indispensável o desenvolvimento de uma fase investigativa preliminar, a qual pode ser realizada tanto no âmbito interno da Administração Pública, por meio de processo administrativo, quanto pelo Ministério Público, através de inquérito civil. É bem verdade que "um procedimento não impede a eclosão do outro, e é comum que se complementem, na medida em que autoridades administrativas e agentes ministeriais conjugam esforços, no sentido de um resultado satisfatório, seja para o ajuizamento da ação civil de improbidade, seja para o arquivamento dos autos de investigação"[146].

Os referidos instrumentos, aliás, podem tramitar concomitantemente sem que configure *bis in idem*, na medida em que o processo administrativo é mais amplo e se destina, também, a apuração de responsabilidade funcional do agente público:

	Inquérito Civil	**Processo administrativo**
Objetivos	Colheita de elementos para a propositura da ação de improbidade administrativa;	(a) Colheita de elementos para a propositura de ação de improbidade administrativa; e (b) Aplicação de sanções disciplinares.
Participação do investigado	Não há obrigatoriedade em razão seu caráter inquisitivo.	Obrigatória.

Embora seja comum a instauração de procedimentos administrativos ou inquéritos civis preparatórios, não se trata de condição para o exercício da ação de improbidade, podendo o *Parquet* ingressar diretamente em juízo caso já tenha elementos suficientes para sustentar a acusação. Nesse sentido, relativamente ao inquérito civil, estabelece o parágrafo único do art. 1º da Resolução 23, de 2007, que "o inquérito civil não é condição de procedibilidade para o ajuizamento das ações a cargo do Ministério Público, nem para a realização das demais medidas de sua atribuição própria".

2. Processo administrativo:

2.1 Instauração: o *caput* do art. 14 prevê que o processo administrativo para a apuração de ato de improbidade administrativa será instaurado pela autoridade competente por força de representação de

146. FAZZIO JÚNIOR, Waldo. *Improbidade* ... p. 381.

qualquer pessoa. O preceptivo legal deixa claro, inclusive, que se trata de uma faculdade do cidadão e não de um dever, expressão do direito de petição consagrado no art. 5º, inciso XXXIV, da CF. Nada impede, todavia, a instauração de ofício do processo, tendo em vista que a repressão a condutas ímprobas é medida inerente a indisponibilidade do interesse público. Aliás, tal qual no processo penal, o agente público tem o dever de provocar a atuação da Administração Pública ou do Ministério Público:

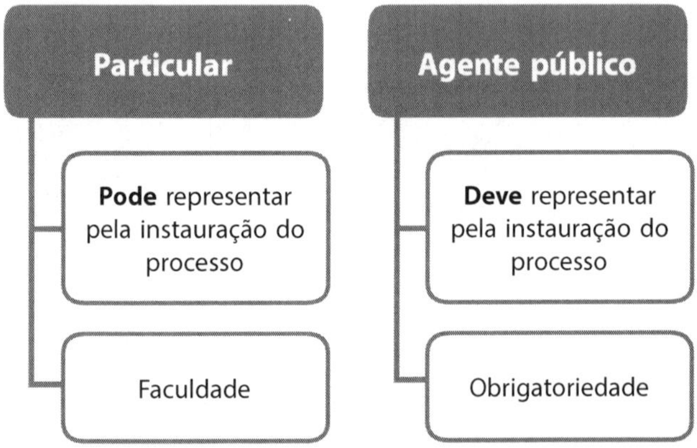

2.2 Requisitos formais da representação: o § 1º do art. 14 dispõe que a representação será formulada por **escrito ou reduzida a termo e assinada**, devendo conter a qualificação do representante, as informações sobre o fato e sua autoria e a indicação das provas de que tenha conhecimento. Conjugando o dispositivo legal, que exige a qualificação do representante, com o art. 5º, inciso IV, da CF, que veda o anonimato, há entendimento no sentido de que a representação não pode, em nenhuma hipótese, ser *apócrifa* ou *anônima*. Para esta linha de pensamento, o anonimato serviria de instrumento para burlar a norma do art. 19 da LIA. No entanto, a **orientação dominante** é no sentido da **possibilidade de instauração de processo administrativo com base em denúncia anônima, observadas as cautelas necessárias**. Entretanto, para evitar o denuncismo vazio que tem no mais das vezes o único propósito de denegrir a imagem do denunciado, "[...] exige-se da denúncia anônima uma confiabilidade ainda maior que naquela que conta com a identificação do denunciante. Alguns exigem verossimilhança, outros, seriedade, sendo o ponto comum a ideia de que a investigação só deve ser instaurada se a autoridade administrativa notar na representação dados objetivos e sérios que mereçam ser investigados"[147] (ver item 02 da CASUÍSTICA).

Não é necessário que a representação seja apresentada em forma de petição com a qualificação jurídica dos fatos, bastando que descreva com detalhes o fato e aponte sua autoria, bem como indique as provas que o representante tenha conhecimento.

2.3 Procedimento: a representação, tão logo apresentada, será submetida ao crivo da autoridade administrativa para análise de sua viabilidade, tratando-se de verdadeiro juízo de admissibilidade que, se positivo, enseja o início imediato da apuração dos fatos. No entanto, será a representação rejeitada, em despacho fundamentado, caso não preencha as formalidades elencadas no § 1º do art. 14 da LIA. Recomenda-se que a autoridade não adote posturas radicais e extremamente formais, sob pena de permitir a perpetuação de fatos graves e, quiçá, responder por condescendência criminosa (art. 320, CP). Por isso, parece acertado o entendimento de que "na ausência de algum desses requisitos, o representante pode ser notificado para complementá-la, sob pena de ser indeferida"[148]. E tal conclusão, hodiernamente, encontra respaldo legal, na medida em que o Código de Processo Civil vigente, instituído pela Lei 13.105, de 16 de março de 2015, determina que "na ausência de normas que regulem processos eleitorais, trabalhistas ou administrativos, as disposições deste Código lhes serão aplicadas supletiva e subsidiariamente". Segundo a melhor doutrina, "a **aplicação subsidiária** ocorre também em **situações** nas quais **não há omissão** [...]" constituindo "[...] uma possibilidade de enriquecimento, de leitura de um dispositivo sob outro viés, de extrair-se da norma processual eleitoral, trabalhista ou administrativa um sentido diferente [...]", enquanto "a **aplicação supletiva** é que **supõe omissão** [...]"[149]. Em síntese:

147. NEVES, Daniel Amorim Assumpção; OLIVEIRA, Rafael Carvalho Rezende. *Manual* ... p 371.

148. PAZZAGLINI FILHO, Marino. *Lei de Improbidade* ... p. 192.

149. CONCEIÇÃO, Maria Lúcia Lins; MELLO, Rogério Licastro Torres; RIBEIRO, Leonardo Ferres da Silva; WAMBIER, Teresa Arruda Alvim. *Primeiros Comentários ao Novo Código de Processo Civil: Artigo por artigo*. São Paulo: Revista dos Tribunais, 2015, p. 75.

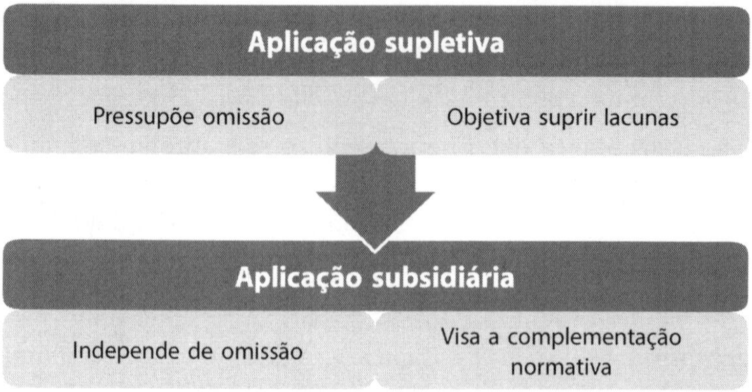

Dessa forma, o CPC pode ser aplicado tanto para suprir as lacunas quanto para enriquecer a legislação aumentando o seu alcance normativo. No caso, a LIA pode ser complementada com a regra do art. 321 do Código de Processo Civil, que autoriza a emenda da petição inicial quando não atendidos os requisitos legais, hipótese em que o juiz indicará com precisão o que deve ser corrido. Logo, o § 2º do art. 14 deve ser interpretado sistematicamente de modo que somente será possível a rejeição da representação depois de oportunizado ao representante a faculdade de corrigir o vício constatado.

De qualquer maneira, ainda que seja caso de rejeição da representação, a autoridade administrativa tem que promover, caso haja indícios mínimos de infração, a apuração dos fatos, como "[...] decorrência direta dos compromissos ético-jurídicos de que são investidos e dos princípios da legalidade, impessoalidade, moralidade e eficiência administrativas"[150].

Preenchidos os requisitos legais, a autoridade determinará a imediata apuração dos fatos que se processará observando a legislação que regula o processo administrativo disciplinar aplicável ao agente. (em geral estatutos dos servidores públicos que delimitam o procedimento; no âmbito federal, consta dos arts. 148 a 182 da Lei 8.112, de 1990, e dos regulamentos disciplinares dos servidores militares).

Respeitado o contraditório, ao final do processo, poderão ser cominadas ao agente público as sanções previstas em lei, as quais podem ou não coincidir com as previstas na LIA. Alerta a doutrina que tais penalidades decorrem da aplicação dos estatutos funcionais dos

150. GARCIA, Emerson; ALVES, Rogério Pacheco. *Improbidade* ... p. 836.

servidores e não da LIA, tanto que é uníssono o entendimento de que não cabe a aplicação, em processos administrativos disciplinares, das sanções típicas da improbidade previstas na Lei 8.429, de 1990.

Apurada a prática de improbidade administrativa pelo agente público em sede administrativa, não tem a autoridade competente discricionariedade na aplicação da correspondente sanção. Nesse sentido é a orientação constante da **Súmula 651** do STJ, aprovada em 21 de outubro de 2021: "Compete à autoridade administrativa aplicar a servidor público a pena de demissão em razão da prática de improbidade administrativa, independentemente de prévia condenação, por autoridade judiciária, à perda da função pública".

CASUÍSTICA

1. Desnecessidade do procedimento administrativo para a propositura de ação civil pública:

"ADMINISTRATIVO E PROCESSUAL CIVIL. AÇÃO CIVIL PÚBLICA. IMPROBIDADE ADMINISTRATIVA. VIOLAÇÃO DO ART. 535 DO CPC NÃO CARACTERIZADA. ART. 14 DA LIA. DESNECESSIDADE DE PROCEDIMENTO ADMINISTRATIVO PRÉVIO. AUSÊNCIA DE PREQUESTIONAMENTO. SÚMULA 211/STJ. 1. Não ocorre ofensa ao art. 535 do CPC, se o Tribunal de origem decide, fundamentadamente, as questões essenciais ao julgamento da lide. **2. Conforme jurisprudência do STJ, o procedimento administrativo ou representação não é requisito ao ajuizamento da ação de improbidade administrativa pelo Ministério Público.** 3. É inadmissível o recurso especial quanto a questão não decidida pelo Tribunal de origem, dada a ausência de prequestionamento (Súmula 211/STJ). 4. Não há contradição em afastar a violação do art. 535 do CPC e, concomitantemente, em não conhecer do mérito do recurso por ausência de prequestionamento, desde que o acórdão recorrido esteja adequadamente fundamentado. 5. Agravo regimental não provido" (STJ, *AgRg no AREsp 53.058/MA*, 2ª T., rel. Min. Eliana Calmon, j. 17.09.2013, DJe 24.09.2013, grifamos).

"MANDADO DE SEGURANÇA. DIREITO DE PETIÇÃO. REPRESENTAÇÃO, FORMULADA POR CIDADÃO, PERANTE A MESA DIRETORA DA CÂMARA LEGISLATIVA DO DF, VISANDO ABERTURA DE PROCESSO DE CASSAÇÃO DE DEPUTADOS E APURAÇÃO DE IMPROBIDADE ADMINISTRATIVA. 1. O "direito de petição aos poderes públicos em defesa de direitos ou contra ilegalidade ou abuso de poder", assegurado pelo art. 5º, XXXIV, I, da CF, tem natureza instrumental: é direito, assegurado ao cidadão, de ver recebido e examinado o pedido em tempo razoável e de ser comunicado da decisão tomada pela autoridade a quem é dirigido. Nele não está contido, todavia, o direito de ver deferido o pedido formulado. **2. O direito de representação por improbidade ad-**

ministrativa, previsto no art. 14 da Lei 8.429/92, não compreende o dever necessariamente instaurado o processo de investigação, caso não haja início de prova considerada razoável para tanto. A discussão sobre a existência ou não de provas suficientes para instauração, ainda mais em se tratando de prova que estaria, não no processo, mas "arquivados na própria Câmara Legislativa", não pode ser dirimida em mandado de segurança, que não comporta investigação probatória dessa dimensão. 3. Recurso improvido. (STJ, *RMS 16.424/DF*, 1ª T., rel. Min. Teori Albino Zavascki, j. 05.04.2005, DJe 18.04.2005, grifamos).

2. Instauração do processo administrativo com fundamento em denúncia anônima:

"PROCESSO CIVIL E ADMINISTRATIVO - MANDADO DE SEGURANÇA - TRANCAMENTO DE INQUÉRITO CIVIL PARA APURAÇÃO DE ATO DE IMPROBIDADE ADMINISTRATIVO - ENRIQUECIMENTO ILÍCITO - JUSTA CAUSA - PRESCRIÇÃO. 1. Somente em situações excepcionais, quando comprovada, de plano, atipicidade de conduta, causa extintiva da punibilidade ou ausência de indícios de autoria, é possível o trancamento de inquérito civil. 2. Apuração de fatos típicos (artigo 9º da Lei nº 8.429/92), com indícios suficientes de autoria desmentem a alegação de inviabilidade da ação de improbidade. **3. Denúncia anônima pode ser investigada, para comprovarem-se fatos ilícitos, na defesa do interesse público.** 4. A ação civil de ressarcimento por ato de improbidade é imprescritível, inexistindo ainda ação contra o impetrante. 5. Recurso ordinário desprovido" (STJ, *RMS 30.510/RJ*, 1ª T., rel. Min. Eliana Calmon, j. 17.12.2009, DJe 10.02.2010, grifamos).

"ADMINISTRATIVO. MANDADO DE SEGURANÇA. SERVIDOR PÚBLICO FEDERAL. CASSAÇÃO DE APOSENTADORIA. PROCESSO ADMINISTRATIVO DISCIPLINAR INSTAURADO COM BASE EM INVESTIGAÇÃO PROVOCADA POR DENÚNCIA ANÔNIMA. ADMISSIBILIDADE. PRECEDENTES. INEXISTÊNCIA DE AFRONTA AOS PRINCÍPIOS DO CONTRADITÓRIO, DA AMPLA DEFESA E DO DEVIDO PROCESSO LEGAL. DILAÇÃO PROBATÓRIA. INADEQUAÇÃO DA VIA ELEITA. **1. Ainda que com reservas, a denúncia anônima é admitida em nosso ordenamento jurídico, sendo considerada apta a deflagrar procedimentos de averiguação, como o processo administrativo disciplinar, conforme contenham ou não elementos informativos idôneos suficientes, e desde que observadas as devidas cautelas no que diz respeito à identidade do investigado. Precedentes desta Corte.** 2. As acusações que resultaram da apreensão de documentos feita pela Comissão de Sindicância, sem a presença do indiciado, não foram consideradas para a convicção acerca da responsabilização do servidor, pois restaram afastados os enquadramentos das condutas resultantes das provas produzidas na mencionada diligência. 3. Eventual nulidade no Processo Administrativo exige a respectiva comprovação do prejuízo sofrido, o que não restou configurado na espécie, sendo, pois, aplicável o princípio pas de nullité sans grief. Precedentes. 4. Em sede de ação mandamental, a prova do direito líquido e certo deve ser pré-constituída, não se admitindo a dilação probatória. Precedentes. 5. Segurança denegada" (STJ, *MS 13.348/DF*, 3ª Seção, rel.. Min. Laurita Vaz, j. 27.05.2009, DJe 16.09.2009, grifamos).

Em relação ao processo administrativo disciplinar, o STJ consolidou seu entendimento na **Súmula 611,** aprovada em 09 de maio de 2018, a qual preconiza expressamente que "desde que devidamente motivada e com amparo em investigação ou sindicância, é permitida a instauração de processo administrativo disciplinar com base em denúncia anônima, em face do poder-dever de autotutela imposto à Administração".

3. Contraditório no PAD:

Súmula Vinculante 05: "A falta de defesa técnica por advogado no processo administrativo disciplinar não ofende a Constituição".

"RECURSO ORDINÁRIO. MANDADO DE SEGURANÇA. ADMINISTRATIVO. SERVIDOR PÚBLICO ESTADUAL. DEMISSÃO. CERCEAMENTO DE DEFESA. NÃO OCORRÊNCIA. AUSÊNCIA DE DEMONSTRAÇÃO DE PREJUÍZO PARA O SERVIDOR. NÃO COMPROVAÇÃO DE NULIDADE DO PROCESSO DISCIPLINAR POR EXCESSO DE PRAZO. 1. Tendo sido devidamente observados o contraditório e a ampla defesa, bem como oportunizada no processo disciplinar a ampla participação do servidor, representado na maior parte do procedimento por advogado constituído, não prospera a alegação de cerceamento de defesa. 2. Não há falar em nulidade do processo disciplinar por ausência de oitiva de uma das testemunhas de defesa que, apesar de intimada, não compareceu à audiência, uma vez que não demonstrada a ocorrência de prejuízo para o servidor. 3. Da mesma forma, o excesso de prazo para a conclusão do processo administrativo disciplinar não é causa de nulidade quando não comprovado prejuízo à defesa do servidor. Precedentes. 4. Recurso ordinário improvido" (STJ, *RMS 28.238/PI*, 6ª T., rel. Min. Maria Thereza de Assis Moura, j. 21.06.2011, DJe 01.07.2011).

"MANDADO DE SEGURANÇA. SERVIDOR PÚBLICO. PROCESSOADMINISTRATIVO DISCIPLINAR. DEMISSÃO. AUSÊNCIA DE DEFENSOR NA OITIVA DE TESTEMUNHAS. ACOMPANHAMENTO DA INSTRUÇÃO PROCESSUAL PELO ACUSADO DESDE O INÍCIO. SÚMULA VINCULANTE Nº 5. NORMA INFRALEGAL JUNTADA AOS AUTOS APÓS RELATÓRIO FINAL DA COMISSÃO PROCESSANTE. AUSÊNCIA DE PREJUÍZO. EXCESSO DE PRAZO PARA CONCLUSÃO DO PROCESSO ADMINISTRATIVO DISCIPLINAR. AUSÊNCIA DE NULIDADE. PRAZO PARA NOTIFICAÇÃO DO INDICIADO. INOBSERVÂNCIA. PRINCÍPIOS DA AMPLA DEFESA E DO CONTRADITÓRIO CONTRARIADOS. SEGURANÇA CONCEDIDA. 1. A Súmula Vinculante n.º 5 assim preconiza: "A falta de defesa técnica por advogado no processo administrativo disciplinar não ofende a Constituição." Desse modo, não há falar em prejuízo à amplitude da defesa e ao contraditório, em face da ausência de defensor nas oitivas de testemunhas, uma vez que não é indispensável a presença de advogado no processo administrativo disciplinar. Ademais, o impetrante fez-se presente nos depoimentos das testemunhas. [...] 5. Ordem concedida" (STJ, *MS 12.895/DF*, 3ª Seção, rel. Min. Og Fernandes, j. 11.11.2009, DJe 18.12.2009).

APLICAÇÃO EM PROVAS E CONCURSOS PÚBLICOS

1. **(Prefeitura de Porto Alegre/RS – Fonoaudiólogo – Fundatec – 2022) Landra, cidadã do Município de ZZT, soube por meio de um conhecido que o determinado servidor do Município auxiliaria uma pessoa a ingressar no serviço público por meio de concurso, passando-lhe informações privilegiadas que lhe dariam vantagens sobre os outros candidatos. Quando soube disso, Landra decidiu agir, pois não aceitava que isso acontecesse, até mesmo porque outras pessoas, como sua filha, estavam estudando com afinco para participar do concurso público e conseguir uma oportunidade. Assim, Landra dirigiu-se até a autoridade administrativa competente para representar, a fim de que fosse instaurada investigação destinada a apurar a prática de ato de improbidade. Por não ser alfabetizada, a representação fora reduzida a termo por servidor do setor e assinada conforme as possibilidades de Landra, documento no qual foram apresentadas a qualificação da representante, as informações sobre o fato e sua autoria e a indicação das provas de que tenha conhecimento. Durante o procedimento administrativo, o advogado do servidor acusado requereu a rejeição da representação, pelo fato de compreender que o ato de Landra não cumpria os requisitos da Lei de Improbidade Administrativa.**

   Considerando a narrativa acima, tendo por referência a íntegra da Lei Federal nº 8.429/1992, analise as alternativas abaixo e assinale a que melhor se adequar à situação narrada.

   (A) A alegação do advogado é pertinente, a partir do momento em que a representação está condicionada à presença de advogado, tendo em vista a especialidade técnica necessária ao ato.

   (B) Não possui fundamento a alegação do advogado, pois a lei deixa claro que a representação poderá ser reduzida a termo, apesar de abordar a modalidade escrita, desde que assinada, contendo outros requisitos legais, como demonstrado.

   (C) O alegado pelo advogado procede, não por problemas com a atitude de Landra, mas sim pela legitimidade da propositura e assistência jurídica, que deveria ser feita pelo Ministério Público pertinente, tendo em vista a lesão ser oriunda de relação jurídica de direito público.

   (D) A argumentação do causídico só possuirá lastro jurídico se o mesmo contestar não a legitimidade da representação de Landra, mas sim as vantagens que podem ser auferidas pela representante com esse ato, já que sua filha prestará também o concurso público.

   (E) O levantado pelo advogado não encontrará respaldo, pois ele deveria contestar a competência da autoridade administrativa em realizar tal ato que, de acordo com Lei de Improbidade Administrativa, deveria ter sido levado diretamente ao conhecimento do Poder Judiciário.

2. **(CFBio – Técnico em TI – Quadrix – 2018) De acordo com a Lei n.º 8.429/1992, que dispõe sobre as sanções aplicáveis aos agentes públicos nos casos de enriquecimento ilícito no exercício de mandato, cargo, emprego ou função na Administração Pública direta, indireta ou fundacional, julgue o item.**

A representação, à autoridade administrativa competente, para que seja instaurada investigação destinada a apurar a prática de ato de improbidade poderá ser realizada por qualquer pessoa.

3. (PC-MA – Investigador de Polícia – Cespe – 2018) À luz da Lei de Improbidade Administrativa — Lei n.º 8.429/1992 —, julgue os itens a seguir.

I Qualquer pessoa poderá representar à autoridade administrativa competente para que seja instaurada investigação destinada a apurar a prática de ato de improbidade.

II A representação, por carecer de formalismo, será escrita ou reduzida a termo e assinada, devendo conter somente a qualificação do representante e as informações sobre o fato.

III Comissão processante poderá representar ao Ministério Público para que este requeira ao juízo competente a decretação do sequestro dos bens do agente ou de terceiro que tenha enriquecido ilicitamente.

IV A rejeição da representação pela autoridade administrativa impede a representação ao Ministério Público no mesmo caso.

Estão certos apenas os itens

(A) I e II.

(B) I e III.

(C) III e IV.

(D) I, II e IV.

(E) II, III e IV.

4. (UFBA – Técnico em Segurança do Trabalho – Instituto AOCP – 2017) A Lei nº 8.429/1992, também chamada de Lei de Improbidade Administrativa, dispõe sobre as sanções aplicáveis aos agentes públicos nos casos de enriquecimento ilícito no exercício de mandato, cargo, emprego ou função na administração pública direta, indireta ou fundacional. Acerca das sanções aplicáveis aos agentes públicos nos casos de enriquecimento ilícito, julgue, como CERTO ou ERRADO, o item a seguir.

Qualquer pessoa poderá representar à autoridade administrativa competente para que seja instaurada investigação destinada a apurar a prática de ato de improbidade.

5. (Câmara de Currais Novos/RN – Procurador Legislativo – COMPERVE – 2017) O combate à corrupção na Administração Pública brasileira é viabilizado a partir de variados instrumentos de prevenção e repressão. Ações penais, civis e processos administrativos são apenas alguns exemplos disso. Dentro de tal contexto, surge o tema da improbidade administrativa e a lei responsável por sua disciplina infraconstitucional. A Lei n.º 8.429, de 2 de junho de 1992, ao tratar do assunto, estabelece que qualquer

(A) cidadão em dia com as obrigações eleitorais poderá representar ao Ministério Público para que seja instaurada investigação destinada a apurar a prática de ato de improbidade, devendo essa representação ser escrita ou reduzida a termo, sem que dela conste qualquer identificação do representante.

(B) pessoa poderá representar à autoridade administrativa competente para que seja instaurada investigação destinada a apurar a prática de ato de improbidade, devendo essa representação ser escrita ou reduzida a termo e assinada, conter a qualificação do representante, as informações sobre o fato e sua autoria e a indicação das provas de que tenha conhecimento.

(C) autoridade administrativa poderá representar à Defensoria Pública para que seja instaurada investigação destinada a apurar a prática de ato de improbidade, devendo essa representação ser escrita e assinada, conter as informações sobre o fato e sua autoria e a indicação das provas de que tenha conhecimento, sem mencionar a qualificação do representante.

(D) servidor público estável poderá representar ao Judiciário para que seja instaurada investigação pela Defensoria Pública destinada a apurar a prática de ato de improbidade, devendo essa representação ser escrita e assinada, conter as informações sobre o fato e sua autoria e a indicação das provas de que tenha conhecimento.

6. (JUCESC – Analista de Informática – FEPESE – 2017) Quanto ao Procedimento Administrativo e ao Processo Judicial previstos na Lei de Improbidade Administrativa (Lei nº 8.429/1992), assinale a alternativa correta.

(A) A representação, para ser aceita, não precisará observar nenhuma formalidade estabelecida em Lei, podendo ser inclusive genérica.

(B) O Ministério Público, se não intervir no processo como parte, poderá, facultativamente, atuar como fiscal da lei.

(C) A ação principal, proposta pelo Ministério Público ou pela pessoa jurídica interessada, terá o rito sumário.

(D) Qualquer pessoa poderá representar à autoridade administrativa competente para que seja instaurada investigação destinada a apurar a prática de ato de improbidade.

(E) A rejeição da representação pela autoridade administrativa impede a representação ao Ministério Público.

7. (CRF-GO – Agente Administrativo – Quadrix – 2022) Segundo a Lei nº 8.429/1992, julgue o item.

Qualquer pessoa poderá representar à autoridade administrativa competente para que seja instaurada investigação destinada a apurar a prática de ato de improbidade.

1	2	3	4	5	6	7
B	V	B	V	B	D	V

Art. 15. A comissão processante dará conhecimento ao Ministério Público e ao Tribunal ou Conselho de Contas da existência de procedimento administrativo para apurar a prática de ato de improbidade.

Parágrafo único. O Ministério Público ou Tribunal ou Conselho de Contas poderá, a requerimento, designar representante para acompanhar o procedimento administrativo.

COMENTÁRIOS

Recebida a representação e instaurado o processo administrativo, a investigação ficará a cargo de uma comissão processante, que no âmbito federal é composta por três servidores estáveis designados pela autoridade competente, a qual indicará, dentre eles, o seu presidente, que deverá ser ocupante de cargo efetivo superior ou de mesmo nível, ou ter nível de escolaridade igual ou superior ao do indiciado (art. 149, *caput*, Lei 8.112, de 1990, normalmente reproduzido nos estatutos de servidores públicos estaduais ou municipais). Uma das primeiras providências a ser tomada pela referida Comissão é comunicar ao Ministério Público e ao Tribunal de Contas a existência do procedimento administrativo instaurado para apurar a prática de ato de improbidade.

A comunicação de que trata o dispositivo em comento é **obrigatória**, mas sua **ausência não é causa de anulação do processo administrativo, prestando-se a três finalidades**:

(i) oportunizar aos órgãos fiscalizatórias a antecipação de providências incluídas em suas atribuições funcionais;

(ii) permitir a participação e fiscalização no processo instaurado, contribuindo para sua efetividade;

(iii) viabilizar a adoção pelo Ministério Público de eventuais medidas cautelares que entender cabíveis[151].

CASUÍSTICA

"MANDADO DE SEGURANÇA. SERVIDOR PÚBLICO CIVIL. PROCESSO ADMINISTRATIVO DISCIPLINAR. MINISTÉRIO PÚBLICO. TRIBUNAL DE CONTAS. CIÊNCIA.

151. NEVES, Daniel Amorim Assumpção; OLIVEIRA, Rafael Carvalho Rezende. *Manual* ... p 375.

ARTIGO 15 DA LEI 8.429/92. FALTA. MERA IRREGULARIDADE. NULIDADE. NÃO OCORRÊNCIA. PRESCRIÇÃO DA PRETENSÃO PUNITIVA. NÃO OCORRÊNCIA. DEMISSÃO. PROPORCIONALIDADE. SEGURANÇA DENEGADA. **I - Constitui mera irregularidade, incapaz de gerar nulidade, o fato de a comissão processante não ter dado ciência imediata ao Ministério Público e ao Tribunal de Contas da existência do procedimento administrativo disciplinar, para eventual apuração da prática de ato de improbidade. II - Na espécie, ademais, o processo disciplinar somente foi instaurado após o recebimento de ofício oriundo do próprio Ministério Público Federal, que noticiava indícios de atos de improbidade administrativa.** III - Não se verifica, in casu, a alegada prescrição da pretensão punitiva, porquanto, interrompida a contagem do prazo prescricional pela instauração do PAD, em 18/5/2007 (para a apuração de fatos tidos por ímprobos, comunicados pelo MPF por meio de ofício datado de 2/9/2004), a penalidade demissional foi aplicada em 8/1/2010, isto é, antes que alcançada pelo lustro prescricional (conf. art. 142, inciso I, §§ 1º e 3º, da Lei nº 8.112/90). IV - Não se revela desproporcional a aplicação da penalidade de demissão no caso concreto, em que a impetrante, analista tributário da Receita Federal, teve reconhecida evolução patrimonial incompatível com os seus rendimentos, devidamente apurada e comprovada mediante regular procedimento administrativo. Precedente. Ordem denegada. Agravo regimental prejudicado" (STJ, *MS 15.021/DF*, 3ª Seção, rel. Min. Felix Fischer, j. 25.08.2010, DJe 24.09.2010, grifamos).

APLICAÇÃO EM PROVAS E CONCURSOS PÚBLICOS

1. **(TJ-SP – Escrevente Técnico Judiciário – Vunesp – 2017) O procedimento administrativo previsto na Lei Federal n° 8.429/92, destinado a apurar a prática de ato de improbidade,**

   (A) será iniciado por representação, que será escrita ou reduzida a termo, podendo o representante permanecer anônimo, se assim o desejar.

   (B) poderá acarretar o exame e o bloqueio de bens, contas bancárias e aplicações financeiras mantidas pelo indiciado no exterior, se for o caso.

   (C) poderá compreender o decreto de sequestro dos bens do agente ou terceiro que tenha enriquecido ilicitamente ou causado dano ao patrimônio público.

   (D) impedirá a apuração dos fatos pelo Ministério Público, caso se conclua pela improcedência das acusações.

   (E) deverá ser levado ao conhecimento do Ministério Público e do Tribunal ou Conselho de Contas, pela Comissão Processante.

1
E

~~**Art. 16.** Havendo fundados indícios de responsabilidade, a comissão representará ao Ministério Público ou à procuradoria do órgão para que requeira ao juízo competente a decretação do seqüestro dos bens do agente ou terceiro que tenha enriquecido ilicitamente ou causado dano ao patrimônio público.~~

~~§ 1º O pedido de seqüestro será processado de acordo com o disposto nos arts. 822 e 825 do Código de Processo Civil.~~

~~§ 2º Quando for o caso, o pedido incluirá a investigação, o exame e o bloqueio de bens, contas bancárias e aplicações financeiras mantidas pelo indiciado no exterior, nos termos da lei e dos tratados internacionais.~~

Art. 16. Na ação por improbidade administrativa poderá ser formulado, em caráter antecedente ou incidente, pedido de indisponibilidade de bens dos réus, a fim de garantir a integral recomposição do erário ou do acréscimo patrimonial resultante de enriquecimento ilícito. (Redação dada pela Lei nº 14.230, de 2021)

§ 1º (Revogado). (Redação dada pela Lei nº 14.230, de 2021)

§ 1º-A O pedido de indisponibilidade de bens a que se refere o **caput** deste artigo poderá ser formulado independentemente da representação de que trata o art. 7º desta Lei. (Incluído pela Lei nº 14.230, de 2021)

§ 2º Quando for o caso, o pedido de indisponibilidade de bens a que se refere o **caput** deste artigo incluirá a investigação, o exame e o bloqueio de bens, contas bancárias e aplicações financeiras mantidas pelo indiciado no exterior, nos termos da lei e dos tratados internacionais. (Redação dada pela Lei nº 14.230, de 2021)

§ 3º O pedido de indisponibilidade de bens a que se refere o **caput** deste artigo apenas será deferido mediante a demonstração no caso concreto de perigo de dano irreparável ou de risco ao resultado útil do processo, desde que o juiz se convença da probabilidade da ocorrência dos atos descritos na petição inicial com fundamento nos respectivos elementos de instrução, após a oitiva do réu em 5 (cinco) dias. (Incluído pela Lei nº 14.230, de 2021)

§ 4º A indisponibilidade de bens poderá ser decretada sem a oitiva prévia do réu, sempre que o contraditório prévio puder comprovadamente frustrar a efetividade da medida ou houver outras circunstâncias que recomendem a proteção liminar, não podendo a urgência ser presumida. (Incluído pela Lei nº 14.230, de 2021)

§ 5º Se houver mais de um réu na ação, a somatória dos valores declarados indisponíveis não poderá superar o montante indicado na petição inicial como dano ao erário ou como enriquecimento ilícito. (Incluído pela Lei nº 14.230, de 2021)

§ 6º O valor da indisponibilidade considerará a estimativa de dano indicada na petição inicial, permitida a sua substituição por caução idônea, por fiança bancária ou por seguro-garantia judicial, a requerimento do réu, bem como a sua readequação durante a instrução do processo. (Incluído pela Lei nº 14.230, de 2021)

§ 7º A indisponibilidade de bens de terceiro dependerá da demonstração da sua efetiva concorrência para os atos ilícitos apurados ou, quando se tratar de pessoa jurídica, da instauração de incidente de desconsideração da personalidade jurídica, a ser processado na forma da lei processual. (Incluído pela Lei nº 14.230, de 2021)

§ 8º Aplica-se à indisponibilidade de bens regida por esta Lei, no que for cabível, o regime da tutela provisória de urgência da Lei nº 13.105, de 16 de março de 2015 (Código de Processo Civil). (Incluído pela Lei nº 14.230, de 2021)

§ 9º Da decisão que deferir ou indeferir a medida relativa à indisponibilidade de bens caberá agravo de instrumento, nos termos da Lei nº 13.105, de 16 de março de 2015 (Código de Processo Civil).(Incluído pela Lei nº 14.230, de 2021)

§ 10. A indisponibilidade recairá sobre bens que assegurem exclusivamente o integral ressarcimento do dano ao erário, sem incidir sobre os valores a serem eventualmente aplicados a título de multa civil ou sobre acréscimo patrimonial decorrente de atividade lícita. (Incluído pela Lei nº 14.230, de 2021)

§ 11. A ordem de indisponibilidade de bens deverá priorizar veículos de via terrestre, bens imóveis, bens móveis em geral, semoventes, navios e aeronaves, ações e quotas de sociedades simples e empresárias, pedras e metais preciosos e, apenas na inexistência desses, o bloqueio de contas bancárias, de forma a garantir a subsistência do acusado e a manutenção da atividade empresária ao longo do processo. (Incluído pela Lei nº 14.230, de 2021)

§ 12. O juiz, ao apreciar o pedido de indisponibilidade de bens do réu a que se refere o **caput** deste artigo, observará os efeitos práticos da decisão, vedada a adoção de medida capaz de acarretar prejuízo à prestação de serviços públicos. (Incluído pela Lei nº 14.230, de 2021)

§ 13. É vedada a decretação de indisponibilidade da quantia de até 40 (quarenta) salários mínimos depositados em caderneta de poupança, em outras aplicações financeiras ou em conta-corrente. (Incluído pela Lei nº 14.230, de 2021)

§ 14. É vedada a decretação de indisponibilidade do bem de família do réu, salvo se comprovado que o imóvel seja fruto de vantagem patrimonial indevida, conforme descrito no art. 9º desta Lei. (Incluído pela Lei nº 14.230, de 2021)

COMENTÁRIOS

1. Definição e natureza jurídica da indisponibilidade: trata-se de medida cautelar cujo escopo é separar bens do patrimônio do acusado/investigado de improbidade administrativa visando garantir a integral recomposição do erário ou do acréscimo patrimonial resultante de enriquecimento ilícito. Melhor explicando. "O estado de indisponibilidade significa a paralização de quaisquer possibilidades de alienação de bens (venda, permuta, dação em pagamento, doações etc.), sua estagnação provisória, preventiva de eventual consumição ou transmissão, com o fito de assegurar o definitivo perdimento (se de enriquecimento ilícito provierem) ou o ressarcimento integral do dano causado (nas hipóteses do art. 10)"[152].

Fernando da Fonseca Gajardoni *et al* já defendia mesmo antes da vigência da Lei 14.230/2021 que a medida de indisponibilidade de bens e de sequestro se equivaliam, pois ambas tinham o mesmo propósito: separar bens e direitos do acusado para garantir o cumprimento de sentença de pagar quantia objetivada na ação de improbidade administrativa. Por isso, considera acertada a opção da Lei 14.230/2021 de unificar em uma só medida (indisponibilidade) o tema das cautelares patrimoniais (arresto e sequestro) no âmbito da LIA, prevendo tratamento

152. FAZZIO JÚNIOR, Waldo. *Improbidade Administrativa*. São Paulo: Atlas, 2012, p. 362.

igualitário para ambas as providências, "[...] englobando os extintos modelos da indisponibilidade, sequestro (sic: arresto) e bloqueio de bens da antiga redação da Lei 8.429/92"[153].

2 Classificação quanto ao momento em que requerida a indisponibilidade: sob o ponto de vista do momento em que é realizado o pedido, a tutela provisória de urgência, cautelar ou satisfativa, pode ser requerida em caráter antecedente ou incidental (art. 294, parágrafo único, CPC). Idêntica sistemática foi adotada pela Lei 14.230/2021 que, alterando a redação do *caput* do art. 16 da LIA, deixou expresso que o pleito pode ser formulado tanto em caráter antecedente quanto incidente.

Assim, "sendo possível aguardar-se, sem risco à utilidade/eficácia das medidas provisórias, o ajuizamento da ação civil de improbidade (e a deliberação que o juiz lá fará a respeito do tema), o pleito de indisponibilidade/bloqueio de bens/valores, ou mesmo de afastamento judicial do agente do cargo/função, será formulado na inicial da própria ação, junto com os pedidos principais. Do contrário, havendo risco de que, aguardando-se o ajuizamento da ação civil de improbidade administrativa (cuja prática pode estar sendo investigada), a efetivação das cautelares citadas possam restar comprometidas, serão formulados antecedentemente os pleitos de tutela provisória (antes da propositura da ação civil de improbidade administrativa)"[154].

3 Legitimidade para requerer a indisponibilidade: a legitimidade para requerer a indisponibilidade é do Ministério Público, único legitimado para a propositura da ação civil de improbidade administrativa (novidade da Lei 14.230/2021). Tanto que o *caput* do art. 7º preconiza que **cabe** à autoridade que tomar conhecimento na esfera administrativa da existência de indícios de ato improbidade, representar ao Ministério Público, para as providências necessárias, o que inclui, à toda evidência, a indisponibilidade dos bens do indiciado.

A Lei 14.230/2021 incluiu dispositivo especifico no art. 16 da LIA (§ 1º) para deixar expresso que a representação não é condição para o

153. GAJARDONI, Fernando da Fonseca; CRUZ, Luana Pedrosa de Figueiredo; GOMES JUNIOR, Luiz Manoel; FAVRETO, Rogério. *Comentários à Nova Lei de Improbidade* ... p. 271.

154. GAJARDONI, Fernando da Fonseca; CRUZ, Luana Pedrosa de Figueiredo; GOMES JUNIOR, Luiz Manoel; FAVRETO, Rogério. *Comentários à Nova Lei de Improbidade* ... p. 273.

Ministério Público requerer a indisponibilidade, resolvendo a celeuma que se instaurou à luz da redação originária do art. 7º, *caput* da LIA.

Aliás, já defendíamos que a melhor exegese da lei era exatamente neste sentido, eis que a Constituição Federal reservou ao *Parquet* a função institucional de promover o inquérito civil e a ação civil pública para a proteção do patrimônio público, nos exatos termos do art. 129, inciso III.

Destarte, condicionar o exercício de tão relevante função à representação de autoridade administrativa significa tornar disponível o patrimônio público, eis que sem a representação o indiciado poderia dilapidar seu patrimônio, tornando impossível o ressarcimento ao Erário.

A bem da verdade, o Ministério Público pode tomar conhecimento dos fatos que ensejam o pleito cautelar por outras formas e, se já tiver elementos suficientes, postulá-lo em juízo, independentemente de manifestação da autoridade administrativa (ver item 1 do tópico CASUÍSTICA).

> **Atenção:** como a Lei 14.230/2021 limitou a legitimidade para a ação de improbidade administrativa ao Ministério Público, resta superado o entendimento doutrinário no sentido da legitimidade da pessoa jurídica de direito público interessada.[155].
>
> Contudo, alerta Gajardoni que a procuradoria do órgão prejudicado pelo ato de improbidade pode requerer, a título de medida preparatória ou incidental da ação civil pública de reparação de danos, qualquer providência cautelar prevista na legislação comum (art. 300 do CPC)[156].
>
> De igual modo, a reforma operada pela Lei 14.230/2021 esvaziou o entendimento doutrinário que enxergava no art. 7º outra condicionante, a saber: obrigatoriedade de aguardar o término do procedimento administrativo para se aforar o pedido de indisponibilidade. A limitação fere o princípio da inafastabilidade de jurisdição, previsto como garantia fundamental pelo art. 5º, inciso XXXV, da Constituição Federal. Além do que "[...] condicionar o pedido de indisponibilidade à representação da autoridade administrativa ao final do procedimento investigatório criaria todas as condições para o acusado frustrar a efetividade da futura ação de improbidade administrativa"[157], desnaturando justamente a finalidade da tutela de urgência consagrada pela legislação.

4 Indisponibilidade e espécies de atos de improbidade administrativa: a Lei 14.230/2021 resolveu antiga polêmica decorrente

155. NEVES, Daniel Amorim Assumpção; OLIVEIRA, Rafael Carvalho Rezende. *Manual* ... p. 515-516.
156. GAJARDONI, Fernando da Fonseca; CRUZ, Luana Pedrosa de Figueiredo; GOMES JUNIOR, Luiz Manoel; FAVRETO, Rogério. *Comentários à Nova Lei de Improbidade* ... p. 302.
157. NEVES, Daniel Amorim Assumpção; OLIVEIRA, Rafael Carvalho Rezende. *Manual* ... p. 517.

da literalidade do art. 7º, *caput* da LIA, em sua redação originária, que condicionava o cabimento da indisponibilidade aos atos de improbidade administrativa que causem prejuízo ao Erário ou importem enriquecimento ilícito.

A bem da verdade, consagrou-se o entendimento que já era dominante na doutrina e na jurisprudência, o qual se funda na premissa de que os atos de improbidade que atentam contra os princípios da Administração não raras vezes repercutem negativamente no patrimônio público, causando prejuízo ao Erário. Assim, a indisponibilidade seria instrumento adequado para resguardar o patrimônio público, especialmente para garantir a reparação do dano moral[158].

Daniel Amorim Assumpção Neves é favorável ao entendimento, mas considera o fundamento inadequado, tendo em vista que a existência de prejuízo ao Erário consubstancia ato de improbidade tipificado no art. 10. Para o referido autor, ainda que não se anteveja prejuízo ao Erário, a tutela cautelar por meio de indisponibilidade de bens será cabível para garantir o pagamento da multa civil sancionatória prevista no art. 12, inciso III, da LIA[159].

A jurisprudência do **STJ é pacífica no sentido da interpretação extensiva do art. 7º** para admitir pedido de indisponibilidade em demandas fundadas **em todas as espécies** de ato de improbidade administrativa, **inclusive as do art. 11** (violação a princípios da Administração). Ademais, aceita tanto o fundamento do prejuízo ao Erário em atos de improbidade que atentem contra os princípios da Administração quanto aquele relativo ao resguardo da multa civil sancionatória prevista no art. 12, inciso III, da LIA.

5. Objeto da indisponibilidade (art. 16, §§ 2º e 11): determina o § 2º do art. 16 da LIA, na redação da Lei 14.230/2021, que a indisponibilidade abrange a investigação, o exame e o bloqueio de bens, contas bancárias e aplicações financeiras3 mantidas pelo indiciado no exterior, nos termos da lei e dos tratados internacionais.

Interpretando o mencionado preceito legal, Gajardoni *et al* entende que a autorização para bloqueio de bens, aplicações financeiras e contas

158. GARCIA, Emerson; ALVES, Rogério Pacheco. *Improbidade* ... p. 1110.

159. NEVES, Daniel Amorim Assumpção; OLIVEIRA, Rafael Carvalho Rezende. *Manual* ... p. 513.

no exterior autoriza igual medida em relação aos bens, aplicações e contas no Brasil, citando inclusive julgado do STJ[160]. (ver **RESP 535.967**, no tópico CASUÍSTICA).

O § 11 do art. 16, acrescido pela Lei 14.230/2021, estabelece que a ordem de indisponibilidade de bens **deverá priorizar** veículos de via terrestre, bens imóveis, bens móveis em geral, semoventes, navios e aeronaves, ações e quotas de sociedades simples e empresárias, pedras e metais preciosos e, apenas na inexistência desses, o bloqueio de contas bancárias, de forma a garantir a subsistência do acusado e a manutenção da atividade empresária ao longo do processo (dispositivo fundado no *periculum in mora* inverso, isto é, situação em que o dano decorrente da concessão da medida liminar causar prejuízo irreparável à parte contrária).

Fernando da Fonseca Gajardoni sustenta que a incidência da ordem de preferência do art. 16, § 11 da LIA somente será viável se:

(i) houver patrimônio com liquidez capaz de garantir a reparação dos prejuízos e reversão da vantagem ilicitamente obtida;

(ii) ele (patrimônio) for suficiente para cobrir todo o dano suposto, estimado na forma do art. 16, §§ 6º e 10 da LIA;

(iii) O réu da ação de improbidade comprove nos autos, em pleno contraditório com o MP, que os valores indisponibilizados, efetivamente, comprometem sua subsistência ou o funcionamento da atividade empresário ao longo do processo[161].

Dessa forma, ausentes os mencionados requisitos, a indisponibilidade poderia alcançar - mesmo preferencialmente –, os ativos do acusado.

Marçal Justen Filho defende a existência de duas ordens de preferência. Primeiramente, a preferência deve recair sobre bens existentes no território nacional, de modo que somente seria viável a indisponibilidade de bens, contas e aplicações no exterior caso o patrimônio existente no território nacional seja insuficiente para assegurar a eficácia do futuro provimento. Em segundo lugar, observar-se-ia a prioridade da indisponibilidade por bens diversos de dinheiro (§ 11)[162].

---

160. GAJARDONI, Fernando da Fonseca; CRUZ, Luana Pedrosa de Figueiredo; GOMES JUNIOR, Luiz Manoel; FAVRETO, Rogério. *Comentários à Nova Lei de Improbidade* ... p. 301.

161. GAJARDONI, Fernando da Fonseca; CRUZ, Luana Pedrosa de Figueiredo; GOMES JUNIOR, Luiz Manoel; FAVRETO, Rogério. *Comentários à Nova Lei de Improbidade* ... p. 303.

162. JUSTEN FILHO, Marçal. *Reforma da Lei de Improbidade* ... p. 175.

6. Indisponibilidade para garantia do pagamento de multa civil e acréscimo patrimonial decorrente da atividade lícita (art. 16, § 10): o *caput* do art. 16 da LIA, na redação da Lei 14.230/2021, é taxativo ao determinar que a indisponibilidade pode ser requerida no bojo da ação de improbidade administrativa, em caráter antecedente ou incidente, a fim de garantir a integral recomposição do erário ou do acréscimo patrimonial resultante de enriquecimento ilícito.

Antes da Lei 14.230/2021, o parágrafo único do art. 7º da LIA estabelecia que a indisponibilidade recaía sobre bens que assegurassem o integral ressarcimento do dano, ou sobre o acréscimo patrimonial resultante do enriquecimento ilícito. Nada mencionava, portanto, acerca da multa civil, razão pela qual parte da doutrina sustentava que a providência cautelar somente teria cabimento para assegurar a eficácia de eventual sentença proferida em ação de improbidade contra atos que gerassem prejuízo ao erário ou enriquecimento ilícito.[163].

No entanto, preponderou, inclusive na jurisprudência do STJ (*vide* item 5 do tópico CASUÍSTICA), interpretação ampliativa da LIA para **incluir também a multa civil**, pois "a exclusão, nesse caso, poderia contribuir com uma ineficácia parcial da ação de improbidade administrativa, o que certamente não era a vontade do legislador ao criar o dispositivo ora analisado"[164].

Era o que determinava o Tema 1.055 da jurisprudência do STJ: "é possível a inclusão de eventual multa civil na medida de indisponibilidade de bens decretada na ação de improbidade administrativa, inclusive naquelas demandas ajuizadas com esteio na alegada prática de conduta prevista no art. 11 da Lei 8.429/92, tipificador de ofensa aos princípios nucleares administrativos".

Nesse particular, houve a superação do sobredito entendimento jurisprudencial, na medida em que o § 10 do art. 16, acrescentado pela Lei 14.230/2021, dispõe expressamente em sentido contrário ao prescrever que a indisponibilidade recairá sobre bens que assegurem exclusivamente o integral ressarcimento do dano ao erário, **sem incidir sobre os valores a serem eventualmente aplicados a título de multa** ou sobre acréscimo patrimonial decorrente de atividade lícita.

163. ANDRADE, Adriano; MASSON, Cleber; ANDRADE, Landolfo. *Interesses difusos e coletivos esquematizado*. São Paulo: Método, 2011, p. 724.

164. NEVES, Daniel Amorim Assumpção; OLIVEIRA, Rafael Carvalho Rezende. *Manual* ... p. 520.

No entanto, adverte Gajardoni *et al* que o poder geral de cautela do magistrado não pode ficar enclausurado, revelando-se possível, sempre que necessário, o manejo supletivo da cautelar inominada prevista nos arts. 300/301 do CPC para o fim de preservar o patrimônio do agente para futura execução de sentença impositiva de multa (arts. 12, III e IV, da LIA), seja na forma de arresto, seja por protesto contra a alienação de bens[165].

Outra vedação do dispositivo é a que impede que a indisponibilidade incida sobre acréscimo patrimonial oriundo de atividade lícita. Significa que é incabível esta tutela provisória para alcançar bens e valores auferidos de forma lícita pelo agente ímprobo, tais como salários, lucros e dividendos distribuídos por empresa da qual é sócio/acionista.

7. Extensão da garantia: há intenso debate sobre saber se os bens, objeto da medida, devem ser contemporâneos ao ato de improbidade ou se alcançaria inclusive aqueles adquiridos antes da prática ilícita, discussão em que não se imiscuiu a Lei 14.230/2021.

Uma parcela da doutrina defende que a indisponibilidade somente alcança os bens adquiridos depois da prática do ato de improbidade administrativa, como seu fruto[166]. A **orientação dominante** é no sentido de que até mesmo os bens adquiridos antes da prática do ato de improbidade, desde que integrem o patrimônio do acusado/investigado no momento da efetivação da medida, ficam sujeitos à indisponibilidade (ver item 6 do tópico CASUÍSTICA).

8. Limites ao ato de constrição (art. 16, §§ 5º, 13 e 14): considerando os escopos da tutela de urgência, delineado linhas atrás, fácil é constatar que a constrição deve ser **suficiente para garantir a eficácia de eventual e futura sentença condenatória** a ser proferida no bojo de ação de improbidade administrativa. Logo, não abrange todo o patrimônio do pretenso ímprobo, mas tão somente o necessário à satisfação da condenação, ainda que se trate de valores estimados. Até porque "[...] a indisponibilidade não é sanção. Seu escopo, como

165. GAJARDONI, Fernando da Fonseca; CRUZ, Luana Pedrosa de Figueiredo; GOMES JUNIOR, Luiz Manoel; FAVRETO, Rogério. *Comentários à Nova Lei de Improbidade* ... p. 296-297.

166. MEIRELLES, Hely Lopes; WALD, Arnaldo; MENDES, Gilmar Ferreira. *Mandado de segurança e ações constitucionais.* 32ª ed. São Paulo: Malheiros, 2009, p. 252.

cautelar, é preservar a existência de bens aptos, suficientes para garantir a integral reparação do dano que, futuramente, se for o caso, ocorrerá na execução força de sentença condenatória"[167].

Para tanto, considerar-se-á a estimativa de dano indicada na petição inicial, permitida a sua substituição por caução idônea, por fiança bancária ou por seguro-garantia judicial, **a requerimento do réu**, bem como a sua readequação durante a instrução do processo (art. 16, § 6º da LIA).

No entanto, a teor do disposto no § 5º do art. 16, se houve pluralidade de réus na demanda, a somatória dos valores declarados indisponíveis não poderá superar o montante indicado na petição inicial como dano ao erário ou como enriquecimento ilícito. "Limite que deve ser observado no momento da efetivação da indisponibilidade (e não no da decretação dela), pois somente após o cumprimento da ordem judicial que será possível saber se houve excesso de indisponibilização no patrimônio dos agentes, caso em que o juiz liberará o que exceder o limite legal, na proporção da responsabilidade e cada qual (na maioria dos casos, solidária no que tange à reparação do dano – art. 942, parágrafo único, do CC)"[168].

A Lei 14.230/2021 consagrou, expressamente, algumas limitações à indisponibilidade, superando alguns entendimentos jurisprudenciais.

O § 13 do art. 16 tornou proscrita a decretação de indisponibilidade da quantia de até 40 (quarenta) salários mínimos depositados em caderneta de poupança, em outras aplicações financeiras ou em conta-corrente. Marçal Justen Filho, comentando a Lei 14.230/2021, lembra que "essa ressalva [de que os valores sejam mantidos em instituições financeiras] deve ser interpretada no sentido da presunção da regularidade da origem de tais valores. Não se aplica a restrição quanto a valores em espécie, que sejam localizados em poder do acusado"[169].

O § 14 do art. 16, por sua vez, proibiu a decretação de indisponibilidade do bem de família do réu, salvo se comprovado que o imóvel seja fruto de vantagem patrimonial indevida, tornando superada a jurisprudência do STJ (ver item 8 do tópico CASUÍSTICA), a qual considerava **juridicamente possível a indisponibilidade**, diferenciando para tanto:

167. PAZZAGLINI FILHO, Marino. *Lei de Improbidade* ... p. 206.

168. GAJARDONI, Fernando da Fonseca; CRUZ, Luana Pedrosa de Figueiredo; GOMES JUNIOR, Luiz Manoel; FAVRETO, Rogério. *Comentários à Nova Lei de Improbidade* ... p. 293.

169. JUSTEN FILHO, Marçal. *Reforma da Lei de Improbidade* ... p. 176.

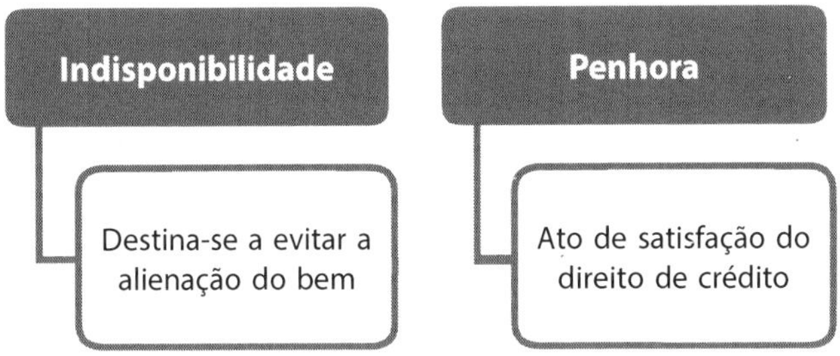

Adotou-se, portanto, o entendimento doutrinário segundo o qual "[...] não há qualquer sentido em torná-lo [bem de família] indisponível porque, no momento executivo, esse bem não poderá servir à satisfação do direito, de forma que não terá qualquer sentido proceder à sua constrição cautelar"[170].

A doutrina apresenta duas exceções à vedação:

(i) indisponibilidade de bens impenhoráveis que sumariamente se demonstrem adquiridos com o produto da apropriação ilícita do patrimônio público, como consectário lógico do disposto no art. 3º, inciso VI da Lei 8.009/90 c/c art. 14, § 14 da LIA;

(ii) indisponibilidade de percentual do salário de servidor público com base na aplicação analógica da regra do art. 14, § 3º da Lei da Ação Popular (nº 4.717, de 29 de junho de 1965), relativizando o disposto no 833, inciso IV do CPC (impenhorabilidade salarial)[171]. O percentual seria fixado pelo juiz receptor do pleito cautelar e não poderá exceder a 35% (trinta e cinco por cento) do valor total dos rendimentos do servidor (percentual alcançado mediante a aplicação analógica do disposto na Lei Federal 10.820/2003, com as alterações da Lei 13.172/2015)[172].

---

170. NEVES, Daniel Amorim Assumpção; OLIVEIRA, Rafael Carvalho Rezende. *Manual* ... p. 524.

171. Art. 14. Se o valor da lesão ficar provado no curso da causa, será indicado na sentença; se depender de avaliação ou perícia, será apurado na execução.

§ 3º Quando o réu condenado perceber dos cofres públicos, a execução far-se-á por desconto em folha até o integral ressarcimento do dano causado, se assim mais convier ao interesse público.

Art. 833. São impenhoráveis:

IV - os vencimentos, os subsídios, os soldos, os salários, as remunerações, os proventos de aposentadoria, as pensões, os pecúlios e os montepios, bem como as quantias recebidas por liberalidade de terceiro e destinadas ao sustento do devedor e de sua família, os ganhos de trabalhador autônomo e os honorários de profissional liberal, ressalvado o § 2º ".

172. GAJARDONI, Fernando da Fonseca; CRUZ, Luana Pedrosa de Figueiredo; GOMES JUNIOR, Luiz Manoel; FAVRETO, Rogério. *Comentários à Nova Lei de Improbidade* ... p. 294.

8. Indisponibilidade de bens de terceiros (art. 16, § 7º): de acordo com o § 7º do art. 16, a indisponibilidade de bens de terceiro dependerá da demonstração da sua efetiva concorrência para os atos ilícitos apurados ou, quando se tratar de pessoa jurídica, da instauração de incidente de desconsideração da personalidade jurídica, a ser processado na forma da lei processual.

A desconsideração da personalidade jurídica, instrumento imprescindível para alcançar o patrimônio do sócio, depende da efetiva presença dos seus requisitos, que são extraídos do art. 50 do Código Civil (regra geral, com a adoção da teoria maior da desconsideração[173]). Assim, a desconsideração será cabível sempre que evidenciado o abuso da personalidade através de atos fraudulentos, caracterizados pelo desvio de finalidade ou pela confusão patrimonial (elemento subjetivo). Para tanto, considera-se:

1. **desvio de finalidade**: a utilização da pessoa jurídica com o propósito de lesar credores e para a prática de atos ilícitos de qualquer natureza, não se constituindo como tal a mera expansão ou a alteração da finalidade original da atividade econômica específica da pessoa jurídica;
2. **confusão patrimonial**: ausência de separação de fato entre os patrimônios, caracterizada por:
   (a) cumprimento repetitivo pela sociedade de obrigações do sócio ou do administrador ou vice-versa;
   (b) transferência de ativos ou de passivos sem efetivas contraprestações, exceto os de valor proporcionalmente insignificante; e
   (c) outros atos de descumprimento da autonomia patrimonial (art. 50, §§ 1º, 2º e 5º do CC, incluídos pela Lei 113.874/2019).

No campo processual, a desconsideração depende da instauração de incidente próprio, observando-se as regras dos arts. 133 a 137 do

173. Trata-se de classificação baseada na maior ou menor rigidez dos requisitos para a desconsideração da personalidade jurídica. Para a teoria maior, a desconsideração pressupõe a demonstração de que os sócios agiram com fraude ou abuso da personalidade, ou confusão patrimonial, enquanto a teoria menor contenta-se com apenas com elementos objetivos, bastando para tanto que a personalidade se revele um obstáculo à consecução dos fins sociais a que a norma se destina.

Código de Processo Civil. O pleito pode ser veiculado pela parte ou pelo Ministério Público, quando lhe couber intervir no feito, em todas as fases do processo de conhecimento, no cumprimento de sentença e na execução fundada em título executivo extrajudicial.

9. O pedido de indisponibilidade e os requisitos para sua concessão (art. 16, §§ 3º e 4º): o pedido de indisponibilidade poderá ser requerido por meio de tutela antecedente ou incidentalmente no curso da ação de improbidade administrativa, observados os requisitos necessários para tanto, expressamente previstos no art. 16, §§ 3º e 4º da LIA, incluído pela Lei 14.230/2021, a saber:

a. ***fumus boni juris***, consistente na existência de elementos concretos que evidenciem a probabilidade do direito (ocorrência de atos de improbidade administrativa descritos na exordial); e

b. ***periculum in mora***, consubstanciado no perigo de dano irreparável ou risco ao resultado útil do processo;

c. oitiva do réu no prazo de cinco dias, dispensada quando demonstrado que o contraditório prévio puder frustrar a efetividade da medida ou houver outras circunstâncias que recomendem a proteção liminar, não podendo a urgência ser presumida para tanto.

A Lei 14.230/2021, nesse particular, tornou superado o entendimento segundo o qual o *periculum in mora* estaria implícito e decorreria dos próprios termos da inicial e da gravidade dos fatos alegados, dispensando, por conseguinte, a comprovação concreta do perigo. Houve, portanto, a expressa vedação à presunção urgência, cabendo ao Ministério Público produzir as provas necessárias e aptas a demonstrar os indícios do perigo de dano irreparável ou do risco ao resultado útil do processo.

Consagrou-se, vale reafirmar, a orientação doutrinária segundo a qual o perigo de dilapidação ou o desvio patrimonial deve ser concretamente comprovado, ou seja, será ônus do requerente demonstrar que o acusado ou investigado está tentando ocultar, desviar ou dilapidar seus bens com vistas a frustrar a futura execução de quantia certa decorrente da condenação por improbidade administrativa[174].

---

174. PAZZAGLINI FILHO, Marino. *Lei de Improbidade* ... p. 205.

Não por outra razão, o § 4º do art. 6º, acrescentado pela Lei 14.230/2021 é taxativo ao ressalvar que o perigo não pode ser presumido mesmo quando seja viável a decretação da indisponibilidade sem a prévia oitiva do acusado.

Há doutrina, ainda, que defende como pressuposto ao deferimento da medida a inexistência de risco de dano inverso ou reversibilidade da medida, por força do disposto no art. 300, § 3º do CPC, aplicável à ação de improbidade administrativa por força do § 8º do art. 16.

10. Apreciação do pedido de indisponibilidade (art. 16, § 12): na apreciação do pedido de indisponibilidade, o magistrado observará os efeitos práticos da decisão, não podendo determinar medida capaz de acarretar prejuízo à prestação de serviços públicos (art. 16, § 12 da LIA, incluído pela Lei 14.230/2021). Trata-se de previsão que se espelha no princípio da proporcionalidade, exigindo do magistrado um juízo acerca das consequências práticas de sua decisão, isto é, deverá sopesar a necessidade e adequação da providência para a efetiva tutela do bem jurídico (moralidade administrativa), inclusive em face das possíveis alternativas menos onerosas.

Ademais, é vedado ao magistrado conceder medida cautelar de indisponibilidade capaz de inviabilizar a prestação de serviços públicos ou que afete terceiros alheios a relação processual. "Assim, por exemplo, não é cabível decretar a indisponibilidade patrimonial de modo a impedir o pagamento dos salários dos empregados, a liquidação das obrigações tributárias e trabalhistas ou o pagamento dos fornecedores".

11. Recorribilidade (art. 16, § 9º): o CPC estabeleceu uma sistemática diferenciada para a recorribilidade das decisões interlocutórias, embora o STJ tenha relativizado o modelo originalmente proposto ao julgar o **REsp 1.704.520/MT** e firmar a orientação no sentido da taxatividade mitigada do rol do art. 1.015 do CPC (ver item 13 do tópico CASUÍSTICA). Por isso, o § 9º do art. 16 preferiu deixar expresso que a decisão que defere ou indefere a medida de indisponibilidade de bens é recorrível por agravo de instrumento.

CASUÍSTICA

1. Representação por indisponibilidade e momento para o MP requerer a medida:

"[...] A lei fala que cabe à autoridade administrativa representar ao Parquet para que este requeira a **indisponibilidade de bens quando o ato causar lesão ao patrimônio público ou ensejar enriquecimento ilícito.** Não quer dizer que a indisponibilidade será determinada nesta ocasião; apenas ressalta que, com a representação, cabe ao órgão ministerial analisar os pressupostos legais para requerê-la inclusive no bojo dos autos que instrumentalizam a ação civil pública, cabendo ainda ao juiz deferi-la ou não, **se reconhecidos os pressupostos do *fumus boni iuris e do periculum in mora*,** como reconhecidamente vem entendendo este Tribunal [...]" (STJ, *REsp 769350/CE*, 2ª T., rel. Min. Humberto Martins, j. 06.05.2008, DJe 16.05.2008, grifamos).

2. Bloqueio de bens, contas bancárias e aplicações:

"ADMINISTRATIVO E PROCESSUAL CIVIL. AGRAVO REGIMENTAL NO AGRAVO EM RECURSO ESPECIAL. AÇÃO CIVIL PÚBLICA. IMPROBIDADE ADMINISTRATIVA. MEDIDA CAUTELAR DE INDISPONIBILIDADE DE BENS. ANÁLISE EXISTÊNCIA DO FUMUS BONI IURIS. PRETENSÃO RECURSAL QUE ENCONTRA ÓBICE NA SÚMULA N. 7 DO STJ. VERBAS DE CARÁTER ALIMENTAR. IMPENHORABILIDADE. PRECEDENTES. DISSÍDIO NÃO DEMONSTRADO [...] 2. A jurisprudência desta Corte é pela possibilidade de **bloqueio de bens, aplicações financeiras e contas bancárias, ressalvadas as verbas de caráter alimentar**, previstas no art. 649, IV, do CPC, tanto que o artigo 16, §2º, da Lei 8.429/1992 autoriza igual medida para contas bancárias e aplicações financeiras mantidas pelo indiciado no exterior, nos termos da lei e dos tratados internacionais. Nesse sentido: REsp 1.313.787/RS, Rel. Min. Mauro Campbell Marques, Segunda Turma, DJe 14/08/2012; REsp 535.967/RS, Rel. Min. Eliana Calmon, Segunda Turma, DJe 04/06/2009; REsp 880.427/MG, Rel. Min. Luiz Fux, Primeira Turma, DJe 04/12/2008; REsp 929.483/BA, Rel. Min. Luiz Fux, Primeira Turma, DJe 17/12/2008 [...] (STJ, *AgRg no AREsp 436.929/RS*, 1ª T., rel. Min. Benedito Gonçalves, j. 21.10.2014, DJe 31.10.2014, grifamos).

3. Bloqueio de contas no exterior:

"PROCESSUAL CIVIL E ADMINISTRATIVO – AÇÃO CIVIL PÚBLICA – INDISPONIBILIDADE DE BENS: ART. 7º E 16 DA LEI 8.429/92 – REQUISITOS DO FUMUS BONI IURIS E DO PERICULUM IN MORA – DECRETAÇÃO SOBRE BENS ADQUIRIDOS ANTES DOS ATOS SUPOSTAMENTE ÍMPROBOS: POSSIBILIDADE – ART. 535 DO CPC. ALEGADA VIOLAÇÃO: INEXISTÊNCIA. (...) 4. A correta a interpretação do art. 16, § 2º, da Lei n. 8.429/92 revela que a lei, após autorizar o bloqueio de bens, aplicações financeiras e contas bancárias mantidas no Brasil, autorizam igual medida no exterior. 5. Recurso especial conhecido em parte e, nessa parte não provido" (STJ, *REsp 535.967/RS*, 2ª T., rel. Min. Eliana Calmon, j, 21.05.2009, DJe 04.06.2009).

4. Indisponibilidade nos atos de improbidade por violação a princípios:

"PROCESSUAL CIVIL. ADMINISTRATIVO. IMPROBIDADE. INDISPONIBILIDADE DE BENS. PEDIDO DE CONTRACAUTELA PARA SUBTRAIR EFEITO SUSPENSIVO DEFERIDO NO TRIBUNAL DE ORIGEM. INEXISTÊNCIA DE RAZÃO EXCEPCIONAL. MEDIDA CAUTELAR IMPROCEDENTE. PEDIDO DE RECONSIDERAÇÃO PREJUDICADO. (...) 5. O periculum in mora em casos de indisponibilidade patrimonial por imputação de conduta ímproba é implícito ao comando normativo do art. 7º da Lei 8.429/92, ficando limitado o deferimento desta medida acautelatória à verificação da verossimilhança das alegações formuladas na inicial. 6. Por outo lado, observo que o próprio requerente esclarece que o Ministério Público fundamentou a sua postulação de condenação no art. 11 da Lei 8.429/92 e que, por isso, não seria possível a decretação da indisponibilidade. **Porém, 'em que pese o silêncio do art. 7º da Lei n. 8.429/92, uma interpretação sistemática que leva em consideração o poder geral de cautela do magistrado induz a concluir que a medida cautelar de indisponibilidade dos bens também pode ser aplicada aos atos de improbidade administrativa que impliquem violação dos princípios da administração pública, mormente para assegurar o integral ressarcimento de eventual prejuízo ao erário, se houver, e ainda a multa civil prevista no art. 12, III, da Lei n. 8.429/92'** (AgRg no REsp 1.311.013/RO, Rel. Ministro HUMBERTO MARTINS, SEGUNDA TURMA, julgado em 4/12/2012, DJe 13/12/2012.). Medida cautelar improcedente. Pedido de reconsideração prejudicado" (STJ, *MC 24.205/RS*, 2ª T., rel. Min. Humberto Martins, j. 12.04.2016, DJe 19.04.2016, grifamos);

"ADMINISTRATIVO. IMPROBIDADE ADMINISTRATIVA. VIOLAÇÃO DOS PRINCÍPIOS DA ADMINISTRAÇÃO PÚBLICA. INDISPONIBILIDADE DE BENS. POSSIBILIDADE. DILAPIDAÇÃO PATRIMONIAL. PERICULUM IN MORA PRESUMIDO NO ART. 7º DA LEI N. 8.429/92. INDIVIDUALIZAÇÃO DE BENS. DESNECESSIDADE. 1. O art. 7º da Lei n. 8.429/92 estabelece que "quando o ato de improbidade causar lesão ao patrimônio público ou ensejar enriquecimento ilícito, caberá a autoridade administrativa responsável pelo inquérito representar ao Ministério Público, para a indisponibilidade dos bens do indiciado. Parágrafo único. A indisponibilidade a que se refere o caput deste artigo recairá sobre bens que assegurem o integral ressarcimento do dano, ou sobre o acréscimo patrimonial resultante do enriquecimento ilícito". 2. Uma interpretação literal deste dispositivo poderia induzir ao entendimento de que não seria possível a decretação de indisponibilidade dos bens quando o ato de improbidade administrativa decorresse de violação dos princípios da administração pública. 3. Observa-se, contudo, que o art. 12, III, da Lei n. 8.429/92 estabelece, entre as sanções para o ato de improbidade que viole os princípios da administração pública, o ressarcimento integral do dano - caso exista -, e o pagamento de multa civil de até cem vezes o valor da remuneração percebida pelo agente. 4. Esta Corte Superior tem entendimento pacífico no sentido de que a indisponibilidade de bens deve recair sobre o patrimônio dos réus em ação de improbidade administrativa, de modo suficiente a garantir o integral ressarcimento de eventual prejuízo ao erário, levando-se em consideração, ainda, o valor de possível multa civil como sanção autônoma. **5. Portanto, em que pese o silêncio do art. 7º da Lei n. 8.429/92, uma interpretação sistemática que leva em consideração o poder geral de cautela do magistrado induz a concluir que a medida cautelar de indisponibilidade dos bens também pode ser aplicada aos atos de improbidade administrativa que impliquem violação dos princípios da administração pública, mormente para assegurar o integral ressarcimento de eventual prejuízo ao erário, se houver, e ainda a multa civil prevista no art. 12, III, da Lei n. 8.429/92.** 6. Em relação aos requisitos para a decretação da medida cautelar, é pacífico nesta Corte Superior o entendimento segundo o qual o periculum in mora, em casos de indisponibilidade patrimonial por imputação ato de improbidade administrativa, é implícito ao comando normativo do art. 7º da Lei n. 8.429/92, ficando limitado o deferimento desta medida acautelatória à verificação da verossimilhança das alegações formuladas na inicial. Agravo regimental improvido" (STJ, *AgRg no REsp 1311013/RO*, 2ª T., rel. Min. Humberto Martins, j. 04.12.2012, DJe 13.12.2012, grifamos).

5. Indisponibilidade e multa civil (SUPERADO PELA LEI 14.230/2021):

"PROCESSUAL CIVIL E ADMINISTRATIVO. IMPROBIDADE ADMINISTRATIVA. INDISPONIBILIDADE DE BENS. GARANTIA DE EVENTUAL EXECUÇÃO. LIMITES. VALOR DO DANO AO ERÁRIO, ACRESCIDO DE POSSÍVEL IMPOSIÇÃO DE MULTA CIVIL, ESTIMADO PELO AUTOR DA AÇÃO. CONTA-CORRENTE. POSSIBILIDADE. PODERES DE CAUTELA E DE CONDUÇÃO DO FEITO PELOS MAGISTRADOS. OBSERVÂNCIA DE PRECEITOS LEGAIS SOBRE VEDAÇÃO À INDISPONIBILIDADE. **1. É pacífico nesta Corte Superior entendimento segundo o qual a indisponibilidade de bens deve recair sobre o patrimônio dos réus em ação de improbidade administrativa de modo suficiente a garantir o integral ressarcimento de eventual prejuízo ao erário, levando-se em consideração, ainda, o valor de possível multa civil como sanção autônoma.** 2. Na espécie, o Ministério Público Federal quantifica inicialmente o prejuízo ao erário na esfera de R$ 189.455,85 (cento e oitenta e nove mil e quatrocentos e cinquenta e cinco reais e oitenta e cinco centavos). Esta é, portanto, a quantia a ser levada em conta na decretação de indisponibilidade dos bens, não esquecendo o valor do pedido de condenação em multa civil, se houver (vedação ao excesso de cautela). 3. **Assim, aplica-se a jurisprudência do Superior Tribunal de Justiça no sentido de que, até a liquidação, devem permanecer bloqueados tanto quantos bens foram bastantes para dar cabo da execução em caso de procedência da ação.** 4. Deixe-se claro, entretanto, que ao juiz responsável pela condução do processo cabe guardar atenção, entre outros, aos preceitos legais que resguardam certas espécies patrimoniais contra a indisponibilidade, mediante atuação processual dos interessados - a quem caberá, p. ex., fazer prova que determinadas quantias estão destinadas a seu mínimo existencial. 5. É lícita a decretação de indisponibilidade sobre ativos financeiros do agente ou de terceiro beneficiado por ato de improbidade. (Precedentes: REsp 1078640/ES, Rel. Ministro LUIZ FUX, PRIMEIRA TURMA, julgado em 09/03/2010, DJe 23/03/2010; REsp 535.967/RS, Rel. Ministra ELIANA CALMON, SEGUNDA TURMA, julgado em 21/05/2009, DJe 04/06/2009) 6. Agravo regimental não provido. (STJ, *AgRg no AgRg no AREsp 100.445/BA*, 2ª T., rel. Min. Mauro Campbell Marques, j. 15.05.2012, DJe 23.05.2012, grifamos).

"PROCESSUAL CIVIL. CONSTITUCIONAL. ADMINISTRATIVO. AÇÃO CIVIL PÚBLICA. IMPROBIDADE ADMINISTRATIVA. INDISPONIBILIDADE DE BENS. MEDIDA DECRETADA PELO JUÍZO DE PRIMEIRO GRAU E CASSADA PELO TRIBUNAL DE ORIGEM. INTERPRETAÇÃO QUE NÃO SE COADUNA COM A **FINALIDADE DA MEDIDA ASSECURATÓRIA E DIVERGE DA JURISPRUDÊNCIA DO STJ**. 1. O caso origina-se de Ação Civil Pública voltada à apuração de responsabilidade pela prática de atos de improbidade administrativa consistentes em esquema fraudulento montado para direcionar licitações de ambulâncias nos municípios. Decretada a indisponibilidade dos bens dos réus, a decisão de primeira instância foi suspensa em liminar de Agravo de Instrumento pelo Tribunal Regional Federal da 1ª Região, que afirmou inexistente o periculum in mora [...] 4. A proporcionalidade pode ser utilizada como critério para determinar o alcance do bloqueio patrimonial, mas não para funcionar como requisito a impedir o deferimento da medida. Nesse sentido, a jurisprudência do STJ já sedimentou entendimento de não ser desproporcional a **constrição patrimonial decretada até o limite da dívida, incluindo-se aí valores decorrentes de possível multa civil que venha a ser imposta como sanção autônoma**. Precedentes. 5. No específico caso dos autos, a autora expressamente pleiteou que fossem indisponibilizados bens dos demandados até o limite do valor necessário para assegurar o efetivo ressarcimento do Erário, o que está de acordo com a jurisprudência do STJ. 6. Recurso Especial parcialmente provido" (STJ, *REsp 1317439/MG*, 2ª T., rel. Min. Herman Benjamin, j. 27.08.2013, DJe 18.09.2013).

"PROCESSUAL CIVIL. ADMINISTRATIVO. MEDIDA CAUTELAR COM PEDIDO LIMINAR PARA A ATRIBUIÇÃO DE EFEITO SUSPENSIVO ATIVO A RECURSO ESPECIAL. AGRAVO DE INSTRUMENTO CONTRA LIMINAR CONCEDIDA IN LIMINE LITIS. AUSÊNCIA DE JUNTADA DO MANDADO DE CITAÇÃO DOS CORRÉUS AOS AUTOS. PRAZO RECURSAL. TERMO INICIAL. IMPROBIDADE ADMINISTRATIVA. ALEGADO PREJUÍZO AO ERÁRIO. INDISPONIBILIDADE DE BENS. PERICULUM IN MORA PRESUMIDO NO ART. 7º DA LEI N. 8.429/92. BLOQUEIO DE BENS. RESPONSABILIDADE SOLIDÁRIA. 1. Conforme relatado, busca-se com a presente medida cautelar atribuir efeito suspensivo a recurso especial interposto contra acórdão que não conheceu do agravo de instrumento contra liminar concedida initio littis em cautelar de indisponibilidade de bens ajuizada pelo MP, a qual objetiva o ressarcimento de danos que teriam sido causados aos cofres públicos decorrentes de atos de improbidade administrativa. Mais do que isso, o requerente pretende a concessão de efeito ativo (antecipação de tutela recursal) ao recurso especial já submetido a juízo de admissibilidade no Tribunal de origem, cujo resultado foi positivo [...] 5. Ademais, extrai-se dos autos que o erário experimentou prejuízo considerável. Importante ressaltar que não existe qualquer pré-julgamento a respeito da culpa ou não dos réus em relação às irregularidades apontadas. Porém, os fatos narrados e os documentos denotam, em princípio, a ocorrência de atos considerados de improbidade administrativa, a teor do disposto na Lei 8.429/92. 6. **Oportuno notar que é pacífico nesta Corte Superior entendimento segundo o qual a indisponibilidade de bens deve recair sobre o patrimônio dos réus em ação de improbidade administrativa de modo suficiente a garantir o integral ressarcimento de eventual prejuízo ao erário, levando-se em consideração, ainda, o valor de possível multa civil como sanção autônoma**. Precedentes [...]" (STJ, *MC 9.675/RS*, 2ª T., rel. Min. Mauro Campbell Marques, j. 28.06.2011, DJe 03.08.2011, grifamos).

"PROCESSUAL CIVIL E ADMINISTRATIVO. LIA. INDISPONIBILIDADE DE BENS. MULTA CIVIL. INCLUSÃO. **1. Considerando-se que a multa civil integra o valor da condenação a ser imposta ao agente improbo, a decretação da indisponibilidade de bens deve abrangê-la, já que essa medida cautelar tem por objetivo assegurar futura execução da sentença condenatória proferida na ação civil por improbidade administrativa**. 2. **Ainda que não haja previsão literal no art. 7º da Lei nº 8.429/92 para a decretação da indisponibilidade de bens em relação à multa civil, o magistrado tem a faculdade de determinar a efetivação da medida com base no poder geral de cautela** consubstanciado nos artigos 797 e 798, do Código de Processo Civil. 3. Aferida a razoabilidade da medida, o valor dos bens tornados indisponíveis deve ser suficiente para o pagamento do valor total da condenação, abrangida a multa civil. 4. Recurso especial provido" (STJ, *REsp 1.023.182/SC*, 2ª T., rel. Min. Castro Meira, j. 23.09.2008, DJe 23.10.2008, grifamos).

6. Indisponibilidade de bens adquiridos antes do ato de improbidade:

"PROCESSUAL CIVIL E ADMINISTRATIVO. AGRAVO INTERNO NO RECURSO ESPECIAL. ENUNCIADO ADMINISTRATIVO 2/STJ. AÇÃO CIVIL PÚBLICA. ADMINISTRATIVO E PROCESSUAL CIVIL. AGRAVO INTERNO NO AGRAVO EM RECURSO ESPECIAL. IMPROBIDADE ADMINISTRATIVA. ART. 7º DA LEI 8.429/92. INDISPONIBILIDADE DE BENS. VALOR DO DANO AO ERÁRIO, ACRESCIDO DO VALOR DE POSSÍVEL MULTA CIVIL. POSSIBILIDADE. ACÓRDÃO DO TRIBUNAL DE ORIGEM EM CONSONÂNCIA COM A JURISPRUDÊNCIA DESTA CORTE. SÚMULA 83/STJ. AGRAVO INTERNO IMPROVIDO [...] II. Na origem, trata-se de Agravo de Instrumento, interposto pelo Ministério Público estadual, em face de decisão que, em sede de ação civil pública por ato de improbidade administrativa, proposta em desfavor do ora agravante e outros, indeferiu o pedido de ampliação da indisponibilidade dos bens, para alcançar também o valor correspondente à multa civil. III. **Com efeito,**

"o Superior Tribunal de Justiça, ao interpretar o art. 7º da Lei nº 8.429/92, tem decidido que, por ser medida de caráter assecuratório, a decretação de indisponibilidade de bens, ainda que adquiridos anteriormente à prática do suposto ato de improbidade, deve incidir sobre quantos bens se façam necessários ao integral ressarcimento do dano, levando-se em conta, ainda, o potencial valor de multa civil" (STJ, AgRg no REsp 1.260.737/RJ, Rel. Ministro SÉRGIO KUKINA, PRIMEIRA TURMA, DJe de 25/11/2014). No mesmo sentido: STJ, MC 24.205/RS, Rel. Ministro HUMBERTO MARTINS, SEGUNDA TURMA, DJe de 19/04/2016; REsp 1.313.093/MG, Rel. Ministro HERMAN BENJAMIN, SEGUNDA TURMA, DJe de 18/09/2013; STJ, AgRg no REsp 1.299.936/RJ, Rel. Ministro MAURO CAMPBELL MARQUES, SEGUNDA TURMA, DJe de 23/04/2013. IV. O acórdão de 2º Grau - em conformidade com a jurisprudência dominante desta Corte - deu provimento ao Agravo de Instrumento do Parquet estadual, para ampliar a decretação da indisponibilidade de bens dos réus, a fim de alcançar o valor de eventual multa civil [...]" (ISTJ, *AgInt no AREsp 913.481/MT*, 2ª T., Rel. Min. Assusete Magalhães, j. 20.09.2016, DJe 28.09.2016, grifamos).

"RECURSO ESPECIAL. ADMINISTRATIVO. PROCESSUAL CIVIL. AÇÃO CIVIL PÚBLICA POR ATO DE IMPROBIDADE ADMINISTRATIVA. EMBARGOS DE TERCEIRO OPOSTOS PELA ESPOSA DO ACIONADO. CABIMENTO DA JUNTADA DE DOCUMENTOS NOVOS EM FASE DE APELAÇÃO, DESDE QUE OBSERVADO O CONTRADITÓRIO. POSSIBILIDADE DE INCIDÊNCIA DA CONSTRIÇÃO PATRIMONIAL SOBRE BENS ADQUIRIDOS EM DATA ANTERIOR À SUPOSTA CONDUTA ÍMPROBA EM MONTANTE SUFICIENTE PARA O RESSARCIMENTO INTEGRAL DO AVENTADO DANO AO ERÁRIO. PRECEDENTES DESTA CORTE. RECURSO ESPECIAL DESPROVIDO [...] 2. É pacífica no Superior Tribunal de Justiça a orientação de que a medida constritiva deve recair sobre o patrimônio dos réus em ação de improbidade administrativa, de modo suficiente a garantir o integral ressarcimento de eventual prejuízo ao erário, levando-se em consideração, ainda, o valor de possível multa civil como sanção autônoma (REsp. 1.347.947/MG, Rel. Min. ELIANA CALMON, DJe 28.08.2013). 3. **A indisponibilidade acautelatória prevista na Lei de Improbidade Administrativa tem como finalidade a reparação integral dos danos que porventura tenham sido causados ao erário; trata-se de medida preparatória da responsabilidade patrimonial, representando, em essência, a afetação de todos os bens necessários ao ressarcimento, podendo, por tal razão, atingir quaisquer bens ainda que adquiridos anteriormente ao suposto ato de improbidade. Precedentes.** 4. Recurso Especial desprovido" (STJ, *REsp nº 1176440/RO*, 1ª T., rel. Min. Napoleão Nunes Maia Filho, j. 17.09.2013, DJe 04.10.2013, grifamos).

7. Indisponibilidade e impenhorabilidade:

7.1 Pela possibilidade:

"PROCESSUAL CIVIL. AGRAVO REGIMENTAL NO AGRAVO EM RECURSO ESPECIAL. IMPENHORABILIDADE. ART. 649, IV E X, DO CPC. FINALIDADE DA NORMA PROTE-

TIVA. NATUREZA ALIMENTAR DAS VERBAS. VALORES APLICADOS NO FUNDO DE INVESTIMENTOS. AFASTAMENTO DA IMPENHORABILIDADE. SÚMULA N. 83/STJ. [...] **3. Nos termos do posicionamento consolidado por ambas as Turmas da Segunda Seção do STJ, valores depositados em aplicações financeiras perdem a natureza alimentar, afastando-se a regra da impenhorabilidade.** [...] (STJ, *AgRg no AREsp 385.316/RJ*, 3ª T., rel. Min. João Otávio de Noronha, j. 08.04.2014, DJe 14.04.2014, grifamos).

"PROCESSUAL CIVIL E ADMINISTRATIVO. AÇÃO CIVIL PÚBLICA. IMPROBIDADE ADMINISTRATIVA. INDISPONIBILIDADE DE BENS. ART. 7º, PARÁGRAFO ÚNICO, DA LEI 8.429/1992. ARTS. 648 E 649, X, DO CPC INAPLICÁVEIS. NÃO SE EQUIPARA A PENHORA. DISSÍDIO JURISPRUDENCIAL. INOBSERVÂNCIA DAS EXIGÊNCIAS LEGAIS E REGIMENTAIS. 1. **A medida de indisponibilidade de bens, prevista no art. 7º, parágrafo único, da Lei 8.429/1992, não se equipara a expropriação do bem, muito menos se trata de penhora, limitando-se a impedir eventual alienação**. Arts. 648 e 649, X, do CPC inaplicáveis. Precedentes do STJ [...] (STJ, *REsp 1260731/RJ*, 2ª T., rel. Min. Eliana Calmon, j. 19.11.2013, DJe 29.11.2013, grifamos).

7.2 Em sentido contrário:

"RECURSO ESPECIAL. PROCESSUAL CIVIL E ADMINISTRATIVO. MEDIDA CAUTELAR DE ARRESTO. AÇÃO DE IMPROBIDADE. INDISPONIBILIDADE DE RECURSOS ORIUNDOS DE RECLAMATÓRIA TRABALHISTA. NATUREZA SALARIAL. IMPENHORABILIDADE. ART. 649, IV DO CPC. OFENSA CONFIGURADA. RECURSO ESPECIAL PROVIDO. 1. **As verbas salariais, por serem absolutamente impenhoráveis, também não podem ser objeto da medida de indisponibilidade na Ação de Improbidade Administrativa, pois, sendo impenhoráveis, não poderão assegurar uma futura execução.** 2. O uso que o empregado ou o trabalhador faz do seu salário, aplicando-o em qualquer fundo de investimento ou mesmo numa poupança voluntária, na verdade, é uma defesa contra a inflação e uma cautela contra os infortúnios, de maneira que a aplicação dessas verbas não acarreta a perda de sua natureza salarial, nem a garantia de impenhorabilidade. 3. Recurso especial provido" (STJ, *Resp 1164037/RS*, 1ª T., rel. Min. Sérgio Kukina, rel. p/ Acórdão Min. Napoleão Nunes Maia Filho, j. 20.02.2014, Dje 09.05.2014, grifamos).

8. Indisponibilidade e bem de família (SUPERADO PELA LEI 14.230/2021):

"ADMINISTRATIVO. AGRAVO REGIMENTAL EM RECURSO ESPECIAL. AÇÃO CIVIL PÚBLICA. IMPROBIDADE ADMINISTRATIVA. INDISPONIBILIDADE DE BENS. POSSIBILIDADE DE DECRETAÇÃO SOBRE BEM DE FAMÍLIA. PRECEDENTES. 1. A jurisprudência desta Corte já reconheceu a possibilidade de a decretação de indisponibilidade de bens prevista na Lei de Improbidade Administrativa recair sobre bens de família. Precedentes: REsp 1461882/PA, Rel. Min. Sergio Kukina, Primeira Turma, DJe 12/03/2015, REsp 1204794 / SP, Rel. Min. Eliana Calmon, Segunda Turma, DJe

24/05/2013. 2. Agravo regimental não provido. (STJ, *AgRg no REsp 1.483.040/SC*, 1ª T., rel. Min. Benedito Gonçalves, j. 01.09.2015, DJe 21.09.2015).

"PROCESSO CIVIL - AÇÃO CIVIL PÚBLICA - MEAÇÃO - ILEGITIMIDADE PASSIVA DA ESPOSA QUE VISA DESCONSTITUIR DECRETO DE INDISPONIBILIDADE DE BEM COMUM DO CASAL, TIDO COMO BEM DE FAMÍLIA - VIOLAÇÃO AO ART. 535 DO CPC NÃO CARACTERIZADA - MULTA DO PARÁGRAFO ÚNICO DO ART. 538 DO CPC AFASTADA [...] 5. O caráter de bem de família de imóvel não tem a força de obstar a determinação de sua indisponibilidade nos autos de ação civil pública, pois tal medida não implica em expropriação do bem. Precedentes desta Corte. 6. Recurso especial provido em parte, tão-só para afastar a multa aplicada com base no parágrafo único do art. 538 do CPC" (STJ, *REsp 900.783/ PR*, 2ª T., rel. Min. Eliana Calmon, j. 23.06.2009, DJe 06.08.2009).

"AÇÃO CIVIL PÚBLICA. IMPROBIDADE ADMINISTRATIVA. DEFERIMENTO DE LIMINAR COM DETERMINAÇÃO DE INDISPONIBILIDADE DE BENS. ACÓRDÃO FUNDAMENTADO E SEM OMISSÃO. CARÁTER DE BEM DE FAMÍLIA QUE NÃO INFLUENCIA NA INDISPONIBILIDADE E QUE DEMANDA REEXAME DE PROVA. (...) III - **O eventual caráter de bem de família dos imóveis nada interfere na determinação de sua indisponibilidade. Não se trata de penhora, mas, ao contrário, de impossibilidade de alienação. A Lei n.º 8.009/90 visa a resguardar o lugar onde se estabelece o lar, impedindo a alienação do bem onde se estabelece a residência familiar. No caso, o perigo de alienação, para o agravante, não existe. Ao contrário, a indisponibilidade objetiva justamente impedir que o imóvel seja alienado e, caso seja julgado procedente o pedido formulado contra o agravante na ação de improbidade, assegurar o ressarcimento dos danos que porventura tenham sido causados ao erário.** IV - Agravo regimental improvido" (STJ, *AgRg no REsp 956.039/PR*, 1ª T., rel. Min. Francisco Falcão, j. 03.06.2008, DJe 07.08.2008, grifamos)

"PROCESSUAL CIVIL. ADMINISTRATIVO. AÇÃO CIVIL PÚBLICA. IMPROBIDADE ADMINISTRATIVA. LEI 8.429/92. INDISPONIBILIDADE DE BENS. BEM DE FAMÍLIA. DEFERIMENTO DE LIMINAR. AGRAVO DE INSTRUMENTO [...] A indisponibilidade acautelatória prevista na Lei de Improbidade Administrativa (art. 7º e parágrafo único da Lei 8429/92) tem como escopo o ressarcimento ao erário pelo dano causado ao erário ou pelo ilícito enriquecimento. 2. A ratio essendi do instituto indica que o mesmo é preparatório da responsabilidade patrimonial, que representa, em essência, a afetação de todos os bens presentes e futuros do agente improbo para com o ressarcimento previsto na lei [...] 4. Deveras, a indisponibilidade sub examine atinge o bem de família quer por força da mens legis do inciso VI do art. 3º da Lei de Improbidade, quer pelo fato de que torna indisponível o bem; não significa expropriá-lo, o que conspira em prol dos propósitos da Lei 8.009/90. 5. **A fortiori, o eventual caráter de bem de família dos imóveis nada interfere na determinação de sua indisponibilidade. Não se trata de penhora, mas, ao contrário, de impossibilidade de alienação, mormente porque a Lei n.º 8.009/90 visa a resguardar o lugar onde se estabelece o lar, impedindo a alienação do bem onde se estabe-**

lece a residência familiar. No caso, o perigo de alienação, para o agravante, não existe. Ao contrário, a indisponibilidade objetiva justamente impedir que o imóvel seja alienado e, caso seja julgado procedente o pedido formulado contra o agravante na ação de improbidade, assegurar o ressarcimento dos danos que porventura tenham sido causados ao erário. 6. Sob esse enfoque, a hodierna jurisprudência desta Corte direciona-se no sentido da **possibilidade de que a decretação de indisponibilidade de bens, em decorrência da apuração de atos de improbidade administrativa, recaia sobre os bens necessários ao ressarcimento integral do dano, ainda que adquiridos anteriormente ao suposto ato de improbidade** [...]" (STJ, *REsp 806301/PR*, 1ª T., rel. Min. Luiz Fux, j. 11.12.2007, DJe 03.03.2008, grifamos).

9. Desnecessidade de comprovação concreta do perigo – periculum in mora (dilapidação efetiva ou iminente do patrimônio) – SUPERADO PELA LEI 14.230/2021:

"PROCESSUAL CIVIL E ADMINISTRATIVO. **RECURSO ESPECIAL REPETITIVO.** APLICAÇÃO DO PROCEDIMENTO PREVISTO NO ART. 543-C DO CPC. AÇÃO CIVIL PÚBLICA. IMPROBIDADE ADMINISTRATIVA. CAUTELAR DE INDISPONIBILIDADE DOS BENS DO PROMOVIDO. DECRETAÇÃO. **REQUISITOS. EXEGESE DO ART. 7º DA LEI N. 8.429/1992, QUANTO AO PERICULUM IN MORA PRESUMIDO.** MATÉRIA PACIFICADA PELA COLENDA PRIMEIRA SEÇÃO [...] 2. Em questão está a exegese do art. 7º da Lei n. 8.429/1992 e a possibilidade de o juízo decretar, cautelarmente, a indisponibilidade de bens do demandado quando presentes fortes indícios de responsabilidade pela prática de ato ímprobo que cause dano ao Erário. 3. A respeito do tema, a Colenda Primeira Seção deste Superior Tribunal de Justiça, ao julgar o Recurso Especial 1.319.515/ES, de relatoria do em. Ministro Napoleão Nunes Maia Filho, Relator para acórdão Ministro Mauro Campbell Marques (DJe 21/9/2012), reafirmou o entendimento consagrado em diversos precedentes (Recurso Especial 1.256.232/MG, Rel. Ministra Eliana Calmon, Segunda Turma, julgado em 19/9/2013, DJe 26/9/2013; Recurso Especial 1.343.371/AM, Rel. Ministro Herman Benjamin, Segunda Turma, julgado em 18/4/2013, DJe 10/5/2013; Agravo Regimental no Agravo no Recurso Especial 197.901/DF, Rel. Ministro Teori Albino Zavascki, Primeira Turma, julgado em 28/8/2012, DJe 6/9/2012; Agravo Regimental no Agravo no Recurso Especial 20.853/SP, Rel. Ministro Benedito Gonçalves, Primeira Turma, julgado em 21/6/2012, DJe 29/6/2012; e Recurso Especial 1.190.846/PI, Rel. Ministro Castro Meira, Segunda Turma, julgado em 16/12/2010, DJe 10/2/2011) de que, '[...] **no comando do art. 7º da Lei 8.429/1992, verifica-se que a indisponibilidade dos bens é cabível quando o julgador entender presentes fortes indícios de responsabilidade na prática de ato de improbidade que cause dano ao Erário, estando o periculum in mora implícito no referido dispositivo, atendendo determinação contida no art. 37, § 4º, da Constituição**, segundo a qual 'os atos de improbidade administrativa importarão a suspensão dos direitos políticos, a perda da função pública, a indisponibilidade dos bens e o ressarcimento ao erário, na forma e gradação previstas em lei, sem prejuízo da ação penal cabível'. **O periculum in mora, em verdade, milita em favor da sociedade, representada pelo requerente da medida de bloqueio de bens, porquanto esta Corte Superior já apontou pelo entendimento segundo o qual, em casos de indisponibilidade patrimonial por imputação de conduta ímproba lesiva ao erário, esse requisito é implícito ao comando normativo do art. 7º da Lei n. 8.429/92. Assim, a Lei de Improbidade Administrativa, diante dos velozes tráfegos, ocultamento ou dilapidação patrimoniais, possibilitados por instrumentos tecnológicos de comunicação de dados que tornaria irreversível o ressarcimento ao erário e devolução do produto do enriquecimento ilícito por prática de ato ímprobo, buscou dar efetividade à norma afastando o requisito da demonstração do *periculum in mora* (art. 823 do CPC), este, intrínseco a toda medida cautelar sumária (art. 789 do CPC), admitindo que tal requisito seja presumido à preambular garantia de recuperação do patrimônio do público, da coletividade, bem assim do acréscimo patrimonial ilegalmente auferido**" (STJ, *REsp 1.366.721/ BA*, 1ª Seção, rel. Min. Og Fernandes, j. 26.02.2014, DJe 19.09.2014, grifamos).

"PROCESSUAL CIVIL. ADMINISTRATIVO. AGRAVO INTERNO NO RECURSO ESPECIAL. ENUNCIADO ADMINISTRATIVO 3/STJ. AÇÃO CIVIL DE IMPROBIDADE ADMINISTRATIVA.INDISPONIBILIDADE DE BENS. ART. 7º DA LEI 8.429/92. **TUTELA DE EVIDÊNCIA. PERICULUM IN MORA. EXCEPCIONAL PRESUNÇÃO.** *FUMUS BONI IURIS*. PRESENÇA DE INDÍCIOS DE ATOS ÍMPROBOS. RECONHECIMENTO. PRECEDENTES DO STJ. SÚMULA 568/STJ. 1. A Primeira Seção consolidou o entendimento no julgamento do REsp 1.366.721/BA (Rel. p/ acórdão Min. OG FERNANDES, DJe de 19.9.2014), submetido a sistemática prevista no art. 543-C do Código de Processo Civil, no sentido de que **a decretação de indisponibilidade de bens em improbidade administrativa dispensa a demonstração de periculum in mora, o qual estaria implícito ao comando normativo do art. 7º da Lei 8.429/92, bastando a demonstração do fumus boni iuris que consiste em indícios de atos ímprobos** 2. O Tribunal de origem afirmou expressamente existirem indícios da prática de ato ímprobo, tendo afastado a possibilidade de decretação da indisponibilidade dos bens somente em razão de dúvidas no tocante ao quantum de acréscimo patrimonial da recorrida. Ora, de acordo com a fundamentação acima expendida, verifica-se que a presença de indícios da prática de ato de improbidade administrativa (fumus boni iuris) é suficiente para a concessão da liminar de indisponibilidade dos bens dos acusados. 3. Desse modo, tendo sido reconhecida a presença do fumus boni iuris (presença de indícios de ato de improbidade administrativa) pelo Tribunal de origem, impõe-se o restabelecimento da decisão agravada a fim de determinar a indisponibilidade dos bens dos réus da ação civil de improbidade administrativa. Precedentes do STJ [...]" (STJ, *AgInt no REsp 1.570.585/MG*, 2ª T., rel. Min. Mauro Campbell Marques, j. 20.10.2016, DJe 27.10.2016, grifamos).

"PROCESSUAL CIVIL E ADMINISTRATIVO. AÇÃO CIVIL PÚBLICA. IMPROBIDADE ADMINISTRATIVA. INDISPONIBILIDADE DE BENS. ART. 7º DA LEI 8.429/1992. IN-

DÍCIOS DE RESPONSABILIDADE. RECURSO ESPECIAL REPETITIVO 1.366.721/BA. 1. Cuidam os autos de Ação Civil Pública ajuizada contra deputados estaduais e servidores da Assembleia Legislativa de Mato Grosso, aos quais são imputados atos de improbidade administrativa em decorrência de inúmeros cheques emitidos e sacados contra a conta-corrente da AL/MT a favor da Agência de Viagens Pantanal e da empresa Várzea Grande Turismo Ltda. e MBP da Paz ME, totalizando o valor de R$ 2.567.522,49 (fls. 73-97, e-STJ). 2. O Tribunal a quo indeferiu o pedido de decretação de indisponibilidade dos bens, ao fundamento de que o Parquet não demonstrou a existência de atos concretos de dilapidação patrimonial pelos réus, e manteve a decisão monocrática que deferiu parcialmente o pleito de exibição de documentos. 3. Rever o entendimento consignado pelo Tribunal de origem para manter a decisão interlocutória no que concerne à exibição de documentos demanda revolvimento do conjunto fático-probatório, o que é inadmissível na via estreita do Recurso Especial, ante o óbice da Súmula 7/STJ. 4. Conforme a orientação do STJ, **a indisponibilidade dos bens é cabível quando estiverem presentes fortes indícios de responsabilidade na prática de ato de improbidade que cause dano ao Erário, estando o periculum in mora implícito no próprio comando do art. 7º da Lei 8.429/1992**. Entendimento reafirmado no acórdão prolatado no REsp 1.366.721/BA, Rel. Ministro Napoleão Nunes Maia Filho, Rel. p/ Acórdão Ministro Og Fernandes, Primeira Seção, DJe 19/9/2014, julgado sob o rito do art. 543-C do CPC. 5. A decretação de indisponibilidade dos bens não está condicionada à comprovação de dilapidação efetiva ou iminente de patrimônio, porquanto visa, justamente, a evitá-la. 6. Recurso Especial parcialmente provido" (STJ, *REsp 1.232.449/MT*, 2ª T., rel. Min. Herman Benjamin, j. 03.11.2015, grifamos)

10. Indisponibilidade antes do recebimento da inicial da ação de improbidade:

"PROCESSUAL CIVIL E ADMINISTRATIVO. IMPROBIDADE. VIOLAÇÃO DOS ARTS. 165 E 535 NÃO CONFIGURADA. CABIMENTO DA AÇÃO CIVIL PÚBLICA. AUSÊNCIA DE RELAÇÃO TRIBUTÁRIA. INDISPONIBILIDADE DOS BENS. DECRETAÇÃO INAUDITA ALTERA PARS. POSSIBILIDADE. REQUISITOS. ART. 7º DA LEI 8.429/1992 [...] **É possível a determinação de indisponibilidade e sequestro de bens, para fins de assegurar o ressarcimento ao Erário, antes do recebimento da petição inicial da Ação de Improbidade.** (...) 'O fato de a Lei 8.429/1992 prever contraditório prévio ao recebimento da petição inicial (art. 17, §§ 7º e 8º) não restringe o cabimento de tais medidas, que têm amparo em seus arts. 7º e 16 e no poder geral de cautela do magistrado, passível de ser exercido mesmo inaudita altera pars (art. 804 do CPC). (...)'" (STJ, *RESP 1.113.467/MT*, 2ª T., rel. Min. Herman Benjamin, j. 09.03.2010, DJe 27.04.2011, grifamos).

"PROCESSUAL CIVIL. ADMINISTRATIVO. AÇÃO CIVIL PÚBLICA. IMPROBIDADE ADMINISTRATIVA. INDISPONIBILIDADE DE BENS. AQUISIÇÃO ANTERIOR AO ATO ÍMPROBO. POSSIBILIDADE. DEFERIMENTO DE LIMINAR. AGRAVO DE INSTRUMENTO. *FUMUS BONI IURIS* E *PERICULUM IN MORA*. SÚMULA 07/STJ. VIOLAÇÃO DO ART.

535, II, CPC. NÃO CONFIGURADA. 1. **A concessão de liminar inaudita altera pars (art. 804 do CPC) em sede de medida cautelar preparatória ou incidental, antes do recebimento da Ação Civil Pública, para a decretação de indisponibilidade (art. 7º, da Lei 8429/92) e de sequestro de bens, incluído o bloqueio de ativos do agente público ou de terceiro beneficiado pelo ato de improbidade (art. 16 da Lei 8.429/92), é lícita,** porquanto medidas assecuratórias do resultado útil da tutela jurisdicional, qual seja, reparação do dano ao erário ou de restituição de bens e valores havidos ilicitamente por ato de improbidade, o que corrobora o fumus boni juris.[...]" (STJ, *RESP 1.078.640/ES*, rel. Min. Luiz Fux, j. 09.03.2010, DJe 23.03.2010, grifamos).

11. Indisponibilidade sem audiência da parte contrária: a jurisprudência do STJ orienta-se no sentido da **possibilidade** de deferimento da indisponibilidade antes mesmo da notificação do réu para apresentar defesa prévia.

"PROCESSUAL E ADMINISTRATIVO. AÇÃO DE IMPROBIDADE. MEDIDA CAUTELAR. INDISPONIBILIDADE DE BENS ADQUIRIDOS ANTERIORMENTE À PRÁTICA DO SUPOSTO ATO ÍMPROBO. DEFERIMENTO ANTES DA DEFESA PRÉVIA. POSSIBILIDADE. PERICULUM IN MORA PRESUMIDO. JURISPRUDÊNCIA PACÍFICA DO STJ. REVISÃO DOS REQUISITOS. SÚMULA 7/STJ [...] **2. 'O fato de a Lei 8.429/1992 prever contraditório prévio ao recebimento da petição inicial (art. 17, §§ 7º e 8º) não restringe o cabimento de tais medidas, que têm amparo em seus arts. 7º e 16 e no poder geral de cautela do magistrado, passível de ser exercido mesmo inaudita altera pars (art. 804 do CPC)'** (EDcl no Ag 1.179.873/PR, Rel. Ministro Herman Benjamin, Segunda Turma, DJe 12.3.2010). No mesmo sentido: REsp 880.427/MG, Rel. Ministro Luiz Fux, Primeira Turma, DJe 4.12.2008. 3. A jurisprudência do STJ encontra-se pacificada, inclusive sob o rito do art. 543-C do CPC e da Resolução STJ 8/2008 (REsp 1.366.721/BA, Relator Ministro Napoleão Nunes Maia Filho, Relator para acórdão Ministro Og Fernandes, julgamento em 26.2.2014, ainda não publicado), no sentido de que, para a Medida Cautelar de indisponibilidade de bens, prevista na LIA, basta comprovar a verossimilhança das alegações, pois, pela própria natureza do bem protegido, o legislador dispensou o requisito do perigo da demora. Nesse sentido: REsp 1.319.515/ES, Rel. Ministro Napoleão Nunes Maia Filho, Rel. p/ Acórdão Ministro Mauro Campbell Marques, Primeira Seção, DJe 21.9.2012 [...]" (AgRg no AREsp 460.279/MS, 2ª T., rel. Min. Herman Benjamin, j. 07.10.2014, DJe 27.11.2014, grifamos).

"RECURSO ESPECIAL. DIREITO ADMINISTRATIVO. IMPROBIDADE ADMINISTRATIVA. MEDIDA CAUTELAR. QUEBRA DE SIGILO FISCAL E BANCÁRIO. NOTIFICAÇÃO PRÉVIA. INEXIGIBILIDADE EM CASOS DE URGÊNCIA MANIFESTA. DECISÃO QUE CONCEDE A MEDIDA EXTREMA DE FORMA GENÉRICA, SEM A NECESSÁRIA ANÁLISE INDIVIDUALIZADA DA SITUAÇÃO DE CADA RÉU, CAPAZ DE JUSTIFICAR A NECESSIDADE DA MEDIDA CAUTELAR. RECURSO PROVIDO. 1. Esta Corte Superior já assentou que, muito embora seja imprescindível a notificação prevista no § 7º. do art. 17 da Lei 8.429/92 antes do processamento definitivo da Ação de Improbidade, é possível o deferimento de providências cautelares inaudita altera pars para resguardar o resultado útil do processo [...]" (*REsp 1.197.444/RJ*, 1ª T., rel. Min. Napoleão Nunes Maia Filho, j. 27.08.2013, DJe 05.09.2013).

"ADMINISTRATIVO E PROCESSUAL CIVIL. AGRAVO DE INSTRUMENTO. AÇÃO CIVIL PÚBLICA POR ATO DE IMPROBIDADE ADMINISTRATIVA. CONCESSÃO DA LIMINAR ANTES DA NOTIFICAÇÃO PRÉVIA DO RÉU. POSSIBILIDADE. INAPLICABILIDADE DA LEI 8.437/92. PRECEDENTES. PRESENÇA DO FUMUS BONI IURIS E DO PERICULUM IN MORA. REVISÃO. IMPOSSIBILIDADE. INCIDÊNCIA DA SÚMULA 7/STJ. AGRAVO REGIMENTAL A QUE SE NEGA PROVIMENTO" (STJ, AgRg no Ag 1.262.343/SP, 1ª T., rel. Min. Teori Albino Zavascki, j. 28.08.2012, Dje 21.09.2012, grifamos)

Importante: com o advento da Lei 14.230/2021, o deferimento da indisponibilidade ficou condicionado à prévia oitiva do réu no prazo de cinco dias, salvo nas hipóteses em que evidenciado que o contraditório prévio puder comprovadamente frustrar a efetividade da medida ou houver circunstâncias que recomendem a proteção liminar, não podendo a urgência ser presumida (inteligência do art. 16, §§ 3º e 4º da LIA). Assim, não houve a superação do referido entendimento, mas sua aplicação deve ocorrer com parcimônia.

12. Individualização dos bens constritos:

"PROCESSUAL CIVIL. OFENSA AO ART. 535 DO CPC NÃO CONFIGURADA. ADMINISTRATIVO. AÇÃO CIVIL PÚBLICA POR IMPROBIDADE ADMINISTRATIVA. MEDIDA CAUTELAR DE INDISPONIBILIDADE DE BENS. ART. 7º DA LEI 8.429/92. VIOLAÇÃO. DESNECESSIDADE DE INDIVIDUALIZAÇÃO DOS BENS. BENS IMPENHORÁVEIS. EXCLUSÃO [...] 3. **A decretação da indisponibilidade, que não se confunde com o sequestro, prescinde de individualização dos bens pelo Parquet.** A exegese do art. 7º da Lei 8.429/1992, conferida pela jurisprudência do STJ, é de que a indisponibilidade pode alcançar tantos bens quantos necessários a garantir as consequências financeiras da prática de improbidade, mesmo os adquiridos anteriormente à conduta ilícita, excluídos os bens impenhoráveis assim definidos por lei, salvo quando estes tenham sido, comprovadamente, adquiridos também com produto da empreitada ímproba, hipótese em que se resguarda apenas os essenciais à subsistência do indiciado/acusado. 4. No caso, o Tribunal de origem cassou a decisão de primeiro grau que deferira a indisponibilidade de bens não por considerar ausentes os requisitos para concessão da medida cautelar, mas por entender que o ato acautelatório deferido teria sido gravoso demais 5. O Tribunal a quo cassou a medida de indisponibilidade que recaía sobre os bens do recorrido unicamente por ela, equivocadamente, abranger recursos impenhoráveis. Assim, é patente a violação ao art. 7º da Lei 8.429/1992, pois não seria o caso de indeferir totalmente tal medida, mas apenas de restringir seu alcance ao montante necessário para garantir as consequências financeiras da prática da improbidade, com exclusão dos bens impenhoráveis. 6. Recurso especial parcialmente provido para determinar a indisponibilidade dos bens penhoráveis do recorrido no montante necessário à reparação do dano ao erário decorrente do ato ímprobo que lhe é imputado, excluídos, portanto, os proventos de aposentadoria da abrangência de tal Medida Cautelar" (STJ, *REsp 1.461.892/BA*, 2ª T., rel. Min. Herman Benjamin, j. 17.03.15, DJe 06.04.2015).

"ADMINISTRATIVO. AÇÃO CIVIL PÚBLICA. IMPROBIDADE ADMINISTRATIVA. AGRAVO DE INSTRUMENTO. DECRETAÇÃO DE INDISPONIBILIDADE DE BENS. ART. 7º, PARÁGRAFO ÚNICO, DA LEI 8.429/1992. DESNECESSIDADE DE INDIVIDUALIZAÇÃO DE BENS. PRECEDENTES DO STJ. A jurisprudência desta Corte é firme no sentido de que, nas demandas por improbidade administrativa, a decretação de indisponibilidade prevista no art. 7º, parágrafo único, da Lei 8.429/1992 **não depende da individualização dos bens pelo Parquet**. 2. Recurso especial provido" (STJ, *REsp 1343293/AM*, 2ª T., rel. Min. Diva Malerbi – Desembargadora Convocada –, j. 05.03.2013, DJe 13.03.2013).

13. Taxatividade mitigada do rol do art. 1.015 do CPC:

"RECURSO ESPECIAL REPRESENTATIVO DE CONTROVÉRSIA. DIREITO PROCESSUAL CIVIL. NATUREZA JURÍDICA DO ROL DO ART. 1.015 DO CPC/2015. IMPUGNAÇÃO IMEDIATA DE DECISÕES INTERLOCUTÓRIAS NÃO PREVISTAS NOS INCISOS DO REFERIDO DISPOSITIVO LEGAL. POSSIBILIDADE. TAXATIVIDADE MITIGADA. EXCEPCIONALIDADE DA IMPUGNAÇÃO FORA DAS HIPÓTESES PREVISTAS EM LEI. REQUISITOS. 1- O propósito do presente recurso especial, processado e julgado sob o rito dos recursos repetitivos, é definir a natureza jurídica do rol do art. 1.015 do CPC/15 e verificar a possibilidade de sua interpretação extensiva, analógica ou exemplificativa, a fim de admitir a interposição de agravo de instrumento contra decisão interlocutória que verse sobre hipóteses não expressamente previstas nos incisos do referido dispositivo legal. 2- Ao restringir a recorribilidade das decisões interlocutórias proferidas na fase de conhecimento do procedimento comum e dos procedimentos especiais, exceção feita ao inventário, pretendeu o legislador salvaguardar apenas as "situações que, realmente, não podem aguardar rediscussão futura em eventual recurso de apelação". 3- A enunciação, em rol pretensamente exaustivo, das hipóteses em que o agravo de instrumento seria cabível revela-se, na esteira da majoritária doutrina e jurisprudência, insuficiente e em desconformidade com as normas fundamentais do processo civil, na medida em que sobrevivem questões urgentes fora da lista do art. 1.015 do CPC e que tornam inviável a interpretação de que o referido rol seria absolutamente taxativo e que deveria ser lido de modo restritivo. 4- A tese de que o rol do art. 1.015 do CPC seria taxativo, mas admitiria interpretações extensivas ou analógicas, mostra-se igualmente ineficaz para a conferir ao referido dispositivo uma interpretação em sintonia com as normas fundamentais do processo civil, seja porque ainda remanescerão hipóteses em que não será possível extrair o cabimento do agravo das situações enunciadas no rol, seja porque o uso da interpretação extensiva ou da analogia pode desnaturar a essência de institutos jurídicos ontologicamente distintos. 5- A tese de que o rol do art. 1.015 do CPC seria meramente exemplificativo, por sua vez, resultaria na repristinação do regime recursal das interlocutórias que vigorava no CPC/73 e que fora conscientemente modificado pelo legislador do novo CPC, de modo que estaria o Poder Judiciário, nessa hipótese, substituindo a atividade e a vontade expressamente externada pelo Poder Legislativo. 6- Assim, nos termos do art. 1.036 e seguintes do CPC/2015, fixa-se a seguinte tese jurídica: O rol do art. 1.015 do CPC é de taxatividade mitigada, por isso admite a interposição de agravo de instrumento quando verificada a urgência decorrente da inutilidade do julgamento da questão no recurso de apelação. 7- Embora não haja risco de as partes que confiaram na absoluta taxatividade com interpretação restritiva serem surpreendidas pela tese jurídica firmada neste recurso especial repetitivo, eis que somente se cogitará de preclusão nas hipóteses em que o recurso eventualmente interposto pela parte tenha sido admitido pelo Tribunal, estabelece-se neste ato um regime de transição que modula os efeitos da presente decisão, a fim de que a tese jurídica somente seja aplicável às decisões interlocutórias proferidas após a publicação do presente acórdão. 8- Na hipótese, dá-se provimento em parte ao recurso especial para determinar ao TJ/MT que, observados os demais pressupostos de admissibilidade, conheça e dê regular prosseguimento ao agravo de instrumento no que tange à competência. 9- Recurso especial conhecido e provido" (STJ, **REsp 1.704.520/MT,** Corte Especial, rel. Min. Nancy Andrighi, j. 05.12.2018, DJe 19.12.2018).

14. Tese 07 da Edição 187 do "Jurisprudência em Teses" do STJ: "É desnecessária a individualização de bens sobre os quais se pretende fazer recair a cautelar de indisponibilidade requerida pelo Ministério Público nas ações de improbidade administrativa".

15. Tese 08 da Edição 187 do "Jurisprudência em Teses" do STJ: "A medida constritiva de indisponibilidade de bens não incide sobre valores inferiores a 40 salários mínimos depositados em caderneta de poupança, em aplicações financeiras ou em conta-corrente, ressalvadas as hipóteses de comprovada má-fé, de abuso de direito, de fraude ou de os valores serem produto da conduta ímproba".

16. Tese 09 da Edição 187 do "Jurisprudência em Teses" do STJ: "Na ação de improbidade administrativa é cabível decretação de indisponibilidade de bens sobre verbas provenientes do Fundo de Garantia por Tempo de Serviço - FGTS quando o valor resgatado da conta vinculada passa a integrar o patrimônio do réu, ressalvada proteção prevista no art. 833, X, do Código de Processo Civil".

APLICAÇÃO EM PROVAS E CONCURSOS PÚBLICOS

1. (PGE-TO – Procurador do Estado – FCC – 2018 - adaptada) Sobre a responsabilidade do agente público e de particulares a ele associados por atos de improbidade, é correto afirmar, à luz da legislação pertinente e da jurisprudência dominante dos Tribunais:

(A) Em vista do silêncio da Lei Federal nº 8.429/1992, considera-se imprescritível a pretensão de impor sanções aos particulares que atuarem em conluio com os agentes públicos em atos de improbidade.

(B) É cabível o trancamento de ação de improbidade por meio de habeas corpus.

(C) Por força de norma vigente do Código de Processo Penal, aplicam-se à ação de improbidade as regras relativas à prerrogativa de foro em razão do exercício de função pública.

(D) É nula a abertura de inquérito civil para apuração de ato de improbidade, em razão de indícios obtidos a partir de denúncia anônima.

(E) A decretação da indisponibilidade de bens do demandado, quando presentes fortes indícios de responsabilidade pela prática de ato ímprobo, depende de comprovação *do periculum in mora.*

2. (MP-SP – Promotor de Justiça Substituto – 2015 - adaptada) Aponte a alternativa correta:

(A) No processo administrativo, o afastamento temporário do agente público ao qual se atribui a prática de ato de improbidade, pela autoridade competente, está subordinado à prévia audiência do imputado.

(B) Para a decretação judicial da indisponibilidade de bens do agente público, suspeito de enriquecimento ilícito ou de ter causado danos ao patrimônio público, é imprescindível a individualização dos bens pelo Ministério Público.

(C) A indisponibilidade de bens nas ações de improbidade administrativa é medida que exige a comprovação de efetiva dilapidação patrimonial de parte do demandado.

(D) Nas ações por improbidade administrativa, a indisponibilidade de bens, requerida pelo Ministério Público, não alcança o bem de família do demandado, salvo se comprovado que o imóvel seja fruto de vantagem patrimonial indevida.

(E) Nas ações por improbidade administrativa, a indisponibilidade de bens, requerida pelo Ministério Público, atinge os proventos de aposentadoria do demandado.

3. MP-SC – Promotor de Justiça – 2014 - adaptada) Analise o enunciado da questão abaixo e assinale se ele é Certo ou Errado.

A indisponibilidade de bens prevista no art. 16 da Lei n. 8.429, de 1992, medida de natureza cautelar que visa a garantir o ressarcimento do erário, poderá recair tão-somente sobre os bens adquiridos com o fruto do ato praticado.

4. (UFAL – Assistente em Administração – COPEVE-UFAL - 2019) De acordo com a Lei de Improbidade Administrativa (Lei 8.429/1992), quando o ato causar lesão ao patrimônio público ou gerar enriquecimento ilícito, caberá à autoridade administrativa responsável pelo inquérito:

(A) Denunciar à autoridade policial o ato ilícito.

(B) Representar ao Ministério Público, para a indisponibilidade dos bens do indiciado.

(C) Representar ao superior hierárquico do indicado para que tome as medidas judiciais para indisponibilidade dos bens.

(D) Decretar administrativamente a indisponibilidade dos bens do indiciado.

(E) Judicializar ação para indisponibilidade dos bens do indiciado.

5. (UFAL – Assistente em Administração – COPEVE-UFAL – 2019 - adaptada) São medidas cautelares previstas pela Lei de Improbidade Administrativa (Lei 8.429/1992):

(A) Indisponibilidade de bens, recolhimento domiciliar noturno e fiança.

(B) Afastamento do agente público e indisponibilidade.

(C) Arresto, recolhimento domiciliar e fiança.

(D) Arresto, fiança e afastamento do agente público.

(E) Afastamento do agente público, prisão preventiva e fiança.

6. (MP/SC – Promotor de Justiça – 2019 - adaptada) A medida cautelar de indisponibilidade de bens prevista no art. 16 da Lei n. 8.429/1992 não é aplicável aos atos de improbidade administrativa que impliquem em violação aos princípios da administração pública, já que, nestes não se exige demonstração de dano ao erário.

7. (MP/GO – Promotor de Justiça Substituto – FGV – 2022) Após investigações em sede extrajudicial, o Ministério Público amealhou provas de que a pessoa jurídica Med Hospital Ltda., administrada pelo sócio majoritário Tales, teria sido selecionada em contratações emergenciais milionárias para prestar serviços a uma autarquia estadual cujo presidente, Jamal, seria amigo e aliado político do deputado estadual Tomás, cuja campanha eleitoral teria recebido generosas doações daquele empresário. Os documentos indicam que as contratações diretas não foram precedidas de justificativa de preço, de orçamento com custos unitários ou de projeto básico, bem como que a emergência teria sido dolosamente fabricada.

Nessa situação, à luz da Lei nº 8.429/1992, com as alterações promovidas pela Lei nº 14.230/2021, o *Parquet* pode ajuizar ação de improbidade em face das pessoas naturais mencionadas e da sociedade limitada para:

(A) demonstrados de plano a probabilidade de ocorrência dos atos ímprobos e o perigo de dano irreparável ou de risco ao resultado útil do processo, requerer liminarmente a indisponibilidade dos bens de todos os demandados, no limite da participação de cada um e dos seus benefícios diretos, vedada qualquer solidariedade, recaindo a constrição preferencialmente em dinheiro ou ativos financeiros, em montante suficiente para assegurar o ressarcimento ao Erário e o pagamento de eventual multa civil a ser aplicada em sentença;

(B) demonstrada de plano a probabilidade de ocorrência dos atos ímprobos, requerer liminarmente a indisponibilidade dos bens de todos os demandados, solidariamente, não podendo a constrição recair sobre contas bancárias caso existam outros bens móveis ou imóveis capazes de garantir o juízo, em montante suficiente para assegurar o ressarcimento ao Erário e o pagamento de eventual multa civil a ser aplicada em sentença;

(C) demonstrados de plano a probabilidade de ocorrência dos atos ímprobos e o perigo de dano irreparável ou de risco ao resultado útil do processo, requerer liminarmente a indisponibilidade dos bens de todos os demandados, no limite da participação de cada um e dos seus benefícios diretos, vedada qualquer solidariedade, não podendo a constrição recair sobre contas bancárias caso existam outros bens móveis ou imóveis capazes de garantir o juízo, em montante suficiente para assegurar o ressarcimento ao Erário e o pagamento de eventual multa civil a ser aplicada em sentença;

(D) demonstrados de plano a probabilidade de ocorrência dos atos ímprobos e o perigo de dano irreparável ou de risco ao resultado útil do processo, requerer liminarmente a indisponibilidade dos bens de todos os demandados, solidariamente, não podendo a constrição recair sobre contas bancárias caso existam outros bens móveis ou imóveis capazes de garantir o juízo, em montante suficiente para assegurar o ressarcimento ao Erário, sem incidir sobre os valores a serem eventualmente aplicados a título de multa civil;

(E) demonstrada de plano a probabilidade de ocorrência dos atos ímprobos, requerer liminarmente a indisponibilidade dos bens de todos os demandados, no limite da participação de cada um e dos seus benefícios diretos, vedada qualquer solidariedade, recaindo a constrição preferencialmente em dinheiro ou ativos financeiros, em montante suficiente para assegurar o ressarcimento ao Erário, sem incidir sobre os valores a serem eventualmente aplicados a título de multa civil.

1	2	3	4	5	6	7
E	D	F	B	B	F	D

~~**Art. 17.** A ação principal, que terá o rito ordinário, será proposta pelo Ministério Público ou pela pessoa jurídica interessada, dentro de trinta dias da efetivação da medida cautelar.~~

~~§ 1º As ações de que trata este artigo admitem a celebração de acordo de não persecução cível, nos termos desta Lei. (redação dada pela Lei nº 13.964, de 2019)~~

~~§ 2º A Fazenda Pública, quando for o caso, promoverá as ações necessárias à complementação do ressarcimento do patrimônio público.~~

~~§ 3º No caso de a ação principal ter sido proposta pelo Ministério Público, aplica-se, no que couber, o disposto no § 3º do art. 6º da Lei no 4.717, de 29 de junho de 1965. (Redação dada pela Lei nº 9.366, de 1996)~~

~~§ 4º O Ministério Público, se não intervir no processo como parte, atuará obrigatoriamente, como fiscal da lei, sob pena de nulidade.~~

~~§ 5º A propositura da ação prevenirá a jurisdição do juízo para todas as ações posteriormente intentadas que possuam a mesma causa de pedir ou o mesmo objeto. (Incluído pela Medida provisória nº 2.180-35, de 2001)~~

~~§ 6º A ação será instruída com documentos ou justificação que contenham indícios suficientes da existência do ato de improbidade ou com razões fundamentadas da impossibilidade de apresentação de qualquer dessas provas, observada a legislação vigente, inclusive as disposições inscritas nos arts. 16 a 18 do Código de Processo Civil. (Incluído pela Medida Provisória nº 2.225-45, de 2001)~~

~~§ 7º Estando a inicial em devida forma, o juiz mandará autuá-la e ordenará a notificação do requerido, para oferecer manifestação por escrito, que poderá ser instruída com documentos e justificações, dentro do prazo de quinze dias. (Incluído pela Medida Provisória nº 2.225-45, de 2001)~~

~~§ 8º Recebida a manifestação, o juiz, no prazo de trinta dias, em decisão fundamentada, rejeitará a ação, se convencido da inexistência do ato de improbidade, da improcedência da ação ou da inadequação da via eleita.(Incluído pela Medida Provisória nº 2.225-45, de 2001)~~

~~§ 9º Recebida a petição inicial, será o réu citado para apresentar contestação. (Incluído pela Medida Provisória nº 2.225-45, de 2001)~~

~~§ 10. Da decisão que receber a petição inicial, caberá agravo de instrumento. (Incluído pela Medida Provisória nº 2.225-45, de 2001)~~

~~§ 10-A. Havendo a possibilidade de solução consensual, poderão as partes requerer ao juiz a interrupção do prazo para a contestação, por prazo não superior a 90 (noventa) dias. (Incluído pela Lei 13.964, de 2019)~~

~~§ 11. Em qualquer fase do processo, reconhecida a inadequação da ação de improbidade, o juiz extinguirá o processo sem julgamento do mérito. (Incluído pela Medida Provisória nº 2.225-45, de 2001)~~

~~§ 12. Aplica-se aos depoimentos ou inquirições realizadas nos processos regidos por esta Lei o disposto no art. 221, caput e § 1º, do Código de Processo Penal. (Incluído pela Medida Provisória nº 2.225-45, de 2001)~~

~~§ 13. Para os efeitos deste artigo, também se considera pessoa jurídica interessada o ente tributante que figurar no polo ativo da obrigação tributária de que tratam o § 4º do art. 3º e o art. 8º-A da Lei Complementar nº 116, de 31 de julho de 2003. (Incluído pela Lei Complementar nº 157, de 2016)~~

Art. 17. A ação para a aplicação das sanções de que trata esta Lei será proposta pelo Ministério Público e seguirá o procedimento comum previsto na Lei nº 13.105, de 16 de março de 2015 (Código de Processo Civil), salvo o disposto nesta Lei. (Redação dada pela Lei nº 14.230, de 2021)

§ 1º (Revogado). (Redação dada pela Lei nº 14.230, de 2021)

§ 2º (Revogado). (Redação dada pela Lei nº 14.230, de 2021)

§ 3º (Revogado). (Redação dada pela Lei nº 14.230, de 2021)

§ 4º (Revogado). (Redação dada pela Lei nº 14.230, de 2021)

§ 4º-A A ação a que se refere o **caput** deste artigo deverá ser proposta perante o foro do local onde ocorrer o dano ou da pessoa jurídica prejudicada. (Incluído pela Lei nº 14.230, de 2021)

§ 5º A propositura da ação a que se refere o **caput** deste artigo prevenirá a competência do juízo para todas as ações posteriormente intentadas que possuam a mesma causa de pedir ou o mesmo objeto. (Redação dada pela Lei nº 14.230, de 2021)

§ 6º A petição inicial observará o seguinte: (Redação dada pela Lei nº 14.230, de 2021)

I - deverá individualizar a conduta do réu e apontar os elementos probatórios mínimos que demonstrem a ocorrência das hipóteses dos arts. 9º, 10 e 11 desta Lei e de sua autoria, salvo impossibilidade devidamente fundamentada; (Incluído pela Lei nº 14.230, de 2021)

II - será instruída com documentos ou justificação que contenham indícios suficientes da veracidade dos fatos e do dolo imputado ou com razões fundamentadas da impossibilidade de apresentação de qualquer dessas provas, observada a legislação vigente, inclusive as disposições constantes dos arts. 77 e 80 da Lei nº 13.105, de 16 de março de 2015 (Código de Processo Civil). (Incluído pela Lei nº 14.230, de 2021)

§ 6º-A O Ministério Público poderá requerer as tutelas provisórias adequadas e necessárias, nos termos dos arts. 294 a 310 da Lei nº 13.105, de 16 de março de 2015 (Código de Processo Civil (Incluído pela Lei nº 14.230, de 2021)

§ 6º-B A petição inicial será rejeitada nos casos do art. 330 da Lei nº 13.105, de 16 de março de 2015 (Código de Processo Civil), bem como quando não preenchidos os requisitos a que se referem os incisos I e II do § 6º deste artigo, ou ainda quando manifestamente inexistente o ato de improbidade imputado. (Incluído pela Lei nº 14.230, de 2021)

§ 7º Se a petição inicial estiver em devida forma, o juiz mandará autuá-la e ordenará a citação dos requeridos para que a contestem no prazo comum de 30 (trinta) dias, iniciado o prazo na forma do art. 231 da Lei nº 13.105, de 16 de março de 2015 (Código de Processo Civil). (Redação dada pela Lei nº 14.230, de 2021)

§ 8º (Revogado). (Redação dada pela Lei nº 14.230, de 2021)

§ 9º (Revogado). (Redação dada pela Lei nº 14.230, de 2021)

§ 9º-A Da decisão que rejeitar questões preliminares suscitadas pelo réu em sua contestação caberá agravo de instrumento. (Incluído pela Lei nº 14.230, de 2021)

§ 10. (Revogado). (Redação dada pela Lei nº 14.230, de 2021)

§ 10-A. Havendo a possibilidade de solução consensual, poderão as partes requerer ao juiz a interrupção do prazo para a contestação, por prazo não superior a 90 (noventa) dias. (Incluído pela Lei nº 13.964, de 2019)

§ 10-B. Oferecida a contestação e, se for o caso, ouvido o autor, o juiz: (Incluído pela Lei nº 14.230, de 2021)

I - procederá ao julgamento conforme o estado do processo, observada a eventual inexistência manifesta do ato de improbidade; (Incluído pela Lei nº 14.230, de 2021)

II - poderá desmembrar o litisconsórcio, com vistas a otimizar a instrução processual. (Incluído pela Lei nº 14.230, de 2021)

§ 10-C. Após a réplica do Ministério Público, o juiz proferirá decisão na qual indicará com precisão a tipificação do ato de improbidade administrativa imputável ao réu, sendo-lhe vedado modificar o fato principal e a capitulação legal apresentada pelo autor. (Incluído pela Lei nº 14.230, de 2021)

§ 10-D. Para cada ato de improbidade administrativa, deverá necessariamente ser indicado apenas um tipo dentre aqueles previstos nos arts. 9º, 10 e 11 desta Lei. (Incluído pela Lei nº 14.230, de 2021)

§ 10-E. Proferida a decisão referida no § 10-C deste artigo, as partes serão intimadas a especificar as provas que pretendem produzir. (Incluído pela Lei nº 14.230, de 2021)

§ 10-F. Será nula a decisão de mérito total ou parcial da ação de improbidade administrativa que: (Incluído pela Lei nº 14.230, de 2021)

I - condenar o requerido por tipo diverso daquele definido na petição inicial; (Incluído pela Lei nº 14.230, de 2021)

II - condenar o requerido sem a produção das provas por ele tempestivamente especificadas. (Incluído pela Lei nº 14.230, de 2021)

§ 11. Em qualquer momento do processo, verificada a inexistência do ato de improbidade, o juiz julgará a demanda improcedente. (Redação dada pela Lei nº 14.230, de 2021)

§ 12. (Revogado). (Redação dada pela Lei nº 14.230, de 2021)

§ 13. (Revogado). (Redação dada pela Lei nº 14.230, de 2021)

§ 14. Sem prejuízo da citação dos réus, a pessoa jurídica interessada será intimada para, caso queira, intervir no processo. (Incluído pela Lei nº 14.230, de 2021)

§ 15. Se a imputação envolver a desconsideração de pessoa jurídica, serão observadas as regras previstas nos arts. 133, 134, 135, 136 e 137 da Lei nº 13.105, de 16 de março de 2015 (Código de Processo Civil). (Incluído pela Lei nº 14.230, de 2021)

§ 16. A qualquer momento, se o magistrado identificar a existência de ilegalidades ou de irregularidades administrativas a serem sanadas sem que estejam presentes todos os requisitos para a imposição das sanções aos agentes incluídos no polo passivo da demanda, poderá, em decisão motivada, converter a ação de improbidade administrativa em ação civil pública, regulada pela Lei nº 7.347, de 24 de julho de 1985. (Incluído pela Lei nº 14.230, de 2021)

§ 17. Da decisão que converter a ação de improbidade em ação civil pública caberá agravo de instrumento. (Incluído pela Lei nº 14.230, de 2021)

§ 18. Ao réu será assegurado o direito de ser interrogado sobre os fatos de que trata a ação, e a sua recusa ou o seu silêncio não implicarão confissão. (Incluído pela Lei nº 14.230, de 2021)

§ 19. Não se aplicam na ação de improbidade administrativa: (Incluído pela Lei nº 14.230, de 2021)

I - a presunção de veracidade dos fatos alegados pelo autor em caso de revelia; (Incluído pela Lei nº 14.230, de 2021)

II - a imposição de ônus da prova ao réu, na forma dos §§ 1º e 2º do art. 373 da Lei nº 13.105, de 16 de março de 2015 (Código de Processo Civil); (Incluído pela Lei nº 14.230, de 2021)

III - o ajuizamento de mais de uma ação de improbidade administrativa pelo mesmo fato, competindo ao Conselho Nacional do Ministério Público dirimir conflitos de atribuições entre membros de Ministérios Públicos distintos; (Incluído pela Lei nº 14.230, de 2021)

IV - o reexame obrigatório da sentença de improcedência ou de extinção sem resolução de mérito. (Incluído pela Lei nº 14.230, de 2021)

§ 20. A assessoria jurídica que emitiu o parecer atestando a legalidade prévia dos atos administrativos praticados pelo administrador público ficará obrigada a defendê-lo judicialmente, caso este venha a responder ação por improbidade administrativa, até que a decisão transite em julgado. (Incluído pela Lei nº 14.230, de 2021)

§ 21. Das decisões interlocutórias caberá agravo de instrumento, inclusive da decisão que rejeitar questões preliminares suscitadas pelo réu em sua contestação. (Incluído pela Lei nº 14.230, de 2021)

COMENTÁRIOS

1. Procedimento judicial: seguirá o procedimento comum e terá início com a propositura da ação de improbidade administrativa pelo Ministério Público (único legitimado ativo), dentro do prazo de trinta dias, contados do encerramento do inquérito civil (art. 17, *caput* c/c art. 23, § 3º).

A Lei 14.230/2021 adequou a LIA aos ditames da legislação processual civil e, dessa forma, abandonou a referência à "ação principal" para distinguir a ação de improbidade propriamente dita das outrora previstas ações cautelares. Manteve-se, todavia, a determinação da incidência do procedimento comum, que já era criticada pela doutrina em face das inúmeras peculiaridades procedimentais dispostas nos parágrafos do art. 17. Seja como for, parece-nos que a remissão indica que, a par das especialidades procedimentais, a demanda observará o procedimento comum naquilo que não for excepcionado. Daniel Amorim Assumpção Neves *et al* considera "[...] importante que assim o seja, porque o procedimento ordinário [atualmente, procedimento comum] é o mais complexo de todos, ensejando maior segurança jurídica numa ação que pode ter consequências devastadoras para os réus condenados, em especial no tocante à aplicação das penas previstas no art. 12 da LIA"[175].

Com as alterações da Lei 14.230/2021, o procedimento da ação de improbidade (fase de conhecimento) ficou assim esquematizado:

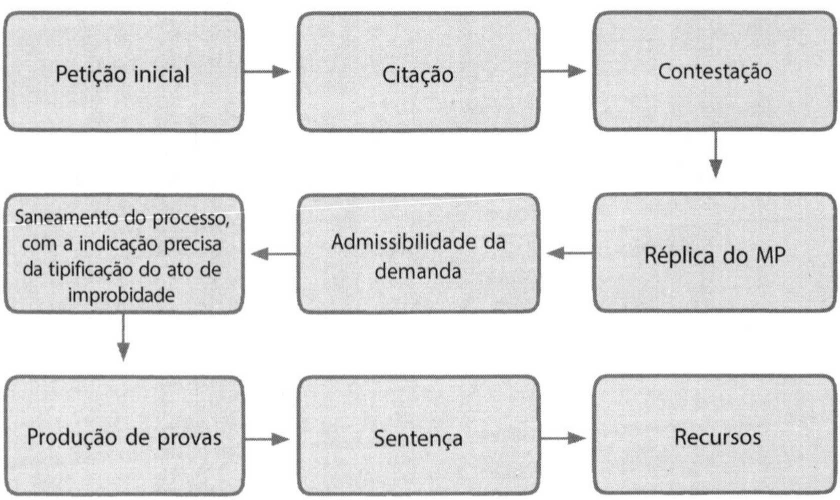

175. NEVES, Daniel Amorim Assumpção; OLIVEIRA, Rafael Carvalho Rezende. *Manual* ... p. 388.

2. Legitimidade ativa:

2.1 Generalidades: a legitimidade para a causa é condição da ação que diz respeito à pertinência subjetiva, na consagrada expressão de Alfredo Buzaid. Vale dizer, trata-se de condição da ação inerente aos sujeitos da relação processual, assim entendidos o autor, que pede a tutela jurisdicional, e o réu, em face de quem se pretende atuar a referida tutela. E a legitimação é conferida aos titulares da relação jurídica de direito material deduzida em juízo, conclusão extraída do art. 18 do CPC, o qual prescreve que "ninguém poderá pleitear direito alheio em nome próprio, salvo quando autorizado pelo ordenamento jurídico". A regra, como se vê, não é absoluta e comporta exceções, previstas no ordenamento jurídico, em que é lícito ao interessado postular em juízo ainda que não seja o titular do direito, agindo em nome próprio na defesa de interesses alheios. Com base nessas informações, a doutrina classifica a legitimidade em:

- **Ordinária**
  - Titularidade do direito deduzido pertence ao próprio autor da ação
- **Extraordinária**
  - Não há coincidência entre o titular do direito e aquele que ocupa o polo ativo do processo.

Fácil é constatar que na ação de improbidade administrativa, que tutela indiscutivelmente direito difuso da coletividade a proteção do patrimônio público, a legitimidade é **extraordinariamente** conferida ao Ministério Público.

Acrescenta Wallace Paiva Martins Júnior que "apesar de ser uma ação civil pública, os outros colegitimados do art. 5º da Lei Federal nº 7.347/85 (por exemplo, as associações, sindicatos, partidos políticos) não são legitimados ativos para pretender a aplicação das sanções previstas na Lei Federal nº 8.429/92, porque, muito embora se integrem suas disposições por obra do art. 21 da Lei Federal 7.347/85 (sistema da interação das vias de tutela dos interesses transindividuais), acaba prevalecendo a regra específica do art. 17 em detrimento da genérica"[176].

176. MARTINS JÚNIOR, Wallace Paiva. *Probidade* ... p. 401.

2.2 Ministério Público: a legitimidade ativa do MP, para além da previsão expressa do *caput* do art. 17 da LIA, **decorre do art. 129, inciso III, da CF**, que estabelece como função institucional do *Parquet* promover o inquérito civil e a ação civil pública para a proteção do patrimônio público e social, do meio ambiente e de outros interesses difusos e coletivos. "Vincula-se a atuação do Ministério Público ao interesse público primário ou geral, que diz respeito a toda sociedade [...]"[177] e não aos direitos patrimoniais da pessoa jurídica de direito público, o que, aliás, é vedado pela art. 129, inciso IX, da CF, que proíbe o MP de exercer a representação judicial e extrajudicial de entidades públicas. Nesse particular, importante rememorar a distinção da doutrina entre interesses públicos primário e secundário:

Interesse público primário	Interesse público secundário
Consiste no resultado dos interesses individuais enquanto partícipes de uma sociedade (interesses públicos propriamente ditos).	"Consiste nos anseios do Estado, considerado como pessoa jurídica, um simples sujeito de direitos; são os interesses privados desse sujeito"[178].

2.3 Pessoa jurídica interessada: em sua redação originária, o art. 17, *caput*, da LIA, conferia legitimidade à pessoa jurídica interessada para promover a ação de improbidade administrativa. É certo que pairava certa divergência sobre o real alcance da legitimidade ativa, notadamente em face do art. 1º da LIA, que anuncia os sujeitos passivos do ato de improbidade (pessoas jurídicas de direito público e de direito privado custeadas ou beneficiárias de recursos públicos). De um lado, uma primeira interpretação era no sentido de que a legitimidade se restringe às pessoas jurídicas de direito público vitimadas pelo ato de improbidade administrativa, justamente porque a demanda não visa salvaguardar o patrimônio privado dos demais sujeitos elencados no art. 1º da LIA, mas a utilização indevida de recursos públicos nelas investidas[179]. De outro, havia quem defendesse uma interpretação ampliativa do art. 17, *caput*, para abranger todos os sujeitos passivos constantes do art. 1º da LIA. Milita a favor desta orientação a expressão "interessada" utilizada pelo dispositivo legal. Além do que tal legitimidade "[...] decorre da

177. PAZZAGLINI FILHO, Marino. *Lei de Improbidade* ... p. 221.
178. MARINELA, Fernanda. *Direito Administrativo*. 7ª ed. Niterói: Impetrus, 2013, p. 29.
179. GARCIA, Emerson; ALVES, Rogério Pacheco. *Improbidade* ... p. 945.

possibilidade de ela [pessoa jurídica de direito privado] ser sujeito passivo do ato de improbidade administrativa [...]"[180].

No entanto, a Lei 14.230/2021 retirou da pessoa jurídica interessada a legitimidade ativa, esvaziando a controvérsia. Previu, também, regra transitória segundo a qual o Ministério Público competente, no prazo de um ano a partir da data de sua publicação (que ocorreu em 26 de outubro de 2021), período em que o processo ficará suspenso, poderá manifestar interesse no prosseguimento das ações por improbidade administrativa em curso ajuizadas pela Fazenda Pública, inclusive em grau de recurso; não adotada a referida providência, extinguir-se-á o processo sem resolução de mérito (art. 3º da Lei 14.230/2021).

> **Atenção:** a nova sistemática instituída pela Lei 14.230/2021 está com eficácia suspensa por decisão liminar *ad referendum* do Plenário, proferida pelo Ministro Alexandre de Moraes no bojo da **ADI 7.042/DF**, cujo dispositivo assim determina:
>
> "[...] DEFIRO PARCIALMENTE A CAUTELAR, ad referendum do Plenário desta SUPREMA CORTE, para, até julgamento final de mérito: (A) CONCEDER INTERPRETAÇÃO CONFORME A CONSTITUIÇÃO FEDERAL ao caput e §§ 6º-A, 10-C e 14, do artigo 17 da Lei nº 8.429/92, com a redação dada pela Lei nº 14.230/2021, no sentido da EXISTÊNCIA DE LEGITIMIDADE ATIVA CONCORRENTE ENTRE O MINISTÉRIO PÚBLICO E AS PESSOAS JURÍDICAS INTERESSADAS PARA A PROPOSITURA DA AÇÃO POR ATO DE IMPROBIDADE ADMINISTRATIVA; (B) SUSPENDER OS EFEITOS do § 20, do artigo 17 da Lei nº 8.429/92, com a redação dada pela Lei nº 14.230/2021, em relação a ambas as Ações Diretas de Inconstitucionalidade (7042 e 7043); (C) SUSPENDER OS EFEITOS do artigo 3º da Lei nº 14.230/2021".
>
> Assim, foi restabelecida a legitimidade concorrente entre o Ministério Público e a pessoa jurídica interessada para a propositura da ação de improbidade administrativa.

- O § 14 do art. 17 da LIA, por sua vez, previu que a necessária intimação da Fazenda Pública para, caso queira, intervir no processo. A questão que se coloca é a compreensão da expressão "intervir no processo". Certamente haverá quem sustente que se trata de uma espécie de assistência e, portanto, restrita ao polo ativo da demanda. Fernando da Fonseca Gajardoni *et al* interpreta ampliativamente o § 14 do art. 17 para admitir as seguintes posturas do Poder Público no processo: (i) atuar ao lado do acusado, se entender que MP não tem razão;
- (ii) ingressar no polo ativo, se considerar procedente o pleito do MP, hipótese em que atuará como assistente litisconsorcial,

180. NEVES, Daniel Amorim Assumpção; OLIVEIRA, Rafael Carvalho Rezende. *Manual* ... p. 282-284.

pois a sentença poderá influir na relação jurídica entre o Poder Público e os réus;

- (iii) permanecer inerte, sem qualquer manifestação e isento de consequências no plano do direito processual e material[181].

Para esta concepção, não houve substancial alteração, vigorando a mesma sistemática da Lei 4.717/64 (Lei da Ação Popular) e, portanto, permanece atual os entendimentos firmados pelo STJ sobre a matéria (ver itens 06 e 07 da CASUÍSTICA).

3. Legitimidade passiva: figurará como réu na ação o sujeito ativo do ato de improbidade administrativa, isto é, o responsável pela prática do ilícito, agente público, o particular (pessoa física ou jurídica) que celebra com a administração pública convênio, contrato de repasse, contrato de gestão, termo de parceria, termo de cooperação ou ajuste administrativo equivalente, relativamente aos recursos de origem pública, bem como o terceiro que induz ou concorre dolosamente para a prática do ato de improbidade, nos termos dos arts. 2º e 3º da LIA.

4. Competência (art. 17, §§ 4º-A e 5º-A): a ação de improbidade administrativa deve ser proposta perante o foro do local onde ocorrer o dano ou da pessoa jurídica prejudicada, sendo que a propositura da demanda prevenirá a competência do juízo para todas as ações posteriormente intentadas que possuam a mesma causa de pedir ou o mesmo pedido. Em sua redação originária, a LIA não continha disposição expressa sobre a competência territorial, razão pela qual incidia na espécie a regra do art. 2º, *caput* da Lei 7,347/1985 ("*As ações previstas nesta Lei serão propostas no foro do local onde ocorrer o dano, cujo juízo terá competência funcional para processar e julgar a causa*").

O local do dano, em regra, coincidirá com a sede da pessoa jurídica lesada pelo ato de improbidade administrativa.

A Lei 14.230/2021 não especificou no texto da LIA a natureza da competência, que no microssistema da tutela coletiva é absoluta, por força do disposto no parágrafo único do art. 2º da Lei 7.347/1985. Parece-nos que, neste aspecto, pode-se aplicar a mesma concepção

181. GAJARDONI, Fernando da Fonseca; CRUZ, Luana Pedrosa de Figueiredo; GOMES JUNIOR, Luiz Manoel; FAVRETO, Rogério. *Comentários à Nova Lei de Improbidade* ... p. 340.

jurisprudencial consagrada na vigência da redação originária da LIA, a saber: por integrar a ação de improbidade administrativa o microssistema processual coletivo e revelar exercício de ação coletiva, deve-se aplicar a orientação de que se trata de competência territorial absoluta. E duas razões primordiais sustentam a opção da natureza absoluta da competência territorial no microssistema processual coletivo:

1. facilitar o ajuizamento da ação e a coleta de provas;
2. assegurar que a instrução e julgamento sejam realizados pelo juízo que maior contato tenta tido ou possa vir a ter com o dano efetivo ou potencial aos interesses transindividuais[182].

A doutrina lembra que a previsão do § 5º do art. 17 da LIA constitui regra tradicional no sistema processual coletivo, tal como se extraí do § 3º do art. 5º da Lei 7.347/1985. Para o referido autor, a expressão "*ajuizar*" constante do *novel* comando legal significa simples propositura da ação, ainda que não tenha ocorrido juízo positivo, "[...] ou seja, a existência de decisão determinando a notificação ou citação dos réus. A finalidade é evitar que haja contradição entre as diversas decisões, o que poderia ocorrer, isso se fosse permitida o julgamento por Juízos diversos de demandas que possuem nexo de dependência ou mesmo uma possibilidade lógica de decisões conflitantes"[183].

5. Petição inicial e sua instrução (art. 17, §§ 6º e 10-D): além dos elementos indicados pelo art. 319 do CPC, a petição inicial da ação de improbidade deverá:

(a) **individualizar** a conduta do réu; e

(b) indicar os elementos probatórios mínimos que demonstrem a ocorrência das hipóteses dos arts. 9º, 10 e 11 da LIA e de sua autoria, salvo impossibilidade devidamente fundamentada (**justa causa**).

Trata-se de requisito específico que **impede a veiculação de ação de improbidade fundada em acusação genérica**, sem a indicação de fato concreto ensejador do enriquecimento sem causa, do dano ao erário ou violador de princípios da Administração Pública.

182. MAZZILLI, Hugo Nigro. *A defesa dos interesses difusos em juízo*. 15ª ed. São Paulo: Saraiva, 2002, p. 207.
183. GAJARDONI, Fernando da Fonseca; CRUZ, Luana Pedrosa de Figueiredo; GOMES JUNIOR, Luiz Manoel; FAVRETO, Rogério. *Comentários à Nova Lei de Improbidade* ... p. 323.

A petição inicial, nesse particular, deve individualizar a conduta do implicado e indicar necessariamente o tipo em que incorreu o agente (**adequação típica**), **não sendo possível imputação genérica,** isto é, sem subsunção do fato a um dos atos de improbidade capitulados nos arts. 9º, 10 ou 11 (art. 17, § 10-D).

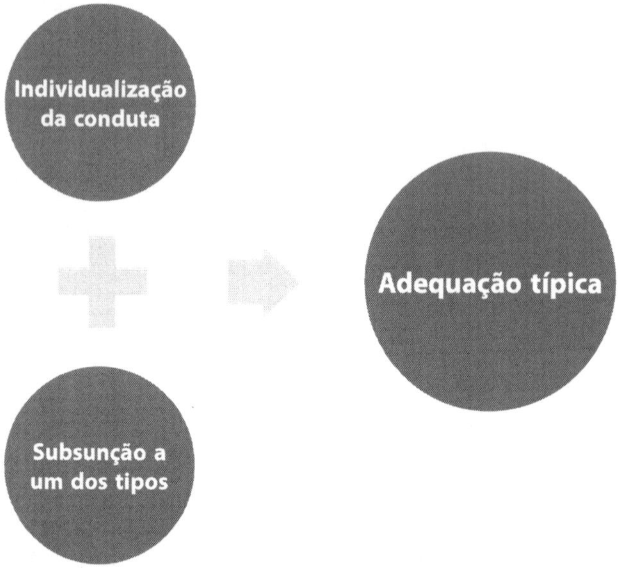

Fernando da Fonseca Gajardoni *et al* lista três tópicos fundamentais para que seja adequadamente individualizada a conduta do réu?

> "a) qual a conduta praticada pelo agente e seu enquadramento legal;
>
> b) qual o dano (sem sentido amplo) causado ao erário (ainda que estimado); e
>
> c) nexo de causalidade entre o ato e o enriquecimento ilícito, o dano ao erário ou a violação aos Princípios Constitucionais"[184].

Para obter os elementos probatórios mínimos, a LIA autoriza o Ministério Público a instaurar, de ofício, a requerimento de autoridade administrativa ou mediante representação, inquérito civil ou procedimento investigativo assemelhado, bem como requisitar a instauração de inquérito policial (art. 22). Isso evidencia a proximidade entre a ação visando a condenação por improbidade e as ações penais, na medida em

---

184. GAJARDONI, Fernando da Fonseca; CRUZ, Luana Pedrosa de Figueiredo; GOMES JUNIOR, Luiz Manoel; FAVRETO, Rogério. *Comentários à Nova Lei de Improbidade ...* p. 334.

que "em ambos os casos, não cabe instauração do processo jurisdicional sem a existência de provas mínimas quanto à existência do ilícito e da sua autoria. Assim como se passa no tocante ao crime, não se admite que o processo judicial visando ao sancionamento por improbidade seja iniciado sem prova alguma quanto ao ilícito e à sua autoria [...]"[185].

Antes mesmo das reformas operadas pela Lei 14.230/2021, alertava Marino Pazzaglini Filho que as particularidades da ação de improbidade exigem que a peça de ingresso seja mais densa e consistente. Para o autor, "[...] dela há de constar, com maior precisão, a descrição da improbidade imputada ao agente público, com seus fundamentos fáticos, probatórios e jurídicos. Não basta o mero protesto do autor por provas"[186].

Outro ponto que merece destaque diz respeito ao requerimento de designação de audiência de tentativa de conciliação. É que, na vigência da redação originária da LIA, era proscrita a transação nestas espécies de demanda e, por conseguinte, inaplicável o disposto no art. 334, inciso VII do CPC. No entanto, com o advento da Lei 13.964/2019 ("*Pacote Anticrime*") e a reforma operada pela Lei 14.230/2021, tornou-se possível a celebração de acordo de não persecução cível, sendo indispensável que o membro do MP indique, na exordial, a opção pela realização ou não da audiência de conciliação ou mediação.

6. Contestação: originalmente a LIA previa como particularidade procedimental da ação de improbidade a denominada "**defesa prévia**", semelhantemente ao procedimento especial dos crimes funcionais previsto nos arts. 513 a 518 do CPP, e cujo escopo era evitar a submissão do agente público a acusações injustificadas e temerárias. Emerson Garcia e Rogério Pacheco Alves entendiam inaplicável a regra do § 7º do art. 17, que consagra o contraditório prévio ao juízo de admissibilidade, quando a ação lastrear-se em inquérito civil ou procedimentos administrativos regularmente instaurados pela própria Administração ou órgãos externos de controle. "Isso porque o inquérito civil e os procedimentos administrativos prévios – enfatize-se – já cumprem o papel de evitar o ajuizamento de ações temerárias, justamente o que se buscou coibir com a instituição da 'defesa prévia.'"[187]

185. JUSTEN FILHO, Marçal. *Reforma da Lei de Improbidade* ... p. 190.

186. PAZZAGLINI FILHO, Marino. *Lei de Improbidade* ... p. 213.

187. GARCIA, Emerson; ALVES, Rogério Pacheco. *Improbidade* ... p. 1043.

A Lei 14.230/2021 deu nova redação ao § 7º do art. 17 da LIA e, pois, suprimiu a fase da defesa prévia, prevendo a citação direta e imediata do réu caso seja positivo o juízo de admissibilidade da demanda. A supressão da defesa prévia decorre de sua pouca utilidade prática, notadamente em face da jurisprudência do STJ que se firmou no sentido de que sua ausência somente provocaria a invalidade do feito caso demonstrado o prejuízo (nulidade relativa). Gajardoni acrescenta, ainda, que a extinção da defesa prévia não traz qualquer prejuízo aos réis, na medida em que demandas sem qualquer suporte probatório podem ter sua tramitação questionada e interrompida mediante a interposição de agravo de instrumento ou logo depois da contestação[188].

O § 20 do art. 17 da LIA incumbiu a assessoria jurídica do órgão público que emitiu parecer atestando a legalidade prévia dos atos administrativos praticados pelo administrador público de promover sua defesa judicial, caso este venha a responder ação por improbidade administrativa, até que a decisão transite em julgado. **A referida disposição está suspensa por decisão do Ministro Alexandre de Morais, proferida na ADI 7.042/DF.**

7. Tutelas provisórias (art. 17, § 6º-A): a Lei 14.230/2021, dentre as diversas alterações que implementou na LIA, restringiu o rol de providências cautelares especificas, limitando-as a duas:

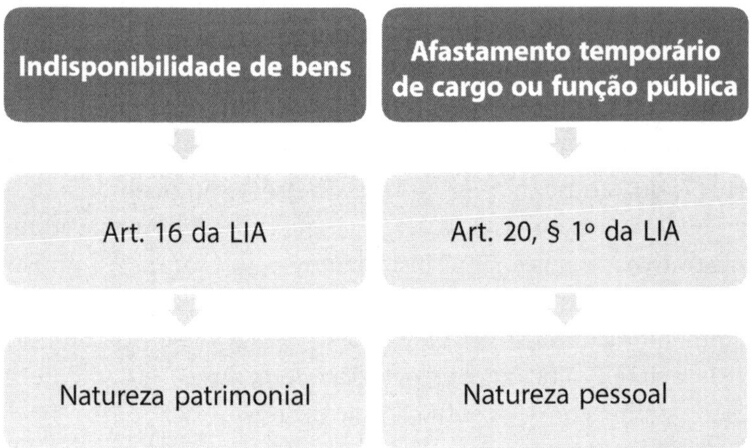

188. GAJARDONI, Fernando da Fonseca; CRUZ, Luana Pedrosa de Figueiredo; GOMES JUNIOR, Luiz Manoel; FAVRETO, Rogério. *Comentários à Nova Lei de Improbidade* ... p. 346.

As mencionadas medidas observam as particularidades materiais e procedimentais estabelecidas na LIA, sem prejuízo da aplicação supletiva e subsidiária do CPC. Além disso, podem ser concedidas outras medidas de natureza provisória com base no Código de Processo Civil vigente, desde que observado os predicados da legislação processual comum, especialmente os requisitos do art. 300 do CPC.

Nesse sentido, Fernando da Fonseca Gajardoni *et al* entende possível a concessão de todas as demais medidas de garantira patrimonial (arresto, arrolamento de bens, registro de protesto contra alienação de bens – art. 301 do CPC) e probatórias (produção antecipada de provas – art. 381 do CPC) do sistema processual civil, inclusive as admissíveis com base no poder geral de cautela do magistrado (art. 301, *in fine* do CPC), a exemplo da suspensão do contrato administrativo em curso, desde que presentes os requisitos legais para tanto[189].

Outra não é a previsão do art. 17, § 6º-A da LIA, incluído pela Lei 14.230/2021, o qual dispõe que o Ministério Público poderá requerer as tutelas provisórias adequadas e necessárias para assegurar a efetividade da prestação jurisdicional, nos termos dos arts. 294 a 310 do CPC.

Não havia, de fato, sentido na manutenção da medida cautelar de sequestro, na medida em que o CPC/2015 não diferenciou o tratamento procedimental de sequestro e arresto, unificando inclusive os requisitos para a concessão de tutela cautelar de urgência. O art. 301 determina simplesmente que "a tutela de urgência de natureza cautelar pode ser efetivada mediante arresto, sequestro, arrolamento de bens, registro de protesto contra alienação de bem e qualquer outra medida idônea para asseguração do direito". Daí a conclusão da doutrina:

> "Toda e qualquer tutela idônea para conservação do direito pode ser requerida pela parte a título de tutela cautelar (art. 301, CPC). Daí que a alusão ao arresto, sequestro, arrolamento de bens e ao registro de protesto contra alienação de bens são apenas exemplos de providências que podem ser obtidas pela parte. É possível obter atipicamente tutela cautelar no direito brasileiro – isto é, embora empregando terminologia diversa, o novo Código reconhece o poder geral de cautela do juiz. O fato de o legislador não ter repetido as hipóteses de cabimento do arresto, sequestro, do arrolamento de bens e do registro de protesto contra alienação significa que essas cautelares se submetem aos requisitos comuns a toda e qualquer medida cautelar:

189. GAJARDONI, Fernando da Fonseca; CRUZ, Luana Pedrosa de Figueiredo; GOMES JUNIOR, Luiz Manoel; FAVRETO, Rogério. *Comentários à Nova Lei de Improbidade ...* p. 262-263.

probabilidade do direito (*fumus boni iuris*) e perigo na demora (*periculum in mora*). Significa ainda que o Código vigente incorporou o significado desses termos – tal como eram compreendidos na legislação anterior. Desse modo, arresto é uma medida cautelar que visa a resguardar de um perigo de dano o direito à tutela ressarcitória. Sequestro é uma medida cautelar que visa a proteger de um perigo de dano a tutela do direito à coisa. Arrolamento de bens é uma medida cautelar que visa a descrever, apreender e depositar determinada universalidade de bens exposta a um risco de dano. Protesto contra alienação de bens é uma medida cautelar que visa assegurar a frutuosidade da tutela do direito à reparação ou ao ressarcimento diante de um perigo de dano. Serão cabíveis arrestos, sequestros, arrolamentos de bens, protestos contra alienação de bens e quaisquer outras medidas idôneas para asseguração dos direitos quando houver perigo de infrutuosidade da tutela ao direito à reparação ou ao ressarcimento."[190].

8. Juízo de admissibilidade da demanda (art. 17, §§ 6º-B, 7º e 9º-A): proposta a ação, será a petição inicial submetida ao crivo do magistrado competente para efeito de realizar a admissibilidade da demanda, podendo adotar uma de três posturas possíveis:

i. se estiver em devida forma, mandará autuá-la e ordenará a citação dos requeridos para apresentação de contestação no prazo comum de 30 (trinta) dias, observado quando ao termo inicial o disposto no art. 231 do CPC[191];

---

190. MARINONI, Luiz Guilherme; ARENHART, Sérgio Cruz; MITIDIERO, Daniel. *Novo Código de Processo Civil Comentado*. São Paulo: Revista dos Tribunais, 2015, p. 314.

191. "Art. 231. Salvo disposição em sentido diverso, considera-se dia do começo do prazo:

I - a data de juntada aos autos do aviso de recebimento, quando a citação ou a intimação for pelo correio;

II - a data de juntada aos autos do mandado cumprido, quando a citação ou a intimação for por oficial de justiça;

III - a data de ocorrência da citação ou da intimação, quando ela se der por ato do escrivão ou do chefe de secretaria;

IV - o dia útil seguinte ao fim da dilação assinada pelo juiz, quando a citação ou a intimação for por edital;

V - o dia útil seguinte à consulta ao teor da citação ou da intimação ou ao término do prazo para que a consulta se dê, quando a citação ou a intimação for eletrônica;

VI - a data de juntada do comunicado de que trata o art. 232 ou, não havendo esse, a data de juntada da carta aos autos de origem devidamente cumprida, quando a citação ou a intimação se realizar em cumprimento de carta;

VII - a data de publicação, quando a intimação se der pelo Diário da Justiça impresso ou eletrônico;

VIII - o dia da carga, quando a intimação se der por meio da retirada dos autos, em carga, do cartório ou da secretaria;

IX - o quinto dia útil seguinte à confirmação, na forma prevista na mensagem de citação, do recebimento da citação realizada por meio eletrônico. (Incluído pela Lei nº 14.195, de 2021)

ii. determinar ao autor que, no prazo de quinze dias, a emende ou a complete, indicando com precisão o que deve ser corrigido ou completado, caso verifique que não preenche os requisitos do art. 319 do CPC, ou que apresenta defeitos e irregularidades capazes de dificultar o julgamento de mérito; ou

iii. rejeitá-la nos casos do art. 330 do CPC[192], quando não preenchidos os requisitos a que se referem os incisos I e II do § 6º do art. 17, ou ainda quando manifestamente inexistente o ato de improbidade imputado.

Atenção: a rejeição liminar da demanda pode consubstanciar provimento com ou sem resolução de mérito, conforme a seguir detalhado:

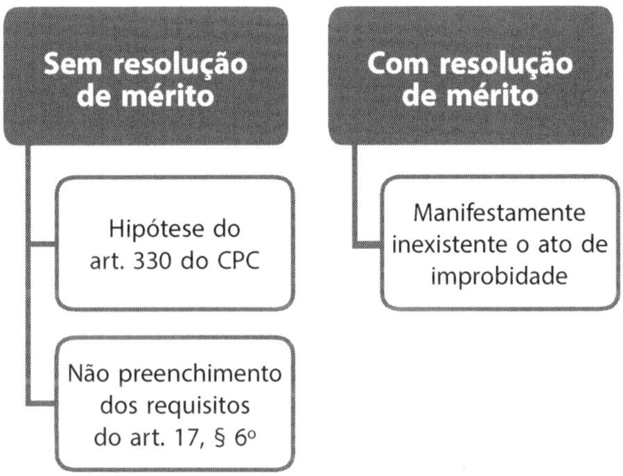

---

§ 1º Quando houver mais de um réu, o dia do começo do prazo para contestar corresponderá à última das datas a que se referem os incisos I a VI do caput.

§ 2º Havendo mais de um intimado, o prazo para cada um é contado individualmente.

§ 3º Quando o ato tiver de ser praticado diretamente pela parte ou por quem, de qualquer forma, participe do processo, sem a intermediação de representante judicial, o dia do começo do prazo para cumprimento da determinação judicial corresponderá à data em que se der a comunicação.

§ 4º Aplica-se o disposto no inciso II do caput à citação com hora certa".

192. Art. 330. A petição inicial será indeferida quando:

I - for inepta;

II - a parte for manifestamente ilegítima;

III - o autor carecer de interesse processual;

IV - não atendidas as prescrições dos arts. 106 e 321 .

§ 1º Considera-se inepta a petição inicial quando:

I - lhe faltar pedido ou causa de pedir;

II - o pedido for indeterminado, ressalvadas as hipóteses legais em que se permite o pedido genérico;

III - da narração dos fatos não decorrer logicamente a conclusão;

IV - contiver pedidos incompatíveis entre si.

Na vigência da Lei 8.429/92, firmou-se na jurisprudência orientação no sentido de que a **rejeição liminar da ação pressupõe juízo de certeza** sobre a inexistência do ato, a improcedência do pedido ou a inadequação da via eleita, de modo que **havendo dúvidas, deve o prosseguir o processo, por força do princípio do *in dubio pro societate*** (ver item 10 do tópico CASUÍSTICA).

A Lei 14.230/2021 coloca em "xeque" o sobredito entendimento ao exigir expressamente a justa causa para a propositura da demanda, consistente em um conjunto probatório mínimo capaz de evidenciar a probabilidade de condenação efetiva do agente a que se imputa o ato de improbidade administrativa.

Em sede doutrinária, sustenta-se o afastamento do brocardo *in dubio pro societate* e, dessa forma, conclui-se que "[...] havendo dúvida, significa que os elementos inicialmente colhidos são insuficientes, ausente assim a justa causa. O postulado do *princípio do in dubio pro societate* não pode: a-) afastar o direito fundamental à presunção de inocência; e b-) referendar uma atuação irregular ou insuficiente, para dizer o mínimo, do Ministério Público [...]" de modo "[...] na dúvida, o que deve prevalecer é o princípio do '*in dubio pro reo*'."[193]

Marçal Justen Filho, por sua vez, sustenta que o princípio do *in dubio pro societate* somente pode ser aplicado se houver respeito às garantias constitucionais asseguradas ao acusado, de modo que deve haver prova suficiente para respaldar a acusação (individualização da conduta ímproba + tipicidade + justa causa). Assim, "não se aplica o 'in dubio pro societate' quando não existirem provas ou quando forem destituídas de credibilidade mínima"[194].

9. Providências preliminares e saneamento na ação de improbidade (art. 17, §§ 10-B, 10-C e 10-E): oferecida a contestação, o procedimento observa as regras genéricas do previstas na legislação

§ 2º Nas ações que tenham por objeto a revisão de obrigação decorrente de empréstimo, de financiamento ou de alienação de bens, o autor terá de, sob pena de inépcia, discriminar na petição inicial, dentre as obrigações contratuais, aquelas que pretende controverter, além de quantificar o valor incontroverso do débito.

§ 3º Na hipótese do § 2º, o valor incontroverso deverá continuar a ser pago no tempo e modo contratados.

193. GAJARDONI, Fernando da Fonseca; CRUZ, Luana Pedrosa de Figueiredo; GOMES JUNIOR, Luiz Manoel; FAVRETO, Rogério. *Comentários à Nova Lei de Improbidade* ... p. 353.

194. JUSTEN FILHO, Marçal. *Reforma da Lei de Improbidade* ... p. 190.

processual, ressalvadas as especificidades da LIA. Nesse cenário, a propósito, a Lei 14.230/2021 incluiu novos dispositivos na LIA correspondentes a providências preliminares e saneamento na ação de improbidade administrativa.

Na primeira categoria, previu que o juiz, após oferecida a contestação e se for o caso, poderá:

(a) proceder ao julgamento conforme o estado do processo, observada eventual inexistência manifesta do ato de improbidade;

(b) desmembrar o litisconsórcio, com vistas a otimizar a instrução processual.

Nesse momento, poderá o juiz inclusive julgar improcedente a demanda desde que verificada a inexistência do ato de improbidade imputado ao agente (o que, a teor do art. 17, § 11 da LIA, pode ser determinado em qualquer momento do processo).

Ao passo que na segunda, estabeleceu que o magistrado, após a réplica do Ministério Público, proferirá decisão na qual indicará com precisão a tipificação do ato de improbidade administrativa imputável ao réu, sendo-lhe vedado modificar o fato principal e a capitulação legal apresentada pelo autor. Alerta Gajardoni que o julgador deve se limitar à indicação do dispositivo legal que considera incurso o agente (arts. 9, 10 ou 11 da LIA), seguindo a delimitação constante da exordial, na medida em que há expressa vedação à modificação do fato principal e da capitulação legal indicada pelo autor da ação, medida em que seu sentir homenageia o sistema acusatório e a paridade de armas[195].

Entretanto, nesta fase procedimental não poderá o juiz:

(i) aplicar a presunção de veracidade dos fatos alegados pelo autor em caso de revelia;

(ii) distribuição dinâmica do ônus da prova.

Outra providência que o magistrado deve determinar é a intimação das partes para especificação de provas, evidentemente quando não ocorrer qualquer situação que autorize o julgamento conforme o estado do processo.

195. GAJARDONI, Fernando da Fonseca; CRUZ, Luana Pedrosa de Figueiredo; GOMES JUNIOR, Luiz Manoel; FAVRETO, Rogério. *Comentários à Nova Lei de Improbidade* ... p. 356.

10. Instrução: encerrada as fases postulatória e organizatória com a observância das especialidades procedimentais, alhures comentadas, tem início a instrução do feito que, em geral, segue os tramites do procedimento comum. A Lei 14.230/2021 revogou o § 12 do art. 17 da LIA, afastando de seu âmbito a previsão do art. 221, *caput* e § 1º do CPP, relativo a regras especiais de tomada de depoimento de autoridades públicas como Presidente da República, senadores, deputados estaduais e federais, ministros de Estado, governadores, secretários de Estado, prefeitos, membros do Poder Judiciário e do Tribunal de Contas

Outra previsão relativa à instrução consta do § 18 do art. 17, que assegura ao réu o direito de ser interrogado sobre os fatos de que versa a ação de improbidade administrativa, não implicando sua recusa ou o seu silencia em confissão ficta.

11. Sentença: produzidas as provas, o juiz proferirá sentença, observando os critérios previstos no art. 17-C da LIA e a vedação constante do art. 17, § 10-F, incisos I e II do mesmo diploma legal (o tema será desenvolvido nos comentários ao art. 17-C, para onde remetemos o leitor).

12. Recursos e reexame necessário (art. 17, §§ 17, 19, inciso IV e 21): o CPC de 2015 modificou a sistemática recursal, notadamente em relação à impugnação das decisões interlocutórias, para as quais foi previsto um duplo modelo:

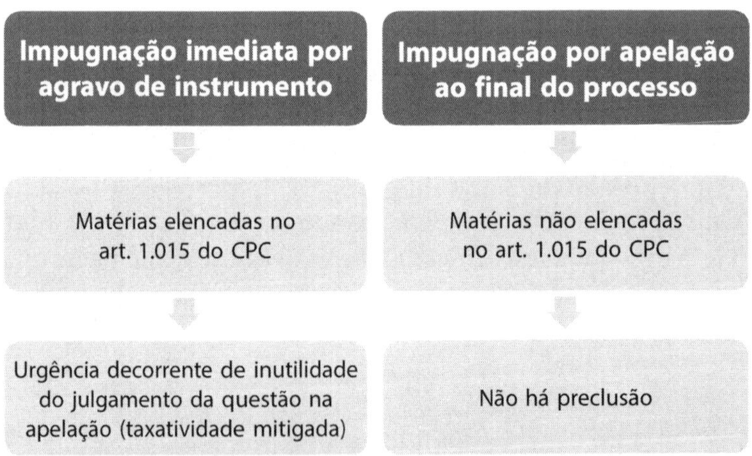

No entanto, o referido modelo não se aplica à LIA, eis que há previsão expressa de agravo de instrumento para impugnar as decisões interlocutórias proferidas no curso da ação de improbidade administrativa, inclusive da que rejeitar questões preliminares suscitadas pelo réu em sua contestação (positivação da orientação do STJ – ver item 12 do tópico CASUÍSTICA).

De outro lado, originariamente a LIA não previa reexame necessário na ação de improbidade e, diante da omissão, preponderou o entendimento no sentido da aplicação, subsidiária, das normas do microssistema de tutela coletiva, do qual se extraí o cabimento da remessa necessária quando a sentença concluir pela carência do direito de ação ou improcedência do pedido (**reexame necessário invertido**), nos termos do art. 19 da Lei 4.717/65.

A Lei 14.230/2021 superou a referida orientação e incluiu dispositivo especifico na LIA que afasta de sua incidência o reexame obrigatório da sentença de improcedência ou de extinção do processo sem resolução de mérito.

CASUÍSTICA

1. Requisitos da petição inicial:

"ADMINISTRATIVO. RECURSO ESPECIAL. AÇÃO CIVIL PÚBLICA POR ATO DE IMPROBIDADE ADMINISTRATIVA. FASE PRELIMINAR. JUSTA CAUSA. AUSÊNCIA. 1. Hipótese em que a inicial imputa ao réu a prática de ato de improbidade administrativa por haver, na condição de Governador, assinado acordo de pagamento parcelado de débitos do estado, que foi seguido pelo inadimplemento de uma de suas parcelas. 2. A ação de improbidade deve ser rejeitada após a defesa preliminar quando inexistir ato de improbidade administrativa, de manifesta improcedência da ação ou de inadequação da via, nos termos do § 8º do art. 17 da Lei n. 8.429/1992. **3. Para que se processe a ação de improbidade administrativa é preciso que a inicial: (a) descreva adequadamente a ação/omissão capaz de configurar a improbidade administrativa; (b) venha respaldada por indícios suficientes de autoria e materialidade ou acompanhada de razões fundamentadas da impossibilidade de apresentação, neste momento processual, de qualquer dessas provas (art. 16, § 6º, da Lei n. 8.429/1992). Só assim estará presente a justa causa para o recebimento da ação e improbidade administrativa, que só se processa quando há viabilidade condenatória.** 4. No caso dos autos, as imputações ao recorrido deram-se de forma abstrata, não se evidenciando a justa causa para o recebimento da ação de improbidade. 5. Recurso especial provido para, desde logo, rejeitar a ação de improbidade" (STJ, *REsp 1.663.430/AP*, 1ª T., rel. Min. Benedito Gonçalves, j. 04.12.2018, DJe 11.12.2018, grifamos).

2. Ilegitimidade das associações para promover a ação de improbidade administrativa:

"APELAÇÃO CÍVEL. IMPROBIDADE ADMINISTRATIVA. ASSOCIAÇÃO CIVIL. ILEGITIMIDADE ATIVA. EXTINÇÃO DO PROCESSO. 1. Conforme decorre do estabelecido no art. 17 da Lei nº 8.429/92, as associações privadas não têm legitimidade ativa para a ação por ato de improbidade administrativa. 2. O rol de legitimados ativos para a ação civil pública do art. 5º da Lei nº 7.347/85 e o do art. 82 da Lei 8.078/90 não tem aplicação nos casos de tutela do patrimônio público e da moralidade administrativa pela especial via da ação de improbidade, conforme estabelecido pela Lei nº 8.429/92. PROCESSO JULGADO EXTINTO, SEM EXAME DO MÉRITO, PREJUDICADO O RECURSO DE APELAÇÃO." (TJRS, *Apelação Cível nº 70052884525*, 4ª Câmara Cível, rel. Des. Eduardo Uhlein, j. 26.11.2014).

3. Ilegitimidade da OAB:

"PROCESSO CIVIL. AÇÃO DE IMPROBIDADE ADMINISTRATIVA. ILEGITIMIDADE ATIVA DO CONSELHO FEDERAL DA ORDEM DOS ADVOGADOS DO BRASIL. SÚMULA 83/STJ. OFENSA AO ART. 535 DO CPC NÃO CONFIGURADA. OMISSÃO. INEXISTÊNCIA. AGRAVO NÃO PROVIDO. 1. Cuida-se, na origem, de Ação de Improbidade Administrativa proposta pelo Conselho Federal da Ordem dos Advogados do Brasil - CFOAB e a Seccional da Ordem dos Advogados do Brasil no Distrito Federal - OAB/DF contra os ora agravados. 2. O Juiz de 1º Grau julgou extinto o processo, sem exame do mérito, nos termos do artigo 267, inciso VI, do CPC, por entender que os ora agravantes não possuem legitimidade para propor Ação de Improbidade Administrativa. 3. O Tribunal a quo negou provimento à apelação dos ora recorrentes e assim consignou na sua decisão: "Contudo, em sede de Ação Civil Pública, a atuação da Ordem dos Advogados do Brasil não é ilimitada e está restrita à defesa dos interesses de sua categoria e/ou de seus membros, vedando-lhe a tutela de direitos de terceiros. Deve existir pertinência temática com seu âmbito de atuação, conforme já decidiu o C. Superior Tribunal de Justiça" (grifo acrescentado) (fls. 860-861). 4. A demanda não trata das prerrogativas dos advogados, nem das "disposições ou fins" do Estatuto da Advocacia (art. 49, caput, da Lei 8.906/1994), portanto, **não têm o Conselho Federal da Ordem dos Advogados do Brasil e a OAB legitimidade para propor Ação de Improbidade Administrativa**. 5. Dessume-se que o acórdão recorrido está em sintonia com o atual entendimento deste Tribunal Superior, razão pela qual não merece prosperar a irresignação. Incide, in casu, o princípio estabelecido na Súmula 83/STJ. Nesse sentido: REsp 331.403/RJ, Rel. Ministro João Otávio de Noronha, Segunda Turma, DJ 29.5.2006, p. 207, AgRg no Ag 1.253.420/SP, Rel. Ministro Herman Benjamin, Segunda Turma, DJe

04.5.2011. 6. No mais, a solução integral da controvérsia, com fundamento suficiente, não caracteriza ofensa ao art. 535 do CPC. 7. Agravo Regimental não provido" (STJ, *AgRg no AREsp 568.585/DF*, 2ª T., rel. Min. Herman Benjamin, j. 05.03.2015, DJe 31.03.2015, grifamos).

"PROCESSUAL CIVIL. RECURSO ESPECIAL. AÇÃO COLETIVA. ILEGITIMIDADE DA SUBSEÇÃO DA OAB. TAXA DE ILUMINAÇÃO PÚBLICA. ART. 54 DA LEI N. 8.906/94. 1. As Subseções da OAB, carecendo de personalidade jurídica própria, não possuem legitimidade para propositura de ação coletiva. 2. A OAB (Conselho Federal e Seccionais) somente possui legitimidade para propor ação civil pública objetivando garantir direito próprio e de seus associados, e não de todos os munícipes. 3. Recurso especial provido. (STJ, *REsp 331.403/RJ*, 2ª T., rel. Min. João Otávio de Noronha, DJ 29.05.2006, p. 207).

4. Ausência de intervenção do MP na ação de improbidade administrativa: antes do advento da Lei 14.230/2021, a legitimidade para propor a ação de improbidade era concorrente entre o MP e a Fazenda Pública, daí porque o § 4º do art. 17 previa que, se o MP não intentasse a ação, interviria obrigatoriamente como *custos juris*, sob pena de nulidade. No entanto, a sobredita nulidade somente acarretará a anulação do processo quando demonstrado efetivo prejuízo decorrente da ausência do *Parquet*. Tal entendimento, que já era pacífico na jurisprudência do STJ (ver acórdãos transcritos a seguir), restou positivado no art. 279, § 2º, do CPC/2015, *verbis*: "a nulidade só pode ser decretada após a intimação do Ministério Público, que se manifestará sobre a existência ou a inexistência de prejuízo".

"PROCESSUAL CIVIL. AGRAVO INTERNO NO RECURSO ESPECIAL. IMPROBIDADE ADMINISTRATIVA. OFENSA AO PRINCÍPIO DA COLEGIALIDADE. NÃO OCORRÊNCIA. NECESSIDADE DE INTIMAÇÃO DO PARQUET COMO FISCAL DA LEI. IMPOSIÇÃO LEGAL PREVISTA NO ART. 17, §4° DA LEI Nº 8.429/92. AGRAVO INTERNO NÃO PROVIDO. 1. Nos termos da Súmula 568/STJ, é possível o julgamento monocrático do recurso especial quando houver jurisprudência no mesmo sentido dos fundamentos adotados no decisum. Ainda que assim não fosse, a jurisprudência desse Sodalício orienta no sentido de que o julgamento colegiado torna prejudicado eventuais vícios inerentes ao exame monocrático. Precedentes. 2. **Nas ações civis de improbidade administrativa, é obrigatória a intervenção do Ministério Público, tendo em vista o que dispõe o art. 17, § 4º, da Lei nº 8429/92. O Órgão Ministerial deve ser intimado de todos os atos processuais, sendo que a ausência de tal providência é causa de nulidade absoluta**. 3. Agravo interno não provido" (STJ, *AgInt no REsp 1.697.728/PB*, 2ª T., rel. Min. Mauro Campbell Marques, j. 21.06.2018, DJe 27.06.2018, grifamos).

"PROCESSUAL CIVIL. SEGURO DE VIDA. INDENIZAÇÃO. INTERESSE DE MENOR. AUSÊNCIA DE INTERVENÇÃO DO MINISTÉRIO PÚBLICO EM 1ª INSTÂNCIA. MANIFESTAÇÃO DA PROCURADORIA DE JUSTIÇA ARGUINDO A NULIDADE DO PROCESSO. PREJUÍZO NÃO DEMONSTRADO. SUPRIMENTO, ADEMAIS, PELA ATUAÇÃO DO ÓRGÃO EM SEGUNDO GRAU. I - A alegação de nulidade do processo por ausência de intervenção do Ministério Público em primeira instância, quando há manifestação da Procuradoria de Justiça em segundo grau de jurisdição, sem demonstração da nulidade efetiva, não pode, no caso, ser acolhida, ante a inexistência de efetivo prejuízo às partes ou ao andamento do processo, sob pena de se desprestigiar os princípios da celeridade processual e da instrumentalidade das formas. II - Segundo precedentes desta Corte, até mesmo nas causas em que a intervenção do Parquet é obrigatória em face a interesse de menor, é necessária a demonstração de prejuízo deste para que se reconheça a referida nulidade. Recurso Especial improvido" (STJ, *REsp 1.010.521/PE*, 3ª T., rel. Min. Sidnei Beneti, j. 26.10.2010, DJe 09.11.2010).

"PROCESSUAL CIVIL. HABILITAÇÃO DE CRÉDITO EM FALÊNCIA. ÓRGÃO DO MINISTÉRIO PÚBLICO ATUANDO COMO FISCAL DA LEI, QUE, APESAR DE INTIMADO, NÃO APRESENTA MANIFESTAÇÃO. AUSÊNCIA DE PREJUÍZO. NULIDADE DA SENTENÇA NÃO VERIFICADA. 1. A atenção do Ministério Público, no caso dos autos, dirige-se de modo direto aos interesses sociais ou individuais indisponíveis (Constituição Federal, art. 127), como um todo, sendo, por isso, considerado fiscal da lei. Dessa forma, instado a se manifestar acerca do caso concreto, não lhe cabe acolher a manifestação de uma delas, sem sequer verificar se seus fundamentos são plausíveis ou existentes, limitando-se a aguardar nova vista dos autos. Oportunidade para manifestação desperdiçada. 2. Em respeito ao princípio da instrumentalidade das formas, não se deve declarar a nulidade do ato processual se este não causa prejuízo a alguém, ou seja, *pas de nullité sans grief*. Nesse contexto, deve o processo ser interpretado como instrumento de realização da justiça, tendente à pacificação dos conflitos sociais, cabendo, no caso, perquirir acerca do sentido teleológico do que dispõe o art. 82 do CPC, no tocante à atuação do Ministério Público enquanto custos legis. Recurso não conhecido" (STJ, *REsp 165.989/MG*, 4ª T., rel. Min. Luis Felipe Salomão, j. 25.11.2008, DJe 15.12.2008).

A Lei 14.230/2021 revogou o § 4º do art. 17 da LIA como decorrência da consagração, no *caput* do sobredito dispositivo legal, da legitimidade exclusiva do Ministério Público. Entretanto, imperioso lembrar que, por decisão monocrática do Ministro Alexandre de Moraes que atribuiu interpretação conforme ao *caput* do art. 17 da LIA, manteve-se a legitimidade concorrente da Fazenda Pública, sendo necessária a intervenção do MP nas demandas aforadas pelo ente público como fiscal da ordem jurídica por força do disposto no art. 178, inciso I do CPC (intervenção obrigatória do MP quando a lide envolver interesse público ou social).

5. Litisconsórcio facultativo entre os legitimados (SE MANTIDA A LEGITIMIDADE EXCLUSIVA DO MP, RESTA SUPERADO O ENTENDIMENTO): a legitimidade para a propositura da ação de improbidade é concorrente e disjuntiva, ou seja, cada um dos colegitimados pode ingressar em juízo independentemente da anuência do outro, que pode conforme o caso aderir ao pleito, formando verdadeiro litisconsórcio facultativo:

"PROCESSUAL CIVIL. ADMINISTRATIVO. IMPROBIDADE ADMINISTRATIVA. OFENSA AO ART. 535 DO CPC NÃO CONFIGURADA. LEGITIMIDADE ATIVA CONCORRENTE E DISJUNTIVA. MINISTÉRIO PÚBLICO E ESTADO DE SANTA CATARINA [...] 2. Cinge-se a controvérsia à aferição da legitimidade do Estado de Santa Catarina para o ajuizamento de Ação de Improbidade Administrativa contra ex-Governador, visando à aplicação de sanções pecuniárias e de caráter político. 3. A solução integral da controvérsia, com fundamento suficiente, não caracteriza ofensa ao art. 535 do CPC. 4. In casu, o Tribunal a quo julgou extinto o processo em face da ilegitimidade ativa do Estado de Santa Catarina, sob os seguintes argumentos: 'Não me parecer razoável que se confira ao Estado de Santa Catarina, v.g., legitimação para propor ação de improbidade administrativa para 'apuração dos fatos representados para o fim de promover a 'persecutio criminis' contra a prática da prevaricação e de outros tipos penais que restarem identificados na conduta dos agentes públicos' (fls. 120/156). Para segurança da sociedade é imperioso que em casos como o sub judice seja ela reservada ao Ministério Público'. **5. Nos termos do art. 17 da Lei 8.429/1992, "a ação principal, que terá o rito ordinário, será proposta pelo Ministério Público ou pela pessoa jurídica interessada", o que denota a legitimidade ativa concorrente e disjuntiva entre o Ministério Público e o ente público interessado na repressão de conduta ímproba, o que é reforçado, no caso, por o objeto da ação indicar conduta que causou prejuízo ao Erário**. No mesmo sentido: REsp 1.070.067/RN, Rel. Ministro Mauro Campbell Marques, Segunda Turma, DJe 4.10.2010; e REsp 1.024.648/MG, Rel. Ministro José Delgado, Primeira Turma, DJe 21.5.2008. **6. Na hipótese dos autos, verifica-se que o Ministério Público e o Estado de Santa Catarina possuem legitimidade concorrente e disjuntiva para o ajuizamento de Ação de Improbidade Administrativa. 7. Resta claro que o Estado é "pessoa jurídica interessada" na propositura da ação de improbidade administrativa, nos termos do art. 17 da Lei 8.4289/1992, visto que, conforme se dessume dos autos, os atos de improbidade praticados - celebração de contratos de mútuo com a administração superior do Porto São Francisco do Sul sem autorização legislativa - acarretaram o endividamento do ente estadual. As condutas ímprobas relatadas repercutiram, nítida e diretamente, no patrimônio do Estado. Tendo sido alvo das consequências deletérias do Ato de Improbidade Administrativa, evidencia-se a pertinência temática, aspecto relacionado ao interesse de agir da parte autora e, por conseguinte, a legitimidade do ente estadual para o ajuizamento da ação de**

improbidade. 8. Reconhecida a legitimidade ativa do Estado de Santa Catarina, os autos devem retornar à origem para prosseguimento no julgamento das Apelações. 9. Recurso Especial provido" (STJ, *REsp 1.542.253/SC*, 2ª T., rel. Min. Herman Benjamin, j. 20.10.2016, DJe 28.10.2016, grifamos).

"ADMINISTRATIVO E PROCESSO CIVIL – RECURSO ESPECIAL – AÇÃO CIVIL PÚBLICA – IMPROBIDADE ADMINISTRATIVA – PRODUÇÃO DE OUTRAS PROVAS – INDISPONIBILIDADE DE BENS – SÚMULA 7/STJ – EX-PREFEITO – FORO PRIVILEGIADO – TEMPUS REGIT ACTUM – ADI 2797/DF – INCONSTITUCIONALIDADE DA LEI 10.628/2002 DECRETADA – AUSÊNCIA DE CITAÇÃO DO MUNICÍPIO DE MARINGÁ – HIPÓTESE DE LITISCONSÓRCIO FACULTATIVO. 1. Inviável o conhecimento da suposta ofensa ao art. 273 do CPC, pois verificar a necessidade de produção de outras provas em juízo, com o intuito de decretar a indisponibilidade dos bens, demanda a reapreciação do conjunto fático-probatório dos autos. Incidência da Súmula 7/STJ. 2. Hipótese em que a sentença de mérito foi proferida em 15.3.2002, enquanto a Lei 10.628, que havia delimitado o foro privilegiado para processar e julgar as ações de improbidade administrativa, entrou em vigor em 26.12.2002. 3. Por ocasião da vigência das normas dispostas no art. 84, §§ 1º e 2º, do CPP, a situação jurídico-processual já estava consolidada. Uma vez proferida sentença de mérito pela 1ª instância da Seção Judiciária do Estado de Minas Gerais, em aplicação da regra tempus regit actum, os autos devem seguir na jurisdição inicialmente estabelecida para apreciação da demanda. Precedente da Corte Especial. 4. Ademais, em razão do julgamento da ADIn 2797 pelo STF, a pretensão do recorrente está totalmente prejudicada, pois foi declarada a inconstitucionalidade da Lei 10.628/2002, que alterou a redação do art. 84, §§ 1º e 2º, do CPP. 5. Na ação civil pública por ato de improbidade, quando o autor é o Ministério Público, pode o município figurar, no pólo ativo, como litisconsorte facultativo (art. 17, § 3ª, da Lei 8.429/1992, com a redação da Lei 9.366/1996), não sendo o caso de litisconsórcio necessário. Precedentes do STJ. 6. Recurso especial parcialmente conhecido e não provido" (STJ, *REsp 889.534/MG*, 2ª T., rel. Min. Eliana Calmon, j. 04.06.2009, DJe 23.06.2009, grifamos).

6. Ausência de integração da pessoa jurídica interessada (legitimidade bifronte): na ação de improbidade proposta pelo MP, a pessoa jurídica interessada será intimada/citada da instauração do processo e poderá adotar uma de três alternativas: (*i*) abster-se de contestar; (*ii*) atuar ao lado do autor, formando litisconsórcio ativo ulterior, se tal postura se afigurar útil ao interesse público; ou (*iii*) assumir o polo passivo, passando a defender a legalidade do ato impugnado (art. 17, § 3º, LIA). Segundo o **entendimento majoritário a integração da pessoa jurídica interessada ao processo constitui hipótese de litisconsórcio facultativo e como tal não importa em nulidade a ausência de sua intimação para realizar a opção referida no art. 17, § 3º, da LIA.**

"PROCESSUAL CIVIL E ADMINISTRATIVO. AÇÃO CIVIL PÚBLICA. IMPROBIDADE ADMINISTRATIVA. AUSÊNCIA DE CITAÇÃO DO MUNICÍPIO. LITISCONSÓRCIO FACULTATIVO. NULIDADE. NÃO-OCORRÊNCIA. INDISPONIBILIDADE DE BENS. LESÃO AO ERÁRIO PÚBLICO. APLICAÇÃO DA LEI N. 8.429/92 A FATOS OCORRIDOS ANTES DE SUA VIGÊNCIA. SÚMULA 7/STJ. RECURSO ESPECIAL IMPROVIDO. **1. Na ação civil pública de improbidade administrativa proposta pelo Ministério Público, a falta de citação do Município interessado, por se tratar de litisconsorte facultativo, a teor do disposto no artigo 17, § 3º, da Lei n. 8.429/92, com a nova redação dada pelo artigo 11 da Lei n. 9.366, de 1.996, não tem o condão de provocar a nulidade do processo**. 2. Os preceitos da Lei n. 8.429/92 podem ser aplicados a fatos ocorridos antes de sua vigência. A indisponibilidade dos bens pode recair sobre tantos bens quantos forem necessários ao ressarcimento do dano, mesmo sobre aqueles adquiridos antes do ato de improbidade administrativa, independente de comprovação de que eles tenham sido adquiridos de forma ilícita (art. 7º da Lei n. 8.429/92). 3. O Tribunal de origem reconheceu o periculum in mora e a necessidade em se assegurar integral ressarcimento dos bens diante da comprovação de atos de improbidade administrativa cometidos pelo recorrente, baseando-se em fatos e provas contidos nos autos, o que não pode ser afastado, uma vez que, para tanto, faz-se necessário, obrigatoriamente, o reexame do conjunto probatório, o que é vedado ao Superior Tribunal de Justiça, de acordo com a Súmula n. 7/STJ. 4. Recurso especial improvido" (STJ, *REsp 886.524/SP*, 2ª T., rel. Min. João Otávio de Noronha, j. 23.10.2007, DJ 13.11.2007, p. 524, grifamos).

"ADMINISTRATIVO E PROCESSO CIVIL – RECURSO ESPECIAL – IMPROBIDADE ADMINISTRATIVA – SÚMULAS 282, 284/STF E 7/STJ – FUNDAMENTO CONSTITUCIONAL – LEI 8.429/92 – LEGITIMIDADE DO MINISTÉRIO PÚBLICO PARA AJUIZAR AÇÃO CIVIL PÚBLICA MOTIVADA POR ATO DE IMPROBIDADE ADMINISTRATIVA – AUSÊNCIA DE CITAÇÃO DO MUNICÍPIO DE MARINGÁ – HIPÓTESE DE LITISCONSÓRCIO FACULTATIVO. 1. Aplica-se a Súmula 282/STF em relação a tese sobre a qual o Tribunal de origem não emite juízo de valor. 2. Incide a Súmula 284/STF para o caso de o recorrente não apontar dispositivo de lei federal que sustente tese desenvolvida no especial. 3. Impossível a esta Corte analisar questão que demanda revolvimento da matéria fático-probatória dos autos. Súmula 7/STJ. **4. Na ação civil por ato de improbidade, quando o autor é o Ministério Público, pode o município figurar, no pólo ativo, como litisconsorte facultativo (art. 17, § 3ª, da Lei 8.429/92, com a redação da Lei 9.366/96), não sendo o caso de litisconsórcio necessário. 5. O Ministério Público possui legitimidade para ajuizar ação civil pública objetivando reparar danos ao erário causados por ato de improbidade praticado por prefeito.** 6. Recurso especial" parcialmente conhecido e, nessa parte, improvido." (STJ, *REsp 737.972/PR*, 2ª T., rel. Min. Eliana Calmon, j. 26.06.2007, DJ de 03.08.2007, p. 330, grifamos).

"PROCESSUAL CIVIL E ADMINISTRATIVO. AÇÃO CIVIL PÚBLICA. IMPROBIDADE ADMINISTRATIVA. MINISTÉRIO PÚBLICO. ART. 17, § 3º, DALEI 8.429/92, C/C

ART. 6º, § 3º, DA LEI 4.717/65. AUSÊNCIA DE CITAÇÃO DO MUNICÍPIO. NULIDADE. NÃO-OCORRÊNCIA. HIPÓTESE DE LITISCONSÓRCIO FACULTATIVO E NÃO-NECESSÁRIO. PROVIMENTO DO RECURSO ESPECIAL. 1. Quando a ação civil pública por ato de improbidade for promovida pelo Ministério Público, o ente público interessado, eventualmente prejudicado pelo suposto ato de improbidade, deverá ser citado para integrar o feito na qualidade de litisconsorte. 2. A pessoa jurídica de direito público intervém, no caso, como litisconsorte facultativo, não sendo hipótese de litisconsórcio necessário. 3. Entendimento pacífico firmado pelas Turmas de Direito Público desta Corte Superior. 4. A ausência da citação do Município não configura a nulidade do processo. 5. Recurso especial provido" (STJ, *REsp 526.982/MG*, 1ª T., rel. Min. Denise Arruda, j. 06.12.2005, *DJ* 01.02.2006, p. 433).

7. Momento adequado para a pessoa jurídica fazer a escolha de qual lado deseja atuar:

1ª corrente: interpretando o art. 6º, § 3º, da LACP, aplicável por força do art. 17, § 3º, da LIA, o pedido de ingresso no polo ativo deve ser feito no prazo de contestação, sob pena de preclusão. Nesse sentido já decidiu o STJ, em decisão publicada resumidamente no informativo 397:

"**AÇÃO POPULAR. PRAZO. ENTE PÚBLICO.** O município figurou como réu na ação popular, mas requereu seu ingresso na lide na qualidade de litisconsorte, obtendo o deferimento do juízo monocrático. Foi contra essa alteração subjetiva nos polos da relação processual que o agravante interpôs o recurso de apelação e, posteriormente, ingressou com recurso especial. O Min. Relator entendeu que não há como dar provimento ao recurso da agravante, pois a conduta da municipalidade encontra amparo no § 3º do art. 6º da Lei n. 4.717/1965. Assim, **segundo a lei, a pessoa jurídica de Direito Público chamada na ação poderá contestá-la ou não, ou poderá encampar o pedido do autor, desde que isso se afigure útil ao interesse público, a juízo exclusivo do representante legal da entidade. Dessa forma, dois são os requisitos que o dispositivo legal exige para que a pessoa jurídica de Direito Público possa requerer a alteração no polo da lide: que o pleito seja realizado dentro do prazo da contestação e exista interesse público**. No caso, os requisitos legais foram atendidos de forma satisfatória. O requerimento para figurar no polo ativo da relação processual foi exercido dentro do prazo para o oferecimento da contestação, não havendo falar em preclusão lógica ou temporal em razão de a entidade de Direito Público ter pleiteado, nos termos do art. 7º, IV, da Lei n. 4.717/1965, o prazo em dobro para responder à ação. Até porque, esse pedido do município não quer dizer que ele praticou ato incompatível com a faculdade de requerer o ingresso no polo ativo da relação processual. A incompatibilidade só teria ocorrido se, efetivamente, a municipalidade tivesse apresentado contestação. Ademais, em nenhum momento, a lei da ação popular estabeleceu a incompatibilidade entre o requerimento de prazo em dobro para contestar, conforme o mencionado artigo da referida lei, e a faculdade estabelecida no art. 6º, § 3º, da mesma lei, que permite ao ente público pleitear o ingresso no polo ativo da demanda. Assim, no silêncio da lei, não cabe fazer interpretações restritivas, mormente quando se está diante de uma garantia constitucional posta à disposição do cidadão para a defesa do patrimônio público. De outro lado, o interesse jurídico da municipalidade é palmar. O objeto da ação popular é a anulação de aditamento do contrato em face de supostas irregularidades ocorridas em processo de licitação, que teriam ocasionado a lesão não só ao patrimônio público, mas também a princípios mestres do sistema de Direito Administrativo, entre os quais a legalidade, a moralidade e a isonomia. Portanto, é completamente descabida a afirmação da agravante de que o interesse do município para figurar no polo ativo da ação popular é meramente econômico. Ainda que eventual condenação ao pagamento de quantia seja revertida ao município, isso não quer dizer que o interesse público não esteja presente em tal situação, principalmente quando a condenação é consequência de atos que lesaram o patrimônio público e violaram os princípios norteadores do Direito Administrativo. Diante disso, a Turma negou provimento ao agravo" (STJ, *AgRg no REsp 973.905/SP*, 2ª T., rel. Min. Humberto Martins, j. 04.06.2009, grifamos).

2ª corrente: sendo o interesse público que justifica intervenção *sui generis*, não há como se cogitar de preclusão, admitindo-se a modificação subjetiva até a prolação da sentença. Assim já decidiu o STJ:

"PROCESSUAL CIVIL. AÇÃO POPULAR. MIGRAÇÃO DE ENTE PÚBLICO PARA O PÓLO ATIVO APÓS A CONTESTAÇÃO. PRECLUSÃO. NÃO-OCORRÊNCIA. 1. Hipótese em que o Tribunal a quo concluiu que o ente público somente pode migrar para o pólo ativo da demanda logo após a citação, sob pena de preclusão, nos termos do art. 183 do Código de Processo Civil. 2. O deslocamento de pessoa jurídica de Direito Público do pólo passivo para o ativo na Ação Popular é possível, desde que útil ao interesse público, a juízo do representante legal ou do dirigente, nos moldes do art. 6º, § 3º, da Lei 4.717/1965. 3. Não há falar em preclusão do direito, pois, além de a mencionada lei não trazer limitação quanto ao momento em que deve ser realizada a migração, o seu art. 17 preceitua que a entidade pode, ainda que tenha contestado a ação, proceder à execução da sentença na parte que lhe caiba, ficando evidente a viabilidade de composição do pólo ativo a qualquer tempo. Precedentes do STJ. 4. Recurso Especial provido" (STJ, *REsp 945.238/SP*, 2ª T., rel. Min. Herman Benjamin, j. 09.12.2008, *DJE* 20.04.2009).

8. Competência:

8.1 Competência territorial:

"CONFLITO NEGATIVO DE COMPETÊNCIA. AÇÃO DE IMPROBIDADE ADMINISTRATIVA. LOCAL DO DANO - ART. 2º DA LEI 7.347/85. DIVERGÊNCIA QUANTO

À AMPLITUDE DO DANO. PREVALÊNCIA DA LOCALIDADE ONDE SE LOCALIZAM A MAIOR PARTE DOS ELEMENTOS PROBATÓRIOS. PREJUÍZOS MAIS GRAVES SOBRE A SEDE DE TRABALHO DOS SERVIDORES PÚBLICOS ENVOLVIDOS. INTERPRETAÇÃO TELEOLÓGICA. CELERIDADE PROCESSUAL, AMPLA DEFESA E RAZOÁVEL DURAÇÃO DO PROCESSO. 1. Discute-se nos autos a competência para processar e julgar ação civil pública de improbidade administrativa ajuizada pelo Ministério Público Federal contra servidores públicos e particulares envolvidos na prática de crimes de descaminho de cigarros oriundos do Paraguai e destinados ao Estado de Sergipe. 2. Não há na Lei 8.429/92 regramento específico acerca da competência territorial para processar e julgar as ações de improbidade. Diante de tal omissão, tem-se aplicado, por analogia, o art. 2º da Lei 7.347/85, ante a relação de mútua complementariedade entre os feitos exercitáveis em âmbito coletivo, autorizando-se que a norma de integração seja obtida no âmbito do microssistema processual da tutela coletiva. 3. A ratio legis da utilização do local do dano como critério definidor da competência nas ações coletivas é proporcionar maior celeridade no processamento, na instrução e, por conseguinte, no julgamento do feito, dado que é muito mais fácil apurar o dano e suas provas no juízo em que os fatos ocorreram. 4. No caso em análise, embora haja ilícitos praticados nos Estados do Paraná, São Paulo e Sergipe, o que poderia, a princípio, caracterizar a abrangência nacional do dano, deve prevalecer, na hipótese, a informação fornecida pelo próprio autor da demanda de que a maior parte dos elementos probatórios da ação de improbidade encontra-se situada em São Paulo. Ressalte-se, ainda, ser tal localidade alvo da maioria dos atos ímprobos praticados e sede dos locais de trabalho dos servidores públicos envolvidos. 5. Interpretação que se coaduna com os princípios da celeridade processual, ampla defesa e duração razoável do processo. 6. Conflito conhecido para declarar competente o juízo federal de São Paulo, o suscitante" (STJ, **CC 97.351/SP,** 1ª Seção, rel. Min. Castro Meira, j. 27.05.2009, Dje 10.06.2009).

8.2 Foro por prerrogativa de função: prevalece que a ação de improbidade administrativa, que tem natureza cível, tramita normalmente em **primeiro grau de jurisdição, ainda que o réu seja detentor de foro por prerrogativa de função**, a exemplo dos parlamentares. Com efeito, o foro por prerrogativa é assegurado pela CF nas causas de natureza penal, não podendo ser ampliado para as demais hipóteses.

"Direito Constitucional. Agravo Regimental em Petição. Sujeição dos Agentes Políticos a Duplo Regime Sancionatório em Matéria de Improbidade. Impossibilidade de Extensão do Foro por Prerrogativa de Função à Ação de Improbidade Administrativa. 1. Os agentes políticos, com exceção do Presidente da República, encontram-se sujeitos a um duplo regime sancionatório, de modo que se submetem tanto à responsabilização civil pelos atos de improbidade administrativa, quanto à responsabilização político-administrativa por crimes de responsabilidade. Não há qualquer impedimento à concorrência de esferas de responsabilização distintas, de modo que carece de fundamento constitucional a tentativa de imunizar os agentes políticos das sanções da ação de improbidade administrativa, a pretexto de que estas seriam absorvidas pelo crime de responsabilidade. A única exceção ao duplo regime sancionatório em matéria de improbidade se refere aos atos praticados pelo Presidente da República, conforme previsão do art. 85, V, da Constituição. **2. O foro especial por prerrogativa de função previsto na Constituição Federal em relação às infrações penais comuns não é extensível às ações de improbidade administrativa, de natureza civil. Em primeiro lugar, o foro privilegiado é destinado a abarcar apenas as infrações penais. A suposta gravidade das sanções previstas no art. 37, § 4º, da Constituição, não reveste a ação de improbidade administrativa de natureza penal. Em segundo lugar, o foro privilegiado submete-se a regime de direito estrito, já que representa exceção aos princípios estruturantes da igualdade e da república. Não comporta, portanto, ampliação a hipóteses não expressamente previstas no texto constitucional. E isso especialmente porque, na hipótese, não há lacuna constitucional, mas legítima opção do poder constituinte originário em não instituir foro privilegiado para o processo e julgamento de agentes políticos pela prática de atos de improbidade na esfera civil. Por fim, a fixação de competência para julgar a ação de improbidade no 1º grau de jurisdição, além de constituir fórmula mais republicana, é atenta às capacidades institucionais dos diferentes graus de jurisdição para a realização da instrução processual, de modo a promover maior eficiência no combate à corrupção e na proteção à moralidade administrativa.** 3. Agravo regimental a que se nega provimento" (STF, *Pet 3.240-AgR/DF*, Pleno, rel. Min. Teori Zavascki, rel. p/ acórdão Min. Roberto Barroso, j. 10.05.2018, DJe 22.08.2018, grifamos).

"AÇÃO CIVIL PÚBLICA. IMPROBIDADE ADMINISTRATIVA. FORO POR PRERROGATIVA DE FUNÇÃO. **1. A ação civil pública por ato de improbidade administrativa que tenha por réu parlamentar deve ser julgada em Primeira Instância.** 2. Declaração de inconstitucionalidade do art. 84, §2º, do CPP no julgamento da ADI 2797. 3. Mantida a decisão monocrática que declinou da competência. 4. Agravo Regimental a que se nega provimento" (STF, *Pet 3.067-AgR/MG*, Pleno, rel. Min. Roberto Barroso, j. 19.11.2014, DJe 19.02.2015, grifamos).

"PROCESSUAL CIVIL. AGRAVO REGIMENTAL NO AGRAVO EM RECURSO ESPECIAL. DESTRANCAMENTO DO APELO NOBRE INTERPOSTO CONTRA DECISÃO INTERLOCUTÓRIA. REQUISITOS. AUSÊNCIA. AÇÃO DE IMPROBIDADE ADMINISTRATIVA. COMPETÊNCIA. 1. O destrancamento de recurso especial interposto contra decisão interlocutória pressupõe, além da comprovação do risco de dano irreparável, que o interessado demonstre a forte probabilidade de êxito do recurso especial. 2. Na espécie, contudo, a preliminar de incompetência do juízo de primeiro grau foi afastada pelo Tribunal de origem, sob o argumento de que o foro por prerrogativa de função não se estende ao processamento das ações por improbidade administrativa, o que se compatibiliza com a orientação pacificada nesta Corte. **3. "A ação de improbidade administrativa deve ser processada e julgada nas instâncias ordinárias, ainda que proposta contra agente político que tenha foro privilegiado no âmbito penal e nos crimes de responsabilidade" (AgRg na Rcl 12.514/MT, Rel. Ministro Ari Pargendler, DJe 26/9/2013)**. 4. Ausente a plausibilidade do direito, fica prejudicada a análise do periculum in mora. 5. Agravo regimental a que se nega provimento" (STJ, *AgRg no AREsp 422.394/DF*, 2ª T., rel. Min. Og Fernandes, j. 20.02.2014, DJe 14.03.2014, grifamos).

"PROCESSO CIVIL. COMPETÊNCIA. AÇÃO DE IMPROBIDADE ADMINISTRATIVA. A ação de improbidade administrativa deve ser processada e julgada nas instâncias ordinárias, ainda que proposta contra agente político que tenha foro privilegiado no âmbito penal e nos crimes de responsabilidade. Reclamação improcedente" (STJ, *AgRg na Rcl 12.514/MT*, Corte Especial, rel. Min. Ari Pargendler, j. 13.03.2014, DJe 21.03.2014).

8.3 Competência da Justiça Federal: a jurisprudência do STJ orientava-se no sentido de que a ação de improbidade versando sobre malversação de verbas públicas federais devia ser processada e julgada pela Justiça Federal, aplicando-se por analogia o entendimento firmado na **Súmula 208** do mencionado Sodalício, segundo a qual "compete à Justiça Federal processar e julgar prefeito municipal por desvio de verba sujeita a prestação de contas perante órgão federal". Recentemente a 1ª Seção abandonou a referida tese, passando a distinguir entre a competência criminal e cível da Justiça Federal:

Competência Cível (art. 109, I da CF)	Competência Criminal (art. 109, IV da CF)
Art. 109. Aos juízes federais compete processar e julgar:	
I - as causas em que a União, entidade autárquica ou empresa pública federal forem interessadas na condição de autoras, rés, assistentes ou oponentes, exceto as de falência, as de acidentes de trabalho e as sujeitas à Justiça Eleitoral e à Justiça do Trabalho;	IV - os crimes políticos e as infrações penais praticadas em detrimento de bens, serviços ou interesse da União ou de suas entidades autárquicas ou empresas públicas, excluídas as contravenções e ressalvada a competência da Justiça Militar e da Justiça Eleitoral;
Pressupõe a **presença** na lide dos entes elencados no dispositivo.	Basta a existência de interesse da União, dispensada a efetiva presença em qualquer dos polos da relação jurídica.

Por isso, a competência será da Justiça Comum Estadual, salvo se houver a efetiva presença da União, entidade autárquica e/ou empresa pública federal no feito, sendo irrelevante a circunstância de a verba estar ou não incorporada ao patrimônio municipal.

"PROCESSUAL CIVIL. AÇÃO CIVIL PÚBLICA. CONFLITO DE COMPETÊNCIA. COMPETÊNCIA DA JUSTIÇA COMUM ESTADUAL. I - Trata-se, na origem, de recurso de apelação interposto por José Dantas do Rego contra sentença proferida nos autos da ação civil pública por ato de improbidade administrativa que o condenou pela prática de ato ímprobo. II - O Tribunal de Justiça do Estado do Tocantins declarou a sua incompetência para o processamento e julgamento da demanda. Alega que a malversação de verbas públicas federais, repassadas à prefeitura por órgão da administração federal e sujeitas à prestação de contas por órgão federal, é dos Tribunais Regionais frente à Súmula n. 208 do STJ, a implicar o julgamento do recurso pelo Tribunal Regional Federal da 1º Região (fls. 83-92). III - Por sua vez, Tribunal Regional Federal da 1º Região suscitou o presente conflito negativo de competência. Afirma que não integram o processo nenhuma das entidades mencionadas no art. 109, I, da Constituição Federal, o que afasta a competência da Justiça Federal, e que eventual incompetência seria do Juízo de primeiro grau (fls. 509-510). IV - O Ministério Público Federal opinou pelo conhecimento do conflito, para declarar competente o Tribunal Regional Federal da 1º Região V - Primeiramente, é necessário destacar dois aspectos: a) a demanda foi julgada em primeiro grau pelo Juízo estadual da Comarca de Figueirópolis/TO; b) o Enunciado Sumular n. 208 desta Corte Superior diz respeito à seara criminal, não se aplicando aos litígios de natureza civil. VI - Feitas tais considerações, a matéria objeto do presente conflito de competência já ascendeu a esta Corte em outras oportunidades, dando ensejo à sedimentação do entendimento segundo o qual: Nos termos do art. 109, I, da CF, a competência da Justiça Federal é ratione personae, exigindo-se a presença da União, de entidade autárquica ou de empresa pública federal na condição de autoras, rés, assistentes ou oponentes. Nesse sentido: AgRg no CC n. 133.619/PA, Rel. Ministro Sérgio Kukina, Primeira Seção, julgado em 9/5/2018, DJe 16/5/2018; AgRg no CC n. 133.001/PA, Rel. Ministro Napoleão Nunes Maia Filho, Primeira Seção, julgado em 14/6/2017, DJe 21/6/2017. VII - Ou seja, a fixação da competência em favor da Justiça Federal ocorre apenas nas causas em que a União, entidade autárquica ou empresa pública federal forem interessadas na condição de autoras, rés, assistentes ou opoentes (CF, art. 109, I). Cuida-se, pois, de regra de competência ratione personae. VIII - Nesse sentido, ainda que a verba federal não tenha sido incorporada ao patrimônio municipal, a manifesta ausência de interesse da União em integrar a lide afasta a competência da Justiça Federal. Nesse sentido: AgRg no CC n. 139.562 / SP, Rel. Ministro Olindo Menezes, Primeira Seção, julgado em 25/11/2015, DJe 1/12/2015. IX - Ademais, a teor do enunciado da Súmula n. 150 do Superior Tribunal de Justiça, "Compete à Justiça Federal decidir sobre a existência de interesse jurídico que justifique a presença, no processo, da União, suas autarquias ou empresas pública". Investido dessa competência, o Juízo suscitado deixou de assumir o processo sob o fundamento de que nele não figuram as pessoas jurídicas de direito público que firmariam a competência da Justiça Federal. Mutatis mutandis, rechaçou o interesse de alguma dessas pessoas. Nesse mesmo sentido: AgInt no CC n. 138.008/PR, Rel. Ministro Francisco Falcão, Primeira Seção, julgado em 22/3/2017, DJe 27/3/2017. X - Há de se reconhecer, portanto, a incompetência do Tribunal Regional Federal da 1º Região para o julgamento do recurso de apelação interposto, declarando-se competente o Tribunal de Justiça do Estado do Tocantins suscitado. XI - Agravo interno improvido" (STJ, **AgInt no CC 168.577/TO,** 1ª Seção, rel. Min. Francisco Falcão, j. 02.06.2020, DJe 04.06.2020).

9. Necessidade de instrução da petição inicial com elementos que evidenciem a justa causa para o exercício do direito de ação:

"ADMINISTRATIVO. RECURSO ESPECIAL. AÇÃO CIVIL PÚBLICA SOB A IMPUTAÇÃO DE ATO DE IMPROBIDADE ADMINISTRATIVA. AS DISPOSIÇÕES DA LEI 8.429/92 SÃO APLICÁVEIS AO PARTICULAR QUE, EM TESE, INDUZA OU CONCORRA PARA A PRÁTICA DO ATO DE IMPROBIDADE OU DELE SE BENEFICIE SOB QUALQUER FORMA DIRETA OU INDIRETA. O MINISTÉRIO PÚBLICO POSSUI LEGITIMIDADE ATIDO PARA A PROPOSITURA DA AÇÃO CIVIL PÚBLICA POR ATO DE IMPROBIDADE. EXIGÊNCIA DA DEMONSTRAÇÃO DA JUSTA CAUSA PARA O RECEBIMENTO DA PETIÇÃO INICIAL. RECURSO ESPECIAL PROVIDO. 1. Nos termos do art. 3º. da Lei 8.429/92, é considerado sujeito ativo da Lei de Improbidade o particular que, em tese, induza ou concorra para a prática do ato de improbidade ou dele se beneficie sob qualquer forma direta ou indireta. 2. O Ministério Público tem legitimidade ad causam para a propositura de ação civil pública objetivando o ressarcimento de danos ao erário, decorrentes de atos de improbidade (AgRg no AREsp. 76.985/MS, Rel. Min. CESAR ASFOR ROCHA, DJe 18.5.2012). 3. As ações judiciais fundadas em dispositivos legais insertos no domínio do Direito Sancionador, o ramo do Direito Público que formula os princípios, as normas e as regras de aplicação na atividade estatal punitiva de crimes e de outros ilícitos, devem observar um rito que lhe é peculiar, o qual prevê, tratando-se de ação de imputação de ato de improbidade administrativa, a exigência de que a petição inicial, além das formalidades previstas no art. 282 do CPC, deva ser instruída com documentos ou justificação que contenham indícios suficientes da existência do ato de improbidade (art. 17, § 6º. da Lei 8.429/92), sendo certo que ação temerária, que não convença o Magistrado da existência do ato de improbidade ou da procedência do pedido, deverá ser rejeitada (art. 17, § 8º. da Lei 8.429/92). 4. As ações sancionatórias, como no caso, exigem, além das condições genéricas da ação (legitimidade das partes, o interesse e a possibilidade jurídica do pedido), a presença da justa causa, consubstanciada em elementos sólidos que permitem a constatação da tipicidade da conduta e a viabilidade da acusação. 5. In casu, o douto

Magistrado a quo, apesar de ter analisado e afastado cada uma das preliminares arguidas pelos réus em consonância com a orientação jurisprudencial desta Corte, deixou de demonstrar a existência de indícios da prática do ato ímprobo e de autoria do ilícito, ou seja, a justa causa para a propositura da presente ação civil pública por ato de improbidade administrativa. 6. Recurso Especial provido para determinar o retorno dos autos à instância de origem a fim de que o Magistrado a quo avalie a presença da justa causa ao emitir o juízo de admissibilidade da petição inicial da presente ação civil pública de improbidade administrativa" (STJ, *REsp 952.351/RJ,* 1ª T., rel. Min. Napoleão Nunes Maia Filho, j. 04.10.2012, DJe 22.10.2012, grifamos).

10. Rejeição liminar da demanda, juízo de certeza e princípio do *in dubio pro societate*:

"AGRAVO INTERNO NOS EMBARGOS DE DECLARAÇÃO EM RECURSO ESPECIAL. IMPROBIDADE ADMINISTRATIVA. REJEIÇÃO LIMINAR DA INICIAL. ACÓRDÃO AFIRMOU O COMETIMENTO DE ILEGALIDADES. ELEMENTO SUBJETIVO. NECESSIDADE DE INSTRUÇÃO PROCESSUAL. *IN DUBIO PRO SOCIETATE*. 1. Eventual nulidade da decisão monocrática por suposta afronta ao art. 932 do CPC/2015 fica superada com a reapreciação do recurso pelo órgão colegiado via Agravo Regimental/Interno. **2. O Superior Tribunal de Justiça entende que é suficiente a presença de indícios do ato ímprobo para a propositura da ação de improbidade administrativa e que não se pode exigir prova cabal do dolo para o recebimento da demanda, apenas para a condenação, pois na fase inicial prevalece o princípio do in dubio pro societate, que possibilita o maior resguardo do interesse público**. 3. Agravo Interno não provido" (STJ, *AgInt nos EDcl no REsp 1.596.890/PA,* 2ª T., rel. Min. Herman Benjamin, j. 03.04.2018, DJe 24.05.2018, grifamos).

"ADMINISTRATIVO. IMPROBIDADE ADMINISTRATIVA. RECEBIMENTO DA INICIAL. **PREVALÊNCIA DO PRINCÍPIO *IN DUBIO PRO SOCIETATE***. EXISTÊNCIA DE INDÍCIOS SUFICIENTES DE ATO ÍMPROBO. **1. Como sinaliza o § 6º do art. 17 da Lei nº 8.429/92, o recebimento da exordial da ação de improbidade supõe a presença de indícios suficientes da existência do ato ímprobo, sendo certo que, pela dicção do § 8º do mesmo art. 17, somente será possível sua prematura rejeição caso o juiz resulte convencido da inexistência do ato de improbidade, da improcedência da ação ou da inadequação da via eleita**. 2. No caso em exame, o Ministério Público autor imputa ao réu, auditor fiscal estadual, a conduta de, ao invés de repassar ao tesouro os próprios valores em espécie que arrecadava junto aos contribuintes, apropriar-se desse dinheiro e fazer o repasse aos cofres públicos por meio de cheques de sua conta corrente pessoal, cujas cártulas, por mais de uma ocasião, foram recusadas pelo banco sacado por falta de fundos. 3. Nesse contexto, diversamente do que pareceu ao juiz em primeiro grau, não se pode, de plano, afirmar a inexistência de má-fé ou dolo na ação do apontado agente público, mostrando-se, antes, conveniente o prosseguimento da demanda, em ordem a viabilizar a ampla produção probatória, tão necessária ao pleno e efetivo convencimento do julgador. 4. Recurso especial do réu a que se nega provimento" (STJ, *REsp 1.565.848/RN*, 1ª T., rel. Min. Sérgio Kukina, j. 16.08.2016, DJe 12.09.2016, grifamos).

"DIREITO ADMINISTRATIVO. REQUISITOS PARA A REJEIÇÃO SUMÁRIA DE AÇÃO DE IMPROBIDADE ADMINISTRATIVA (ART. 17, § 8º, DA LEI 8.429/1992). Após o oferecimento de defesa prévia prevista no § 7º do art. 17 da Lei 8.429/1992 – que ocorre antes do recebimento da petição inicial –, somente é possível a pronta rejeição da pretensão deduzida na ação de improbidade administrativa se houver prova hábil a evidenciar, de plano, a inexistência de ato de improbidade, a improcedência da ação ou a inadequação da via eleita. Isso porque, nesse momento processual das ações de improbidade administrativa, prevalece o princípio in dubio pro societate. Esclareça-se que uma coisa é proclamar a ausência de provas ou indícios da materialização do ato ímprobo; outra, bem diferente, é afirmar a presença de provas cabais e irretorquíveis, capazes de arredar, prontamente, a tese da ocorrência do ato ímprobo. Presente essa última hipótese, aí sim, deve a ação ser rejeitada de plano, como preceitua o referido § 8º da Lei 8.429/1992. Entretanto, se houver presente aquele primeiro contexto (ausência ou insuficiência de provas do ato ímprobo), o encaminhamento judicial deverá operar em favor do prosseguimento da demanda, exatamente para se oportunizar a ampla produção de provas, tão necessárias ao pleno e efetivo convencimento do julgador. Com efeito, somente após a regular instrução processual é que se poderá concluir pela existência de: (I) eventual dano ou prejuízo a ser reparado e a delimitação do respectivo montante; (II) efetiva lesão a princípios da Administração Pública; (III) elemento subjetivo apto a caracterizar o suposto ato ímprobo" (STJ, *REsp 1.192.758/MG*, rel. originário Min. Napoleão Nunes Maia Filho, rel. para acórdão Min. Sérgio Kukina, j. 04.09.2014).

"PROCESSUAL CIVIL E ADMINISTRATIVO. AUSÊNCIA DE PREQUESTIONAMENTO. SÚMULA 282/STF. IMPROBIDADE. PESSOA JURÍDICA. LEGITIMIDADE PASSIVA. RECEBIMENTO DA PETIÇÃO INICIAL. INTERCEPTAÇÃO TELEFÔNICA. PROVA EMPRESTADA. SEQÜESTRO CAUTELAR DOS BENS. POSSIBILIDADE. DIVERGÊNCIA JURISPRUDENCIAL NÃO CONFIGURADA. SÚMULA 83/STJ [...] O objetivo do contraditório prévio (art. 17, § 7º) é tão-só evitar o trâmite de ações, clara e inequivocamente, temerárias, não se prestando para, em definitivo, resolver - no preâmbulo do processo e sem observância ao princípio in dubio pro societate - tudo o que haveria de ser apurado na instrução. [...]" (STJ, *REsp 1.122.177/MT*, 2ª T., rel. Min. Herman Benjamin, j. 03.08.2010, DJe 27.04.2011).

11. Recebimento da ação em decisão fundamentada:

"ADMINISTRATIVO E PROCESSUAL CIVIL. AGRAVO REGIMENTAL NO RECURSO ESPECIAL. AÇÃO CIVIL PÚBLICA. IMPROBIDADE ADMINISTRATIVA. OMISSÃO NÃO

CARACTERIZADA. ARTIGOS 17, §§ 7º, 8º E 9º, DA LEI N. 8.429/1992. RECEBIMENTO DA INICIAL. AUSÊNCIA DE FUNDAMENTAÇÃO. NULIDADE. 1. Constado que a Corte de origem empregou fundamentação adequada e suficiente para dirimir a controvérsia, é de se afastar a alegada violação dos artigos 458, inciso II, e 535 do CPC. 2. A jurisprudência desta Corte é no sentido de que "o exame das questões aduzidas no contraditório preliminar, que antecede o recebimento da petição inicial da ação civil de improbidade (§§ 8º e 9º do art. 17), assume relevância ímpar, à medida em que o magistrado, convencido da inexistência do ato de improbidade, da improcedência da ação ou da inadequação da via eleita, pode, inclusive, rejeitar a ação (§ 8º, art. 17), ensejando a extinção do processo" (Resp 901.049/MG, Rel. Min. Luiz Fux, Primeira Turma, Dje 18/02/2009). 3. **No caso, verifica-se a nulidade da decisão que recebeu a inicial da ação civil pública, tendo em vista a total ausência de fundamentação, na medida em que limitou-se a dizer "de acordo com os documentos, recebo a inicial, cite-se", deixando de apreciar, ainda que sucintamente, os argumentos aduzidos pelo ora recorrente em sua defesa prévia.** 4. Agravo regimental provido" (STJ, *AgRg no Resp 1.423.599/RS*, 1ª T., rel. Min. Benedito Gonçalves, j. 08.05.2014, DJe 16.05.2014, grifamos).

"PROCESSUAL CIVIL E ADMINISTRATIVO. IMPROBIDADE ADMINISTRATIVA. INEXISTÊNCIA DE OMISSÃO, CONTRADIÇÃO OU OBSCURIDADE NO ACÓRDÃO RECORRIDO. RECEBIMENTO DA INICIAL. NECESSIDADE DE FUNDAMENTAÇÃO. PRESENTES INDÍCIOS SUFICIENTES DE AUTORIA E EXISTÊNCIA DA CONDUTA DESCRITA COMO ÍMPROBA. NECESSIDADE DE NOTIFICAÇÃO PRÉVIA. COMPARECIMENTO ESPONTÂNEO PARA APRESENTAÇÃO DE DEFESA PRELIMINAR. AUSÊNCIA DE PREJUÍZO. 1. As ações judiciais calcadas em dispositivos insertos no domínio do Direito Sancionador devem observar um procedimento que lhes é peculiar, como é o caso da Ação de Improbidade Administrativa, que seguirá obrigatoriamente rito próprio. 2. Além das formalidades previstas no art. 282 do CPC, a petição inicial da Ação de Improbidade Administrativa deve ser instruída com documentos ou justificação que contenham indícios suficientes de autoria e de existência do ato de improbidade, ou seja, hão de se lastrear em justa causa. **3. Ao receber a inicial, cabe ao Magistrado fundamentar as razões preliminares de sua decisão que demonstrem a existência de justa causa; tal fundamentação se baseará em juízo sumário de admissibilidade, não sendo necessária, nessa fase, prova incontestável do ato de improbidade, como se exigirá para o eventual juízo condenatório futuro.** 4. Na hipótese, o Tribunal de origem entendeu, fundamentadamente, com amparo no amplo acervo probatório coligidos aos autos, que há fortes indícios da prática de improbidade administrativa e autoria dos recorrentes, há portanto, justa causa para a ação. 5. Impõe-se, também, a necessidade de notificação prévia do acusado para que apresente manifestação por escrito, antes de o Juiz decidir pelo recebimento ou não da petição inicial (art. 17, § 7º da LIA). 6. In casu, a ausência de notificação prévia dos demandados não acarretara qualquer prejuízo, uma vez que os próprios recorrentes afirmam que, apesar de não notificados, compareceram espontaneamente aos autos e ofereceram defesa preliminar; o que se requer é que a parte demandada seja convocada para a defesa preliminar, podendo, inclusive não exercitá-la; contudo, tendo-a exercitado, como neste caso, aquela convocação se faz desnecessária, porque o seu objetivo (apresentação de defesa preliminar) já está plenamente alcançado. 7. Recurso Especial a que se nega provimento" (STJ, *REsp 1.153.853/RJ*, 1ª T., rel. Min. Napoleão Nunes Maia Filho, j. 03.09.2013, DJe 24.09.2013, grifamos).

"ADMINISTRATIVO. AÇÃO DE IMPROBIDADE ADMINISTRATIVA. ART. 17, §§8º E 9º, DA LEI Nº 8429/92. RECEBIMENTO DA INICIAL. FUNDAMENTAÇÃO. INEXISTÊNCIA. NULIDADE. 1. Trata-se na origem de discussão acerca da necessidade de fundamentação no recebimento da ação civil pública, diante da regra disposta no art. 17, §§8º e 9º, da Lei nº 8429/92. **2. A jurisprudência desta Corte Superior é no sentido de que a decisão que recebe a inicial da ação de improbidade administrativa, ainda que concisa, deve ser fundamentada.** 3. Verifica-se, no presente caso, que não há qualquer fundamentação, ainda que sucinta, acerca dos motivos do recebimento da inicial da ação de improbidade, sendo, dessa forma, nula. 4. Recurso especial provido para determinar o retorno dos autos ao juízo de primeira instância para que tal decisão seja adequadamente fundamentada" (STJ, *REsp 1.261.665/RS*, 2ª T., rel. Min. Mauro Campbell Marques, j. 21.06.2012, DJe 27.06.2012, grifamos).

12. Agravo de instrumento na LIA:

"PROCESSUAL CIVIL. AÇÃO POPULAR. DECISÃO DECLINATÓRIA DA COMPETÊNCIA. AGRAVO DE INSTRUMENTO. CABIMENTO. MICROSSISTEMA DE DIREITO COLETIVO. PRESTÍGIO. 1. Conforme estabelecido pelo Plenário do STJ, "aos recursos interpostos com fundamento no CPC/2015 (relativos a decisões publicadas a partir de 18 de março de 2016) serão exigidos os requisitos de admissibilidade recursal na forma do novo CPC" (Enunciado Administrativo n. 3). 2. A discussão travada nos presentes autos consiste em saber se é cabível agravo de instrumento, no bojo de ação popular, contra decisão que declinou da competência. 3. O aresto distrital não conheceu do recurso por entender que o art. 1.015 do CPC/2015 elenca um rol taxativo de hipóteses de cabimento do agravo de instrumento. 4. A despeito de inaplicável a tese fixada pela Corte Especial, sob a sistemática de recursos representativos, acerca da taxatividade mitigada do rol do art. 1.015 do CPC/2015 (REsps n. 1.696.396/MT e 1.704.520/MT - DJe 19/12/2018), posto que a decisão agravada na origem é anterior à publicação daquele paradigma, o caso guarda peculiaridade, porquanto o art. 19, § 1º, da Lei da Ação Popular traz previsão expressa de que "das decisões interlocutórias cabe agravo de instrumento." 5. O Superior Tribunal de Justiça tem entendido que as disposições do Código de Processo Civil aplicam-se de forma subsidiária às normas insertas nos diplomas que compõem o microssistema de tutela dos interesses ou direitos coletivos (composto pela Lei da Ação Popular, Lei da Ação Civil Pública, Lei de Improbidade Administrativa, Mandado de Segurança Coletivo, Código de Defesa do Consumidor e Estatuto da Criança e do Adolescente) e, em algumas situações, tem feito prevalecer a norma especial em detrimento da geral (REsp 1452660/ES, Rel. Ministro OG FERNANDES, SEGUNDA TURMA, julgado em 19/10/2017, DJe 27/04/2018). 6. A norma específica inserida no microssistema de tutela coletiva, prevendo a impugnação de decisões interlocutórias mediante agravo de instrumento (art. 19 da Lei n. 4.717/65), não é afastada pelo rol taxativo do art. 1.015 do CPC/2015, notadamente porque o inciso XIII daquele preceito contempla o cabimento daquele recurso em "outros casos expressamente referidos em lei." 7. Agravo interno provido para anular o aresto recorrido e determinar que o Tribunal a quo examine o agravo de instrumento ali interposto, como entender de direito" (STJ, **AgInt no REsp 1.733.540/DF,** 1ª T., rel. Min. Gurgel de Faria, j. 25.11.2019, DJe 04.12.2019).

13. Reexame Necessário na ação de improbidade administrativa e aplicação supletiva do art. 19 da Lei 4.717, de 1965 (SUPERADO COM A LEI 14.230/2021): é certo que a LIA não trata da questão relativa ao reexame necessário, instituto previsto, hoje, no art. 496 do CPC. A omissão, aparentemente, não parece demandar maiores dúvidas. No entanto, na prática paira certa divergência sobre a possibilidade, ou não, de aplicar, supletivamente, o art. 19 da Lei da Ação Popular (Lei 4.717/1965). **Recentemente a 1ª Seção do STJ firmou orientação no seguinte sentido:**

"PROCESSUAL CIVIL. EMBARGOS DE DIVERGÊNCIA. **AÇÃO DE IMPROBIDADE ADMINISTRATIVA. REEXAME NECESSÁRIO. CABIMENTO. APLICAÇÃO, POR ANALOGIA, DO ART. 19 DA LEI 4.717/1965.** É FIRME O ENTENDIMENTO NO STJ DE QUE O CÓDIGO DE PROCESSO CIVIL DEVE SER APLICADO SUBSIDIARIAMENTE À LEI DE IMPROBIDADE ADMINISTRATIVA. PRECEDENTES. EMBARGOS DE DIVERGÊNCIA PROVIDOS. **1. Verifica-se que, no acórdão embargado, a Primeira Turma decidiu que não há falar em aplicação subsidiária do art. 19 da Lei 4.717/65, mormente por ser o reexame necessário instrumento de exceção no sistema processual. 2. Já o v. acórdão paradigma da Segunda Turma decidiu admitir o reexame necessário na Ação de Improbidade.** 3. A jurisprudência do STJ se firmou no sentido de que o Código de Processo Civil deve ser aplicado subsidiariamente à Lei de Improbidade Administrativa. Nesse sentido: REsp 1.217.554/SP, Rel. Ministra Eliana Calmon, Segunda Turma, DJe 22/8/2013, e REsp 1.098.669/GO, Rel. Ministro Arnaldo Esteves Lima, Primeira Turma, DJe 12/11/2010. 4. Portanto, é cabível o reexame necessário na Ação de Improbidade Administrativa, nos termos do artigo 475 do CPC/1973. Nessa linha: REsp 1556576/PE, Rel. Ministro Herman Benjamin, Segunda Turma, DJe 31/5/2016. 5. Ademais, **por 'aplicação analógica da primeira parte do art. 19 da Lei nº 4.717/65, as sentenças de improcedência de ação civil pública sujeitam-se indistintamente ao reexame necessário' (REsp 1.108.542/SC, Rel. Ministro Castro Meira, j. 19.5.2009, DJe 29.5.2009).** Nesse sentido: AgRg no REsp 1219033/RJ, Rel. Ministro Herman Benjamin, Segunda Turma,

DJe 25/04/2011. 6. Ressalta-se, que não se desconhece que há decisões em sentido contrário. A propósito: REsp 1115586/DF, Rel. Ministro Gurgel de Faria, Primeira Turma, DJe 22/08/2016, e REsp 1220667/MG, Rel. Ministro Napoleão Nunes Maia Filho, Primeira Turma, DJe 20/10/2014. 7. Diante do exposto, **dou provimento aos Embargos de Divergência para que prevaleça a tese do v. acórdão paradigma de que é cabível o reexame necessário na Ação de Improbidade Administrativa, nos termos do artigo 475 do CPC/1973, e determino o retorno dos autos para o Tribunal de origem a fim de prosseguir no julgamento**" (STJ, *EREsp 1.220.667/MG*, 1ª Seção, rel. Min. Herman Benjamin, j. 24.05.2017, grifamos).

Havia no Tribunal decisões em ambos os sentidos proferidas pela 1ª e 2ª Turma, conforme se verifica da leitura dos seguintes precedentes:

"ADMINISTRATIVO. RECURSO ESPECIAL. IMPROBIDADE ADMINISTRATIVA. AÇÃO CIVIL PÚBLICA. CONTRATAÇÃO DE SERVIDORES SEM PRÉVIO CONCURSO PÚBLICO. DANO AO ERÁRIO. SENTENÇA DE IMPROCEDÊNCIA. LEI DE IMPROBIDADE ADMINISTRATIVA QUE NÃO CONTEMPLA A APLICAÇÃO DO REEXAME NECESSÁRIO. NÃO HÁ QUE SE FALAR EM APLICAÇÃO SUBSIDIÁRIA DA LEI DA AÇÃO POPULAR. PARECER DO MPF PELO PROVIMENTO DO RECURSO. RECURSO ESPECIAL DO MINISTÉRIO PÚBLICO DESPROVIDO. **1. Conheço e reverencio a orientação desta Corte de que o art. 19 da Lei 4.717/65 (Lei da Ação Popular), embora refira-se imediatamente a outra modalidade ou espécie acional, tem seu âmbito de aplicação estendido às ações civis públicas, diante das funções assemelhadas a que se destinam - proteção do patrimônio público em sentido lato - e do microssistema processual da tutela coletiva, de maneira que as sentenças de improcedência de tais iniciativas devem se sujeitar indistintamente à remessa necessária (REsp. 1.108.542/SC, Rel. Min. CASTRO MEIRA, DJe 29.05.2009). 2. Todavia, a Ação de Improbidade Administrativa segue um rito próprio e tem objeto específico, disciplinado na Lei 8.429/92, e não contempla a aplicação do reexame necessário de sentenças de rejeição a sua inicial ou de sua improcedência, não cabendo, neste caso, analogia, paralelismo ou outra forma de interpretação, para importar instituto criado em lei diversa. 3. A ausência de previsão da remessa de ofício, nesse caso, não pode ser vista como uma lacuna da Lei de Improbidade que precisa ser preenchida, razão pela qual não há que se falar em aplicação subsidiária do art. 19 da Lei 4.717/65, mormente por ser o reexame necessário instrumento de exceção no sistema processual, devendo, portanto, ser interpretado restritivamente**; deve-se assegurar ao Ministério Público, nas Ações de Improbidade Administrativa, a prerrogativa de recorrer ou não das decisões nelas proferidas, ajuizando ponderadamente as mutantes circunstâncias e conveniências da ação. 4. Parecer do MPF pelo conhecimento e provimento do Recurso. 5. Recurso Especial do MINISTÉRIO PÚBLICO desprovido" (STJ, *REsp 1.220.667/MG*, 1ª T., rel. Min. Napoleão Nunes Maia Filho, j. 04.09.2014, grifamos).

"PROCESSUAL CIVIL. AÇÃO CIVIL PÚBLICA. IMPROBIDADE ADMINISTRATIVA. REEXAME NECESSÁRIO. CABIMENTO. APLICAÇÃO, POR ANALOGIA, DO ART. 19 DA LEI 4.717/1965. **1. 'Por aplicação analógica da primeira parte do art. 19 da Lei nº 4.717/65, as sentenças de improcedência de ação civil pública sujeitam-se indistintamente ao reexame necessário' (REsp 1.108.542/SC, Rel. Ministro Castro Meira, j. 19.5.2009, Dje 29.5.2009)**. 2. Agravo Regimental não provido" (STJ, *AgRg no REsp 1219033/RJ*, 2ª T., rel. Ministro Herman Benjamin, DJe 25.04.2011).

Como o tema ainda não está consolidado no âmbito do referido Sodalício, a Primeira Seção acolheu a proposta de afetação do Recurso Especial nº 1.601.804/TO ao rito dos recursos repetitivos, conjuntamente com o REsp 1.553.124/SC, REsp 1.605.586/DF e REsp 1.502.635/PI, a fim de uniformizar o entendimento a respeito da seguinte controvérsia: definir se há – ou não – aplicação da figura do reexame necessário nas ações típicas de improbidade administrativa, ajuizadas com esteio na alegada prática de condutas previstas na Lei 8.429/1992, cuja pretensão é julgada improcedente em primeiro grau; discutir se há remessa de ofício nas referidas ações típicas, ou se deve ser reservado ao autor da ação, na postura de órgão acusador – frequentemente o Ministério Público – exercer a prerrogativa de recorrer ou não do desfecho de improcedência da pretensão sancionadora (Informativo 662, de 31 de janeiro de 2020).

14. Tese 02 da Edição 38 do "Jurisprudência em Teses" do STJ:

"O Ministério Público tem legitimidade ad causam para a propositura de Ação Civil Pública objetivando o ressarcimento de danos ao erário, decorrentes de atos de improbidade".

15. Tese 03 da Edição 38 do "Jurisprudência em Teses" do STJ:

"O Ministério Público estadual possui legitimidade recursal para atuar como parte no Superior Tribunal de Justiça nas ações de improbidade administrativa, reservando- se ao Ministério Público Federal a atuação como fiscal da lei".

16. Tese 10 da Edição 40 do "Jurisprudência em Teses" do STJ:

"Nas ações de improbidade administrativa é admissível a utilização da prova emprestada, colhida na persecução penal, desde que assegurado o contraditório e a ampla defesa".

17. Tese 10 da Edição 186 do "Jurisprudência em Teses" do STJ: "No cumprimento de sentença proferida em ação de improbidade administrativa podem ser adotadas subsidiariamente medidas executivas atípicas de cunho não patrimonial, se houver indícios de que o devedor possui patrimônio expropriável e se a decisão for fundamentada, observados os princípios do contraditório e da proporcionalidade".

18. Tese 04 da Edição 187 do "Jurisprudência em Teses" do STJ: "O Ministério Público possui legitimidade para propor ação civil pública por improbidade administrativa contra dirigentes das entidades que compõem os chamados serviços sociais autônomos - Sistema S".

19. Tese 05 da Edição 187 do "Jurisprudência em Teses" do STJ: "É necessária a intimação do membro do Ministério Público que atua perante a segunda instância para acompanhar os processos de improbidade administrativa ajuizados pelo Parquet na primeira instância, pois o MP que oficia em primeiro grau de jurisdição não atua perante o Tribunal *ad quem*".

APLICAÇÃO EM PROVAS E CONCURSOS PÚBLICOS

1. **(PGM Manaus - Procurador do Município - Cespe - 2018) Considerando o entendimento do STJ acerca da improbidade administrativa, julgue o item subsequente.**

   Não é permitida a utilização de prova emprestada do processo penal nas ações de improbidade administrativa.

2. **(MPU - Analista do MPU - Direito - Cespe - 2018 - adaptada) A respeito de mandado de segurança, ação civil pública, ação de improbidade administrativa e reclamação constitucional, julgue o item que se segue.**

   Depois de ajuizada ação de improbidade administrativa, se o juiz tiver verificado que o processo está em ordem, será determinada a citação dos requeridos para que a contestem no prazo comum de 30 (trinta) dias.

3. **(TJ-CE - Juiz de Direito Substituto - Cespe - 2018 - adaptada) Com base na legislação de regência e na jurisprudência do STJ, é correto afirmar que a ação de improbidade administrativa**

   (A) pode ser ajuizada tanto em caráter preventivo como em caráter repressivo.

   (B) exige a formação de litisconsórcio passivo necessário entre o réu agente público e os particulares beneficiados pelo ato ímprobo.

   (C) não pode ser encerrada por meio de acordo firmado entre as partes e devidamente homologado pelo juízo.

(D) admite a utilização de prova emprestada colhida na persecução penal, desde que assegurado o direito ao contraditório e à ampla defesa.

(E) deve ser ajuizada e processada nas instâncias ordinárias, salvo se a conduta ímproba tiver sido praticada por agente público com foro privilegiado.

4. (MP-MG – Promotor de Justiça Substituto – Fundep – 2018) Em relação à ação de improbidade administrativa, é INCORRETO afirmar:

(A) Possui dupla face, sendo repressivo-reparatória naquilo que concerne ao ressarcimento ao erário e repressivo-punitiva no que respeita à aplicação de sanções.

(B) Não comporta pedido isolado de condenação ao ressarcimento de danos ao erário.

(C) O pedido principal é o de ressarcimento dos prejuízos ao patrimônio público.

(D) Não ocorrerá coisa julgada material quanto ao pedido de ressarcimento ao erário quando houver sido reconhecida a ausência de dolo.

5. (MP-MG – Promotor de Justiça Substituto – Fundep – 2018) Com relação ao procedimento da Lei de Improbidade Administrativa, é CORRETO afirmar:

(A) A propositura da ação prevenirá a jurisdição do juízo para todas as ações posteriormente intentadas mesmo que não possuam a mesma causa de pedir ou o mesmo objeto.

(B) Recebida a manifestação, o juiz, no prazo que lhe couber, após intimação do Ministério Público, em decisão fundamentada, rejeitará a ação, se convencido da inexistência do ato de improbidade, da improcedência da ação ou da inadequação da via eleita.

(C) A sentença que julgar procedente ação civil de reparação de dano ou decretar a perda dos bens havidos ilicitamente determinará o pagamento ou a reversão dos bens, conforme o caso, em favor da pessoa jurídica prejudicada pelo ilícito.

(D) Para apurar qualquer ilícito previsto nesta lei, o Ministério Público, de ofício, a requerimento de autoridade administrativa ou mediante representação formulada de acordo com o disposto em lei, poderá requisitar a instauração de inquérito policial; e, com relação a procedimento administrativo, dependerá de ordem judicial.

6. (PF – Delegado de Polícia Federal – Cespe – 2018) Com base nas disposições da Lei de Improbidade Administrativa e na jurisprudência do STJ acerca dos aspectos processuais da ação civil pública de responsabilização por atos de improbidade, julgue o item a seguir.

Constatado indício de ato ímprobo, fica autorizado o recebimento fundamentado da petição inicial, devendo prevalecer, no juízo preliminar, o princípio do *in dubio pro societate* e cabendo, contra a decisão que receber a petição inicial, o agravo de instrumento.

7. (TCE-MG – Analista de Controle Externo - Direito – Cespe – 2018) De acordo com a legislação pertinente, contra a decisão de juiz federal que tenha recebido a inicial em ação de improbidade administrativa caberá

(A) mandado de segurança por ausência de previsão de recurso específico.

(B) recurso ordinário ao tribunal.

(C) agravo de instrumento.

(D) apelação dirigida ao juiz, que poderá reconsiderar a decisão.

(E) reclamação, se houver jurisprudência dominante contrária ao fundamento.

8. (MP-SP – Promotor de Justiça Substituto – 2017 - adaptada) Quanto à ação de responsabilidade por ato de improbidade administrativa, prevista na Lei n° 8.429/92, assinale a alternativa INCORRETA.

(A) O juiz poderá rejeitar a ação, em decisão fundamentada, se convencido da inexistência do ato de improbidade administrativa, da improcedência do pedido ou da inadequação da via eleita.

(B) Contra a decisão que receber a petição inicial cabe agravo de instrumento.

(C) Ajuizada a ação, e estando a petição inicial em ordem, o juiz determinará a citação dos requeridos para que a contestem no prazo comum de trinta dias; a inércia do réu importa revelia.

(D) A sentença que condenar o réu ao ressarcimento do dano determinará o pagamento em favor da pessoa jurídica prejudicada pelo ato de improbidade administrativa.

(E) A propositura da ação prevenirá o juízo para todas as ações intentadas posteriormente, que possuam a mesma causa de pedir ou o mesmo objeto.

9. (MP-RS – Promotor de Justiça Substituto –2017 - adaptada) Com relação às regras da Lei de Improbidade Administrativa (Lei n. 8.429, de 02 de junho de 1992), assinale a alternativa correta.

(A) Se a petição inicial estiver em devida forma, o juiz mandará autuá-la e ordenará a citação dos requeridos para que a contestem no prazo comum de trinta dias.

(B) Tendo em vista a independência das ações, a propositura da ação de improbidade administrativa não traz a prevenção em relação a outras ações intentadas posteriormente, que tenham por fim discutir o mesmo objeto.

(C) Tendo em vista a indisponibilidade do interesse público, o juiz não poderá extinguir o processo, sem resolução de mérito, se reconhecer a inadequação da ação de improbidade administrativa, devendo buscar todas as provas e ultimar o processo com sentença de mérito.

(D) A ação de improbidade administrativa é de autoria exclusiva do Ministério Público, cabendo à pessoa jurídica de direito público ou de direito privado prestadora de serviço público, obrigatoriamente, a contestação do feito.

(E) As ações destinadas a levar a efeito as sanções por ato de improbidade administrativa podem ser propostas em até 5 (cinco) anos, contados da data em que o ato de improbidade administrativa foi praticado.

10. (MDA – Analista de Suporte - Funcab – 2014 - adaptada) Sobre a ação de improbidade administrativa, a legitimidade para sua propositura e suas consequências, é correto afirmar que:

(A) impede, em razão do mesmo fato, a imposição de sanções de natureza penal.

(B) tem como efeitos possíveis a multa civil e o dever de ressarcimento integral do dano causado.

(C) promove essencialmente a anulação do ato lesivo à moralidade quando procedente.

(D) pode ser proposta por qualquer pessoa natural em pleno gozo dos direitos políticos.

11. (MP/SC – Promotor de Justiça – 2019) A presença de indícios da prática de ato ímprobo autoriza o recebimento da petição inicial, já que prevalece, nesta fase, o princípio do *in dubio pro societate*.

12. (MP/SC – Promotor de Justiça – 2019) A competência para julgar atos ímprobos previsto na Lei n. 8.429/1992 é do STF, STJ, TRFs, TJs, dos Estados e do

DF, relativamente às pessoas que devam responder perante eles por crimes comuns e de responsabilidade.

13. (MP/MG – Promotor de Justiça Substituto – Fundep – 2019) Assinale a alternativa correta:

(A) A sentença proferida em ação fundada em inquérito civil onde se busca a anulação de ato administrativo e ressarcimento ao erário somente será anulada em razão da falta de notificação prévia do réu, se caracterizado prejuízo para a defesa.

(B) O valor a ser atribuído à causa na ação de improbidade administrativa deve corresponder ao conteúdo econômico da pretensão, de modo a compreender o ressarcimento integral do dano causado ao erário, excluindo-se o valor da multa civil, que tem caráter punitivo e não indenizatório.

(C) Nos autos de ação de improbidade administrativa, na hipótese de interposição de agravo de instrumento cujo objeto seja a concessão de medida cautelar de indisponibilidade de bens, *inaudita altera pars*, não é obrigatória, para que seja proferida a decisão, a intimação da parte agravada para apresentação de contrarrazões.

(D) O juízo de delibação, previsto na Lei de Improbidade Administrativa, a ser exercido pelo magistrado após o recebimento da manifestação escrita do réu, limitar-se-á, de acordo com cada caso concreto, à avaliação da inexistência do ato de improbidade ou da improcedência da ação.

14. (PGE/AL – Procurado do Estado – Cespe-Cebraspe – 2021) Ação de improbidade administrativa interposta contra ministro de Estado deve ser processada e julgada

(A) no Tribunal de Justiça do Estado do local do dano.

(B) no Tribunal Regional Federal do local do dano.

(C) no Superior Tribunal de Justiça.

(D) em instância ordinária.

(E) no Supremo Tribunal Federal.

15. (MP/SC – Promotor de Justiça Substituto – Cespe-Cebraspe – 2021) Julgue o item seguinte, com base na Lei n.º 8.429/1992 — Lei de Improbidade Administrativa.

Para o ajuizamento da ação de improbidade administrativa, exige-se a instauração prévia de procedimento administrativo.

1	2	3	4	5	6	7	8	9	10	11	12	13	14	15
F	V	D	C	C	V	C	C	A	B	V	F	C	D	F

Art. 17-A. (VETADO): (Incluído pela Lei nº 13.964, de 2019)

I - (VETADO); (Incluído pela Lei nº 13.964, de 2019)

II - (VETADO); (Incluído pela Lei nº 13.964, de 2019)

III - (VETADO). (Incluído pela Lei nº 13.964, de 2019)

§ 1º (VETADO). (Incluído pela Lei nº 13.964, de 2019)

§ 2º (VETADO). (Incluído pela Lei nº 13.964, de 2019)

§ 3º (VETADO). (Incluído pela Lei nº 13.964, de 2019)

§ 4º (VETADO). (Incluído pela Lei nº 13.964, de 2019)

§ 5º (VETADO). (Incluído pela Lei nº 13.964, de 2019)

COMENTÁRIOS

Na versão final da Lei 13.964, de 2019, aprovada pelo Congresso Nacional constava expressa regulamentação dos pormenores do acordo de não persecução cível mediante a inclusão do art. 17-A na LIA, ao final vetado pelo Chefe do Poder Executivo:

> Art. 17-A. O Ministério Público poderá, conforme as circunstâncias do caso concreto, celebrar acordo de não persecução cível, desde que, ao menos, advenham os seguintes resultados:
>
> I - o integral ressarcimento do dano;
>
> II - a reversão, à pessoa jurídica lesada, da vantagem indevida obtida, ainda que oriunda de agentes privados;
>
> III - o pagamento de multa de até 20% (vinte por cento) do valor do dano ou da vantagem auferida, atendendo a situação econômica do agente.
>
> § 1º Em qualquer caso, a celebração do acordo levará em conta a personalidade do agente, a natureza, as circunstâncias, a gravidade e a repercussão social do ato de improbidade, bem como as vantagens, para o interesse público, na rápida solução do caso.
>
> § 2º O acordo também poderá ser celebrado no curso de ação de improbidade.
>
> § 3º As negociações para a celebração do acordo ocorrerão entre o Ministério Público e o investigado ou demandado e o seu defensor.
>
> § 4º O acordo celebrado pelo órgão do Ministério Público com atribuição, no plano judicial ou extrajudicial, deve ser objeto de aprovação, no prazo de até 60 (sessenta) dias, pelo órgão competente para apreciar as promoções de arquivamento do inquérito civil.

§ 5º Cumprido o disposto no § 4º deste artigo, o acordo será encaminhado ao juízo competente para fins de homologação.

Em relação às previsões do *caput* e dos §§ 1º, 3º, 4º e 5º do art. 17-A o Chefe do Poder Executivo apresentou como razões para o veto:

> "A propositura legislativa, ao determinar que caberá ao Ministério Público a celebração de acordo de não persecução cível nas ações de improbidade administrativa, contraria o interesse público e gera insegurança jurídica ao ser incongruente com o art. 17 da própria Lei de Improbidade Administrativa, que se mantém inalterado, o qual dispõe que a ação judicial pela prática de ato de improbidade administrativa pode ser proposta pelo Ministério Público e/ou pessoa jurídica interessada leia-se, aqui, pessoa jurídica de direito público vítima do ato de improbidade. Assim, excluir o ente público lesado da possibilidade de celebração do acordo de não persecução cível representa retrocesso da matéria, haja vista se tratar de real interessado na finalização da demanda, além de não se apresentar harmônico com o sistema jurídico vigente.
>
> Quanto ao § 2º do art. 17-A, argumentou que "a propositura legislativa, ao determinar que o acordo também poderá ser celebrado no curso de ação de improbidade, contraria o interesse público por ir de encontro à garantia da efetividade da transação e do alcance de melhores resultados, comprometendo a própria eficiência da norma jurídica que assegura a sua realização, uma vez que o agente infrator estaria sendo incentivado a continuar no trâmite da ação judicial, visto que disporia, por lei, de um instrumento futuro com possibilidade de transação"[196].

A Lei 14.230/2021 colmatou a lacuna decorrente do veto, prevendo normatização própria no art. 17-B, o qual será a seguir comentado. A mencionada lacuna, entretanto, não impediu a aplicação do instituto, tal como fez o Ministério Público Federal assim que entrou em vigor a Lei 13.964/2019, ao formular através da Procuradoria da República em Goiás (15º Ofício – Núcleo de Combate à Corrupção) acordo de não persecução cível, exigindo as seguintes condições:

a) a reparação integral do dano

e

b) suspensão dos direitos políticos do investigado por 8 anos[197].

---

196. Disponível em: <http://www.planalto.gov.br/ccivil_03/_Ato2019-2022/2019/Msg/VEP/VEP-726.htm>.

197. Conforme noticiado pela Revista Eletrônica Consultor Jurídico e disponível em: <http://conjur.com.br/2020-jan-28/acordos-nao-persecucao-penal-sao-firmados-pais>.

Art. 17-B. O Ministério Público poderá, conforme as circunstâncias do caso concreto, celebrar acordo de não persecução civil, desde que dele advenham, ao menos, os seguintes resultados: (Incluído pela Lei nº 14.230, de 2021)

I - o integral ressarcimento do dano; (Incluído pela Lei nº 14.230, de 2021)

II - a reversão à pessoa jurídica lesada da vantagem indevida obtida, ainda que oriunda de agentes privados. (Incluído pela Lei nº 14.230, de 2021)

§ 1º A celebração do acordo a que se refere o **caput** deste artigo dependerá, cumulativamente: (Incluído pela Lei nº 14.230, de 2021)

I - da oitiva do ente federativo lesado, em momento anterior ou posterior à propositura da ação; (Incluído pela Lei nº 14.230, de 2021)

II - de aprovação, no prazo de até 60 (sessenta) dias, pelo órgão do Ministério Público competente para apreciar as promoções de arquivamento de inquéritos civis, se anterior ao ajuizamento da ação; (Incluído pela Lei nº 14.230, de 2021)

III - de homologação judicial, independentemente de o acordo ocorrer antes ou depois do ajuizamento da ação de improbidade administrativa. (Incluído pela Lei nº 14.230, de 2021)

§ 2º Em qualquer caso, a celebração do acordo a que se refere o **caput** deste artigo considerará a personalidade do agente, a natureza, as circunstâncias, a gravidade e a repercussão social do ato de improbidade, bem como as vantagens, para o interesse público, da rápida solução do caso. (Incluído pela Lei nº 14.230, de 2021)

§ 3º Para fins de apuração do valor do dano a ser ressarcido, deverá ser realizada a oitiva do Tribunal de Contas competente, que se manifestará, com indicação dos parâmetros utilizados, no prazo de 90 (noventa) dias. (Incluído pela Lei nº 14.230, de 2021)

§ 4º O acordo a que se refere o **caput** deste artigo poderá ser celebrado no curso da investigação de apuração do ilícito, no curso da ação de improbidade ou no momento da execução da sentença condenatória. (Incluído pela Lei nº 14.230, de 2021)

§ 5º As negociações para a celebração do acordo a que se refere o **caput** deste artigo ocorrerão entre o Ministério Público, de um lado, e, de outro, o investigado ou demandado e o seu defensor. (Incluído pela Lei nº 14.230, de 2021)

§ 6º O acordo a que se refere o **caput** deste artigo poderá contemplar a adoção de mecanismos e procedimentos internos de integridade, de auditoria e de incentivo à denúncia de irregularidades e a aplicação efetiva de códigos de ética e de conduta no âmbito da pessoa jurídica, se for o caso, bem como de outras medidas em favor do interesse público e de boas práticas administrativas. (Incluído pela Lei nº 14.230, de 2021)

§ 7º Em caso de descumprimento do acordo a que se refere o **caput** deste artigo, o investigado ou o demandado ficará impedido de celebrar novo acordo pelo prazo de 5 (cinco) anos, contado do conhecimento pelo Ministério Público do efetivo descumprimento. (Incluído pela Lei nº 14.230, de 2021)

COMENTÁRIOS

1. Evolução histórica do tratamento da transação nas ações de improbidade administrativa: o § 1º do art. 17 da LIA, em sua redação originária, vedava qualquer espécie de transação, acordo ou conciliação nas ações de improbidade administrativa, panorama legislativo que se manteve até o advento da Lei 13.964, de 24 de dezembro de 2019.

É bem verdade, entretanto, que a **Lei nº 12.846, de 1º de agosto de 2013** – que ficou conhecida como "*Lei Anticorrupção*" –, que dispõe sobre a responsabilização administrativa e civil de pessoas jurídicas pela prática de atos contra a administração pública, previu a possibilidade de celebração de **acordo de leniência** com as pessoas jurídicas responsáveis pela prática de atos lesivos à Administração Pública capitulados no art. 5º da sobredita Lei que colaborem efetivamente com as investigações e o processo administrativo, desde que dessa colaboração resulte:

(i) a identificação dos demais envolvidos na infração, quando couber; e

(ii) a obtenção célere de informações e documentos que comprovem o ilícito sob apuração.

Na mesma linha, no ano de 2015, a Medida Provisória 703, de 18 de dezembro de 2015, revogou o § 1º do art. 17 da LIA e alterou a Lei 12.846, de 2013, ampliando o cabimento do acordo de leniência. A referida MP, todavia, não foi convertida em lei e perdeu sua vigência, restaurando-se a primitiva redação do § 1º do art. 17 da LIA. Não obstante, com a aprovação, sanção, promulgação e publicação da Lei nº 13.964, em 24 de dezembro de 2019, que ficou conhecida como "*Lei Anticrime*" ou "*Pacote Anticrime*", o § 1º do art. 17 recebeu nova redação e, definitivamente, sepultou a vedação à celebração de transação, acordo ou conciliação nas ações de improbidade. Previu-se, inclusive, a possibilidade de **interrupção** do prazo para contestação, por prazo não superior a 90 dias, quando as partes considerarem viável a solução consensual da lide (§ 10-A incluído no art. 17 pela Lei 13.964, de 2019).

Na prática, não se trata de uma verdadeira inovação, haja vista que desde o advento do CPC/2015 surgiu entendimento no sentido de que embora a Lei de Improbidade Administrativa proíba conciliação e transação, é possível que o acusado de alguma conduta prevista na norma firme acordo de colaboração premiada.

Isso porque a ação de improbidade, por ser sancionatória, reflete o processo penal, e este admite o instrumento da delação. Além disso, o artigo 190 do Código de Processo Civil de 2015 permite que as partes definam as regras do processo, o que abre margem para permitir a cooperação com as autoridades. Se "o processo penal admite negociação, não a admitir em caso de improbidade é uma incoerência", avaliou Fredie Didier Jr. Até porque, ressaltou, um crime é mais grave do que um ato de improbidade. Fredie Didier Jr. ainda menciona em abono a sua tese que o Tribunal Regional Federal da 4ª Região decidiu, em outubro, que se pode firmar termo de colaboração premiada relativo a acusações de improbidade. De qualquer forma, o Ministério Público Federal vem se comprometendo a não propor ações desse tipo em delações da operação "lava jato", lembrou o professor[198].

A mencionada orientação ganhou a adesão do Ministério Público de Minas Gerais que editou resolução regulamentando o termo de ajustamento de conduta (TAC) envolvendo improbidade administrativa (Resolução CSMP nº 03, de 23 de novembro de 2017). A norma mineira repete o que diz o Conselho Nacional do Ministério Público,

---

198. DIDIER JR., Fredie. In Revista Consultor Jurídico, 14 de dezembro de 2017. Disponível em <https://www.conjur.com.br/2017-dez-14/possivel-acordo-delacao-improbidade-advogado> Acesso em 14 dez 2017.

que desde julho conta com uma resolução que permite esse tipo de acordo (*Resolução 179*, de 26 de julho de 2017, que regulamenta o § 6º do art. 5º da Lei nº 7.347/1985, disciplinando, no âmbito do Ministério Público, a tomada do compromisso de ajustamento de conduta), cujo § 2º do art. 1º é taxativo ao prever que "é cabível o compromisso de ajustamento de conduta nas hipóteses configuradoras de improbidade administrativa, sem prejuízo do ressarcimento ao erário e da aplicação de uma ou algumas das sanções previstas em lei, de acordo com a conduta ou o ato praticado".

E na jurisprudência já se registrava decisão no mesmo sentido:

> "O artigo 17, § 1º, da Lei 8.429/92 veda a 'transação, acordo ou conciliação' nas ações de improbidade administrativa. Se em 1992, época da publicação da Lei, essa vedação até se justificava tendo em vista que estávamos engatinhando na matéria de combate aos atos ímprobos, hoje, em 2015, tal dispositivo deve ser interpretado de maneira temperada.
>
> Isso porque, *se o sistema jurídico permite acordos com colaboradores no campo penal, possibilitando a diminuição da pena ou até mesmo o perdão judicial em alguns casos, não haveria motivos pelos quais proibir que o titular da ação de improbidade administrativo, no caso, o MPF pleiteie a aplicação de recurso semelhante na esfera cível*. Cabe lembrar que o artigo 12, parágrafo único, da Lei 8.249/92 admite uma espécie de dosimetria da pena para fins de improbidade administrativa, sobretudo levando em conta as questões patrimoniais.
>
> Portanto, *os acordos firmados entre os réus e o MPF devem ser levados em consideração nesta ação de improbidade administrativa* (TRF-4, *AG 50016898320164040000 5001689-83.2016.404.0000*, 4ª T., rel. Des. Luís Alberto D'Azevedo Aurvalle, j. 21.01.2016, DJe 28.01.2016). (**Revista Consultor Jurídico,** 07 de novembro de 2017).

2. Conceito e natureza jurídica: trata-se de uma espécie de negócio jurídico processual celebrado entre o Ministério Público, de um lado, e o investigado/acusado/demandado e seu defensor, do outro, através do qual as partes convencionam a respeito da reparação ao patrimônio púbico e/ou a reversão das vantagens obtidas com o ilícito, sem prejuízo da aceitação de alguma sanção.

A formalização do ajuste, contudo, não fica ao livre alvedrio das partes, sendo necessário que dele resulte, ao menos, um dos seguintes resultados (**eficiência da colaboração**):

(i) integral ressarcimento do dano;

ou

(ii) reversão à pessoa jurídica lesada da vantagem indevida obtida, ainda que oriunda de agentes privados

O acordo de não persecução cível apresenta nítida **natureza transacional**, decorrente da necessária existência de condições recíprocas. "Em sua configuração essencial, aproxima-se de uma transação destinada a prevenir ou a encerrar litígios. Propicia ao poder público a recuperação de valores patrimoniais indevidamente na titularidade de sujeitos privados (agentes públicos ou não), independentemente do desenrolar de um processo usualmente muito demorado e bastante problemático. Por outro lado, dá oportunidade ao sujeito privado de evitar sancionamento mais severo"[199].

Fernando da Fonseca Gajardoni *et al* considera o acordo de não persecução uma espécie de negócio jurídico *sui generis*, eis que mescla características do acordo de composição civil dos danos do art. 74 da Lei 9,099/95 (com exclusão do cabimento da ação de improbidade administrativa), do termo de ajustamento de conduta do art. 5º, § 6º da Lei 7.347/85 (com formação de um título executivo contra o celebrante, ainda que judicial), e de acordo de não persecução penal do art. 28-A do CPP ou acordo de leniência do art. 16 da Lei 12.846/2013 (com aceitação voluntária de sanções pela prática do ato)[200].

3. Partes no acordo de não persecução (art. 17-B, § 5º): figuram como partes no acordo de não persecução cível o Ministério Público, que o propõe, e o acusado/investigado/demandado e seu defensor. A indicação do *Parquet* como único legitimado à celebração do referido negócio é uma consequência lógica da reforma operada pela Lei14.230/2021, a qual previu no art. 17, *caput* da LIA a legitimidade exclusiva do MP para a ação de improbidade administrativa,

199. JUSTEN FILHO, Marçal. *Reforma da Lei de Improbidade* ... p. 190.

200. GAJARDONI, Fernando da Fonseca; CRUZ, Luana Pedrosa de Figueiredo; GOMES JUNIOR, Luiz Manoel; FAVRETO, Rogério. *Comentários à Nova Lei de Improbidade* ... p. 380.

> **Atenção:** na **ADI 7.042/DF** impugna-se a constitucionalidade do art. 17-B, exatamente por retirar da Fazenda Pública a legitimidade ativa para a propositura da ação de improbidade e do acordo de não persecução cível. Frise-se que, na sobredita ação direta, foi concedida liminar pelo relator, Ministro Alexandre de Moraes, *ad referendum* do Plenário para determinar interpretação conforme ao art. 17, *caput* da LIA e estender a legitimidade ativa à Fazenda Pública, sem, entretanto, reconhecer sua capacidade para formalizar acordo de não persecução cível, o que parece incongruente, notadamente em face dos fundamentos utilizados para tanto, dos quais se destaca: "A supressão da legitimidade ativa das pessoas jurídicas interessadas para a propositura da ação por ato de improbidade administrativa caracteriza uma espécie de monopólio absoluto do combate à corrupção ao Ministério Público, não autorizado, entretanto, pela Constituição Federal, e sem qualquer sistema de freios e contrapesos como estabelecido na hipótese das ações penais públicas (art. 5º, LIX, da CF)".

4. Requisitos (art. 17-B, § 2º): além dos requisitos genéricos inerentes a todo e qualquer negócio jurídico (art. 104 do CC - agente capaz, objeto lícito, possível e determinado ou determinável, além da forma prescrita ou não defesa em lei), a formalização do acordo de não persecução cível depende da presença concomitante dos seguintes requisitos:

(i) reparação integral do dano ou reversão da vantagem obtida;

(ii) participação do ente federativo lesado, em momento anterior ou posterior à propositura ação;

(iii) aprovação pelo órgão superior do MP, no prazo de sessenta dias, nos acordos *ante causam* (anteriores ao ajuizamento da ação);

(iv) homologação judicial.

Antes do exame detalhado dos mencionados requisitos, imperioso assinalar que a celebração do acordo não consubstancia direito público subjetivo do acusado/investigado. Isso porque o *caput* do art. 17-B da LIA deixa claro que o Ministério Público poderá, conforme as circunstâncias do caso, celebrar o ajuste. E o § 2º do mesmo dispositivo legal estabelece que em qualquer caso, a celebração do acordo de não persecução cível considerará a personalidade do agente, a natureza, as circunstâncias, a gravidade e a repercussão social do ato de improbidade, **bem como as vantagens, para o interesse público, da rápida solução do caso.**

Cuida-se, aliás, de sistemática própria dos institutos ínsitas à justiça negociada, da qual faz parte o acordo de não persecução cível, tal como ocorre em relação à suspensão condicional do processo, ao acordo de não persecução penal e aos termos de ajustamento de conduta (ver CASUÍSTICA).

"Consequentemente, não cabe sindicância judicial, ainda que provocada pelo investigado/acusado, sobre a negativa motivada de celebração do acordo. É vedado ao Poder Judiciário se imiscuir em algo que compete, exclusivamente, ao Ministério Público decidir (art. 17-B, *caput*, da LIA)"[201].

4.1 Reparação integral do dano ou reversão da vantagem obtida: Gajardoni alerta que este requisito só necessário nos casos em que haja enriquecimento ilícito ou prejuízo ao Erário; quando ele não tenha ocorrido ou mesma nas hipóteses do art. 11 (violação dos princípios da Administração), é dispensável o requisito patrimonial em comento como condição à formalização do acordo de não persecução cível[202].

Para aferir os valores devidos, determina o § 3º do art. 17-B que seja realizada a oitiva do Tribunal de Contas competente, que se manifestará, com indicação dos parâmetros utilizados, no prazo de 90 (noventa) dias.

4.2 Participação da pessoa jurídica lesada: a Lei 14.230/2021 restringiu a legitimidade para o ajuizamento da ação de improbidade administrativa ao Ministério Público, afastando a da pessoa jurídica lesada; como consectário lógico, não assegurou à Fazenda Pública legitimidade para celebrar o acordo, embora tenha condicionado a formalização da convenção à sua prévia oitiva. E assim o fez tendo em vista que a pessoa jurídica lesada é a destinatária da reparação do dano, sendo evidente o seu interesse na composição adequada dos prejuízos.

4.3 Aprovação pelo órgão superior do MP: requisito indispensável apenas quando o acordo é formalizado na fase pré-processual, isto é, antes de intentada a ação de improbidade administrativa. Nesse caso,

201. GAJARDONI, Fernando da Fonseca; CRUZ, Luana Pedrosa de Figueiredo; GOMES JUNIOR, Luiz Manoel; FAVRETO, Rogério. *Comentários à Nova Lei de Improbidade* ... p. 383.

202. GAJARDONI, Fernando da Fonseca; CRUZ, Luana Pedrosa de Figueiredo; GOMES JUNIOR, Luiz Manoel; FAVRETO, Rogério. *Comentários à Nova Lei de Improbidade* ... p. 384.

o órgão superior do Ministério Público, no prazo de sessenta dias, verificará se o acordo:

(a) atende às diretrizes do art. 17-B, § 2º da LIA (i.e., se a celebração do ajuste considerou a personalidade do agente, a natureza, as circunstâncias, a gravidade e a repercussão social do ato de improbidade, bem como as vantagens, para o interesse público, da rápida solução do caso);

(b) a reparação do dano e/ou reversibilidade da vantagem obtida revela-se suficiente e adequada para satisfazer os prejuízos decorrentes do ato.

O órgão superior do Ministério Público (Conselho Superior ou Câmara de Coordenação e Revisão), no exame do acordo, poderá adotar uma de três posições:

1. Homologar a promoção de arquivamento e ratificar o acordo de não persecução cível, autorizando o membro do *Parquet* a promover a ação para homologação judicial;
2. Converter o procedimento em diligência para que, em sendo necessário, sejam levantados novos dados (*v.g.*, relativos à extensão do dano a ser reparado) a fim de que possa ser tomada uma decisão responsável adequada a respeito do tema; e/ou
3. Rejeitar o arquivamento e o acordo de não persecução cível, sendo que competirá ao órgão proponente seguir nas investigações, propor a ação de improbidade administrativa contra o investigado ou celebrar novo acordo com conteúdo distinto, promovendo, mais uma vez, o arquivamento do inquérito civil para exame da repaginada avença pelo órgão superior do MP[203].

4.4 Homologação judicial: é condição de eficácia do negócio jurídico entabulado, independentemente de o acordo ocorrer antes ou depois do ajuizamento da ação de improbidade, distinguindo-se neste particular do requisito anterior:

203. GAJARDONI, Fernando da Fonseca; CRUZ, Luana Pedrosa de Figueiredo; GOMES JUNIOR, Luiz Manoel; FAVRETO, Rogério. *Comentários à Nova Lei de Improbidade* ... p. 387-388.

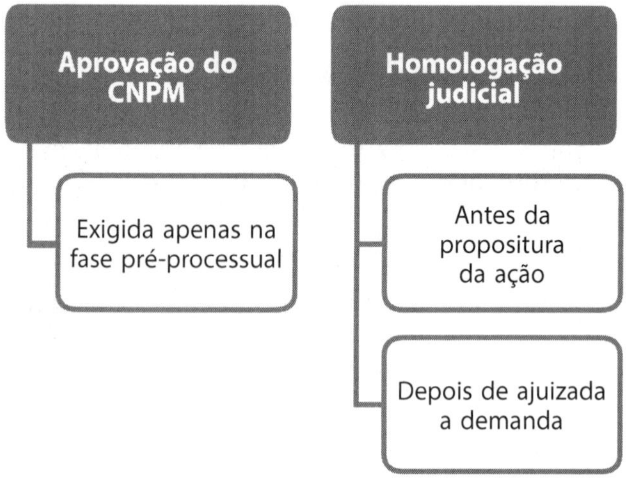

Em sede doutrinária já se antevê duas posições acerca dos limites do controle jurisdicional sobre o acordo firmado pelo Ministério Público e o acusado/investigado e seu defensor.

Uma primeira linha de pensamento é no sentido de que o juiz deve aferir, tão somente, a regularidade formal da avença, sem incursionar sobre o seu conteúdo, verificando se o negócio preenche os requisitos genéricos (capacidade do agente, objeto lícito, forma prescrita ou não defesa em lei) e específicos (legitimidade para a formalização do acordo, previsão de reparação do dano ou reversão da vantagem indevida, aprovação do órgão superior do MP, quando necessária, e homologação judicial).

De outro lado, certamente haverá quem sustente que além dos requisitos formais, o magistrado pode controlar o próprio conteúdo da convenção, averiguando se o acordo atende às diretrizes estabelecidas no art. 17-B, § 2º da LIA (personalidade do agente, a natureza, as circunstâncias, a gravidade e a repercussão social do ato de improbidade, bem como as vantagens, para o interesse público, da rápida solução do caso através da avença).

Fernando da Fonseca Gajardoni filia-se a segunda corrente e apresenta quatro fundamentos para sustentar seu entendimento:

> 1º) a previsão de participação do órgão jurisdicional já denota, por si só, a possibilidade de controle sobre o mérito do acordo, sendo a sistemática diversa do TAC no qual o título é formado pela só conjugação de vontades dos celebrantes;

2º) a participação obrigatória da pessoa jurídica lesada indica que o exame do acordo não se limita aos aspectos formais;

3º) se a Lei autoriza a celebração de acordo em sede recursal ou até mesmo após o trânsito em julgado, imperioso que o Judiciário realize controle de seu conteúdo para evitar ajustes contrários ao interesse público;

4º) a intervenção do magistrado é garantia de que, por parte do acusado/investigado, há voluntariedade na assunção da responsabilidade pelo evento, seriedade da eventual colaboração que está sendo premiada com o acordo, e conhecimento e aceitação das eventuais consequências disso (aplicação, por paralelismo, do disposto no art. 28-A, §§ 4º a 8º do CPP e art. 4º, §§ 7º e 8º da Lei 12.850/2013)[204].

5. Momento de sua formalização (art. 17-B, § 4º): o acordo pode ser celebrado no curso da investigação de apuração de ato ilícito e/ou no transcorrer da ação de improbidade administrativa ou, ainda, no momento da execução da sentença condenatória. É possível, portanto, a formalização do acordo em três etapas distintas:

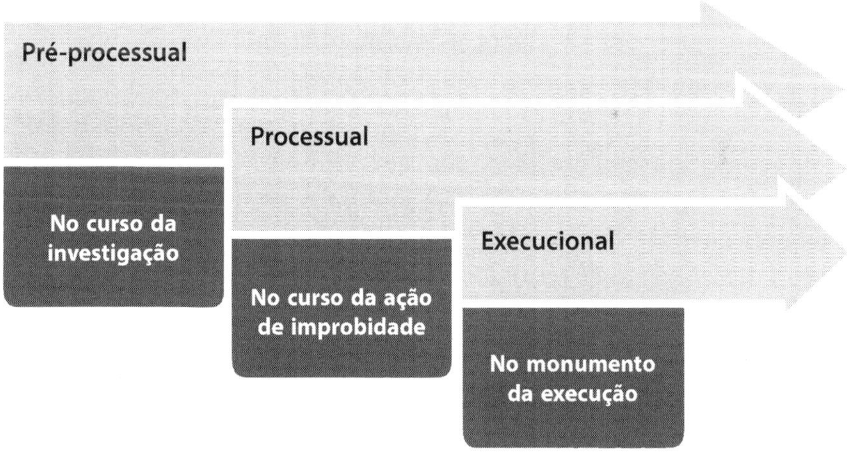

Aliás, tal sistemática foi consagrada pela jurisprudência do STJ na vigência da Lei 13.964/2019, que, através de sua 1ª Turma, homologou acordo de não persecução cível formalizado entre o Deputado estadual

204. GAJARDONI, Fernando da Fonseca; CRUZ, Luana Pedrosa de Figueiredo; GOMES JUNIOR, Luiz Manoel; FAVRETO, Rogério. *Comentários à Nova Lei de Improbidade* ... p. 388-389.

Carlos Eduardo Pignatári e o Ministério Público do Estado de São Paulo, com base nas Resoluções nº 1.193/2020 do Conselho Superior do MP/SP e 179/2017 do CNMP (*vide* acórdão no tópico CASUÍSTICA).

6. Sanções no acordo de não persecução cível (art. 17-B, § 6º): a normatização do acordo de não persecução cível, consagrada na LIA pela Lei 14.230/2021, não disciplina as sanções que podem ser ajustadas no negócio jurídico, limitando-se a estabelecer no § 6º do art. 17-B que o ajuste poderá contemplar a adoção de mecanismos e procedimentos internos de integridade, de auditoria e de incentivo à denúncia de irregularidades e a aplicação efetiva de códigos de ética e de conduta no âmbito da pessoa jurídica, se for o caso, bem como de outras medidas em favor do interesse público e de boas práticas administrativas.

A omissão legislativa parece eloquente, na medida em que competirá ao Ministério Público (e à pessoa jurídica lesada, por ocasião de sua manifestação) sopesar a adequação e suficiência das sanções cabíveis para assegurar o interesse público. Caso contrário, isto é, interpretando o silêncio como vedação, seria fazer tábula rasa dos mais comezinhos princípios constitucionais, transformando a transgressão à lei e ao princípio da moralidade em mera questão patrimonial.

Nesse sentido, aliás, já era o entendimento fixado no art. 1º, § 2º da Resolução CNMP 179/2017, segundo o qual "é cabível o compromisso de ajustamento de conduta nas hipóteses configuradoras de improbidade administrativa, **sem prejuízo do ressarcimento ao erário e da aplicação de uma ou algumas das sanções previstas em lei**, de acordo com a conduta ou o ato praticado".

Gajardoni, inclusive, admite que o agente público se submeta voluntariamente à perda da função pública atualmente ocupada, reconhecendo validade na cláusula que afasta a ressalva do § 1º do art. 12 da LIA[205].

7. Descumprimento (art. 17-B, § 7º): não cumprido o acordo, o investigado ou demandado ficará impedido de celebrar novo acordo

205. GAJARDONI, Fernando da Fonseca; CRUZ, Luana Pedrosa de Figueiredo; GOMES JUNIOR, Luiz Manoel; FAVRETO, Rogério. *Comentários à Nova Lei de Improbidade ...* p. 392.

no prazo de cinco anos, contado do conhecimento pelo Ministério Público do seu efetivo descumprimento, sem prejuízo da execução das prestações inadimplidas. Não há previsão, contudo, de mecanismo para o controle da inadimplência e a correspondente vedação à obtenção do beneplácito no prazo legalmente fixado, embora na doutrina haja sugestão de instituição de um cadastro nacional, a ser gerido pelo Conselho Nacional do Ministério Público, que permita a anotação do inadimplemento da avença, para fins de controle efetivo do impedimento por todos os membros da instituição[206].

CASUÍSTICA:

1. Inexistência de direito público subjetivo na suspensão condicional do processo, acordo de não persecução penal e termo de ajustamento de conduta:

"PENAL E PROCESSUAL. SUSPENSÃO CONDICIONAL DO PROCESSO. REQUISITOS. AUSÊNCIA. SÚMULA 7 DO STJ. 1. Consoante entendimento desta Corte, a suspensão condicional do processo não é direito subjetivo do acusado, mas sim um poder-dever do Ministério Público, titular da ação penal, a quem cabe, com exclusividade, analisar a possibilidade de aplicação do referido instituto, desde que o faça de forma fundamentada. 2. Hipótese em que a negativa da suspensão condicional do processo está amparada na ausência dos requisitos previstos no art. 77, II, do Código Penal, referidos pelo art. 89 da Lei n. 9.099/1995, sendo certo que, para a eventual desconstituição da conclusão das instâncias ordinárias, seria necessária a incursão no conjunto probatório dos autos, o que é vedado pela Súmula 7 do STJ. 3. Agravo regimental desprovido" (STJ, **AgRg no Resp 607.902/SP,** 5ª T., rel. Min. Gurgel de Faria, j. 10.12.2015, DJe 17.02.2016).

"AGRAVO REGIMENTAL. HABEAS CORPUS. ACORDO DE NÃO PERSECUÇÃO PENAL EM RELAÇÃO AO DELITO DE ASSOCIAÇÃO PARA O TRÁFICO DE DROGAS (ART. 35 DA LEI 11.343/2006). INVIABILIDADE. 1. As condições descritas em lei são requisitos necessários para o oferecimento do Acordo de Não Persecução Penal (ANPP), importante instrumento de política criminal dentro da nova realidade do sistema acusatório brasileiro. Entretanto, não obriga o Ministério Público, nem tampouco garante ao acusado verdadeiro direito subjetivo em realizá-lo. Simplesmente, permite ao Parquet a opção, devidamente fundamentada, entre denunciar ou realizar o acordo, a partir da estratégia de política criminal adotada pela Instituição. 2. O art. 28-A do Código de Processo Penal, alterado

206. GAJARDONI, Fernando da Fonseca; CRUZ, Luana Pedrosa de Figueiredo; GOMES JUNIOR, Luiz Manoel; FAVRETO, Rogério. *Comentários à Nova Lei de Improbidade ...* p. 394.

pela Lei 13.964/19, foi muito claro nesse aspecto, estabelecendo que o Ministério Público "poderá propor acordo de não persecução penal, desde que necessário e suficiente para reprovação e prevenção do crime, mediante as seguintes condições". 3. A finalidade do ANPP é evitar que se inicie o processo, não havendo lógica em se discutir a composição depois da condenação, como pretende a defesa (cf. HC 191.464-AgR/SC, Primeira Turma, Rel. Min. ROBERTO BARROSO, DJe de 26/11/2020). 4. Agravo Regimental a que nega provimento" (STF, **HC 191.124-AgR/RO,** 1ª T., rel. Min. Alexandre de Moraes, j. 08.04.2021, DJe 13.04.2021).

"PROCESSUAL CIVIL. RECURSO ESPECIAL. AÇÃO CIVIL PÚBLICA. TERMO DE AJUSTAMENTO DE CONDUTA. NÃO OBRIGATORIEDADE DE O MINISTÉRIO PÚBLICO ACEITÁ-LO OU DE NEGOCIAR SUAS CLÁUSULAS. INEXISTÊNCIA DE DIREITO SUBJETIVO DO PARTICULAR. 1. Tanto o art. 5º, § 6º, da LACP quanto o art. 211 do ECA dispõem que os legitimados para a propositura da ação civil pública "poderão tomar dos interessados compromisso de ajustamento de sua conduta às exigências legais". 2. Do mesmo modo que o MP não pode obrigar qualquer pessoa física ou jurídica a assinar termo de cessação de conduta, o Parquet também não é obrigado a aceitar a proposta de ajustamento formulada pelo particular. Precedente. 3. O compromisso de ajustamento de conduta é um acordo semelhante ao instituto da conciliação e, como tal, depende da convergência de vontades entre as partes. 4. Recurso especial a que se nega provimento" (STJ, **REsp 596.764/MG,** 4ª T., rel. Min. Antonio Carlos Ferreira, j. 17.05.2012, DJe 23.05.2012).

2. Acordo de não persecução cível em sede recursal antes da lei 14.230/2021:

"PROCESSUAL CIVIL E ADMINISTRATIVO. ACORDO NO AGRAVO EM RECURSO ESPECIAL. IMPROBIDADE ADMINISTRATIVA. HOMOLOGAÇÃO JUDICIAL DO AJUSTE. ART. 17, § 1º, DA LEI N. 8.429/1992, COM REDAÇÃO ALTERADA PELA LEI N. 13.964/2019. 1. Trata-se de possibilidade, ou não, de homologação judicial de acordo no âmbito de ação de improbidade administrativa em fase recursal. 2. A Lei n. 13.964/2019, de 24 de dezembro de 2019, alterou o § 1º do art. 17 da Lei n. 8.429/1992, o qual passou a prever a possibilidade de acordo de não persecução cível no âmbito da ação de improbidade administrativa. 3. No caso dos autos, as partes objetivam a homologação judicial de acordo no bojo do presente agravo em recurso especial, o qual não foi conhecido, por maioria, por esta e. Primeira Turma, mantendo-se o acórdão proferido pelo TJSP que condenou o recorrente à modalidade culposa do art. 10 da LIA, em razão de conduta omissiva consubstanciada pelo não cumprimento de ordem judicial que lhe fora emitida para o fornecimento ao paciente do medicamento destinado ao tratamento de deficiência coronária grave, o qual veio a falecer em decorrência de infarto agudo de miocárdio, ensejando, por conseguinte, dano ao erário, no montante de R$ 50.000,00, devido à condenação do Município por danos morais em ação indenizatória. 4. O Conselho Superior do Ministério

Público do Estado de São Paulo deliberou, por unanimidade, pela homologação do Termo de Acordo de Não Persecução Cível firmado entre a Promotoria de Justiça do Município de Votuporanga e o ora agravante, nos termos das Resoluções n. 1.193/2020 do Conselho Superior do Ministério Público do Estado de São Paulo e n. 179/2017 do Conselho Nacional do Ministério Público, tendo em vista a conduta culposa praticada pelo ora recorrente, bem como a reparação do dano ao Município. 5. Nessa linha de percepção, o Ministério Público Federal manifestou-se favoravelmente à homologação judicial do acordo em apreço asseverando que: "Realmente, resta consignado no ajuste que apesar de ter causado danos ao erário, o ato de improbidade em questão foi praticado na modalidade culposa, tendo o Agravante se comprometido a reparar integralmente o Município no valor atualizado de R$ 91.079.91 (noventa e um mil setenta e nove reais e noventa e um centavos), além de concordar com a aplicação da pena de proibição de contratar com o Poder Público ou receber benefícios ou incentivos fiscais ou creditícios, direta ou indiretamente, ainda que por intermédio de pessoa jurídica da qual seja sócio majoritário, pelo prazo de cinco anos (e-STJ 998/1005). Em suma, os termos do ajuste não distanciam muito da condenação originária (e-STJ 691), revelando adequação para ambas as partes. Resta a toda evidência, portanto, que a transação celebrada entre o Agravante e o Agravado induz a extinção do feito na forma do art. 487, III, "b", do CPC." (e-STJ fls. 1.036-1.037). 6. Dessa forma, tendo em vista a homologação do acordo pelo Conselho Superior do MPSP, a conduta culposa praticada pelo ora recorrente, bem como a reparação do dano ao Município de Votuporanga, além da manifestação favorável do Ministério Público Federal à homologação judicial do acordo, tem-se que a transação deve ser homologada, ensejando, por conseguinte, a extinção do feito, com resolução de mérito, com supedâneo no art. 487, III, "b", do CPC/2015. 7. Homologo o acordo e julgo prejudicado o agravo em recurso especial" (STJ, **Acordo no AREsp 1.314.581/SP,** 1ª T., rel. Min. Benedito Gonçalves, j. 23.02.2021, DJe 01.03.2021).

APLICAÇÃO EM PROVAS E CONCURSOS PÚBLICOS

1. **(CRECI-24ª Região/RO – Fiscal – Quadrix – 2022) Acerca das disposições da Lei n.º 8.429/1992, julgue o item.**

   É facultado ao Ministério Público, em demanda judicial ou durante as fases de uma investigação administrativa, celebrar acordo de não persecução cível no qual seja dispensado o integral ressarcimento do dano eventualmente identificado ao erário.

2. **(SEFAZ/ES – Auditor Fiscal da Receita Estadual – FGV – 2021) José, Auditor Fiscal da Receita Estadual, é réu em ação civil pública por ato de improbidade administrativa, na qual lhe é imputada a conduta de agir negligentemente na arrecadação de tributo, bem como no que diz respeito à conservação do patrimônio público estadual. Foi proferida sentença condenatória contra José, com a procedência integral dos pedidos do MP. Inconformado, José interpôs recurso de apelação e, imediatamente, por meio de seu advogado, procurou**

o MP para firmar acordo de não persecução cível. De acordo com a Lei nº 8.429/92 e a jurisprudência do Superior Tribunal de Justiça sobre o tema, é

(A) possível a celebração de acordo de não persecução cível no âmbito da ação de improbidade administrativa em fase recursal, mediante homologação judicial.

(B) possível a celebração de acordo de não persecução cível independentemente de homologação judicial, com extinção da ação de improbidade por perda superveniente de interesse de agir.

(C) impossível a celebração de acordo de não persecução cível em sede de ação de improbidade administrativa, pois a lei, expressamente, veda a transação, o acordo ou a conciliação nessas ações, pela indisponibilidade do interesse público.

(D) impossível a celebração de acordo de não persecução cível em sede de ação de improbidade administrativa em fase recursal, pela indisponibilidade do interesse público e pela falta de interesse ao MP, que já obteve sentença de procedência.

(E) impossível a celebração de acordo de não persecução cível em sede de ação de improbidade administrativa, mas é cabível a delação premiada ou o acordo de leniência, desde que presentes os requisitos legais e, no caso em tela, mediante homologação judicial.

3. **(PC-DF -Agente de Polícia – Cespe-Cebraspe – 2021) Com base na legislação relativa a crimes de abuso de autoridade e atos de improbidade administrativa, julgue o item subsequente.**

As ações de improbidade administrativa admitem a solução pela via consensual, sendo legalmente prevista a possibilidade de celebração de acordo de não persecução cível.

1	2	3
F	A	V

Art. 17-C. A sentença proferida nos processos a que se refere esta Lei deverá, além de observar o disposto no art. 489 da Lei nº 13.105, de 16 de março de 2015 (Código de Processo Civil): (Incluído pela Lei nº 14.230, de 2021)

COMENTÁRIOS

O preceito legal em comento elenca os requisitos essenciais da sentença na ação de improbidade administrativa, além daqueles especificados no CPC. A propósito, vale lembrar que a sentença consiste no pronunciamento judicial por meio do qual o magistrado julga a lide deduzida em juízo com ou sem resolução de mérito. Conforme a dicção legal, trata-se de ato do juiz que põe fim à fase cognitiva do procedimento comum, com ou sem resolução de mérito, bem como extingue a execução, ressalvadas disposições expressas dos procedimentos especiais (art. 203, § 1º do CPC).

São elementos de toda e qualquer sentença (art. 489, incisos I a III do CPC):

(i) *Relatório:* constitui o elemento retrospectivo da sentença, consistente em um histórico dos principais incidentes processuais, devendo conter os nomes das partes, a identificação do caso, com a suma do pedido e da contestação, e o registro das principais ocorrências havidas no andamento do processo (art. 489, inciso I, CPC); de modo a demonstrar que o juiz tem conhecimento de todos os atos e termos processuais *sub judice*;

(ii) *Fundamentação:* constitui dever do magistrado e direito fundamental do jurisdicionado, expresso no inciso IX do art. 93 da Constituição Federal (doravante denominada tão somente "CF"), sendo uma decorrência do devido processo legal. Trata-se de uma exposição dos motivos de fato e de direito que sustentam a conclusão do julgador, desempenhando funções endo e extraprocessual;

(iii) *Dispositivo ou conclusão:* parte da sentença que contém a resposta do Estado-juiz à pretensão do autor, acolhendo ou rejeitando o seu pedido (art. 490, CPC), vale dizer, é no dispositivo que o juiz resolverá as questões principais que as partes lhes submeterem (art. 489, inciso III, CPC). Fredie Didier Jr. *et al* define o dispositivo como "[...] a parte da decisão em que o órgão jurisdicional estabelece um preceito normativo, concluindo a análise acerca de um (ou mias de um) pedido que lhe fora dirigido [...] Constitui [...] um dos elementos nucleares que compõem o suporte fático do ato 'decisão judicial'. Sem esse comando, a decisão é *inexistente*"[207].

Em relação à fundamentação, o CPC de 2015 inovou ao elencar em rol exemplificativo situações em que não se considera fundamentada a decisão judicial, o que é corolário do entendimento segundo o qual a motivação exerce dupla função. Uma endoprocessual, consistente em importante mecanismo que viabiliza o contraditório, haja vista que as partes podem realizar o controle da decisão judicial por meio dos recursos cabíveis; outra, exoprocessual ou extraprocessual, pois permite um controle popular das decisões judiciais, o que é saudável em um Estado Democrático de Direito.

Eis o teor dos §§ 1º e 2º do art. 489, que versam sobre o tema:

> "§ 1º Não se considera fundamentada qualquer decisão judicial, seja ela interlocutória, sentença ou acórdão, que:
>
> I - se limitar à indicação, à reprodução ou à paráfrase de ato normativo, sem explicar sua relação com a causa ou a questão decidida;
>
> II - empregar conceitos jurídicos indeterminados, sem explicar o motivo concreto de sua incidência no caso;
>
> III - invocar motivos que se prestariam a justificar qualquer outra decisão;
>
> IV - não enfrentar todos os argumentos deduzidos no processo capazes de, em tese, infirmar a conclusão adotada pelo julgador;
>
> V - se limitar a invocar precedente ou enunciado de súmula, sem identificar seus fundamentos determinantes nem demonstrar que o caso sob julgamento se ajusta àqueles fundamentos;
>
> VI - deixar de seguir enunciado de súmula, jurisprudência ou precedente invocado pela parte, sem demonstrar a existência de distinção no caso em julgamento ou a superação do entendimento.

207. DIDIER JR., Fredie; BRAGA, Paula Sarno; OLIVEIRA, Rafael Alexandria de. *Curso de Direito Processual Civil. Vol. 02* ... p. 334.

§ 2º No caso de colisão entre normas, o juiz deve justificar o objeto e os critérios gerais da ponderação efetuada, enunciando as razões que autorizam a interferência na norma afastada e as premissas fáticas que fundamentam a conclusão".

Além destes requisitos, a LIA enuncia no art. 17-C elementos adicionais do ato decisório, decorrentes em grande medida da natureza sancionatória da improbidade administrativa, os quais passamos a examinar.

I - indicar de modo preciso os fundamentos que demonstram os elementos a que se referem os arts. 9º, 10 e 11 desta Lei, que não podem ser presumidos; (Incluído pela Lei nº 14.230, de 2021)

COMENTÁRIOS

Exige-se do julgador, na sentença, a indicação precisa dos fundamentos que demonstram a tipificação de uma das infrações capituladas nos arts. 9º, 10 e/ou 11 da LIA, vedando a utilização de presunção para tanto. O referido requisito constitui consectário natural da atividade jurisdicional que, substituindo a vontade das partes, resolve o conflito de interesses deduzido em juízo, fixando a norma jurídica individualizada que o regerá. Ademais, a exigência liga-se à congruência interna do pronunciamento judicial, que deve ser certo, ainda que decida relação jurídica condicional (art. 492 do CPC).

II - considerar as consequências práticas da decisão, sempre que decidir com base em valores jurídicos abstratos; (Incluído pela Lei nº 14.230, de 2021)

COMENTÁRIOS

O requisito em comento já era previsto genericamente em relação a toda e qualquer decisão pelo art. 20 da Lei de Introdução às Normas do Direito Brasileiro (LINDB), incluído pela Lei 13.655/2018, o qual consagra a necessidade de fundamentação consequencialista nos atos decisórios.

> Art. 20. Nas esferas administrativa, controladora e judicial, não se decidirá com base em valores jurídicos abstratos sem que sejam consideradas as consequências práticas da decisão. (Incluído pela Lei nº 13.655, de 2018)
>
> Parágrafo único. A motivação demonstrará a necessidade e a adequação da medida imposta ou da invalidação de ato, contrato, ajuste, processo ou norma administrativa, inclusive em face das possíveis alternativas. (Incluído pela Lei nº 13.655, de 2018)

Cuida-se de uma decorrência da própria hermenêutica jurídica, pois a interpretação, para efeito de aplicação do Direito, não dispensa a consideração e a individualização do caso concreto, de modo que o aplicador da ordem jurídica, juiz ou não, exerce papel de intermediador entre a abstração da norma – que, em se tratando de princípios, é mais intensa – e a situação real vivenciada[208].

Não por outra razão que as reformas legislativas têm preconizado nesse sentido, tal como o fez a Lei 14.133, de 1º de abril de 2021 ("Nova Lei de Licitações e Contratos Administrativos") em relação às consequências da declaração de nulidade do contrato administrativo, nos exatos termos do seu art. 147:

> "Art. 147. Constatada irregularidade no procedimento licitatório ou na execução contratual, caso não seja possível o saneamento, a decisão sobre a suspensão da execução ou sobre a declaração de nulidade do contrato somente será adotada na hipótese em que se revelar medida de interesse público, com avaliação, entre outros, dos seguintes aspectos:
>
> I - impactos econômicos e financeiros decorrentes do atraso na fruição dos benefícios do objeto do contrato;
>
> II - riscos sociais, ambientais e à segurança da população local decorrentes do atraso na fruição dos benefícios do objeto do contrato;
>
> III - motivação social e ambiental do contrato;
>
> IV - custo da deterioração ou da perda das parcelas executadas;
>
> V - despesa necessária à preservação das instalações e dos serviços já executados;

208. NOBRE JÚNIOR, Edilson Pereira. **As Normas de Direito Público na Lei de Introdução às Normas do Direito Brasileiro. Paradigmas para interpretação e aplicação do Direito Administrativo**. São Paulo: Contracorrente, 2019, p. 52.

> VI - despesa inerente à desmobilização e ao posterior retorno às atividades;
>
> VII - medidas efetivamente adotadas pelo titular do órgão ou entidade para o saneamento dos indícios de irregularidades apontados;
>
> VIII - custo total e estágio de execução física e financeira dos contratos, dos convênios, das obras ou das parcelas envolvidas;
>
> IX - fechamento de postos de trabalho diretos e indiretos em razão da paralisação;
>
> X - custo para realização de nova licitação ou celebração de novo contrato;
>
> XI - custo de oportunidade do capital durante o período de paralisação.
>
> Parágrafo único. Caso a paralisação ou anulação não se revele medida de interesse público, o poder público deverá optar pela continuidade do contrato e pela solução da irregularidade por meio de indenização por perdas e danos, sem prejuízo da apuração de responsabilidade e da aplicação de penalidades cabíveis".

Outro exemplo de instituto que trabalha com fundamentação consequencialista é o da suspensão de segurança, previsto dentre outros diplomas legais na Lei 8.437, de 30 de junho de 1992, que dispõe sobre a concessão de medidas cautelares contra atos do Poder Público e dá outras providências, cujo art. 4º estabelece que a execução de medida liminar nas ações movidas contra o Poder Público ou seus agentes poderá ser suspensa, a requerimento do Ministério Público ou da pessoa jurídica de direito público interessada, pelo Presidente do Tribunal, ao qual couber o conhecimento do respectivo recurso, em caso de manifesto interesse público ou de flagrante ilegitimidade, e **para evitar grave lesão à ordem, à saúde, à segurança e à economia públicas**.

Elucidativo, a propósito, o seguinte trecho de decisão monocrática do Ministro Dias Toffoli, nos autos da **medida cautelar 5.257:**

> "A execução imediata da decisão judicial ora combatida impacta direito de interesse coletivo relacionado à ordem e à economia públicas, pois implica alteração da programação orçamentária da União Federal [...].
>
> Isso porque, além da redução da arrecadação de contribuição de empresas à Seguridade Social (correspondente à renúncia fiscal

> decorrente da modificação da base de cálculo da contribuição previdenciária a cargo da empresa), a decisão no AI [...] produz efeitos imediatos nas contas públicas, tendo em vista o dever legal da União de "[compensar] o Fundo do Regime Geral de Previdência Social, de que trata o art. 68 da Lei Complementar no 101, de 4 de maio de 2000, no valor correspondente à estimativa de renúncia previdenciária decorrente da desoneração".
>
> [...]
>
> Ademais, a decisão objeto do presente pedido de contracautela foi proferida em sede de mandado de segurança coletivo, circunstância que, somada ao risco de efeito multiplicador [...], constitui fundamento suficiente a revelar a grave repercussão sobre a ordem e a economia públicas e justificar o deferimento da liminar pleiteada".

III - considerar os obstáculos e as dificuldades reais do gestor e as exigências das políticas públicas a seu cargo, sem prejuízo dos direitos dos administrados e das circunstâncias práticas que houverem imposto, limitado ou condicionado a ação do agente; (Incluído pela Lei nº 14.230, de 2021)

COMENTÁRIOS

O dispositivo prevê como requisito da sentença na ação de improbidade administrativa a necessária consideração acerca dos obstáculos e as reais dificuldades do gestor, além das exigências das políticas públicas a seu cargo, sem prejuízo dos direitos dos administrados e das circunstâncias práticas que houverem imposto, limitado ou condicionado a ação do agente.

Mais uma vez o legislador inspirou-se na LINDB e suas normas relativas à aplicação do direito público, que já consagrou diretriz no sentido de que "na interpretação de normas sobre gestão pública, serão considerados os obstáculos e as dificuldades reais do gestor e as exigências das políticas públicas a seu cargo, sem prejuízo dos direitos dos administrados".

Eduardo Jordão afirma que o art. 22 veio consagrar o primado da realidade, impondo ao intérprete e aplicador das normas sobre gestão pública verdadeira empatia com o gestor, no sentido considerar, também, os obstáculos e dificuldades enfrentadas na efetivação de políticas públicas a seu cargo. Dentre os principais obstáculos/dificuldades, podemos citar os materiais, temporais, orçamentários e de pessoal, afinal, são frequentemente reportadas pela mídia situações envolvendo a falta de verbas públicas, o tempo escasso para planejar e executar a ação, déficit de pessoal, baixa qualidade dos recursos humanos disponíveis, deficiência material de escritório, de infraestrutura mínima de trabalho, entre outras[209].

A análise, entretanto, deve ser casuística, evitando-se a generalização. Isso porque existem particularidades regionais e locais, sobretudo considerando que alguns entes da Federação sequer têm orçamento suficiente para suportar as despesas a seu cargo, sobrevivendo das transferências governamentais. Nesse sentido, a razoabilidade/proporcionalidade constitui importante mecanismo para aferir o grau de dificuldade do gestor e, consequentemente, verificar se suas escolhas se embasaram em fundamentos lógicos, necessários e adequados para a situação concretamente enfrentada.

IV - considerar, para a aplicação das sanções, de forma isolada ou cumulativa: (Incluído pela Lei nº 14.230, de 2021)a) os princípios da proporcionalidade e da razoabilidade; (Incluído pela Lei nº 14.230, de 2021)

b) a natureza, a gravidade e o impacto da infração cometida; (Incluído pela Lei nº 14.230, de 2021)

c) a extensão do dano causado; (Incluído pela Lei nº 14.230, de 2021)

d) o proveito patrimonial obtido pelo agente; (Incluído pela Lei nº 14.230, de 2021)

e) as circunstâncias agravantes ou atenuantes; (Incluído pela Lei nº 14.230, de 2021)

f) a atuação do agente em minorar os prejuízos e as consequências advindas de sua conduta omissiva ou comissiva; (Incluído pela Lei nº 14.230, de 2021)

g) os antecedentes do agente; (Incluído pela Lei nº 14.230, de 2021)

---

209. JORDÃO, Eduardo. **Art. 22 da LINDB. Acabou o romance: reforço do pragmatismo no direito público brasileiro.** *In* Revista de Direito Administrativo., Rio de Janeiro, Edição Especial: Direito Público na Lei de Introdução às Normas de Direito Brasileiro – LINDB (Lei nº 13.655/2018), p. 70 e 76.

COMENTÁRIOS

O comando legal estabelece diretrizes que devem nortear o magistrado na fixação das sanções, que podem ser aplicadas isolada ou cumulativamente. Sem dúvidas, o critério mais importante e do qual todos os outros derivam é o da proporcionalidade/razoabilidade, afinal, "é indispensável que o sancionamento mais severo seja reservado para condutas dotadas de maior reprovabilidade e de maior nocividade"[210].

> V - considerar na aplicação das sanções a dosimetria das sanções relativas ao mesmo fato já aplicadas ao agente; (Incluído pela Lei nº 14.230, de 2021)

COMENTÁRIOS

Trata-se de critério cujo fundamento é a vedação ao *bis in idem* e, de certa forma, mitiga o princípio da independência das instâncias administrativa, cível e penal. É o que ocorre nas hipóteses de ressarcimento de danos e restituição de vantagens indevidas, pois tais resultados podem ser obtidos em outras vias, distintas da ação de improbidade, de modo que seria descabida a imposição, na sentença, da prestação já satisfeita[211].

> VI - considerar, na fixação das penas relativamente ao terceiro, quando for o caso, a sua atuação específica, não admitida a sua responsabilização por ações ou omissões para as quais não tiver concorrido ou das quais não tiver obtido vantagens patrimoniais indevidas; (Incluído pela Lei nº 14.230, de 2021)

COMENTÁRIOS

A responsabilização do terceiro é limitada aos atos e omissões por ele praticados, sendo imprescindível a demonstração de sua atuação específica mediante ações ou omissões para as quais haja concorrido

210. JUSTEN FILHO, Marçal. *Reforma da Lei de Improbidade ...* p. 216.
211. JUSTEN FILHO, Marçal. *Reforma da Lei de Improbidade ...* p. 218.

ou das quais tenha obtido vantagens patrimoniais individuais, sob pena de consagrar verdadeira e odiosa responsabilidade objetiva. Lembra Fernando da Fonseca Gajardoni *et al* que em relação ao terceiro o dolo deve ser qualificado, especialmente no caso em que ele não integrou a cadeia de decisões ou ações que culminaram no ato de improbidade. "Não basta, por exemplo, considerar que uma empresa seja condenada simplesmente por ter participado do consórcio administrativo responsável pela execução de determinada obra ou serviço, mas sim, necessário demonstrar se teve ação ou omissão específica e influente no ato de improbidade ou obteve proveito econômico efetivo. E, em caso positivo, qual o grau de sua influência ou vantagem obtida, a fim do sancionamento ser proporcional com seu agir específico"[212].

E tal sistemática é corolário, ademais, da nova roupagem do art. 3º da LIA, que não tolera a responsabilidade do terceiro apenas e tão somente por se beneficiar da vantagem indevida sem qualquer vinculação específica.

Enfim, a sentença deve explicitar a conduta específica do terceiro.

VII - indicar, na apuração da ofensa a princípios, critérios objetivos que justifiquem a imposição da sanção. (Incluído pela Lei nº 14.230, de 2021)

COMENTÁRIOS

Cuida-se de requisito específico para a sentença que examina ato de improbidade administrativa por violação aos princípios da Administração, impondo ao juiz a indicação de critérios objetivos que justifiquem a imposição da correspondente sanção.

§ 1º A ilegalidade sem a presença de dolo que a qualifique não configura ato de improbidade. (Incluído pela Lei nº 14.230, de 2021)

212. GAJARDONI, Fernando da Fonseca; CRUZ, Luana Pedrosa de Figueiredo; GOMES JUNIOR, Luiz Manoel; FAVRETO, Rogério. *Comentários à Nova Lei de Improbidade* ... p. 399.

COMENTÁRIOS

O parágrafo em comento reafirma a máxima que inspirou as mudanças da Lei 14.230/2021, de que não há ato de improbidade sem a presença do dolo específico, daí porque afirma que a ilegalidade, por si só, não configura ato de improbidade administrativa.

> § 2º Na hipótese de litisconsórcio passivo, a condenação ocorrerá no limite da participação e dos benefícios diretos, vedada qualquer solidariedade. (Incluído pela Lei nº 14.230, de 2021)

COMENTÁRIOS

Neste dispositivo, a LIA consagra a **incidência do princípio da culpabilidade**, tal qual o faz o art. 29, *caput* do Código Penal em relação às infrações penais ("*quem de qualquer modo, concorre para o crime incide nas penas a este cominadas, na medida de sua culpabilidade*").

> § 3º Não haverá remessa necessária nas sentenças de que trata esta Lei. (Incluído pela Lei nº 14.230, de 2021)

COMENTÁRIOS

O preceito legal em comento, conjugado com o art. 17, § 19, inciso IV, da LIA, deixa claro que não há reexame necessário em nenhuma circunstância nas ações de improbidade administrativa (tanto sob o aspecto clássico do instituto, disciplinado no art. 496 do CPC, quanto do ponto de vista do microssistema de tutela coletiva, que prevê a figura do reexame necessário invertido ou às avessas, no art. 19 da Lei da Ação Popular).

Art. 17-D. A ação por improbidade administrativa é repressiva, de caráter sancionatório, destinada à aplicação de sanções de caráter pessoal previstas nesta Lei, e não constitui ação civil, vedado seu ajuizamento para o controle de legalidade de políticas públicas e para a proteção do patrimônio público e social, do meio ambiente e de outros interesses difusos, coletivos e individuais homogêneos. (Incluído pela Lei nº 14.230, de 2021)

Parágrafo único. Ressalvado o disposto nesta Lei, o controle de legalidade de políticas públicas e a responsabilidade de agentes públicos, inclusive políticos, entes públicos e governamentais, por danos ao meio ambiente, ao consumidor, a bens e direitos de valor artístico, estético, histórico, turístico e paisagístico, a qualquer outro interesse difuso ou coletivo, à ordem econômica, à ordem urbanística, à honra e à dignidade de grupos raciais, étnicos ou religiosos e ao patrimônio público e social submetem-se aos termos da Lei nº 7.347, de 24 de julho de 1985. (Incluído pela Lei nº 14.230, de 2021)

COMENTÁRIOS

O dispositivo em comento prevê que a ação de improbidade administrativa tem natureza repressiva e caráter sancionatório, não constituindo ação civil, além de vedar seu manejo para o controle de políticas públicas e para a proteção do patrimônio público e social, do meio o ambiente e de outros interesses difusos, coletivos e individuais homogêneos, os quais podem ser tutelados pela Lei 7.347, de 24 de julho de 1985.

Importa lembrar que o legislador, de fato, disse menos do que desejava. Isso porque "o que se deve verificar é que a Ação de Improbidade Administrativa não é uma Ação Civil Pública, mas obviamente é uma 'ação civil' tanto que determinada a aplicação do rito ordinário do Código de Processo Civil"[213].

Antes da Lei 14.230/2021, não havia um consenso na doutrina acerca da relação entre ação de improbidade administrativa e ação civil

213. GAJARDONI, Fernando da Fonseca; CRUZ, Luana Pedrosa de Figueiredo; GOMES JUNIOR, Luiz Manoel; FAVRETO, Rogério. *Comentários à Nova Lei de Improbidade* ... p. 405.

pública. Preponderou o entendimento doutrinário (minoritário) segundo o qual a ação de improbidade não é espécie de ação civil pública, na medida em que regulada por leis específica que lhe dá os contornos materiais e processuais, não se lhe aplicando a Lei 7.347, de 1985[214].

Além do preceito em exame, a Lei 14.230/2021 modificou e inseriu na LIA preceptivos que evidenciam a referida conclusão. Nesse sentido, o *caput* do art. 17 da LIA estabeleceu que a ação de improbidade observa o procedimento comum do CPC, enquanto o § 16 do art. 17 deixa clara a distinção ao preconizar expressamente que o magistrado pode, a qualquer momento e em decisão fundamentada, converter a ação de improbidade em ação civil pública, regulada pela Lei 7.347, de 24 de julho de 1985, se identificar a existência de ilegalidades ou de irregularidades administrativas a serem sanadas sem que estejam presentes todos os requisitos para a imposição das sanções aos agentes incluídos no polo passivo da demanda.

Em síntese, cinco são as características da ação de improbidade administrativa:

- (i) repressiva;
- (ii) sancionatória;
- (iii) visa a aplicação de sanções de natureza pessoal;
- (iv) não possui natureza de ação civil pública;
- (v) não pode ser utilizada para o controle de políticas públicas.

214. MEIRELLES, Hely Lopes; WALD, Arnaldo; MENDES, Gilmar Ferreira. *Mandado* ... p. 234; PAZZAGLINI FILHO, Marino. *Lei de Improbidade* ... p. 210.

~~**Art. 18.** A sentença que julgar procedente ação civil de reparação de dano ou decretar a perda dos bens havidos ilicitamente determinará o pagamento ou a reversão dos bens, conforme o caso, em favor da pessoa jurídica prejudicada pelo ilícito.~~

Art. 18. A sentença que julgar procedente a ação fundada nos arts. 9º e 10 desta Lei condenará ao ressarcimento dos danos e à perda ou à reversão dos bens e valores ilicitamente adquiridos, conforme o caso, em favor da pessoa jurídica prejudicada pelo ilícito. (Redação dada pela Lei nº 14.230, de 2021)

§ 1º Se houver necessidade de liquidação do dano, a pessoa jurídica prejudicada procederá a essa determinação e ao ulterior procedimento para cumprimento da sentença referente ao ressarcimento do patrimônio público ou à perda ou à reversão dos bens. (Incluído pela Lei nº 14.230, de 2021)

§ 2º Caso a pessoa jurídica prejudicada não adote as providências a que se refere o § 1º deste artigo no prazo de 6 (seis) meses, contado do trânsito em julgado da sentença de procedência da ação, caberá ao Ministério Público proceder à respectiva liquidação do dano e ao cumprimento da sentença referente ao ressarcimento do patrimônio público ou à perda ou à reversão dos bens, sem prejuízo de eventual responsabilização pela omissão verificada. (Incluído pela Lei nº 14.230, de 2021)

§ 3º Para fins de apuração do valor do ressarcimento, deverão ser descontados os serviços efetivamente prestados. (Incluído pela Lei nº 14.230, de 2021)

§ 4º O juiz poderá autorizar o parcelamento, em até 48 (quarenta e oito) parcelas mensais corrigidas monetariamente, do débito resultante de condenação pela prática de improbidade administrativa se o réu demonstrar incapacidade financeira de saldá-lo de imediato. (Incluído pela Lei nº 14.230, de 2021)

COMENTÁRIOS

1. A sentença de mérito na ação de improbidade administrativa: a sentença de mérito, na ação de improbidade administrativa, pode conter até três capítulos: declaratório, constitutivo e condenatório. Será **declaratória** na parte em que reconhecer a prática do ato de improbidade pelo agente ímprobo, enquadrando sua conduta em uma das modalidades previstas nos arts. 9º, 10, ou 11 da LIA; **constitutiva** quando desfaz o ato ímprobo e constitui nova situação jurídica; **condenatória** quando aplica sanções de natureza civil, administrativa ou político-administrativa.

Na ação fundada em ato de improbidade que importe enriquecimento ilícito e/ou cause prejuízo ao Erário, a sentença condenará o acusado ao ressarcimento dos danos e à perda ou reversão dos bens ou valores ilicitamente adquiridos, conforme o caso, em favor da pessoa jurídica prejudicada pelo ilícito. Não se trata, conforme se extraí do art. 18, *caput* da LIA, de efeito automático da condenação, demandando pedido expresso do autor da ação de improbidade e comando especifico da sentença.

Ademais, as consequências descritas no art. 18 da LIA somente tem incidência se o ato de improbidade causar lesividade ao Erário, pois do contrário haveria enriquecimento ilícito da pessoa jurídica lesada (entendimento pacífico na jurisprudência, conforme exemplificado no item 03 do tópico CASUÍSTICA).

Três são, portanto, os pressupostos para a aplicação do art. 18 da LIA:

(i) Ato de improbidade que implique enriquecimento ilícito prejuízo ao Erário;

(ii) Pedido expresso do autor e determinação judicial;

(iii) Lesividade ao Erário público.

A previsão, a propósito, afasta do âmbito da ação de improbidade administrativa a regra do art. 13 da LACP, o qual prevê no *caput* que na ação civil pública "havendo condenação em dinheiro, a indenização pelo dano causado reverterá a um fundo gerido por um Conselho Federal ou por Conselhos Estaduais de que participarão necessariamente o Ministério Público e representantes da comunidade, sendo seus recursos destinados à reconstituição dos bens lesados".

Art. 13, LACP	Art. 18, LIA
Indenização reverte para fundo de reconstituição de bens lesados.	Indenização destina-se a pessoa jurídica desfalcada com o ilícito.

Nada mais natural, pois "o réu não paga, mas repara, recompõe"[215] o patrimônio lesado.

2. Sentença terminativa em caso de abandono e desistência: a LIA não contém qualquer dispositivo legal regulamentando o abandono ou desistência da ação de improbidade administrativa, mas o microssistema de tutela coletiva consagra regime específico para o abandono e desistência das ações coletivas. Com efeito, os arts. 9º da LAP e 5º, § 3º, da LACP, tratam do abandono e da desistência da ação popular e da ação civil pública, permitindo a sucessão processual, regramento que, segundo a doutrina, deve ser aplicado à ação de improbidade administrativa. Daniel Amorim Assumpção Neves *et al* ressalva que não há necessidade de publicação de editais convocando eventuais interessados em assumir o polo ativo da demanda, em razão da legitimidade na LIA ser restrita, sendo fácil identificar os legitimados no caso concreto, de modo que possível a intimação pessoal[216].

Assim, distingue-se o abandono ou desistência conforme o seu fundamento:

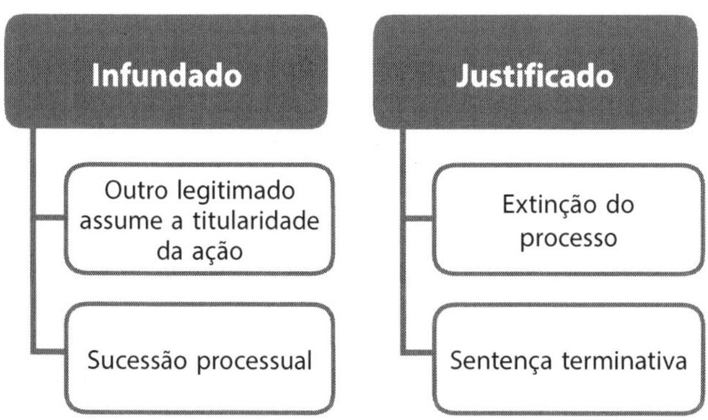

215. FAZZIO JÚNIOR, Waldo. *Improbidade* ... p. 464.

216. NEVES, Daniel Amorim Assumpção; OLIVEIRA, Rafael Carvalho Rezende. *Manual* ... p. 425-426.

3. Princípio da congruência: o magistrado ao entregar a prestação jurisdicional, especificamente no dispositivo da sentença, não pode ultrapassar os limites objetivos fixados pelas partes em seus respectivos atos postulatórios. Assim, é vedado ao juiz proferir sentença de natureza diversa da pedida, assim como condenar a parte em quantidade superior ou em objeto diverso do que lhe foi demandado (art. 492, *caput*, CPC).

A congruência, sob o ponto de vista externo, é uma garantia do jurisdicionado que decorre do princípio do contraditório, na medida em que evita decisões surpresas sobre questões não submetidas ao crivo do julgador. Aliás, trata-se de instituto fortalecido com o advento do CPC de 2015 que realçou a importância do contraditório, tanto em sua vertente formal quanto substancial.

Nesse sentido, Humberto Theodoro Júnior afirma que "o princípio da congruência, que impede o julgamento fora ou além do pedido, insere-se, destarte, no âmbito maior da garantia do devido processo legal"[217].

A congruência influencia, ainda sob este aspecto, a formação do procedente, tendo em vista o entendimento consolidado no *Enunciado 02* do Fórum Permanente de Processualistas Civis, segundo o qual "para a formação do precedente, somente podem ser usados argumentos submetidos ao contraditório".

O princípio sofre mitigações no que tange aos denominados pedidos implícitos, tais como a condenação ao pagamento de custas e honorários advocatícios e a incidência de juros e correção monetária sobre as dívidas de valor, que podem ser apreciados independentemente de provocação das partes.

A congruência externa possui duas facetas: objetiva e subjetiva.

Sob o enfoque *objetivo*, a congruência significa que o juiz fica vinculado aos elementos objetivos da demanda (causa de pedir e pedido) ao proferir sua decisão, não podendo julgar a lide além, aquém ou fora destes limites, sob pena de nulidade por julgamento *ultra*, *extra* ou *citra petita*.

Ultra petita é a decisão do magistrado que concede provimento jurisdicional ou determinado bem da vida não postulado pelas partes; igualmente, verifica-se quando o juiz aprecia fatos estranhos à lide (porque não suscitados pelos interessados). A consequência processual

217. THEODORO JÚNIOR, Humberto. *Curso de Direito Processual Civil. Vol. I* ... p. 1695.

deste vício é a anulação de parte da decisão, especificamente aquela que excede os limites do pedido.

Extra petita, por sua vez, é a decisão que, ignorando as pretensões formuladas, defere pleito alheio ao processo, não especificado nos atos postulatórios das partes, a exemplo da decisão que condena à entrega de uma coisa determinada, quando o autor requereu a condenação ao pagamento de certa quantia.

A consequência deste vício, que caracteriza manifesto *error in procedendo*, varia de acordo com o número de questões principais submetidas a julgamento: tratando-se de dispositivo simples (que resolve apenas uma única questão principal), a consequência inevitável é a anulação de toda a decisão judicial; em se tratando de dispositivo complexo, a invalidação atingirá somente os capítulos viciados, sendo possível o aproveitamento dos demais que não sejam contaminados pelo vício.

Fredie Didier Jr. *et al* assinala: "É muito comum confundirem-se, na teoria e na prática, as decisões *ultra* e *extra petita*. Mas há um critério que pode facilitar a compreensão desses dois fenômenos: *(a)* na decisão *ultra petita*, o magistrado *analisa* o pedido da parte ou os fatos essenciais debatidos nos autos, *mas vai além deles*, concedendo um provimento ou u m bem da vida não pleiteado, ou ainda analisando outros fatos, também essenciais, não postos pelas partes; *(b)* na decisão *extra petita*, o magistrado, *sem analisar* o pedido formulado, delibera sobre pedido não formulado, ou ainda, *sem analisar* fato essencial deduzido, decide com base em fato essencial não deduzido."[218].

Citra petita, por fim, é a decisão omissa, que "[...] fica aquém do pedido do autor ou deixa de enfrentar e decidir causa de pedir ou alegação de defesa apresentada pelo réu"[219]. No entanto, lembra Humberto Theodoro Júnior que "[...] em matéria do direito aplicável, o juiz não fica adstrito aos fundamentos das pretensões das partes. *Jura novit curia*"[220].

Por outro lado, a congruência *subjetiva* indica que a sentença deve guardar correlação com os sujeitos da lide, não prejudicando terceiros alheios ao processo (art. 506, CPC). Nesse contexto, será *ultra petita* a

---

218. DIDIER JR., Fredie; BRAGA, Paula Sarno; OLIVEIRA, Rafael Alexandria de. *Curso de Direito Processual Civil. Vol. 02* ... p. 361.

219. NEVES, Daniel Amorim Assumpção. *Manual de Direito Processual Civil – Volume Único*. 8ª ed. Salvador: Juspodivm, 2016, p. 768.

220. THEODORO JÚNIOR, Humberto. *Curso de Direito Processual Civil. Vol. I* ... p. 1676.

sentença cujos efeitos prejudicarem terceiro não integrado à lide; *extra petita* quando afetar unicamente quem não participa do processo; *citra petita* quando não disciplinar a situação jurídica de todas as partes integrantes da relação processual.

No âmbito da ação de improbidade, e até o advento da Lei 14.230/2021, a jurisprudência do STJ orientava-se no sentido de que não infringe o princípio da congruência externa a decisão judicial que enquadra o ato de improbidade imputado ao agente em dispositivo diverso daquele indicado na inicial, notadamente porque o acusado se defende dos fatos e não da capitulação legal a eles atribuído pelo titular da ação[221].

A Lei 14.230/2021 tornou proscrito o mencionado entendimento (art. 17, § 10-F, inciso I), que partia da premissa de que as sanções por ato de improbidade constituem pedidos implícitos. A alteração parece se adequar à nova sistemática processual inaugurada com o CPC de 2015, que veda a prolação de decisão surpresa, tal como anuncia o art. 10 do sobredito diploma legal, segundo o qual "o juiz não pode decidir, em grau algum de jurisdição, com base em fundamento a respeito do qual não se tenha dado às partes oportunidade de se manifestar, ainda que se trate de matéria sobre a qual deva decidir de ofício".

4. Sentença condenatória e princípio da boa-fé processual: outra vedação inserida na LIA (art. 17, § 10-F, inciso II) consiste na proibição de que seja proferida decisão de mérito total ou parcial que veicule condenação do requerido sem a produção das provas por ele tempestivamente especificadas. A vedação decorre do princípio da boa-fé processual, previsto no art. 5º do CPC, o qual estabelece que "aquele que de qualquer forma participa do processo deve comportar-se de acordo com a boa-fé".

Trata-se de norma de conduta de todos os sujeitos processuais, incluído o magistrado (boa-fé objetiva), que devem pautar suas atitudes por parâmetros éticos mínimos. Não se justifica, pois, a alegação maquiavélica de que "os fins justificam os meios".

Destarte, "comporta-se com boa-fé aquele que não abusa de suas posições jurídicas"[222]. A boa-fé, nesse particular, é uma cláusula geral

---

221. STJ, **REsp 842.428/ES,** 2ª T., rel. Min. Eliana Calmon, j, 24.04.2007, Dje 21.05.2007; **AgInt no REsp 1.628.455/ES,** 2ª T., rel. Min. Francisco Falcão, j. 06.03.2018, DJe 12.03.2018.

222. MARINONI, Luiz Guilherme; ARENHART, Sérgio Cruz; MITIDIERO, Daniel. **Novo Código de Processo Civil Comentado.** São Paulo: Revista dos Tribunais, 2015, p. 99.

processual cuja análise depende das situações concretas, incumbindo ao magistrado velar pela sua concretização, aplicando, se for o caso, as sanções por litigância de má-fé (arts 79 a 81, CPC).

Teresa Arruda Alvim Wambier *et al* destaca condutas que podem ser consideradas em conformidade com a boa-fé processual: "No dever de agir com **boa-fé** se inclui o de dizer a verdade, o de não criar embaraços ao cumprimento de decisão judicial, o de exibir documento em seu poder cujo exame, pelo juiz, seja necessário para decidir o mérito (e isso diz respeito até a terceiros), quando ao juiz, deve, por exemplo, declarar-se suspeito quando o for, respeitando a isonomia entre as partes"[223].

5. Apuração da extensão do dano: a congruência interna impõe como um dos requisitos da sentença sua liquidez, isto é, exige que o ato decisório quantifique os valores devidos pelo devedor. Para que assim seja considerada, a decisão judicial deve necessariamente, abordar os seguintes aspectos:

(a) *an debeatur* (existência da dívida)

(b) *cui debeatur* (a quem é devido)

(c) *quis debeat* (quem deve)

(d) *quid debeautur* (o que é devido)

(e) *quantum debeatur* (a quantidade devida)

A iliquidez, a teor do art. 491, *caput* e incisos I e II do CPC[224], quando cabível, deve recair sobre o *quantum debeatur* (letra "e", *supra*),

223. WAMBIER, Teresa Arruda Alvim; CONCEIÇÃO, Maria Lúcia Lins; RIBEIRO, Leonardo Ferres da Silva; MELLO, Rogério Licastro Torres. **Primeiros Comentários ao Novo Código de Processo Civil: Artigo por artigo.** São Paulo: Revista dos Tribunais, 2015, p. 62.

224. "*Art. 491*. Na ação relativa à obrigação de pagar quantia, ainda que formulado pedido genérico, a decisão definirá desde logo a extensão da obrigação, o índice de correção monetária, a taxa de juros, o termo inicial de ambos e a periodicidade da capitalização dos juros, se for o caso, salvo quando:

I - não for possível determinar, de modo definitivo, o montante devido;

II - a apuração do valor devido depender da produção de prova de realização demorada ou excessivamente dispendiosa, assim reconhecida na sentença".

hipótese em que o magistrado apreciará normalmente os demais aspectos (*an debeatur, cui debeatur, quis debeat* e *quid debeatur*) e remeterá as partes para a fase própria (liquidação) visando acertar a quantidade devida, o que pode ocorrer através de:

(i) liquidação por arbitramento: é aquela em que a complementação do título executivo judicial realiza-se mediante atividade técnica estimativa, com apoio de perito judicial[225]. Trata-se, destarte, de modalidade de liquidação cujo cabimento deriva da necessidade de conhecimentos técnicos para a aferição do *quantum debeatur,* a exemplo da necessidade de estimativa de desvalorização de veículos acidentados, de lucros cessantes por inatividade de pessoa ou serviço, de perda parcial da capacidade laborativa[226], dentre outros.

É modalidade de liquidação que, a teor do art. 509, inciso I, do CPC, pode ser adotada por determinação da sentença, por convenção das partes ou em decorrência da natureza do objeto da liquidação. Entretanto, se houver necessidade de provar fatos novos, a apuração do *quantum* da condenação deverá se efetivar por meio da liquidação pelo procedimento comum; "quando, porém, existirem nos autos todos os elementos necessários para os peritos declararem o valor do débito, o caso é de arbitramento"[227].

Uma vez eleita como a via adequada, o juiz intimará as partes para a apresentação de pareceres ou documentos elucidativos, no prazo que fixar, e, caso não possa decidir de plano, nomeará perito, observando-se, no que couber, o procedimento da prova pericial (art. 510, CPC).

O procedimento consagrado pelo referido dispositivo legal constitui verdadeira inovação "ao admitir que pareceres ou documentos possam substituir a realização da perícia voltada a pesquisa do *quantum debeatur*"[228]. Ainda que não houvesse expressa autorização no capítulo pertinente à liquidação por arbitramento, as providências mencionadas poderiam ser adotadas com base no art. 472 do CPC[229], que seria aplicável à liquidação por força da parte final do art. 510.

---

225. MARINONI, Luiz Guilherme; ARENHART, Sérgio Cruz; MITIDIERO, Daniel. **Novo Código ...** p. 524.
226. THEODORO JÚNIOR, Humberto. **Curso de Direito Processual Civil. Vol. II ...** p. 269.
227. THEODORO JÚNIOR, Humberto. **Curso de Direito Processual Civil. Vol. II ...** p. 269.
228. BUENO, Cássio Scarpinella. **Novo Código de Processo Civil Anotado.** São Paulo: Saraiva, 2015, p. 339.
229. "**Art. 472.** O juiz poderá dispensar prova pericial quando as partes, na inicial e na contestação, apresentarem, sobre as questões de fato, pareceres técnicos ou documentos elucidativos que considerar suficientes".

De resto, o procedimento observará as regras inerentes à produção da prova pericial, intimando-se o devedor para, querendo, participar da liquidação mediante a indicação de assistente técnico e quesitos no prazo de quinze dias (art. 465, § 1º, CPC). Em seguida, apresentado o laudo pericial, as partes terão oportunidade de se manifestar no prazo de quinze dias, sendo facultado aos assistentes técnicos, no mesmo prazo, a apresentação de pareceres técnicos (art. 477, § 1º, CPC); havendo necessidade de esclarecimentos pelo perito e pelos assistentes técnicos, as partes, o juiz e/ou o Ministério Público poderão solicitá-los por escrito, hipótese em que o perito terá o prazo de quinze dias para prestá-los (art. 477, § 2º, CPC); persistindo as dúvidas, poderá o magistrado designar audiência para complementação dos esclarecimentos (art. 477, § 3º, CPC). Ao final, ouvidas as partes, proferirá o magistrado sua decisão, a qual poderá ser impugnada por agravo de instrumento (art. 1.015, parágrafo único, CPC).

(ii) liquidação pelo procedimento comum: far-se-á a liquidação pelo procedimento comum quando houver necessidade de alegar e provar fato novo (art. 509, inciso II, CPC), cabendo ao credor, no requerimento de liquidação, indicar os fatos a serem provados. Como se nota, o cabimento desta espécie de liquidação está atrelado à definição de fato novo, assim entendido aquele que não foi objeto de cognição no processo em que se formou o título executivo judicial. De fato:

> O *novo* não diz respeito necessariamente ao momento em que o fato ocorreu, mas ao seu aparecimento no processo. Realmente, se algum elemento, que seja fundamental para a aferição do valor, ainda não consta dos autos, é necessária a instauração da liquidação por artigos [pelo procedimento comum no NCPC] para que haja contraditório sobre esse elemento (que é novo, pois ainda não inserido nos autos) e, então, possa ser fixado o valor com base nele.
>
> [...]
>
> Por exemplo, se a sentença condena o réu ao pagamento das despesas com o tratamento médico a que, no futuro, o autor venha a se submeter, para que este último possa cobrar do devedor a respectiva quantia, deverá demonstrar fatos novos, que não foram objeto de conhecimento no momento de formação do título, consistentes na superveniência da despesa, na sua vinculação com o tratamento médico e no seu valor. Do mesmo modo, se a decisão confere ao sócio-excluído o direito a parcela do estabelecimento comercial de determinada empresa, pode

> haver necessidade de alegação e demonstração de fatos novos, como a qual idade, quantidade, características e valor dos bens individuais que compõem essa universalidade de fato (CC, art. 89). Por último, submetem-se também à liquidação por artigos, para que possam ser executados, a sentença penal condenatória (CP, art. 91, I), o acórdão que julga procedente revisão criminal (CPP, art. 630) e a decisão que certifica direitos individuais homogêneos, vez que aí, necessariamente, serão imprescindíveis a alegação e a prova de fatos novos.[230]

Ademais, como toda e qualquer prova, apenas e tão somente os fatos relevantes para a aferição do *quantum debeatur* serão objeto do procedimento liquidatório, ou seja, "apenas serão arrolados e articulados os fatos que tenham influência na fixação do *valor da condenação* ou na *individuação do seu objeto*"[231]. Até porque a cognição na liquidação não tolera a rediscussão da lide ou a modificação do título judicial.

Feita a indicação dos fatos pelo credor, em requerimento inaugural, o juiz determinará a intimação do requerido, na pessoa de seu advogado ou da sociedade de advogados a que estiver vinculado, para, querendo, apresentar contestação no prazo de 15 (quinze) dias, observando-se, a seguir e no que couber, as disposições relativas ao procedimento comum (art. 511, CPC).

Um esclarecimento se faz necessário: o dispositivo, ao se referir a intimação na pessoa do advogado ou da sociedade de advogados, aplica-se à liquidação operada mediante simples fase do processo de conhecimento; tratando-se de liquidação realizada por meio de processo autônomo, o devedor-requerido será citado pessoalmente para integrar o procedimento.

No âmbito da ação de improbidade, é comum a prolação de sentença ilíquida nos casos envolvendo o art. 10, inciso VIII da LIA, o qual estabelece como ato de improbidade "frustrar a licitude de processo licitatório ou de processo seletivo para celebração de parcerias com entidades sem fins lucrativos, ou dispensá-los indevidamente, acarretando perda patrimonial". "Nesses casos (e em outros que, eventualmente, não se possa fixar, de imediato, o prejuízo causado ao erário), definido que a dispensa indevida acarretou 'perda patrimonial efetiva', pode ser

230. DIDIER JR., Fredie; CUNHA, Leonardo da Cunha; BRAGA, Paula Sarno; OLIVEIRA, Rafael Alexandria de. **Curso de Direito Processual Civil. Vol. 05 ...** p. 141-142.

231. THEODORO JÚNIOR, Humberto. **Curso de Direito Processual Civil. Vol. II ...** p. 270.

necessário apurar-se, em sede de liquidação de sentença, a extensão do referido prejuízo, o que se dará por liquidação de sentença"[232], na qual deverão ser descontados os serviços efetivamente prestados, nos termos do art. 18, § 3º da LIA, incluído pela Lei 14.230/2021.

A ressalva, constante do § 3º do art. 18 da LIA, decorre do fato de que a prestação de serviços ao Poder Público origina-se de contrato e, destarte, torna insustentável qualquer narrativa de acréscimo patrimonial indevido. No exemplo citado acima, a ausência de licitação ou a irregularidade nos processos licitatórios não descaracterizam o aperfeiçoamento de contratos comutativos entre as partes, de modo que o valor foi pago como contraprestação da execução das obrigações assumidas[233].

6. Legitimidade para a liquidação e cumprimento da sentença (art. 18, §§ 1º e 2º): regra geral a legitimidade para a liquidação e o cumprimento da sentença é da parte que figurou como parte na fase de conhecimento. O credor é o legitimado natural para iniciar a liquidação, na medida em que será beneficiado ao final do processo de execução, com a satisfação de seu crédito. Nesse caso, a liquidação será instaurada em desfavor do devedor constante do título executivo.

Na improbidade, existe regra própria e que acaba, em certa medida, por excepcionar a sobredita sistemática. Não há, aqui, coincidência entre o autor da ação (fase de conhecimento) e o legitimado para a efetivação (fase de execução). É que enquanto o Ministério Público tem legitimidade para propor ação de improbidade administrativa, a eventual liquidação e execução de sentença condenatória compete à pessoa jurídica prejudicada. E tal ocorre na medida em que o *Parquet* não é o destinatário do ressarcimento devido ou da reversão dos bens acrescidos.

No entanto, emergirá a legitimidade do Ministério Público na hipótese de a pessoa jurídica prejudicada não adotar as providências necessárias para a efetivação do ressarcimento do patrimônio público ou à perda ou à reversão dos bens no prazo de seis meses, contado do trânsito em julgado da sentença de procedência do pleito, sem prejuízo de eventual responsabilização pela omissão verifica (**legitimidade subsidiária ou secundária**).

232. GAJARDONI, Fernando da Fonseca; CRUZ, Luana Pedrosa de Figueiredo; GOMES JUNIOR, Luiz Manoel; FAVRETO, Rogério. *Comentários à Nova Lei de Improbidade* ... p. 413.

233. JUSTEN FILHO, Marçal. *Reforma da Lei de Improbidade* ... p. 224.

"A situação do Ministério Público, portanto, é inusual. Age por legitimação autônoma (ou coletiva) no âmbito da ação de improbidade administrativa, em especial porque a tutela da probidade administrativa, nessa estrita seara, doravante é de sua exclusiva titularidade, inclusive sendo o único que pode postular a incidência das sanções do art. 12 da LIA. Contudo, no que tange à reparação do dano e à reversão dos bens, ao menos na fase de conhecimento, age, também, na tutela do direito da pessoa lesada (que será o legitimado ordinário e primário para promover a liquidação e/ou cumprimento de sentença), em verdadeiro misto de legitimação autônoma e extraordinária para a causa. Só que não pode - por expressa vedação legal (art. 18, § 1º, da LIA) - agir processualmente na fase de liquidação/cumprimento de sentença, salvo se houver inércia da pessoa jurídica (art. 18, § 2º, da LIA)"[234].

Enfim, tratando-se de ação de improbidade que tenha por objeto a condenação dos requeridos ao ressarcimento do dano e/ou à reversão dos bens ao patrimônio público, haverá distinção na legitimidade do Ministério Público conforme a fase procedimental:

	Fase de conhecimento	**Liquidação/cumprimento de sentença**
Legitimidade ordinária/ autônoma	Ministério Público	Pessoa Jurídica prejudicada
Legitimidade secundária/subsidiária	xxx	Ministério Público

7. Parcelamento do débito (art. 18, § 4º): encontrado o valor devido a título de ressarcimento do dano ao patrimônio público, será o devedor intimado para efetuar o pagamento do débito no prazo de quinze dias, sob pena de acréscimo de multa de 10% (dez por cento) e honorários advocatícios em idêntico percentual (art. 523, § 1º do CPC).

É assegurado ao réu na ação de improbidade administrativa o direito ao pagamento do débito em 48 (quarenta e oito) parcelas mensais, corrigidas monetariamente, desde que demonstre sua incapacidade financeira para saldá-lo de imediato. Trata-se, aliás, de medida que especializa o procedimento de efetivação da sanção de ressarcimento

234. GAJARDONI, Fernando da Fonseca; CRUZ, Luana Pedrosa de Figueiredo; GOMES JUNIOR, Luiz Manoel; FAVRETO, Rogério. *Comentários à Nova Lei de Improbidade ...* p. 415.

de dano ao patrimônio público imposta na ação de improbidade administrativa, diferenciando-o do cumprimento de sentença do CPC:

LIA	CPC
Possível, desde que o réu demonstre incapacidade financeira para saldar o débido de imediato	Inaplicável no cumprimento de sentença o parcelamento do art. 916 ao cumprimento de sentença

Sobre o procedimento para concessão da benesse, imperioso tecer algumas considerações.

Primeiramente, não há prazo para que o acusado requeira o benefício do parcelamento, de modo que pode fazê-lo em qualquer fase do processo. No entanto, se efetuar o pleito após o prazo de quinze dias (art. 523, § 1º do CPC), incidirá sobre o débito parcelado a multa e novos honorários de 10% (dez por cento).

De outro lado, embora a omissa a LIA, devem ser ouvidos sobre a proposta de parcelamento a pessoa jurídica prejudicada (e exequente) e o Ministério Público, seja na qualidade de fiscal da ordem jurídica seja como exequente subsidiário.

Sobre o requisito da insuficiência financeira, incide o ônus de sua prova sobre o acusado/executado na ação de improbidade, cabendo-lhe demonstrar sua incapacidade financeira para saldar o débito de imediato. A propósito do tema, Fernando da Fonseca Gajardoni alerta que é "[...] intolerável que tendo sido efetuada, com sucesso, a penhora de dinheiro ou de bens facilmente convertíveis em tal, venha o devedor não incapacitado financeiramente (tanto que localizados ativos e bens livres e desembaraçados) demandar o parcelamento. Nos dizeres do Ministro Herman Benjamin (STJ), não faz sentido que se roube à vista para se ressarcir a prazo"[235].

235. GAJARDONI, Fernando da Fonseca; CRUZ, Luana Pedrosa de Figueiredo; GOMES JUNIOR, Luiz Manoel; FAVRETO, Rogério. *Comentários à Nova Lei de Improbidade ...* p. 417.

CASUÍSTICA

1. Fundamentação da sentença e individualização das penas:

"ADMINISTRATIVO. IMPROBIDADE. LEI 8.429/92, ART. 9º. APLICAÇÃO DA PENA. INDISPENSABILIDADE DA INDIVIDUAÇÃO E DA FUNDAMENTAÇÃO. 1. **Na ação de improbidade administrativa, a exemplo do que ocorre no processo penal, é indispensável a individuação da pena, com indicação dos fundamentos de sua aplicação (Lei 8.429/92, art. 12, § único). A devida fundamentação é requisito essencial da sentença (CPC, art. 458, II) e compõe o devido processo legal constitucional, pois é ela que ensejará ao sancionado o exercício do direito de defesa e de recurso (CF, art. 5.º, LIV e LV)**. A ausência desse requisito acarreta a nulidade da decisão (CF, art. 93, IX). 2. No caso, inobstante o expresso reconhecimento das diferentes participações dos agentes, a todos eles foram aplicadas penalidades iguais, sem individuação ou fundamentação. 3. Recurso especial provido para o efeito de anular o acórdão recorrido" (STJ, *REsp 885.836/MG,* 1ª T., rel. Min. Teori Albino Zavascki, j. 26.06.2007, DJ 02.08.2007, grifamos).

"PROCESSUAL CIVIL – ADMINISTRATIVO – AÇÃO CIVIL PÚBLICA – INTEMPESTIVIDADE – ENTENDIMENTO DA CORTE ESPECIAL - SANÇÕES DO ART. 12 DA LEI DE IMPROBIDADE – CUMULAÇÃO DE PENAS. 1. A Corte Especial, no julgamento do REsp 776.265/SC, adotou o entendimento de que o recurso especial, interposto antes do julgamento dos embargos de declaração opostos junto ao Tribunal de origem, deve ser ratificado no momento oportuno, sob pena de ser considerado intempestivo. **2. Consoante a jurisprudência desta Corte, as penas do art. 12 da Lei 8.429/92 não são aplicadas necessariamente de forma cumulativa, do que decorre a necessidade de se fundamentar o porquê da escolha das penas aplicadas, bem como da sua cumulação, de acordo com fatos e provas abstraídos dos autos, o que não pode ser feito em sede de recurso especial, diante do óbice da Súmula 7/STJ**. 3. Recurso especial do réu não conhecido e improvido o do Ministério Público" (STJ, *REsp 658.389/MG,* 2ª T., rel. Min. Eliana Calmon, j. 26.06.2007, DJ 03.08.2007, p. 327, grifamos).

"PROCESSUAL CIVIL. RECURSO ESPECIAL. JULGAMENTO EXTRA PETITA. MATÉRIA DE FATO. SÚMULA 7/STJ. AÇÃO CIVIL PÚBLICA. IMPROBIDADE ADMINISTRATIVA. SENTENÇA DE PROCEDÊNCIA. AUSÊNCIA DE FUNDAMENTAÇÃO PARA A PENA APLICADA. NULIDADE. 1. A ofensa à lei federal, para ensejar recurso especial, deve ser direta, como tal considerada a que decorre de dicção contrária ao preceito normativo. Não tendo o acórdão recorrido afirmado a possibilidade de adoção, como fundamento para a condenação, de causa de fato não veiculada na inicial, inexiste controvérsia sobre a interpretação dos arts. 128 e 460 do CPC a ser dirimida por esta Corte. A investigação a respeito de ter sido invocada matéria de fato estranha à causa de pedir posta na inicial, é atividade que consiste, não em juízo sobre o conteúdo de norma federal, e sim a respeito do conteúdo da petição inicial e de sua confrontação com os fundamentos do acórdão recorrido. Trata-se de atividade estranha ao âmbito constitucional do recurso especial, vedada pela Súmula 7/STJ. 2. **Havendo, na Lei 8.492/92 (Lei de Improbidade Administrativa), a previsão de sanções que podem ser aplicadas alternativa ou cumulativamente e em dosagens variadas, é indispensável, sob pena de nulidade, que a sentença indique as razões para a aplicação de cada uma delas, levando em consideração o princípio da razoabilidade e tendo em conta "a extensão do dano causado assim como o proveito patrimonial obtido pelo agente' (art. 12, parágrafo único)**. 3. Recurso especial parcialmente provido, para anular o acórdão recorrido, na parte em que aplicou penalidade ao recorrente, determinando-se que, quanto ao ponto, nova decisão seja proferida" (STJ, *REsp 507.574/MG*, 1ª T., rel. Min. Teori Albino Zavascki, j. 15.09.2005, DJ 20.02.2006 p. 206, grifamos).

2. Sentença condenatória, fixação das penas e princípio da congruência (SUPERADO PELA LEI 14.230/2021): o autor, em sua petição inicial, delimita a futura sentença, na medida em que ao juiz não é dado conceder aquilo que não foi expressamente solicitado pela parte. É verdade que, excepcionalmente, será admitido pedido genérico, nas hipóteses legalmente previstas. No âmbito da LIA, o autor descreverá a conduta qualificando-a como ímproba para ao final requerer a imposição das sanções previstas no art. 12. Não é pacífica, entretanto, a questão referente a possibilidade de formulação de pedido genérico. Para uma linha de pensamento, cabe ao autor indicar com precisão quais as penas que pretende ver aplicadas ao réu, enquanto outra considera suficiente a indicação dos fatos jurídicos, reservado ao magistrado a imposição das penas cabíveis. **No STJ, há precedentes que adotaram o segundo entendimento, admitindo inclusive que não há correlação entre o pedido e a sentença, ou seja, não aplica o princípio da adstrição ao processo da ação de improbidade administrativa.**

"ADMINISTRATIVO E PROCESSUAL CIVIL – AÇÃO CIVIL PÚBLICA – IMPROBIDADE ADMINISTRATIVA – VIOLAÇÃO DO ART. 535 DO CPC NÃO CARACTERIZADA – TIPIFICAÇÃO DOS ATOS – ART. 11 DA LEI 8.429/1992 – COMINAÇÃO DAS SANÇÕES – ART. 12 DA LIA – PRINCÍPIOS DA RAZOABILIDADE E PROPORCIONALIDADE – SÚMULA 7/STJ – CUMULAÇÃO – POSSIBILIDADE – ART. 17, § 7º, DA LEI 8.429/1992 – PRESCINDIBILIDADE – NULIDADE ABSOLUTA – INOCORRÊNCIA – JULGAMENTO ANTECIPADO DA LIDE – CERCEAMENTO DE DEFESA NÃO-CONFIGURADO. 1. Não ocorre ofensa ao art. 535, II, do CPC, se o Tribunal de origem decide, fundamentadamente, as questões essenciais ao julgamento da lide. **2. O magistrado não está obrigado a aplicar cumulativamente todas as penas previstas no art. 12 da Lei 8.429/92, podendo, mediante adequada fundamentação, fixá-las e dosá-las segundo a natureza, a gravidade e as consequências da infração. 3. Em ação civil pública por ato de improbidade, basta que o autor faça uma descrição genérica**

dos fatos e imputações dos réus, sem necessidade de descrever em minúcias os comportamentos e as sanções devidas a cada agente. 4. É possível condenar os agentes ímprobos em pena diversa das pleiteadas pelo parquet. Compreensão dos princípios do Direito Romano jura novit curia e da mihi factum dabo tibi ius, em que as leis são do conhecimento do juiz, bastando que as partes lhe apresentem os fatos. 5. Modificar o quantitativo da sanção aplicada pela instância de origem enseja reapreciação dos fatos e da prova, obstaculado nesta instância especial - Súmula 7/STJ. 6. A falta da notificação prevista no art. 17, § 7º, da Lei 8.429/1992 não invalida os atos processuais ulteriores, salvo quando ocorrer efetivo prejuízo. Precedentes do STJ. 7. Não ocorre cerceamento de defesa por julgamento antecipado da lide, quando o julgador ordinário considera suficiente a instrução do processo. 8. Recurso especial do Ministério Público Estadual parcialmente provido. 9. Recurso especial do particular não provido" (STJ, *REsp 1.134.461/SP*, 2ª T., rel. Min. Eliana Calmon, j. 03.08.2010, DJe 12.08.2010, grifamos).

Até mesmo já foi admitido como pedido implícito:

"PROCESSUAL CIVIL E ADMINISTRATIVO. AGRAVO REGIMENTAL NO RECURSO ESPECIAL. IMPROBIDADE ADMINISTRATIVA. CONDENAÇÃO AO RESSARCIMENTO DE DANOS CAUSADOS AO ERÁRIO. JULGAMENTO *EXTRA* OU *ULTRA PETITA*.

INEXISTÊNCIA. 1. Segundo a jurisprudência deste Superior Tribunal de Justiça, "o pedido não é apenas o que foi requerido em um capítulo específico ao final da petição inicial, mas, sim, o que se pretende com a instauração da demanda, sendo extraído de interpretação lógico-sistemática da inicial como um todo" (AgRg no REsp 1.284.020/SP, Rel. Ministro Humberto Martins, Segunda Turma, DJe 6/3/2014). **2. Não há falar em julgamento extra ou ultra petita, uma vez que, consoante o aresto recorrido, o pleito de condenação do agravante ao ressarcimento de danos causados ao erário, em decorrência da prática de atos de improbidade administrativa, encontra-se implícito na petição exordial.** 3. Agravo regimental a que se nega provimento" (STJ, *AgRg no REsp 1.324.787/SP*, 2ª T., rel. Min. Og Fernandes, j. 24.03.2015, DJe 09.04.2015, grifamos).

Na doutrina, ainda há quem defenda a aplicação por analogia do art. 383 do CPP, que trata da *emendatio libelli*, admitindo que o juiz profira sentença condenatória mantendo intacto os fatos narrados na exordial, mas atribuindo-lhes definição jurídica diversa, ainda que em consequência tenha que aplicar pena mais grave[236].

236. GARCIA, Emerson; ALVES, Rogério Pacheco. *Improbidade* ... p. 1033-1034.

Em sentido contrário, Marino Pazzaglini Filho sustenta que deve haver correlação entre as sanções qualitativa e quantitativamente postuladas pelo autor e o conteúdo da sentença[237]. Nesse sentido:

"ADMINISTRATIVO. IMPROBIDADE ADMINISTRATIVA. OS AGENTES POLÍTICOS SUBMETEM-SE À LEI 8.429/92. ENTENDIMENTO FIRMADO PELA CORTE ESPECIAL DO STJ (RCL 2.790/SC, REL. MIN. TEORI ALBINO ZAVASCKI, DJE 4.3.2010). ENQUADRAMENTO DO ACUSADO EM DISPOSITIVO DIVERSO DO INDICADO NA INICIAL. VIOLAÇÃO AO ART. 460 DO CPC CONFIGURADA. PRINCÍPIO DA CONGRUÊNCIA. DECISÃO EXTRA PETITA. 1. A Corte Especial do STJ, no julgamento da Rcl 2.790/SC, pacificou o entendimento de que os agentes políticos se submetem à Lei de Improbidade Administrativa (8.429/92). 2. O enquadramento pelo Juízo singular do ato de improbidade em dispositivo diverso do apontado na inicial, além de cercear o acusado do direito de defesa, caracteriza violação ao princípio da congruência. 3. Dá-se provimento ao Recurso Especial para acolher a preliminar de nulidade por tratar-se de decisão extra petita, tornando-se sem efeito o acórdão recorrido e determinando-se o retorno dos autos à Instância de origem para que proceda a novo julgamento, observando os limites delineados pela inicial acusatória" (STJ, *REsp 1.147.564/MG*, 1ª T., rel. Min. Napoleão Nunes Maia Filho, j. 13.08.2013, DJe 02.09.2013).

3. Inexistência de ressarcimento ao Erário ou reversão dos bens e valores ilicitamente adquiridos quando não houver lesividade:

"PROCESSUAL CIVIL. ADMINISTRATIVO. AÇÃO CIVIL PÚBLICA. IMPROBIDADE ADMINISTRATIVA. RESPONSABILIZAÇÃO SOLIDÁRIA DOS DEMANDADOS. LEGITIMIDADE ATIVA DO MINISTÉRIO PÚBLICA. ART. 129, III, DA CONSTITUIÇÃO FEDERAL. PROCEDIMENTO LICITATÓRIO. SUPERFATURAMENTO. COGNIÇÃO DE MATÉRIA FÁTICA. SÚMULA 07/STJ. AUSÊNCIA DE DANO AO ERÁRIO E DE MÁ-FÉ (DOLO). APLICAÇÃO DAS PENALIDADES. PRINCÍPIO DA PROPORCIONALIDADE. PROVA TESTEMUNHAL. CERCEAMENTO DE DEFESA. PRINCÍPIO DA PERSUASÃO RACIONAL OU DA LIVRE CONVICÇÃO MOTIVADA. VIOLAÇÃO DOS ARTS. 165; 458, II; 463, II e 535, I e II, DO CPC. NÃO CONFIGURADA. DIVERGÊNCIA INDEMONSTRADA. 1. A Lei 8.429/92 é aplicável aos agentes públicos que, por ação ou omissão, violem os deveres de honestidade, imparcialidade, legalidade, lealdade às instituições e notadamente: a) importem em enriquecimento ilícito (art. 9º); b) causem prejuízo ao erário público (art. 10); c) atentem contra os princípios da Administração Pública (art. 11) compreendida nesse tópico a lesão à moralidade administrativa. 2. A exegese das regras insertas no art. 11 da Lei 8.429/92, considerada a gravidade das sanções e restrições impostas ao agente público, deve se realizada cum granu salis, máxime porque uma

237. PAZZAGLINI FILHO, Marino. *Lei de Improbidade ...* p. 235.

interpretação ampliativa poderá acoimar de ímprobas condutas meramente irregulares, suscetíveis de correção administrativa, posto ausente a má-fé do administrador público, preservada a moralidade administrativa e, a fortiori, ir além de que o legislador pretendeu. 3. A má-fé, consoante cediço, é premissa do ato ilegal e ímprobo e a ilegalidade só adquire o status de improbidade quando a conduta antijurídica fere os princípios constitucionais da Administração Pública coadjuvados pela má-intenção do administrador. 4. À luz de abalizada doutrina: "A probidade administrativa é uma forma de moralidade administrativa que mereceu consideração especial da Constituição, que pune o ímprobo com a suspensão de direitos políticos (art. 37, §4º). A probidade administrativa consiste no dever de o "funcionário servir a Administração com honestidade, procedendo no exercício das suas funções, sem aproveitar os poderes ou facilidades delas decorrentes em proveito pessoal ou de outrem a quem queira favorecer". O desrespeito a esse dever é que caracteriza a improbidade administrativa. Cuida-se de uma imoralidade administrativa qualificada. A improbidade administrativa é uma imoralidade qualificada pelo dano ao erário e correspondente vantagem ao ímprobo ou a outrem (...)." in José Afonso da Silva, Curso de Direito Constitucional Positivo, 24ª ed., São Paulo, Malheiros Editores, 2005, p-669. 5. O exame acerca da nulidade da contratação, para o fornecimento de açúcar, em razão do suposto superfaturamento, in casu, enseja análise de matéria fático-probatória, interditada em sede de recurso especial, ante a ratio essendi da Súmula 07/STJ. 6. A lei de improbidade administrativa prescreve no capítulo das penas que na sua fixação o "juiz levará em conta a extensão do dano causado, assim como o proveito patrimonial obtido pelo agente." (Parágrafo único do artigo 12 da lei nº 8.429/92). 7. In casu, a ausência de dano ao patrimônio público e de enriquecimento ilícito dos demandados, tendo em vista o efetivo fornecimento do objeto contratado, nos termos das notas fiscais acostadas às fls. 969/973, cujo total perfaz o valor de R$ 3.827,03, consoante assentado pelo Tribunal local à luz do contexto fático encartado nos autos, revelam a desproporcionalidade da sanção econômica imposta à parte, ora recorrente, a uma: porque, não consta dos autos prova de que o demandado, ora Recorrente, tenha firmado o contrato, cuja legalidade se discute na ação de improbidade ab origine, consoante se conclui da sentença proferida às fls. 1623/1630; a duas: porque a manutenção da condenação na hipótese in foco, em que o produto contratado foi efetivamente entregue à Administração Pública, enseja enriquecimento injusto da municipalidade. Precedentes do STJ: REsp 717375/PR, DJ 08.05.2006 e REsp 514820/SP, DJ 06.06.2005; a três: porquanto não restou assentada a má-fé do agente público, ora Recorrente. 8. O art. 131, do CPC consagra o princípio da persuasão racional, habilitando-se o magistrado a valer-se do seu convencimento, à luz dos fatos, provas, jurisprudência, aspectos pertinentes ao tema e da legislação que entender aplicável ao caso concreto constantes dos autos, rejeitando diligências que delongam desnecessariamente o julgamento, atuando em consonância com o princípio da celeridade processual. 9. A aferição acerca da necessidade de produção de prova testemunhal impõe o reexame do conjunto fático-probatório encartado nos autos, o que é defeso ao Superior Tribunal de Justiça, ante o óbice erigido pela Súmula 07/STJ. Precedentes jurisprudenciais desta Corte: AgRg no Ag 939.737/MG, DJ 03.04.2008 e AG 683627/SP, DJ 29.03.2006. 10. Inexiste ofensa aos arts. 165; 458, II; 463, II e 535, I e II, CPC, quando o Tribunal de origem pronuncia-se de forma clara e suficiente sobre a questão posta nos autos, cujo decisum revela-se devidamente fundamentado. Ademais, o magistrado não está obrigado a rebater, um a um, os argumentos trazidos pela parte, desde que os fundamentos utilizados tenham sido suficientes para embasar a decisão. Precedente desta Corte: REsp 834678/PR, DJ de 23.08.2007 e REsp 838058/PI, DJ de 03.08.2007. 11. A jurisprudência da Corte é cediça no sentido de que:" (...) face à inexistência de lesividade ao erário público, é incabível a incidência da pena de multa, bem como de ressarcimento aos cofres públicos, sob pena de enriquecimento ilícito da municipalidade (...)" REsp 717375/PR, DJ 08.05.2006);"(...)Apesar de não ter sido o contrato precedido de concurso, houve trabalho dos servidores contratados o que impede a devolução dos valores correspondentes ao trabalho devido (...)" (REsp 514820/SP, DJ 06.06.2005) 12. A admissão do Recurso Especial pela alínea "c" exige a comprovação do dissídio na forma prevista pelo RISTJ, com a demonstração das circunstâncias que assemelhamos casos confrontados, não bastando, para tanto, a simples transcrição das ementas dos paradigmas. Precedente desta Corte: AgRg nos EREsp 554.402/RS, CORTE ESPECIAL, DJ 01.08.2006. 13. Recurso especial conhecido pela alínea "a", do permissivo constitucional, e provido para afastar a condenação imposta à parte, ora recorrente (STJ, **REsp 878.506/SP,** 1ª T., rel. Min. Luiz Fux, j. 18.08.2009, DJe 14.09.2009).

"ADMINISTRATIVO E PROCESSUAL CIVIL. RECURSO ESPECIAL. PREQUESTIONAMENTO. SÚMULAS 282 E 356/STF. IMPROBIDADE ADMINISTRATIVA. LESÃO A PRINCÍPIOS ADMINISTRATIVOS. AUSÊNCIA DE DANO AO ERÁRIO. 1. Mostra-se ausente o prequestionamento no tocante à suposta contrariedade aos arts. 84 da Lei nº 10.628/02; 2º, 81, 128, 131 e 230 todos do CPC e 1º da Lei nº 9.637/98. Incidência das Súmulas 282 e 356 do STF. 2. A lesão a princípios administrativos contida no art. 11 da Lei nº 8.429/92 não exige dolo ou culpa na conduta do agente, nem prova da lesão ao erário público. Basta a simples ilicitude ou imoralidade administrativa para restar configurado o ato de improbidade. Caso reste demonstrada a lesão, e somente neste caso, o inciso III, do art. 12 da Lei n.º 8.429/92 autoriza seja o agente público condenado a ressarcir o erário. 3. Se não houver lesão, ou se esta não restar demonstrada, o agente poderá ser condenado às demais sanções previstas no dispositivo como a perda da função pública, a suspensão dos direitos políticos, a impossibilidade de contratar com a administração pública por determinado período de tempo, dentre outras. 4. In casu, face à inexistência de lesividade ao erário público, é incabível a incidência da pena de multa, bem como de ressarcimento aos cofres públicos, sob pena de enriquecimento ilícito da municipalidade. 5. Recurso especial conhecido em parte e provido" (STJ, **REsp 717.375/PR,** 2ª T., rel. Min. Castro Meira, j. 25.04.2006, DJe 08.05.2006).

"PROCESSO CIVIL – AÇÃO CIVIL PÚBLICA – ATO DE IMPROBIDADE.1. Ilegalidade do ato de contratação de servidores públicos sem concurso por presidente da Câmara de Vereadores. 2. Ilegalidade que não se pode imputar ao sucessor pelo só fato de manter os servidores irregularmente contratados. 3. Apesar de não ter sido o contrato precedido de concurso, houve trabalho dos servidores contratados o que impede a devolução dos valores correspondentes ao trabalho devido. 4. Recurso especial improvido" (STJ, **REsp 514.820/SP,** 2ª T., rel. Min. Eliana Calmon, j. 05.05.2005, DJe 06.06.2005).

4. Tese 10 da Edição 187 do "Jurisprudência em Teses" do STJ: "Eventual ressarcimento ou restituição dos bens à administração pública não afasta a prática de ato de improbidade administrativa, pois tal recomposição não implica anistia ou exclusão deste ato".

5. Tese 11 da Edição 187 do "Jurisprudência em Teses" do STJ: "Caracterizada a improbidade administrativa por dano ao erário, a devolução dos valores é imperiosa e deve vir acompanhada de pelo menos uma das sanções legais que visam a reprimir a conduta ímproba, pois o ressarcimento não constitui penalidade propriamente dita, mas sim consequência imediata e necessária do prejuízo causado".

APLICAÇÃO EM PROVAS E CONCURSOS PÚBLICOS

1. **(CGU - Analista de Finanças e Controle - Área Correção - ESAF - 2004) A sentença decorrente de ato de improbidade administrativa que julgar procedente ação civil de reparação de dano ou decretar a perda dos bens havidos ilicitamente determinará o pagamento ou a reversão dos bens, conforme o caso, a favor**

   (A) da pessoa jurídica prejudicada pelo ilícito.

   (B) do Ministério Público que atuou na ação.

   (C) de fundo especialmente constituído para esta finalidade.

   (D) de qualquer pessoa jurídica de fins filantrópicos designada pelo Juiz.

   (E) do autor da ação, quando pessoa física.

1
A

Art. 18-A. A requerimento do réu, na fase de cumprimento da sentença, o juiz unificará eventuais sanções aplicadas com outras já impostas em outros processos, tendo em vista a eventual continuidade de ilícito ou a prática de diversas ilicitudes, observado o seguinte: (Incluído pela Lei nº 14.230, de 2021)

I - no caso de continuidade de ilícito, o juiz promoverá a maior sanção aplicada, aumentada de 1/3 (um terço), ou a soma das penas, o que for mais benéfico ao réu; (Incluído pela Lei nº 14.230, de 2021)

II - no caso de prática de novos atos ilícitos pelo mesmo sujeito, o juiz somará as sanções. (Incluído pela Lei nº 14.230, de 2021)

Parágrafo único. As sanções de suspensão de direitos políticos e de proibição de contratar ou de receber incentivos fiscais ou creditícios do poder público observarão o limite máximo de 20 (vinte) anos. (Incluído pela Lei nº 14.230, de 2021)

COMENTÁRIOS

1. Unificação das penas no regime da improbidade administrativa: a Lei 14.230/2021 inseriu na LIA o presente dispositivo visando regulamentar o procedimento para unificação de penas aplicadas ao agente público nas hipóteses de multicondenação. Com efeito, "o art. 18-A autoriza que, não obstante o trânsito em julgado da sentença condenatória por improbidade, as condições da condenação sejam adaptadas ao conjunto das sanções efetivamente impostas"[238].Para tanto, previu dois sistemas diferentes, os quais podem ser sintetizados no seguinte quadro mnemônico:

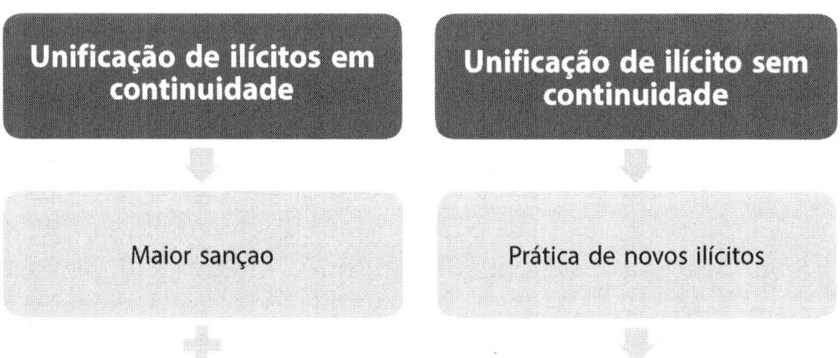

238. JUSTEN FILHO, Marçal. *Reforma da Lei de Improbidade ...* p. 226.

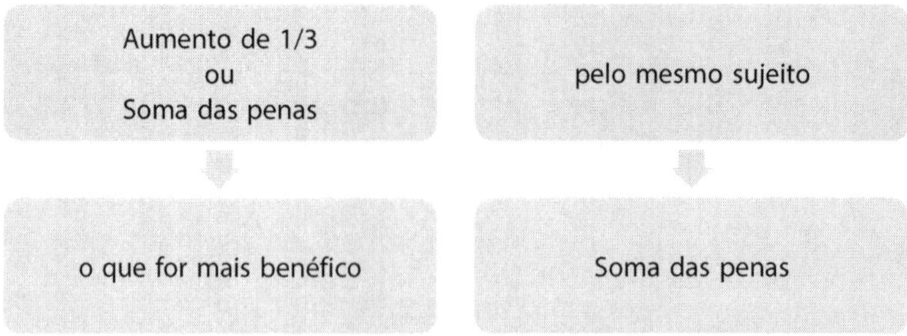

Ambos os modelos se baseiam no princípio da proporcionalidade/razoabilidade e visam evitar punição excessiva. Isso porque as inovações importaram para o âmbito da improbidade administrativa regras semelhantes às previstas para os institutos do concurso material e da continuidade delitiva, solucionando uma aparente incompatibilidade material por violação aos sobreditos princípios, na medida em que na seara criminal, cujos ilícitos em tese são mais graves, permitia-se uma melhor adequação do sancionamento mediante a soma das penas ou a incidência de causa de aumento, enquanto na improbidade, não havia previsões semelhantes.

Lembra a doutrina que a *novel* regra visa "[...] tornar sem efeito prático o estratagema, outrora empregado por parcela absolutamente minoritária dos autores das ações de improbidade administrativa, em considerar diversas condutas praticadas no mesmo contexto como autônomas, ajuizando inúmeras ações em separados, nem sempre distribuídas ao mesmo juízo. Isso acarretava uma extensão, para além do razoável, das sanções aplicadas ao agente, eis que em vez dele ser sancionado, em um único processo, pelo conjunto da obra (de modo até mais grave, considerando o número de condutas ilícitas praticadas), acabava a sofrer diversas sanções autônomas que, somadas, eram muito maiores do que se, eventualmente, houvesse a individualização das condutas e as reprimendas em um único feito"[239].

2. Unificação de ilícitos em continuidade (art. 18-A, inciso I): a LIA estabelece que, havendo continuidade de ilícitos, o julgador partirá, na fixação da pena, da maior sanção aplicável, aumentando-a de 1/3 (um terço), ou somará as reprimendas, o que for mais benéfico,

239. GAJARDONI, Fernando da Fonseca; CRUZ, Luana Pedrosa de Figueiredo; GOMES JUNIOR, Luiz Manoel; FAVRETO, Rogério. *Comentários à Nova Lei de Improbidade* ... p. 434.

sem, entretanto, definir e/ou apresentar critérios para a compreensão da expressão "continuidade de ilícito".

Uma primeira linha interpretativa orienta-se no sentido de que haverá continuidade de ilícito quando a infração se caracteriza por conduta que apresenta cunho de permanência no tempo, a exemplo do sujeito que utiliza em benefício próprio, de modo contínuo, de um veículo destinado ao uso exclusivo em serviço[240].

Outro entendimento é de que o intérprete deve-se socorrer da disciplina do tema no âmbito do Direito Penal, extraindo-se os requisitos necessários do art. 71 do Código Penal, por força do art. 1º, § 4º da LIA[241].

De acordo com o art. 71, *caput* do CP, verifica-se o crime continuado na hipótese em que o agente, mediante mais de uma ação ou omissão, prática dois ou mais crimes da mesma espécie e, pelas condições de tempo, lugar, maneira de execução e outras semelhantes, devem os subsequentes ser havidos como continuação do primeiro. Dessa forma, constituem requisitos para o reconhecimento da continuidade de ilícitos na improbidade administrativa:

i. Pluralidade de condutas;

ii. Prática de ilícitos da mesma espécie;

iii. Semelhança nas condições de tempo, lugar e maneira de execução;

iv. Unidade de desígnio.

A respeito dos mencionados requisitos, importante realizar alguns apontamentos.

O requisito da prática de ilícitos da mesma espécie tende a suscitar dúvidas, notadamente porque não há um consenso inclusive no âmbito criminal, de onde se extrai os pressupostos. Seria da mesma espécie atos de improbidade previstos no mesmo dispositivo (pouco importando se no *caput* ou nos incisos) ou seria necessária correspondência tipológica entre os ilícitos (mesmo fundamento legal normativo, *v.g.* ambos praticados com o fundamento do art. 9º, inciso I, da LIA)?

240. JUSTEN FILHO, Marçal. *Reforma da Lei de Improbidade ...* p. 226.

241. GAJARDONI, Fernando da Fonseca; CRUZ, Luana Pedrosa de Figueiredo; GOMES JUNIOR, Luiz Manoel; FAVRETO, Rogério. *Comentários à Nova Lei de Improbidade ...* p. 435.

Em termos doutrinários, entende-se plausível aplicar o primeiro critério (ilícitos da mesma espécie como aqueles previstos no mesmo dispositivo) em relação aos atos de improbidade que importam enriquecimento ilícito e/ou causam prejuízo ao Erário, dada o caráter exemplificativo do rol dos arts. 9º e 10 da LIA; ao passo que no que tange aos atos que atentam contra os princípios da Administração Pública, deve incidir o segundo critério (mesmo fundamento legal normativo), em razão do caráter taxativo do rol de condutas sancionáveis[242].

O terceiro requisito exige conexão temporal, espacial e modal entre as condutas ilícitas de modo a viabilizar a continuidade.

O último requisito materializa a necessidade de que os atos de improbidade mantenham vínculos subjetivos, vale dizer, o ato subsequente deve originar-se das oportunidades reveladas pelo ilícito antecedente.

Reunidos os requisitos para tanto, que variam conforme a intepretação adotada, duas possibilidades se abrem para o julgador:

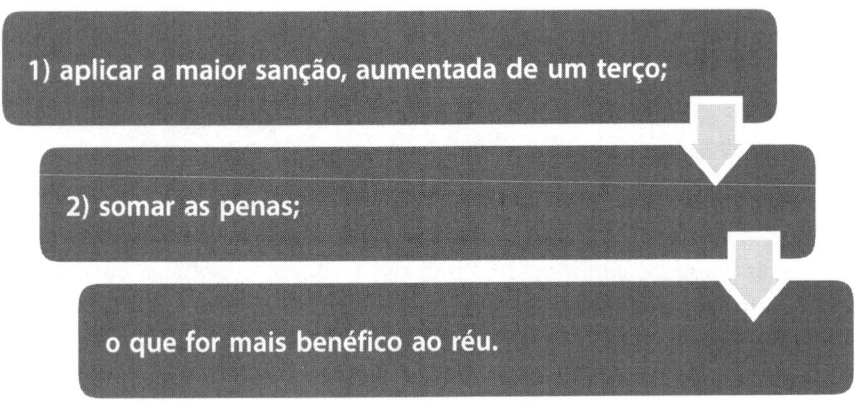

242. GAJARDONI, Fernando da Fonseca; CRUZ, Luana Pedrosa de Figueiredo; GOMES JUNIOR, Luiz Manoel; FAVRETO, Rogério. *Comentários à Nova Lei de Improbidade* ... p. 437.

Um dos exemplos trazidos pela doutrina diz respeito ao popular caso da *rachadinha*. Trata-se da situação em que o agente público recebe quantia para nomear, em cargo comissionado, determinada pessoa e fica, mensalmente, cm parte da remuneração do nomeado, incorrendo, destarte, no tipo do art. 9º, *caput* da LIA. "Neste contexto, em virtude das mesmas tratativas de nomeação e quantia recebida, aceita, também, ignorar o fato de o nomeado não se apresentar ao trabalho (funcionário *fantasma*), com violação dolosa do art. 9º, X, da LIA (receber vantagem para omitir ato de ofício). Trata-se de duas condutas, atinentes a ilícitos da mesma espécie (art. 9º – enriquecimento sem causa), praticadas no mesmo contexto temporal, especial e modal., havendo, ainda, unidade de desígnio, eis que se aproveitou da nomeação anterior do comissionado, para na sequência auferir nova vantagem para não fiscalização da jornada de trabalho"[243].

3. Unificação de ilícitos sem continuidade (art. 18-A, inciso II): inexistindo vínculo de continuidade entre os ilícitos, as diversas condenações pela prática de atos de improbidade administrativa serão somadas para efeito de cumprimento. É o que ocorre em relação ao agente público que dispensa indevidamente várias licitações distintas durante o seu mandato, incorrendo dolosamente e por diversas vezes no tipo do art. 10, inciso VIII da LIA. Nesse caso não há continuidade, pois, embora sejam da mesma espécie, inexiste conexão modal entre os ilícitos, notadamente porque a prática não decorreu das condições surgidas com o ilícito antecedente, mesmo que utilizado o mesmo *modus operandi*[244].

4. Limite máximo das sanções de suspensão de direitos e de proibição de relacionamento (art. 18-A, parágrafo único): na unificação das penas de suspensão dos direitos políticos e de proibição de contratar ou receber incentivos fiscais ou creditícios do Poder Público observar-se-á o limite máximo de vinte anos. "Mas essa limitação temporal somente se aplica em relação a ilícitos continuados ou a condutas ímprobas dotadas de alguma relação entre si. Se um mesmo

243. GAJARDONI, Fernando da Fonseca; CRUZ, Luana Pedrosa de Figueiredo; GOMES JUNIOR, Luiz Manoel; FAVRETO, Rogério. *Comentários à Nova Lei de Improbidade* ... p. 438.

244. GAJARDONI, Fernando da Fonseca; CRUZ, Luana Pedrosa de Figueiredo; GOMES JUNIOR, Luiz Manoel; FAVRETO, Rogério. *Comentários à Nova Lei de Improbidade* ... p. 437.

sujeito tiver praticado, de modo reiterado e mediante condutas isoladas, infrações de diversa natureza punidas com as referidas sanções, caberá aplicação cumulativa – ainda que ultrapassando o limite indicado no dispositivo examinado"[245].

5. Síntese conclusiva:

(a) a unificação somente pode ser realizada a requerimento do condenado, vedada a atuação de ofício do magistrado (inteligência do art. 18-A, *caput* da LIA);

(b) a continuidade de ilícitos não afeta a reparação do prejuízo ou a reversão dos bens, na medida em que não se trata propriamente de uma sanção, de modo que os valores/bens devem ser somados, sempre;

(c) não se aplica o regime da unificação à sanção de perda do cargo, que é pena única, pouco importando a quantidade de vezes em que aplicada;

(d) as sanções aplicadas com base no art. 12 e incisos da LIA, são analisadas individualmente no momento da unificação, podendo, dessa forma, prevalecer a maior sanção de uma das condenações, acrescida de 1/3, e a maior sanção da outra condenação (natureza diversa), também acrescida de 1/3;

(e) o acréscimo de 1/3 sobre a maior sanção não pode ser prejudicial ao condenado, que tem direito ao concurso material caso o total alcance menor patamar;

(f) a unificação alcança, inclusive, a multa civil, dada a ausência de restrição no art. 18-A da LIA[246].

245. JUSTEN FILHO, Marçal. *Reforma da Lei de Improbidade ...* p. 227.

246. GAJARDONI, Fernando da Fonseca; CRUZ, Luana Pedrosa de Figueiredo; GOMES JUNIOR, Luiz Manoel; FAVRETO, Rogério. *Comentários à Nova Lei de Improbidade ...* p. 440.

CAPÍTULO VI
Das Disposições Penais

Art. 19. Constitui crime a representação por ato de improbidade contra agente público ou terceiro beneficiário, quando o autor da denúncia o sabe inocente.

Pena: detenção de seis a dez meses e multa.

Parágrafo único. Além da sanção penal, o denunciante está sujeito a indenizar o denunciado pelos danos materiais, morais ou à imagem que houver provocado.

COMENTÁRIOS

1. Representação caluniosa (art. 19, LIA) x Denunciação caluniosa (art. 339, CP): o art. 19 capitula como crime a conduta de representar por ato de improbidade administrativa contra agente público ou terceiro beneficiário imputando-lhe ato que o sabe inocente. Trata-se de conduta semelhante ao delito de denunciação caluniosa do art. 339 do CP:

Art. 19 da LIA	• Representação por ato de improbidade contra agente público ou terceiro beneficiário, quando o autor da denúncia o sabe inocente;
Art. 339 do CP	• Dar causa à instauração de inquérito policial, de procedimento investigatório criminal, de processo judicial, de processo administrativo discilplinar, de inquérito civil ou de ação de improbidade administrativa contra alguém, imputando-lhe crime, infração ético-disciplinar ou ato ímprobo de que o sabe inocente.

Atenção: a Lei 14.110, de 18 de dezembro de 2020 alterou o art. 339 do Código Penal, ampliando o âmbito de incriminação para abranger condutas que ensejam a abertura indevida de inquérito policial, procedimento investigatório criminal (a exemplo das investigações conduzidas pelo Ministério Público), processo administrativo disciplinar, infração ético-disciplinar **e ato ímprobo.** A referência à ato de improbidade suscita dúvidas sobre a revogação tácita do art. 19 da LIA, emergindo deste contexto duas posições possíveis.

Para uma corrente, a ampliação da abrangência do tipo penal do art. 339 do CP revogou tacitamente o art. 19 da LIA, de modo que, a partir de 21 de dezembro de 2020, data da publicação da Lei 14.110/2020, quem der causa à instauração de inquérito civil ou ação de improbidade administrativa contra alguém, imputando-lhe fato ímprobo de que o sabe inocente, incorrerá no crime de denunciação caluniosa, punido com reclusão de dois a oito anos e multa. Por constituir *novatio legis in pejus*, a inovação não retroage para atingir atos pretéritos, que continuam regidos pelo art. 19 da LIA.

Outro entendimento seria no sentido da subsistência de ambos os tipos. É que o núcleo do tipo do art. 19 da LIA é o verbo "representar", que traduz uma conduta formal, afigurando-se suficiente para a caracterização do ilícito a mera apresentação de notícia do fato; enquanto o núcleo do art. 339 do CP é "dar causa à instauração", o que indica conduta material e, pois, exige resultado naturalístico consistente no início de um procedimento ou ação judicial. Para quem assim pensa, a tipificação da conduta poderá se subsumir ao art. 19 da LIA ou ao art. 339 do CP, conforme as particularidades do caso concreto:

(i) caso a representação conduza à instauração de inquérito civil e/ou ação de improbidade administrativa, ter-se-á a configuração do crime do art. 339 do CP;

(ii) se a representação não levar ao mencionado resultado, incidirá o agente no crime do art. 19 da LIA, verdadeiro soldado de reserva (crime subsidiário).

Seja qual for o entendimento predominante, subsiste o interesse no estudo do art. 19 da LIA, na medida em que, se prevalente a primeira orientação, os fatos praticados antes da Lei 14.110/2020 continuarão regidos pela tipificação originária, ao passo que, para a segunda concepção, poder-se-á capitular a conduta tanto no art. 339 do CP quanto no art. 19 da LIA, conforme as particularidades do caso concreto.

2. Pena: diferentemente do delito denunciação caluniosa, a infração em comento sujeita o seu responsável a pena de detenção de seis a dez meses, e multa:

Art. 19 da LIA	Art. 339 do CP
Detenção de seis meses a dez meses, e multa;	Reclusão, de dois a oito anos, e multa;
Infração de menor potencial ofensivo;	Infração de médio porte ofensivo;
Admite transação penal e suspensão condicional do processo.	Admite acordo de não persecução penal.

Diante da distinção, Marino Pazzaglini Filho tece a seguinte crítica:

> "A sanção penal estabelecida para esse delito é desproporcional a sua gravidade. O legislador, ao cominar-lhe pena de detenção de seis a dez meses e multa, considerou, erroneamente, essa infração penal ínfima em relação à denunciação caluniosa, à qual é cominada pena de reclusão de dois a oito anos e multa, tratando-a em termos de contravenção penal. Tanto que constitui infração de menor potencial ofensivo, que se insere na competência do Juizado Especial Criminal (arts. 60 e 61 da Lei nº 9.099, de 26.9.95)"[247].

3. Responsabilidade civil: o parágrafo único do art. 19 acrescenta que a responsabilização pela infração penal não prejudica a reparação por danos materiais, morais e à imagem que o acusado houver provocado. A previsão legal, aliás, é totalmente dispensável uma vez que a reparação encontra respaldo na Constituição Federal que, entre os direitos fundamentais, consagra a inviolabilidade da intimidade, vida privada, honra e imagem das pessoas, assegurando o direito a indenização pelo dano material ou moral decorrente de sua violação.

CASUÍSTICA

"HABEAS CORPUS SUBSTITUTIVO DE RECURSO ORDINÁRIO. DESCABIMENTO. COMPETÊNCIA DO SUPREMO TRIBUNAL FEDERAL E DESTE SUPERIOR TRIBUNAL DE JUSTIÇA. MATÉRIA DE DIREITO ESTRITO. MODIFICAÇÃO DE ENTENDIMENTO DO STJ, EM CONSONÂNCIA COM O DO STF. REPRESENTAÇÃO TEMERÁRIA. CONDUTA DOS PACIENTES QUE, EM TESE, AMOLDA-SE AO PARADIGMA TIPIFICADO NO ART. 19, CAPUT, DA LEI N.º 8.429/92. AUSÊNCIA DE ILEGALIDADE. IMPOSSIBLIDADE DE CONCESSÃO DA ORDEM DE OFÍCIO. *HABEAS CORPUS* NÃO CONHECIDO [...] **3. Na hipótese, a conduta dos Pacientes de requererem a inclusão de terceiro no polo passivo de ação civil pública instaurada para apurar atos de improbidade administrativa amolda-se ao paradigma do art. 19, caput, da Lei n.º 8.429/92 (representação temerária). Referido tipo visa a impedir o ajuizamento de ações aventureiras.** Doutrina. 4. É entendimento pacífico na Jurisprudência dos Tribunais Pátrios o de que o trancamento da ação penal, bem assim do inquérito policial, é medida de exceção, possível somente quando inequívoca a ausência de justa causa – o que não é o caso. 5. Ausência de ilegalidade flagrante que permita a concessão da ordem de

247. PAZZAGLINI FILHO, Marino. *Lei de Improbidade* ... p. 245.

ofício. 6. Habeas corpus não conhecido" (STJ, *HC 225.599/SP*, 5ª T., rel. Min. Laurita Vaz, j. 18.12.2012, DJe 01.02.2013, grifamos).

"[...] É assente a discussão acerca da natureza jurídica da Ação de Improbidade, regida pela Lei 8.429/92. É possível encontrar posições diversas acerca do tema, seja afirmando o caráter penal, seja administrativo ou mesmo a natureza político-administrativa da referida ação, tendo por base as sanções aplicáveis aos tipos previstos na lei especial. Todavia, não há dúvida de que a referida Ação de Improbidade é dotada de índole político-administrativa, sobretudo considerando-se as sanções previstas no art. 12, da Lei 8.429/92, quais sejam: perda dos bens ou valores acrescidos ilicitamente ao patrimônio, ressarcimento integral do dano, perda da função pública, suspensão dos direitos políticos, pagamento de multa civil e proibição de contratar com o Poder Público ou receber benefícios ou incentivos fiscais ou creditícios. De fato, em toda a Lei de Improbidade somente é possível encontrar um único tipo penal, descrito no art. 19, que descreve a **denunciação caluniosa especial, configurada pela representação por ato de improbidade contra agente público ou terceiro beneficiário, quando o autor da denúncia sabe-o inocente,** sancionando essa conduta com pena de detenção de seis a dez meses e multa. (...)" (STJ, *RHC 25125-GO*, 2ª T., rel. Min. Castro Meira, j. 19.03.2009, DJe 23.04.2009).

APLICAÇÃO EM PROVAS E CONCURSOS PÚBLICOS

1. **(Prefeitura de Esteio/RS – Técnico em Informática – Fundatec – 2022) Imagine a seguinte situação: "A" denuncia "B", que é agente público, imputando a "B" a prática de uma conduta classificada como ato de improbidade administrativa. Desde o momento da denúncia, "A" tinha ciência da inocência de "B", tendo como único objetivo provocar abalo à imagem de "B" em virtude uma desavença pessoal anterior. A partir da situação narrada e das disposições trazidas pela Lei de Improbidade Administrativa (Lei Federal nº 8.429/1992), assinale a alternativa correta.**

   (A) A conduta de "A" não constitui crime algum.

   (B) A conduta de "A" pode ser classificada como ilícito civil, apenas.

   (C) A conduta de "A" constitui crime, pelo qual este poderá ser investigado. Contudo, a lei não assegura a "B" o direito de também buscar na esfera cível indenização pelos danos materiais, morais ou à imagem que houver sofrido.

   (D) A conduta de "A" constitui crime, pelo qual este poderá ser investigado. Para além disso, a lei também assegura a "B" o direito de buscar na esfera cível indenização pelos danos materiais, morais ou à imagem que houver sofrido.

   (E) "A" deverá ser denunciado à justiça e processado pelos crimes de calúnia, injúria e difamação.

2. **(CRECI-24ª Região/RO – Fiscal – Quadrix – 2022) Acerca das disposições da Lei n.º 8.429/1992, julgue o item.**

   Constitui crime a representação por ato de improbidade contra agente público ou terceiro beneficiário, quando o autor da denúncia o sabe inocente.

3. (MP/PR – Promotor de Justiça Substituto – 2021) Assinale a alternativa *correta*:

(A) De forma a prestigiar a defesa do patrimônio público e da moralidade administrativa, a autoridade administrativa competente é obrigada a apurar, sem ressalvas, os fatos apresentados no âmbito de uma representação noticiando a prática de ato de improbidade administrativa.

(B) A Lei 8.429/92 (Lei de Improbidade Administrativa), expressamente estabelece que constitui crime a representação por ato de improbidade contra agente público ou terceiro beneficiário, quando o autor da denúncia o sabe inocente.

(C) A comissão processante dará conhecimento ao Poder Judiciário, ao Ministério Público e ao Tribunal ou Conselho de Contas da existência de procedimento administrativo para apurar a prática de ato de improbidade.

(D) É pacífico o entendimento jurisprudencial no sentido de conferir à Justiça do Trabalho competência para o processamento e julgamento de ações de improbidade administrativa.

(E) Com espeque na doutrina das competências implícitas complementares, consolidou-se o entendimento acerca da possibilidade de extensão do foro especial por prerrogativa de função previsto na Constituição Federal em relação às infrações penais comuns e de responsabilidade para as ações de improbidade administrativa.

4. (CORE/PR – Assistente Administrativo Júnior – Quadrix – 2021) A Lei n.º 8.429/1992, denominada Lei de Improbidade Administrativa, dispõe sobre as sanções aplicáveis aos agentes públicos nos casos de enriquecimento ilícito no exercício de mandato, cargo, emprego ou função na administração pública direta, indireta ou fundacional e dá outras providências. Considerando os ditames da referida norma, julgue o item.

Constitui crime a representação por ato de improbidade contra agente público ou terceiro beneficiário quando o autor da denúncia o sabe inocente.

5. (BHTRANS – Pedagogo – Fundep – 2013) Conforme dispositivos da Lei Federal nº 8.429/1992, constitui crime a representação por ato de improbidade contra agente público ou terceiro beneficiário, quando o autor da denúncia o sabe inocente. Nesse caso, é CORRETO afirmar que o denunciante estará sujeito, além das indenizações ao denunciado previstas na Lei, à pena de detenção de:

(A) cinco a oito meses e multa.

(B) doze a dezoito meses e multa.

(C) seis a dez meses e multa.

(D) um a dois anos e multa.

1	2	3	4	5
D	V	B	V	C

Art. 20. A perda da função pública e a suspensão dos direitos políticos só se efetivam com o trânsito em julgado da sentença condenatória.

~~Parágrafo único. A autoridade judicial ou administrativa competente poderá determinar o afastamento do agente público do exercício do cargo, emprego ou função, sem prejuízo da remuneração, quando a medida se fizer necessária à instrução processual.~~

§ 1º A autoridade judicial competente poderá determinar o afastamento do agente público do exercício do cargo, do emprego ou da função, sem prejuízo da remuneração, quando a medida for necessária à instrução processual ou para evitar a iminente prática de novos ilícitos. (Incluído pela Lei nº 14.230, de 2021)

§ 2º O afastamento previsto no § 1º deste artigo será de até 90 (noventa) dias, prorrogáveis uma única vez por igual prazo, mediante decisão motivada. (Incluído pela Lei nº 14.230, de 2021)

COMENTÁRIOS

1. Introdução: o preceito legal em comento, no *caput*, reproduz compreensão decorrente do princípio da presunção de inocência, disposição que, com a Lei 14.230/2021, tornou-se praticamente inútil, na medida em que o art. 12, § 9º da LIA estendeu seus efeitos para todas as sanções previstas no mencionado dispositivo. Nesse particular, a propósito, a Lei 14.230/2021 equiparou as sanções civis/administrativas da Lei 8.429/92 às de natureza penal, estendendo a elas regra semelhante à do art. 283 do CPP, o qual preconiza que ninguém pode cumprir pena antes do trânsito em julgado da sentença condenatória.

A nova sistemática exigirá do Poder Judiciário maiores esforços no sentido de julgar definitivamente, e em tempo razoável, as demandas de improbidade administrativa, impedindo que os acusados se valham da morosidade como mecanismo de defesa visando evitar as sanções da LIA. Nesse sentido, merece destaque a orientação dos Tribunais Superiores que, combatendo recursos manifestamente protelatórios, determinam a imediata certificação do trânsito em julgado, sem prejuízo das medidas processuais pertinentes à litigância de má-fé (arts. 77, 80 e 1.026, §§ 2º a 4º do CPC).

Lembra a doutrina que "mesmo na inexistência de efeito suspensivo ao recurso interposto pelo condenado, impossível a execução provisória dos capítulos sancionatórios da sentença de procedência da ação de improbidade administrativa (art. 12 da LIA), sendo admitido, apenas, na forma do art. 520 do CPC, o cumprimento provisório do título no tocante à reparação do patrimônio público ou à reversão dos bens ilicitamente acrescidos ao patrimônio pessoal (que não é pena)"[248].

2. Requisitos para o afastamento temporário de cargo, emprego ou função (art. 20, § 1º): trata-se de medida cautelar que somente tem lugar quando demonstrado que o agente público, no exercício da função, pode tumultuar, dificultar a instrução processual, comprometendo sua efetividade (*periculum in mora*).

1. O deferimento do afastamento cautelar depende da presença dos seguintes requisitos: o afastamento deve ser determinado pela autoridade **judiciária;**
2. a medida abrange qualquer cargo, emprego ou função pública;
3. **não pode haver** prejuízo à remuneração do agente investigado;
4. demonstração de necessidade para assegurar a regularidade da instrução processual, não bastando mero fato de existir investigação em curso, ou para evitar a iminente prática de novos ilícitos;
5. fundamentação em que a autoridade aponte os elementos concretos que autorizam o afastamento;
6. prazo não superior a 90 (noventa) dias, prorrogável uma única vez por igual período.

A Lei 14.230/2021 tornou proscrita a possibilidade de decretação de afastamento temporário de cargo, emprego ou função determinada por autoridade administrativa em razão da prática de atos de improbidade administrativa, inserindo a referida providência no âmbito da cláusula de reserva de jurisdição. No entanto, a alteração trará pouco impacto prático, na medida em que os estatutos funcionais dos entes federados (União, Estados, Distrito Federal e Municípios) preveem,

248. GAJARDONI, Fernando da Fonseca; CRUZ, Luana Pedrosa de Figueiredo; GOMES JUNIOR, Luiz Manoel; FAVRETO, Rogério. *Comentários à Nova Lei de Improbidade ...* p. 458.

em geral, a possibilidade de afastamento cautelar do servidor público para a garantia da instrução do processo administrativo disciplinar. É o que determina, a propósito, a Lei Federal 8.112/90, que estabelece o procedimento para o afastamento cautelar de agente público federal no art. 147, o qual preconiza expressamente:

> "Art. 147. Como medida cautelar e a fim de que o servidor não venha a influir na apuração da irregularidade, a autoridade instauradora do processo disciplinar poderá determinar o seu afastamento do exercício do cargo, pelo prazo de até 60 (sessenta) dias, sem prejuízo da remuneração.
>
> Parágrafo único. O afastamento poderá ser prorrogado por igual prazo, findo o qual cessarão os seus efeitos, ainda que não concluído o processo".

Sobre o segundo requisito, a Lei 14.230/2021 incrementou o cabimento do afastamento cautelar, agregando a hipótese de iminente prática de novos ilícitos, sendo importante recordar as hipóteses que autorizam a decretação da medida acautelatória:

(i) para assegurar a regularidade da instrução processual;

(ii) para evitar a iminente prática de novos ilícitos.

Na primeira hipótese, além do afastamento, o servidor pode incorrer no crime do art. 347 do Código Penal, que tipifica o delito de fraude processual, punindo com detenção, de três meses a dois anos, e multa o agente que "Inovar artificiosamente, na pendência de processo civil ou administrativo, o estado de lugar, de coisa ou de pessoa, com o fim de induzir a erro o juiz ou o perito".

Em relação à segunda situação, pondera Marçal Justen Filho que, para preservar o princípio da presunção de inocência, a medida só deve ser determinada caso existam elementos probatórios razoáveis e consistentes sobre a participação do agente público no ato de improbidade[249].

249. JUSTEN FILHO, Marçal. *Reforma da Lei de Improbidade ...* p. 232.

Gajardoni *et al*, por sua vez, entende que pode o intérprete se valer, *mutatis mutandis*, das referências já existentes na doutrina e jurisprudência relativas ao conceito de ordem pública para fins de decretação da prisão preventiva do agente, nos termos do art. 312, *caput* do CPP, visando dar concretude ao novo fundamento de afastamento do agente de suas funções. Por isso, o autor intitula tal hipótese de **afastamento para garantia da ordem pública administrativa**[250].

Nesse sentido, imperioso registrar que a jurisprudência do STJ é pacífica no sentido de que "a prisão cautelar pode ser decretada para garantia da ordem pública potencialmente ofendida, especialmente nos casos de: reiteração delitiva, participação em organizações criminosas, gravidade em concreto da conduta, periculosidade social do agente, ou pelas circunstâncias em que praticado o delito (*modus operandi*)" (Tese 12 da edição nº 32 do Jurisprudência em Teses do STJ).

3. Afastamento cautelar de agentes detentores de mandato eletivo: é controvertida a possibilidade de afastamento cautelar de agentes detentores de mandato eletivo. Para Waldo Fazzio Júnior, tal medida é inaplicável aos agentes titulares de mandato político ou não[251]. **Não parece, contudo, o entendimento mais adequado e prevalente** na doutrina e jurisprudência (*vide* item 02 do tópico CASUÍSTICA). Até porque assegurar imunidade de tal espécie conspira contra a efetividade do sistema de justiça e consagra odiosa distinção incompatível com os princípios republicanos.

Emerson Garcia e Rogério Pacheco Alves rebatem o argumento de que o afastamento violaria a soberania popular. Segundo os referidos autores, os mandatários estão jungidos à rígida observância dos princípios regentes da Administração Pública "[...] cuja violação, por representarem uma dissintonia entre a vontade popular e o exercício do poder, deve deflagrar, pronta e eficazmente, a incidência dos preceitos sancionatórios, o que pressupõe, em algumas hipóteses, o manejo de providências cautelares"[252].

Alerta-se que o afastamento cautelar de agentes públicos é medida excepcional e de agentes políticos eleitos pelo voto popular constitui

---

250. GAJARDONI, Fernando da Fonseca; CRUZ, Luana Pedrosa de Figueiredo; GOMES JUNIOR, Luiz Manoel; FAVRETO, Rogério. *Comentários à Nova Lei de Improbidade* ... p. 477 e 481.
251. FAZZIO JÚNIOR, Waldo. *Improbidade* ... p. 376.
252. GARCIA, Emerson; ALVES, Rogério Pacheco. *Improbidade* ... p. 1087-1088.

providência *ultraexcepcional,* devendo ser aplicada com parcimônia para evitar que se transmude em antecipação de sanção de perda do cargo/função[253].

4. Prazo do afastamento (art. 20, § 2º): originariamente a LIA não previa prazo para o afastamento cautelar, fato que ensejou a instauração de verdadeira controvérsia prática. É que a fixação de prazo de vigência do afastamento, a despeito da omissão legislativa, era imprescindível, pois prazos muito elásticos ou indefinidos podem resultar na cassação indireta do mandato eletivo e, por conseguinte, ofenderem a soberania popular (veja a propósito os acórdãos colacionados no item 03 do tópico CASUÍSTICA). Com este espírito, a Lei 14.230/2021 consagrou expressamente prazo máximo de duração da medida (**requisito temporal**), fixado em **90 (noventa) dias,** prorrogável uma única vez por igual prazo.

A prorrogação não é automática e depende de fundamentação exauriente em que se evidencie que o período inicial não foi suficiente para a regularização das atividades administrativas e da produção da prova. "[254]Mais ainda, deve ser demonstrada a diligência do poder público e do Poder Judiciário no tocante à adoção das medidas pertinentes" para eliminar os riscos que ensejaram o afastamento.

Importante lembrar:

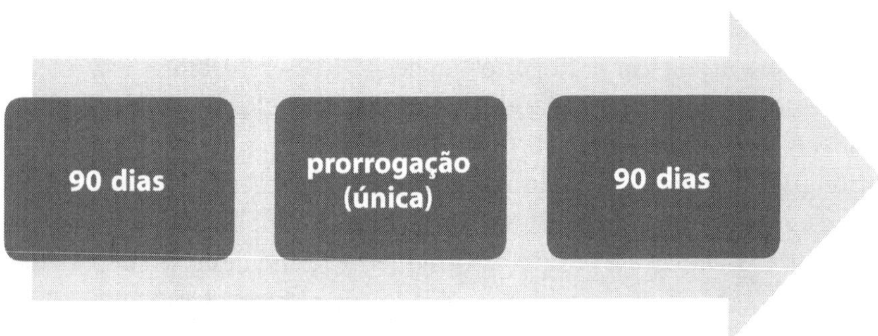

253. GAJARDONI, Fernando da Fonseca; CRUZ, Luana Pedrosa de Figueiredo; GOMES JUNIOR, Luiz Manoel; FAVRETO, Rogério. *Comentários à Nova Lei de Improbidade* ... p. 479.

254. JUSTEN FILHO, Marçal. *Reforma da Lei de Improbidade* ... p. 233.

CASUÍSTICA

1. Recurso manifestamente protelatório – imediato trânsito em julgado:

"Embargos de declaração no agravo regimental no habeas corpus. 2. Ausência de vício sanável por meio dos embargos. Abuso do direito de recorrer. 3. Embargos rejeitados com determinação de certificação do trânsito em julgado e arquivamento dos autos" (STF, **RHC 200.500-AgR-ED/RN,** 2ª T., rel. Min. Gilmar Mendes, j. 04.10.2019, DJe 14.10.2019).

"Agravo regimental no recurso ordinário em habeas corpus. 2. Venda de medicamento falso para tratamento de câncer. 3. Substituição da pena privativa de liberdade por restritiva de direitos. Regime inicial aberto. Impossibilidade. Quantidade e qualidade do medicamento falso valoradas. 4. Abuso do direito de recorrer. 5. Agravo desprovido, com determinação de certificação do trânsito em julgado e imediata baixa dos autos" (STF, **RHC 163.150-AgR/RJ,** 2ª T., rel. Min. Gilmar Mendes, j. 08.02.2019, DJe 21.02.2019).

"AGRAVO REGIMENTAL NOS EMBARGOS DE DIVERGÊNCIA NO AGRAVO REGIMENTAL NO RECURSO EXTRAORDINÁRIO COM AGRAVO. PENAL E PROCESSUAL PENAL. EMBARGOS DE DIVERGÊNCIA. REQUISITOS DE ADMISSIBILIDADE. ARTIGOS 1.043 E 1.044 DO CPC/2015. ARTIGOS 330 E 331 DO RISTF. AUSÊNCIA DE SIMILITUDE ENTRE OS JULGADOS CONFRONTADOS. IRRESIGNAÇÃO. IMPROCEDÊNCIA. SUCESSIVA INTERPOSIÇÃO DE RECURSOS CONTRÁRIOS À JURISPRUDÊNCIA CONSOLIDADA PELO PRETÓRIO EXCELSO. REITERAÇÃO DE ALEGAÇÕES DISPENDIDAS. ABUSO DO DIREITO DE RECORRER. MANIFESTO INTUITO PROTELATÓRIO. DETERMINADA A CERTIFICAÇÃO DO TRÂNSITO EM JULGADO COM A CONSEQUENTE BAIXA IMEDIATA DOS AUTOS, INDEPENDENTEMENTE DA PUBLICAÇÃO. AGRAVO INTERNO DESPROVIDO" (STF, **ARE 1.041.308-AgR-EDv-AgR/SP,** Pleno, rel. Min. Luiz Fux, j. 17.08.2018, DJe 24.08.2018).

"EMBARGOS DE DECLARAÇÃO NOS EMBARGOS DE DECLARAÇÃO NO AGRAVO REGIMENTAL NOS EMBARGOS DE DIVERGÊNCIA EM AGRAVO EM RECURSO ESPECIAL. ERRO MATERIAL. OCORRÊNCIA. SEM ALTERAÇÃO DO JULGADO. CERTIFICAÇÃO DO TRÂNSITO EM JULGADO E BAIXA DEFINITIVA DOS AUTOS. 1. Havendo erro material, devem ser acolhidos os embargos de declaração para integração do julgado embargado. 2. Entretanto, não tem qualquer efeito modificativo a alteração do dispositivo legal indicado pelo órgão julgador, em razão da inexistência de qualquer vício relacionado à obscuridade, contradição ou omissão. 3. Interposição descabida de sucessivos recursos, configurando abuso do direito de recorrer. 4. Autorizada, conforme a jurisprudência do Superior Tribunal de Justiça, a certificação do trânsito em julgado e a baixa imediata dos autos. 5. EMBARGOS DE DECLARAÇÃO ACOLHIDOS PARA SANAR O ERRO MATERIAL, NO ENTANTO, SEM EFEITOS MODIFICATIVOS, COM DETERMINAÇÃO DE CERTIFICAÇÃO DO TRÂNSITO EM JULGADO E A BAIXA DOS AUTOS" (STJ, **EDcl nos EDcl no AgRg nos EAREsp 1.139.491/SP,** Corte Especial, rel. Min. Paulo de Tarso Sanseverino, j. 01.07.2021, DJe 04.08.2021).

"PROCESSO PENAL. AGRAVO REGIMENTAL NOS EMBARGOS DE DECLARAÇÃO NO AGRAVO REGIMENTAL NOS EMBARGOS DE DECLARAÇÃO NO AGRAVO REGIMENTAL NO AGRAVO EM RECURSO ESPECIAL. RECURSO APRESENTADO CONTRA DECISÃO COLEGIADA. RECURSO MANIFESTAMENTE INCABÍVEL. AGRAVO REGIMENTAL NÃO CONHECIDO. DETERMINAÇÃO DE CERTIFICAÇÃO IMEDIATA DO TRÂNSITO EM JULGADO E BAIXA DOS AUTOS. 1. Nos termos dos artigos 258 e 259 do RISTJ, somente é cabível agravo regimental contra decisões monocráticas proferidas pelo Relator, configurando erro inescusável a interposição desse recurso para impugnar julgamento colegiado. 2. No presente caso, a decisão impugnada é decisão colegiada, não sendo cabível agravo regimental. 3. Nos termos da jurisprudência remansosa deste Sodalício, diante da reiterada interposição de agravos manifestamente incabíveis pela parte em abuso do seu direito de defesa, é de se determinar a baixa dos autos para o início da execução da sanção, independente da publicação do acórdão (AgRg no AgRg no AgRg no AgRg nos EDcl nos EDcl no AgRg no AREsp 1190922/SP, Rel. Ministro JORGE MUSSI, QUINTA TURMA, julgado em 06/12/2018, DJe 14/12/2018) 4. Agravo regimental não conhecido, com determinação da baixa dos autos à Corte de origem, após a certificação do trânsito em julgado, independentemente da publicação do acórdão e da interposição de outro recurso" (STJ, **AgRg nos EDcl no AgRg nos EDcl no AgRg no AREsp 1.760.670/SP,** 5ª T., rel. Min. Reynaldo Soares da Fonseca, j. 03.08.2021, DJe 10.08.2021).

2. Requisitos para o afastamento cautelar:

"SUSPENSÃO DE LIMINAR E DE SENTENÇA. AÇÃO CIVIL PÚBLICA. IMPROBIDADE ADMINISTRATIVA. AFASTAMENTO CAUTELAR DE AGENTE POLÍTICO. ART. 20, PARÁGRAFO ÚNICO, DA LEI N. 8.429/92. INEXISTÊNCIA DE LESÃO AOS INTERESSES TUTELADOS PELO ART. 4º DA LEI N. 8.437/92. **I - O afastamento cautelar de agente político está autorizado pelo art. 20, parágrafo único, da Lei n. 8.429, de 1992, 'quando a medida se fizer necessária à instrução processual'. II - Essa norma supõe prova suficiente de que o agente possa dificultar a instrução do processo.** III - O afastamento sub judice está fundado no risco à instrução processual, inexistindo, portanto, lesão aos interesses tutelados pelo art. 4º da Lei n. 8.437, de 1992. Agravo regimental desprovido" (STJ, *AgR na SLS 1.900/MG,* Corte Especial, rel. Min. Francisco Falcão, j. 17.12.2014, DJe 09.03.2015, grifamos).

"PROCESSUAL CIVIL E ADMINISTRATIVO. AGRAVO REGIMENTAL NO AGRAVO EM RECURSO ESPECIAL. AÇÃO CIVIL PÚBLICA. IMPROBIDADE ADMINISTRATIVA. AFASTAMENTO DO AGENTE PÚBLICO DO EXERCÍCIO DO CARGO. RISCO À INSTRUÇÃO PROCESSUAL. REQUISITO NÃO DEMONSTRADO. 1.**"A norma do art. 20, parágrafo único, da Lei nº 8.429, de 1992, que prevê o afastamento cautelar do agente público durante a apuração dos atos de improbidade administrativa, só pode ser aplicada se presente o respectivo pressuposto, qual seja, a existência de risco à instrução processual" (AgRg na SLS 1.558/AL, Rel. Ministro Ari Pargendler, Corte Especial, Dje 6/9/2012). A**

mera menção à relevância ou posição estratégica do cargo não constitui fundamento suficiente para o respectivo afastamento cautelar. 2. Agravo regimental não provido" (STJ, *AgRg no AREsp 472.261/RJ*, 1ª T., rel. Min. Benedito Gonçalves, j. 13.06.2014 DJe 01.07.2014, grifamos).

"ADMINISTRATIVO. RECURSO ESPECIAL. IMPROBIDADE ADMINISTRATIVA. AFASTAMENTO CAUTELAR DA FUNÇÃO PÚBLICA. ART. 20, § ÚNICO, DA LEI 8.429/92. MEDIDA EXCEPCIONAL. NECESSIDADE NÃO EVIDENCIADA. RECURSO DESPROVIDO. **1. É assente na jurisprudência desta colenda Corte Superior de Justiça que o afastamento cautelar do agente público de sua função, com fundamento no art. 20, par. único da Lei 8.429/92, é medida excepcional, que somente se justifica quando o comportamento do agente, no exercício de suas funções, possa comprometer a instrução do processo.** Precedentes: AgRg na SLS 1.563/MG, CE, Rel. Min. ARI PARGENDLER, DJe 6.6.2012, AgRg no REsp. 1.204.635/MT, 2T, Rel. Min. CASTRO MEIRA, DJe 14.6.2012, REsp. 929.483/BA, 1T, Rel. Min. LUIZ FUX, DJe 17.12.2008, REsp. 993.065/ES, 1T, Rel. Min. TEORI ALBINO ZAVASCKI, DJe 12.3.2008. **Ressalte-se que a relevância do cargo ou a posição estratégica do cargo não é razão suficiente, por si só, para o afastamento.** 2. No caso em apreço, o Tribunal a quo, amparado nas peculiaridades do caso concreto, se manifestou de forma fundamentada sobre a desnecessidade de afastamento cautelar da recorrida; a análise da situação processual evidencia o acerto dessa conclusão, por isso que não está a merecer qualquer ressalva, reprimenda ou retoque. 3. Recurso Especial do MINISTÉRIO PÚBLICO DO ESTADO DE GOIÁS desprovido" (STJ, *REsp 1.197.807/GO*, 1ª T., rel. Min. Napoleão Nunes Maia Filho, j. 10.09.2013, DJe 14.11.2013, grifamos).

"ADMINISTRATIVO. IMPROBIDADE ADMINISTRATIVA. AFASTAMENTO CAUTELAR DO AGENTE POLÍTICO. REVISÃO DE FATOS. SÚMULA 7/STJ. INDISPONIBILIDADE DOS BENS. REQUISITOS. ART. 7º DA LEI 8.429/1992. 1. O acórdão recorrido afastou a existência da fumaça do bom direito que respaldaria a concessão das medidas restritivas - indisponibilidade dos bens e afastamentos provisórios dos cargos públicos - bem como consignou ser imprescindível a comprovação do perigo na demora in concreto. **2. 'A norma do art. 20, parágrafo único, da Lei nº 8.429, de 1992, que prevê o afastamento cautelar do agente público durante a apuração dos atos de improbidade administrativa, só pode ser aplicada em situação excepcional**' (AgRg na SLS 1.498/RJ, Rel. Ministro ARI PARGENDLER, Rel. p/ Acórdão Ministro Presidente do STJ, julgado em 15/2/2012, DJe 26/3/2012). 3. In casu, ao examinar minuciosamente o contexto fático dos autos, o Tribunal a quo consignou inexistir prova suficiente de que os agentes supostamente ímprobos estivessem obstruindo a instrução probatória em juízo. Para infirmar essas premissas, seria necessário revolver as provas e fatos dos autos, o que se mostra vedado a teor do disposto na Súmula 7/STJ. 4. É desnecessária a prova do periculum in mora concreto, ou seja, de que os réus estariam dilapidando seus patrimônios, ou na iminência de fazê-lo, exigindo-se apenas a demonstração de fumus boni iuris, consistente em fundados indícios da prática de atos de improbidade. 5. Na hipótese, o acórdão recorrido foi taxativo ao afastar a presença da fumaça do bom direito para respaldar a medida de indisponibilidade de bens. 6. Agravo regimental não provido" (STJ, *AgRg no REsp 1.204.635/MT*, 2ª T., rel. Min. Castro Meira, j. 05.06.2012, DJe 14.06.2012, grifamos).

"PEDIDO DE SUSPENSÃO. LESÃO À ORDEM PÚBLICA. **A norma do art. 20, parágrafo único, da Lei nº 8.429, de 1992, que prevê o afastamento cautelar do agente público durante a apuração dos atos de improbidade administrativa, só pode ser aplicada se presente o respectivo pressuposto, qual seja, a existência de risco à instrução processual.** Desprovido de fundamento, o afastamento pode constituir uma indevida interferência do Poder Judiciário, causando instabilidade política - e, na espécie, é disso que aparentemente se trata. Agravo regimental não provido" (STJ, *AgRg na SLS 1.563/MG*, Corte Especial, rel. Min. Ari Pargendler, j. 106.05.2012, DJe 06.06.2012, grifamos).

2.1 Gravidade dos ilícitos imputados ao agente político e existência de robustos indícios contra ele não autorizam o afastamento cautelar por ausência de previsão legal desta hipótese:

"SUSPENSÃO DE LIMINAR. PREFEITO. IMPROBIDADE ADMINISTRATIVA. AFASTAMENTO CAUTELAR. DECISÃO QUE NÃO SE PRENDE AO ART. 20, PARÁGRAFO ÚNICO, DA LEI 8.429/92. ILEGALIDADE. GRAVE LESÃO À ORDEM PÚBLICA INSTITUCIONAL. 1. A Constituição Federal, quando trata de independência e harmonia, sustenta o delicado equilíbrio entre os Poderes da República. 2. Este equilíbrio não exclui completamente a possibilidade de que um dos Poderes interfira no outro. Há, entretanto, previsão expressa - em Lei ou na Constituição - dos casos em que essa intervenção é legítima. 3. Em se tratando de improbidade administrativa, só há uma hipótese tolerável de intervenção do Poder Judiciário nos demais Poderes para afastar agentes políticos: Art. 20, parágrafo único, da Lei 8.429/92. 4. Vale dizer: a gravidade dos ilícitos imputados ao agente político e mesmo a existência de robustos indícios contra ele não autorizam o afastamento cautelar, exatamente porque não é essa a previsão legal. 5. A decisão que determina o afastamento cautelar do agente político por fundamento distinto daquele previsto no Art. 20, parágrafo único, da Lei 8.429/92, revela indevida interferência do Poder Judiciário em outro Poder, rompendo o delicado equilíbrio institucional tutelado pela Constituição. 6. Surge, então, grave lesão à ordem pública institucional, reparável por meio dos pedidos de suspensão de decisão judicial (Arts. 4º da Lei 4.348/64, 12, § 1º, da Lei 7.347/85, 25, caput, da Lei 8.038/90 e 4º da Lei 8.437/92). 7. Para que seja lícito e legítimo o afastamento cautelar com base no Art. 20, parágrafo único, da Lei 8.429/92, não bastam simples ilações, conjecturas ou presunções. Cabe ao juiz indicar, com precisão e baseado em provas, de que forma - direta ou indireta - a instrução processual foi tumultuada pelo agente político que se pretende afastar" (STJ, **AgRg na SLS 857/RJ,** Corte Especial, rel. Min. Humberto Gomes de Barros, j. 29.05.2008, DJe 14.08.2008).

2.2 Mera relevância ou posição estratégica do cargo não é fundamento suficiente para o afastamento cautelar:

"ADMINISTRATIVO E PROCESSUAL CIVIL. AGRAVO INTERNO NO AGRAVO EM RECURSO ESPECIAL. IMPROBIDADE ADMINISTRATIVA. AGRAVO DE INSTRUMENTO. AFASTAMENTO CAUTELAR DA FUNÇÃO PÚBLICA. ART. 20, PARÁGRAFO ÚNICO, DA LEI 8.429/92. MEDIDA EXCEPCIONAL. ACÓRDÃO DO TRIBUNAL DE ORIGEM QUE LIMITOU O AFASTAMENTO DA FUNÇÃO PÚBLICA AO PRAZO DE 120 DIAS, A PARTIR DA PUBLICAÇÃO DO ACÓRDÃO RECORRIDO. CONTROVÉRSIA RESOLVIDA, PELO TRIBUNAL DE ORIGEM, À LUZ DAS PROVAS DOS AUTOS. IMPOSSIBILIDADE DE REVISÃO, NA VIA ESPECIAL. AGRAVO INTERNO IMPROVIDO. I. Agravo interno aviado contra decisão que julgara recurso interposto contra decisum publicado na vigência do CPC/2015. II. O Tribunal de origem deu provimento ao Agravo de Instrumento interposto por Miriam Moraes Puerari e outra, contra decisão que, nos autos da Ação Civil Pública por ato de improbidade administrativa ajuizada pelo Ministério Público Federal, deferira medida liminar, para determinar o afastamento cautelar das rés das funções públicas que exercem. III. Na forma da jurisprudência do STJ, a regra do art. 20, parágrafo único, da Lei 8.429/92, que prevê o afastamento cautelar do agente público durante a apuração dos atos de improbidade administrativa, só pode ser aplicada se configurado risco à instrução processual, considerando que a mera menção à relevância ou posição estratégica do cargo não constitui fundamento suficiente para o respectivo afastamento cautelar. Precedentes do STJ: AgRg no AREsp 472.261/RJ, Rel. Ministro BENEDITO GONÇALVES, PRIMEIRA TURMA, DJe de 01/07/2014; REsp 1.197.807/GO, Rel. Ministro NAPOLEÃO NUNES MAIA FILHO, PRIMEIRA TURMA, DJe de 14/11/2013. IV. O Tribunal de origem, com base no exame dos elementos fáticos dos autos, limitou o afastamento preventivo das rés, em 07/12/2016, ao prazo de 120 dias, a contar da publicação do acórdão recorrido, considerando que, "em que pese a gravidade da situação afirmada, a subtração, ocultação ou destruição de documentos administrativos pelas requeridas ainda se apresenta como uma suposição, uma vez que ainda não evidenciada, em elementos materiais ou testemunhas de prova, sua ocorrência concreta", e que, "de igual modo, para além da mera posição hierárquica ocupada pelas requeridas na Escola Naval, também se revela ainda sugerida, suposta ou insinuada suas condutas concretas que seriam implicativas ou caracterizadoras de coação ou cooptação de testemunhas de interesse à instrução processual". Para a Corte a quo, "dados (a) as finalidades específicas da medida cautelar concretamente requerida pelo MPF e deferida pelo Juízo Federal a quo e (b) o tempo decorrido desde a efetivação da medida cautelar deferida pelo Juízo Federal, a manutenção da eficácia da medida cautelar, de modo incondicionado e por tempo indefinido, implicaria, só por si, pela usual demora na alongada tramitação do processo, prejuízo injustificável tanto ao interesse público, primário e secundário, quanto ao interesse dos imputados, ante as garantias do devido processo legal, da duração razoável do processo e da presunção de inocência". V. Considerando a fundamentação do acórdão objeto do Recurso Especial, os argumentos utilizados pela parte ora agravante, no sentido de que seria imprescindível o afastamento das rés "enquanto se fizer necessário à instrução processual", somente poderiam ter sua procedência verificada mediante o necessário reexame de matéria fática, não cabendo a esta Corte, a fim de alcançar conclusão diversa, reavaliar o conjunto probatório dos autos. VI. Agravo interno improvido" (STJ, **AgInt no AREsp 1.241.403/RJ,** 2ª T., rel. Min. Assusete Magalhães, j. 10.08.2020, DJe 27.08.2020)

"PROCESSUAL CIVIL E ADMINISTRATIVO. AGRAVO REGIMENTAL NA MEDIDA CAUTELAR. LITISPENDÊNCIA NÃO COMPROVADA. SÚMULAS 634 E 635 DO STF. MITIGAÇÃO. IMPROBIDADE ADMINISTRATIVA. AFASTAMENTO DO AGENTE PÚBLICO DO EXERCÍCIO DO CARGO. RISCO À INSTRUÇÃO PROCESSUAL. AUSÊNCIA DO REQUISITO. Omissis. 3. A espécie comporta aludida exceção, pois a jurisprudência deste Superior Tribunal é taxativa no sentido de admitir o afastamento cautelar do agente público somente quando este, no exercício de suas funções, puser em risco a instrução processual, não sendo lícito invocar a relevância ou posição do cargo para a imposição da medida [...]"(STJ. AgRg na MC 23.380/MT, Segunda Turma, Rel. Ministro Og Fernandes, julgado em 20/11/2014, DJe de 05/12/2014).

"PEDIDO DE SUSPENSÃO DE MEDIDA LIMINAR. AFASTAMENTO DO CARGO DE PREFEITO. A norma do art. 20, parágrafo único, da Lei nº 8.429, de 1992, que prevê o afastamento cautelar do agente público durante a apuração dos atos de improbidade administrativa, só pode ser aplicada se presente o respectivo pressuposto, qual seja, a existência de risco à instrução processual. Agravo regimental não provido" (STJ, **AgRg na SLS 1.558/AL,** Corte Especial, rel. Min. Ari Pargendler, j. 29.08.2012, DJe 06.09.2012).

Tese 06 da Edição 187 do "Jurisprudência em Teses" do STJ: "O afastamento cautelar de agente público durante a apuração dos atos de improbidade administrativa se legitima como medida excepcional se configurado risco à instrução processual, não é, portanto, lícito invocar relevância, hierarquia ou posição do cargo para a imposição da medida".

2.3 Simples possibilidade de que o agente venha interferir na produção da prova não é suficiente para o afastamento cautelar:

"PROCESSUAL CIVIL. ADMINISTRATIVO. AÇÃO CIVIL PÚBLICA. IMPROBIDADE ADMINISTRATIVA. MEDIDA CAUTELAR. INDISPONIBILIDADE E SEQUESTRO DE BENS. REQUERIMENTO NA INICIAL DA AÇÃO PRINCIPAL. DEFERIMENTO DE LIMINARINAUDITA ALTERA PARS ANTES DA NOTIFICAÇÃO PRÉVIA. POSSIBILIDADE. ARTS. 7º E 16 DA LEI 8429/92. AFASTAMENTO DO CARGO. DANO À INSTRUÇÃO PROCESSUAL. INTELIGÊNCIA DO ART. 20 DA LEI 8.429/92. EXCEPCIONALIDADE DA MEDIDA. 1. É licita a concessão de liminar inaudita altera pars (art. 804 do CPC) em sede de medida cautelar preparatória ou incidental, antes do recebimento da Ação Civil Pública, para a decretação de indisponibilidade (art.

7º, da Lei 8429/92) e de sequestro de bens, incluído o bloqueio de ativos do agente público ou de terceiro beneficiado pelo ato de improbidade (art. 16 da Lei 8.429/92), porquanto medidas assecuratórias do resultado útil da tutela jurisdicional, qual seja, reparação do dano ao erário ou de restituição de bens e valores havidos ilicitamente por ato de improbidade. Precedentes do STJ: REsp 821.720/DF, DJ 30.11.2007; REsp 206222/SP, DJ 13.02.2006 e REsp 293797/AC, DJ 11.06.2001 [...]4. A exegese do art. 20 da Lei 8.249/92 impõe cautela e temperamento, especialmente porque a perda da função pública, bem assim a suspensão dos direitos políticos, porquanto modalidades de sanção, carecem da observância do princípio da garantia de defesa, assegurado no art. 5º, LV da CF, juntamente com a obrigatoriedade do contraditório, como decorrência do devido processo legal (CF, art. 5º, LIV), requisitos que, em princípio, não se harmonizam com o deferimento de liminar inaudita altera pars, exceto se efetivamente comprovado que a permanência do agente público no exercício de suas funções públicas importará em ameaça à instrução do processo. 5. A possibilidade de afastamento in limine do agente público do exercício do cargo, emprego ou função, porquanto medida extrema, exige prova incontroversa de que a sua permanência poderá ensejar dano efetivo à instrução processual, máxime porque a hipotética possibilidade de sua ocorrência não legitima medida dessa envergadura. Precedentes do STJ: REsp 604.832/ES, DJ de 21.11.2005; AgRg na MC 10.155/SP, DJ de 24.10.2005; AgRg na SL 9/PR, DJ de 26.09.2005 e Resp 550.135/MG, DJ de 08.03.2004. 6. É cediço na Corte que: "Segundo o art. 20, caput, da Lei 8.429/92, a perda da função pública e a suspensão dos direitos políticos, como sanção por improbidade administrativa, só se efetivam com o trânsito em julgado da sentença condenatória. Assim, o afastamento cautelar do agente de seu cargo, previsto no parágrafo único, somente se legitima como medida excepcional, quando for manifesta sua indispensabilidade. A observância dessas exigências se mostra ainda mais pertinente em casos de mandato eletivo, cuja suspensão, considerada a temporariedade do cargo e a natural demora na instrução de ações de improbidade, pode, na prática, acarretar a própria perda definitiva. Nesta hipótese, aquela situação de excepcionalidade se configura tão-somente com a demonstração de um comportamento do agente público que, no exercício de suas funções públicas e em virtude dele, importe efetiva ameaça à instrução do processo" (AgRg na MC 10155/SP, DJ 24.10.2005). 7. Recurso Especial parcialmente provido para reconhecer a possibilidade de deferimento de liminar inaudita altera pars (art. 804 do CPC), apenas, para a decretação de indisponibilidade (art. 7º, da Lei 8429/92) e de sequestro de bens, incluído o bloqueio de ativos do agente público ou de terceiro beneficiado pelo ato de improbidade (art. 16 da Lei 8.429/92)" (STJ, **REsp 929.483/BA**, 1ª rel. Min. Luiz Fux, DJe de 17.12.2008).

"PROCESSO CIVIL E ADMINISTRATIVO. AÇÃO CIVIL PÚBLICA POR IMPROBIDADE ADMINISTRATIVA. MEDIDA CAUTELAR DE AFASTAMENTO DO CARGO. INTELIGÊNCIA DO ART. 20 DA LEI 8.429/92. 1. Segundo o art. 20, caput, da Lei 8.429/92, a perda da função pública e a suspensão dos direitos políticos, como sanção por improbidade administrativa, só se efetivam com o trânsito em julgado da sentença condenatória. Assim, o afastamento cautelar do agente de seu cargo, previsto no parágrafo único, somente se legitima como medida excepcional, quando for manifesta sua indispensabilidade. A observância dessas exigências se mostra ainda mais pertinente em casos de mandato eletivo, cuja suspensão, considerada a temporariedade do cargo e a natural demora na instrução de ações de improbidade, pode, na prática, acarretar a própria perda definitiva. 2. A situação de excepcionalidade não se configura sem a demonstração de um comportamento do agente público que importe efetiva ameaça à instrução do processo. Não basta, para tal, a mera cogitação teórica da possibilidade da sua ocorrência. 3. Para configuração da indispensabilidade da medida é necessário que o resultado a que visa não possa ser obtido por outros meios que não comprometam o bem jurídico protegido pela norma, ou seja, o exercício do cargo. Assim, não é cabível a medida cautelar de suspensão se destinada a evitar que o agente promova a alteração de local a ser periciado, pois tal perigo pode ser contornado por simples medida cautelar de produção antecipada de prova pericial, nos exatos termos dos arts. 849 a 851 do CPC, meio muito mais eficiente que a medida drástica postulada. 4. Recurso especial provido" (STJ, **REsp 550.135/MG,** 1ª T., rel. Min. Teori Albino Zavascki, j. 17.02.2004, DJ 08.03.2004).

3. Prazo de afastamento do agente titular de mandato eletivo:

"AGRAVO REGIMENTAL. PEDIDO DE SUSPENSÃO DE LIMINAR. AFASTAMENTO CAUTELAR DE AGENTE POLÍTICO. DECISÃO QUE IDENTIFICOU RISCO À INSTRUÇÃO PROCESSUAL. INEXISTÊNCIA DE GRAVE LESÃO À ORDEM PÚBLICA. I - A decisão que prorrogou o afastamento cautelar do agente político está fundamentada no risco da instrução processual. Inexistência de grave lesão à ordem pública. **II - A prorrogação não pode representar uma interferência indevida no mandato eletivo. Limitação dos efeitos da decisão pelo prazo de 180 dias contados da data em que prolatada** (1º de outubro de 2014) ou até o término da instrução processual – o que ocorrer antes. Agravo regimental desprovido" (STJ, *AgRg na SL 1.957/PB,* Corte Especial, rel. Min. Francisco Falcão, j. 17.12.2014, DJe 09.03.2015, grifamos).

"AGRAVO REGIMENTAL NA SUSPENSÃO DE LIMINAR E DE SENTENÇA. GRAVE LESÃO À ORDEM PÚBLICA. INEXISTÊNCIA. INDEVIDA UTILIZAÇÃO COMO SUCEDÂNEO RECURSAL. PRAZO DE AFASTAMENTO DE PREFEITO SUPERIOR A 180. PECULIARIDADES CONCRETAS. PEDIDO DE SUSPENSÃO INDEFERIDO. AGRAVO REGIMENTAL DESPROVIDO. I – Na linha da jurisprudência desta Corte, não se admite a utilização do pedido de suspensão exclusivamente no intuito de reformar a decisão atacada, olvidando-se de demonstrar concretamente o grave dano que ela poderia causar à saúde, segurança, economia e ordem públicas [...] IV – **Não se desconhece o parâmetro temporal de 180 (cento e oitenta) dias concebido como razoável por este eg. Superior Tribunal de Justiça para se manter o afastamento cautelar de prefeito com supedâneo na Lei de Improbidade Administrativa. Todavia, excepcionalmente, as**

peculiaridades fáticas, como a existência de inúmeras ações por ato de improbidade e fortes indícios de utilização da máquina administrativa para intimidar servidores e prejudicar o andamento das investigações, podem sinalizar a necessidade de alongar o período de afastamento, sendo certo que o juízo natural da causa é, em regra, o mais competente para tanto. V – A suspensão das ações na origem não esvazia, por si só, a alegação de prejuízo à instrução processual, porquanto, ainda que a marcha procedimental esteja paralisada, mantêm-se intactos o poder requisitório do Ministério Público, que poderá juntar novas informações e documentos a serem posteriormente submetidos ao contraditório, bem assim a possibilidade da prática de atos urgentes pelo Juízo, a fim de evitar dano irreparável, nos termos do art. 266 do CPC. Agravo regimental desprovido" (STJ, *AgRg na SLS 1.854/ES*, Corte Especial, rel. Min. Felix Fischer, j. 13.03.2014, Dje 21.03.2014, grifamos).

3.1 Prorrogação do afastamento:

"Agravo regimental na suspensão de liminar. Decisão que obstou a prorrogação do afastamento cautelar de prefeito por mais 180 dias. Ausência de fundamentação adequada que equivale a uma cassação branca do mandato. Risco à ordem pública e administrativa evidenciado. Agravo regimental não provido. 1. Ainda que se admita o afastamento cautelar de detentor de mandato eletivo quando demonstrado risco à instrução processual e de reiteração criminosa, esse não pode prolongar-se indefinidamente. 2. A prorrogação de um primeiro prazo de afastamento cautelar por igual período suplementar de 180 dias não pode fundar-se em fatos pretéritos, tampouco na mera alegação da gravidade das acusações em que fundamentada aquela ordem. 3. O afastamento provisório de detentor de mandato eletivo com características de definitividade equivale a uma cassação branca de mandato, o que não se pode admitir, sob pena de grave violação da ordem pública e administrativa do município em que ocorre. 4. Agravo regimental não provido" (STF, **SL 1.241-AgR/CE,** Pleno, rel. Min. Dias Toffoli, j. 20.04.2020, DJe 14.05.2020).

APLICAÇÃO EM PROVAS E CONCURSOS PÚBLICOS

1. **(Prefeitura de Esteio/RS – Advogado – Fundatec – 2022) Com base nas disposições da Lei de Improbidade Administrativa (Lei Federal nº 8.429/1992), analise as assertivas abaixo e assinale V, se verdadeiras, ou F, se falsas.**

( ) Constitui crime a representação por ato de improbidade contra agente público ou terceiro beneficiário, quando o autor da denúncia o sabe inocente.

( ) A perda da função pública e a suspensão dos direitos políticos só se efetivam com o trânsito em julgado da sentença condenatória.

( ) A autoridade judicial competente poderá determinar o afastamento do agente público do exercício do cargo, do emprego ou da função, com prejuízo da remuneração, quando a medida for necessária à instrução processual ou para evitar a iminente prática de novos ilícitos.

( ) O afastamento do agente público do exercício do cargo, quando a medida for necessária à instrução processual ou para evitar a iminente prática de novos ilícitos, será de até 30 (trinta) dias, prorrogáveis uma única vez por igual prazo, mediante decisão motivada.

A ordem correta de preenchimento dos parênteses, de cima para baixo, é:

(A) V – V – F – F.

(B) V – V – V – F.

(C) V – V – V – V.

(D) F – F – F – F.

(E) F – F – V – V.

2. (MP/SP – Promotor de Justiça Substituto - 2019) Assinale a alternativa correta.

(A) A aplicação da sanção de perda da função pública depende do trânsito em julgado da sentença condenatória.

(B) A aplicação das sanções previstas na Lei de Improbidade Administrava só pode ocorrer após o pronunciamento do Tribunal de Contas sobre o ato impugnado.

(C) A sanção de suspensão dos direitos políticos pode ser executada provisoriamente.

(D) A aplicação das sanções aos atos de improbidade administrativa depende da efetiva ocorrência de dano ao patrimônio público.

(E) O afastamento do agente público do exercício do cargo, emprego ou função, quando a medida se fizer necessária à instrução processual, impõe a suspensão da respectiva remuneração.

3. (CFBio – Técnico em TI – Quadrix – 2018) De acordo com a Lei n.º 8.429/1992, que dispõe sobre as sanções aplicáveis aos agentes públicos nos casos de enriquecimento ilícito no exercício de mandato, cargo, emprego ou função na Administração Pública direta, indireta ou fundacional, julgue o item.

Quando necessário à instrução processual, a autoridade administrativa ou judicial poderá determinar o afastamento do agente público do exercício do cargo, sem prejuízo da remuneração.

4. (TJ-MG – Juiz de Direito Substituto – Consulplan – 2018) A respeito da ação civil pública por ato de improbidade administrativa, assinale a opção correta.

(A) A aplicação da pena de demissão por improbidade administrativa, por ser medida excepcional, não é passível de aplicação no âmbito do processo administrativo disciplinar, restringindo-se ao Poder Judiciário.

(B) A medida extrema de afastamento cautelar do agente público do exercício do cargo, emprego ou função, durante a apuração dos atos de improbidade administrativa ocorrerá, sem prejuízo da remuneração, e diante da existência de risco à instrução processual.

(C) Os atos de improbidade subdividem-se em: a) atos que importem enriquecimento ilícito (art. 9º); b) atos que causem prejuízo ao erário (art. 10); c) atos que atentam contra os princípios da Administração Pública (art. 11), sendo certo que aqueles previstos no art. 11 dispensam a apuração do dolo praticado pelo agente, uma vez que a referida Lei prevê que os fatos ali tipificados admitem a forma culposa.

(D) A indisponibilidade cautelar de bens e direitos do demandado tem por objetivo assegurar a efetividade de eventual decisão judicial condenatória. Para sua concessão, faz-se necessária a presença simultânea de indícios veementes da prática de atos de improbidade administrativa (*fumus boni juris*), além da comprovação de que o demandado intenciona desfazer do seu patrimônio a fim de frustrar o cumprimento de eventual condenação (*periculum in mora*).

5. **(MP-MG – Promotor de Justiça Substituto – Fundep – 2017) Assinale a alternativa INCORRETA. Conforme jurisprudência recente do Superior Tribunal de Justiça:**
   (A) O afastamento cautelar do agente público de seu cargo, previsto no parágrafo único do art. 20 da Lei nº 8.429/92, é medida excepcional, que pode perdurar por até 180 (cento e oitenta) dias.
   (B) A aplicação de pena de demissão por improbidade administrativa é exclusividade do Judiciário, não sendo passível a sua incidência no âmbito do processo administrativo disciplinar.
   (C) A indisponibilidade de bens prevista na Lei de Improbidade Administrativa pode alcançar tantos bens quantos necessários a garantir as consequências financeiras da prática de improbidade, excluídos os bens impenhoráveis assim definidos em lei.
   (D) Os bens de família podem ser objeto de medida de indisponibilidade prevista na Lei de Improbidade Administrativa, uma vez que há apenas a limitação de eventual alienação do bem.

6. **(TJ/PA – Analista Judiciário – Direito – Cespe - 2020) Em uma ação de improbidade administrativa ajuizada pelo Ministério Público, foi proferida sentença de procedência dos pedidos, com aplicação da sanção de perda da função pública ao réu, que é servidor público. A respeito dessa situação hipotética, é correto afirmar que a imposição da referida sanção**
   (A) depende da comprovação de dano financeiro ao patrimônio público, sendo imprescindível, para aplicação da pena, aguardar o trânsito em julgado da sentença.
   (B) depende da comprovação de efetivo dano financeiro ao patrimônio público, podendo a pena, por ter natureza política, ser efetivada antes do trânsito em julgado da sentença
   (C) independe de ter sido comprovado dano financeiro ao patrimônio público, sendo imprescindível, para a efetivação da pena, aguardar o trânsito em julgado da sentença.
   (D) independe de ter sido comprovado dano financeiro ao patrimônio público, podendo a pena, por ter natureza administrativa, ser efetivada antes do trânsito em julgado da sentença.
   (E) independe de ter sido comprovado dano financeiro ao patrimônio público, mas a pena, por ter natureza penal, só poderá ser efetivada após o trânsito em julgado da sentença.

7. **(MP/SC – Promotor de Justiça Substituto – Cespe-Cebraspe – 2021) A União, por intermédio do Ministério da Saúde, firmou convênio com um município catarinense para a construção de um hospital materno-infantil. Por meio desse convênio, a União repassou ao município sessenta milhões de reais, enquanto o município deveria, a título de contrapartida, investir seis milhões de reais na obra. Considerando a grande relevância do hospital para a comunidade local, o prefeito decidiu contratar diretamente a empresa responsável pela construção.**

   A partir dessa situação hipotética, julgue o item a seguir.

   Na apreciação de uma eventual lide referente ao cometimento de ato de improbidade administrativa pelo prefeito, o juiz poderá conceder, caso o autor da ação de improbidade administrativa assim tenha requerido, tutela antecipada para suspender os direitos políticos do prefeito, se houver fortes indícios de seu locupletamento.

8. **(PC-DF – Escrivão de Polícia – Cespe-Cebraspe – 2021) Durante a fase de instrução processual de determinada ação civil pública por improbidade administrativa, um réu, servidor público, foi afastado de suas funções por determinação judicial, para resguardar a instrução processual. Sobreveio julgamento de procedência dos pedidos e o réu foi, então, condenado à perda da função pública.**

   Tendo o caso em tela como referência, julgue o item a seguir, à luz do disposto na Lei n.º 8.429/1992. É correto afirmar, com base na referida lei, que o agente público recebeu remuneração enquanto permaneceu afastado do exercício do cargo, por determinação judicial, para resguardar a instrução processual.

1	2	3	4	5	6	7	8
A	A	V	B	B	C	F	V

Art. 21. A aplicação das sanções previstas nesta lei independe:

~~I - da efetiva ocorrência de dano ao patrimônio público, salvo quanto à pena de ressarcimento; (Redação dada pela Lei nº 12.120, de 2009).~~

I - da efetiva ocorrência de dano ao patrimônio público, salvo quanto à pena de ressarcimento e às condutas previstas no art. 10 desta Lei; (Redação dada pela Lei nº 14.230, de 2021)

II - da aprovação ou rejeição das contas pelo órgão de controle interno ou pelo Tribunal ou Conselho de Contas.

§ 1º Os atos do órgão de controle interno ou externo serão considerados pelo juiz quando tiverem servido de fundamento para a conduta do agente público. (Incluído pela Lei nº 14.230, de 2021)

§ 2º As provas produzidas perante os órgãos de controle e as correspondentes decisões deverão ser consideradas na formação da convicção do juiz, sem prejuízo da análise acerca do dolo na conduta do agente. (Incluído pela Lei nº 14.230, de 2021)

§ 3º As sentenças civis e penais produzirão efeitos em relação à ação de improbidade quando concluírem pela inexistência da conduta ou pela negativa da autoria. (Incluído pela Lei nº 14.230, de 2021)

§ 4º A absolvição criminal em ação que discuta os mesmos fatos, confirmada por decisão colegiada, impede o trâmite da ação da qual trata esta Lei, havendo comunicação com todos os fundamentos de absolvição previstos no art. 386 do Decreto-Lei nº 3.689, de 3 de outubro de 1941 (Código de Processo Penal). (Incluído pela Lei nº 14.230, de 2021)

§ 5º Sanções eventualmente aplicadas em outras esferas deverão ser compensadas com as sanções aplicadas nos termos desta Lei. (Incluído pela Lei nº 14.230, de 2021)

COMENTÁRIOS

1. Notas Introdutórias:

O preceptivo legal estabelece duas balizas para a incidência das penas ao agente ímprobo ao estabelecer que a aplicação das sanções independe:

(a) da efetiva ocorrência de dano ao patrimônio público, salvo quanto à pena de ressarcimento e às condutas descritas no art. 10 da LIA (atos de improbidade que causam prejuízo ao Erário);

(b) da aprovação ou rejeição das contas pelo órgão de controle interno ou pelo Tribunal ou Conselho de Contas.

Distinto, a propósito, é o tratamento da matéria na Lei 4.717, de 1965, Lei da Ação Popular, haja vista que a finalidade precípua deste instrumento é garantir a tutela do patrimônio público. Assim, importante memorizar a distinção:

Ação popular
• A lesividade é indispensável para o exercício do direito de ação

Ação de improbidade administrativa
• É dispensável a lesividade para a tipificação da improbidade e para o exercício do direito de ação correlato, salvo quanto à pena de ressarcimento e aos atos que causam prejuízo ao Erário (art. 10 da LIA)

2. Aplicação das sanções independentemente da ocorrência de prejuízo (art. 21, inciso I): originariamente, o art. 21, inciso I da LIA previa que o sancionamento por seus ilícitos não dependia "da efetiva ocorrência de dano ao patrimônio público", sem fazer qualquer ressalva, razão pela qual se construiu, em sede doutrinária e jurisprudencial, entendimento no sentido de mitigar o referido preceito e exigir a ocorrência de efetivo prejuízo ao Erário para infligir a sanção de ressarcimento. E tal orientação foi expressamente positivada na LIA com a promulgação e publicação da Lei 12.120/2009, que consagrou a ressalva da inaplicabilidade da prescindibilidade de dano ao patrimônio público em relação à pena de ressarcimento.

Na mesma linha, a Lei 14.230/2021 acrescentou, também, à ressalva, os atos de improbidade que causam prejuízo ao Erário, eis que a efetiva ocorrência de dano ao patrimônio é ínsita ao próprio tipo, o que torna essencial sua presença para efeito de configuração do ilícito. Ademais, a nova legislação vedou a condenação do agente com base em dano presumido (*in re ipsa*), exigindo, pois, a demonstração de dano real. Nem mesmo em relação ao art. 10, inciso VIII da LIA, como outrora admitiu o STJ (ver, nesse sentido, os comentários ao mencionado dispositivo).

3. Aplicação das sanções independentemente do julgamento das contas (art. 21, inciso II): a aplicação das sanções independe, também, da aprovação ou rejeição das contas pelo órgão de controle interno ou pelo Tribunal ou Conselho de Contas, na medida em que a manifestação de tais órgãos tem caráter meramente opinativo e sua missão constitucional é a fiscalização contábil, financeira e orçamentária, e não a apuração de atos ilícitos. Além do que são órgãos auxiliares do Poder Legislativo, a quem compete o julgamento sobre as contas apresentadas pelo Chefe do Poder Executivo (art. 71, CF).

Dessa forma, cabe ao Ministério Público, enquanto legitimado para a ação de improbidade administrativa, examinar criticamente os pareceres dos Tribunais de Contas, podendo deixar de propor a medida judicial quando verificar que o relatório não contém sequer indícios da prática de improbidade administrativa ou prova do elemento anímico indispensável à caracterização do ilícito. Evidente que, se houver vício de natureza fiscal ou contábil, indicativo de prejuízo ao Erário, poderá o membro do *Parquet* promover eventual demanda de ressarcimento ou mesmo encaminhar as peças existentes à procuradoria da pessoa jurídica lesada, a fim de que promova a competente ação de reparação de eventuais danos sofridos.

"Da mesma forma, ainda que o Tribunal de Contas emita parecer pela aprovação das contas ou regularidade do contrato celebrado pela administração, não há impedimento para que o Ministério Público proponha a ação de improbidade administrativa, por entender que o ato praticado viola o disposto nos arts. 9º, 10 ou 11 da LIA. Evidentemente, nesses casos, todas as provas colhidas no processo administrativo que julgou as contas/contrato, e mesmo a própria opinião técnica do Tribunal de Contas ou órgão de controle interno sobre o caso (de ordinário *qualificadíssima*), serão consideradas pelo juiz no momento de julgar a ação de improbidade administrativa (*vide* art. 21, §§ 1º e 2º, da LIA, inseridos pela Lei 14.230/2021), inclusive podendo servir de base para o indeferimento da inicial da ação proposta (art. 17, § 6º-B, da Lei 8.429/1992, inserido pela Lei 14.230/2021)"[255].

No entanto, os §§ 1º e 2º do art. 21 estabelecem como dever do magistrado considerar, na formação de sua convicção, os atos e provas

255. GAJARDONI, Fernando da Fonseca; CRUZ, Luana Pedrosa de Figueiredo; GOMES JUNIOR, Luiz Manoel; FAVRETO, Rogério. *Comentários à Nova Lei de Improbidade* ... p. 479.

do produzidos pelo órgão de controle interno e/ou externo e utilizados como fundamento da decisão do agente público. Isso não vincula o julgador ao entendimento firmado pelos órgãos de controle, mas exige fundamentação concreta em que o magistrado evidencie a inadequação da orientação firmada em sede administrativa. A existência de manifestações destes órgãos tem potencial para esvaziar o elemento subjetivo (dolo) e descaracterizar a infração[256].

4. Independência e autonomia das instâncias (art. 21, § 3º): o art. 37, § 4º, da Constituição Federal, determina que os atos de improbidade devem ser punidos com as penas que elenca, "sem prejuízo da ação penal cabível", o que denota a autonomia e independência das instâncias no exame da matéria. Assim, um mesmo fato pode gerar consequências nas esferas cível, administrativa e penal, cabendo a cada qual a sua análise.

Trata-se do princípio/regra da independência das instâncias, segundo o qual um mesmo fato pode ser objeto de julgamento nas esferas cível, criminal e administrativa. É o que preconizam os arts. 935 do Código Civil e 66 do Código de Processo Penal, *verbis*:

> "**Art. 935.** A responsabilidade civil é independente da criminal, não se podendo questionar mais sobre a existência do fato, ou sobre quem seja o seu autor, quando estas questões se acharem decididas no juízo criminal".
>
> "**Art. 66.** Não obstante a sentença absolutória no juízo criminal, a ação civil poderá ser proposta quando não tiver sido, categoricamente, reconhecida a inexistência material do fato".

Conforme se extrai dos dispositivos legais transcritos, não se trata de princípio absoluto, eis que comporta exceções em que o resultado do processo penal influenciará a responsabilidade civil, impedindo sua rediscussão:

(a) se o juízo criminal reconhecer a inexistência do fato;	(b) se o juízo criminal declarar que o fato não foi praticado pelo réu.

256. JUSTEN FILHO, Marçal. *Reforma da Lei de Improbidade ...* p. 236.

Nesse particular, o § 3º do art. 21 da LIA, incluído pela Lei 14.230/2021 nada acrescenta de novo, vez que simplesmente repete as hipóteses de quebra da independência da instância administrativa.

5. Ampliação das hipóteses de comunicação dos fundamentos da absolvição criminal para a ação de improbidade administrativa (art. 21, § 4º): contraditoriamente ao que previu o § 3º do art. 21, acima comentado, a Lei 14.230/2021 inseriu novo dispositivo no art. 21 estendendo os efeitos da sentença penal absolutória, independe do seu fundamento, para a ação de improbidade administrativa. O novo regime, destarte, impede a tramitação da ação de improbidade quando o agente for absolvido na esfera criminal, **em sentença confirmada por decisão colegiada** que reconheça:

(i) estar provada a inexistência do fato;

(ii) não haver prova da existência do fato;

(iii) não constituir o fato infração penal;

(iv) estar provado que o réu não concorreu para a infração;

(v) não existir prova de ter o réu concorrido para a infração;

(vi) existir circunstâncias que excluam o crime ou isentem o réu de pena (legítima defesa, estado de necessidade, exercício regular de direito, estrito cumprimento do dever legal, inimputabilidade, embriaguez involuntária);

(vii) ausência de prova suficiente para a condenação (art. 386, incisos I a VII do CPP).

E tal ocorre em razão do novo modelo da improbidade, efetivado pela Lei 14.230/2021, cujos arts. 1º, § 4º e 17-D concebem a ação, embora de natureza civil, como predominantemente punitiva. "Assim, prestigiou-se o juízo ordinariamente vocacionado para a aplicação de sanções, o criminal, fazendo com que a sua decisão gerasse sempre impactos na ação de improbidade ante aos fatos de incidência múltipla. No novo modelo, absolvido no crime, jamais poderá o agente ser sancionado pela improbidade administrativa relativa aos mesmos fatos"[257].

257. GAJARDONI, Fernando da Fonseca; CRUZ, Luana Pedrosa de Figueiredo; GOMES JUNIOR, Luiz Manoel; FAVRETO, Rogério. *Comentários à Nova Lei de Improbidade ...* p. 494.

6. Hipóteses de inaplicabilidade do art. 21, § 4º da LIA: o *novel* preceito legal é claro ao afirmar que a absolvição criminal em ação que discuta os mesmos fatos, confirmada por decisão colegiada, impede o trâmite da ação de que trata a Lei 8.429/92, isto é, a ação de improbidade administrativa. Interpretando *a contrario sensu,* observa-se que não se aplica a extensão da absolvição para a esfera cível nos seguintes casos:

a) Ação de reparação de danos ao patrimônio público aforada com fundamento na Lei 7.347/1985;

b) No âmbito da tutela administrativa correicional;

c) Extinção da punibilidade.

6.1 Reparação de danos ao patrimônio público: a diretriz constitucional, relativa ao tema (art. 37, § 5º), é no sentido da reparação do dano ao patrimônio público derivado de ato doloso de improbidade a qualquer tempo, isto é, independentemente de prazo prescricional (tal como reconhecido pelo STF no **RE 852.475/SP**, colacionado no tópico CASUÍSTICA). É o que se extrai da ressalva da parte final do § 5º do art. 37 da Constituição, ao preconizar que "a lei estabelecerá os prazos de prescrição para ilícitos praticados por qualquer agente, servidor ou não, que causem prejuízos ao erário, ressalvadas as respectivas ações de ressarcimento".

Revela-se, pois, desconforme com a mencionada sistemática impedir o ressarcimento do dano com base em qualquer dos fundamentos do art. 386 do CPP, notadamente aqueles elencados nos incisos II, III, V, VI e VII. A bem da verdade, somente nas hipóteses do art. 935 do Código Civil, atualmente reproduzidas no § 3º do art. 21 da LIA, é que se pode cogitar de influência da sentença absolutória na esfera da ação de reparação de danos.

Ademais, se o acusado vier a ser absolvido no curso da ação de improbidade administrativa, desde que não seja por qualquer fundamento mencionado no § 3º do art. 21 da LIA, poderá haver a conversão da demanda em ação de reparação, na forma do art. 17, §§ 16 e 17, prosseguindo o feito com base na Lei 7.347/1985.

6.2 Tutela administrativa correicional*:* para além da literalidade do § 4º do art. 21, é assente na jurisprudência do STJ o entendimento de que "a sanção administrativa é aplicada para salvaguardar os interesses exclusivamente funcionais da Administração Pública, enquanto a sanção criminal destina-se à proteção da coletividade. Consoante entendimento desta Corte, a independência entre as instâncias penal, civil e administrativa, consagrada na doutrina e na jurisprudência, permite à Administração impor punição disciplinar ao servidor faltoso à revelia de anterior julgamento no âmbito criminal, ou em sede de ação civil, mesmo que a conduta imputada configure crime em tese. Ademais, a sentença penal somente produz efeitos na seara administrativa, caso o provimento reconheça a não ocorrência do fato ou a negativa da autoria"[258].

6.3 Extinção da punibilidade: importante destacar, por fim, que o § 4º do art. 21 não contempla efeito da extinção da punibilidade no âmbito criminal sobre a ação de improbidade administrativa. Assim, não obsta o trâmite da demanda a extinção da punibilidade do acusado, seja qual for sua causa (anistia, graça ou indulto; retroatividade de lei que não mais considera o fato criminoso; prescrição, decadência ou perempção; renúncia do direito de queixa ou perdão aceito, nos crimes de ação privada; retratação do agente, nos casos em que a lei a admite; perdão judicial, nos casos previstos em lei).

Imperioso lembrar, ainda, que a morte do agente, que é causa de extinção da punibilidade (art. 107, inciso I do CP), excepcionalmente produz efeitos na ação de improbidade, impedindo seu prosseguimento. E tal consequência decorre não propriamente do disposto no art. 21, § 4º da LIA, mas da natureza intransmissível das sanções do seu art. 12, ensejando a extinção do processo sem resolução de mérito nos termos do art. 485, inciso IX do CPC.

Entretanto, não se pode olvidar que, a teor do art. 8º da LIA, a reparação de dano ao patrimônio público originada de ato de improbidade que causa dano ao Erário ou deriva de enriquecimento sem causa transmite-se aos herdeiros do agente ímprobo, até o limite do valor da herança ou do patrimônio transferido, hipótese em que a ação de improbidade deve ser convertida em ação civil pública.

7. Compensação com sanções aplicadas em outras esferas (art. 21, § 5º): a Lei 14.230/2021 temperou a autonomia e a indepen-

258. STJ, **RMS 18.688/RJ,** 5ª T., rel. Min. Gilson Dipp, j. 07.12.2004, DJ 09.02.2005.

dência das instâncias para evitar *bis in idem*, inserindo na LIA mais de uma previsão nesse sentido. Reafirmando essa diretriz, o dispositivo em comento determina que eventuais sanções aplicadas em outras esferas devem ser compensadas com as sanções aplicadas no âmbito da ação de improbidade administrativa. Marçal Justen Filho assinala que a compensação tem especial relevância no tocante ao sancionamento patrimonial. "A satisfação da indenização pelos danos patrimoniais e a restituição de vantagens indevidas, verificada no âmbito de um determinado processo administrativo ou judicial, exaure o interesse estatal e impede que condenação de conteúdo idêntico seja imposta de modo cumulativo na ação de improbidade"[259].

"A rigor o pedido de compensação deve ser efetuado na própria ação de improbidade administrativa, demonstrando o agente que já cumpriu ou está a cumprir sanção equivalente aplicada na seara penal ou administrativa/disciplinar [...] **Porém,** em caráter **excepcional**, deve se permitir que o juízo do cumprimento de sentença, mesmo em casos que não haja necessidade de unificação (ausência de múltiplas condenações), promova, a requerimento do condenado a adequação das sanções aplicadas ao disposto no artigo ora comentado (art. 21, § 5º, da Lei 8.429/92)"[260].

CASUÍSTICA

1. Sanção de ressarcimento ao erário mediante dano presumido (SUPERAÇÃO PELA LEI 14.230/2021):

"PROCESSUAL CIVIL E ADMINISTRATIVO. IMPROBIDADE. DANO NÃO COMPROVADO. RESSARCIMENTO AO ERÁRIO. IMPOSSIBILIDADE. REEXAME FÁTICO-PROBATÓRIO. SÚMULA 7 DO STJ. INCIDÊNCIA. 1. O Plenário do STJ decidiu que "aos recursos interpostos com fundamento no CPC/1973 (relativos a decisões publicadas até 17 de março de 2016) devem ser exigidos os requisitos de admissibilidade na forma nele prevista, com as interpretações dadas até então pela jurisprudência do Superior Tribunal de Justiça" (Enunciado Administrativo n. 2). 2**. Conforme pacífico entendimento jurisprudencial desta Corte Superior, nos termos do art. 21, I, da Lei n. 8.429/1992, em ações judiciais que buscam a condenação por ato de improbidade administrativa, é necessária a efetiva demonstração do dano para que haja a imposição de ressarcimento ao**

259. JUSTEN FILHO, Marçal. *Reforma da Lei de Improbidade* ... p. 240.
260. GAJARDONI, Fernando da Fonseca; CRUZ, Luana Pedrosa de Figueiredo; GOMES JUNIOR, Luiz Manoel; FAVRETO, Rogério. *Comentários à Nova Lei de Improbidade* ... p. 502.

erário, admitindo, excepcionalmente, a presunção do dano nas hipóteses de frustração ou dispensa irregular de processo licitatório (art. 10, VIII, da LIA). 3. Tendo o Tribunal Regional, à míngua da comprovação do dano, mantido a sentença que afastou a obrigação do ressarcimento, evidencia-se que a pretensão recursal esbarra na dicção da Súmula 7 do STJ, bem assim no entendimento consolidado na jurisprudência desta Corte, incidindo na espécie a Súmula 83 do STJ. 4. Agravo interno desprovido" (STJ, *AgInt no REsp 1.526.652/RN*, 1ª T., rel. Min. Gurgel de Faria, j. 25.09.018, DJe 24.10.2018, grifamos).

2. Sancionamento independentemente de julgamento das contas:

"PROCESSUAL CIVIL. IMPROBIDADE ADMINISTRATIVA. CONDENAÇÃO PELO TCU. TÍTULO JUDICIAL. INTERESSE DE AGIR PRESENTE. RECURSOS ESPECIAIS PROVIDOS [...] 5. O parecer do Parquet Federal exarado pela Subprocuradora-Geral da República Dra. Maria Caetana Cintra Santos, bem analisou a questão: 'Ademais, **nos termos do art. 21, II, da Lei nº 8.429/92, a aplicação das sanções previstas na Lei de Improbidade, quando comprovada a conduta ilícita, independe da aprovação ou rejeição das contas do agente público, pelo órgão de controle interno ou pelo Tribunal ou Conselho de Contas. Assim, nos termos do mencionado dispositivo legal, não há qualquer vinculação entre a decisão preferida pelo Tribunal de Contas da União, e o ajuizamento de ação de improbidade perante o Poder Judiciário.' 'Assim, em virtude do princípio da independência das instâncias administrativa e judicial e da inafastabilidade da jurisdição, a atuação do titular da ação civil de improbidade administrativa, e do Poder Judiciário, não pode ser prejudicada, ou mesmo, restringida pela decisão proferida na esfera administrativa.'** (fls. 498-502). 6. Enfim, '**o fato de existir um título executivo extrajudicial, decorrente de condenação proferida pelo Tribunal de Contas da União, não impede que os legitimados ingressem com ação de improbidade administrativa requerendo a condenação da recorrida nas penas constantes no art. 12, II da Lei n. 8429/92, inclusive a de ressarcimento integral do prejuízo**', 'Na mesma linha de raciocínio, qual seja, a de que o bis in idem se restringe apenas ao pagamento da dívida, e não à possibilidade de coexistirem mais de um título executivo relativo ao mesmo débito, encontra-se a súmula 27 desta Corte Superior.' (REsp 1.135.858/TO, Rel. Ministro Humberto Martins, Segunda Turma, DJe 5.10.2009). 7. Recurso Especial do Ministério Público Federal provido e Recurso Especial da União parcialmente provido, para reconhecer o interesse processual do Parquet Federal na formação do título judicial, com determinação de retorno dos autos para o Tribunal de origem a fim de prosseguir no julgamento" (STJ, *REsp 1.504.007/PI*, 2ª T., rel. Min. Herman Benjamin, j. 10.05.2016, DJe 01.06.2016, grifamos).

"PROCESSUAL CIVIL E ADMINISTRATIVO. CONTAS APROVADAS PELO TRIBUNAL DE CONTAS DA UNIÃO. AÇÃO DE IMPROBIDADE. PREJUDICIALIDADE. NÃO-OCORRÊNCIA. ART. 21, II, DA LEI 8.429/1992. APLICAÇÃO. **1. A aprovação das contas pelo TCU não prejudica a Ação de Improbidade Administrativa,**

nos termos do art. 21, II, da Lei 8.429/1992. Precedentes do STJ. 2. Recurso Especial provido" (STJ, *REsp 757.148/DF*, 2ª T., rel. Min. Herman Benjamin, j. 11.11.2008, DJe 11.11.2009, grifamos). "ADMINISTRATIVO. IMPROBIDADE ADMINISTRATIVA. AGRAVO INTERNO NO RECURSO ESPECIAL. ABERTURA DE CRÉDITO SUPLEMENTAR ADICIONAL. PREVISÃO ORÇAMENTÁRIA FRAUDULENTA. DOLO GENÉRICO EVIDENCIADO. LITISCONSÓRCIO PASSIVO. DESNECESSIDADE. APROVAÇÃO DE CONTAS PELO ÓRGÃO DE CONTROLE. INDEPENDÊNCIA. 1. A jurisprudência desta Corte entende que, também nas ações de improbidade administrativa, a formação de litisconsórcio necessário passivo somente se fará obrigatória quando a lei assim dispuser ou em virtude da natureza da relação jurídica, cujas hipóteses não se descortinam presentes no caso concreto. 2. Para a configuração da improbidade, faz-se necessária a análise do elemento volitivo, consubstanciado pelo dolo, ao menos genérico, de agir no intuito de infringir os princípios regentes da Administração Pública (REsp 951.389/SC, Rel. Ministro Herman Benjamin, Primeira Seção, DJe 4/5/2011). 3. Segundo o arcabouço fático delineado no acórdão, o agravante agiu deliberadamente no sentido de participar de atos que autorizaram a abertura de créditos suplementares derivados de previsões orçamentárias fraudulentas. Tal circunstância é suficiente para caracterizar o dolo genérico necessário à configuração dos atos de improbidade capitulados no art. 11 da Lei nº 8.429/1992. 4. A alteração das conclusões adotadas pela Corte de origem, de modo a afastar a responsabilidade do agravante, demandaria, necessariamente, novo exame do acervo fático-probatório constante dos autos, providência vedada em recurso especial, conforme o óbice previsto na Súmula 7/STJ. **5. A aplicação das sanções previstas na Lei de Improbidade, quando comprovada a conduta ilícita, independe da aprovação ou rejeição das contas do agente público pelo órgão de controle interno ou pelo Tribunal ou Conselho de Contas**. 6. Agravo interno a que se nega provimento" (STJ, **AgInt no REsp 1.367.407/SP**, 1ª T. rel. Min. Sérgio Kukina, j. 21.06.2018, DJe 08.08.2018, grifamos).

"MPROBIDADE ADMINISTRATIVA. OFENSA AO ART. 535 DO CPC NÃO CONFIGURADA. PRESENÇA DO ELEMENTO SUBJETIVO. DANO AO ERÁRIO. INVERSÃO DO ÔNUS DA PROVA. MATÉRIA FÁTICO-PROBATÓRIA. SÚMULA 7/STJ. OFENSA AO ART. 535 DO CPC/1973 NÃO CONFIGURADA. OMISSÃO. INEXISTÊNCIA [...] 8. A aplicação das sanções previstas na Lei de Improbidade, quando comprovada a conduta ilícita, independe da aprovação ou rejeição das contas do agente público, pelo órgão de controle interno ou pelo Tribunal ou Conselho de Contas. Assim, não há qualquer vinculação entre a decisão proferida pelo Tribunal de Contas da União e o ajuizamento de ação de improbidade perante o Poder Judiciário. Precedentes: AgRg no REsp 1407540/SE, Rel. Ministro Mauro Campbell Marques, Segunda Turma, DJe 19/12/2014; REsp 1504007/PI, Rel. Ministro Herman Benjamin, Segunda Turma, Dje 01/06/2016 [...]" (STJ, **Resp 1.602.794/TO,** 2ª T., rel. Min. Herman Benjamin, j. 13.06.2017).

"PROCESSUAL CIVIL. ADMINISTRATIVO. RECURSO ESPECIAL. IMPROBIDADE ADMINISTRATIVA (ARTS. 10, IV, E 21, I E II, DA LEI 8.429/92). LESÃO AO ERÁRIO.

INEXISTÊNCIA. REQUISITO ESSENCIAL PARA A CONFIGURAÇÃO DA CONDUTA PREVISTA NO REFERIDO PRECEITO. PAGAMENTO INTEGRAL DO EMPRÉSTIMO BANCÁRIO RECONHECIDO PELO TCU. ORIENTAÇÃO DOUTRINÁRIA. RECURSO ESPECIAL DESPROVIDO [...]4. Não obstante a possibilidade de o ato praticado pelo então Presidente do Banco do Brasil S/A – Lafaiete Coutinho Torres -, e a Destilaria Caiman, configurar improbidade administrativa por violação de princípios da administração pública, nos termos do art. 11 da Lei 8.429/92, é incontroverso que a ação de improbidade administrativa foi ajuizada com fundamento no art. 10, VI, da mesma lei, bem como a declaração do integral pagamento da operação bancária impugnada na presente ação. Nesse contexto, não há falar em violação do art. 21, I e II, da Lei 8.429/92. 5. Primeiro, porque o ato de improbidade previsto no art. 10 da LIA exige para a sua configuração, necessariamente, o efetivo prejuízo ao erário, sob pena da não-tipificação do ato impugnado. Haveria, portanto, uma exceção à hipótese prevista no inciso I do art. 21, o qual somente deve ser aplicado nos casos de improbidade administrativa descritos nos arts. 9º e 11 da Lei 8.429/92. 6. Segundo, porque a improcedência da ação de improbidade administrativa não decorreu de eventual subordinação à aprovação de contas do Tribunal de Contas da União. **Efetivamente, o controle exercido pelo Tribunal de Contas, ainda que nos termos do art. 71, II, da Constituição Federal, não é jurisdicional, inexistindo vinculação da decisão proferida pelo órgão administrativo com a possibilidade de o ato ser impugnado em sede de improbidade administrativa, sujeito ao controle do Judiciário, conforme expressa previsão contida no inciso II do art. 21**. Entretanto, tal consideração não corresponde à hipótese dos autos, pois a conclusão da improcedência da ação de improbidade administrativa por atipicidade da conduta não decorreu simplesmente da aprovação das contas relacionadas ao empréstimo bancário formulado pelos ora recorridos, mas em função da inexistência de lesividade, requisito indispensável para a configuração do ato de improbidade previsto no art. 10 da Lei 8.429/92. 7. Sobre o tema, a pacífica orientação doutrinária: FILHO, Marino Pazzaglini. ("Lei de Improbidade Administrativa Comentada", 2ª ed., São Paulo: Atlas, 2005, pp. 78/79 e 220/221; DI PIETRO, Maria Sylvia Zanella. ("Direito Administrativo", 14ª edição, São Paulo: Atlas, 2002, pp. 687/688); SANTOS, Carlos Frederico Brito dos. ("Improbidade Administrativa", 1ª edição, Rio de Janeiro: Forense, 2002, p. 26). 8. Desprovimento do recurso especial" (STJ, **REsp 285.305/DF**, 1ª T., relª Minª Denise Arruda, j. 20.11.2007, DJ 13.12.2007, **grifamos**).

3. Imprescritibilidade do dano ao patrimônio público decorrente de ato doloso de improbidade:

"DIREITO CONSTITUCIONAL. DIREITO ADMINISTRATIVO. RESSARCIMENTO AO ERÁRIO. IMPRESCRITIBILIDADE. SENTIDO E ALCANCE DO ART. 37, § 5 º, DA CONSTITUIÇÃO. 1. A prescrição é instituto que milita em favor da estabilização das relações sociais. 2. Há, no entanto, uma série de exceções explícitas no texto constitucional, como a prática dos crimes de racismo (art. 5º, XLII, CRFB) e da ação de grupos armados, civis ou militares, contra a ordem constitucional e o Estado Democrático (art. 5º, XLIV, CRFB). 3. O texto constitucional é expresso (art. 37, § 5º, CRFB) ao prever que a lei estabelecerá os prazos de prescrição para ilícitos na esfera cível ou penal, aqui entendidas em sentido amplo, que gerem prejuízo ao erário e sejam praticados por qualquer agente. 4. A Constituição, no mesmo dispositivo (art. 37, § 5º, CRFB) decota de tal comando para o Legislador as ações cíveis de ressarcimento ao erário, tornando-as, assim, imprescritíveis. 5. São, portanto, imprescritíveis as ações de ressarcimento ao erário fundadas na prática de ato doloso tipificado na Lei de Improbidade Administrativa. 6. Parcial provimento do recurso extraordinário para (i) afastar a prescrição da sanção de ressarcimento e (ii) determinar que o tribunal recorrido, superada a preliminar de mérito pela imprescritibilidade das ações de ressarcimento por improbidade administrativa, aprecie o mérito apenas quanto à pretensão de ressarcimento" (STF, **RE 854.475/SP,** Pleno, rel. Min. Alexandre de Moraes, rel. p/ acórdão Min. Edson Fachin, j. 08.08.2018, DJe 25.03.2019).

4. Independência das instâncias na tutela administrativa correicional:

"ADMINISTRATIVO. PROCESSO ADMINISTRATIVO DISCIPLINAR. REVISÃO DE ATO DO MINISTRO DA EDUCAÇÃO QUE MANTEVE AS PENALIDADES APLICADAS A SERVIDORES FEDERAIS. ABSOLVIÇÃO EM AÇÕES CRIMINAL E DE IMPROBIDADE ADMINISTRATIVA COM BASE NA AUSÊNCIA DE DOLO. AUTONOMIA ENTRE AS INSTÂNCIAS ADMINISTRATIVA, CÍVEL E CRIMINAL. INVIABILIDADE DE DILAÇÃO PROBATÓRIA NO RITO DO MANDADO DE SEGURANÇA. ORDEM MANDAMENTAL DENEGADA. 1. Trata-se de Mandado de Segurança impetrado por ex-servidores da Escola Agrotécnica Federal de Vitória de Santo Antão contra ato do Ministro de Estado da Educação que manteve as penalidades aplicadas no âmbito de processos administrativos disciplinares, a despeito da absolvição dos impetrantes, pelos mesmos fatos, no âmbito de ações criminal e de improbidade administrativa. 2. Decadência afastada, ante a não superação do prazo para impetração previsto no artigo 23 da Lei 12.016/09. 3. O fundamento central dos impetrantes neste Mandado de Segurança é o de que as decisões absolutórias na ação criminal e na ação de improbidade administrativa deveriam repercutir na revisão das penalidades de demissão aplicadas. Entretanto, tal tese é flagrantemente contrária ao consolidado entendimento no sentido de que se deve observar a autonomia entre as instâncias administrativa, penal e cível, salvo no expresso reconhecimento da inexistência do fato ou da negativa de autoria. 4. No caso dos autos, as decisões absolutórias na via judicial, sobre as quais não há trânsito em julgado – conforme bem esclareceu a autoridade impetrada em suas informações -, não trazem repercussão imediata à esfera do processo administrativo-disciplinar, uma vez que não se lastrearam na inexistência do fato ou negativa de autoria, mas sim na alegada ausência de dolo dos servidores. 5. O reconhecimento judicial acerca da inexistência do elemento subjetivo doloso a lastrear condenação criminal, mesmo por improbidade administrativa, não necessariamente justifica a pura e simples revisão da sanção na via administrativa, uma vez que, nesta via, os elementos valorativos são diversos. 6. É evidente, contudo, que os impetrantes possuem a via judicial ordinária franqueada para a ampla revisão do ato demissional, quando podem demonstrar por todos os meios de prova existentes, incluindo perícia técnica e oitiva de testemunhas, que as razões que fundamentaram o ato tido por coator não devem prevalecer. O que não se admite, por certo, é que na via estrita do Mandado de Segurança realize-se tal instrução probatória, haja vista a exigência de que se demonstre, desde logo, o direito líquido e certo, tarefa da qual não se desincumbiram os impetrantes. Neste sentido, cito precedentes. 7. Segurança denegada" (STJ, **MS 21.305/DF,** 1ª Seção, rel. Min. Herman Benjamin, j. 14.12.2016, DJe 26.04.2017).

APLICAÇÃO EM PROVAS E CONCURSOS PÚBLICOS

1. **(CRF-GO – Agente Administrativo – Quadrix – 2022) Segundo a Lei nº 8.429/1992, julgue o item.**

   Para que se configure como ato de improbidade administrativa, é imprescindível a demonstração de prejuízos financeiros ao erário público.

2. **(TJ-MT – Outorga de Delegações de Notas e de Registro – Provimento – FMP Concursos – 2018) Com relação ao regime jurídico da improbidade administrativa disciplinada pela Lei Nº 8.429, de 02/06/1992 é correto afirmar que**

   (A) as penalidades previstas no artigo 12 têm natureza penal.

   (B) as ações destinadas a levar a efeitos as sanções previstas na lei são imprescritíveis

   (C) o Ministério Público está legitimado para atuar no processo apenas como fiscal da lei, sob pena de nulidade.

   (D) a aplicação das sanções previstas na lei independe da aprovação ou rejeição das contas pelo órgão de controle interno ou pelo Tribunal ou Conselho de Contas.

   (E) o sucessor daquele que causar lesão ao patrimônio público ou se enriquecer ilicitamente está sujeito às cominações da lei independente do limite do valor da herança.

3. **(FEPESE – Administrador – Celesc – 2018) No tocante às suas Disposições Penais, a Lei Federal de Improbidade Administrativa n° 8249, de 1992, estabelece que a perda da função pública e a suspensão dos direitos políticos só se efetivam com:**

   (A) A denúncia do crime.

   (B) A prescrição do crime.

   (C) O indiciamento dos investigados.

   (D) O trânsito em julgado da sentença condenatória.

   (E) O término do mandato dos agentes políticos.

4. **(PC-SE – Delegado de Polícia – Cespe – 2018) Em fevereiro de 2018, o delegado de polícia de uma cidade determinou a realização de diligências para apurar**

delito de furto em uma padaria do local. Sem mandado judicial, os agentes de polícia conduziram um suspeito à delegacia. Interrogado pelos próprios agentes, o suspeito negou a autoria do crime e, sem que lhe fosse permitido se comunicar com parentes, foi trancafiado em uma cela da delegacia. A ação dos agentes foi levada ao conhecimento do delegado, que determinou a abertura de processo administrativo disciplinar contra eles para se apurar a suposta ilicitude nos atos praticados.

Com referência a essa situação hipotética, julgue o item seguinte.

De acordo com o entendimento jurisprudencial do STJ, eventual punição dos agentes de polícia no âmbito administrativo não impedirá a aplicação a eles das penas previstas na Lei de Improbidade Administrativa.

5. **(TCE-PE - Analista de Gestão - Área Administração - Cespe - 2017) À luz das disposições da Lei n.º 8.429/1992 — Lei de Improbidade Administrativa — e suas alterações, julgue o item a seguir.**

   As instâncias penal, civil e administrativa são, em regra, independentes; no entanto, a aprovação das contas do gestor público pelo seu respectivo tribunal de contas impede a aplicação de sanções relativas à condenação por ato de improbidade administrativa.

6. **(TCE-PE - Auditor de Controle Externo - Auditoria de Contas Públicas - Cespe - 2017) A respeito de serviços públicos, processo administrativo, controle externo, licitações e concessões, julgue o item a seguir.**

   Como as decisões do órgão de controle externo têm natureza prejudicial ao juízo não especializado, a aprovação das contas do agente público por tal órgão impede a aplicação das sanções previstas na Lei de Improbidade Administrativa.

7. **(Prefeitura de Boa Vista/RR - Procurador Municipal - Cespe - 2019) Em janeiro de 2018, o Ministério Público de um estado da União começou a apurar possíveis irregularidades referentes a contratos com empresas de transporte urbano no âmbito de determinada prefeitura municipal daquele estado. Para realizar as diligências, o órgão ministerial requisitou informações à referida prefeitura, por meio de ofícios, que foram encaminhados ao então secretário municipal de urbanismo, sr. José Silva. Ao todo, foram expedidos pelo parquet, no período de dez meses, entre janeiro de 2018 e outubro de 2018, oito ofícios, que não obtiveram resposta do mencionado secretário. Posteriormente, o sr. José Silva fez consultas à Procuradoria-Geral do município citado acerca dos possíveis desdobramentos da sua omissão à luz dos dispositivos da Lei n.º 8.429/1992.**

   Considerando essa situação hipotética e os aspectos legais a ela relacionados, julgue o próximo item.

   Para que a conduta do sr. José Silva seja caracterizada como ato de improbidade administrativa que atenta contra os princípios da administração pública, é indispensável que seja demonstrado o dano ao erário ou o enriquecimento ilícito desse agente público.

1	2	3	4	5	6	7
F	D	D	V	F	F	F

~~**Art. 22.** Para apurar qualquer ilícito previsto nesta lei, o Ministério Público, de ofício, a requerimento de autoridade administrativa ou mediante representação formulada de acordo com o disposto no art. 14, poderá requisitar a instauração de inquérito policial ou procedimento administrativo.~~

Art. 22. Para apurar qualquer ilícito previsto nesta Lei, o Ministério Público, de ofício, a requerimento de autoridade administrativa ou mediante representação formulada de acordo com o disposto no art. 14 desta Lei, poderá instaurar inquérito civil ou procedimento investigativo assemelhado e requisitar a instauração de inquérito policial. (Redação dada pela Lei nº 14.230, de 2021)

Parágrafo único. Na apuração dos ilícitos previstos nesta Lei, será garantido ao investigado a oportunidade de manifestação por escrito e de juntada de documentos que comprovem suas alegações e auxiliem na elucidação dos fatos. (Incluído pela Lei nº 14.230, de 2021)

COMENTÁRIOS

1. Delimitação dos poderes do *Parquet*:

Para assegurar a eficiente apuração de qualquer dos ilícitos previstos na LIA, o comando legal em análise confere ao Ministério Público a prerrogativa de requisitar, de ofício ou por provocação (requerimento de autoridade administrativa ou representação de qualquer pessoa), a instauração de inquérito policial ou procedimento administrativo. Trata-se de uma faculdade e não de uma imposição legal, podendo o *Parquet* adotar de imediato outras providências, tais como:

- ✓ instaurar inquérito civil;
- ✓ propor desde logo a ação de improbidade, se tiver elementos suficientes para tanto;
- ✓ promover investigação preliminar sobre a efetiva ocorrência do ato relatado pelo representado, notadamente nos casos de delação apócrifa (ver CASUÍSTICA).

A requisição, endereçada à autoridade administrativa, para que instaure procedimento administrativo constitui verdadeiro pedido de colaboração da entidade pública na apuração do ilícito, máxime porque quase todas as infrações tipificadas ocorrem no seio da Administração e a cooperação tende a aumentar a efetividade da investigação.

2. Inquérito Civil:

2.1 Conceito e características: conforme noticiam Fredie Didier Júnior e Hermes Zanetti Jr., o ex-Ministro do STF, Celso de Mello, em manifestação exarada no processo que culminou com a Lei 7.347, de 1985, enquanto exercia a função de assessor do Gabinete Civil da Presidência da República, conceituou o inquérito civil como "procedimento meramente administrativo, de caráter pré-processual, que se se realiza extrajudicialmente. O inquérito civil, de instauração facultativa, desempenha relevante função instrumental. Constitui meio destinado a coligir provas e quaisquer outros elementos de convicção, que possam fundamentar a atuação processual do Ministério Público. O inquérito civil, em suma, configura, um procedimento preparatório, destinado a viabilizar o exercício responsável da ação civil pública"[261]. A definição, de fato, é completa e contém as principais características do inquérito civil, resumidas no seguinte quadro mnemônico:

Titularidade	• Exclusiva do Ministério Público;
Objetivo	• Coletar elementos de convicção para o exercício da ação civil pública e da ação de improbidade administrativa;
Natureza jurídica	• Procedimento administrativo preparatório de caráter inquisitivo;
Obrigatoriedade	• Faculdativo.

2.2 Base normativa: os contornos procedimentais do inquérito civil são regulamentados pela Resolução nº 23, de 17 de setembro de 2007, com as alterações promovidas pela Resolução 161, de 21 de fevereiro

261. DIDIER JR., Fredie; ZANETI JR., Hermes. *Curso de Direito Processual Civil. Vol. 04 – Processo Coletivo.* 10ª ed. Salvador: Juspodivm, 2016, p. 237-238.

de 2017, ambas do Conselho Nacional do Ministério Público (CNMP), que prevê requisitos e formas de sua instauração (arts. 1º a 5º), instrução (arts. 6º a 9º) e arquivamento (arts. 10 a 13), bem como Termo de Ajustamento de Conduta e Recomendações (arts. 14 e 15).

2.3 Instauração: nos termos do art. 1º, *caput*, da Resolução 23, de 2007, o inquérito civil, de natureza unilateral e facultativa, será instaurado para apurar fato que possa autorizar a tutela dos interesses ou direitos a cargo do Ministério Público nos termos da legislação aplicável, servindo como preparação para o exercício das atribuições inerentes às suas funções institucionais.

São três as formas de instauração do mencionado procedimento administrativo:

(i) de ofício;

(ii) em face de requerimento ou representação formulada por qualquer pessoa ou comunicação de outro órgão do Ministério Público, ou qualquer autoridade, desde que forneça, por qualquer meio legalmente permitido, informações sobre o fato e seu provável autor, bem como a qualificação mínima que permita sua identificação e localização;

(iii) por designação do Procurador-Geral de Justiça (PGJ), do Conselho Superior do Ministério Público (CSMP), Câmaras de Coordenação e Revisão e demais órgãos superiores da Instituição, nos casos cabíveis (art. 2º, incisos I a III, Resolução 23, de 2007).

Em síntese:

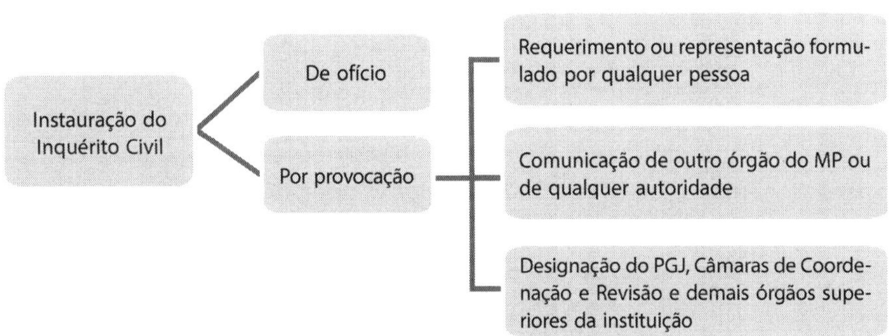

O inquérito não será instaurado e a representação do interessado rejeitada por despacho fundamentado quando os fatos narrados: (a) não configurem lesão aos interesses ou direitos tuteláveis por ação civil pública de competência do MP; (b) já houverem sido objeto de investigação ou de ação civil pública e/ou (c) já se encontrarem solucionados. Nesse caso, serão o representante e o representado cientificados e aquele que não se conformar com a decisão poderá, no prazo de dez dias, interpor recurso administrativo (art. 5º, *caput* e § 1º, Resolução 23, de 2007).

2.4 Contraditório no inquérito civil (art. 22, parágrafo único): o inquérito civil é **predominantemente inquisitivo**, de modo que a ampla defesa e o contraditório são mitigados neste procedimento, circunstância, aliás, que repercute no **valor probatório** dos elementos de convicção coletados, que é **relativo** e, pois, não podem isoladamente embasar um decreto condenatório. "No entanto, cumpre ao Ministério Público, na condução do inquérito civil, conciliar os interesses da investigação com os direitos fundamentais do agente público investigado, entre os quais o de informação e, por conseguinte, de seu advogado ter acesso aos autos (provas já documentadas e nele incorporadas)"[262]. A Lei 13.245, de 12 de janeiro de 2016, atenta a referida preocupação da doutrina, que é comum também no inquérito policial, promoveu algumas alterações no art. 7º da Lei 8.906, de 05 de julho de 1994 (Estatuto da Advocacia e a Ordem dos Advogados do Brasil), deixando expresso que são direitos do advogado:

> "XIV - examinar, em qualquer instituição responsável por conduzir investigação, mesmo sem procuração, autos de flagrante e de investigações de qualquer natureza, findos ou em andamento, ainda que conclusos à autoridade, podendo copiar peças e tomar apontamentos, em meio físico ou digital;
>
> XXI - assistir a seus clientes investigados durante a apuração de infrações, sob pena de nulidade absoluta do respectivo interrogatório ou depoimento e, subsequentemente, de todos os elementos investigatórios e probatórios dele decorrentes ou derivados, direta ou indiretamente, podendo, inclusive, no curso da respectiva apuração:
>
> a) apresentar razões e quesitos;

262. PAZZAGLINI FILHO, Marino. *Lei de Improbidade* ... p. 197.

b) (VETADO).

§ 10. Nos autos sujeitos a sigilo, deve o advogado apresentar procuração para o exercício dos direitos de que trata o inciso XIV.

§ 11. No caso previsto no inciso XIV, a autoridade competente poderá delimitar o acesso do advogado aos elementos de prova relacionados a diligências em andamento e ainda não documentados nos autos, quando houver risco de comprometimento da eficiência, da eficácia ou da finalidade das diligências.

§ 12. A inobservância aos direitos estabelecidos no inciso XIV, o fornecimento incompleto de autos ou o fornecimento de autos em que houve a retirada de peças já incluídas no caderno investigativo implicará responsabilização criminal e funcional por abuso de autoridade do responsável que impedir o acesso do advogado com o intuito de prejudicar o exercício da defesa, sem prejuízo do direito subjetivo do advogado de requerer acesso aos autos ao juiz competente" (art. 7º, incisos XIV e XXI, §§ 10 a 12 com redação da Lei 13.245, de 2016).

E a Resolução 161, de 21 de fevereiro de 2017, incorporou definitivamente a referida sistemática ao procedimento do inquérito civil, ao incluir o § 11 ao art. 6º da Resolução 23, de 2007, com a seguinte redação: "O defensor constituído nos autos poderá assistir o investigado durante a apuração de infrações, sob pena de nulidade absoluta do seu depoimento e, subsequentemente, de todos os elementos investigatórios e probatórios dele decorrentes ou derivados, direta ou indiretamente, podendo, inclusive, no curso da respectiva apuração, apresentar razões e quesitos".

Nesse particular, a Lei 14.230/2021 consagrou prática comum nos Ministérios Públicos por força da sobredita alteração, incluindo dispositivo específico que assegura ao investigado o direito de manifestação por escrito e a juntada de documentos que comprovem suas alegações e auxiliem na elucidação dos fatos. Por conta disso, e possível considerar, como afirma a doutrina, que a nova feição do inquérito civil o aproxima muito mais dos procedimentos administrativos em geral do que do inquérito policial, de modo que incide com mais intensidade o disposto no art. 5º, inciso LV da Constituição, que assegura ao investigado o contraditório e a ampla defesa, com os recursos a ela inerentes:

"Consequentemente, o investigado, a partir do momento em que considerado no Inquérito como tal, tem o direito de constituir defensor nos autos do procedimento investigativo (preliminar ou definitivo) e, a partir daí, não só prestar depoimento como acompanhar a colheita e a produção de todos os elementos probatórios derivados, direta ou indiretamente, das informações que prestou (obtenção de documentos, oitiva de outras pessoas por ele referidas ou referidas por ela etc.), podendo, ainda, apresentar razões para confirmar ou infirmar a convicção em formação do órgão ministerial (em favor ou contra a propositura da ação de improbidade administrativa), e até mesmo participar da colheita de eventual prova pericial ordenada pelo presidente do Inquérito (apresentando quesitos, indicando assistentes técnicos, apresentando laudos paralelos ou informações técnicas etc.)"[263].

Não se pode olvidar que, embora não obrigatório, o respeito ao contraditório no inquérito civil, sempre que possível, contribui para a efetividade da tutela jurisdicional coletiva, na medida em que dispensa a ratificação em juízo das provas produzidas sob seu crivo[264].

2.5 Instrução: para angariar os elementos necessários à formação de sua convicção, o representante do Ministério Público poderá valer-se de todos os meios de prova admitidos em direito, devendo todas as diligências serem documentadas mediante termo ou auto circunstanciado (art. 6º, § 2º, Resolução 23, de 2007). A Lei 8.625, de 12 de fevereiro de 1993, Lei Orgânica Nacional do Ministério Público, lista no art. 26, inciso I, os meios investigatórios a disposição do órgão ministerial:

(a) expedir notificações para colher depoimento ou esclarecimentos e, em caso de não comparecimento injustificado, requisitar condução coercitiva, inclusive pela Polícia Civil ou Militar, ressalvadas as prerrogativas previstas em lei;

(b) requisitar informações, exames periciais e documentos de autoridades federais, estaduais e municipais, bem como dos órgãos e entidades da administração direta, indireta ou fundacional, de qualquer dos Poderes da União, dos Estados, do Distrito Federal e dos Municípios;

(c) promover inspeções e diligências investigatórias junto às autoridades, órgãos e entidades federais, estaduais e municipais,

263. GAJARDONI, Fernando da Fonseca; CRUZ, Luana Pedrosa de Figueiredo; GOMES JUNIOR, Luiz Manoel; FAVRETO, Rogério. *Comentários à Nova Lei de Improbidade* ... p. 519.

264. DIDIER JR., Fredie; ZANETI JR., Hermes. *Curso de Direito Processual Civil. Vol. 04* ... p. 248.

bem como dos órgãos e entidades da administração direta, indireta ou fundacional, de qualquer dos Poderes da União, dos Estados, do Distrito Federal e dos Municípios.

2.6 Prazo para conclusão: o inquérito civil que apura atos de improbidade administrativa, a teor do disposto no art. 23, § 2º da LIA, acrescido pela Lei 14.230/2021, deverá ser concluído no prazo no prazo de 365 (trezentos e sessenta e cinco) dias corridos, prorrogável uma única vez por igual período, mediante ato fundamentado submetido à revisão da instância competente do órgão ministerial, conforme dispuser a respectiva lei orgânica.

2.7 Arquivamento: uma vez esgotadas todas as possibilidades de diligências e, convencendo-se o membro do Ministério Público da inexistência de fundamento para a propositura de ação civil pública, promoverá, fundamentadamente, o arquivamento do inquérito civil ou do procedimento preparatório (arts. 10, *caput*, Resolução 23, de 2007, e 9º, *caput*, Lei 7.347, de 1985). O arquivamento do inquérito civil, no entanto, somente se perfectibiliza com sua homologação pelo Conselho Superior do Ministério Público, constituindo, por conseguinte, **ato complexo**; deve o representante do *Parquet*, subscritor da promoção de arquivamento, remeter, no prazo de 3 (três) dias, os autos do inquérito ao Conselho Superior, sob pena de incorrer em falta grave, nos termos do art. 9º, § 1º, da Lei 7.347, de 1985.

O Conselho Superior, no exercício de sua competência fiscalizatória, poderá adotar uma das seguintes posturas:

(a) ratificar a promoção de arquivamento, hipótese em que estará consolidada no âmbito interno o encerramento das investigações;

(b) converter o julgamento em diligência determinando o prosseguimento das investigações;

(c) não homologar o arquivamento, hipótese em que a ação civil pública será promovida por outro membro da instituição, designado pelo Procurador-Geral de Justiça (arts 9º, § 4º, LACP, e 10, inciso IX, alínea "d", da Lei Orgânica Nacional do Ministério Público).

CASUÍSTICA

1. Instauração inquérito civil com base em denúncia apócrifa:

"PROCESSUAL CIVIL. AGRAVO INTERNO NO RECURSO ESPECIAL. ENUNCIADO ADMINISTRATIVO Nº 3/STJ. OFENSA AO PRINCÍPIO DA COLEGIALIDADE. INOCORRÊNCIA. CONHECIMENTO DO RECURSO ESPECIAL. POSSIBILIDADE. INQUÉRITO CIVIL PÚBLICO. PRESENÇA DE JUSTA CAUSA. DESTRANCAMENTO. [...] **9. A denúncia anônima, por si só, não é impeditivo para a instauração do inquérito civil público**, não havendo se falar em teratologia nesse aspecto. Precedentes. 10. Agravo interno não provido" (STJ, *AgInt no REsp 1.281.019/RJ*, 2ª T., rel. Min. Mauro Campbell Marques, j. 23.05.2017, DJe 30.05.2017, grifamos).

"ADMINISTRATIVO E PROCESSUAL CIVIL. AÇÃO CIVIL PÚBLICA. IMPROBIDADE ADMINISTRATIVA. CERCEAMENTO DE DEFESA. NECESSIDADE DE PRODUÇÃO DE PROVAS. SÚMULA 7/STJ. PRECEDENTES. UTILIZAÇÃO DE PROVA EMPRESTADA. RESPEITO AOS PRINCÍPIOS DA AMPLA DEFESA E DO CONTRADITÓRIO. POSSIBILIDADE. PRECEDENTES. SÚMULA 83/STJ. INQUÉRITO CIVIL. ABERTURA COM BASE EM DENÚNCIA ANÔNIMA. POSSIBILIDADE. PRECEDENTES. SÚMULA 83/ STJ. INTERCEPTAÇÃO TELEFÔNICA. PRORROGAÇÃO DO PRAZO. POSSIBILIDADE. PRECEDENTES DESTA CORTE E DO STF. PARTICIPAÇÃO DO MP EM TODOS OS PROCEDIMENTOS DE INTERCEPTAÇÃO TELEFÔNICA. REVISÃO. SÚMULA 7/STJ. DOSIMETRIA DAS PENAS. REVISÃO. SÚMULA 7/STJ. DIVERGÊNCIA JURISPRUDENCIAL. DESPICIENDO A ANÁLISE QUANDO APLICADO O ENTENDIMENTO PACÍFICO PELA ALÍNEA "A" DO PERMISSIVO CONSTITUCIONAL. 1. Cuida-se de ação civil pública, por improbidade administrativa proposta pelo Ministério Público Federal objetivando a condenação por atos ímprobos, de ex-policial Rodoviário Federal, em decorrência de ter "continuamente deixado de praticar ato de oficio, liberando veículos indevidamente, deixando de lavrar multas e, eventualmente, cobrando, aceitando ou solicitando propina: além de ter defendido interesse ilegítimo de particular perante a Policia Rodoviária Federal: de ter deixado de praticar ato de oficio em razão de interesse ou sentimento pessoal: de associação com outros policiais para a prática reiterada de atos de improbidade administrativo, em troca de vantagem ilícita" (/1.1.164. e-STJ). [...] **4. Esta Corte já se manifestou no sentido de que a denúncia anônima não é óbice à instauração de inquérito civil por parte do Ministério Público. A instauração de inquérito civil é prerrogativa constitucionalmente assegurada ao Parquet. A quem compete a defesa da ordem jurídica, do regime democrático e dos interesses sociais e individuais indisponhais. 5. Nesse diapasão, a legislação atinente ao Ministério Público autoriza sua atuação ante o conhecimento de fatos que ensejem sua intervenção, irrelevante tratar-se de denúncia anônima**. Precedentes. Súmula 83/STJ. [...] Recurso especial parcialmente conhecido e improvido" (STJ, *REsp 1.447.157/ SE*. 2ª T., rel. Min. Humberto Martins, j. 10.11.2015, DJE 20.11.2015, grifamos).

"CONSTITUCIONAL E ADMINISTRATIVO. MANDADO DE SEGURANÇA. QUEBRA DE SIGILO BANCÁRIO. APURAÇÃO DE ATO DE IMPROBIDADE ADMINISTRATIVA.

ENRIQUECIMENTO ILÍCITO. POSSIBILIDADE. DENÚNCIA ANÔNIMA. INVESTIGAÇÃO SOBRE SUA VERACIDADE. POSSIBILIDADE [...] 7. Impõe-se destacar **também que a "denúncia" anônima, quando fundada - vale dispor, desde que forneça, por qualquer meio legalmente permitido, informações sobre o fato e seu provável autor, bem como a qualificação mínima que permita sua identificação e localização -, não impede a respectiva investigação sobre a sua veracidade, porquanto o anonimato não pode servir de escudo para eventuais práticas ilícitas e ponto de transformar o Estado em verdadeiro paraíso fisca**l. **8. Aliás, o art. 2º, § 3º, da Resolução n. 23/07, do Conselho Nacional do Ministério Público, é expresso ao prever a necessidade de tomada de providências, ainda que o conhecimento pelo Parquet de fatos constituidores, em tese, de lesão aos interesses e direitos cuja proteção está a seu cargo se dê por manifestação anônima.** Precedentes. 9. Recurso ordinário não provido" (STJ, *RMS 32.065/PR*, 2ª T., rel. Min. Mauro Campbell Marques, j. 17.02.2011, DJe 10.03.2011, grifamos).

"ADMINISTRATIVO E CONSTITUCIONAL. RECURSO ORDINÁRIO EM MANDADO DE SEGURANÇA. INQUÉRITO CIVIL ABERTO PELO MINISTÉRIO PÚBLICO COM BASE EM DENÚNCIA ANÔNIMA. POSSIBILIDADE. 1. Recurso ordinário no qual se discute a possibilidade de o Ministério Público instaurar inquérito civil para apurar a veracidade de fraudes em procedimentos licitatórios, que foram informadas por meio de denúncia anônima. **2. A Lei n. 8.625/1993, lei orgânica do Ministério Público, e a Resolução n. 23/2007 do Conselho Nacional do Ministério Público autorizam a atuação investigatória do parquet, no âmbito administrativo, em caso de denúncia anônima.** Precedente: RMS 30.510/RJ, Rel. Ministra Eliana Calmon, Segunda Turma, DJe 10/02/2010. 3. No caso, o parquet instaurou inquérito civil com base em denúncia anônima que continham indícios que supostamente caracterizariam fraudes em procedimentos licitatórios, bem como baseou-se em noticia determinada que é objeto em outros inquéritos civis. 4. Recurso ordinário não provido" (STJ, *RMS 37.166/SP*, 1ª T., rel. Min. Benedito Gonçalves, j. 09.04.2013, DJe 15.04.2013, grifamos).

"ADMINISTRATIVO. IMPROBIDADE. INQUÉRITO CIVIL. INVESTIGAÇÃO DECORRENTE DE DENÚNCIA ANÔNIMA. EVOLUÇÃO PATRIMONIAL INCOMPATÍVEL COM OS RENDIMENTOS. AGENTES POLÍTICOS. ILÍCITO QUE SE COMPROVA NECESSARIAMENTE POR ANÁLISE DE DOCUMENTOS. HARMONIZAÇÃO ENTRE A VEDAÇÃO DO ANONIMATO E O DEVER CONSTITUCIONAL IMPOSTO AO MINISTÉRIO PÚBLICO. POSSIBILIDADE. 1. Cinge-se a controvérsia a definir se os recorrentes possuem o direito líquido e certo de impedir o prosseguimento de Inquérito Civil instaurado, após denúncia anônima recebida pela Ouvidoria-Geral do Ministério Público do Estado do Rio de Janeiro, com a finalidade de apurar possível incompatibilidade entre a evolução patrimonial de agentes políticos e seus respectivos rendimentos. 2. O simples fato de o Inquérito Civil ter-se formalizado com base em denúncia anônima não impede que o Ministério Público realize administrativamente as investigações para formar juízo de valor sobre a veracidade da notícia. Ressalte-se que, no caso em espécie, os servidores públicos já estão, por lei, obrigados na posse e depois, anualmente, a disponibilizar informações sobre seus bens e evolução patrimonial [...] 6. Nos termos do art. 22 da Lei 8.429/1992, o Ministério Público pode, mesmo de ofício, requisitar a instauração de inquérito policial ou procedimento administrativo para apurar qualquer ilícito previsto no aludido diploma legal. 7. Assim, ainda que a notícia da suposta discrepância entre a evolução patrimonial de agentes políticos e seus rendimentos tenha decorrido de denúncia anônima, não se pode impedir que o membro do Parquet tome medidas proporcionais e razoáveis, como no caso dos autos, para investigar a veracidade do juízo apresentado por cidadão que não se tenha identificado [...] 9. Em se tratando de suposto ato de improbidade que só pode ser analisado mediante documentos, descabe absolutamente adotar medidas informais para examinar a verossimilhança, ao contrário do que se passa, por exemplo, em caso de denúncia anônima da ocorrência de homicídio. 10. O STJ reconhece a possibilidade de investigar a veracidade de denúncia anônima em Inquérito Civil ou Processo Administrativo, conforme se observa nos seguintes precedentes, entre os quais se destacam a orientação já firmada por esta Segunda Turma e uma recente decisão da Primeira Turma: RMS 37.166/SP, Rel. Ministro Benedito Gonçalves, Primeira Turma, DJe 15.4.2013; RMS 30.510/RJ, Rel. Ministra Eliana Calmon, Segunda Turma, DJe 10.2.2010; MS 13.348/DF, Rel. Ministra Laurita Vaz, Terceira Seção, DJe 16.9.2009. 11. Recurso Ordinário não provido" (STJ, *RMS 38.010/RJ*, 2ª T., rel. Min. Herman Benjamin, j. 02.05.2013, DJe 16.05.2013).

2. Recurso contra a instauração e trancamento pela via judicial: a instauração do inquérito civil por si só não traz consequências para a esfera do investigado, razão pela qual não há previsão na Resolução 23/2007 de recurso contra tal ato. É bem verdade que algumas legislações específicas de Ministérios Públicos estaduais estabelecem o cabimento de recurso administrativo. É o caso da Lei Orgânica do Ministério Público do Estado de São Paulo, instituída pela Lei Complementar nº 754, de 26 de novembro de 1993, cujo art. 108 estabelece que "da instauração do inquérito civil, caberá recurso ao Conselho Superior do Ministério Público, com efeito suspensivo", que poderá ser interposto no prazo de cinco dias a contar da ciência do ato impugnado.

Para além disso, a jurisprudência reconhece a viabilidade do trancamento do inquérito por meio de mandado de segurança quando evidenciado, de plano, a atipicidade da conduta, causa extintiva da punibilidade ou absoluta falta de indícios de autoria:

"PROCESSO CIVIL E ADMINISTRATIVO - MANDADO DE SEGURANÇA - TRANCAMENTO DE INQUÉRITO CIVIL PARA APURAÇÃO DE ATO DE IMPROBIDADE ADMINISTRATIVO - ENRIQUECIMENTO ILÍCITO - JUSTA CAUSA - PRESCRIÇÃO. 1. Somente em situações excepcionais, quando comprovada, de plano, atipicidade de conduta, causa extintiva da punibilidade ou ausência de indícios de autoria, é possível o trancamento de inquérito civil. 2. Apuração de fatos típicos (artigo 9º da Lei nº 8.429/92), com indícios suficientes de autoria desmentem a alegação de inviabilidade da ação de improbidade. 3. Denúncia anônima pode ser investigada, para comprovarem-se fatos ilícitos, na defesa do interesse público. 4. A ação civil de ressarcimento por ato de improbidade é imprescritível, inexistindo ainda ação contra o impetrante. 5. Recurso ordinário desprovido" (STJ, **RMS 30.510/RJ,** 2ª T., rel. Min. Eliana Calmon, j. 17.12.2009, DJe 10.02.2010).

3. Valor probatório dos documentos e perícias produzidos no inquérito civil:

"PROCESSO CIVIL AÇÃO CIVIL DE REPARAÇÃO DE DANOS – INQUÉRITO CIVIL PÚBLICO. NATUREZA INQUISITIVA. VALOR PROBATÓRIO. 1. O inquérito civil público é procedimento informativo, destinado a formar a opinio actio do Ministério Público. Constitui meio destinado a colher provas e outros elementos de convicção, tendo natureza inquisitiva. **2. 'As provas colhidas no inquérito têm valor probatório relativo, porque colhidas sem a observância do contraditório, mas só devem ser afastadas quando há contraprova de hierarquia superior, ou seja, produzida sob a vigilância do contraditóri**o' (Recurso Especial n. 476.660-MG, relatora Ministra Eliana Calmon, DJ de 4.8.2003). 3. As provas colhidas no inquérito civil, uma vez que instruem a peça vestibular, incorporam-se ao processo, devendo ser analisadas e devidamente valoradas pelo julgador. 4. Recurso especial conhecido e provido" (STJ, *REsp 644.994/MG*, 2ª T., rel. Min. João Otávio de Noronha, j. 17.02.2005, DJe 21.03.2005, grifamos).

"PROCESSO CIVIL – AÇÃO CIVIL PÚBLICA – INQUÉRITO CIVIL: VALOR PROBATÓRIO – REEXAME DE PROVA: SÚMULA 7/STJ 1. O inquérito civil público é procedimento facultativo que visa colher elementos probatórios e informações para o ajuizamento da ação civil pública. **2. As provas colhidas no inquérito têm valor probatório relativo, porque colhidas sem a observância do contraditório, mas só devem ser afastadas quando há contraprova de hierarquia superior, ou seja, produzida sob a vigilância do contraditório**. 3. A prova colhida inquisitoriamente não se afasta por mera negativa, cabendo ao juiz, no seu livre convencimento, sopesá-las. 4. Avanço na questão probatória que esbarra na Súmula 7/STJ. 5. Recursos especiais improvidos" (STJ, *REsp n. 476.660/MG*, 2ª T., rel. Min. Eliana Calmon, j. 20.05.2003, DJ 04.08.2003, p. 274).

4. Requisição de dados bancários: a jurisprudência do STF orienta-se no sentido de que o Ministério Público tem legitimidade para requisitar, diretamente, às instituições financeiras informações bancárias relativas a operações financeiras que envolvam recursos públicos, na medida em que tais recursos não estão abrangidos pelo sigilo bancário a que alude a Lei Complementar 105, de 2001, visto que as operações desta espécie estão submetidas aos princípios da Administração Pública, insculpidos no artigo 37, *caput*, da Constituição Federal.

"Recurso ordinário em habeas corpus. Ação penal. Associação criminosa, fraude a licitação, lavagem de dinheiro e peculato (arts. 288 e 313-A, CP; art. 90 da Lei nº 8.666/93; art. 1º da Lei nº 9.613/98 e art. 1º, I e II, do DL nº 201/67). Trancamento. Descabimento. Sigilo bancário. Inexistência. Conta corrente de titularidade da municipalidade. Operações financeiras que envolvem recursos públicos. Requisição de dados bancários diretamente pelo Ministério Público. Admissibilidade. Precedentes. Extensão aos registros de operações bancárias realizadas por particulares, a partir das verbas públicas creditadas naquela conta. Princípio da publicidade (art. 37, caput, CF). Prova lícita. Recurso não provido. 1. Como decidido pelo Supremo Tribunal Federal, ao tratar de requisição, pelo Tribunal de Contas da União, de registros de operações financeiras, "o sigilo de informações necessárias para a preservação da intimidade é relativizado quando se está diante do interesse da sociedade de se conhecer o destino dos recursos públicos" (MS nº 33.340/DF, Primeira Turma, Relator o Ministro Luiz Fux, DJe de 3/8/15). 2. Assentou-se nesse julgado que as "operações financeiras que envolvam recursos públicos não estão abrangidas pelo sigilo bancário a que alude a Lei Complementar nº 105/2001, visto que as operações dessa espécie estão submetidas aos princípios da administração pública insculpidos no art. 37 da Constituição Federal [...]". 3. O Supremo Tribunal Federal reconheceu ao Ministério Público Federal o poder de requisitar informações bancárias relativas a empréstimos subsidiados pelo Tesouro Nacional, ao fundamento de que "se se trata de operação em que há dinheiro público, a publicidade deve ser nota característica dessa operação" (MS nº 21.729/DF, Pleno, Relator para o acórdão o Ministro Néri da Silveira, DJ 19/10/01). 4. Na espécie, diante da existência de indícios da prática de ilícitos penais com verbas públicas, o Ministério Público solicitou diretamente à instituição financeira cópias de extratos bancários e microfilmagens da conta corrente da municipalidade, além de fitas de caixa, para a apuração do real destino das verbas. **5. O poder do Ministério Público de requisitar informações bancárias de conta corrente de titularidade da prefeitura municipal compreende, por extensão, o acesso aos registros das operações bancárias realizadas por particulares, a partir das verbas públicas creditadas naquela conta. 6. De nada adiantaria permitir ao Ministério Público requisitar diretamente os registros das operações feitas na conta bancária da municipalidade e negar-lhe o principal: o acesso ao real destino dos recursos públicos, a partir do exame de operações bancárias sucessivas (v.g., desconto de cheque emitido pela Municipalidade na boca do caixa, seguido de transferência a particular do valor sacado). 7. Entendimento em sentido diverso implicaria o esvaziamento da própria finalidade do princípio da publicidade, que é permitir o controle da atuação do administrador público e do emprego de verbas públicas. 8. Inexistência de prova ilícita capaz de conduzir ao trancamento da ação penal.** 9. Recurso não provido" (STF, *RHC 133.118/CE*, 2ª T., rel. Min. Dias Toffoli, j. 26.09.2017, DJe 09.03.2018, grifamos).

"Mandado de Segurança. Sigilo bancário. Instituição financeira executora de política creditícia e financeira do Governo Federal. Legitimidade do Ministério Público para requisitar informações e documentos destinados a instruir procedimentos administrativos de sua competência. 2. Solicitação de informações, pelo Ministério Público Federal ao Banco do Brasil S/A, sobre concessão de empréstimos, subsidiados pelo Tesouro Nacional, com base em plano de governo, a empresas do setor sucroalcooleiro. 3. Alegação do Banco impetrante de não poder informar os beneficiários dos aludidos empréstimos, por estarem protegidos pelo sigilo bancário, previsto no art. 38 da Lei nº 4.595/1964, e, ainda, ao entendimento de que dirigente do Banco do Brasil S/A não é autoridade, para efeito do art. 8º, da LC nº 75/1993. **4. O poder de investigação do Estado é dirigido a coibir atividades afrontosas à ordem jurídica e a garantia do sigilo bancário não se estende às atividades ilícitas. A ordem jurídica confere explicitamente poderes amplos de investigação ao Ministério Público - art. 129, incisos VI, VIII, da Constituição Federal, e art. 8º, incisos II e IV, e § 2º, da Lei Complementar nº 75/1993. 5. Não cabe ao Banco do Brasil negar, ao Ministério Público, informações sobre nomes de beneficiários de empréstimos concedidos pela instituição, com recursos subsidiados pelo erário federal, sob invocação do sigilo bancário, em se tratando de requisição de informações e documentos para instruir procedimento administrativo instaurado em defesa do patrimônio público. Princípio da publicidade, ut art. 37 da Constituição.** 6. No caso concreto, os empréstimos concedidos eram verdadeiros financiamentos públicos, porquanto o Banco do Brasil os realizou na condição de executor da política creditícia e financeira do Governo Federal, que deliberou sobre sua concessão e ainda se comprometeu a proceder à equalização da taxa de juros, sob a forma de subvenção econômica ao setor produtivo, de acordo com a Lei nº 8.427/1992. 7. Mandado de segurança indeferido" (STF, *MS 21.729/DF*, Pleno, rel. Min. Marco Aurélio, rel. p/ acórdão Min. Néri da Silveira, j. 05.10.1995, DJ 19.10.2001, grifamos).

Na mesma linha é a jurisprudência do STJ:

"PROCESSUAL CIVIL. AÇÃO CIVIL PÚBLICA. LEGITIMIDADE DO MINISTÉRIO PÚBLICO. FORNECIMENTO DE DADOS CADASTRAIS DE CLIENTES DE INSTITUIÇÕES FINANCEIRAS MEDIANTE REQUISIÇÃO DIRETA DO PARQUET OU DA POLÍCIA FEDERAL. DIREITOS DIFUSOS E COLETIVOS CARACTERIZADOS. SEGURANÇA PÚBLICA. ACESSO A DADOS CADASTRAIS. POSSIBILIDADE [...] 4. **O Ministério Público, em suas atividades precípuas, depara-se constantemente com a necessidade de buscar dados e informações de usuários investigados para instruir processo judicial, inquérito policial ou qualquer outra investigação criminal ou civil, constantes em bancos de dados de pessoas jurídicas de direito público ou privado. O acesso a tais bancos é essencial para que haja sucesso na tarefa de individualização e identificação de agentes praticantes das mais diversas infrações penais, seja na posição de autores,**

partícipes ou até mesmo como testemunhas de crimes. 5. Outro ponto imprescindível ao deslinde da presente controvérsia é a distinção de dados e dados cadastrais. Enquanto os "dados" revelam aspectos da vida privada ou da intimidade do indivíduo e possuem proteção constitucional esculpida no art. 5º, X e XII, da Constituição Federal, os "dados cadastrais" se referem a informações de caráter objetivo que todos possuem, não permitindo a criação de qualquer juízo de valor sobre o indivíduo a partir de sua divulgação. São essencialmente um conjunto de informações objetivas fornecidas pelos consumidores/clientes/usuários sistematizadas em forma de registro de fácil acesso por meio de seu armazenamento em banco de dados de pessoas jurídicas de direito público ou privado, contendo informações como nome completo, CPF, RG, endereço, número de telefone etc. 6. O Supremo Tribunal Federal consolidou jurisprudência de que o conceito de "dados" previsto na Constituição é diferente do de "dados cadastrais". Somente aquele tem assegurada a inviolabilidade da comunicação de dados. A propósito: STF, RE 418.416/SC, Rel. Min. Sepúlveda Pertence, Tribunal Pleno, DJ 19.12.2006; STF, HC 91.867/PA, Rel. Min. Gilmar Mendes, Segunda Turma, DJe 19.9.2012, publicado em 20.9.2012. **7. Os dados cadastrais bancários (informações de seus correntistas tais como número da conta-corrente, nome completo, RG, CPF, número de telefone e endereço) estão incluídos na definição de dados cadastrais e não estão, portanto, protegidos por sigilo bancário, que abriga apenas os serviços da conta (aplicações, transferências, depósitos e etc.) e não os dados cadastrais de seus usuários. 8. Ressalte-se que o STJ, ao apreciar controvérsia referente ao acesso a dados cadastrais telefônicos, adotou o mesmo entendimento aqui esposado, ao consignar que informações referentes ao proprietário de linha telefônica (nome completo, CPF, RG, número da linha e endereço) buscam somente a identificação de seus usuários e, portanto, não estão acobertadas pelo sigilo das comunicações telefônicas.** Nesse sentido: RHC 82.868/MS, Rel. Ministro Felix Fischer, Quinta Turma, DJe 1º.8.2017; HC 131.836/RJ, Rel. Ministro Jorge Mussi, Quinta Turma, DJe 6.4.2011 [...]" (STJ, *REsp 1.561.191/SP*, 2ª T., rel. Min. Herman Benjamin, j. 19.04.2018, DJe 26.11.2018, grifamos).

"AGRAVO REGIMENTAL NO RECURSO ESPECIAL. CRIME CONTRA A ORDEM TRIBUTÁRIA. COMPARTILHAMENTO DE DADOS BANCÁRIOS OBTIDOS PELA RECEITA FEDERAL COM O MINISTÉRIO PÚBLICO, PARA FINS DA PERSECUÇÃO CRIMINAL. ESGOTAMENTO DA VIA ADMINISTRATIVA FISCALIZATÓRIA E CONSTATAÇÃO DE POSSÍVEL CRIME. LEGALIDADE DA PROVA. COMUNICAÇÃO QUE DECORRE DE OBRIGAÇÃO LEGAL. AUSÊNCIA E OFENSA À RESERVA DE JURISDIÇÃO. AGRAVO PROVIDO. **I - É lícito o compartilhamento promovido pela Receita Federal, dos dados bancários por ela obtidos a partir de permissivo legal, com a Polícia e com o Ministério Público, ao término do procedimento administrativo fiscal, quando verificada a prática, em tese, de infração penal. Precedentes.** II – Não ofende a reserva de jurisdição a comunicação promovida pela Receita Federal nas condições supra descritas, por decorrer de obrigação legal expressa. Agravo provido" (STJ, *AgRg no REsp 1.601.127/SP*, 5ª T., rel. Min. Ribeiro Dantas, rel. p/ acórdão Min. Felix Fischer, j. 20.09.2018, grifamos).

CAPÍTULO VII
Da Prescrição

~~**Art. 23.** As ações destinadas a levar a efeitos as sanções previstas nesta lei podem ser propostas:~~

~~I - até cinco anos após o término do exercício de mandato, de cargo em comissão ou de função de confiança;~~

~~II - dentro do prazo prescricional previsto em lei específica para faltas disciplinares puníveis com demissão a bem do serviço público, nos casos de exercício de cargo efetivo ou emprego.~~

~~III - até cinco anos da data da apresentação à administração pública da prestação de contas final pelas entidades referidas no parágrafo único do art. 1º desta Lei. (Incluído pela Lei nº 13.019, de 2014).~~

Art. 23. A ação para a aplicação das sanções previstas nesta Lei prescreve em 8 (oito) anos, contados a partir da ocorrência do fato ou, no caso de infrações permanentes, do dia em que cessou a permanência. (Redação dada pela Lei nº 14.230, de 2021)

I - (revogado); (Redação dada pela Lei nº 14.230, de 2021)

II - (revogado); (Redação dada pela Lei nº 14.230, de 2021)

III - (revogado).(Redação dada pela Lei nº 14.230, de 2021)

§ 1º A instauração de inquérito civil ou de processo administrativo para apuração dos ilícitos referidos nesta Lei suspende o curso do prazo prescricional por, no máximo, 180 (cento e oitenta) dias corridos, recomeçando a correr após a sua conclusão ou, caso não concluído o processo, esgotado o prazo de suspensão. (Incluído pela Lei nº 14.230, de 2021)

§ 2º O inquérito civil para apuração do ato de improbidade será concluído no prazo de 365 (trezentos e sessenta e cinco) dias corridos, prorrogável uma única vez por igual período, mediante ato fundamentado submetido à revisão da instância competente do órgão ministerial, conforme dispuser a respectiva lei orgânica. (Incluído pela Lei nº 14.230, de 2021)

§ 3º Encerrado o prazo previsto no § 2º deste artigo, a ação deverá ser proposta no prazo de 30 (trinta) dias, se não for caso de arquivamento do inquérito civil. (Incluído pela Lei nº 14.230, de 2021)

§ 4º O prazo da prescrição referido no **caput** deste artigo interrompe-se: (Incluído pela Lei nº 14.230, de 2021)

I - pelo ajuizamento da ação de improbidade administrativa; (Incluído pela Lei nº 14.230, de 2021)

II - pela publicação da sentença condenatória; (Incluído pela Lei nº 14.230, de 2021)

III - pela publicação de decisão ou acórdão de Tribunal de Justiça ou Tribunal Regional Federal que confirma sentença condenatória ou que reforma sentença de improcedência; (Incluído pela Lei nº 14.230, de 2021)

IV - pela publicação de decisão ou acórdão do Superior Tribunal de Justiça que confirma acórdão condenatório ou que reforma acórdão de improcedência; (Incluído pela Lei nº 14.230, de 2021)

V - pela publicação de decisão ou acórdão do Supremo Tribunal Federal que confirma acórdão condenatório ou que reforma acórdão de improcedência. (Incluído pela Lei nº 14.230, de 2021)

§ 5º Interrompida a prescrição, o prazo recomeça a correr do dia da interrupção, pela metade do prazo previsto no **caput** deste artigo. (Incluído pela Lei nº 14.230, de 2021)

§ 6º A suspensão e a interrupção da prescrição produzem efeitos relativamente a todos os que concorreram para a prática do ato de improbidade. (Incluído pela Lei nº 14.230, de 2021)

§ 7º Nos atos de improbidade conexos que sejam objeto do mesmo processo, a suspensão e a interrupção relativas a qualquer deles estendem-se aos demais. (Incluído pela Lei nº 14.230, de 2021)

§ 8º O juiz ou o tribunal, depois de ouvido o Ministério Público, deverá, de ofício ou a requerimento da parte interessada, reconhecer a prescrição intercorrente da pretensão sancionadora e decretá-la de imediato, caso, entre os marcos interruptivos referidos no § 4º, transcorra o prazo previsto no § 5º deste artigo.(Incluído pela Lei nº 14.230, de 2021)

COMENTÁRIOS

1. Prescrição das sanções previstas na LIA: o dispositivo disciplina a prescrição da pretensão para a aplicação das sanções por ato de improbidade administrativa, estipulando **prazo de oito anos**, contados da ocorrência do fato ou, no caso de infrações permanentes, do dia em que cessou a permanência. Trata-se de uma **limitação temporal** ao exercício da pretensão em razão da inércia do interessado; na dicção do art. 189 do Código Civil, violado o direito, nasce para o titular a pretensão, a qual se extingue pelo decurso dos prazos previstos nos arts. 205 e 206. Nota-se que a prescrição incide em relação às "sanções previstas nesta Lei", o que evidencia que não houve regulamentação da prescrição quanto à pretensão de ressarcimento por danos[265], que sequer tem natureza de pena.

A Lei 14.230/2021, a propósito, promoveu mudanças no prazo e na forma de contagem da prescrição, sendo importante memorizar a distinção para evitar pegadinhas de concurso:

	Antes da Lei 14.230/2021	Depois da Lei 14.230/2021
Prazo	5 anos; ou prazo prescricional previsto em lei específica para faltas disciplinares puníveis com demissão a bem do serviço público, nos casos de exercício de cargo efetivo ou emprego;	8 anos;
Termo inicial	(a) término do exercício de mandato, de cargo em comissão ou de função de confiança; (b) data da apresentação à administração pública da prestação de contas final.	(i) ocorrência do fato; ou (ii) do dia em que cessou a permanência no caso de infrações permanentes.

Nesse novo cenário, pouco importa quando houve o término do mandato, do exercício de cargo em comissão ou de função de confiança, bem assim a natureza do cargo (efetivo ou emprego público) e a prestação de contas.

2. Prazo prescricional e termo inicial: a prescrição opera-se caso transcorram 8 (oito) anos da data da ocorrência do fato ou, em se tratando de infrações permanentes, do dia em que cessou a permanência. Dois são, portanto, os termos iniciais da prescrição:

(i) data da ocorrência do fato	(ii) dia em que cessou a permanência, nas infrações permanentes

265. JUSTEN FILHO, Marçal. *Reforma da Lei de Improbidade* ... p. 251.

A compreensão da nova sistemática pressupõe a exata distinção entre infrações instantâneas, permanentes e continuadas:

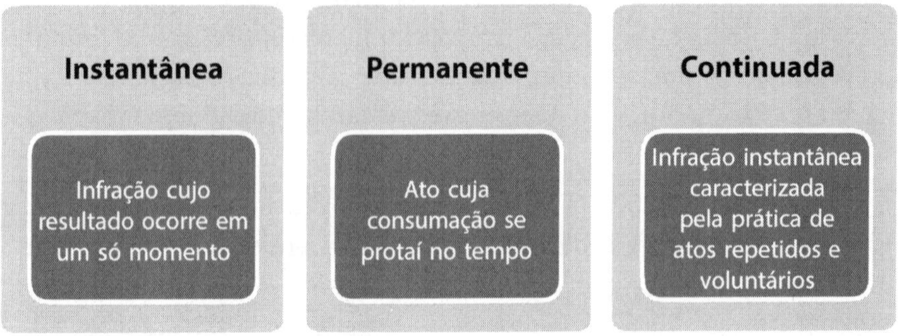

É possível exemplificar, como infração instantânea (de efeitos permanentes), a contratação, sem licitação, que seja considerada como ato de improbidade, pois o ilícito se consuma no momento da contratação irregular, ainda que seus efeitos se prolonguem pelo tempo de execução do contrato. De outro lado, considera infração permanente a prática da "rachadinha", na medida em que a cada mês que se opta pela devolução da remuneração o ato se renova, promovendo-se indevida apropriação ilegal e imoral do valor destinado ao agente público[266].

O novo regime, certamente, despertará debates sobre a situação em que os agentes ímprobos ocultam a prática do ato de improbidade, especialmente em relação às infrações instantâneas. Marçal Justen Filho lembra que as últimas e recentes reformas legislativas (Leis 12.527/2011 e 14.133/2021, além da própria Lei 14.230/2021) fundam-se na ampla publicidade dos atos administrativos, o que torna quase impossível manter ocultos eventuais atos ilícitos. Assim, o referido autor conclui que "deve-se reputar que o termo inicial do curso do prazo prescricional recai na data em que o ato ou o contrato teve efetivada a sua disponibilidade ao conhecimento público"[267].

3. Suspensão e interrupção do prazo prescricional:

3.1 Diferenças:

A suspensão consiste em causa legal que paralisa a fluência do prazo prescricional, que retoma sua contagem a partir deste marco, isto

266. GAJARDONI, Fernando da Fonseca; CRUZ, Luana Pedrosa de Figueiredo; GOMES JUNIOR, Luiz Manoel; FAVRETO, Rogério. *Comentários à Nova Lei de Improbidade* ... p. 558.

267. JUSTEN FILHO, Marçal. *Reforma da Lei de Improbidade* ... p. 252.

é, computa-se o período em que esteve suspenso. Já na interrupção, o prazo se inicia novamente, desprezando-se o período inicial interrompido. Fala-se, ainda, em causa impeditiva, que seria um fato obstativo do próprio início da fluência do prazo prescricional.

Eis as diferenças:

Impedimento
- Fato que obsta o início da fluência do prazo prescricional;
- Nem se inicia a contagem do prazo;

Suspensão
- Paralização da fluência do prazo, com retorno a partir do marco suspensivo;
- Computa-se o prazo iniciado anteriormente;

Interrupção
- O prazo recomeça após o marco interruptivo;
- Despreza-se o prazo iniciado anteriormente;

3.2 Suspensão do prazo prescricional (art. 23, §§ 1º e 2º): a instauração de inquérito civil ou de processo administrativo visando apurar os ilícitos **suspende** o curso do prazo prescricional por, no máximo, 180 (cento e oitenta) dias, recomeçando a correr após sua conclusão ou, caso não concluído, esgotado o prazo de suspensão. Não há, todavia, coincidência entre o prazo máximo de suspensão e o prazo para a conclusão do inquérito civil:

Prazo para conclusão do inquérito civil	Prazo de suspensão da prescrição
365 dias **corridos**, prorrogável uma única vez por igual período.	180 dias, improrrogável.

Dessa forma, caso as investigações não estejam concluídas em 180 dias, poderão prosseguir pelo prazo aproximado de um ano e meio, mas haverá a retomada do curso do prazo prescricional; encerrado prazo do inquérito civil, a ação de improbidade deverá ser proposta no prazo de **30 (trinta) dias,** se não for caso de arquivamento das investigações.

Fundado na premissa da especialidade, é possível entender que a mencionada sistemática se aplica, igualmente, aos processos administrativos disciplinares, mas, tão somente, na parte que diz respeito à apuração para possível ajuizamento de ação de improbidade. Para tal finalidade, poderia ser considerada a regra da LIA, tendo continuidade o Procedimento Administrativo Disciplinar, se o caso, para apuração de outros ilícitos que considerar pertinentes (mantivemos, entretanto, o item 04 do tópico CASUÍSTICA, para efeito de estudo e, também, em razão de possíveis desdobramentos decorrentes do princípio da retroatividade benéfica).

3.3 Interrupção do prazo prescricional (art. 23, §§ 4º e 5º): como visto linhas atrás, a interrupção do prazo prescricional importa no reinício da contagem do prazo com o desprezo da fração anteriormente transcorrida. No caso da improbidade, o prazo recomeça a correr do dia da interrupção, pela metade do lapso temporal do *caput* do art. 23 (4 anos):

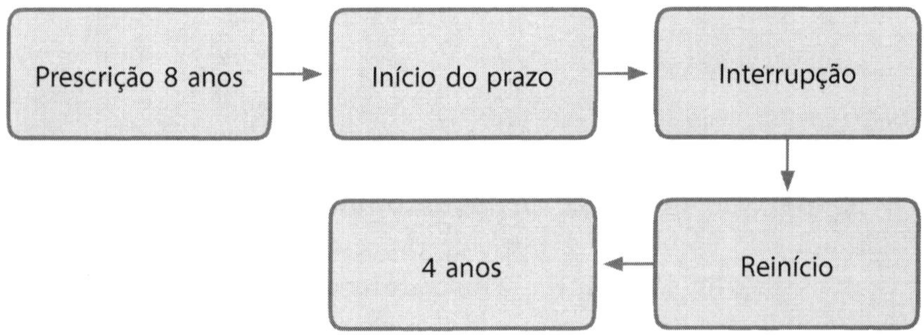

As causas de interrupção são semelhantes àquelas previstas no art. 117 do Código Penal, relativas às infrações penais. Algumas delas merecem especial atenção.

É o que ocorre em relação às causas elencadas nos incisos III a V do art. 23, que se referem à pronunciamentos judiciais, **não necessariamente colegiados**. Isso porque, na construção dos preceitos, a lei vale-se das expressões "decisão ou acórdão". Vale lembrar que a legislação processual contempla hipóteses em que o relator pode, monocraticamente, negar ou dar provimento a recursos (art. 932, incisos III, IV e V do CPC[268]).

268. "Art. 932. Incumbe ao relator:

III - não conhecer de recurso inadmissível, prejudicado ou que não tenha impugnado especificamente os fundamentos da decisão recorrida;

IV - negar provimento a recurso que for contrário a:

Nessa situação surge interessante questão: interposto e provido agravo contra a decisão monocrática, a interrupção subsiste? A resposta parece ser negativa, na medida em que, a teor do art. 1.008 do CPC, o julgamento proferido pelo tribunal substitui a decisão impugnada no que tiver sido objeto de recurso (**efeito substitutivo dos recursos**).

Outra questão digna de destaque é que a interrupção decorrente de atos judiciais (art. 23, incisos II a V) opera-se com a **publicação** da decisão ou acórdão e não na data do julgamento. A observação, embora simples, tem reflexos práticos e importantes, pois "[...] pode surgir situação em que o prazo prescricional se aperfeiçoe em data posterior ao julgamento e anterior à publicação da decisão"[269].

Por fim, importante registrar que todas as hipóteses de interrupção referem-se a decisões condenatórias, de modo que eventual sentença absolutória não constitui marco interruptivo do lapso prescricional. Daí conclusão de que "[...] é viável que, proferida uma sentença absolutória em primeiro grau, a prescrição intercorrente se consume antes do julgamento de um eventual recurso interposto"[270].

3.4 Efeitos objetivos e subjetivos da suspensão e da interrupção (art. 23, §§ 6º, e 7º): do ponto de vista objetivo, a suspensão e interrupção operadas em relação a qualquer dos atos de improbidade conexos que sejam objeto do mesmo processo estendem-se aos demais; sob o prisma subjetivo, a suspensão e interrupção produzem efeitos relativamente a todos os que concorreram para a prática do ato de improbidade.

"Dessa forma, ficam atingidos aqueles que não tiverem eventualmente interposto recurso que motivou o prosseguimento do feito para a

a) súmula do Supremo Tribunal Federal, do Superior Tribunal de Justiça ou do próprio tribunal;

b) acórdão proferido pelo Supremo Tribunal Federal ou pelo Superior Tribunal de Justiça em julgamento de recursos repetitivos;

c) entendimento firmado em incidente de resolução de demandas repetitivas ou de assunção de competência;

V - depois de facultada a apresentação de contrarrazões, dar provimento ao recurso se a decisão recorrida for contrária a:

a) súmula do Supremo Tribunal Federal, do Superior Tribunal de Justiça ou do próprio tribunal;

b) acórdão proferido pelo Supremo Tribunal Federal ou pelo Superior Tribunal de Justiça em julgamento de recursos repetitivos;

c) entendimento firmado em incidente de resolução de demandas repetitivas ou de assunção de competência".

269. JUSTEN FILHO, Marçal. *Reforma da Lei de Improbidade* ... p. 257.

270. JUSTEN FILHO, Marçal. *Reforma da Lei de Improbidade* ... p. 256.

instância seguinte, e isso acabou motivando a ocorrência de prescrição (porque o lapso temporal ocorreu em razão do recurso e mudança de resultado, por exemplo)”; idêntica conclusão se aplica em relação ao objeto da demanda, pois “[...] ocorrendo a suspensão ou interrupção da prescrição em relação a um dos atos de improbidade que estiverem conexos, no mesmo ‘fato’ e no mesmo processo, a suspensão e interrupção da prescrição [...] atingem o problema como um todo, ainda que não tenham sido especificamente objeto de recurso que ocasionou a alteração na contagem do prazo prescricional, seja por suspensão ou interrupção”[271].

O critério para determinar a incidência dos efeitos é semelhante:

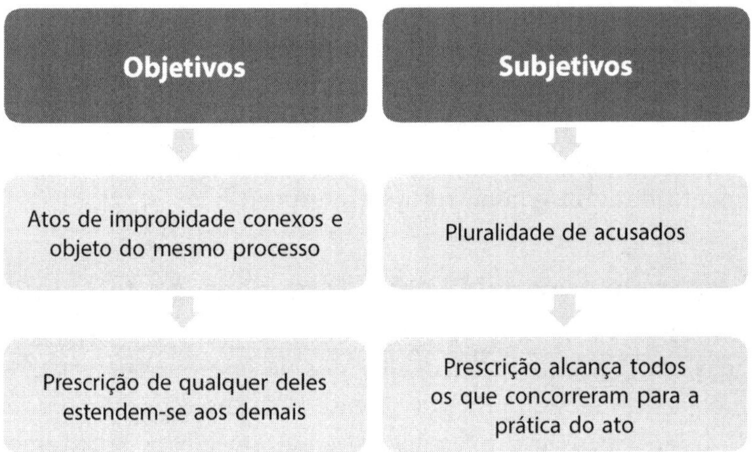

4. Prescrição intercorrente (art. 23, § 8º): trata-se de fenômeno que enseja a perda da pretensão no curso do procedimento, medida que pode ser proclamada ofício pelo magistrado desde que oportunize às partes o direito à prévia manifestação. Verificar-se-á a prescrição intercorrente na hipótese de transcurso do lapso de 4 anos entre os marcos interruptivos da prescrição. “Isso significa que o prazo prescricional continua a fluir, mesmo durante o desenvolvimento do processo. A ausência de conclusão do processo, mediante decisão condenatória transitada em julgado, no prazo previsto acarretará sua extinção”[272].

271. GAJARDONI, Fernando da Fonseca; CRUZ, Luana Pedrosa de Figueiredo; GOMES JUNIOR, Luiz Manoel; FAVRETO, Rogério. *Comentários à Nova Lei de Improbidade* ... p. 562.

272. JUSTEN FILHO, Marçal. *Reforma da Lei de Improbidade* ... p. 257-258.

Eis a representação gráfica da prescrição intercorrente:

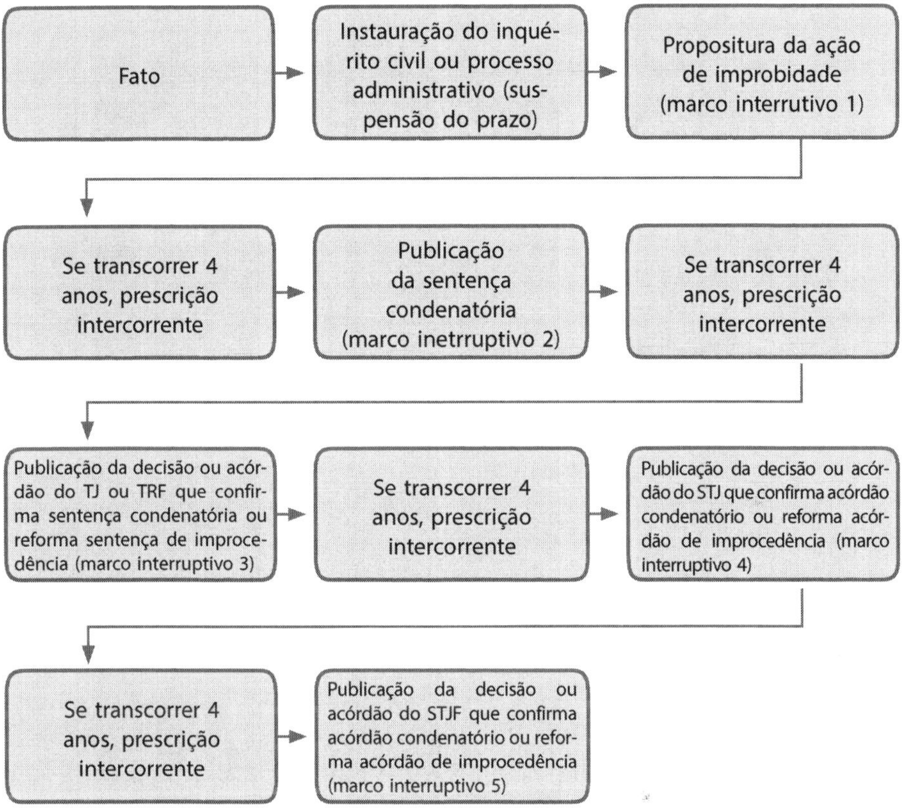

5. (Im)prescritibilidade da pretensão de ressarcimento ao Erário: no decorrer desta obra o atento leitor deve ter reparado quc, ao fazer referência à prescrição, mencionou-se que a extinção alcança a pretensão **condenatória**, justamente porque é polêmica a questão da (im)prescritibilidade da ação de improbidade que veicule pleito ressarcitório. E a problemática relaciona-se à interpretação do art. 37, § 5º, da CF, segundo o qual "a lei estabelecerá os prazos de prescrição para ilícitos praticados por qualquer agente, servidor ou não, que causem prejuízos ao erário, ressalvadas as respectivas ações de ressarcimento".

Prevalece o entendimento de que **são imprescritíveis** as demandas de ressarcimento ao Erário decorrentes de ato doloso de improbidade administrativa. Isso por força da ressalva das ações de ressarcimento constante da parte final do § 5º do art. 37, acima transcrito. Entretanto, é **prescritível** a pretensão de reparação de danos à Fazenda Pública decorrente de **ilícito civil,** assim como as fundadas em decisão do Tribunal de Contas (ver item 2 do tópico CASUÍSTICA).

Pretensão	Fundamento	Prescrição
Condenatória	Art. 12, LIA	8 anos
Ressarcimento ao Erário	Ilícito Civil e/ou decisão do Tribunal de Contas	Prescritível
Ressarcimento ao Erário	Ato doloso de improbidade	Imprescritível

Doutrina minoritária defende a prescritibilidade ao argumento de que os casos de imprescritibilidade devem ser expressa e taxativamente previstos no texto constitucional, sob pena de vulnerar o princípio da segurança jurídica. Adepto desta concepção, Marino Pazzaglini Filho, além deste fundamento, acrescenta que a ressalva apenas esclarece que as ações de reparação dos danos não ficam sujeitas ao mesmo prazo prescricional das demais sanções previstas na LIA, aplicando-se por conseguinte o prazo do art. 205 do CC (prazo prescricional geral de 10 anos)[273].

CASUÍSTICA

1. Termo inicial da prescrição a partir do conhecimento do fato:

"PROCESSUAL CIVIL. RECURSO ESPECIAL. ADMISSIBILIDADE. NÃO INDICAÇÃO DOS MOTIVOS DA VIOLAÇÃO. DEFICIÊNCIA NA FUNDAMENTAÇÃO. SÚMULA N.º 284/STF. VIOLAÇÃO AO ART. 535, DO CPC. INOCORRÊNCIA. ALÍNEA "C". AUSÊNCIA DE SIMILITUDE ENTRE OS ARESTOS CONFRONTADOS. NÃO CONHECIMENTO.

273. PAZZAGLINI FILHO, Marino. *Lei de Improbidade* ... p. 253 e 255.

ADMINISTRATIVO. **AÇÃO CIVIL PÚBLICA POR ATO DE IMPROBIDADE. SERVIDOR PÚBLICO. PRESCRIÇÃO. TERMO INICIAL. CIÊNCIA PELO TITULAR DA DEMANDA.** ACÓRDÃO MANTIDO. **1. O termo a quo do prazo prescricional da ação de improbidade conta-se da ciência inequívoca, pelo titular de referida demanda, da ocorrência do ato ímprobo, sendo desinfluente o fato de o ato de improbidade ser de notório conhecimento de outras pessoas que não aquelas que detém a legitimidade ativa ad causam, uma vez que a prescrição presume inação daquele que tenha interesse de agir e legitimidade para tanto.** 2. In casu, independente do exame da legislação local, vedado pela incidência da Súmula n.º 280/STF, uma vez que não há controvérsia instaurada nos autos acerca do tema, prevê o Estatuto dos Servidores Públicos do Município de Caxias do Sul (Lei Municipal n.º 3.673/91, art. 263, IV), consoante consta do aresto recorrido, o prazo de prescrição da ação de improbidade, nos termos do art. 23, II, da Lei n.º 8.429/92, é de 04 (quatro) anos do conhecimento do ato ímprobo. 3. A declaração da prescrição pressupõe a existência de uma ação que vise tutelar um direito (actio nata), a inércia de seu titular por um certo período de tempo e a ausência de causas que interrompam ou suspendam o seu curso. 4. Deveras, com a finalidade de obstar a perenização das situações de incerteza e instabilidade geradas pela violação ao direito, e fulcrado no Princípio da Segurança Jurídica, o sistema legal estabeleceu um lapso temporal, dentro do qual o titular do direito pode provocar o Poder Judiciário, sob pena de perecimento da a ação que visa tutelar o direito". (STJ, *REsp 999.324/RS*, 1ª T., rel. Min. Luiz Fux, j. 26.10.2010, DJe 18.11.2010, grifamos).

"ADMINISTRATIVO. PROCESSO CIVIL. VIOLAÇÃO DO ART. 535 DO CPC. INEXISTÊNCIA. MILITAR. IMPROBIDADE ADMINISTRATIVA. PRESCRIÇÃO. ILÍCITO ADMINISTRATIVO E PENAL. PRAZO PRESCRICIONAL. ART. 142, § 2º, DA LEI N. 8.112/90. PRESCRIÇÃO NÃO CARACTERIZADA. SÚMULA 83/STJ. DIVERGÊNCIA JURISPRUDENCIAL. AUSÊNCIA DE COTEJO ANALÍTICO. AUSÊNCIA DE SIMILITUDE FÁTICA [...] 2. Segundo o art. 23, inciso II, da Lei n. 8.429/92 - Lei de Improbidade Administrativa -, o prazo prescricional para a ação de improbidade é o "previsto em lei específica para faltas disciplinares puníveis com demissão a bem do serviço público, nos casos de exercício de cargo efetivo ou emprego". 3. O art. 142, § 2º, da Lei n. 8.112/90 remete à lei penal o prazo prescricional quando o ato também constituir crime. In casu, o recorrente foi denunciado na Ação Penal de n° 2007.34.00.032360-4 (IPL n° 2007.3 4.00.024276-0), em trâmite na 12º Vara Seção Judiciária, pelo crime de estelionato, cujo prazo prescricional é de 12 (doze) anos. **Considerando-se o termo inicial da prescrição a data em que o fato se tornou conhecido**, ou seja, em 28.3.2001, não se encontra prescrita a presente ação, uma vez que ajuizada em 14.8.2006. Precedentes. AgRg no REsp 1.386.186/PE, Rel. Min. Humberto Martins, Segunda Turma; REsp 1.386.162/SE, Rel. Min. Herman Benjamin, Segunda Turma; REsp 1234317/RS, Rel. Min. Mauro Campbell Marques, Segunda Turma. Incidência da Súmula 83/STJ [...]" (STJ, *AgRg no AREsp 654.501/DF*, 2ª T., rel. Min. Humberto Martins, j. 28.04.2015, DJe 06.05.2015, grifamos).

2. Prescrição das ações de ressarcimento ao Erário:

(a) *Imprescritibilidade da pretensão de ressarcimento ao erário decorrente de atos de improbidade administrativa:* ao julgar o *RE 852.475/SP*, **com repercussão geral**, o Plenário do STF, por seis votos a cinco, reafirmou o entendimento de que ações de ressarcimento ao erário por ato doloso de improbidade administrativa são imprescritíveis. O relator, Ministro Alexandre de Moraes, votou no sentido de reconhecer a prescritibilidade em cinco anos da cobrança em casos de improbidade. Para ele, "a questão [...] transcende a discussão de prazos. Tem a ver com ampla defesa e, sobretudo, a absoluta comprovação que a Constituição exige para a condenação por improbidade administrativa. A sanção só pode ser imposta depois de comprovado o dolo ou a culpa". Divergiu o Ministro Luiz Edson Fachin, primeiro a votar depois do relator. Segundo ele, a devolução de valores desviados dos cofres públicos não pode prescrever. "O Poder Constituinte originário houve por bem escolher a compreensão de que a coisa pública não pode ser tratada com desdém", disse. Os ministros Celso de Mello, Rosa Weber e Cármen Lúcia seguiram a divergência. Retificaram os votos os Ministros Luiz Fux e Luís Roberto Barroso que também aderiram ao pensamento de Fachin. Para Barroso, as ações de ressarcimento demoram por causa da complexidade das investigações e da demora do processo penal. "É preciso entender que o ressarcimento ao erário não é sanção. Devolver o que não deveria ter tomado, não é sanção", afirmou, no voto. O ministro se baseou em dados do Conselho Nacional de Justiça levados ao caso pela Advocacia-Geral da União. Segundo o órgão, entre 2006 e 2016, as condenações por ressarcimento integral somaram R$ 1,9 bilhão, mas só R$ 2,7 milhões, ou 0,1% do total das condenações, foi recuperado. O ministro Marco Aurélio acompanhou o relator e votou pelo prazo prescricional de cinco anos. "Não me consta que o período de cinco anos seja insuficiente. Trata-se da preservação da coisa pública, mas não cabe incluir [*na condenação*] situação não prevista [*em lei*]." Um dos últimos a se pronunciar, o ministro Gilmar Mendes votou vencido e se disse "muito desconfortável" com a posição vencedora. Ele citou o caso dos procuradores da República Luiz Francisco Fernandes de Souza e Guilherme Schelb, "braços jurídicos do Partido dos Trabalhadores", que ajuizaram centenas de ações de improbidade contra o governo Fernando Henrique Cardoso com objetivos que o ministro disse políticos — e que só foram ser arquivadas anos depois.

Para Gilmar, a decisão desta quarta era um incentivo ao ajuizamento de ações de improbidade vazias com objetivo de emparedar políticos e gestores. Votaram pela imprescritibilidade das ações os ministros Fachin, Rosa Weber, Celso de Mello, Cármen Lúcia, Luiz Fux e Luís Roberto Barroso. Já os ministros Alexandre de Moraes, Dias Toffoli, Ricardo Lewandowski, Gilmar Mendes e Marco Aurélio se posicionaram a favor do prazo de cinco anos[274]. Eis a ementa do acórdão:

> "DIREITO CONSTITUCIONAL. DIREITO ADMINISTRATIVO. RESSARCIMENTO AO ERÁRIO. IMPRESCRITIBILIDADE. SENTIDO E ALCANCE DO ART. 37, § 5 º, DA CONSTITUIÇÃO. 1. A prescrição é instituto que milita em favor da estabilização das relações sociais. 2. Há, no entanto, uma série de exceções explícitas no texto constitucional, como a prática dos crimes de racismo (art. 5º, XLII, CRFB) e da ação de grupos armados, civis ou militares, contra a ordem constitucional e o Estado Democrático (art. 5º, XLIV, CRFB). **3. O texto constitucional é expresso (art. 37, § 5º, CRFB) ao prever que a lei estabelecerá os prazos de prescrição para ilícitos na esfera cível ou penal, aqui entendidas em sentido amplo, que gerem prejuízo ao erário e sejam praticados por qualquer agente. 4. A Constituição, no mesmo dispositivo (art. 37, § 5º, CRFB) decota de tal comando para o Legislador as ações cíveis de ressarcimento ao erário, tornando-as, assim, imprescritíveis. 5. São, portanto, imprescritíveis as ações de ressarcimento ao erário fundadas na prática de ato doloso tipificado na Lei de Improbidade Administrativa**. 6. Parcial provimento do recurso extraordinário para (i) afastar a prescrição da sanção de ressarcimento e (ii) determinar que o tribunal recorrido, superada a preliminar de mérito pela imprescritibilidade das ações de ressarcimento por improbidade administrativa, aprecie o mérito apenas quanto à pretensão de ressarcimento" (STF, *RE 852.475/SP,* Pleno, rel. Min. Alexandre de Moraes, rel. p/ acórdão Min. Edson Fachin, j. 08.08.2018, DJe 25.03.2019, grifamos).

(b) *prescritibilidade da pretensão de reparação de danos à Fazenda Pública decorrente de ilícito civil:* de outro lado, a jurisprudência do STF é no sentido da prescritibilidade das ações de reparação de danos derivados de ilícito civil, restringindo o alcance da ressalva constante da parte final do § 5º do art. 37 da Constituição Federal:

> "CONSTITUCIONAL E CIVIL. RESSARCIMENTO AO ERÁRIO. IMPRESCRITIBILIDADE. SENTIDO E ALCANCE DO ART. 37, § 5º, DA CONSTITUIÇÃO. 1. É prescritível a ação de reparação de danos à Fazenda Pública decorrente de ilícito civil. 2. Recurso extraordinário a que se nega provimento" (STF, *RE 669.069/MG* **[com repercussão geral],** Pleno, rel. Min. Teori Zavascki, j. 03.02.2016, DJe 28.04.2016).

274. *Revista Consultor Jurídico,* 08 de agosto de 2018. Disponível em <https://www.conjur.com.br/2018-ago-08/dever-ressarcir-erario-nao-prescreve-decide-supremo>. Acesso em 08 ago. 2018.

Elucidativas, a propósito, as ponderações do relator do acórdão mencionado que sintetizam a questão relativa à imprescritibilidade das ações de ressarcimento ao Erário:

"Em suma, não há dúvidas de que o fragmento final do § 5º do art. 37 da Constituição veicula, sob a forma da imprescritibilidade, uma ordem de bloqueio destinada a conter eventuais iniciativas legislativas displicentes com o patrimônio público. Esse sentido deve ser preservado. Todavia, não é adequado embutir na norma de imprescritibilidade um alcance ilimitado, ou limitado apenas pelo (a) conteúdo material da pretensão a ser exercida – o ressarcimento – ou (b) pela causa remota que deu origem ao desfalque no erário – um ato ilícito em sentido amplo. O que se mostra mais consentâneo com o sistema de direito, inclusive o constitucional, que consagra a prescritibilidade como princípio, é atribuir um sentido estrito aos ilícitos de que trata o § 5º do art. 37 da Constituição Federal, afirmando como tese de repercussão geral a de que a imprescritibilidade a que se refere o mencionado dispositivo diz respeito apenas a ações de ressarcimento de danos decorrentes de ilícitos tipificados como de improbidade administrativa e como ilícitos penais".

(c) *prescritibilidade da pretensão de ressarcimento ao Erário fundada em decisão do Tribunal de Contas:* ao julgar o **RE 636.886,** com repercussão geral, o STF firmou tese no sentido de que "é prescritível a pretensão de ressarcimento ao erário fundada em decisão do Tribunal de Contas". Eis a ementa do acórdão:

"CONSTITUCIONAL E ADMINISTRATIVO. REPERCUSSÃO GERAL. EXECUÇÃO FUNDADA EM ACÓRDÃO PROFERIDO PELO TRIBUNAL DE CONTAS DA UNIÃO. PRETENSÃO DE RESSARCIMENTO AO ERÁRIO. ART. 37, § 5º, DA CONSTITUIÇÃO FEDERAL. PRESCRITIBILIDADE. 1. A regra de prescritibilidade no Direito brasileiro é exigência dos princípios da segurança jurídica e do devido processo legal, o qual, em seu sentido material, deve garantir efetiva e real proteção contra o exercício do arbítrio, com a imposição de restrições substanciais ao poder do Estado em relação à liberdade e à propriedade individuais, entre as quais a impossibilidade de permanência infinita do poder persecutório do Estado. 2. Analisando detalhadamente o tema da "prescritibilidade de ações de ressarcimento", este SUPREMO TRIBUNAL FEDERAL concluiu que, somente são imprescritíveis as ações de ressarcimento ao erário fundadas na prática de ato de improbidade administrativa doloso tipificado na Lei de Improbidade Administrativa – Lei 8.429/1992 (TEMA 897). Em relação a todos os demais atos ilícitos, inclusive àqueles atentatórios à probidade da administração não dolosos e aos anteriores à edição da Lei 8.429/1992, aplica-se o TEMA 666, sendo prescritível a ação de reparação de danos à Fazenda Pública. 3. A excepcionalidade reconhecida pela maioria do SUPREMO TRIBUNAL FEDERAL no TEMA 897, portanto, não se encontra presente no caso em análise, uma vez que, no processo de tomada de contas, o TCU não julga pessoas, não perquirindo a existência de dolo decorrente de ato de improbidade administrativa, mas, especificamente, realiza o julgamento técnico das contas à partir da reunião dos elementos objeto da fiscalização e apurada a ocorrência de irregularidade de que resulte dano ao erário, proferindo o acórdão em que se imputa o débito ao responsável, para fins de se obter o respectivo ressarcimento. 4. A pretensão de ressarcimento ao erário em face de agentes públicos reconhecida em acórdão de Tribunal de Contas prescreve na forma da Lei 6.830/1980 (Lei de Execução Fiscal). 5. Recurso Extraordinário DESPROVIDO, mantendo-se a extinção do processo pelo reconhecimento da prescrição. Fixação da seguinte tese para o TEMA 899: "É prescritível a pretensão de ressarcimento ao erário fundada em decisão de Tribunal de Contas" (STF, *RE 636.886/AL*, Pleno, rel. Min. Alexandre de Moraes, j. 20.04.2020, DJe 24.06.2020).

3. Termo inicial do prazo e as hipóteses de reeleição dos agentes políticos (SUPERAÇÃO PELA LEI 14.230/2021):

"PROCESSUAL CIVIL. ADMINISTRATIVO. AÇÃO CIVIL PÚBLICA. IMPROBIDADE ADMINISTRATIVA. ART. 142 DA LEI N. 8.112/91. FALTA DE PREQUESTIONAMENTO. ART. 23 DA LEI N. 8.429/92 (LEI DE IMPROBIDADE ADMINISTRATIVA – LIA). PRAZO PRESCRICIONAL. EX-PREFEITO. REELEIÇÃO. TERMO A QUO. TÉRMINO DO SEGUNDO MANDATO. MORALIDADE ADMINISTRATIVA: PARÂMETRO DE CONDUTA DO ADMINISTRADOR E REQUISITO DE VALIDADE DO ATO ADMINISTRATIVO. HERMENÊUTICA. MÉTODO TELEOLÓGICO. PROTEÇÃO DESSA MORALIDADE ADMINISTRATIVA. MÉTODO HISTÓRICO. APROVAÇÃO DA LIA ANTES DA EMENDA CONSTITUCIONAL N. 16/97, QUE POSSIBILITOU O SEGUNDO MANDATO. ART. 23, I, DA LIA. INÍCIO DA CONTAGEM DO PRAZO PRESCRICIONAL ASSOCIADO AO TÉRMINO DE VÍNCULO TEMPORÁRIO. A REELEIÇÃO, EMBORA NÃO PRORROGUE SIMPLESMENTE O MANDATO, IMPORTA EM FATOR DE CONTINUIDADE DA GESTÃO ADMINISTRATIVA, ESTABILIZAÇÃO DA ESTRUTURA ESTATAL E PREVISÃO DE PROGRAMAS DE EXECUÇÃO DURADOURA. RESPONSABILIDADE DO ADMINISTRADOR PERANTE O TITULAR DA RES PUBLICA POR TODOS OS ATOS PRATICADOS DURANTE OS OITO ANOS DE ADMINISTRAÇÃO, INDEPENDENTE DA DATA DE SUA REALIZAÇÃO. RESSARCIMENTO AO ERÁRIO. IMPRESCRITIBILIDADE. RECURSO ESPECIAL PARCIALMENTE CONHECIDO E, NESSA PARTE, PROVIDO (ART. 557, § 1º-A, CPC). 1. O colegiado de origem não tratou da questão relativa à alegada violação ao art. 142 da Lei n. 8.112/91 e, apesar disso, a parte interessada não aviou embargos de declaração. Assim, ausente o indispensável prequestionamento, aplica-se o teor das Súmulas 282 e 356 da Corte Suprema, por analogia. 2. O postulado constitucional da moralidade administrativa é princípio basilar da atividade administrativa e decorre, diretamente, do almejado combate à corrupção e à impunidade no setor público. Em razão disso, exerce dupla função: parâmetro de conduta do administrador e requisito de validade do ato administrativo. **3. Interpretação da Lei n. 8.429/92. Método teleológico. Verifica-se claramente que a mens legis é proteger a moralidade administrativa e todos seus consectários por meio de ações contra o enriquecimento**

ilícito de agentes públicos em detrimento do erário e em atentado aos princípios da administração pública. Nesse sentido deve ser lido o art. 23, que trata dos prazos prescricionais. 4. Método histórico de interpretação. A LIA, promulgada antes da Emenda Constitucional n. 16, de 4 de junho de 1997, que deu nova redação ao § 5º do art. 14, da Constituição Federal, considerou como termo inicial da prescrição exatamente o final de mandato. No entanto, a EC n. 16/97 possibilitou a reeleição dos Chefes do Poder Executivo em todas as esferas administrativas, com o expresso objetivo de constituir corpos administrativos estáveis e cumprir metas governamentais de médio prazo, para o amadurecimento do processo democrático. 5. A Lei de Improbidade associa, no art. 23, I, o início da contagem do prazo prescricional ao término de vínculo temporário, entre os quais, o exercício de mandato eletivo. De acordo com a justificativa da PEC de que resultou a Emenda n. 16/97, a reeleição, embora não prorrogue simplesmente o mandato, importa em fator de continuidade da gestão administrativa. Portanto, o vínculo com a Administração, sob ponto de vista material, em caso de reeleição, não se desfaz no dia 31 de dezembro do último ano do primeiro mandato para se refazer no dia 1º de janeiro do ano inicial do segundo mandato. Em razão disso, o prazo prescricional deve ser contado a partir do fim do segundo mandato. 6. O administrador, além de detentor do dever de consecução do interesse público, guiado pela moralidade – e por ela limitado –, é o responsável, perante o povo, pelos atos que, em sua gestão, em um ou dois mandatos, extrapolem tais parâmetros. 7. A estabilidade da estrutura administrativa e a previsão de programas de execução duradoura possibilitam, com a reeleição, a satisfação, de forma mais concisa e eficiente, do interesse público. No entanto, o bem público é de titularidade do povo, a quem o administrador deve prestar contas. E se, por dois mandatos seguidos, pôde usufruir de uma estrutura mais bem planejada e de programas de governo mais consistentes, colhendo frutos ao longo dos dois mandatos – principalmente, no decorrer do segundo, quando os resultados concretos realmente aparecem – deve responder inexoravelmente perante o titular da res publica por todos os atos praticados durante os oito anos de administração, independente da data de sua realização. 8. No que concerne à ação civil pública em que se busca a condenação por dano ao erário e o respectivo ressarcimento, esta Corte considera que tal pretensão é imprescritível, com base no que dispõe o artigo 37, § 5º, da Constituição da República. Precedentes de ambas as Turmas da Primeira Seção 9. Recurso especial parcialmente conhecido e, nessa parte, provido" (STJ, *REsp 1.107.833/SP*, 2ª T., rel. Min. Mauro Campbell Marques, j. 08.09.2009, DJe 18.09.2009, grifamos).

"RECURSO ESPECIAL. IMPROBIDADE ADMINISTRATIVA. PREFEITO. REELEIÇÃO. PRAZO PRESCRICIONAL. DIES A QUO. 1. **O termo inicial do prazo prescricional da ação de improbidade administrativa, no caso de reeleição de prefeito, se aperfeiçoa após o término do segundo mandato.** 2. **O artigo 23, inciso I, da Lei nº 8.429/92, faz essencial à constituição do dies a**

quo da prescrição na ação de improbidade o término do exercício do mandato ou, em outras palavras, a cessação do vínculo temporário do agente ímprobo com a Administração Pública, que somente se verifica, no caso de reeleição, após o término do segundo mandato, pois que, nesse caso, há continuidade do exercício da função de Prefeito, por inexigido o afastamento do cargo. 3. Recurso especial provido" (STJ, *REsp 1.153.079/ BA*, 1ª T., rel. Min. Hamilton Carvalhido, j. 13.04.2010, DJe 29.04.2010, grifamos).

4. Limite à Interrupção prazo prescricional prevista na Lei 8.112, de 1990:

"PROCESSUAL CIVIL. ADMINISTRATIVO. IMPROBIDADE ADMINISTRATIVA. SERVIDOR DE CARGO EFETIVO. PRESCRIÇÃO. LEI DE IMPROBIDADE ADMINISTRATIVA E REGIME ÚNICO DOS SERVIDORES. SINDICÂNCIA. INTERRUPÇÃO DA CONTAGEM DO PRAZO. IMPLEMENTO DOS CINCO ANOS. PRESCRIÇÃO QUANTO ÀS SANÇÕES ADMINISTRATIVAS. MANUTENÇÃO DA CONDENAÇÃO DE RESSARCIMENTO AO ERÁRIO. ALEGAÇÃO DE NULIDADE PELO JULGAMENTO ANTECIPADO DA LIDE E QUEBRA DO PRINCÍPIO DA AMPLA DEFESA, NA SINDICÂNCIA. APLICAÇÃO DA SÚMULA 7 [...] **3. Tratando-se de exercício de cargo ou emprego efetivos, o prazo de prescrição, na ação de improbidade administrativa, é regido pelo art. 23, II da Lei 8.429/1992, em sintonia com o art. 142 da Lei 8.112/90. 4. A instauração de sindicância interrompe o curso do prazo pelo período do processamento do procedimento, desde que não exceda a 140 dias, a partir de quando volta a correr o prazo prescricional pela sua plenitude.** Exegese do STF sobre os arts. 152, caput, combinado com o 169, § 2º, da Lei 8.112/90 (MS 22.728 - STF). 5. Tendo-se em conta que a instauração da sindicância, em 10/01/2002, interrompeu a contagem da prescrição por 140 (cento e quarenta) dias a partir daquela data, o prazo prescricional, pela integralidade, voltou a ter curso em 31/05/2002, pelo que o implemento dos cinco anos se operou 31/05/2007. Em 31/03/2008, quando proposta a ação de improbidade, já estava operada a prescrição em relação às sanções administrativas típicas da improbidade administrativa. 6. As alegações de nulidade do julgamento antecipado da lide e de suposta quebra do princípio da ampla defesa, no processo de sindicância, vêm firmados em elementos de ordem fática cujo exame demandaria o reexame da prova, hipótese que enseja a aplicação do óbice da Súmula 7 do STJ. 7. Recurso especial parcialmente provido. (STJ, *REsp 1.405.015/SE*, 1ª T., rel. Min. Olindo Menezes, j. 24.11.2015, grifamos)

"AGRAVO REGIMENTAL EM LIMINAR EM MANDADO DE SEGURANÇA. FUMUS BONI IURIS. PRESENÇA. PROCESSO ADMINISTRATIVO DISCIPLINAR. ARTIGO 142 DA LEI Nº 8.112/90. PRESCRIÇÃO DA PRETENSÃO PUNITIVA DO ESTADO. **1. O prazo prescricional, interrompido com a instauração do processo administrativo disciplinar, recomeça a correr após cento e quarenta dias da data em que deveria ter sido concluído o processo disciplinar, somando, para tanto, os prazos para a conclusão do processo administrativo disciplinar e para a aplicação da penalidade, insertos nos artigos 152 e 167 da Lei**

nº 8.112/90. 2. Presente o quantum de plausibilidade jurídica do pedido, necessário ao acolhimento do pleito cautelar, é de se manter a decisão que o deferiu. 3. Agravo regimental improvido" (STJ, *AgRg no MS 11.170/DF*, 3ª Seção, rel. Min. Hamilton Carvalhido, j. 12.03.2008, DJe 04.08.2008, grifamos).

Atenção: o entendimento externado nos sobreditos acórdãos restou consolidado na Súmula 635 do STJ, aprovada pela 1ª Seção em 12 de junho de 2019 e publicada no DJe de 17.06.2019, que tem a seguinte redação: "Os prazos prescricionais previstos no art. 142 da Lei n. 8.112/1990 iniciam-se na data em que a autoridade competente para a abertura do procedimento administrativo toma conhecimento do fato, interrompem-se com o primeiro ato de instauração válido - sindicância de caráter punitivo ou processo disciplinar - e voltam a fluir por inteiro, após decorridos 140 dias desde a interrupção".

5. Prescrição e pluralidade de réus:

(i) *Contagem a partir do término do vínculo do último agente ímprobo com a Administração:* havia na jurisprudência do STJ precedente no sentido de que, havendo pluralidade de réus, a prescrição contar-se-ia do desligamento do último agente do serviço público:

"ADMINISTRATIVO. IMPROBIDADE ADMINISTRATIVA. PRAZO PRESCRICIONAL. ARTIGO 23, I, DA LEI 8.429/1992. INDIVIDUALIZAÇÃO. AFASTAMENTO. I - O prazo prescricional quinquenal descrito no artigo 23, I, da Lei nº 8.429/1992, somente começa a fluir após ter o último réu se desligado do serviço público, alcançando assim a norma a maior eficácia possível, viabilizando a repressão aos atos de improbidade administrativa. II - Tal exegese vai ao encontro do princípio da isonomia, uma vez que o co-réu que se desvinculasse primeiro poderia não responder pelos atos de improbidade, enquanto aquele que deixou para se desligar da administração posteriormente responderia. III - Recurso especial provido" (STJ, *REsp 1.071.939/PR,* 1ª T., rel. Min. Francisco Falcão, j. 02.04.2009, DJe 22.04.2009).

(ii) *Contagem individualizada:* o entendimento, contudo, foi superado, **prevalecendo atualmente orientação no sentido de que a prescrição tem caráter personalíssimo e deve ser computada individualmente**:

"RECURSO ESPECIAL. ADMINISTRATIVO. IMPROBIDADE. PRESCRIÇÃO. CONCURSO DE AGENTES. PRAZO PRESCRICIONAL QUINQUENAL. TERMO INICIAL. ART. 23, I, DA LEI N. 8.429/1992. TÉRMINO DO MANDATO. CONTAGEM INDIVIDUALIZADA. **1. A jurisprudência desta Corte pacificou o entendimento de que o prazo de prescrição na ação de improbidade é quinquenal, nos termos do que dispõe o art. 23, I, da Lei n. 8.429/1992. 2. Mencionado dispositivo é claro no sentido de que o início do prazo prescricional ocorre com o término do**

exercício do mandato ou cargo em comissão, sendo tal prazo computado individualmente, mesmo na hipótese de concurso de agentes, haja vista a própria natureza subjetiva da pretensão sancionatória e do instituto em tela. Precedentes. 3. Acórdão recorrido que se coaduna com a jurisprudência desta Corte de Justiça. 4. A divergência jurisprudencial apontada não foi comprovada nos moldes exigidos nos arts. 541, parágrafo único, do Código de Processo Civil e 255, § 2º, do Regimento Interno do STJ, uma vez que o recorrente apenas transcreveu as ementas dos julgados que entendeu favoráveis à sua tese, sem realizar o necessário cotejo analítico entre a fundamentação contida nos precedentes invocados como paradigmas e no aresto impugnado. 5. Recurso especial conhecido em parte e, nessa extensão, não provido" (STJ, *Resp 1.230.550/PR*, 2ª T., rel. Min. Og Fernandes, j. 20.02.2018, grifamos).

"PROCESSUAL CIVIL. AÇÃO DE IMPROBIDADE ADMINISTRATIVA. RECURSO ESPECIAL. INADMISSÃO. AGRAVO. REVISÃO DA PROVA. SÚMULA 7/STJ. PRESCRIÇÃO. LITISCONSÓRCIO. CONTAGEM INDIVIDUAL. AGRAVO REGIMENTAL. DESPROVIMENTO. 1. O acórdão recorrido reformou a sentença, para julgar improcedente a ação de improbidade administrativa, na compreensão de não haver ficado demonstrado o dano ao erário, tampouco o fato de os réus terem agido com dolo ou desídia (culpa), elementos sem os quais a imputação não se amoldaria a ato de improbidade administrativa. 2. Pretender que o STJ (eventualmente) atenda à pretensão do recorrente, de reverter a decisão do tribunal de origem, implicaria a revisão de toda a prova produzida nos autos, o que encontra óbice na Súmula 7/STJ. **3. O instituto da prescrição, que extingue a pretensão, em face da violação de um direito (art. 189 - Cód. Civil), tem caráter personalíssimo e, por isso, deve ser visto dentro das condições subjetivas de cada partícipe da relação processual. Não faz sentido, em face da ordem jurídica, a "socialização" na contagem da prescrição. 4. Tendo sido o demandado exonerado do cargo que ocupava ao tempo dos atos apontados como ímprobos, desse momento teve curso o seu prazo prescricional, ainda que ele integre a relação processual em litisconsórcio com outro réu, cuja condição de ocupante de cargo eletivo, somente enseja a contagem do seu prazo prescricional após o término do mandato**. 5. Agravo regimental desprovido. (STJ, *AgRg no AREsp 472.062/RJ*, 1ª T., rel. Min. Olindo Menezes – Desembargador Convocado do TRF 1ª Região, j. 08.09.2015, DJe 23.09.2015, grifamos).

"RECURSO ESPECIAL - ADMINISTRATIVO E PROCESSUAL CIVIL - IMPROBIDADE ADMINISTRATIVA - CORRÉUS - PRESCRIÇÃO - CONTAGEM INDIVIDUAL - RESSARCIMENTO AO ERÁRIO - IMPRESCRITIBILIDADE. **1. As punições dos agentes públicos, nestes abrangidos o servidor público e o particular, por cometimento de ato de improbidade administrativa estão sujeitas à prescrição quinquenal (art. 23 da Lei nº. 8.429/92), contado o prazo individualmente, de acordo com as condições de cada réu.** Precedente do STJ. 2. Diferentemente, a ação de ressarcimento dos prejuízos causados ao erário é imprescritível (art. 37, § 5º, da Constituição). 3. Recurso especial conhecido e parcialmente provido. (STJ, *REsp 1.185.461/PR*, 2ª T., rel. Mini. Eliana Calmon, j. 1º.06.2010, DJe 17.06.2010, grifamos).

"ADMINISTRATIVO E PROCESSUAL CIVIL. IMPROBIDADE. CO-RÉUS. PRESCRIÇÃO. CONTAGEM INDIVIDUAL. 1. Hipótese em que foi proposta Ação Civil Pública por improbidade administrativa contra diversos réus, tendo sido declarada a prescrição quinquenal para a cominação de sanções a um deles, considerando como termo inicial o término do seu cargo comissionado, ressalvada a sua manutenção na lide para fins de ressarcimento ao Erário. **2. Ausência de violação do art. 23, I, da Lei 8.429/1992, o qual não dá guarida à tese recursal, no sentido de que a prescrição deve ser aplicada coletivamente, a partir da saída do último réu do seu cargo. 3. O prazo prescricional deve ser contado individualmente, de acordo com as condições de cada réu, haja vista o disposto no comando legal e a própria natureza subjetiva da pretensão sancionatória e do instituto em tela.** 4. Recurso Especial não provido. (STJ, *REsp 1.088.247/PR*, 2ª T., rel. Min. Herman Benjamin, j. 19.03.2009, DJe 20.04.2009, grifamos).

6. Prazo prescricional – fato que configura igualmente crime: é assente o entendimento de que, configurando o ato ímprobo igualmente crime, o prazo prescricional observará o disposto no Código Penal a respeito da prescrição. No entanto, existem dois posicionamentos diferentes acerca da necessidade de existência de ação penal para a determinação do prazo prescricional conforme a legislação penal:

(1ª corrente) *Desnecessidade de instauração da respectiva ação penal para a contagem do prazo conforme a legislação penal, levando em consideração a pena* in abstrato: trata-se de entendimento adotado recentemente pela 1ª Seção do STJ e, ao que tudo indica, preponderará naquele Sodalício:

"ADMINISTRATIVO. IMPROBIDADE. CONDUTA TAMBÉM TIPIFICADA COMO CRIME. PRESCRIÇÃO. CÓDIGO PENAL. PENA EM ABSTRATO. OBSERVÂNCIA. 1. A contagem prescricional da ação de improbidade administrativa, quando o fato traduzir crime submetido a persecução penal, deve ser pautada pela regra do Código Penal, em face do disposto no inciso II do art. 23 da Lei n. 8.429/1992 e no § 2º do art. 142 da Lei n. 8.112/1990. **2. Se a Lei de Improbidade Administrativa (art. 23, II), para fins de avaliação do prazo prescricional, faz remissão ao Estatuto dos Servidores Públicos Federais (art. 142, § 2º) que, por sua vez, no caso de infrações disciplinares também capituladas como crime, submete-se à disciplina da lei penal, não há dúvida de que "a prescrição, antes de transitar em julgado a sentença final, [...] regula-se pelo máximo da pena privativa de liberdade cominada ao crime", conforme expressa disposição do art. 109, caput, do Estatuto**

Repressor. 3. Deve ser considerada a pena in abstrato para o cálculo do prazo prescricional, 'a um porque o ajuizamento da ação civil pública por improbidade administrativa não está legalmente condicionado à apresentação de demanda penal. Não é possível, desta forma, construir uma teoria processual da improbidade administrativa ou interpretar dispositivos processuais da Lei n. 8.429/92 de maneira a atrelá-las a institutos processuais penais, pois existe rigorosa independência das esferas no ponto... A dois (e levando em consideração a assertiva acima) porque o lapso prescricional não pode variar ao talante da existência ou não de ação penal, justamente pelo fato de a prescrição estar relacionada ao vetor da segurança jurídica.' (REsp 1.106.657/SC, Rel. Ministro Mauro Campbell Marques, Segunda Turma, DJe 20/09/2010). 4. Embargos de divergência desprovidos" (STJ, *EDv nos EREsp 1.656.383/SC*, 1ª Seção, rel. Min. Gurgel de Faria, j. 27.06.2018, DJe 05.09.2018, grifamos).

"ADMINISTRATIVO E PROCESSUAL CIVIL. IMPROBIDADE ADMINISTRATIVA. CONDUTA TAMBÉM TIPIFICADA COMO CRIME. PRESCRIÇÃO. ART. 109 DO CP. PENA ABSTRATAMENTE COMINADA. INDEPENDÊNCIA PROCESSUAL ENTRE AÇÃO CIVIL PÚBLICA POR IMPROBIDADE ADMINISTRATIVA E AÇÃO PENAL. RESGUARDO DO VETOR SEGURANÇA JURÍDICA. 1. Trata-se na origem de Ação Civil Pública proposta pelo Ministério Público Federal contra os recorrentes, aos quais se imputa a prática de ato de improbidade administrativa consistente na dispensa irregular de processo licitatório para a aquisição de imóvel destinado a abrigar a sede da Superintendência do Instituto Nacional de Metrologia, Qualidade e Tecnologia - Inmetro em Santa Catarina, bem como para a compra de bens imóveis destinados à sua guarnição. 2. Hipótese em que o Tribunal de origem afastou a prescrição reconhecida pelo juízo singular por entender que, no caso dos autos, a conduta ímproba imputada aos recorrentes diz respeito à dispensa indevida de licitação, que, por sua vez, está tipificada como crime no art. 89 da Lei 8.666/1993, sujeito a pena de detenção, de 3 a 5 anos, e multa. Assim, deve-se aplicar o prazo prescricional de 12 anos previsto no art. 109, III, do Código Penal. Dessa forma, considerando que os fatos narrados na inicial ocorreram em 2004 e que o ajuizamento da Ação Civil Pública deu-se em 13/07/2012, conclui-se não estar prescrita a pretensão relativa à aplicação das sanções previstas na Lei 8.429/1992, porque não decorridos mais de 12 anos dos marcos temporais mencionados. **3. Nos termos da jurisprudência do STJ, a contagem prescricional da Ação de Improbidade Administrativa, quando o fato traduzir crime submetido a persecução penal, deve ser pautada pela regra do Código Penal, em face do disposto no inciso II do art. 23 da Lei 8.429/1992 e no § 2º do art. 142 da Lei 8.112/1990**. 4. Convém esclarecer que o STJ, com relação à prescrição da Ação de Improbidade Administrativa, firmou o seu entendimento de que 'a disposição da lei de que a falta administrativa prescreverá no mesmo prazo da lei penal, leva a uma única interpretação possível, qual seja, a de que este prazo será o mesmo da pena em abstrato, pois este, por definição originária, é o prazo próprio prescricional dos crimes em espécie.' Nesse sentido: REsp 1.386.162/SE,

Rel. Ministro Herman Benjamin, Segunda Turma, DJe 19/3/2014; AgRg no REsp 1.386.186/PE, Rel. Ministro Humberto Martins, Segunda Turma, DJe 2/5/2014; REsp 379.276/SP, Rel. Ministra Maria Thereza De Assis Moura, Sexta Turma, DJ 26/02/2007, p. 649; RMS 15.648/SP, Rel. Ministro Hamilton Carvalhido, Sexta Turma, DJ 3/9/2007, p. 221 e RMS 18.901/RJ, Rel. Ministro Felix Fischer, Quinta Turma, DJ 13/3/2006, p. 338. **5. Deve ser considerada a pena in abstrato para o cálculo do prazo prescricional, a 'um porque o ajuizamento da ação civil pública por improbidade administrativa não está legalmente condicionado à apresentação de demanda penal. Não é possível, desta forma, construir uma teoria processual da improbidade administrativa ou interpretar dispositivos processuais da Lei n. 8.429/92 de maneira a atrelá-las a institutos processuais penais, pois existe rigorosa independência das esferas no ponto.' 'A dois (e levando em consideração a assertiva acima) porque o lapso prescricional não pode variar ao talante da existência ou não de ação penal, justamente pelo fato de a prescrição estar relacionada ao vetor da segurança jurídica'** (REsp 1.106.657/SC, Rel. Ministro Mauro Campbell Marques, Segunda Turma, DJe 20.9.2010). 6. Recursos Especiais não providos" (STJ, *REsp 1.656.383/SC*, 2ª T., rel. Min. Herman Benjamin, j. 09.05.2017, grifamos).

"ADMINISTRATIVO E PROCESSUAL CIVIL. IMPROBIDADE ADMINISTRATIVA. FRAUDES CONTRA O INSS. SERVIDOR PÚBLICO QUE SE VALERA DESSA CONDIÇÃO PARA CONCEDER BENEFÍCIOS PREVIDENCIÁRIOS IRREGULARES. AÇÕES PENAIS AJUIZADAS PARA APURAÇÃO DE RESPONSABILIDADE CRIMINAL. PRESCRIÇÃO DAS SANÇÕES DISCIPLINARES. CÁLCULO PELA SANÇÃO PENAL EM ABSTRATO. 1. Na origem, o Parquet moveu Ação de Improbidade Administrativa imputando ao réu a prática de fraudes que acarretaram ao INSS prejuízos estimados em R$ 859.190,33, tendo em vista que o ora recorrente, valendo-se da condição de servidor público, concedeu 53 (cinquenta e três) benefícios previdenciários irregulares, mediante a utilização de informações laborais falsas, falsificação de documentos e manipulação do sistema informatizado do INSS. Tais fatos resultaram na instauração de Procedimento Administrativo voltada à apuração de responsabilidade penal pela prática dos delitos de corrupção passiva e ativa. **2. 'A disposição da lei de que a falta administrativa prescreverá no mesmo prazo da lei penal, leva a uma única interpretação possível, qual seja, a de que este prazo será o mesmo da pena em abstrato, pois este, por definição originária, é o prazo próprio prescricional dos crimes em espécie'** (REsp 379.276/SP, Rel. Ministra Maria Thereza De Assis Moura, Sexta Turma, DJ 26/02/2007, p. 649). No mesmo sentido: RMS 15.648/SP, Rel. Ministro Hamilton Carvalhido, Sexta Turma, DJ 3/9/2007, p. 221 e RMS 18.901/RJ, Rel. Ministro Felix Fischer, Quinta Turma, DJ 13/03/2006, p. 338. 3. Recurso Especial não provido" (STJ, *REsp 1386162/SE*, 2ª T., rel. Min. Herman Benjamin, j. 25.02.2014, DJe 19/03/2014, grifamos).

(2ª corrente) *Necessidade da instauração da respectiva ação penal para a contagem do prazo conforme a legislação penal* (entendimento adotado pela 1ª Turma do STJ):

"PROCESSUAL CIVIL. ADMINISTRATIVO. IMPROBIDADE ADMINISTRATIVA. SERVIDOR DE CARGO EFETIVO. PRESCRIÇÃO. LEI DE IMPROBIDADE ADMINISTRATIVA E REGIME ÚNICO DOS SERVIDORES. SINDICÂNCIA. INTERRUPÇÃO DA CONTAGEM DO PRAZO. CONTAGEM PELO PADRÃO DA LEI PENAL. IMPOSSIBILIDADE PELA AUSÊNCIA DE PERSECUÇÃO PENAL. SUPRESSÃO DE INSTÂNCIA. ACÓRDÃO QUE AFASTA A PRESCRIÇÃO E EVOLUI NO MÉRITO. INOCORRÊNCIA. 1. Na hipótese de ação de improbidade administrativa promovida contra servidor efetivo, aplica-se à contagem do prazo prescricional o inciso II do art. 23 da Lei 8.429/92, em face do que se impõe a observância do art. 142 da Lei 8.112/1990. 2. Na instauração de sindicância, interrompe-se a contagem do prazo de prescrição pelo período do processamento do procedimento disciplinar, desde que não exceda a 140 dias, ao termo do qual volta a correr pela íntegra, conforme interpretação do STF sobre os arts. 152, caput, e 169, § 2º, da Lei 8.112/1990 (MS 22.728 - STF) **3. Quando o ato ímprobo configura (também) crime, a aplicação do prazo prescricional pela norma penal (art. 142 - Lei 8.112/1990) somente é cabível na existência da respectiva ação penal.** Precedentes do STJ. 4. Não configura julgamento extra petita nem supressão de instância a posição do acórdão que, ao reformar a sentença que extinguira a ação pelo implemento do prazo prescricional, evolui no mérito e julga a causa, ainda que para impor condenação, se a hipótese era de matéria unicamente de direito, estando a instrução ultimada. 5. Recurso especial desprovido" (STJ, *REsp 1407249/PB*, 1ª T., rel. Min. Olindo Menezes – Desembargador Convocado do TRF 1ª Região –, j. 17.12.2015, DJe 05.02.2016, grifamos).

"DIREITO ADMINISTRATIVO. AGRAVO REGIMENTAL EM RECURSO ESPECIAL. INQUÉRITO CIVIL INSTAURADO PELO MINISTÉRIO PÚBLICO PARA INVESTIGAR A PRÁTICA DE ATO DE IMPROBIDADE ADMINISTRATIVA. POLICIAL CIVIL DO RIO GRANDE DO SUL. **IMPOSSIBILIDADE DE APLICAÇÃO DO PRAZO PRESCRICIONAL PREVISTO NO CPB, POR INEXISTÊNCIA DE AÇÃO PENAL E CONDENAÇÃO EM DESFAVOR DO IMPETRANTE**. APLICAÇÃO DO PRAZO QUINQUENAL PREVISTO NO ART. 23, II DA LEI 8.429/92. OCORRÊNCIA DA PRESCRIÇÃO DA PRETENSÃO PUNITIVA. AGRAVO REGIMENTAL DO MPF DESPROVIDO. 1. O poder-dever de a Administração punir falta cometida por seus funcionários não é absoluto, encontrando limite temporal no princípio da segurança jurídica, de hierarquia constitucional, pela evidente razão de que os administrados não podem ficar indefinidamente sujeitos à instabilidade do Poder Disciplinar do Estado. 2. O art. 23 da Lei de Improbidade Administrativa instituiu o princípio da absoluta prescritibilidade das sanções disciplinares, in casu, trata-se de eventual prática de ato de improbidade por parte de Policial Civil do Estado do Rio de Janeiro, motivo pelo qual, nos termos do citado art. 23, II da LIA, deverão ser observados os prazos prescricionais previstos em seu Regime Único. 3. O art. 24, II do Decreto-Lei 218/75, que instituiu o Estatuto dos Policiais Civis do Estado do Rio de Janeiro, determina a aplicação dos prazos prescricionais para as faltas sujeitas à pena de demissão previstos no Estatuto dos Funcionários Públicos Civis do Estado do Rio de Janeiro (Decreto-Lei 220/75), que dispõe que a contagem do prazo prescricional quinquenal tem início na data da ocorrência do evento punível e a instauração de Processo Administrativo Disciplinar interrompe o curso da prescrição. 4. Na presente demanda, o ato imputado ao impetrado diz respeito à uma viagem realizada para a França em junho de 1998 sem a autorização superior. Não houve instauração de Processo Administrativo Disciplinar, mas apenas sindicância sumária que foi arquivada em 21 de dezembro de 1998. Foi instaurado inquérito civil público em 7 de dezembro de 2001, não tendo sido concluído até a presente data. Entretanto, já estando prescrita a própria ação, desnecessária a sua continuidade. 5. **Segundo entendimento pacífico desta Corte, a eventual presença de indícios de crime, sem a devida apuração em Ação Criminal, afasta a aplicação da norma penal para o cômputo da prescrição. Isso porque não seria razoável aplicar-se à prescrição da punibilidade administrativa o prazo prescricional da sanção penal, se sequer se deflagrou a iniciativa criminal, sendo incerto, portanto, o tipo em que o Servidor seria incurso, bem como a pena que lhe seria imposta, o que inviabiliza a apuração da respectiva prescrição. 6. Agravo Regimental do Ministério Público Federal desprovido"** (STJ, *AgRg no REsp 1.196.629/RJ*, 1ª T., rel. Min. Napoleão Nunes Maia Filho, j. 14.05.2013, DJe 22.05.2013, grifamos).

7. Prazo prescricional aplicável aos particulares que concorrem ou se beneficiam do ato ímprobo: a jurisprudência do STJ orienta-se no sentido de que "[...] o *dies a quo* do prazo prescricional, aplicável aos servidores públicos e agentes políticos, previsto no art. 23, inciso I, da Lei nº 8.429/92, **é extensivo aos particulares que se valeram do ato ímprobo, porquanto não haveria como ocorrer tal ilícito sem que fosse em concurso com agentes públicos ou na condição de beneficiários de seus atos**" (STJ, *REsp 704.323/RS*, 1ª Turma, rel. Min. Francisco Falcão, j. 16.02.2006, DJ 06.03.2006, p. 197, grifamos). **O referido entendimento restou consolidado na *Súmula 634* do mencionado Sodalício, nos seguintes termos: "Ao particular aplica-se o mesmo regime prescricional previsto na Lei de Improbidade Administrativa para o agente público".**

8. Prazo prescricional – servidor que exerce cumulativamente cargo efetivo e cargo comissionado:

"PROCESSUAL CIVIL. ADMINISTRATIVO. IMPROBIDADE. PRESCRIÇÃO. LEI N. 8.429/92, ART. 23, I E II. CARGO EFETIVO. CARGO EM COMISSÃO OU FUNÇÃO COMISSIONADA. EXERCÍCIO CONCOMITANTE OU NÃO. PREVALÊNCIA DO VÍNCULO

EFETIVO, EM DETRIMENTO DO TEMPORÁRIO, PARA CONTAGEM DO PRAZO PRESCRICIONAL. RECURSO ESPECIAL PROVIDO. 1. Duas situações são bem definidas no tocante à contagem do prazo prescricional para ajuizamento de ação de improbidade administrativa: se o ato ímprobo for imputado a agente público no exercício de mandato, de cargo em comissão ou de função de confiança, o prazo prescricional é de cinco anos, com termo a quo no primeiro dia após a cessação do vínculo; em outro passo, sendo o agente público detentor de cargo efetivo ou emprego, havendo previsão para falta disciplinar punível com demissão, o prazo prescricional é o determinado na lei específica. Inteligência do art. 23 da Lei n. 8.429/92. 2. Não cuida a Lei de Improbidade, no entanto, da hipótese de o mesmo agente praticar ato ímprobo no exercício cumulativo de cargo efetivo e de cargo comissionado. 3. Por meio de interpretação teleológica da norma, verifica-se que a individualização do lapso prescricional é associada à natureza do vínculo jurídico mantido pelo agente público com o sujeito passivo em potencial. Doutrina. 4. Partindo dessa premissa, o art. 23, I, associa o início da contagem do prazo prescricional ao término de vínculo temporário. Ao mesmo tempo, o art. 23, II, no caso de vínculo definitivo - como o exercício de cargo de provimento efetivo ou emprego -, não considera, para fins de aferição do prazo prescricional, o exercício de funções intermédias - como as comissionadas - desempenhadas pelo agente, sendo determinante apenas o exercício de cargo efetivo. 5. **Portanto, exercendo cumulativamente cargo efetivo e cargo comissionado, ao tempo do ato reputado ímprobo, há de prevalecer o primeiro, para fins de contagem prescricional, pelo simples fato de o vínculo entre agente e Administração pública não cessar com a exoneração do cargo em comissão, por ser temporário.** 6. Recurso especial provido, para reformar o acórdão do Tribunal de origem em que se julgaram os embargos infringentes (fl. 617) e restabelecer o acórdão que decidiu as apelações (fl. 497) "(STJ *REsp 1.060.529/MG*; 2ª T., rel. Min. Mauro Campbell Marques, j. 08.09.2009, DJe 18.09.2009, grifamos).

"PROCESSUAL CIVIL. AGRAVO REGIMENTAL NO RECURSO ESPECIAL. AÇÃO CIVIL PÚBLICA. IMPROBIDADE ADMINISTRATIVA. ART. 23, I, DA LEI 8429/92. MANDATO ELETIVO. AFASTAMENTO PARA EXERCÍCIO DE CARGO EM COMISSÃO. CONTINUIDADE DO VÍNCULO PARA FINS DE CONTAGEM DO PRAZO PRESCRICIONAL. ARTS. 9º 10 E 11 DA LEI 8429/92. ELEMENTO SUBJETIVO DO ATO ÍMPROBO EXPRESSAMENTE RECONHECIDO PELO TRIBUNAL DE ORIGEM. REVISÃO DAS SANÇÕES IMPOSTAS. PRINCÍPIOS DA PROPORCIONALIDADE E RAZOABILIDADE. VERIFICAÇÃO. REEXAME DE MATÉRIA FÁTICO PROBATÓRIA. IMPOSSIBILIDADE. SÚMULA 7/STJ. 1. A Segunda Turma desta colenda Corte já se pronunciou no sentido de que, **caso sejam exercidos cumulativamente, cargo efetivo e cargo comissionado, ao tempo do ato reputado ímprobo, deve prevalecer o primeiro para fins de contagem da prescrição**, em razão do vínculo mantido pelo agente com a Administração Pública [...]" (STJ, *AgRg no REsp 1.500.988/RS*, 2ª T., rel. Min. Mauro Campbell Marques, j. 12.02.2015, DJe 19.02.2015, grifamos).

PROCESSUAL CIVIL E ADMINISTRATIVO. RECURSO ESPECIAL. AÇÃO CIVIL PÚBLICA POR IMPROBIDADE ADMINISTRATIVA. PRAZO PRESCRICIONAL. **CUMULAÇÃO**

DE CARGOS EFETIVOS COM DECORRENTES DE MANDATO E DE FUNÇÕES COMISSIONADAS. PREVALÊNCIA DOS CARGOS EFETIVOS NO CÔMPUTO DA PRESCRIÇÃO. INCIDÊNCIA DO INCISO II DO ART. 23 DA LEI 8.429/1992. DIES A QUO DO PRAZO PRESCRICIONAL. APLICAÇÃO DO ART. 142, § 1º, DA LEI 8.112/90. RECURSO ESPECIAL PARCIALMENTE CONHECIDO E, NESSA EXTENSÃO, PROVIDO, ACOMPANHANDO A DIVERGÊNCIA INAUGURADA PELO SR. MINISTRO SÉRGIO KUKINA, MAS POR OUTROS FUNDAMENTOS" (STJ, *REsp 1.263.106/RO*, 1ª T., rel. Min. Benedito Gonçalves, j. 01.10.2015, DJe 11.12.2015, grifamos).

9. Aplicação retroativa da prescrição intercorrente: fundado no princípio da retroatividade benéfica, cuja aplicabilidade à LIA será definida pelo STF, o juízo da 4ª Vara da Fazenda Pública de Curitiba/PR, nos autos do processo nº 0003007-11.2016.8.16.0004, absolveu o deputado estadual Valdir Luiz Rossoni de acusações de improbidade administrativa, aplicando ao caso o novo regime da prescrição intercorrente inaugurado pela Lei 14.230/2021. O Ministério Público se opôs ao referido entendimento ao argumento o novo regramento retira a eficácia do art. 37, § 4º da Constituição, conferindo proteção insuficiente à probidade administrativa. O juiz Guilherme de Paula Rezende não concordou com o *Parquet* e reconheceu a prescrição da pretensão punitiva. Para o magistrado, o texto constitucional previu expressamente que os prazos de prescrição para ilícitos seriam regulamentados por lei, e foi o que aconteceu por meio da Lei 14.230/2021. "Interpretá-la como inconstitucional, no aspecto material, seria ignorar tanto norma constitucional de eficácia contida quanto a vontade do legislador positivo, em verdadeira discricionariedade judicial".

10. Tese 07 da Edição 38 do "Jurisprudência em Teses" do STJ: "A eventual prescrição das sanções decorrentes dos atos de improbidade administrativa não obsta o prosseguimento da demanda quanto ao pleito de ressarcimento dos danos causados ao erário, que é imprescritível (art. 37, § 5º, da CF)".

APLICAÇÃO EM PROVAS E CONCURSOS PÚBLICOS

1. **(MP-SP – Promotor de Justiça Substituto - 2019) Assinale a alternativa correta.**

   (A) São imprescritíveis as ações de ressarcimento ao erário fundadas na prática de ato descrito na Lei de Improbidade Administrativa, independentemente do elemento anímico.

(B) A data da prática do ato de improbidade constitui o marco inicial da fluência do prazo prescricional para as ações destinadas à aplicação das sanções previstas na Lei de Improbidade Administrativa a agentes públicos detentores de mandato.

(C) As ações de improbidade administrativa por atos praticados por agentes públicos no exercício de cargo efetivo prescrevem no prazo de cinco anos.

(D) O prazo prescricional para as sanções previstas na Lei de Improbidade Administrativa não pode ser determinado por legislação disciplinar dos entes federativos.

(E) São imprescritíveis as ações de ressarcimento ao erário fundadas na prática de ato doloso descrito na Lei de Improbidade Administrativa.

2. (TRF-2ª Região – Juiz Federal Substituto – IBFC – 2018) Considere as assertivas abaixo e assinale a alternativa correta. Segundo o STF:

I - É prescritível a ação de reparação de danos à Fazenda Pública decorrentes de ilícito civil.

II - É prescritível a ação de ressarcimento decorrente de ato de improbidade administrativa praticado com culpa.

III - São imprescritíveis as ações de ressarcimento decorrentes de ato de improbidade administrativa praticado com dolo.

(A) Todas as assertivas estão corretas.

(B) Somente a assertiva III está correta.

(C) As assertivas II e III estão corretas.

(D) As assertivas I e III estão corretas.

(E) Somente a assertiva I está correta.

3. (CGM de João Pessoa – Auditor Municipal de Controle Interno - Área: Auditoria, Fiscalização, Ouvidoria e Transparência – Cespe – 2018) Com relação aos princípios aplicáveis à administração pública e ao enriquecimento ilícito por agente público, julgue o item a seguir.

A pretensão estatal de ressarcimento do erário em face de agente que tenha enriquecido ilicitamente no exercício de suas funções prescreverá em cinco anos.

4. (PC-MA – Delegado de Polícia Civil – Cespe – 2018) É correto afirmar que a ação de ressarcimento ao erário decorrente da prática de ato de improbidade administrativa

(A) prescreve em três anos, a contar do conhecimento do prejuízo causado ao erário.

(B) prescreve no mesmo prazo que o previsto para o ajuizamento da respectiva ação civil de improbidade administrativa.

(C) prescreve em três anos, a contar do trânsito em julgado da ação civil de improbidade administrativa.

(D) prescreve em cinco anos, a contar do trânsito em julgado da ação civil de improbidade administrativa.

(E) é imprescritível.

5. (Câmara de Nova Friburgo/RJ – Assistente Legislativo - Consulplan – 2017 - adaptada) "Fulano de tal, servidor público efetivo do Município 'X', enquanto exercia função de confiança, praticou ato de improbidade administrativa que atentou, exclusivamente, contra Princípio da Administração Pública." Neste

caso, a ação de improbidade poderá ser proposta em face de fulano de tal até

(A) cinco anos do término do exercício do cargo efetivo.

(B) cinco anos da prestação de contas à administração pública.

(C) cinco anos do término do exercício da função de confiança.

(D) oito anos, contados da ocorrência do fato.

6. **(CFO-DF – Procurador Jurídico – Quadrix – 2017) Com base em conhecimentos relativos a direito processual civil e à legislação correlata, julgue o próximo item.**

   As ações destinadas a levar a efeito as sanções de improbidade administrativa são imprescritíveis.

7. **(MP/SC – Promotor de Justiça – 2019) As ações de ressarcimento ao erário fundadas na prática de ato doloso tipificado na Lei de Improbidade Administrativa seguem os prazos prescricionais previstos no seu art. 23, com a ressalva de que, se o ato também for capitulado como crime, deverá ser considerado o prazo prescricional estabelecido em lei penal.**

8. **(MP/SC – Promotor de Justiça – 2019) A prescrição das sanções decorrentes dos atos de improbidade impede o prosseguimento da demanda, inclusive quanto ao pleito de ressarcimento dos danos causados ao erário.**

9. **(Prefeitura de Mauriti/CE – Advogado – CEV-URCA – 2019 - adaptada) A respeito da prescrição, quanto às sanções previstas na Lei de improbidade administrativa, estas podem ser propostas:**

   (A) Até dois anos após o término do exercício de fiscal, de cargo em comissão ou de função de confiança;

   (B) Dentro do prazo decadencial previsto em lei específica para faltas disciplinares puníveis com demissão a bem do serviço público, nos casos de função de confiança ou emprego;

   (C) Até dez anos da data da apresentação à administração pública da prestação de contas anual pelas entidades;

   (D) Até quatro anos após o término do exercício de fiscal, de cargo em comissão;

   (E) Até oito anos, contados da ocorrência do fato ou, no caso de infrações permanentes, da data em que cessou a permanência.

10. **(DP/DF – Defensor Público – Cespe – 2019) A respeito de improbidade administrativa e de prescrição e decadência administrativa, julgue o item subsecutivo.**

    São imprescritíveis as ações de ressarcimento ao erário relativas à prática de atos dolosos ou culposos tipificados como improbidade administrativa.

11. **(TJ/AP – Juiz de Direito Substituto – FGV – 2022) João, então prefeito do Município Alfa, em janeiro de 2012, de forma culposa, permitiu a aquisição de bem por preço superior ao de mercado, na medida em que firmou contrato administrativo com a sociedade empresária Beta para compra de veículos para a frota oficial do Município com sobrepreço de R$ 100.000,00. O Ministério Público recebeu representação noticiando a ilegalidade em junho de 2013,**

instaurou inquérito civil e somente concluiu a investigação em setembro de 2021, confirmando que houve, de fato, superfaturamento no valor indicado. João exerceu mandato eletivo como chefe do Executivo municipal até 31/12/2012, haja vista que não foi reeleito.

No caso em tela, com base na jurisprudência do Supremo Tribunal Federal, em setembro de 2021, a pretensão ministerial de ressarcimento ao erário em face de João:

(A) ainda não estava prescrita, pois o prazo começa a contar a partir do término do mandato eletivo;

(B) ainda não estava prescrita, pois o ressarcimento ao erário é imprescritível, em qualquer hipótese;

(C) já estava prescrita, pois se aplica o prazo de três anos contados a partir do término do mandato eletivo do agente público;

(D) já estava prescrita, pois não se trata de ato de improbidade administrativa doloso, que ensejaria a imprescritibilidade do ressarcimento ao erário;

(E) ainda não estava prescrita, pois o ressarcimento ao erário é imprescritível, desde que o ato ilícito também configure ato de improbidade, culposo ou doloso.

12. (MP/GO – Promotor de Justiça Substituto – FGV – 2022) Mário exerceu mandato eletivo de prefeito no Município Gama até o dia 31/12/2013, não tendo sido reeleito. Em dezembro de 2020, o Ministério Público ajuizou ação civil pública por ato de improbidade administrativa, imputando-lhe conduta culposa que causou prejuízo ao Erário, consistente em ter Mário concedido benefício fiscal sem a observância das formalidades legais ou regulamentares aplicáveis à espécie, em outubro de 2012. O Ministério Público requereu a condenação de Mário ao ressarcimento do dano ao Erário no valor de R$ 100.000,00 e às demais sanções pessoais previstas na Lei de Improbidade Administrativa. Devidamente notificado em dezembro de 2020, Mário alegou, em preliminar de mérito, já ter ocorrido prescrição em relação a todas as pretensões autorais.

De acordo com a orientação do Supremo Tribunal Federal, o juízo deve:

(A) acolher integralmente a tese de defesa do demandado, pois já houve prescrição para todas as pretensões autorais, inclusive o ressarcimento do dano ao Erário

(B) desacolher a tese de defesa do demandado, pois ainda não houve prescrição em relação a quaisquer pretensões autorais, levando em consideração a data do término do mandato eletivo;

(C) acolher parcialmente a tese de defesa do demandado, pois já houve prescrição da pretensão de aplicação das sanções pessoais previstas na Lei de Improbidade, mas o ressarcimento ao Erário é imprescritível;

(D) desacolher a tese de defesa do demandado, pois as sanções pessoais previstas na Lei de Improbidade prescrevem apenas na mesma data de prescrição do crime contra a Administração Pública, e o ressarcimento ao Erário é imprescritível;

(E) acolher parcialmente a tese de defesa do demandado, reconhecendo de ofício a inexistência de interesse de agir em relação à perda da função pública porque Mário não é mais agente público, mas o feito deve prosseguir em relação às demais pretensões.

13. (ManausPrev – Procurador Autárquico – FCC – 2021) Carlos, que atua como contador em escritório privado, por vontade livre e consciente, auxiliou Pedro, servidor da Administração indireta, a desviar recursos públicos em proveito

deste, causando lesão ao patrimônio público. A pretensão de ressarcimento ao erário pelo ato doloso tipificado na lei de improbidade administrativa

(A) é imprescritível e poderá ser dirigida apenas contra Pedro e seus sucessores, até o limite do valor da herança.

(B) é imprescritível e poderá ser dirigida contra Carlos, Pedro ou os respectivos sucessores, independentemente das forças da herança.

(C) prescreve no prazo de cinco anos e poderá ser dirigida apenas contra Pedro e seus sucessores, independentemente das forças da herança.

(D) prescreve no prazo de cinco anos e poderá ser dirigida apenas contra Pedro e seus sucessores, até o limite do valor da herança.

(E) é imprescritível e poderá ser dirigida contra Carlos, Pedro ou os respectivos sucessores, até o limite do valor da herança.

14. (Instituto Rio Branco – Diplomata – IADES – 2021) Com relação à responsabilidade civil do Estado, à improbidade administrativa, ao processo administrativo disciplinar e ao Regime Jurídico dos Servidores do Serviço Exterior Brasileiro (Lei n° 11.440/2006), julgue (C ou E) o item a seguir.

Consoante o atual entendimento do STF, são prescritíveis as ações de ressarcimento ao erário, fundadas na prática de ato doloso tipificado na Lei de Improbidade Administrativa (Lei n° 8.429/1992).

1	2	3	4	5	6	7	8	9	10	11	12	13	14
E	A	F	E	D	F	F	F	E	F	D	A	E	F

Art. 23-A. É dever do poder público oferecer contínua capacitação aos agentes públicos e políticos que atuem com prevenção ou repressão de atos de improbidade administrativa. (Incluído pela Lei nº 14.230, de 2021)

COMENTÁRIOS

O dispositivo legal estabelece uma obrigação para o poder público, de oferecer aos agentes públicos e políticos que atuem com prevenção ou repressão de atos de improbidade administrativa contínua capacitação. "Trata-se de norma programática – em conformidade com o princípio da eficiência (art. 37, *caput,* da CF) – que tem por escopo preparar e mantar atualizados agentes públicos responsáveis por prevenir e combater a prática de improbidade"[275].

A capacitação se destina aos agentes públicos cujas atribuições estejam intimamente relacionadas ao combate aos atos de improbidade, tais como os servidores que atuam em corregedorias e controladorias, assim como membros do Ministério Público.

Marçal Justen Filho interpreta extensivamente o preceito legal em cometo para abranger, inclusive, a implantação de programas de integridade e governança pública no âmbito de todas as instituições públicas, tal como prevê o Decreto Federal nº 9.203, de 22 de novembro de 2017, que dispõe sobre a política de governança da administração pública federal direta, autárquica e fundacional[276].

275. GAJARDONI, Fernando da Fonseca; CRUZ, Luana Pedrosa de Figueiredo; GOMES JUNIOR, Luiz Manoel; FAVRETO, Rogério. *Comentários à Nova Lei de Improbidade* ... p. 581.

276. JUSTEN FILHO, Marçal. *Reforma da Lei de Improbidade* ... p. 259.

Art. 23-B. Nas ações e nos acordos regidos por esta Lei, não haverá adiantamento de custas, de preparo, de emolumentos, de honorários periciais e de quaisquer outras despesas. (Incluído pela Lei nº 14.230, de 2021)

§ 1º No caso de procedência da ação, as custas e as demais despesas processuais serão pagas ao final. (Incluído pela Lei nº 14.230, de 2021)]

§ 2º Haverá condenação em honorários sucumbenciais em caso de improcedência da ação de improbidade se comprovada má-fé. (Incluído pela Lei nº 14.230, de 2021)

COMENTÁRIOS

O *novel* comando legal acrescentado à LIA pela Lei 14.230/2021 trouxe para a ação de improbidade administrativa regramento específico sobre as custas e honorários de sucumbência, afastando de sua incidência os arts. 82 e 95 do CPC, que atribuem às partes o dever de recolher as custas processuais e antecipar o custeio dos atos realizados em seu interesse, incluindo as perícias, positivando o que já era admitido pela jurisprudência mediante a aplicação por analogia das regras do microssistema da tutela coletiva (ver item 2 do tópico CASUÍSTICA).

Cuida-se, aliás, de uma característica comum às demandas que integram o microssistema de tutela coletiva, por força do disposto no art. 5º, inciso LXXIII da Constituição Federal ("qualquer cidadão é parte legítima para propor ação popular que vise a anular ato lesivo ao patrimônio público ou de entidade de que o Estado participe, à moralidade administrativa, ao meio ambiente e ao patrimônio histórico e cultural, ficando o autor, salvo comprovada má-fé, isento de custas judiciais e do ônus da sucumbência") e art. 18 da Lei 7.347/85 ("nas ações de que trata esta lei, não haverá adiantamento de custas, emolumentos, honorários periciais e quaisquer outras despesas, nem condenação da associação autora, salvo comprovada má-fé, em honorários de advogado, custas e despesas processuais").

Por isso, concordamos com a doutrina que que aponta que deve ser adotado o mesmo entendimento do STJ (**Tema Repetitivo 510** colacionado no item 01 do tópico CASUÍSTICA), no sentido de que não se aplicam às ações civis públicas o disposto no art. 91 do CPC, o qual impõe ao MP a antecipação do custeio da prova pericial quando houver verba orçamentária própria para tanto. Em tal hipótese, o adiantamento. Assim, "em não se encontrando um auxiliar (perito, tradutor, intérprete, avaliador etc.) que atue *pro bono* (v.g. instituições e universidades públicas) ou aceite receber, apenas, ao final do processo, a jurisprudência [...] é clara no sentido de que a antecipação dos honorários será feita ela pessoa jurídica a que pertence o MP, isto é, União (MPF) ou Estado/DF (MPE). Pagamento que, por evidente, não deve ser feito através de precatório judicial, mas sim de rubrica orçamentária própria que, necessariamente, integrará o orçamento do ente público (despesas judiciais)"[277].

A dispensa de adiantamento de custas, de preparo, de emolumentos, de honorários periciais e de quaisquer outras despesas se aplica tanto ao Ministério Público, enquanto titular da ação, quanto aos demandados, em respeito ao princípio do contraditório.

Não se trata, contudo, de isenção, eis que as custas e despesas processuais serão pagas ao final em caso de procedência do pedido veiculado pelo Ministério Público. Nesse caso, o vencido deverá recolher todos os valores não antecipados, incluindo custas, preparo, emolumentos, honorários periciais e quaisquer outras despesas.

A condenação em honorários advocatícios de sucumbência, por sua vez, ocorre quando o pedido é julgado improcedente e fica comprovada a má-fé do autor da demanda. Os §§ 1º e 2º do art. 23-B permitem compreender pelo descabimento da condenação do Ministério Público ao pagamento de honorários à parte demandada quando o pedido veiculado pelo *Parquet* for julgado procedente, notadamente porque a eventual verba honorária decorrente do sucesso de sua ação integraria o subsídio do promotor ou procurador de Justiça (entendimento adotado pelo STJ ainda antes da Lei 14.230/2021, conforme julgados colacionados no item 3 do tópico CASUÍSTICA).

De um lado, o § 1º do art. 23-B não menciona os honorários advocatícios no caso de procedência do pedido, o que afasta tal rubrica da condenação do vencido; de outro, o § 2º somente admite a incidência da verba honorário em caso de improcedência acompanhada de comprovação da má-fé, na medida em que a ação civil de improbidade é

277. GAJARDONI, Fernando da Fonseca; CRUZ, Luana Pedrosa de Figueiredo; GOMES JUNIOR, Luiz Manoel; FAVRETO, Rogério. *Comentários à Nova Lei de Improbidade ...* p. 585-586.

ajuizada em favor da coletividade, não sendo crível que o autor coletivo (Ministério Público) seja onerado pela atuação nos estritos limites de sua atribuição constitucional (art. 127 da CF).

Com base nesta interpretação, conclui-se que "[...] ressalvados os casos de má-fé, na fase de conhecimento da ação de improbidade administrativa, independentemente do resultado da demanda, não são devidos honorários advocatícios sucumbenciais"[278].

CASUÍSTICA

1. Inaplicabilidade do art. 91 do CPC à ação civil pública:

Tema Repetitivo 510: "Não é possível se exigir do Ministério Público o adiantamento de honorários periciais em ações civis públicas. Ocorre que a referida isenção conferida ao Ministério Público em relação ao adiantamento dos honorários periciais não pode obrigar que o perito exerça seu ofício gratuitamente, tampouco transferir ao réu o encargo de financiar ações contra ele movidas. Dessa forma, considera-se aplicável, por analogia, a Súmula n. 232 desta Corte Superior ('A Fazenda Pública, quando parte no processo, fica sujeita à exigência do depósito prévio dos honorários do perito'), a determinar que a Fazenda Pública ao qual se acha vinculado o Parquet arque com tais despesas".

"PROCESSUAL CIVIL. TERCEIRO PREJUDICADO NÃO INTERVENIENTE NA LIDE. IMPOSIÇÃO DE ADIANTAMENTO DE HONORÁRIOS PERICIAIS. INSURGÊNCIA. POSSIBILIDADE. AGRAVO DE INSTRUMENTO E, SUPLETIVAMENTE, MANDADO DE SEGURANÇA. ÔNUS DO ADIANTAMENTO. PERÍCIA REQUERIDA PELO MINISTÉRIO PÚBLICO. FISCAL DA LEI. DEMANDA NÃO AJUIZADA COMO AÇÃO CIVIL PÚBLICA. ART. 81, § 1º, DO CPC/2015. INCUMBÊNCIA DA PARTE AUTORA [...] RESPONSABILIDADE PELO ADIANTAMENTO DE HONORÁRIOS PERICIAIS RELATIVOS À PERÍCIA REQUERIDA PELO MINISTÉRIO PÚBLICO, COMO CUSTOS LEGIS, NA VIGÊNCIA DO CPC DE 2015 (ARTS. 82, § 2º, e 91, §§1º e 2º)14. Em primeiro lugar, importante deixar muito bem delimitada a controvérsia, de forma a assentar que aqui se trata do ônus de arcar com prova pericial requerida pelo Ministério Público como fiscal da ordem jurídica em litígio não veiculado por Ação Civil Pública e quando o Parquet não é o autor. 15. Não se discute, neste processo, eventual modificação do entendimento, adotado na Primeira Seção sob o rito dos recursos repetitivos (Tema 510/STJ), de que, ainda que sob a vigência do CPC de 2015, "em sede de ação civil pública promovida pelo Ministério Público, o adiantamento dos honorários periciais ficará a cargo da Fazenda Pública a que está vinculado o Parquet, pois não é cabível obrigar o perito a exercer seu ofício gratuitamente, tampouco transferir ao réu o en-

278. GAJARDONI, Fernando da Fonseca; CRUZ, Luana Pedrosa de Figueiredo; GOMES JUNIOR, Luiz Manoel; FAVRETO, Rogério. *Comentários à Nova Lei de Improbidade* ... p. 587.

cargo de financiar ações contra ele movidas." 16. Para ilustrar essa posição: "A Primeira Seção desta Corte, em sede de julgamento recurso especial repetitivo, assentou o entendimento de que, em sede de ação civil pública promovida pelo Ministério Público, o adiantamento dos honorários periciais ficará a cargo da Fazenda Pública a que está vinculado o Parquet, pois não é cabível obrigar o perito a exercer seu ofício gratuitamente, tampouco transferir ao réu o encargo de financiar ações contra ele movidas (REsp 1253844/SC, de minha relatoria, DJe de 17/10/2013). Aplicação analógica da orientação da Súmula 232/STJ: 'A Fazenda Pública, quando parte no processo, fica sujeita à exigência do depósito prévio dos honorários do perito'. **Ademais, 'não se sustenta a tese de aplicação das disposições contidas no art. 91 do Novo CPC, as quais alteraram a responsabilidade pelo adiantamento dos honorários periciais; isto porque a Lei 7.347/1985 dispõe de regime especial de custas e despesas processuais, e, por conta de sua especialidade, referida norma se aplica à Ação Civil Pública, derrogadas, no caso concreto, as normas gerais do Código de Processo Civil' (RMS 55.476/SP, Rel. Min. Herman Benjamin, Segunda Turma, DJe de 19/12/2017)." (AgInt no RMS 59.276/SP, Rel. Ministro Mauro Campbell Marques, Segunda Turma, julgado em 28.3.2019, DJe 5.4.2019). No mesmo sentido: AgInt no RMS 60.306/SP, Rel. Ministra Regina Helena Costa, Primeira Turma, julgado em 20.5.2019, DJe 22.5.2019. 17. Essa compreensão está fundada na especialidade da Lei 7.347/1985, que dispõe de regime específico de custas e despesas processuais para a Ação Civil Pública, sendo as normas gerais do Código de Processo Civil incidentes de forma subsidiária apenas.** 18. No caso dos autos, trata-se de Ação de Prestação de Contas que envolve curatela, em que as partes são particulares, e o Ministério Público, que requereu a perícia ora controvertida, atua apenas como fiscal da ordem jurídica, e não como parte. 19. Não há como, com a devida vênia, no presente processo deliberar sobre o ônus de suportar o adiantamento de honorários periciais em Ação Civil Pública quando o Ministério Público é parte, ou até mesmo quando atua como fiscal da lei naqueles casos. 20. Em relação ao contexto fático dos autos, o § 1º do art. 82 do CPC/2015 é bastante claro ao assentar que "incumbe ao autor adiantar as despesas relativas a ato cuja realização o juiz determinar de ofício ou a requerimento do Ministério Público, quando sua intervenção ocorrer como fiscal da ordem jurídica."21. A previsão do art. 91 ("As despesas dos atos processuais praticados a requerimento da Fazenda Pública, do Ministério Público ou da Defensoria Pública serão pagas ao final pelo vencido.") deve ser interpretada em harmonia com o § 1º do art. 82, de forma que a perícia requerida pelo Ministério Público como fiscal da lei deve ser arcada pelo autor da ação. 22. Assim, atuando o Ministério Público não como parte, mas como fiscal da ordem jurídica em litígio ajuizado não via Ação Civil Pública, o ônus de arcar com o adiantamento de despesas processuais é do autor da ação, conforme expressa previsão do § 1º do art. 82 do CPC/2015, sem olvidar a aplicação do regime da assistência judiciária gratuita, se for o caso. CONCLUSÃO 23. Na hipótese dos autos, o recurso merece êxito para, nos termos do § 1º do art. 82 do CPC/2015, impor aos autores da Ação de Prestação de Contas o adiantamento dos honorários periciais, sem olvidar a aplicação do regime da assistência judiciária gratuita, se for o caso. 24. Recurso Ordinário provido" (STJ, *RMS 59.638/SP*, Corte Especial, rel. Min. Herman Benjamin, j. 04.03.2020, DJe 07.04.2021, grifamos).

2. Dispensa pagamento honorários ação de improbidade, salvo comprovada má-fé, antes da Lei 14.230/2021:

"PROCESSUAL CIVIL. AÇÃO CIVIL PÚBLICA. PREQUESTIONAMENTO. EMBARGOS DE DECLARAÇÃO. VIOLAÇÃO DO ART. 535 DO CPC NÃO ADUZIDA. SÚMULAS NS. 211/STJ E 282/STF. MATÉRIA FÁTICA. SÚMULA N. 7/STJ. HONORÁRIOS ADVOCATÍCIOS. MINISTÉRIO PÚBLICO. 1. Para conhecimento do recurso especial com base em violação de preceito de lei federal, é necessário que o acórdão recorrido tenha enfrentado as disposições tidas por violadas. Súmulas ns. 211/ STJ e 282/STF. 2. Eventual omissão da Corte Regional a respeito de questão tida, a critério da parte, como de relevância para o correto desate da lide dá ensejo à oposição de embargos declaratórios visando à correção da suposta irregularidade. A persistir o vício, caberá à parte interpor recurso especial com base em violação do art. 535 do CPC, sob pena de não-conhecimento do apelo. 3. Não compete ao Superior Tribunal de Justiça revisar as premissas fáticas que nortearam o convencimento das instâncias ordinárias (Súmula n. 7/STJ). 4. Em se tratando de ação civil pública, o Ministério Público só pode ser condenado em honorários advocatícios e despesas processuais em caso de comprovada má-fé. Precedentes. 5. Recurso especial parcialmente conhecido e, nessa parte, provido" (STJ, **REsp 250.980/SP,** 2ª T., rel. Min. João Otávio de Noronha, j. 06.12.2005, DJ 06.03.2006).

3. Descabimento de honorários advocatícios em favor do Ministério Público:

"PROCESSUAL CIVIL. AGRAVO INTERNO NO RECURSO ESPECIAL.RECURSO MANEJADO SOB A ÉGIDE DO NCPC. AÇÃO CIVIL PÚBLICA. HONORÁRIOS ADVOCATÍCIOS EM FAVOR DO MINISTÉRIO PÚBLICO. NÃO CABIMENTO. PRECEDENTES. RECURSO MANIFESTAMENTE INADMISSÍVEL. INCIDÊNCIA DA MULTA DO ART. 1.021, § 4º, DO NCPC. AGRAVO NÃO PROVIDO. 1. Aplica-se o NCPC a este julgamento ante os termos do Enunciado Administrativo nº 3 aprovado pelo Plenário do STJ na sessão de 9/3/2016: Aos recursos interpostos com fundamento no CPC/2015 (relativos a decisões publicadas a partir de 18 de março de 2016) serão exigidos os requisitos de admissibilidade recursal na forma do novo CPC. 2. A jurisprudência pacífica desta Corte é firme no sentido de que, pela aplicação do princípio da simetria, em ação civil pública, não são devidos honorários advocatícios pelo vencido a favor do Ministério Público. Precedentes. 3. Em virtude do não provimento do presente recurso, e da anterior advertência em relação à aplicabilidade do NCPC, incide ao caso a multa prevista no art.

1.021, § 4º, do NCPC, no percentual de 3% sobre o valor atualizado da causa, ficando a interposição de qualquer outro recurso condicionada ao depósito da respectiva quantia, nos termos do § 5º daquele artigo de lei. 4. Agravo interno não provido, com imposição de multa" (STJ, **AgInt no REsp 1.600.165/SP,** 3ª T., rel. Min. Moura Ribeiro, j. 20.06.2017, DJe 30.06.2017).

"CONSUMIDOR E PROCESSUAL CIVIL. RECURSO ESPECIAL. EXPLORAÇÃO DA ATIVIDADE DE BINGOS. ILICITUDE. PRECEDENTES. DANO MORAL COLETIVO. POSSIBILIDADE. NÃO OCORRÊNCIA. FIXAÇÃO DE HONORÁRIOS ADVOCATÍCIOS EM FAVOR DO MINISTÉRIO PÚBLICO. IMPOSSIBILIDADE [...] - A jurisprudência deste Superior Tribunal é firme no sentido de que, por critério de absoluta simetria, no bojo de ação civil pública não cabe a condenação da parte vencida ao pagamento de honorários advocatícios em favor do Ministério Público. Recurso especial parcialmente provido (STJ, **REsp 1.438.815/RN,** 3ª T., rel. Min. Nancy Andrighi, j. 22.11.2016, DJe 01.12.2016).

"RECURSO ESPECIAL. AÇÃO CIVIL PÚBLICA AJUIZADA PELO MINISTÉRIO PÚBLICO ESTADUAL. PRESTAÇÃO DE SERVIÇO DE TV A CABO. CLÁUSULA DE FIDELIZAÇÃO. COBRANÇA INTEGRAL DA MULTA DE FIDELIDADE INDEPENDENTEMENTE DO CUMPRIMENTO PARCIAL DO PRAZO DE CARÊNCIA [...] 13. Por critério de simetria, a parte vencida na ação civil pública movida pelo Ministério Público não deve ser condenada ao pagamento de honorários advocatícios. Precedentes. 14. Recurso especial parcialmente provido apenas para reduzir a multa cominatória para R$ 500,00 (quinhentos reais) por descumprimento comprovado da determinação judicial exarada em tutela antecipada e afastar a condenação da parte vencida ao pagamento de honorários advocatícios em favor do parquet" (STJ, **REsp 1.362.084/RJ,** 4ª T., rel. Min. Luis Felipe Salomão, j. 16.05.2017, DJe 01.08.2017).

Art. 23-C. Atos que ensejem enriquecimento ilícito, perda patrimonial, desvio, apropriação, malbaratamento ou dilapidação de recursos públicos dos partidos políticos, ou de suas fundações, serão responsabilizados nos termos da Lei nº 9.096, de 19 de setembro de 1995. (Incluído pela Lei nº 14.230, de 2021)

COMENTÁRIOS

A LIA, desde de sua redação originária, abrangia os partidos políticos, notadamente porque tais pessoas jurídicas de direito privado (art. 44, inciso V do CC) eram (e ainda o são) destinatárias de recursos públicos. Inicialmente, o art. 38, inciso IV da Lei 9.096/95 ("Lei Orgânica dos Partidos Políticos") destinou aos partidos políticos, através do Fundo Especial de Assistência Financeira aos Partidos políticos ("Fundo Partidário") "dotações orçamentárias da União em valor nunca inferior, cada ano, ao número de eleitores inscritos em 31 de dezembro do ano anterior ao da proposta orçamentária, multiplicados por trinta e cinco centavos de real, em valores de agosto de 1995".

Posteriormente, a Lei 13.487, de 06 de outubro de 2017, instituiu, mediante a inclusão de dispositivo especifico na Lei 9.504/97 (art. 16-C), o Fundo Especial de Financiamento de Campanha (FEFC), constituído por dotações da União em ano eleitoral como principal fonte de receita para a realização das campanhas eleitorais, visando diminuir os impactos da proibição de recebimento de doações de pessoas jurídicas imposta pelo Supremo Tribunal Federal ao julgar a ADI 4.650.

Em 2019, a Lei 13.877/2019 alterou as Leis 9.096/95 e 9.504/97 para possibilitar a utilização dos recursos do Fundo Partidário para o impulsionamento de conteúdo na internet, a compra de passagens aéreas para não filiados e a contratação de advogados e contadores, este último gasto contabilizado como gasto eleitoral, mas excluído do limite de gastos de campanha (arts. 44, inciso XI da Lei 9.096/95 e 18-A, parágrafo único, 23, § 10, 26, §§ 4º, 5º e 6º, bem como art. 27, §§ 1º e 2º, da Lei 9.504/97),

Feita esta breve contextualização, voltemos nossos olhos para o art. 23-C da LIA, incluído pela Lei 14.230/2021, que determinou a responsabilização dos agentes que incorrerem em atos de improbidade causadores de enriquecimento ilícito, perda patrimonial, desvio, apropriação, malbaratamento ou dilapidação de recursos dos partidos políticos nos termos da Lei 9.096/95.

Nesse particular, conecta-se a LIA à minirreforma operada pela Lei 13.165/2015 e posteriormente complementada pela Lei 13.831/2019, a qual incluiu §§ 13 a 15 ao art. 37 da Lei 9.096/95, para dispor sobre a responsabilização pessoal, civil e criminal dos dirigentes de partidos políticos decorrentes da desaprovação das contas partidárias e de atos ilícitos atribuídos aos partidos políticos. Eis o teor dos novos preceitos:

> § 13. A responsabilização pessoal civil e criminal dos dirigentes partidários decorrente da desaprovação das contas partidárias e de atos ilícitos atribuídos ao partido político somente ocorrerá se verificada irregularidade grave e insanável resultante de conduta dolosa que importe enriquecimento ilícito e lesão ao patrimônio do partido.(Incluído pela Lei nº 13.165, de 2015)
>
> § 14. O instituto ou fundação de pesquisa e de doutrinação e educação política não será atingido pela sanção aplicada ao partido político em caso de desaprovação de suas contas, exceto se tiver diretamente dado causa à reprovação. (Incluído pela Lei nº 13.165, de 2015)
>
> § 15. As responsabilidades civil e criminal são subjetivas e, assim como eventuais dívidas já apuradas, recaem somente sobre o dirigente partidário responsável pelo órgão partidário à época do fato e não impedem que o órgão partidário receba recurso do fundo partidário.(Incluído pela Lei nº 13.831, de 2019)

À época da promulgação e publicação da Lei 13.165/2015, a Procuradoria-Geral da República impugnou a constitucionalidade do § 13 do art. 37 da Lei 9.096/95 mediante ação própria (*ADI 5.478/DF*), sob o argumento de que

> "Ao impedir a responsabilização de dirigentes partidários por atos ilícitos com contornos de tipicidade civil e penal, mesmo quando afetem recursos públicos, a lei desprotege o patrimônio público, a probidade administrativa, a moralidade e cada um dos bens jurídicos dos crimes que poderão ser praticados por esta novel espécie de cidadãos especiais, dotados de quase absoluta imunidade jurídica.
>
> Responsabilizar, respeitado o devido processo jurídico, é forma de proteger bens e valores constitucionalmente resguardados.

Conceder virtual imunidade a determinado grupo de pessoas sem razão constitucional autorizadora significa desproteger e desigualar, acarreta proteção fortemente deficiente de bens jurídicos protegidos por um sistema de normas preventivas e repressivas, em afronta ao sistema constitucional".

Em relação ao art. 23-C da LIA, Gajardoni *et al*[279] aventa duas interpretações possíveis:

1ª Corrente: a apuração de atos de improbidade praticados na gestão dos recursos públicos recebidos pelos partidos políticos deve observar os critérios de responsabilização previstos nos §§ 13 a 15 do art. 37 da Lei 9.096/95, acima reproduzidos. Dessa forma, seria possível a responsabilização do dirigente, sem prejuízo da responsabilização penal e administrativa, esta última perante o próprio partido político (art. 23 da Lei 9.096/95), pela prática de improbidade administrativa com fundamento nos arts. 9º e 10 da LIA, tão somente.

Ficariam, contudo, isentos de responsabilidade: (a) partido político enquanto pessoa jurídica, inclusive quanto a devolução de valores dolosamente mal administrados pelos seus dirigentes (art. 37, § 15); (b) o próprio dirigente partidário por ato atentório aos princípios da Administração (art. 37, § 13 da Lei 9.096/95);

2ª Corrente: nem dirigentes e nem os partidos políticos, enquanto pessoa jurídica, podem ser responsabilizados por atos de improbidade administrativa, ainda que, eventualmente, incorram em qualquer ato tipificado nos arts. 9º, 10 e 11 da LIA.

CASUÍSTICA

"DIREITO CONSTITUCIONAL E ELEITORAL. MODELO NORMATIVO VIGENTE DE FINANCIAMENTO DE CAMPANHAS ELEITORAIS. LEI DAS ELEIÇÕES, ARTS. 23, §1º, INCISOS I e II, 24 e 81, CAPUT e § 1º. LEI ORGÂNICA DOS PARTIDOS POLÍTICOS, ARTS. 31, 38, INCISO III, e 39, CAPUT e §5º. CRITÉRIOS DE DOAÇÕES PARA PESSOAS JURÍDICAS E NATURAIS E PARA O USO DE RECURSOS PRÓPRIOS PELOS CANDIDATOS. PRELIMINARES. IMPOSSIBILIDADE JURÍDICA DO PEDIDO. REJEIÇÃO. PEDIDOS DE DECLARAÇÃO PARCIAL DE INCONSTITUCIONALIDADE SEM REDUÇÃO DE TEXTO (ITENS E.1.e E.2). SENTENÇA DE PERFIL ADITIVO (ITEM E.5). TÉCNICA DE DECISÃO AMPLAMENTE UTILIZADA POR CORTES CONSTITUCIONAIS. ATUAÇÃO

279. GAJARDONI, Fernando da Fonseca; CRUZ, Luana Pedrosa de Figueiredo; GOMES JUNIOR, Luiz Manoel; FAVRETO, Rogério. *Comentários à Nova Lei de Improbidade* ... p. 591-592.

NORMATIVA SUBSIDIÁRIA E EXCEPCIONAL DO TRIBUNAL SUPERIOR ELEITORAL, SOMENTE SE LEGITIMANDO EM CASO DE INERTIA DELIBERANDI DO CONGRESSO NACIONAL PARA REGULAR A MATÉRIA APÓS O TRANSCURSO DE PRAZO RAZOÁVEL (IN CASU, DE DEZOITO MESES). INADEQUAÇÃO DA VIA ELEITA. IMPROCEDÊNCIA. PRETENSÕES QUE VEICULAM ULTRAJE À LEI FUNDAMENTAL POR AÇÃO, E NÃO POR OMISSÃO. MÉRITO. OFENSA AOS PRINCÍPIOS FUNDAMENTAIS DEMOCRÁTICO E DA IGUALDADE POLÍTICA. CUMULAÇÃO DE PEDIDOS DE ADI E DE ADI POR OMISSÃO EM UMA ÚNICA DEMANDA DE CONTROLE CONCENTRADO DE CONSTITUCIONALIDADE. VIABILIDADE PROCESSUAL. PREMISSAS TEÓRICAS. POSTURA PARTICULARISTA E EXPANSIVA DA SUPREMA CORTE NA SALVAGUARDA DOS PRESSUPOSTOS DEMOCRÁTICOS. SENSIBILIDADE DA MATÉRIA, AFETA QUE É AO PROCESSO POLÍTICO-ELEITORAL. AUTOINTERESSE DOS AGENTES POLÍTICOS. AUSÊNCIA DE MODELO CONSTITUCIONAL CERRADO DE FINANCIAMENTO DE CAMPANHAS. CONSTITUIÇÃO-MOLDURA. NORMAS FUNDAMENTAIS LIMITADORAS DA DISCRICIONARIEDADE LEGISLATIVA. PRONUNCIAMENTO DO SUPREMO TRIBUNAL FEDERAL QUE NÃO ENCERRA O DEBATE CONSTITUCIONAL EM SENTIDO AMPLO. DIÁLOGOS INSTITUCIONAIS. ÚLTIMA PALAVRA PROVISÓRIA. MÉRITO. DOAÇÃO POR PESSOAS JURÍDICAS. INCONSTITUCIONALIDADE DOS LIMITES PREVISTOS NA LEGISLAÇÃO (2% DO FATURAMENTO BRUTO DO ANO ANTERIOR À ELEIÇÃO). VIOLAÇÃO AOS PRINCÍPIOS DEMOCRÁTICO E DA IGUALDADE POLÍTICA. CAPTURA DO PROCESSO POLÍTICO PELO PODER ECONÔMICO. "PLUTOCRATIZAÇÃO" DO PRÉLIO ELEITORAL. LIMITES DE DOAÇÃO POR NATURAIS E USO DE RECURSOS PRÓPRIOS PELOS CANDIDATOS. COMPATIBILIDADE MATERIAL COM OS CÂNONES DEMOCRÁTICO, REPUBLICANO E DA IGUALDADE POLÍTICA. AÇÃO DIRETA DE INCONSTITUCIONALIDADE JULGADA PARCIALMENTE PROCEDENTE. 1. A postura particularista do Supremo Tribunal Federal, no exercício da judicial review, é medida que se impõe nas hipóteses de salvaguarda das condições de funcionamento das instituições democráticas, de sorte (i) a corrigir as patologias que desvirtuem o sistema representativo, máxime quando obstruam as vias de expressão e os canais de participação política, e (ii) a proteger os interesses e direitos dos grupos políticos minoritários, cujas demandas dificilmente encontram eco nas deliberações majoritárias. 2. O funcionamento do processo político-eleitoral, conquanto matéria deveras sensível, impõe uma postura mais expansiva e particularista por parte do Supremo Tribunal Federal, em detrimento de opções mais deferentes e formalistas, sobre as escolhas políticas exercidas pelas maiorias no seio do Parlamento, instância, por excelência, vocacionada à tomada de decisão de primeira ordem sobre a matéria. 3. A Constituição da República, a despeito de não ter estabelecido um modelo normativo pré-pronto e cerrado de financiamento de campanhas, forneceu uma moldura que traça limites à discricionariedade legislativa, com a positivação de normas fundamentais (e.g., princípio democrático, o pluralismo político ou a isonomia política), que norteiam o processo político, e que, desse modo, reduzem, em alguma extensão, o espaço de liberdade do legislador ordinário na elaboração de critérios para as doações e contribuições a candidatos e partidos políticos. 4. O hodierno marco teórico dos diálogos constitucionais repudia a adoção de concepções juriscêntricas no campo da hermenêutica constitucional, na medida em que preconiza, descritiva e normativamente, a inexistência de instituição detentora do monopólio do sentido e do alcance das disposições magnas, além de atrair a gramática constitucional para outros fóruns de discussão, que não as Cortes. 5. O desenho institucional erigido pelo constituinte de 1988, mercê de outorgar à Suprema Corte a tarefa da guarda precípua da Lei Fundamental, não erigiu um sistema de supremacia judicial em sentido material (ou definitiva), de maneira que seus pronunciamentos judiciais devem ser compreendidos como última palavra provisória, vinculando formalmente as partes do processo e finalizando uma rodada deliberativa acerca da temática, sem, em consequência, fossilizar o conteúdo constitucional. 6. A formulação de um modelo constitucionalmente adequado de financiamento de campanhas impõe um pronunciamento da Corte destinado a abrir os canais de diálogo com os demais atores políticos (Poder Legislativo, Executivo e entidades da sociedade civil). 7. Os limites previstos pela legislação de regência para a doação de pessoas jurídicas para as campanhas eleitorais se afigura assaz insuficiente a coibir, ou, ao menos, amainar, a captura do político pelo poder econômico, de maneira a criar indesejada "plutocratização" do processo político. 8. O princípio da liberdade de expressão assume, no aspecto político, uma dimensão instrumental ou acessória, no sentido de estimular a ampliação do debate público, de sorte a permitir que os indivíduos tomem contato com diferentes plataformas e projetos políticos. 9. A doação por pessoas jurídicas a campanhas eleitorais, antes de refletir eventuais preferências políticas, denota um agir estratégico destes grandes doadores, no afã de estreitar suas relações com o poder público, em pactos, muitas vezes, desprovidos de espírito republicano. 10. O telos subjacente ao art. 24, da Lei das Eleições, que elenca um rol de entidades da sociedade civil que estão proibidas de financiarem campanhas eleitorais, destina-se a bloquear a formação de relações e alianças promíscuas e não republicanas entre aludidas instituições e o Poder Público, de maneira que a não extensão desses mesmos critérios às demais pessoas jurídicas evidencia desequiparação desprovida de qualquer fundamento constitucional idôneo. 11. Os critérios normativos vigentes relativos à doação a campanhas eleitorais feitas por pessoas naturais, bem como o uso próprio de recursos pelos próprios candidatos, não vulneram os princípios fundamentais democrático, republicano e da igualdade política. 12. O Conselho Federal da Ordem dos Advogados do Brasil ostenta legitimidade ad causam universal para deflagrar o processo de controle concentrado de constitucionalidade, ex vi do art. 103, VII, da Constituição da República, prescindindo, assim, da demonstração de pertinência temática para com o conteúdo material do ato normativo impugnado. 13. As disposições normativas adversadas constantes das Leis nº 9.096/95 e nº 9.504/97 revelam-se aptas a figurar como objeto no controle concentrado de constitucionalidade, porquanto primárias, gerais, autônomas e abstratas. 14. A "possibilidade jurídica do pedido", a despeito das dificuldades teóricas de pertinência técnica (i.e., a natureza de exame que ela envolve se confunde, na maior parte das vezes, com o próprio mérito da pretensão) requer apenas que a pretensão deduzida pelo autor não seja expressamente vedada pela ordem jurídica. Consectariamente, um pedido juridicamente impossível é uma postulação categoricamente vedada pela ordem jurídica. (ARAGÃO, Egas Dirceu Moniz de. Comentários ao Código de Processo Civil. 10ª ed. Rio de Janeiro: Forense, p. 394). 15. In casu, a) Os pedidos constantes dos itens "e.1" e "e.2", primeira parte, objetivam apenas e tão somente que o Tribunal se limite a retirar do âmbito de incidência das normas impugnadas a aplicação reputada como inconstitucional, sem, com isso, proceder à alteração de seu programa normativo. b) Trata-se, a toda evidência, de pedido de declaração de inconstitucionalidade parcial sem redução de texto, cuja existência e possibilidade são reconhecidas pela dogmática constitucional brasileira, pela própria legislação de regência das ações diretas (art. 28, § único, Lei nº 9.868/99) e, ainda, pela práxis deste Supremo Tribunal Federal (ver, por todos, ADI nº 491/AM, Rel. Min. Moreira Alves, Tribunal Pleno, DJ 25.10.1991). c) Destarte, os pedidos constantes dos itens "e.1" e "e.2" são comuns e naturais em qualquer processo de controle abstrato de constitucionalidade, razão por que a exordial não veicula qualquer pretensão expressamente vedada pela ordem jurídica. d) O pedido aduzido no item "e.5" não revela qualquer impossibilidade que nos autorize a, de plano, reconhecer sua inviabilidade, máxime porque o Requerente simplesmente postula que a Corte profira uma "sentença aditiva de princípio" ou "sentença-delegação", técnica de decisão comumente empregada em Cortes Constitucionais algures, notadamente a italiana, de ordem a instar o legislador a disciplinar a matéria, bem assim a delinear, concomitantemente, diretrizes que devem ser por ele observadas quando da elaboração da norma, exsurgindo como método decisório necessário em casos em que o debate é travado nos limites do direito posto e do direito a ser criado. 16. Ademais, a atuação normativa do Tribunal Superior Eleitoral seria apenas subsidiária e excepcional, somente se legitimando em caso de inertia deliberandi do Congresso Nacional para regular a matéria após o transcurso de prazo razoável (in casu, de dezoito meses), incapaz, bem por isso, de afastar a prerrogativa de o Parlamento, quando e se quisesse, instituir uma nova disciplina de financiamento de campanhas, em razão de a temática encerrar uma preferência de lei. 17. A preliminar de inadequação da via eleita não merece acolhida, visto que todas as impugnações veiculadas pelo Requerente (i.e., autorização por doações por pessoas jurídicas ou fixação de limites às doações por pessoas naturais) evidenciam que o ultraje à Lei Fundamental é comissivo, e não omissivo. 18. A cumulação simples de pedidos típicos de ADI e de ADI por omissão é processualmente cabível em uma única demanda de controle concentrado de constitucionalidade, desde que satisfeitos os requisitos previstos na legislação processual civil (CPC, art. 292). 19. Ação direta de inconstitucionalidade julgada parcialmente procedente para assentar apenas e tão somente a inconstitucionalidade parcial sem redução de texto do art. 31 da Lei nº 9.096/95, na parte em que autoriza, a contrario sensu, a realização de doações por pessoas jurídicas a partidos políticos, e pela declaração de inconstitucionalidade das expressões "ou pessoa jurídica", constante no art. 38, inciso III, e "e jurídicas", inserta no art. 39, caput e § 5º, todos os preceitos da Lei nº 9.096/95" (STF, *ADI 4.650/DF*, Pleno, rel. Min. Luiz Fux, j. 17.09.2015, DJe 24.02.2016).

CAPÍTULO VIII
Das Disposições Finais

Art. 24. Esta lei entra em vigor na data de sua publicação.

COMENTÁRIOS

A LIA entrou em vigor em 03 de junho de 1992 e alterou profundamente o panorama da improbidade administrativa no Brasil. Por isso, logo surgiram questões relativas ao direito intertemporal. Isso porque a aplicação das leis no tempo é regida pelo princípio da irretroatividade, consagrado no inciso XXXVI do art. 5º da CF, segundo o qual a lei não prejudicará o direito adquirido, o ato jurídico perfeito e a coisa julgada. Fundada nesta premissa, a jurisprudência do STJ orienta-se no sentido de que "[...] a Lei de Improbidade Administrativa não pode ser aplicada retroativamente para alcançar fatos anteriores a sua vigência, ainda que ocorridos após a edição da Constituição Federal de 1988. 2. A observância da garantia constitucional da irretroatividade da lei mais gravosa, esteio da segurança jurídica e das garantias do cidadão, não impede a reparação do dano ao erário, tendo em vista que, de há muito, o princípio da responsabilidade subjetiva se acha incrustado em nosso sistema jurídico. [...]" (STJ, *REsp 1.129.121/GO*, 2ª T., rel. Min. Castro Meira, j. 03.05.2012).

No entanto, em relação às normas processuais aplica-se o princípio da aplicação imediata (*tempus regit actum*), respeitados os atos processuais formalizados com base na revogada legislação, nos exatos termos do art. 14 do CPC, segundo o qual "a norma processual não retroagirá e será aplicável imediatamente aos processos em curso, respeitados os atos processuais praticados e as situações jurídicas consolidadas sob a vigência da norma revogada".

CASUÍSTICA

1. Aplicação retroativa das sanções mais graves da LIA a fatos anteriores a sua edição:

(**a**) *Impossibilidade em face do princípio da segurança jurídica (predominante),* orientação que ganhou força com a Lei 14.230/2021, notadamente diante da inclusão do § 4º ao art. 1º da LIA, consagrando a aplicação dos princípios constitucionais do direito administrativo sancionador:

"ADMINISTRATIVO. LEI DE IMPROBIDADE ADMINISTRATIVA. APLICAÇÃO RETROATIVA A FATOS POSTERIORES À EDIÇÃO DA CONSTITUIÇÃO FEDERAL DE 1988. IMPOSSIBILIDADE. 1. A Lei de Improbidade Administrativa não pode ser aplicada retroativamente para alcançar fatos anteriores a sua vigência, ainda que ocorridos após a edição da Constituição Federal de 1988. 2. A observância da garantia constitucional da irretroatividade da lei mais gravosa, esteio da segurança jurídica e das garantias do cidadão, não impede a reparação do dano ao erário, tendo em vista que, de há muito, o princípio da responsabilidade subjetiva se acha incrustado em nosso sistema jurídico. 3. Consoante iterativa jurisprudência desta Corte, a condenação do Parquet ao pagamento de honorários advocatícios no âmbito de ação civil pública está condicionada à demonstração de inequívoca má-fé, o que não ocorreu no caso. 4. Recurso especial provido em parte, apenas para afastar a condenação do recorrente em honorários advocatícios" (STJ, *REsp 1.129.121/GO,* 2ª T., rel. Min. Castro Meira, j. 03.05.2012, DJe 15.03.2013).

"PROCESSUAL CIVIL E ADMINISTRATIVO. AÇÃO DE RESSARCIMENTO DE DANO AO ERÁRIO. PRESCRIÇÃO. NÃO-OCORRÊNCIA. INÉPCIA DA INICIAL NÃO CONFIGURADA. LEGITIMIDADE DO MUNICÍPIO PARA A PROPOSITURA DE AÇÃO DE IMPROBIDADE ADMINISTRATIVA. INADEQUAÇÃO DA VIA ELEITA. NÃO-CABIMENTO. 1. A empresa recorrente busca, com base no art. 17, § 8º, da Lei 8.429/1992, a suspensão do prosseguimento de ação ordinária, na qual se apuram irregularidades na celebração e na execução do contrato para construção de unidades habitacionais. 2. O art. 23 da Lei 8.429/1992, que prevê o prazo prescricional de cinco anos para a aplicação das sanções, disciplina apenas a primeira parte do § 5º do art. 37 da Constituição Federal, já que in fine esse mesmo dispositivo teve o cuidado de deixar "ressalvadas as respectivas ações de ressarcimento", o que é o mesmo que declarar a sua imprescritibilidade. 3. A pretensão de ressarcimento pelo prejuízo causado ao Erário é imprescritível.4. O Município tem legitimidade para propor Ação de Improbidade Administrativa contra ex-prefeito e outros servidores municipais. Descabido, in casu, falar em confusão entre credor e devedor, na forma do art. 381 do Código Civil. 5. Não se configura inépcia da inicial se a petição contiver a narrativa dos fatos configuradores, em tese, da improbidade administrativa e, para o que importa nesta demanda, do prejuízo aos cofres públicos. 6. Sob pena de esvaziar a utilidade da instrução e impossibilitar a apuração judicial dos ilícitos nas ações de improbidade administrativa, a petição inicial não precisa descer a minúcias do comportamento de cada um dos réus, individualmente, bastando a descrição genérica dos fatos e imputações. 7. Na hipótese dos autos, a descrição genérica dos fatos e imputações é suficiente para bem delimitar o perímetro da demanda e propiciar o pleno exercício do contraditório e da ampla defesa. 8. Impertinente a objeção de inadequação da via eleita, sob o argumento de que a licitação ocorreu e o contrato foi celebrado antes da vigência da Lei 8.429/1992, quando na verdade noticiam-se irregularidades na celebração do contrato (antes da Lei da Improbidade) e também na execução do contrato (na vigência da Lei da Improbidade). 9. Inexistência de ofensa ao princípio da irretroatividade da lei. A Lei 8.429/1992 não inventou a noção de improbidade administrativa, apenas lhe conferiu regime e procedimento jurídicos próprios, com previsão expressa de novas sanções, não fixadas anteriormente. 10. Antes da Lei 8.429/1992, a prática de improbidade administrativa, sob o prisma do Direito material, já impunha ao infrator a obrigação de ressarcimento aos cofres públicos. 11. No caso, trata-se de Ação de Reparação sob o fundamento de ocorrência de dano patrimonial ao Erário, proposta pela Prefeitura de Bauru, sob o rito ordinário, em que o autor pede, expressamente na petição inicial, a condenação dos réus "ao ressarcimento dos danos sofridos pelo erário municipal, que deverão ser apurados mediante perícia técnica e contábil, a vista dos documentos juntados aos autos e das conclusões do Tribunal de Contas da União". 12. Possibilidade, ainda, de aplicação das sanções previstas na Lei 8.429/1992 a alterações contratuais ilegais praticadas na sua vigência, mesmo que o contrato tenha sido celebrado anteriormente. Isso porque, na aplicação do princípio tempus regit actum, em matéria de incidência da Lei 8.429/1992, considera-se o momento da prática do ato ilícito, e não a data da celebração do contrato. 13. Após a promulgação da Lei 8.429/1992, as sanções nela previstas aplicam-se imediatamente a contratos com execução em andamento, mas somente se os ilícitos em questão tiverem sido praticados já na vigência do novo regime. 14. Recurso Especial não provido" (STJ, *REsp 1.069.779/SP*, 2ª T., rel. Min. Herman Benjamin, j. 18.09.2008, DJe 13.11.2009).

(b) *possibilidade (minoritário), inclusive com a aplicação da Lei 4.717/65:*

"PROCESSUAL CIVIL E ADMINISTRATIVO. RECURSO ESPECIAL. INTERPOSIÇÃO ANTERIOR AO JULGAMENTO DE EMBARGOS INFRINGENTES. NÃO-RATIFICAÇÃO POSTERIOR. EXTEMPORANEIDADE. AÇÃO CIVIL PÚBLICA. RESSARCIMENTO AO ERÁRIO. ILEGITIMIDADE ATIVA AD CAUSAM, IMPOSSIBILIDADE JURÍDICA DO PEDIDO, PRESCRIÇÃO E JULGAMENTO EXTRA PETITA. NÃO-CARACTERIZAÇÃO. 1. No que tange ao recurso especial interposto pelo primeiro recorrente, impossível seu conhecimento, tendo em conta que foi interposto em 8.5.2003, antes, portanto, do julgamento dos embargos infringentes, em 2.6.2003, sem posterior ratificação de seus termos. 2. No que tange aos recursos especiais do segundo recorrente, em primeiro lugar, no que se refere ao especial de fls. 1.584/1.601, não há que se falar em ilegitimidade ativa *ad causam*, pois a Lei n. 8.429/92, juntamente com o art. 129, inc. II, da Constituição da República vigente, confere ao Ministério Público a atribuição de bem preservar o patrimônio público, inclusive através do manejo das ações de improbidade. 3. A discussão acerca da aplicação da Lei n. 8.429/92 a fatos anteriores a sua edição, que geraria a impossibilidade jurídica do pedido, cumpre destacar que esta tese não se extrai do art. 3º do CPC, o que ensejaria de pronto a incidência da Súmula n. 284 do Supremo Tribunal Federal, por analogia. 4. Não fosse isso bastante, a origem não se manifestou acerca da aplicação retroativa da Lei n. 8.429/92, enfocando, apenas e tão-somente, sua constitucionalidade material. Não tendo sido aviado especial com base no art. 535 do CPC, a análise da questão estaria prejudicada pela incidência da Súmula n. 211 do Superior Tribunal de Justiça. 5. Além disso, a controvérsia acerca da vedação à retroatividade da lei tem natureza constitucional, porque envolve o correto entendimento do art. 5º, inc. XL, da Constituição da República vigente (se a vedação à retroatividade da ei penal se aplica à lei de improbidade administrativa). 6. Bem, mas, mesmo que se adentrasse tal controvérsia, o art. 129, inc. III, da Lei Maior já autorizava a perseguição, pelo Ministério Público, dos agentes públicos que tivessem, com suas condutas, lesado o erário, daí porque, embora à época dos fatos não estivesse em vigor a Lei n. 8.429/92, já havia a tutela do patrimônio público pelo ordenamento jurídico vigente - inclusive, por exemplo, pela Lei n. 4.717/65. 7. Daí porque, embora os fatos fossem anteriores à Lei n. 8.429/92, já eram puníveis civilmente à luz de outros diplomas, e o ajuizamento da ação quando vigente a Lei de Improbidade Administrativa autoriza a aplicação das sanções previstas por esta. 8. Afastar a aplicação da Lei n. 8.429/92 por vedação à irretroatividade implicaria em reconhecer, por via transversa, a completa identidade entre os ilícitos por ela punidos e os ilícitos penais, na medida em que, para os ilícitos civis (natureza dos ilícitos de improbidade administrativa), não vige a referida vedação. 9. Embora existam pontos de contato - faz-se remissão, aqui, ao voto que proferi no REsp 765.212/AC, entre outros -, é inegável que a análise dos mesmos a esta altura, depois de tantos óbices processuais levantados, não seria adequada [...]" (STJ, *REsp 718.321/SP,* 2ª T., rel. Min. Mauro Campbell Marques, j. 10.11.2009).

2. Legitimidade do MP para ação de ressarcimento de danos ao Erário antes da Constituição de 1988:

"PROCESSUAL CIVIL. ADMINISTRATIVO. **AÇÃO CIVIL PÚBLICA. ATO DE IMPROBIDADE ADMINISTRATIVA. DANO AO ERÁRIO. FATOS ANTERIORES À VIGÊNCIA DA CONSTITUIÇÃO FEDERAL DE 1988 E DA LEI 8.429/92**. MINISTÉRIO PÚBLICO ESTADUAL. LEGITIMIDADE ATIVA AD CAUSAM. VIOLAÇÃO DO ART. 535, II, CPC. NÃO CONFIGURADA **1. O Ministério Público ostenta legitimidade ad causam para a propositura de ação civil pública objetivando o ressarcimento de danos ao erário, decorrentes de atos de improbidade praticados antes da vigência da Constituição Federal de 1988, em razão das disposições encartadas na Lei 7.347/85**. Precedentes do STJ: REsp 839650/MG, SEGUNDA TURMA, DJe 27/11/2008; REsp 226.912/MG, SEXTA TURMA, DJ 12/05/2003; REsp 886.524/SP, SEGUNDA TURMA, DJ 13/11/2007; REsp 151811/MG, SEGUNDA TURMA, DJ 12/02/2001. 2. É que sobressai indene de dúvidas a legitimidade do Ministério Público para a propositura de ação civil pública em defesa de qualquer interesse difuso ou coletivo, abarcando nessa previsão o resguardo do patrimônio público, com supedâneo no art. 1.º, inciso IV, da Lei n.º 7.347/85, máxime diante do comando do art. 129, inciso III, da Carta Maior, que prevê a ação civil pública, agora de forma categórica, como instrumento de proteção do patrimônio público e social. Precedentes do STJ: REsp n.º 686.993/SP, Rel. Min. Eliana Calmon, DJU de 25/05/2006; REsp n.º 815.332/MG, Rel. Min. Francisco Falcão, DJU de 08/05/2006; e REsp n.º 631.408/GO, Rel. Min. Teori Albino Zavascki, DJU de 30/05/2005. 3. Os embargos de declaração que enfrentam explicitamente a questão embargada não ensejam recurso especial pela violação do artigo 535, II, do CPC. 4. Recurso Especial provido" (STJ, *REsp 1113294/MG*, 1ª T., rel. Min. Luiz Fux, j. 09.03.2010, DJe 23.03.2010, grifamos).

Art. 25. Ficam revogadas as Leis nºs 3.164, de 1º de junho de 1957, e 3.502, de 21 de dezembro de 1958 e demais disposições em contrário.

COMENTÁRIOS

A LIA revogou expressamente os diplomas legais anteriores que disciplinavam a improbidade administrativa, a saber:

Lei 3.164, de 1º de junho de 1957, conhecida como Lei Pitombo-Godói Ilha, que regulamentou o sequestro e a perda em favor da Fazenda Pública de bens adquiridos pelo servidor público, por influência ou abuso do cargo ou função pública, ou de emprego em entidade autárquica, sem prejuízo da responsabilidade criminal que tenha aquele incorrido;

e

(*b*) Lei 3.502, de 21 de dezembro de 1958, conhecida como Lei Bilac Pinto, que disciplinou o sequestro e o perdimento de bens nos casos de enriquecimento ilícito, por influência ou abuso do cargo ou função de servidores públicos.

Os referidos diplomas legais foram editados em atenção ao que determinava o art. 141, § 31 da Constituição Federal de 1946, o qual previa em sua parte final que "a lei disporá sobre o sequestro [*sic*] e o perdimento de bens, no caso de enriquecimento ilícito, por influência ou com abuso de cargo ou função pública, ou de emprego em entidade autárquica".

A tendência nos diplomas revogados era valorizar a relação estritamente angular (agente público/administração), além do tratamento impregnado pelo substrato econômico conferido à improbidade administrativa. "O 'modo de ver' as ilicitudes administrativas, sobretudo o modo de conceber a noção de atividade administrativa, naqueles diplomas, encontra-se profundamente radicado numa tímida concepção orgânica de Administração Pública. As alternativas de repressão à ilegalidade oscilam entre suas alternativas punitivas *inter corporis* e a proteção do erário"[280].

280. FAZZIO JÚNIOR, Waldo. *Improbidade* ... p. 06.

CASUÍSTICA

"ADMINISTRATIVO. PROCESSO ADMINISTRATIVO DISCIPLINAR. AUDITOR FISCAL DA RECEITA. DEMISSÃO/CASSAÇÃO DE APOSENTADORIA. PROVEITO PRÓPRIO E DE OUTREM EM RAZÃO DO CARGO. AUSÊNCIA DE NULIDADES NO PAD. PROVA ILÍCITA POR DERIVAÇÃO. FONTES AUTÔNOMAS. AUSÊNCIA DE PARCIALIDADE. RETIFICAÇÃO DE SANÇÃO POSSÍVEL. ORDEM DENEGADA [...] Superado tal óbice, não há incompatibilidade entre o art. 20 da LIA e os arts. 127 e 132 da Lei 8.112/1990. A Constituição prevê o repúdio a atos que atentem contra os princípios de legalidade, impessoalidade, moralidade, publicidade e eficiência (CF, art. 37, caput). **Não bastasse isso, as Leis Bilac Pinto e Pitombo Godoy Ilha (Leis 3.164/57 e 3.502/58) há meio século instituíram o repúdio à má utilização da máquina pública, ao estabelecerem o sequestro e a perda de bens em favor da Fazenda Pública quando adquiridos pelo servidor público por influência ou abuso de cargo ou função pública, ou de emprego em entidade autárquica, sem prejuízo da responsabilidade criminal em que tenha incorrido.** Dessa forma, o repúdio axiomático à improbidade administrativa não é propriamente uma novidade no sistema. [...]" (STJ, *MS 16.418/DF*, 1ª Seção, rel. Min. Herman Benjamin, j. 08.08.2012, DJe 24.08.2012, grifamos).

ANEXO ÚNICO

Tabela comparativa entre a redação originária e as alterações operadas pela Lei 14.230/2021

Redação originária	Lei 14.230/2021
Dispõe sobre as sanções aplicáveis aos agentes públicos nos **casos de enriquecimento ilícito no exercício de mandato, cargo, emprego ou função na administração pública direta, indireta ou fundacional** e dá outras providências.	Dispõe sobre as sanções aplicáveis **em virtude da prática de atos de improbidade administrativa, de que trata o § 4º do art. 37 da Constituição Federal**; e dá outras providências.
Art. 1° Os atos de improbidade praticados por qualquer agente público, servidor ou não, contra a administração direta, indireta ou fundacional de qualquer dos Poderes da União, dos Estados, do Distrito Federal, dos Municípios, de Território, de empresa incorporada ao patrimônio público ou de entidade **para cuja criação ou custeio o erário haja concorrido ou concorra com mais de cinquenta por cento** do patrimônio ou da receita anual, serão punidos na forma desta lei.	Art. 1º O sistema de responsabilização por atos de improbidade administrativa tutelará a probidade na organização do Estado e no exercício de suas funções, como forma de assegurar a integridade do patrimônio público e social, nos termos desta Lei.
Parágrafo único. Estão também sujeitos às penalidades desta lei os atos de improbidade praticados contra o patrimônio de entidade que receba subvenção, benefício ou incentivo, fiscal ou creditício, de órgão público **bem como daquelas para cuja criação ou custeio o erário haja concorrido ou concorra com menos de cinquenta por cento** do patrimônio ou da receita anual, limitando-se, nestes casos, a sanção patrimonial à repercussão do ilícito sobre a contribuição dos cofres públicos.	Parágrafo único. (Revogado).

Redação originária	Lei 14.230/2021
	§ 1º Consideram-se atos de improbidade administrativa as condutas dolosas tipificadas nos arts. 9º, 10 e 11 desta Lei, ressalvados tipos previstos em leis especiais. § 2º Considera-se dolo a vontade livre e consciente de alcançar o resultado ilícito tipificado nos arts. 9º, 10 e 11 desta Lei, não bastando a voluntariedade do agente. § 3º O mero exercício da função ou desempenho de competências públicas, sem comprovação de ato doloso com fim ilícito, afasta a responsabilidade por ato de improbidade administrativa. § 4º Aplicam-se ao sistema da improbidade disciplinado nesta Lei os princípios constitucionais do direito administrativo sancionador. § 5º Os atos de improbidade violam a probidade na organização do Estado e no exercício de suas funções e a integridade do patrimônio público e social dos Poderes Executivo, Legislativo e Judiciário, bem como da administração direta e indireta, no âmbito da União, dos Estados, dos Municípios e do Distrito Federal. § 6º Estão sujeitos às sanções desta Lei os atos de improbidade praticados contra o patrimônio de entidade privada que receba subvenção, benefício ou incentivo, fiscal ou creditício, de entes públicos ou governamentais, previstos no § 5º deste artigo. § 7º Independentemente de integrar a administração indireta, estão sujeitos às sanções desta Lei os atos de improbidade praticados contra o patrimônio de entidade privada para cuja criação ou custeio o erário haja concorrido ou concorra no seu patrimônio ou receita atual, limitado o ressarcimento de prejuízos, nesse caso, à repercussão do ilícito sobre a contribuição dos cofres públicos. § 8º Não configura improbidade a ação ou omissão decorrente de divergência

Redação originária	Lei 14.230/2021
	interpretativa da lei, baseada em jurisprudência, ainda que não pacificada, mesmo que não venha a ser posteriormente prevalecente nas decisões dos órgãos de controle ou dos tribunais do Poder Judiciário.
Art. 2° Reputa-se agente público, para os efeitos desta lei, todo aquele que exerce, ainda que transitoriamente ou sem remuneração, por eleição, nomeação, designação, contratação ou qualquer outra forma de investidura ou vínculo, mandato, cargo, emprego ou função nas entidades mencionadas no artigo anterior.	Art. 2º Para os efeitos desta Lei, consideram-se agente público **o agente político**, o servidor público e todo aquele que exerce, ainda que transitoriamente ou sem remuneração, por eleição, nomeação, designação, contratação ou qualquer outra forma de investidura ou vínculo, mandato, cargo, emprego ou função nas entidades referidas no art. 1º desta Lei. Parágrafo único. No que se refere a recursos de origem pública, sujeita-se às sanções previstas nesta Lei o particular, pessoa física ou jurídica, que celebra com a administração pública convênio, contrato de repasse, contrato de gestão, termo de parceria, termo de cooperação ou ajuste administrativo equivalente.
Art. 3° As disposições desta lei são aplicáveis, no que couber, àquele que, mesmo não sendo agente público, induza ou concorra para a prática do ato de improbidade **ou dele se beneficie sob qualquer forma direta ou indireta**.	Art. 3º As disposições desta Lei são aplicáveis, no que couber, àquele que, mesmo não sendo agente público, induza ou concorra dolosamente para a prática do ato de improbidade.
	§ 1º Os sócios, os cotistas, os diretores e os colaboradores de pessoa jurídica de direito privado não respondem pelo ato de improbidade que venha a ser imputado à pessoa jurídica, salvo se, comprovadamente, houver participação e benefícios diretos, caso em que responderão nos limites da sua participação. § 2º As sanções desta Lei não se aplicarão à pessoa jurídica, caso o ato de improbidade administrativa seja também sancionado como ato lesivo à administração pública de que trata a Lei nº 12.846, de 1º de agosto de 2013.

Redação originária	Lei 14.230/2021
Art. 4° Os agentes públicos de qualquer nível ou hierarquia são obrigados a velar pela estrita observância dos princípios de legalidade, impessoalidade, moralidade e publicidade no trato dos assuntos que lhe são afetos.	Revogado
Art. 5° Ocorrendo lesão ao patrimônio público por ação ou omissão, dolosa ou culposa, do agente ou de terceiro, dar-se-á o integral ressarcimento do dano.	Revogado
Art. 6° No caso de enriquecimento ilícito, perderá o agente público ou terceiro beneficiário os bens ou valores acrescidos ao seu patrimônio.	Revogado
Art. 7° **Quando o ato de improbidade causar lesão ao patrimônio público ou ensejar enriquecimento ilícito**, caberá a **autoridade administrativa** responsável pelo inquérito representar ao Ministério Público, para a indisponibilidade dos bens do indiciado.	Art. 7º Se houver indícios de ato de improbidade, a **autoridade** que conhecer dos fatos representará ao Ministério Público competente, para as providências necessárias.
Parágrafo único. A indisponibilidade a que se refere o caput deste artigo recairá sobre bens que assegurem o integral ressarcimento do dano, ou sobre o acréscimo patrimonial resultante do enriquecimento ilícito.	Parágrafo único. (Revogado).
Art. 8° O sucessor daquele que causar lesão ao patrimônio público ou se enriquecer ilicitamente está sujeito **às cominações desta lei** até o limite do valor da herança.	Art. 8º O sucessor ou o herdeiro daquele que causar dano ao erário ou que se enriquecer ilicitamente estão sujeitos **apenas à obrigação de repará-lo** até o limite do valor da herança ou do patrimônio transferido.
Sem correspondente	Art. 8º-A A responsabilidade sucessória de que trata o art. 8º desta Lei aplica-se também na hipótese de alteração contratual, de transformação, de incorporação, de fusão ou de cisão societária. Parágrafo único. Nas hipóteses de fusão e de incorporação, a responsabilidade da sucessora será restrita à obrigação de reparação integral do dano causado, até o limite do patrimônio transferido, não lhe sendo aplicáveis as demais sanções previstas nesta Lei decorrentes de atos e de fatos ocorridos antes da data da

Redação originária	Lei 14.230/2021
	fusão ou da incorporação, exceto no caso de simulação ou de evidente intuito de fraude, devidamente comprovados.
Art. 9° Constitui ato de improbidade administrativa importando enriquecimento ilícito auferir qualquer tipo de vantagem patrimonial indevida em razão do exercício de cargo, mandato, função, emprego ou atividade nas entidades mencionadas no art. 1° desta lei, e notadamente:	Art. 9º Constitui ato de improbidade administrativa importando em enriquecimento ilícito auferir**, mediante a prática de ato doloso**, qualquer tipo de vantagem patrimonial indevida em razão do exercício de cargo, de mandato, de função, de emprego ou de atividade nas entidades referidas no art. 1º desta Lei, e notadamente:
[...] IV - utilizar, em obra ou serviço particular, **veículos, máquinas, equipamentos ou material de qualquer natureza**, de propriedade ou à disposição de qualquer das entidades mencionadas no art. 1° desta lei, bem como o trabalho de servidores públicos, empregados ou terceiros contratados por essas entidades;	[...] IV - utilizar, em obra ou serviço particular, **qualquer bem móvel**, de propriedade ou à disposição de qualquer das entidades referidas no art. 1º desta Lei, bem como o trabalho de servidores, de empregados ou de terceiros contratados por essas entidades;
VI - receber vantagem econômica de qualquer natureza, direta ou indireta, para fazer declaração falsa sobre **medição ou avaliação** em obras públicas ou qualquer outro serviço, ou sobre quantidade, peso, medida, qualidade ou característica de mercadorias ou bens fornecidos a qualquer das entidades mencionadas no art. 1º desta lei;	VI - receber vantagem econômica de qualquer natureza, direta ou indireta, para fazer declaração falsa sobre **qualquer dado técnico que envolva** obras públicas ou qualquer outro serviço ou sobre quantidade, peso, medida, qualidade ou característica de mercadorias ou bens fornecidos a qualquer das entidades referidas no art. 1º desta Lei;
VII - adquirir, para si ou para outrem, no exercício de mandato, cargo, emprego ou função pública, bens de qualquer natureza cujo valor seja desproporcional à evolução do patrimônio ou à renda do agente público;	VII - adquirir, para si ou para outrem, no exercício de mandato, de cargo, de emprego ou de função pública, **e em razão deles**, bens de qualquer natureza, **decorrentes dos atos descritos no caput deste artigo**, cujo valor seja desproporcional à evolução do patrimônio ou à renda do agente público, **assegurada a demonstração pelo agente da licitude da origem dessa evolução;**
Art. 10. Constitui ato de improbidade administrativa que causa lesão ao erário qualquer ação ou omissão, **dolosa ou culposa,** que enseje perda patrimonial, desvio, apropriação, malbaratamento ou dilapidação dos bens ou haveres das entidades referidas no art. 1º desta lei, e notadamente:	Art. 10. Constitui ato de improbidade administrativa que causa lesão ao erário qualquer ação ou omissão **dolosa**, que enseje, efetiva e comprovadamente, perda patrimonial, desvio, apropriação, malbaratamento ou dilapidação dos bens ou haveres das entidades referidas no art. 1º desta Lei, e notadamente:

Redação originária	Lei 14.230/2021
I - facilitar ou concorrer por qualquer forma para a incorporação ao patrimônio particular, de pessoa física ou jurídica, de bens, rendas, verbas ou valores integrantes do acervo patrimonial das entidades mencionadas no art. 1º desta lei;	I - facilitar ou concorrer, por qualquer forma, para a **indevida** incorporação ao patrimônio particular, de pessoa física ou jurídica, de bens, de rendas, de verbas ou de valores integrantes do acervo patrimonial das entidades referidas no art. 1º desta Lei;
[...] VIII - frustrar a licitude de processo licitatório ou de processo seletivo para celebração de parcerias com entidades sem fins lucrativos, ou dispensá-los indevidamente;	[...] VIII - frustrar a licitude de processo licitatório ou de processo seletivo para celebração de parcerias com entidades sem fins lucrativos, ou dispensá-los indevidamente, **acarretando perda patrimonial efetiva**;
[...] X - agir **negligentemente** na arrecadação de tributo ou renda, bem como no que diz respeito à conservação do patrimônio público;	[...] X - agir **ilicitamente** na arrecadação de tributo ou de renda, bem como no que diz respeito à conservação do patrimônio público;
[...] XIX - agir **negligentemente** na celebração, fiscalização e análise das prestações de contas de parcerias firmadas pela administração pública com entidades privadas;	[...] XIX - agir para a configuração de ilícito na celebração, na fiscalização e na análise das prestações de contas de parcerias firmadas pela administração pública com entidades privadas;
[...] XXI - liberar recursos de parcerias firmadas pela administração pública com entidades privadas sem a estrita observância das normas pertinentes ou influir de qualquer forma para a sua aplicação irregular.	[...] XXI - (revogado);
	XXII - conceder, aplicar ou manter benefício financeiro ou tributário contrário ao que dispõem o **caput** e o § 1º do art. 8º-A da Lei Complementar nº 116, de 31 de julho de 2003. § 1º Nos casos em que a inobservância de formalidades legais ou regulamentares não implicar perda patrimonial efetiva, não ocorrerá imposição de ressarcimento, vedado o enriquecimento sem causa das entidades referidas no art. 1º desta Lei.

Redação originária	Lei 14.230/2021
	§ 2º A mera perda patrimonial decorrente da atividade econômica não acarretará improbidade administrativa, salvo se comprovado ato doloso praticado com essa finalidade.
Art. 10-A. Constitui ato de improbidade administrativa qualquer ação ou omissão para conceder, aplicar **ou manter** benefício financeiro ou tributário contrário ao que dispõem o caput e o § 1º do art. 8º-A da Lei Complementar nº 116, de 31 de julho de 2003. (Revogado pela Lei nº 14.230, de 2021)	
Art. 10-A. Constitui ato de improbidade administrativa qualquer ação ou omissão para conceder, aplicar ou manter benefício financeiro ou tributário contrário ao que dispõem o caput e o § 1º do art. 8º-A da Lei Complementar nº 116, de 31 de julho de 2003. (Incluído pela Lei Complementar nº 157, de 2016)	Revogado
Art. 11. Constitui ato de improbidade administrativa que atenta contra os princípios da administração pública qualquer ação ou omissão que viole os deveres de honestidade, imparcialidade, legalidade, e lealdade às instituições, e notadamente:	Art. 11. Constitui ato de improbidade administrativa que atenta contra os princípios da administração pública a ação ou omissão **dolosa** que viole os deveres de honestidade, **de imparcialidade** e de legalidade, **caracterizada por uma das seguintes condutas**:
I - praticar ato visando fim proibido em lei ou regulamento ou diverso daquele previsto, na regra de competência;	I - (revogado);
II - retardar ou deixar de praticar, indevidamente, ato de ofício;	II - (revogado);
III - revelar fato ou circunstância de que tem ciência em razão das atribuições e que deva permanecer em segredo;	III - revelar fato ou circunstância de que tem ciência em razão das atribuições e que deva permanecer em segredo, **propiciando beneficiamento por informação privilegiada ou colocando em risco a segurança da sociedade e do Estado**;
IV - negar publicidade aos atos oficiais;	IV - negar publicidade aos atos oficiais, **exceto em razão de sua imprescindibilidade para a segurança da sociedade e do Estado ou de outras hipóteses instituídas em lei**;

Redação originária	Lei 14.230/2021
V - frustrar a licitude de concurso público;	V - frustrar, **em ofensa à imparcialidade**, o **caráter concorrencial** de concurso público, **de chamamento ou de procedimento licitatório, com vistas à obtenção de benefício próprio, direto ou indireto, ou de terceiros**;
VI - deixar de prestar contas quando esteja obrigado a fazê-lo;	VI - deixar de prestar contas quando esteja obrigado a fazê-lo, **desde que disponha das condições para isso, com vistas a ocultar irregularidades**;
IX - deixar de cumprir a exigência de requisitos de acessibilidade previstos na legislação.	IX - (revogado);
X - transferir recurso a entidade privada, em razão da prestação de serviços na área de saúde sem a prévia celebração de contrato, convênio ou instrumento congênere, nos termos do parágrafo único do art. 24 da Lei nº 8.080, de 19 de setembro de 1990.	X - (revogado);
	XI - nomear cônjuge, companheiro ou parente em linha reta, colateral ou por afinidade, até o terceiro grau, inclusive, da autoridade nomeante ou de servidor da mesma pessoa jurídica investido em cargo de direção, chefia ou assessoramento, para o exercício de cargo em comissão ou de confiança ou, ainda, de função gratificada na administração pública direta e indireta em qualquer dos Poderes da União, dos Estados, do Distrito Federal e dos Municípios, compreendido o ajuste mediante designações recíprocas XII - praticar, no âmbito da administração pública e com recursos do erário, ato de publicidade que contrarie o disposto no § 1º do art. 37 da Constituição Federal, de forma a promover inequívoco enaltecimento do agente público e personalização de atos, de programas, de obras, de serviços ou de campanhas dos órgãos públicos. § 1º Nos termos da Convenção das Nações Unidas contra a Corrupção, promulgada pelo Decreto nº 5.687, de 31 de janeiro de 2006, somente haverá improbidade administrativa, na aplicação deste

Redação originária	Lei 14.230/2021
	artigo, quando for comprovado na conduta funcional do agente público o fim de obter proveito ou benefício indevido para si ou para outra pessoa ou entidade. § 2º Aplica-se o disposto no § 1º deste artigo a quaisquer atos de improbidade administrativa tipificados nesta Lei e em leis especiais e a quaisquer outros tipos especiais de improbidade administrativa instituídos por lei. § 3º O enquadramento de conduta funcional na categoria de que trata este artigo pressupõe a demonstração objetiva da prática de ilegalidade no exercício da função pública, com a indicação das normas constitucionais, legais ou infralegais violadas. § 4º Os atos de improbidade de que trata este artigo exigem lesividade relevante ao bem jurídico tutelado para serem passíveis de sancionamento e independem do reconhecimento da produção de danos ao erário e de enriquecimento ilícito dos agentes públicos. § 5º Não se configurará improbidade a mera nomeação ou indicação política por parte dos detentores de mandatos eletivos, sendo necessária a aferição de dolo com finalidade ilícita por parte do agente.
Art. 12. Independentemente das sanções penais, civis e administrativas previstas na legislação específica, está o responsável pelo ato de improbidade sujeito às seguintes cominações, que podem ser aplicadas isolada ou cumulativamente, de acordo com a gravidade do fato:	Art. 12. Independentemente **do ressarcimento integral do dano patrimonial, se efetivo**, e das sanções **penais comuns e de responsabilidade**, civis e administrativas previstas na legislação específica, está o responsável pelo ato de improbidade sujeito às seguintes cominações, que podem ser aplicadas isolada ou cumulativamente, de acordo com a gravidade do fato:
I - na hipótese do art. 9°, perda dos bens ou valores acrescidos ilicitamente ao patrimônio, **ressarcimento integral do dano, quando houver**, perda da função pública, suspensão dos direitos políticos de **oito a dez anos**, pagamento de multa	I - na hipótese do art. 9º desta Lei, perda dos bens ou valores acrescidos ilicitamente ao patrimônio, perda da função pública, suspensão dos direitos políticos **até 14 (catorze) anos**, pagamento de multa civil **equivalente ao** valor do acréscimo

Redação originária	Lei 14.230/2021
civil de **até três vezes** o valor do acréscimo patrimonial e proibição de contratar com o Poder Público ou receber benefícios ou incentivos fiscais ou creditícios, direta ou indiretamente, ainda que por intermédio de pessoa jurídica da qual seja sócio majoritário, pelo prazo **de dez anos**;	patrimonial e proibição de contratar com o poder público ou de receber benefícios ou incentivos fiscais ou creditícios, direta ou indiretamente, ainda que por intermédio de pessoa jurídica da qual seja sócio majoritário, pelo prazo **não superior a 14 (catorze) anos**;
II - na hipótese do art. 10, **ressarcimento integral do dano**, perda dos bens ou valores acrescidos ilicitamente ao patrimônio, se concorrer esta circunstância, perda da função pública, suspensão dos direitos políticos **de cinco a oito anos**, pagamento de multa civil **de até duas vezes** o valor do dano e proibição de contratar com o Poder Público ou receber benefícios ou incentivos fiscais ou creditícios, direta ou indiretamente, ainda que por intermédio de pessoa jurídica da qual seja sócio majoritário, **pelo prazo de cinco anos**;	II - na hipótese do art. 10 desta Lei, perda dos bens ou valores acrescidos ilicitamente ao patrimônio, se concorrer esta circunstância, perda da função pública, suspensão dos direitos políticos **até 12 (doze) anos,** pagamento de multa civil **equivalente ao** valor do dano e proibição de contratar com o poder público ou de receber benefícios ou incentivos fiscais ou creditícios, direta ou indiretamente, ainda que por intermédio de pessoa jurídica da qual seja sócio majoritário, **pelo prazo não superior a 12 (doze) anos**;
III - na hipótese do art. 11, **ressarcimento integral do dano, se houver**, **perda da função pública**, suspensão dos direitos políticos **de três a cinco anos**, pagamento de multa civil **de até cem vezes** o valor da remuneração percebida pelo agente e proibição de contratar com o Poder Público ou receber benefícios ou incentivos fiscais ou creditícios, direta ou indiretamente, ainda que por intermédio de pessoa jurídica da qual seja sócio majoritário, **pelo prazo de três anos**.	III - na hipótese do art. 11 desta Lei, pagamento de multa civil **de até 24 (vinte e quatro) vezes** o valor da remuneração percebida pelo agente e proibição de contratar com o poder público ou de receber benefícios ou incentivos fiscais ou creditícios, direta ou indiretamente, ainda que por intermédio de pessoa jurídica da qual seja sócio majoritário, **pelo prazo não superior a 4 (quatro) anos**;
IV - na hipótese prevista no art. 10-A, perda da função pública, suspensão dos direitos políticos de 5 (cinco) a 8 (oito) anos e multa civil de até 3 (três) vezes o valor do benefício financeiro ou tributário concedido.	IV - (revogado)
Parágrafo único. Na fixação das penas previstas nesta lei o juiz levará em conta a extensão do dano causado, assim como o proveito patrimonial obtido pelo agente.	Parágrafo único. (Revogado).
	§ 1º A sanção de perda da função pública, nas hipóteses dos incisos I e II do **caput** deste artigo, atinge apenas o vínculo de mesma qualidade e natureza que o agente público ou político detinha com o

Redação originária	Lei 14.230/2021
	poder público na época do cometimento da infração, podendo o magistrado, na hipótese do inciso I do **caput** deste artigo, e em caráter excepcional, estendê-la aos demais vínculos, consideradas as circunstâncias do caso e a gravidade da infração. § 2º A multa pode ser aumentada até o dobro, se o juiz considerar que, em virtude da situação econômica do réu, o valor calculado na forma dos incisos I, II e III do **caput** deste artigo é ineficaz para reprovação e prevenção do ato de improbidade. § 3º Na responsabilização da pessoa jurídica, deverão ser considerados os efeitos econômicos e sociais das sanções, de modo a viabilizar a manutenção de suas atividades. § 4º Em caráter excepcional e por motivos relevantes devidamente justificados, a sanção de proibição de contratação com o poder público pode extrapolar o ente público lesado pelo ato de improbidade, observados os impactos econômicos e sociais das sanções, de forma a preservar a função social da pessoa jurídica, conforme disposto no § 3º deste artigo. § 5º No caso de atos de menor ofensa aos bens jurídicos tutelados por esta Lei, a sanção limitar-se-á à aplicação de multa, sem prejuízo do ressarcimento do dano e da perda dos valores obtidos, quando for o caso, nos termos do **caput** deste artigo. § 6º Se ocorrer lesão ao patrimônio público, a reparação do dano a que se refere esta Lei deverá deduzir o ressarcimento ocorrido nas instâncias criminal, civil e administrativa que tiver por objeto os mesmos fatos. § 7º As sanções aplicadas a pessoas jurídicas com base nesta Lei e na Lei nº 12.846, de 1º de agosto de 2013, deverão observar o princípio constitucional do **non bis in idem**.

Redação originária	Lei 14.230/2021
	§ 8º A sanção de proibição de contratação com o poder público deverá constar do Cadastro Nacional de Empresas Inidôneas e Suspensas (CEIS) de que trata a Lei nº 12.846, de 1º de agosto de 2013, observadas as limitações territoriais contidas em decisão judicial, conforme disposto no § 4º deste artigo. § 9º As sanções previstas neste artigo somente poderão ser executadas após o trânsito em julgado da sentença condenatória. § 10. Para efeitos de contagem do prazo da sanção de suspensão dos direitos políticos, computar-se-á retroativamente o intervalo de tempo entre a decisão colegiada e o trânsito em julgado da sentença condenatória.
Art. 13. A posse e o exercício de agente público ficam condicionados à apresentação **de declaração dos bens e valores que compõem o seu patrimônio privado**, a fim de ser arquivada no serviço de pessoal competente.	Art. 13. A posse e o exercício de agente público ficam condicionados à apresentação de **declaração de imposto de renda e proventos de qualquer natureza, que tenha sido apresentada à Secretaria Especial da Receita Federal do Brasil**, a fim de ser arquivada no serviço de pessoal competente.
§ 1° A declaração compreenderá imóveis, móveis, semoventes, dinheiro, títulos, ações, e qualquer outra espécie de bens e valores patrimoniais, localizado no País ou no exterior, e, quando for o caso, abrangerá os bens e valores patrimoniais do cônjuge ou companheiro, dos filhos e de outras pessoas que vivam sob a dependência econômica do declarante, excluídos apenas os objetos e utensílios de uso doméstico.	§ 1º (Revogado).
§ 2º A declaração de bens será anualmente atualizada e na data em que o agente público deixar o exercício do mandato, cargo, emprego ou função.	§ 2º A declaração de bens a que se refere o **caput** deste artigo será atualizada anualmente e na data em que o agente público deixar o exercício do mandato, do cargo, do emprego ou da função.
§ 3º Será punido com a pena de demissão**, a bem do serviço públ**ico, sem prejuízo de outras sanções cabíveis, o agente público que se recusar a prestar	§ 3º Será apenado com a pena de demissão, sem prejuízo de outras sanções cabíveis, o agente público que se recusar a prestar a declaração dos bens a que

Redação originária	Lei 14.230/2021
declaração dos bens, dentro do prazo determinado, ou que a prestar falsa.	se refere o **caput** deste artigo dentro do prazo determinado ou que prestar declaração falsa.
§ 4º O declarante, a seu critério, poderá entregar cópia da declaração anual de bens apresentada à Delegacia da Receita Federal na conformidade da legislação do Imposto sobre a Renda e proventos de qualquer natureza, com as necessárias atualizações, para suprir a exigência contida no caput e no § 2° deste artigo.	§ 4º (Revogado).
Art. 14 ...	Art. 14 ...
§ 3º Atendidos os requisitos da representação, a autoridade determinará a imediata apuração dos fatos **que, em se tratando de servidores federais, será processada na forma prevista nos** arts. 148 a 182 da Lei nº 8.112, de 11 de dezembro de 1990 **e, em se tratando de servidor militar, de acordo com os respectivos regulamentos disciplinares**.	§ 3º Atendidos os requisitos da representação, a autoridade determinará a imediata apuração dos fatos, **observada a legislação que regula o processo administrativo disciplinar aplicável ao agente**.
Art. 16. Havendo fundados indícios de responsabilidade, a comissão representará ao Ministério Público ou à procuradoria do órgão para que requeira ao juízo competente a decretação do seqüestro dos bens do agente ou terceiro que tenha enriquecido ilicitamente ou causado dano ao patrimônio público.	Art. 16. Na ação por improbidade administrativa poderá ser formulado, **em caráter antecedente ou incidente**, pedido de indisponibilidade de bens dos réus, **a fim de garantir a integral recomposição do erário ou do acréscimo patrimonial resultante de enriquecimento ilícito**.
§ 1º O pedido de seqüestro será processado de acordo com o disposto nos arts. 822 e 825 do Código de Processo Civil.	§ 1º (Revogado).
	§ 1º-A O pedido de indisponibilidade de bens a que se refere o **caput** deste artigo poderá ser formulado independentemente da representação de que trata o art. 7º desta Lei.
§ 2° Quando for o caso, o pedido incluirá a investigação, o exame e o bloqueio de bens, contas bancárias e aplicações financeiras mantidas pelo indiciado no exterior, nos termos da lei e dos tratados internacionais.	§ 2º Quando for o caso, o pedido de indisponibilidade de bens a que se refere o **caput** deste artigo incluirá **a investigação, o exame** e o bloqueio de bens, contas bancárias e aplicações financeiras mantidas pelo indiciado no exterior, nos termos da lei e dos tratados internacionais.

Redação originária	Lei 14.230/2021
	§ 3º O pedido de indisponibilidade de bens a que se refere o **caput** deste artigo apenas será deferido mediante a demonstração no caso concreto de perigo de dano irreparável ou de risco ao resultado útil do processo, desde que o juiz se convença da probabilidade da ocorrência dos atos descritos na petição inicial com fundamento nos respectivos elementos de instrução, após a oitiva do réu em 5 (cinco) dias. § 4º A indisponibilidade de bens poderá ser decretada sem a oitiva prévia do réu, sempre que o contraditório prévio puder comprovadamente frustrar a efetividade da medida ou houver outras circunstâncias que recomendem a proteção liminar, não podendo a urgência ser presumida. § 5º Se houver mais de um réu na ação, a somatória dos valores declarados indisponíveis não poderá superar o montante indicado na petição inicial como dano ao erário ou como enriquecimento ilícito. § 6º O valor da indisponibilidade considerará a estimativa de dano indicada na petição inicial, permitida a sua substituição por caução idônea, por fiança bancária ou por seguro-garantia judicial, a requerimento do réu, bem como a sua readequação durante a instrução do processo. § 7º A indisponibilidade de bens de terceiro dependerá da demonstração da sua efetiva concorrência para os atos ilícitos apurados ou, quando se tratar de pessoa jurídica, da instauração de incidente de desconsideração da personalidade jurídica, a ser processado na forma da lei processual. § 8º Aplica-se à indisponibilidade de bens regida por esta Lei, no que for cabível, o regime da tutela provisória de urgência da Lei nº 13.105, de 16 de março de 2015 (Código de Processo Civil). § 9º Da decisão que deferir ou indeferir a medida relativa à indisponibilidade de

Redação originária	Lei 14.230/2021
	bens caberá agravo de instrumento, nos termos da Lei nº 13.105, de 16 de março de 2015 (Código de Processo Civil). § 10. A indisponibilidade recairá sobre bens que assegurem exclusivamente o integral ressarcimento do dano ao erário, sem incidir sobre os valores a serem eventualmente aplicados a título de multa civil ou sobre acréscimo patrimonial decorrente de atividade lícita. § 11. A ordem de indisponibilidade de bens deverá priorizar veículos de via terrestre, bens imóveis, bens móveis em geral, semoventes, navios e aeronaves, ações e quotas de sociedades simples e empresárias, pedras e metais preciosos e, apenas na inexistência desses, o bloqueio de contas bancárias, de forma a garantir a subsistência do acusado e a manutenção da atividade empresária ao longo do processo. § 12. O juiz, ao apreciar o pedido de indisponibilidade de bens do réu a que se refere o **caput** deste artigo, observará os efeitos práticos da decisão, vedada a adoção de medida capaz de acarretar prejuízo à prestação de serviços públicos. § 13. É vedada a decretação de indisponibilidade da quantia de até 40 (quarenta) salários mínimos depositados em caderneta de poupança, em outras aplicações financeiras ou em conta-corrente. § 14. É vedada a decretação de indisponibilidade do bem de família do réu, salvo se comprovado que o imóvel seja fruto de vantagem patrimonial indevida, conforme descrito no art. 9º desta Lei.
Art. 17. A **ação principal, que terá o rito ordinário,** será proposta pelo Ministério Público **ou pela pessoa jurídica interessada**, dentro de trinta dias da efetivação da medida cautelar.	Art. 17. A ação para a aplicação das sanções de que trata esta Lei será proposta **pelo Ministério Público e seguirá o procedimento comum previsto na Lei nº 13.105, de 16 de março de 2015** (Código de Processo Civil), salvo o disposto nesta Lei.

Redação originária	Lei 14.230/2021
§ 1º As ações de que trata este artigo admitem a celebração de acordo de não persecução cível, nos termos desta Lei.	§ 1º (Revogado).
§ 2º A Fazenda Pública, quando for o caso, promoverá as ações necessárias à complementação do ressarcimento do patrimônio público.	§ 2º (Revogado).
§ 3º No caso de a ação principal ter sido proposta pelo Ministério Público, aplica-se, no que couber, o disposto no § 3º do art. 6º da Lei no 4.717, de 29 de junho de 1965.	§ 3º (Revogado).
§ 4º O Ministério Público, se não intervir no processo como parte, atuará obrigatoriamente, como fiscal da lei, sob pena de nulidade.	§ 4º (Revogado).
	§ 4º-A A ação a que se refere o **caput** deste artigo deverá ser proposta perante o foro do local onde ocorrer o dano ou da pessoa jurídica prejudicada.
§ 5º A propositura da ação prevenirá a jurisdição do juízo para todas as ações posteriormente intentadas que possuam a mesma causa de pedir ou o mesmo objeto.	§ 5º A propositura da ação a que se refere o **caput** deste artigo prevenirá a competência do juízo para todas as ações posteriormente intentadas que possuam a mesma causa de pedir ou o mesmo objeto.
§ 6º A ação será instruída com documentos ou justificação que contenham indícios suficientes da existência do ato de improbidade ou com razões fundamentadas da impossibilidade de apresentação de qualquer dessas provas, observada a legislação vigente, inclusive as disposições inscritas nos arts. 16 a 18 do Código de Processo Civil.	§ 6º A petição inicial observará o seguinte: I - deverá individualizar a conduta do réu e apontar os elementos probatórios mínimos que demonstrem a ocorrência das hipóteses dos arts. 9º, 10 e 11 desta Lei e de sua autoria, salvo impossibilidade devidamente fundamentada; II - será instruída com documentos ou justificação que contenham indícios suficientes da veracidade dos fatos e do dolo imputado ou com razões fundamentadas da impossibilidade de apresentação de qualquer dessas provas, observada a legislação vigente, inclusive as disposições constantes dos arts. 77 e 80 da Lei nº 13.105, de 16 de março de 2015 (Código de Processo Civil).

Redação originária	Lei 14.230/2021
	§ 6º-A O Ministério Público poderá requerer as tutelas provisórias adequadas e necessárias, nos termos dos arts. 294 a 310 da Lei nº 13.105, de 16 de março de 2015 (Código de Processo Civil). § 6º-B A petição inicial será rejeitada nos casos do art. 330 da Lei nº 13.105, de 16 de março de 2015 (Código de Processo Civil), bem como quando não preenchidos os requisitos a que se referem os incisos I e II do § 6º deste artigo, ou ainda quando manifestamente inexistente o ato de improbidade imputado.
§ 7º Estando a inicial em devida forma, o juiz mandará autuá-la e ordenará a notificação do requerido, para oferecer manifestação por escrito, que poderá ser instruída com documentos e justificações, dentro do prazo de quinze dias.	§ 7º Se a petição inicial estiver em devida forma, o juiz mandará autuá-la e ordenará a citação dos requeridos para que a contestem no prazo comum de 30 (trinta) dias, iniciado o prazo na forma do art. 231 da Lei nº 13.105, de 16 de março de 2015 (Código de Processo Civil).
§ 8º Recebida a manifestação, o juiz, no prazo de trinta dias, em decisão fundamentada, rejeitará a ação, se convencido da inexistência do ato de improbidade, da improcedência da ação ou da inadequação da via eleita.	§ 8º (Revogado).
§ 9º Recebida a petição inicial, será o réu citado para apresentar contestação.	§ 9º (Revogado).
	§ 9º-A Da decisão que rejeitar questões preliminares suscitadas pelo réu em sua contestação caberá agravo de instrumento.
§ 10. Da decisão que receber a petição inicial, caberá agravo de instrumento.	§ 10. (Revogado). § 10-A. Havendo a possibilidade de solução consensual, poderão as partes requerer ao juiz a interrupção do prazo para a contestação, por prazo não superior a 90 (noventa) dias. § 10-B. Oferecida a contestação e, se for o caso, ouvido o autor, o juiz: I - procederá ao julgamento conforme o estado do processo, observada a eventual inexistência manifesta do ato de improbidade;

Redação originária	Lei 14.230/2021
	II - poderá desmembrar o litisconsórcio, com vistas a otimizar a instrução processual. § 10-C. Após a réplica do Ministério Público, o juiz proferirá decisão na qual indicará com precisão a tipificação do ato de improbidade administrativa imputável ao ao réu, sendo-lhe vedado modificar o fato principal e a capitulação legal apresentada pelo autor. § 10-D. Para cada ato de improbidade administrativa, deverá necessariamente ser indicado apenas um tipo dentre aqueles previstos nos arts. 9º, 10 e 11 desta Lei. § 10-E. Proferida a decisão referida no § 10-C deste artigo, as partes serão intimadas a especificar as provas que pretendem produzir. § 10-F. Será nula a decisão de mérito total ou parcial da ação de improbidade administrativa que: I - condenar o requerido por tipo diverso daquele definido na petição inicial; II - condenar o requerido sem a produção das provas por ele tempestivamente especificadas.
§ 11. Em qualquer fase do processo, reconhecida a inadequação da ação de improbidade, o juiz extinguirá o processo sem julgamento do mérito.	§ 11. Em qualquer momento do processo, verificada a inexistência do ato de improbidade, o juiz julgará a demanda improcedente.
§ 12. Aplica-se aos depoimentos ou inquirições realizadas nos processos regidos por esta Lei o disposto no art. 221, caput e § 1º, do Código de Processo Penal.	§ 12. (Revogado).
§ 13. Para os efeitos deste artigo, também se considera pessoa jurídica interessada o ente tributante que figurar no polo ativo da obrigação tributária de que tratam o § 4º do art. 3º e o art. 8º-A da Lei Complementar nº 116, de 31 de julho de 2003.	§ 13. (Revogado).
	§ 14. Sem prejuízo da citação dos réus, a pessoa jurídica interessada será intimada para, caso queira, intervir no processo.

Redação originária	Lei 14.230/2021
	§ 15. Se a imputação envolver a desconsideração de pessoa jurídica, serão observadas as regras previstas nos arts. 133, 134, 135, 136 e 137 da Lei nº 13.105, de 16 de março de 2015 (Código de Processo Civil).
	§ 16. A qualquer momento, se o magistrado identificar a existência de ilegalidades ou de irregularidades administrativas a serem sanadas sem que estejam presentes todos os requisitos para a imposição das sanções aos agentes incluídos no polo passivo da demanda, poderá, em decisão motivada, converter a ação de improbidade administrativa em ação civil pública, regulada pela Lei nº 7.347, de 24 de julho de 1985.
	§ 17. Da decisão que converter a ação de improbidade em ação civil pública caberá agravo de instrumento.
	§ 18. Ao réu será assegurado o direito de ser interrogado sobre os fatos de que trata a ação, e a sua recusa ou o seu silêncio não implicarão confissão. (Incluído pela Lei nº 14.230, de 2021)
	§ 19. Não se aplicam na ação de improbidade administrativa: I - a presunção de veracidade dos fatos alegados pelo autor em caso de revelia; II - a imposição de ônus da prova ao réu, na forma dos §§ 1º e 2º do art. 373 da Lei nº 13.105, de 16 de março de 2015 (Código de Processo Civil); III - o ajuizamento de mais de uma ação de improbidade administrativa pelo mesmo fato, competindo ao Conselho Nacional do Ministério Público dirimir conflitos de atribuições entre membros de Ministérios Públicos distintos; IV - o reexame obrigatório da sentença de improcedência ou de extinção sem resolução de mérito.

Redação originária	Lei 14.230/2021
	§ 20. A assessoria jurídica que emitiu o parecer atestando a legalidade prévia dos atos administrativos praticados pelo administrador público ficará obrigada a defendê-lo judicialmente, caso este venha a responder ação por improbidade administrativa, até que a decisão transite em julgado.
	§ 21. Das decisões interlocutórias caberá agravo de instrumento, inclusive da decisão que rejeitar questões preliminares suscitadas pelo réu em sua contestação.
Sem correspondente	Art. 17-B. O Ministério Público poderá, conforme as circunstâncias do caso concreto, celebrar acordo de não persecução civil, desde que dele advenham, ao menos, os seguintes resultados: I - o integral ressarcimento do dano; II - a reversão à pessoa jurídica lesada da vantagem indevida obtida, ainda que oriunda de agentes privados. § 1º A celebração do acordo a que se refere o **caput** deste artigo dependerá, cumulativamente: I - da oitiva do ente federativo lesado, em momento anterior ou posterior à propositura da ação; II - de aprovação, no prazo de até 60 (sessenta) dias, pelo órgão do Ministério Público competente para apreciar as promoções de arquivamento de inquéritos civis, se anterior ao ajuizamento da ação; III - de homologação judicial, independentemente de o acordo ocorrer antes ou depois do ajuizamento da ação de improbidade administrativa. § 2º Em qualquer caso, a celebração do acordo a que se refere o **caput** deste artigo considerará a personalidade do agente, a natureza, as circunstâncias, a gravidade e a repercussão social do ato de improbidade, bem como as vantagens, para o interesse público, da rápida solução do caso.

Redação originária	Lei 14.230/2021
	§ 3º Para fins de apuração do valor do dano a ser ressarcido, deverá ser realizada a oitiva do Tribunal de Contas competente, que se manifestará, com indicação dos parâmetros utilizados, no prazo de 90 (noventa) dias. § 4º O acordo a que se refere o **caput** deste artigo poderá ser celebrado no curso da investigação de apuração do ilícito, no curso da ação de improbidade ou no momento da execução da sentença condenatória. § 5º As negociações para a celebração do acordo a que se refere o **caput** deste artigo ocorrerão entre o Ministério Público, de um lado, e, de outro, o investigado ou demandado e o seu defensor. § 6º O acordo a que se refere o **caput** deste artigo poderá contemplar a adoção de mecanismos e procedimentos internos de integridade, de auditoria e de incentivo à denúncia de irregularidades e a aplicação efetiva de códigos de ética e de conduta no âmbito da pessoa jurídica, se for o caso, bem como de outras medidas em favor do interesse público e de boas práticas administrativas. § 7º Em caso de descumprimento do acordo a que se refere o **caput** deste artigo, o investigado ou o demandado ficará impedido de celebrar novo acordo pelo prazo de 5 (cinco) anos, contado do conhecimento pelo Ministério Público do efetivo descumprimento.
Sem correspondente.	Art. 17-C. A sentença proferida nos processos a que se refere esta Lei deverá, além de observar o disposto no art. 489 da Lei nº 13.105, de 16 de março de 2015 (Código de Processo Civil): I - indicar de modo preciso os fundamentos que demonstram os elementos a que se referem os arts. 9º, 10 e 11 desta Lei, que não podem ser presumidos; II - considerar as consequências práticas da decisão, sempre que decidir com base em valores jurídicos abstratos;

Redação originária	Lei 14.230/2021
	III - considerar os obstáculos e as dificuldades reais do gestor e as exigências das políticas públicas a seu cargo, sem prejuízo dos direitos dos administrados e das circunstâncias práticas que houverem imposto, limitado ou condicionado a ação do agente; IV - considerar, para a aplicação das sanções, de forma isolada ou cumulativa: a) os princípios da proporcionalidade e da razoabilidade; b) a natureza, a gravidade e o impacto da infração cometida; c) a extensão do dano causado; d) o proveito patrimonial obtido pelo agente; e) as circunstâncias agravantes ou atenuantes; f) a atuação do agente em minorar os prejuízos e as consequências advindas de sua conduta omissiva ou comissiva; g) os antecedentes do agente; V - considerar na aplicação das sanções a dosimetria das sanções relativas ao mesmo fato já aplicadas ao agente; VI - considerar, na fixação das penas relativamente ao terceiro, quando for o caso, a sua atuação específica, não admitida a sua responsabilização por ações ou omissões para as quais não tiver concorrido ou das quais não tiver obtido vantagens patrimoniais indevidas; VII - indicar, na apuração da ofensa a princípios, critérios objetivos que justifiquem a imposição da sanção. § 1º A ilegalidade sem a presença de dolo que a qualifique não configura ato de improbidade. § 2º Na hipótese de litisconsórcio passivo, a condenação ocorrerá no limite da participação e dos benefícios diretos, vedada qualquer solidariedade.

Redação originária	Lei 14.230/2021
	§ 3º Não haverá remessa necessária nas sentenças de que trata esta Lei.
Sem correspondente	Art. 17-D. A ação por improbidade administrativa é repressiva, de caráter sancionatório, destinada à aplicação de sanções de caráter pessoal previstas nesta Lei, e não constitui ação civil, vedado seu ajuizamento para o controle de legalidade de políticas públicas e para a proteção do patrimônio público e social, do meio ambiente e de outros interesses difusos, coletivos e individuais homogêneos. Parágrafo único. Ressalvado o disposto nesta Lei, o controle de legalidade de políticas públicas e a responsabilidade de agentes públicos, inclusive políticos, entes públicos e governamentais, por danos ao meio ambiente, ao consumidor, a bens e direitos de valor artístico, estético, histórico, turístico e paisagístico, a qualquer outro interesse difuso ou coletivo, à ordem econômica, à ordem urbanística, à honra e à dignidade de grupos raciais, étnicos ou religiosos e ao patrimônio público e social submetem-se aos termos da Lei nº 7.347, de 24 de julho de 1985.
Art. 18. A sentença que julgar procedente ação civil de reparação de dano ou decretar a perda dos bens havidos ilicitamente determinará o pagamento ou a reversão dos bens, conforme o caso, em favor da pessoa jurídica prejudicada pelo ilícito.	Art. 18. A sentença que julgar procedente a ação fundada nos arts. 9º e 10 desta Lei condenará ao ressarcimento dos danos e à perda ou à reversão dos bens e valores ilicitamente adquiridos, conforme o caso, em favor da pessoa jurídica prejudicada pelo ilícito. § 1º Se houver necessidade de liquidação do dano, a pessoa jurídica prejudicada procederá a essa determinação e ao ulterior procedimento para cumprimento da sentença referente ao ressarcimento do patrimônio público ou à perda ou à reversão dos bens. § 2º Caso a pessoa jurídica prejudicada não adote as providências a que se refere o § 1º deste artigo no prazo de 6 (seis) meses, contado do trânsito em julgado da sentença de procedência da ação, caberá ao Ministério Público proceder à respectiva liquidação do dano e ao cumprimento

Redação originária	Lei 14.230/2021
	da sentença referente ao ressarcimento do patrimônio público ou à perda ou à reversão dos bens, sem prejuízo de eventual responsabilização pela omissão verificada. § 3º Para fins de apuração do valor do ressarcimento, deverão ser descontados os serviços efetivamente prestados. § 4º O juiz poderá autorizar o parcelamento, em até 48 (quarenta e oito) parcelas mensais corrigidas monetariamente, do débito resultante de condenação pela prática de improbidade administrativa se o réu demonstrar incapacidade financeira de saldá-lo de imediato.
Sem correspondente	Art. 18-A. A requerimento do réu, na fase de cumprimento da sentença, o juiz unificará eventuais sanções aplicadas com outras já impostas em outros processos, tendo em vista a eventual continuidade de ilícito ou a prática de diversas ilicitudes, observado o seguinte: I - no caso de continuidade de ilícito, o juiz promoverá a maior sanção aplicada, aumentada de 1/3 (um terço), ou a soma das penas, o que for mais benéfico ao réu; II - no caso de prática de novos atos ilícitos pelo mesmo sujeito, o juiz somará as sanções. Parágrafo único. As sanções de suspensão de direitos políticos e de proibição de contratar ou de receber incentivos fiscais ou creditícios do poder público observarão o limite máximo de 20 (vinte) anos.
Art. 21. A aplicação das sanções previstas nesta lei independe:	Art. 21. A aplicação das sanções previstas nesta lei independe:
I - da efetiva ocorrência de dano ao patrimônio público, salvo quanto à pena de ressarcimento;	I - da efetiva ocorrência de dano ao patrimônio público, salvo quanto à pena de ressarcimento **e às condutas previstas no art. 10 desta Lei**;
II ...	II ... § 1º Os atos do órgão de controle interno ou externo serão considerados pelo juiz quando tiverem servido de fundamento para a conduta do agente público.

Redação originária	Lei 14.230/2021
	§ 2º As provas produzidas perante os órgãos de controle e as correspondentes decisões
	deverão ser consideradas na formação da convicção do juiz, sem prejuízo da análise acerca do dolo na conduta do agente. § 3º As sentenças civis e penais produzirão efeitos em relação à ação de improbidade quando concluírem pela inexistência da conduta ou pela negativa da autoria. § 4º A absolvição criminal em ação que discuta os mesmos fatos, confirmada por decisão colegiada, impede o trâmite da ação da qual trata esta Lei, havendo comunicação com todos os fundamentos de absolvição previstos no art. 386 do Decreto-Lei nº 3.689, de 3 de outubro de 1941 (Código de Processo Penal). § 5º Sanções eventualmente aplicadas em outras esferas deverão ser compensadas com as sanções aplicadas nos termos desta Lei.
Art. 22. Para apurar qualquer ilícito previsto nesta lei, o Ministério Público, de ofício, a requerimento de autoridade administrativa ou mediante representação formulada de acordo com o disposto no art. 14, poderá requisitar a instauração de inquérito policial ou procedimento administrativo.	Art. 22. Para apurar qualquer ilícito previsto nesta Lei, o Ministério Público, de ofício, a requerimento de autoridade administrativa ou mediante representação formulada de acordo com o disposto no art. 14 desta Lei, poderá instaurar inquérito civil **ou procedimento investigativo assemelhado** e requisitar a instauração de inquérito policial. Parágrafo único. Na apuração dos ilícitos previstos nesta Lei, será garantido ao investigado a oportunidade de manifestação por escrito e de juntada de documentos que comprovem suas alegações e auxiliem na elucidação dos fatos.
Art. 23. As ações destinadas a levar a efeitos as sanções previstas nesta lei podem ser propostas:	Art. 23. A ação para a aplicação das sanções previstas nesta Lei **prescreve em 8 (oito) anos, contados a partir da ocorrência do fato ou, no caso de infrações permanentes, do dia em que cessou a permanência.**

Redação originária	Lei 14.230/2021
I - até cinco anos após o término do exercício de mandato, de cargo em comissão ou de função de confiança;	I - (revogado);
II - dentro do prazo prescricional previsto em lei específica para faltas disciplinares puníveis com demissão a bem do serviço público, nos casos de exercício de cargo efetivo ou emprego.	II - (revogado);
III - até cinco anos da data da apresentação à administração pública da prestação de contas final pelas entidades referidas no parágrafo único do art. 1° desta Lei.	III - (revogado).
	§ 1º A instauração de inquérito civil ou de processo administrativo para apuração dos ilícitos referidos nesta Lei suspende o curso do prazo prescricional por, no máximo, 180 (cento e oitenta) dias corridos, recomeçando a correr após a sua conclusão ou, caso não concluído o processo, esgotado o prazo de suspensão. § 2º O inquérito civil para apuração do ato de improbidade será concluído no prazo de 365 (trezentos e sessenta e cinco) dias corridos, prorrogável uma única vez por igual período, mediante ato fundamentado submetido à revisão da instância competente do órgão ministerial, conforme dispuser a respectiva lei orgânica. § 3º Encerrado o prazo previsto no § 2º deste artigo, a ação deverá ser proposta no prazo de 30 (trinta) dias, se não for caso de arquivamento do inquérito civil. § 4º O prazo da prescrição referido no **caput** deste artigo interrompe-se: I - pelo ajuizamento da ação de improbidade administrativa; II - pela publicação da sentença condenatória; III - pela publicação de decisão ou acórdão de Tribunal de Justiça ou Tribunal Regional Federal que confirma sentença condenatória ou que reforma sentença de improcedência;

Redação originária	Lei 14.230/2021
	IV - pela publicação de decisão ou acórdão do Superior Tribunal de Justiça que confirma acórdão condenatório ou que reforma acórdão de improcedência; V - pela publicação de decisão ou acórdão do Supremo Tribunal Federal que confirma acórdão condenatório ou que reforma acórdão de improcedência. § 5º Interrompida a prescrição, o prazo recomeça a correr do dia da interrupção, pela metade do prazo previsto no **caput** deste artigo. § 6º A suspensão e a interrupção da prescrição produzem efeitos relativamente a todos os que concorreram para a prática do ato de improbidade. § 7º Nos atos de improbidade conexos que sejam objeto do mesmo processo, a suspensão e a interrupção relativas a qualquer deles estendem-se aos demais. § 8º O juiz ou o tribunal, depois de ouvido o Ministério Público, deverá, de ofício ou a requerimento da parte interessada, reconhecer a prescrição intercorrente da pretensão sancionadora e decretá-la de imediato, caso, entre os marcos interruptivos referidos no § 4º, transcorra o prazo previsto no § 5º deste artigo.
Sem correspondente	Art. 23-A. É dever do poder público oferecer contínua capacitação aos agentes públicos e políticos que atuem com prevenção ou repressão de atos de improbidade administrativa.
Sem correspondente	Art. 23-B. Nas ações e nos acordos regidos por esta Lei, não haverá adiantamento de custas, de preparo, de emolumentos, de honorários periciais e de quaisquer outras despesas. § 1º No caso de procedência da ação, as custas e as demais despesas processuais serão pagas ao final. § 2º Haverá condenação em honorários sucumbenciais em caso de improcedência da ação de improbidade se comprovada má-fé.

Redação originária	Lei 14.230/2021
Sem correspondente	Art. 23-C. Atos que ensejem enriquecimento ilícito, perda patrimonial, desvio, apropriação, malbaratamento ou dilapidação de recursos públicos dos partidos políticos, ou de suas fundações, serão responsabilizados nos termos da Lei nº 9.096, de 19 de setembro de 1995.

REFERÊNCIAS

ANDRADE, Adriano; MASSON, Cleber; ANDRADE, Landolfo. *Interesses difusos e coletivos esquematizado*. São Paulo: Método, 2011.

ALEXANDRINO, Marcelo; PAULO, Vicente. *Direito Administrativo Descomplicado*. 16ª ed. São Paulo: Método, 2008.

CARVALHO FILHO, José dos Santos. *Manual de direito administrativo*. 24ª ed. Rio de Janeiro: Lumen Juris, 2011.

CONCEIÇÃO, Maria Lúcia Lins; MELLO, Rogério Licastro Torres; RIBEIRO, Leonardo Ferres da Silva; WAMBIER, Teresa Arruda Alvim. *Primeiros Comentários ao Novo Código de Processo Civil: Artigo por artigo*. São Paulo: Revista dos Tribunais, 2015.

DELMANTO, Celso; DELMANTO, Roberto; DELMANTO JÚNIOR, Roberto; DELMANTO, Fábio Machado de Almeida. *Código Penal Comentado*. 6ª ed. Rio de Janeiro: Renovar, 2002.

DIDIER JR., Fredie; ZANETI JR., Hermes. *Curso de Direito Processual Civil. Vol. 04 - Processo Coletivo*. 10ª ed. Salvador: Juspodivm, 2016.

DI PIETRO, Maria Sylvia Zanella. *Direito Administrativo*. 25ª ed. São Paulo: Atlas, 2012.

FAZZIO JÚNIOR, Waldo. *Improbidade Administrativa*. São Paulo: Atlas, 2012.

GAJARDONI, Fernando da Fonseca; CRUZ, Luana Pedrosa de Figueiredo; CERQUEIRA, Luís Otávio Serqueira; GOMES JUNIOR, Luiz Manoel; FARETO, Rogério. *Comentários à Lei de Improbidade Administrativa [livro eletrônico]: Lei 8.249, de 02 de junho de 1992*. São Paulo: Revista dos Tribunais, 2014.

GARCIA, Emerson; ALVES, Rogério Pacheco. *Improbidade administrativa*. 9ª ed. São Paulo: Saraiva, 2017.

GAJARDONI, Fernando da Fonseca; CRUZ, Luana Pedrosa de Figueiredo; GOMES JUNIOR, Luiz Manoel; FAVRETO, Rogério. *Comentários à Nova Lei de Improbidade Administrativa: Lei 8.429/1992, com as alterações da Lei 14.230/2021.* 5ª ed. São Paulo: Thomson Reuters Brasil, 2021.

GONÇALVES, Benedito; GRILO, Renato César Guedes. *Os Princípios Constitucionais do Direito Administrativo Sancionador no Regime Democrático da Constituição de 1988.* Revista Estudos Institucionais, v. 07, n. 02, p. 467-478, maio-ago 2021.

HARADA, Kyoshi. *Direito Financeiro e Tributário.* 16ª ed. São Paulo: Atlas, 20107.

JORDÃO, Eduardo. **Art. 22 da LINDB. Acabou o romance: reforço do pragmatismo no direito público brasileiro.** *In* Revista de Direito Administrativo., Rio de Janeiro, Edição Especial: Direito Público na Lei de Introdução às Normas de Direito Brasileiro – LINDB (Lei nº 13.655/2018).

JUSTEN FILHO, Marçal. *Reforma da Lei de Improbidade Administrativa comentada e comparada: Lei 14.230, de 25 de outubro de 2021.* Rio de Janeiro: Forense, 2022.

LEONEL, Ricardo Barros. *Nova LIA: aspectos da retroatividade associada ao Direito Sancionador. In* Revista Consultor Jurídico, 17 nov. 2021. Disponível em: *<https://www.conjur.com.br/2021-nov-17/leonel-lia-retroatividade-associada-direito-sancionador>*. Acesso em 17 nov. 2021.

MANUCCI, Renato Pessoa. *Precedentes Judiciais na Administração Pública como técnica de valorização do princípio da eficiência.* Revista do Centro de Estudos Jurídicos. Procuradoria Geral do Estado de Pernambuco, v. 09, nº 09, Recife, 2016.

MARINELA, Fernanda. *Direito Administrativo.* 7ª ed. Niterói: Impetus, 2013.

MARINONI, Luiz Guilherme; ARENHART, Sérgio Cruz; MITIDIERO, Daniel. *Novo Código de Processo Civil Comentado.* São Paulo: Revista dos Tribunais, 2015, p. 314.

MAZZA, Alexandre. *Manual de Direito Administrativo.* 3ª ed. São Paulo: Saraiva, 2013.

MARTINS JÚNIOR, Wallace Paiva. *Probidade administrativa.* 3ª ed. São Paulo: Saraiva, 2006.

MEDINA, José Miguel Garcia. *A Nova Lei de Improbidade Administrativa deve ser aplicada retroativamente. In* Revista Consultor Jurídico, 03 nov. 2021. Disponível em: <*https://www.conjur.com.br/2021-nov-03/processo-lei-improbidade-aplicada-retroativamente?*>. Acesso em 03 nov. 2021.

MEIRELLES, Hely Lopes. *Direito administrativo brasileiro.* 42ª ed. São Paulo: Malheiros, 2016.

MEIRELLES, Hely Lopes; WALD, Arnaldo; MENDES, Gilmar Ferreira. *Mandado de segurança e ações constitucionais.* 32ª ed. São Paulo: Malheiros, 2009.

MELLO, Celso Antônio Bandeira. *Curso de Direito Administrativo.* 27ª ed. São Paulo: Malheiros, 2010.

MENDES, Gilmar Ferreira; BRANCO, Paulo Gustavo Gonet. *Curso de Direito Constitucional.* 6ª ed. São Paulo: Saraiva, 2011.

NEVES, Daniel Amorim Assumpção; OLIVEIRA, Rafael Carvalho Rezende. *Manual de Improbidade Administrativa. Direito Material e Processual.* 2ª ed. São Paulo: Método, 2014.

NOBRE JÚNIOR, Edilson Pereira. *As Normas de Direito Público na Lei de Introdução às Normas do Direito Brasileiro. Paradigmas para interpretação e aplicação do Direito Administrativo.* São Paulo: Contracorrente, 2019.

OLIVEIRA, Rafael Carvalho Rezende. *A reforma trabalhista e a posição dos sindicatos na improbidade administrativa.* Disponível em: <*http://genjuridico.com.br/2017/12/14/reforma-trabalhista-sindicatos-improbidade-administrativa/*>. Acesso em 14 dez 2017.

PAZZAGLINI FILHO, Marino. *Lei de Improbidade administrativa comentada:* aspectos constitucionais, administrativos, civis, criminais, processuais e de responsabilidade fiscal. 7ª ed. São Paulo: Atlas, 2018.

SILVA, José Afonso. *Comentário Contextual à Constituição.* 9ª ed. São Paulo: Malheiros, 2014.

EDITORA
JusPODIVM
www.editorajuspodivm.com.br

Impresso por:
Docuprint
CNPJ 01.036.332/0001-99